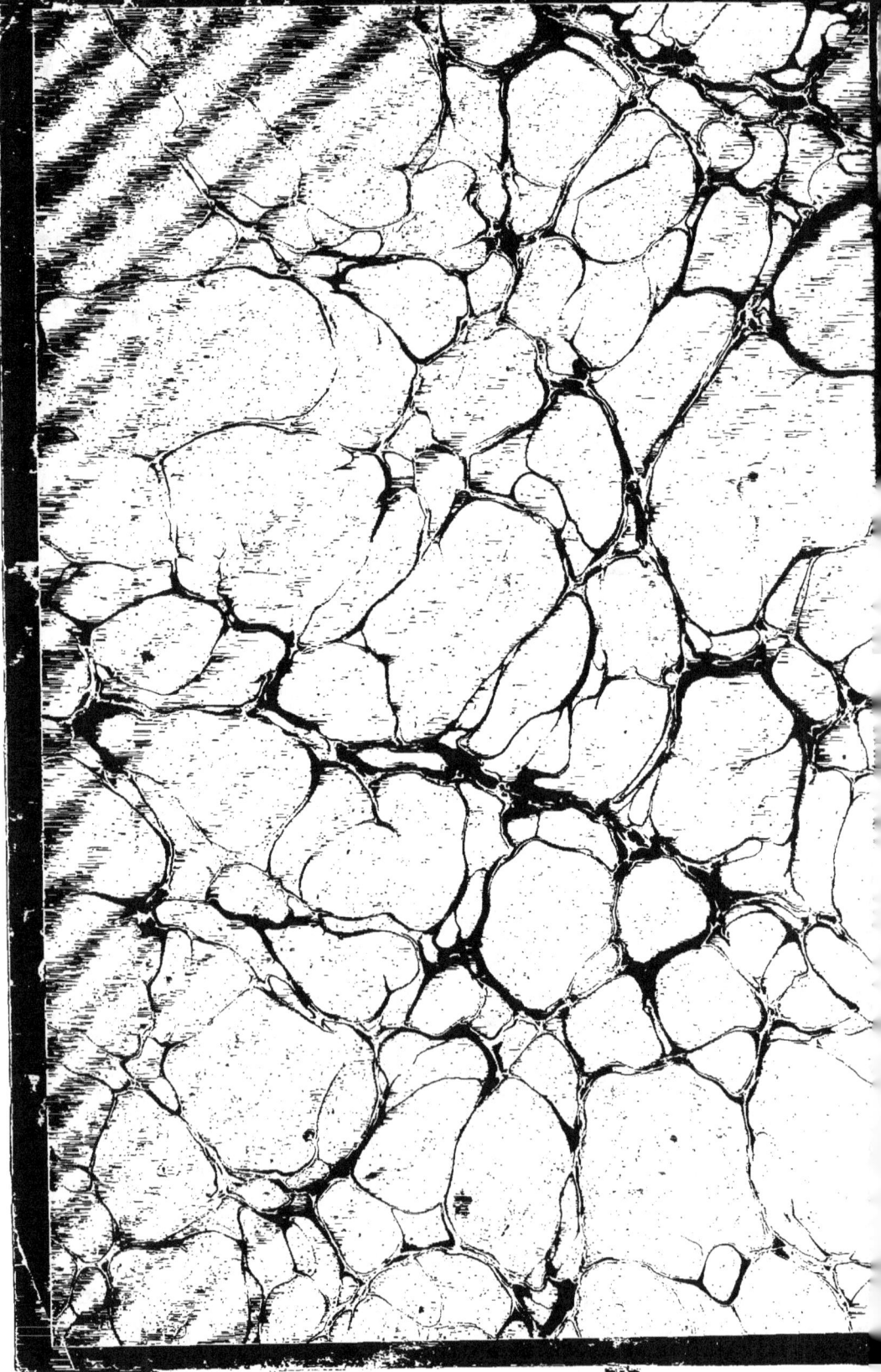

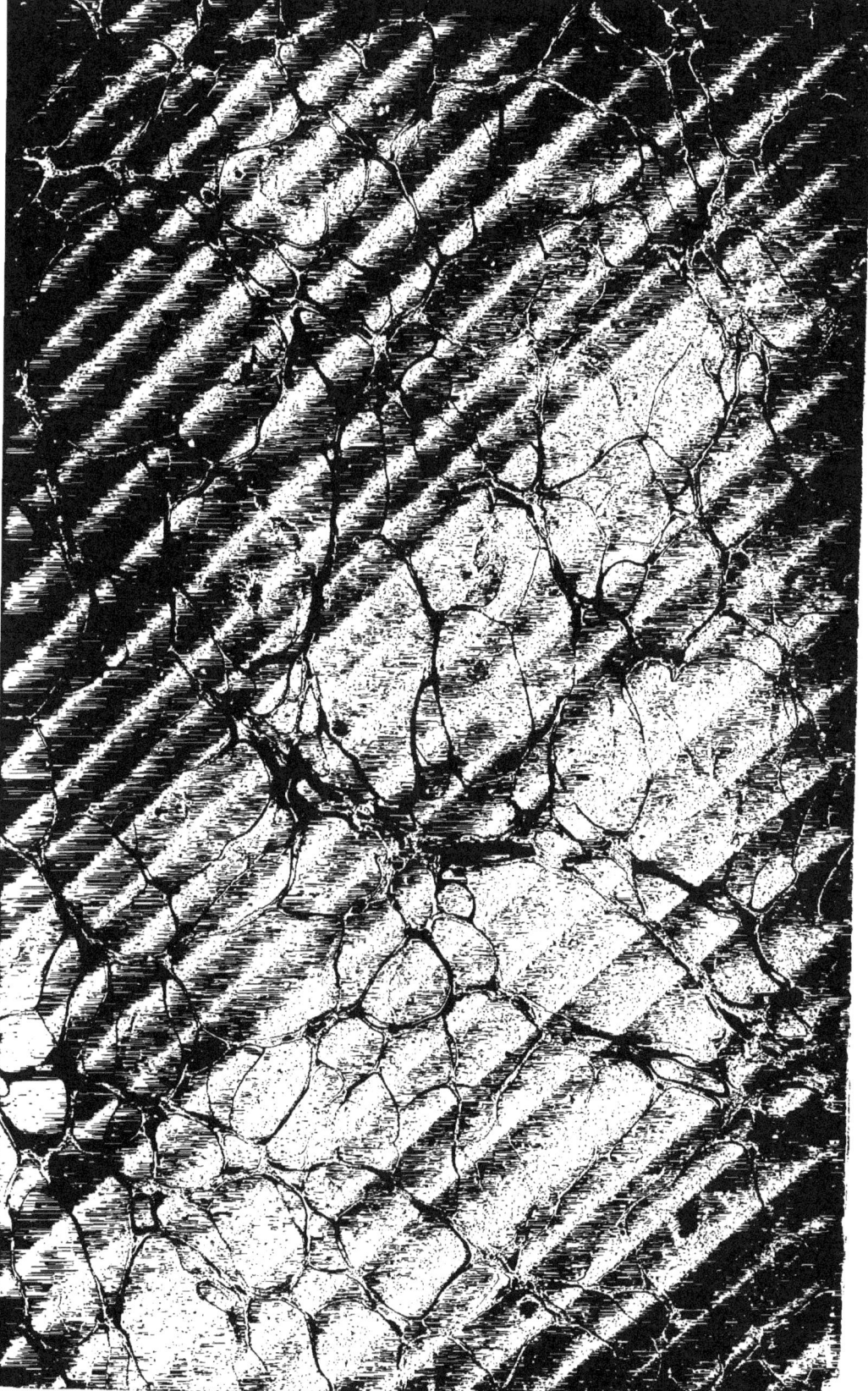

PROCÈS-VERBAUX

DES SÉANCES

DE

L'ASSEMBLÉE PROVINCIALE

DE LA GÉNÉRALITÉ

DE

LYON

ET DE SA COMMISSION INTERMÉDIAIRE

1787-1790

Publiés d'après les manuscrits originaux

POUR LES

CONSEILS GÉNÉRAUX DU RHÔNE & DE LA LOIRE

PAR

GEORGES GUIGUE

Ancien Élève de l'École des Chartes
Archiviste en chef du département du Rhône

TRÉVOUX
IMPRIMERIE DE JULES JEANNIN
RUE DU PORT

1898

PROCÈS-VERBAUX DES SÉANCES

DE

L'ASSEMBLÉE PROVINCIALE DE LYON

PROCÈS-VERBAUX

DES SÉANCES

DE

L'ASSEMBLÉE PROVINCIALE

DE LA GÉNÉRALITÉ

DE

LYON

ET DE SA COMMISSION INTERMÉDIAIRE

1787-1790

Publiés d'après les manuscrits originaux

POUR LES

CONSEILS GÉNÉRAUX DU RHÔNE & DE LA LOIRE

PAR

GEORGES GUIGUE

Ancien Élève de l'Ecole des Chartes
Archiviste en chef du département du Rhône

TRÉVOUX

IMPRIMERIE DE JULES JEANNIN

RUE DU PORT

1898

AVERTISSEMENT

Les procès-verbaux des séances de l'Assemblée Provinciale de la généralité de Lyon ne sont point inédits. Ceux de la session préliminaire du 17 au 21 septembre 1787 ont, en effet, été publiés les premiers jours d'octobre (1); et ceux du 5 novembre au 5 décembre, réunis aux premiers, ont paru cette même année 1787, par les soins de la Commission Intermédiaire, sous le titre de :

Procès-verbal des séances de la première assemblée provinciale de la généralité de Lyon, tenue à Lyon dans les mois de septembre, novembre et décembre 1787. A Lyon, de l'imprimerie d'Aimé de La Roche, imprimeur de l'administration provinciale MDCCLXXXVII. 32 et 124 pages in 4° (2).

Cet imprimé, rare d'ailleurs, à part l'insertion des rapports des différents bureaux dans le texte des procès verbaux (3) ne présente que quelques variantes (4) avec la publication

---

(1) *Sous le titre :* Procès-verbal des séances de l'assemblée provinciale de la généralité de Lyon, tenue à Lyon au mois de septembre 1787 ; 32 pages in-4°, *Cf. Arch. du Rhône.* C 775, pp. 1-5, 11.

(2) *Ce titre semble avoir été tiré pour réunir la brochure signalée ci-dessus au second fascicule de 124 pages, paru sous le titre de :* Procès-verbal des séances de l'assemblée provinciale de la généralité de Lyon, tenue à Lyon, dans les mois de novembre et décembre 1787.

(3) Le présent volume comprend les délibérations de l'Assemblée et de la Commission intermédiaire, reproduites d'après les registres originaux ; le compte-rendu par la Commission au Conseil Général de Rhône-et-Loire (5 juillet 1790) ; et, sous le titre Annexes les règlements, représentations, circulaires et rapports qui ont pu être retrouvés aux archives, et à la fin (pièces XVI-XXII) les rapports dont le texte n'existe que dans le volume de 1787. La table chronologique sert de table de concordance.

(4) *Parmi ces variantes,* p. 2, l. 13. Marie-Jean-François Pezant ; l. 28, Jean-Marie-Antoine de Ramey de Sugny. — P. 3, l. 4, les intentions bienfaisantes de S. M. — P. 6, l. 19, M. l'abbé Daudé. — P. 11, l. 3, a fait faire lecture. — P. 14, . 2, vénération, de sa reconnaissance et de son attachement pour ce prélat. — P. 15,

actuelle, faite d'après les registres originaux ; mais il y manque cette délibération du 17 septembre (p. 7), qui montre combien, dès le premier jour, la situation était tendue entre l'Assemblée et l'Intendant, commissaire départi.

L'important rapport du bureau de règlement et de comptabilité (p. 276), rédigé par Pezant, est remplacé par cette courte note de la page 123 :

« Nota. Le bureau de la comptabilité s'étoit occupé d'un travail considérable relatif à l'exécution des règlemens et aux erreurs dans lesquelles sont tombées quelques municipalités lors de leur formation ; mais ce rapport ayant exigé quelques changemens délibérés dans les dernières séances de l'Assemblée Provinciale, il n'est parvenu aux députés composant la commission intermédiaire que le 17 décembre, au moment où le procès-verbal devoit être rendu public ; et, ne pouvant en retarder la publication prescrite par les règlemens, on a été forcé de renvoyer l'impression de ce rapport, qui ne pourra plus être inséré que dans le procès-verbal de l'assemblée de 1788 ».

C'est que ce rapport était un véritable programme, plus politique qu'administratif, qui, soumis à l'Assemblée le 3 et le 4 décembre, lui avait paru devoir être remanié comme présentant peut-être un tableau trop exact des difficultés que rencontrait la nouvelle organisation administrative, et comme un tableau trop exact aussi des idées de la noblesse et de la bourgeoisie, sur la capacité civique des populations rurales. On y lit en effet :

« *Et puis, ne le dissimulons pas, fidèles à leur système de conspiration contre tout ce qui n'est pas de leur robe, les habitants des cam-*

---

l. 9, Lyon, destinée provisoirement ; l. 21, Daudé du Monteil ; l. 22, vicaire général du diocèse de. — P. 16, l. 12, seigneur de Chazé et de Bas ; l. 17, seigneur d'Argigny, Charentay et partie de Rogneins. — P. 17, l. 13, châtelain royal ; l. 17, Baffaillon ; l. 18, Desvernay ; l. 19, Grezieu et La Verpilière ; l. 26, premier avocat. — P. 18, *dernière ligne*, il ne s'agit donc plus que de réaliser. — P. 16, l. 45, pères de leurs peuples. — P. 25, l. 25, en présence de leurs commissaires. — P. 31, l. 40, rapport relatif aux élections. — P. 33, l. 34, l'abbé Daudé. — P. 34, l. 16, Mathon des Fougères. — P. 74, l. 38, l'état des répartitions sur les communautés. — P. 256, l. 34, ébauchées dans une partie considérable de leur étendue. — P. 264, l. 37, le répartir, en prescrivant les juges. — P. 266, l. 6, cette forme de rôle formeroit donc ; l. 22, et plus commode pour le collecteur. — P. 271, l. 44, quelle longueur ont-ils ? P. 272, l. 14, quelle longueur ils ont..... — *A la fin du volume, p. 123, on lit :* Avis. Tout particulier qui aura à faire remettre aux députés, syndics ou secrétaires de l'assemblée ou des départements, des lettres ou paquets, voudra bien les faire affranchir, autrement ils ne seroient pas retirés.

pagnes se refuseraient toujours, si on leur en laissait la liberté à s'associer, dans le régime des municipalités, des gens qui ne vivent pas parmi eux et qu'ils regardent comme étrangers. On ne verrait désormais, parmi les députés des paroisses des campagnes appelés à voter pour régénérer les départements, et par degrés les assemblées provinciales, obligées de s'y alimenter, que des villageois presque tous illettrés, incapables pour la pluspart d'avoir et de discuter une opinion, de saisir en grand les aperçus du bien public, ignorants, timides et par là même, en quelque sorte, accessibles à tous les genres de séduction......

A Dieu ne plaise, à beaucoup près, que l'on entende, par un pareil aperçu, déprimer cette classe d'hommes, utile et nourricière, qui, du fruit de ses sueurs et de ses travaux, alimente toutes les autres classes de la société. Il existe sans doute, parmi eux, des âmes honnêtes, loyales et pures, capables de s'élever jusqu'à l'idée du bien public et d'en allier les rapprochements avec l'intérêt privé.

Loin donc d'écarter de nous cette précieuse agrégation, laissons-leur à la longue, le flatteur espoir de figurer un jour dans des assemblées respectables, dans lesquelles ils se verront associés aux premiers ordres de l'état, pour le service commun du prince et de la patrie.

Qu'une pareille distinction devienne, pour ceux qui l'auront méritée, un titre d'illustration qui soit censé le prix de leur probité et de leurs vertus, comme un monument d'honneur pour leur postérité.

Mais on ne saurait se montrer trop sobres et trop circonspects dans le choix et sur le nombre des députés de cet ordre qui sont destinés à nous remplacer.

Communément sollicités par le besoin, uniquement doués, pour la plus part, de cette portion de lumière circonscrite et relative au genre de leurs occupations, entravés par la crainte de déplaire à l'homme puissant qu'ils appréhendent de heurter, à l'homme riche dont ils jalousent et convoitent l'aisance, ligués naturellement contre tout ce qui les humilie et les asservit, combien ne doit-il pas être rare de rencontrer dans cette position d[es] hommes vraiment libres, éclairés, désintéressés, capables de s'élever au-dessus de leurs préjugés et de leurs craintes, propres enfin à combiner comme à motiver une opinion sage dans les résultats de nos assemblées.

L'expérience de tous les temps atteste que l'homme des champs, chargé de la répartition individuelle de l'impôt dans sa communauté, ne s'occupe qu'à faire peser sur l'homme de ville qu'il ne regarde point comme faisant corps avec lui, la masse inégale de l'imposition, pour diminuer d'autant sa contribution proportionnelle » (1).

---

(1) Arch. du Rhône, minute et expédition C. 771 ; cf. pièce XII, p. 276.

C'était, certes là, l'expression des idées de l'assemblée, mais ces idées pouvaient paraître aller à l'encontre du principe même de la nouvelle organisation, qui, n'entrant point dans ces subtilités, exigeait qu'à l'avenir, pour faire partie d'une assemblée de département, on fut membre d'une municipalité et que, pour arriver à l'assemblée provinciale, on eut passé par l'assemblée de département. Par cela même, il devenait dangereux de les exprimer, soit comme blâme à l'adresse des auteurs des règlements, soit à raison de la forte impulsion qui poussait aux réformes toutes les classes de la société, y compris celle-là même qu'on taxait d'incapacité. Aussi peut-on croire que, malgré les nombreuses coupures faites à ce rapport (1), c'est avec moins de regret que de satisfaction que la Commission notifia à Pezant le retard qui empêchait de livrer son travail à l'impression (2). Toujours est-il que, par manque de courage dans son opinion, ou fausse, ou trop hardiment exprimée, elle s'effaçait ainsi elle-même volontairement, comme elle est restée depuis effacée pour les historiens.

L'histoire de l'Assemblée Provinciale de la généralité de Lyon n'est, en effet, connue que dans ses grandes lignes : sa convocation, sous la présidence de l'archevêque académicien Malvin de Montazet, ami de l'académicien Thomas ; ses conflits avec l'intendant Terray et pour les questions d'étiquette et pour la publication de ses procès-verbaux ; ses difficultés avec le Consulat de Lyon, au sujet des vingtièmes et du local qui devait lui être assigné ; l'organisation des secours à

---

(1) Non seulement la plus grande partie du passage cité, mais toute la fin du rapport avait été supprimée. V. pp. 284-298.

(2) MM. les procureurs généraux syndics à M. Pezant. 24 décembre 1787. — M., nous avons l'honneur de vous prévenir que votre rapport sur les règlements ne pourra pas être inséré dans le procès-verbal de la dernière séance. La commission intermédiaire a observé qu'aux termes des instructions du 31 octobre, ce travail, comme celuy de l'assemblée devroit être communiqué aux ministres, quinzaine avant la publication de l'impression du procès verbal, et votre rapport, Monsieur, ne nous étant parvenu que lundy, 17 de ce mois, la Commission Intermédiaire n'a pu l'examiner que le 21, jour de la séance, et, à cette époque, le délai de quinzaine, depuis la clôture de l'assemblée, étant expiré, nous ne pouvions différer plus longtemps la publication du procès-verbal qui paroit aujourd'huy. C'est avec un véritable regret, M., que la Commission Intermédiaire s'est vue forcée, par le texte précis de ses instructions, de priver le public, pour ce moment, d'un travail aussi essentiel. Nous avons l'honneur d'être. (*Arch. du Rhône, C. 775, p. 24*).

domicile par la Commission Intermédiaire et l'arrestation du procureur syndic Barou du Soleil (1).

Chacun de ces points pourtant eut mérité d'être mis en valeur; l'ouverture de l'assemblée, avec les questions de préséance qui se soulèvent : les luttes d'influence ou d'orgueil, les déclarations des membres du tiers sur les privilèges de noblesse à conserver ou à acquérir, permettrait de donner un intéressant tableau de la société lyonnaise. Les conflits avec l'intendant (les intendants, représentants du roi, étaient, pour la noblesse, de petites gens avec lesquels il était désagréable de frayer) permettraient, comme il a été constaté (2), de singuliers rapprochements avec l'époque actuelle. Cette organisation des secours pour les ouvriers réduits à la misère par le chômage de la soierie suffirait à elle seule pour appeler l'attention sur les délibérations de la Commission Intermédiaire, et on peut dire que ces délibérations sont non seulement restées inédites, mais qu'elles ont été à peine utilisées. Quant aux difficultés avec le Consulat, si elles s'expliquent d'elles-mêmes dans une grande ville jalouse de son autonomie administrative, elles ne fournissent pas moins des détails précieux sur l'histoire de Lyon et sur le grand mouvement qui se préparait; pour s'en convaincre, il suffit de lire la lettre adressée le 16 octobre 1787, par les procureurs syndics au Contrôleur général, lettre dans laquelle on trouve déjà, prêtée au Consulat, l'idée de la main mise sur les biens du clergé :

Lettre de MM. les Procureurs Syndics à M. le Contrôleur Général.

Monseigneur,

La Commission Intermédiaire nous a chargés d'avoir l'honneur de vous adresser ses observations sur les différentes propositions de MM. les prévôt des marchands et échevins relativement aux choix d'un local convenable pour tenir les séances de l'assem-

---

(1) Cf. Léonce de Lavergne. *Les assemblées provinciales sous Louis XVI*, deuxième édition. Paris, Calmann Lévy 1879. — A. Metzger, *A la veille de la Révolution*, Lyon, de 1778 à 1788, Lyon, Georg.
(2) L. de Lavergne, l. c.

blée provinciale, et celles des départements également convoqués à Lyon.

Dans l'indispensable nécessité d'assigner un local à ces assemblées, trois édifices publics nous ont paru propres : l'Hôtel-de-Ville, la Loge des Changes et l'hôtel du Concert. Ils ont été généralement indiqués comme les seuls convenables, et cependant le Consulat en s'exagérant les inconvénients qu'il y trouve les présente comme des obstacles insurmontables.

Nous n'ignorons point que les grandes salles de l'Hôtel-de-Ville ont une destination publique qu'on ne peut pas changer et que les logements sont en plus grande partie consacrés à l'habitation particulière de deux officiers perpétuels du corps municipal, des différents secrétaires et de quelques subalternes ; mais, au rez-de-chaussée de l'aile gauche de ce vaste édifice se trouve un très grand appartement qui suffiroit peut-être à l'établissement de l'Assemblée Provinciale, à celui des deux départements et de tous les bureaux qui en dépendent. Ce logement, qui est décoré avec décence, a longtemps été celui du prévôt des marchands, mais, depuis M. le marquis de Bellecize, aucun de ses successeurs ne l'a habité, et le Consulat en a donné la jouissance à un ancien échevin peu riche, mais qu'on pourroit dédommager si sa position l'exige.

Ce n'est donc pas, Mgr, comme la lettre du Consulat l'annonce, dans la conviction de l'impossibilité de placer l'assemblée à l'Hôtel-de-Ville que nous n'avons pas insisté pour l'obtenir ; mais, trouvant dans l'hôtel du Concert un local également convenable, nous nous sommes empressés de le demander, pour déférer autant qu'il était en nous à l'opinion du Consulat.

C'est par une suite des mêmes égards que nous n'avons point indiqué la loge des Changes, et quelque importance que le Consulat cherche à lui donner, il est de fait que dans les circonstances, ce bâtiment est plus incommode qu'utile au commerce. A l'époque de sa construction, les négociants les plus considérables habitoient le quartier où il est situé, mais depuis que le commerce s'est porté en entier aux Terreaux et sur le quai de St-Clair, l'obligation de se rendre à la loge aux époques des quatre payements est regardée comme un assujétissement pénible pour les négociants qui tous en sont très éloignés. On peut assurer qu'il n'est aucun d'eux qui ne préférât de voir la grande salle de l'Hôtel-de-Ville employée aux virements qui sont particuliers à la place de Lyon et destinée enfin à faire le change, comme il se fait chaque jour sur la place, dans les cafés des Terreaux. Mais la vraie considération qui a détourné l'assemblée de ses premières idées sur la loge des Changes, c'est la dépense qu'auroit entraîné la distribution intérieure de ce bâtiment pour y recevoir l'Assemblée Provinciale et c'est ce motif puissant qui a fait préférer l'hôtel du Concert ; l'assemblée étoit loin de penser que le Consulat trouveroit impossible de lui en abandonner la jouissance.

Quelqu'intérêt d'agrément que cet établissement du Concert ait pu avoir autretois pour les amateurs qui le formèrent, cet intérêt pourroit-il balancer celui que doit inspirer à tous les citoyens le bienfait signalé que le roi vient d'accorder à cette province ? et le Consulat, qui paroit en sentir tout le prix, ne s'honoreroit-il pas en s'empressant de le fixer dans nos murs !, mais nous devons nous borner à répondre à ses objections.

Les prévôt des marchands et échevins conviendront que depuis nombre d'années le concert a cessé (il y a prez de 20 ans), qu'on a tenté plusieurs fois de le rétablir, mais toujours vainement ; les amateurs devenus plus difficiles ne sont ni assès riches, ni assès nombreux pour en faire les fonds, et le nouveau plan dont s'occupe le Consulat et que le public ignore, échouera toujours contre le double écueil que présentent le changement de goût et l'insuffisance des moyens.

Les concerts spirituels qu'on dit avoir lieu dans la quinzaine de Pâques, sont très rares et presque toujours déserts ; les seuls qu'on puisse citer ont été donnés dans la salle ordinaire des spectacles. A l'égard des virtuoses étrangers, ils sont obligés de donner le quart franc de leur recette à la direction des spectacles pour obtenir la permission d'afficher à leur bénéfice, ils préfèrent la salle du spectacle comme plus spacieuse et susceptible d'une variété de prix qui convient mieux au plus grand nombre des auditeurs. Mais cela fût-il autrement, ne seroit-il pas étonnant que la ville de Lyon réservât un hôtel pour y faire entendre un joueur d'instruments ou un chanteur quelconque et n'en eut point pour les assemblées qui traitent des plus grands intérêts de la province et de la cité ? Quant à la bibliothèque du Concert, le Consulat en estime la valeur sur une vieille tradition qui s'est transmise jusqu'à nous, mais pour l'apprécier, il suffira de dire que la partition de Titon et l'Aurore est la dernière acquisition de ce dépôt célèbre.

Enfin, si, en 1764, le roi excepta l'hôtel du Concert ainsy que la loge des Changes, de la vente générale des immeubles de la ville, ce fut parce que la loge avoit, comme elle l'a encore, une utilité apparente et si le concert n'étoit pas en activité, il avait au moins une sorte d'existence.

Mais, si le Consulat refuse à l'Assemblée Provinciale tous les édifices publics dont il pourroit disposer, il a bien voulu s'occuper du soin de lui en indiquer plusieurs dans différentes communautés religieuses ; il nomme les couvents des Carmes, des Dominicains, des Cordeliers. En supposant qu'il fut possible de trouver dans l'une de ces maisons un local disponible et commode, nous ne pensons pas qu'il fut ni convenable de faire d'un monastère le siège d'une assemblée de province, ni juste de s'emparer d'une propriété qui, quoique particulière à une communauté, doit être aussi respectée que toutes les autres.

On a également une chapelle, nommée autrefois la congrégation des Messieurs, dépendante de la maison de l'Oratoire. Cette chapelle superbement décorée, est située sous le bâtiment du vaisseau de la bibliothèque publique. Son entrée est sous une voûte assez étroite, elle est isolée, sans aucune dépendance et aucun des ornements qui la décorent ne peut être employé à l'objet de l'assemblée ; elle sert d'ailleurs à l'éducation religieuse des écoliers de cette pension célèbre et toutes ces considérations suffisent pour démontrer que sous aucun rapport, ce local ne peut convenir à l'assemblée.

Le bâtiment des chanoines réguliers de St-Antoine et celui des Célestins ont aussi été proposés par le Consulat ; mais le premier appartient à l'ordre de Malthe et le second à une compagnie d'actionnaires qui a spéculé sur cet emplacement, l'un et l'autre sont en location, il faudroit les louer, les disposer à grand frais et dépendre à chaque renouvellement de bail des intérêts et même des caprices des propriétaires, ces bâtiments d'ailleurs sont actuellement en vente.

Le Consulat, qui a prévu sans doute que ces inconvénients feroient renoncer à toute idée de location, a proposé de faire acheter un hôtel par l'Assemblée Provinciale et il a plus particulièrement désigné comme propre à cet objet, celui qui dépend de la succession de M. Catalan ; mais, indépendamment de toutes les objections qu'on pourroit faire contre cette idée, la Commission Intermédiaire croiroit mériter les justes reproches du roi et de la province si le premier acte de son administration étoit de voter pour une acquisition dont le prix accroîtroit les charges publiques, tandis qu'une sévère économie doit être la baze de toutes ses opérations.

Les citoyens de la ville de Lyon, dont le Consulat paroît craindre les réclamations, si l'hôtel du Concert étoit abandonné à l'administration provinciale, auroient de bien plus justes motifs de plaintes, si, au lieu de céder un édifice devenu à jamais inutile à sa première destination, on les exposoit à une contribution nouvelle pour une acquisition superflue. Cette contribution les grèveroit d'autant plus que pour être répartie avec justice, elle le seroit en raison de toutes les autres impositions et la ville de Lyon, par sa population, par son industrie, par les immeubles enfermés dans son enceinte, par ceux que ses habitants possèdent au dehors, supportant presque le tiers des impôts payés par la province, elle seroit obligée de fournir une très grande partie du prix de l'acquisition et de la construction d'un hôtel pour l'assemblée.

Ces réflexions, Mgr, dictées par un zèle sincère pour les intérêts de la ville de Lyon et de la province, font espérer à la Commission Intermédiaire que vous voudrés bien les prendre en considération, ainsy que le mémoire qu'elle a eu l'honneur de vous adresser, le 2 octobre, pour solliciter la jouissance de l'hôtel du Concert, et, à cet égard, Mgr, notre demande, bornée à la jouissance, doit calmer les inquiétudes du Consulat sur l'aliénation qu'il redoute.

Nous sommes avec respect (1).

Ce document est certainement curieux, mais les délibérations elles-mêmes, soit de l'assemblée, soit de sa commission, bien que d'une rédaction plus que sommaire (2), par prudence ou par ordre, pourront fournir nombre de faits d'une importance pour le moins égale.

Il est intéressant de constater le dépôt des ouvrages de statistique de Messance, contrôleur des tailles à St-Etienne; les efforts de l'abbé Rozier pour la création d'un cours d'arboriculture; la suite donnée aux travaux de réunion de la Saône à la Loire, par un canal latéral à l'Azergue et au Rheins; mais il ne faut point oublier non plus que l'assemblée provinciale avait dans ses attributions les questions de répartition des impôts, partant de dégrèvement, de décharge et de secours aux pères de nombreuses familles; qu'à cette occasion elle était en rapports constants avec les six départements et bureaux intermédiaires de la Ville de Lyon et Franc-Lyonnais, du Lyonnais, de Villefranche, Roanne, Montbrison et Saint-Etienne, et avec les municipalités; qu'elle luttait avec ces dernières contre les prétentions des bureaux des finances, des élections, des justices seigneuriales, qu'elle les conseillait, les dirigeait, accueillait leurs vœux qu'elle transmettait aux ministres, parfois en termes très fermes, bien que mesurés. Partant

(1) Arch. du Rhône, C. 775, p. 12.
(2) Les copies de lettres de la Commission et les registres des départements permettent heureusement de suppléer à cette concision. Cf. Inventaire sommaire, C. 770-838.

son influence, qui s'étendait de l'organisation des municipalités aux travaux des routes et à la surveillance des cantonniers, doit être comptée pour quelque chose dans l'origine des faits et dans le germe des idées qui ont amené Lyon à jouer le rôle que l'on sait, pendant la Révolution. Aussi peut-on dire, sans même faire le rapprochement des noms des administrateurs de 1787, 1790 et 1793, que ses délibérations sont la préface nécessaire de celles du Conseil Général et de la Commission Populaire Républicaine et de Salut Public de Rhône-et-Loire.

G. G.

PROCÈS-VERBAUX

DES SÉANCES

DE

L'ASSEMBLÉE PROVINCIALE

DE

LA GÉNÉRALITÉ DE LYON

SESSION PRÉLIMINAIRE

1787

17-21 Septembre

L'an mil sept cent quatre-vingt-sept, le lundi dix-septième jour du mois de septembre, à neuf heures du matin, dans une des salles du palais archiépiscopal de Lyon, proposée par Monseigneur l'archevêque et choisie provisoirement pour le lieu de l'assemblée de l'administration provinciale, ordonnée par le règlement arrêté par le Roi, le 30 juillet 1787, messieurs les députés ont mis sur leur bureau leurs lettres de convocation pour la tenue de la première assemblée, qui a été reconnue être ainsy composée, savoir :

Monseigneur de Malvin de Montazet, archevêque et comte de Lyon, Primat de France, président.

Pour l'Ordre du Clergé.

M. Jean-Antoine de Castellas, doyen de l'église, comte de Lyon.

M. Pierre-Jean-Charles de Malvin de Montazet, abbé de Fontenay, prieur de Salles, vicaire général du diocèze de Lyon.

M. Jean-Philibert de La Chapelle, chanoine de l'église, baron de St-Just, vicaire général du diocèse de Lyon.

M. Jean-Louis Fulchiron, doyen du chapitre de St-Chamond.

Pour l'Ordre de la Noblesse.

M. Camille, marquis d'Albon, seigneur de St-Forgeux et de St-Marcel.

M. Jean-Baptiste-Espérance, comte de Laurencin, chevalier de l'ordre royal et militaire de St-Louis, seigneur de Chanzé et de Bas.

M. Jean-Baptiste de Charrier, baron de La Roche, seigneur de Chenas et de St-Jacques des Arrêts.

M. Claude-Palamede-Antoine, comte de Thelis, capitaine aux Gardes Françoises, seigneur de Cleppé-en-Forez.

M. Jean-Baptiste Bernou, baron de Rochetaillée, capitaine de cavalerie.

Pour les députés des villes et campagnes représentant le Tiers-Etat.

M. Jean-François Pezant, avocat en parlement, ancien maire et propriétaire à Villefranche.

M. Durand-Antoine Demeaux, écuyer, seigneur de St-Just-en-Chevalet et du Refi, lieutenant-général, juge domanial au bailliage de Montbrison, sénéchaussée de Roanne et de St-Etienne y exercés, président au présidial subsistant audit bailliage.

M. Pierre Verdat, seigneur de Sure, Cordieu et du Cazot, syndic général du Franc-Lyonnois.

M. François Jovin, secrétaire-greffier du point d'honneur, propriétaire à St-Etienne.

M. Pierre-Antoine Barou, chevalier, seigneur du Soleil, procureur général honoraire en la Cour des Monnoies de Lyon, propriétaire à Lyon.

M. Camille Dugas, secrétaire du Roi, maison, couronne de France, propriétaire à St-Chamond.

M. Jean-Antoine de Ramey de Sugny, chevalier, seigneur de Souternon et Ogerolles, propriétaire à St-Just-en-Chevalet.

L'assemblée étant formée, Messieurs ont pris séance dans l'ordre qui suit :

Monseigneur l'Archevêque, Président, dans un fauteuil au fond de la salle,

Messieurs du clergé, à sa droite, suivant l'ordre observé dans leur séance,

Messieurs de la noblesse, à sa gauche, suivant leur âge.

Messieurs les députés des villes et campagnes ont provisoirement adopté le même ordre, attendu que celui prescrit par l'art. 20 du règlement du 30 juillet, titre 2, ne peut encore être suivi, les contributions des différentes paroisses n'étant pas suffisamment connues, sous la réserve expresse que les rangs et séances assignés à MM. les propriétaires représentant le Tiers-Etat, ne pourront néanmoins, dès à présent et pour l'avenir, préjudicier aux qualités et titres par eux pris, ni être considérés comme une dérogation aux droits et prérogatives qui y sont attachés.

La séance ainsi disposée, Monseigneur l'archevêque, président, a proposé M. Pélissier pour remplir provisoirement les fonctions du secrétaire-greffier, ce qui a été agréé par l'assemblée.

Monseigneur l'archevêque, président, a fait faire lecture de l'édit du mois de juin dernier, portant création d'assemblées provinciales (1). L'assemblée a arrêté qu'il sera déposé dans ses archives et imprimé à la suite du procès-verbal.

Monseigneur l'Archevêque a dit ensuite que les intentions de Sa Majesté, relativement à cette province, devant être notifiées à l'assemblée d'une manière particulière et solennelle par M. Terray, intendant de cette généralité, il pensoit qu'on ne devoit s'occuper d'aucun objet avant son arrivée. Il a invité M. l'abbé de Montazet et M. Barou du Soleil à se rendre à l'hôtel de l'Intendance, pour prévenir M. le Commissaire départi que l'assemblée étoit formée et disposée à le recevoir. Il a ajouté qu'il ne doutoit pas que l'assemblée ne s'empressât de rendre à M. le commissaire départi les honneurs dus à son caractère et à sa mission et il a invité M. l'abbé de La Chapelle,

(1) *Édit du roi portant création d'assemblées provinciales, donné à Versailles, au mois de juin 1787, régistre en Parlement, le vingt-deux juin mil sept cent quatre-vingt-sept.*

Louis, par la grace de Dieu, Roi de France et de Navarre, à tous présents et à venir, salut. Les heureux effets qu'ont produit les administrations provinciales établies par forme d'essay dans les provinces de Haute Guyenne et de Berry, ayant rempli les espérances que nous en avions conçues, nous avions jugé qu'il étoit temps d'étendre le même bienfait aux autres provinces de notre Royaume, nous avions été confirmé dans cette résolution par les délibérations unanimes des Notables que nous avons appelés auprès de nous, et qui, en nous faisant d'utiles observations sur la forme de cet établissement, nous ont supplié avec instance de ne pas différer à faire jouir tous nos sujets des avantages sans nombre qu'il doit produire. Nous déférons à leur vœu avec satisfaction ; et, tandis que par un meilleur ordre dans les finances, et par la plus grande économie dans les dépenses, nous travaillerons à diminuer la masse des impôts, nous espérons qu'une institution bien combinée en allégera le poids par une plus exacte répartition et rendra facile l'exécution des plans que nous avons formés pour la félicité publique. A ces causes et autres à ce nous mouvant, de l'avis de notre Conseil et de notre certaine science, pleine puissance et autorité royale, nous avons, par notre présent édit perpétuel et irrévocable, dit, statué et ordonné ; disons, statuons et ordonnons, voulons et nous plait ce qui suit :

ARTICLE PREMIER.

Il sera, dans toutes les provinces de notre Royaume où il n'y a point d'Etats provinciaux et suivant la division par nous déterminée, incessamment établi une ou plusieurs assemblées provinciales et suivant que les circonstances locales l'exigeront, des assemblées particulières de districts et de communauté, et pendant les intervalles de la tenue desdites assemblées, des commissions intermédiaires, les unes et les autres composées d'aucuns de nos sujets des trois ordres payant les impositions foncières ou personnelles dans les dites provinces, districts et communautés, et ce dans le nombre qui sera par nous fixé proportionnellement à la force et à l'étendue desdites provinces, districts et communautés, sans néanmoins que le nombre des personnes choisies dans les deux premiers ordres surpasse le nombre des personnes choisies pour le Tiers Etat, et les voix seront recueillies par tête alternativement entre les membres des différens ordres.

ART. 2.

Lesdites assemblées provinciales seront par elles-mêmes, ou par les assemblées, ou commissions qui leur seront subordonneés, chargées sous notre autorité et celle de notre Conseil, de la répartition et assiette de toutes les impositions foncières et personnelles, tant de celles dont le produit doit être porté en notre trésor royal, que de celles qui ont ou auront lieu pour chemins, ouvrages publics, indemnités, encouragemens, réparations d'églises et de presbytères et autres dépenses quelconques propres auxdites provinces, ou aux districts et communautés qui en dépendent. Voulons que lesdites dépenses, soit qu'elles soient communes auxdites provinces, soit qu'elles soient particulières à quelques districts ou communautés, soient, suivant leur nature, délibérées ou suivies, approuvées ou surveillées par lesdites assemblées provinciales, ou par les assemblées ou commissions qui leur seront subordonnées, leur attribuant, sous notre autorité et surveillance, ainsy qu'il sera par nous déterminé, tous les pouvoirs et facultés à ce nécessaires.

M. le comte de Laurencin, M. Pezant et M. Demeaux à se charger de la députation. MM. les députés, avertis de l'arrivée de M. le commissaire départi, sont allés le recevoir au haut de l'escalier du Palais archiépiscopal, et il est entré dans la salle d'assemblée, ayant à sa droite M. l'abbé de La Chapelle, à sa gauche M. le comte de Laurencin, et accompagné de MM. Pezant et Demeaux. L'assemblée s'est levée à l'arrivée de M. le commissaire départi qui, conformément aux ordres du Roi communiqués à l'assemblée, a pris séance dans un fauteuil, en face de M. le Président, et a prononcé un discours dans lequel il a manifesté les intentions du Roi, ses vœux personnels pour le succès de cet établissement et ses sentimens pour l'assemblée ainsy que pour Monseigneur l'Archevêque qui la préside. Monseigneur l'Archevêque, président, a répondu par un autre discours, dans lequel il a exprimé la vive et respectueuse reconnoissance dont sont pénétrés tous les membres de l'assemblée, le zèle qui les anime pour remplir

ART. 3.

Les procureurs syndics qui seront établis près de chacune desdites assemblées provinciales et de districts, pourront, en leurs noms et comme leurs représentants, présenter toutes requêtes, former toutes demandes, et introduire toutes instances pardevant les juges qui en doivent connoître, et même intervenir dans toutes les affaires générales ou particulières qui pourront intéresser lesdites provinces ou districts, et les poursuivre au nom desdites assemblées, après toutefois qu'ils y auront été autorisés par elles ou par les commissions intermédiaires.

ART. 4.

La présidence desdites assemblées et commissions intermédiaires, sera toujours confiée à un membre du clergé ou de la noblesse, et elle ne pourra jamais être perpétuelle.

ART. 5.

Il sera loisible auxdites assemblées provinciales de nous faire toutes représentations et de nous adresser tels projets qu'elles jugeront utiles au bien de nos peuples, sans cependant que, sous prétexte lesdites représentations ou projets, l'assiette et le recouvrement des impositions établies, ou qui pourront l'être, puissent, à raison desdites représentations ou projets, éprouver aucun obstacle ni délai. Voulons dès à présent qu'il y soit, audit cas, procédé dans la forme actuellement existante.

ART. 6.

Nous nous réservons de déterminer, par des règlemens particuliers, ce qui regarde la première convocation desdites assemblées, leur composition et celle des commissions intermédiaires, ainsy que leur police et tout ce qui peut concerner leur organisation et leurs fonctions, et ce, conformément à ce qui a été prescrit par ces présentes, et à ce que pourront exiger les besoins particuliers, coutumes et usages desdites provinces.

Si donnons en mandement à nos amés et féaux conseillers les gens tenant notre Cour de Parlement, à Paris, que notre présent édit ils ayent à faire lire, publier et registrer, et le contenu en icelui garder, observer et exécuter selon sa forme et teneur, car tel est notre plaisir, et afin que ce soit chose ferme et stable à toujours ; nous y avons fait mettre notre scel. Donné à Versailles au mois de juin, l'an de grâce mil sept cent quatre-vingt-sept, et de notre règne le quatorzième. Signé : Louis, et plus bas : par le Roi, le baron de Breteuil, visa, de Lamoignon. Vu au conseil, Laurent de Villedeuil. Et scellées du grand sceau de cire verte en lacs de soye rouge et verte.

Registré, ouï et ce requérant le procureur général du Roi, pour être exécuté selon sa forme et teneur; et copies collationnées dudit édit envoyées aux bailliages et sénéchaussées du ressort, pour y être lû, publié et registré, enjoint aux substituts du Procureur Général du Roi esdits sièges, d'y tenir la main et d'en certifier la Cour dans le mois, et sera le seigneur Roi très humblement supplié de vouloir bien compléter son bienfait et en assurer la stabilité, en adressant à ses cours les règlemens particuliers que ledit seigneur Roi se réserve de faire par l'article VI du présent édit, pour y être vérifiés en la forme ordinaire, suivant l'arrêt de ce jour. A Paris, en Parlement, toutes les chambres assemblées, les Princes et Pairs y séant, le vingt-deux juin mil sept cent quatre-vingt-sept. Signé : Le Bret.

les intentions de Sa Majesté et leurs sentiments personnels pour M. le Commissaire départi. M. le Commissaire départi s'est retiré et a été reconduit avec les mêmes honneurs et par les mêmes députés qui étoient allés le recevoir.

MM. les députés étant rentrés, l'assemblée, pénétrée de reconnoissance pour les bienfaits accordés par le Roi à ses provinces, a prié Mgr l'Archevêque, président, d'être auprès du trône l'interprête et l'organe de ses sentiments; il a été également prié d'écrire, au nom de l'assemblée, à monsieur le baron de Breteuil, ministre et secrétaire d'état de cette province, et à Monsieur de Lambert, contrôleur général des finances.

L'assemblée a arrêté de déposer dans ses archives les lettres que les membres qui la composent ont adressées, le 9 de ce mois à M. l'archevêque de Toulouze, à M. le baron de Breteuil, à M. le duc de Nivernois et à M. de Lambert, ainsy que les réponses qu'ils ont reçues de ces ministres et elle a invité MM. les commissaires qui seront ci-après nommés de projetter une lettre au nom de l'assemblée à M. l'archevêque de Toulouze, ministre principal, et d'y exprimer la reconnoissance que lui doit l'assemblée pour sa réponse obligeante que ce ministre a adressée à MM. les députés, en la personne de M. de Castellas, doyen du chapitre.

Mgr l'Archevêque, président, a dit que, pour se conformer au règlement du 30 juillet dernier, l'assemblée devoit procéder à la nomination de deux procureurs généraux syndics, dont un sera choisi parmi les représentants du clergé et de la noblesse, et l'autre parmi les propriétaires représentant le Tiers-Etat. Après le scrutin, ouverture et vérification faite des billets par MM. l'abbé Fulchiron et Jovin, les suffrages se sont réunis en faveur de M. le baron de La Roche, pour les ordres du clergé et de la noblesse et M. Barou du Soleil, pour les propriétaires des villes et paroisses; M. le baron de La Roche et M. Barou du Soleil ont remercié l'assemblée de ce témoignage d'estime et de confiance.

On a procédé ensuite, par la même voie du scrutin, à la nomination du secrétaire greffier et M. Boscary, licencié-ès-droits a réuni les suffrages.

Mgr l'Archevêque président, a informé l'assemblée que cinq des personnes nommées par le Roi pour être membres de cette assemblée, lui avoient envoyé leur démission; savoir, M. de Fétan, M. de Livron, M. de Champvieux, M. Vincent et M. Vaivolet; que M. l'archevêque de Toulouze, à qui il en avoit fait part, lui avoit répondu que l'intention du Roi étoit que l'assemblée procédât à leur remplacement, ainsy qu'à la nomination des vingt-deux membres qui doivent la completter; et, pour justifier de ce pouvoir, la lettre de M. l'archevêque de Toulouze a été déposée aux archives. Mais, avant d'aller au scrutin, il a été proposé de déterminer si les personnes d'une même famille ou d'un même corps pouvoient être élues. La matière mise en délibération, l'assemblée a arrêté, sous le bon plaisir de Sa Majesté, de ne point nommer, pour la même assemblée, les deux frères, le père et le fils, le beau-père et le gendre, ainsy que deux membres d'un même corps; que néanmoins elle croyoit pouvoir faire une exception en faveur du chapitre de l'église primatiale, à raison de l'importance de ses propriétés, de manière cependant que cette exception n'ait lieu que pour l'assemblée générale, dans laquelle deux chanoines de l'église cathédrale pourront être admis, elle a délibéré aussi que le présent arrêté seroit communiqué aux assemblées de département, avec invitation de s'y conformer, dans les élections dont elles sont chargées.

L'assemblée a procédé ensuite, par la voie du scrutin, à la nomination des vingt-neuf membres qui doivent completter l'assemblée provinciale et remplacer ceux qui ont été nommés syndics. Le scrutin ouvert, et les billets vérifiés par MM. l'abbé Fulchiron et Jovin, les suffrages se sont réunis sur les personnes ci-après nommées, savoir :

POUR LE CLERGÉ

Département du Lyonnois.

M. l'abbé de Boissieu, chanoine de St-Paul.

Département de Villefranche.

M. l'abbé Dessertine, doyen du chapitre de Villefranche.

Département de Roanne.

M. l'abbé de Clugny de Thenissey, grand custode de l'église, comte de Lyon.

M. l'abbé Daudet, prieur de Régny.

Département de Montbrison.

M. l'abbé Grezolles, prieur de St-Rambert.

Département de St-Etienne.

M. l'abbé du Dupelloux de La Villette, chanoine de St-Pierre-de-Vienne.

POUR LES SEIGNEURS DE PAROISSES REPRÉSENTANT LA NOBLESSE

Département de la ville de Lyon et du Franc-Lyonnois.

M. le marquis de Grollier.

Département du Lyonnois.

M. le comte de Chaponai, seigneur de Morancé.

Département de Villefranche.

M. le marquis de Monspey, lieutenant des gardes du corps, seigneur de Charantay.

M. le marquis de la Roche-Tullon, mestre de camp de cavalerie, seigneur des Ardillats.

Département de Roanne.

M. le comte du Bourg, seigneur de St-Polgue.

Département de Montbrison.

M. le marquis de Luzy Couzan, seigneur de Chalain.

Département de St-Etienne.

M. le baron de Feugerolles, seigneur du Chambon.

POUR LES PROPRIÉTAIRES DES VILLES ET CAMPAGNES REPRÉSENTANT LE TIERS-ÉTAT

Département de la ville de Lyon et Franc-Lyonnois.

M. Millanois, premier avocat du Roi, en la sénéchaussée et siège présidial de Lyon.

Département du Lyonnois.

M. Valous fils, chevalier, seigneur du fief de La Proty, paroisse de Vaugnerai.
M. Chirat, ancien échevin, propriétaire à Souzy.
M. Goudart l'aîné, négociant, propriétaire à St-Cyprien.
M. de Gérando, propriétaire à Givors.

Département de Villefranche.

M. Clerjon, conseiller en la sénéchaussée de Villefranche, propriétaire à Pomiers.
M. Desvernay, écuyer, seigneur de Grezieu-Souvigny, propriétaire à St-Symphorien-de-Lay.
M. Dumas, receveur du grenier à sel, propriétaire à Beaujeu.

Département de Roanne.

M. Basset, propriétaire à St-Romain-la-Motte.
M. Chassain, juge et propriétaire à St-Germain-Laval.
M. Teillard de Tigny, juge et propriétaire à Charlieu.

Département de Montbrison.

M. Durosier, chevalier, propriétaire à Montbrison.
M. Boyer du Moncel, chevalier, propriétaire à St-Bonnet-le-Château.
M. Barrieu, avocat, propriétaire dans l'élection.

Département de St-Etienne.

M. Deschamps fils, écuyer, avocat, propriétaire à Condrieu.
M. Mathon-Desfougères, écuyer, procureur du Roi au bailliage et propriétaire à Bourg-Argental.

Mgr l'Archevêque a dit que l'assemblée étant dans le cas de faire imprimer plusieurs mémoires ou procès-verbaux, il étoit nécessaire de faire choix d'un imprimeur. Le sieur Aimé de La Roche a été nommé et autorisé à prendre la qualité d'imprimeur de l'administration provinciale.

M. l'abbé de Montazet a été prié de célébrer, demain mardi, la messe du Saint-Esprit.

M. l'abbé de La Chapelle, M. le baron de La Roche, M. Barou du Soleil et M. Pezant ont été nommés pour présider à la rédaction du procès-verbal.

La séance a été ensuite indiquée par Mgr l'Archevêque à demain, 18 septembre, à onze heures du matin.

Fait et arrêté à Lyon, ledit jour 17 septembre 1787 (1).

Dans l'assemblée tenue ce jourd'huy 17 septembre 1787, dix heures du matin, pour la formation de l'Assemblée Provinciale de la Généralité de Lyon, en conséquence du règlement du 30 juillet dernier et des ordres du Roi adressés à Mgr l'Archevêque de Lyon, ainsy qu'aux députés des trois ordres qui la composent, suivant le procès-verbal de ce jour, qui sera rédigé séparément et rendu public (2).

(1) *Le procès verbal imprimé, Lyon, Aimé de La Roche 1787* porte les signatures : † Ant., arch. de Lyon *et* Pélissier.

(2) Cette délibération est inscrite dans le manuscrit à la fin de la session, page 31 ; elle existe en original aux archives du Rhône, série C, dossier 771, original daté par erreur du 17 août.

M. Terray, intendant de Lyon, lors de l'ouverture faite par lui de cette assemblée, a laissé sur le bureau le discours qu'il a prononcé, plus les expéditions en forme de deux règlements de S. M., l'un du 30 juillet, l'autre du 5 août dernier, et a déclaré que l'intention du Roi est que ces deux expéditions soient déposées dans le greffe de l'assemblée. M. l'Intendant retiré, lecture faite du règlement du 5 août, l'assemblée a vu avec peine qu'il renferme plusieurs dispositions opposées à l'édit du mois de juin dernier, portant création des assemblées provinciales, qu'il blesse les loix qui règlent dans l'état l'ordre des rangs et séances, qu'il offre des obstacles capables de gêner la liberté qu'exigent les fonctions confiées à l'assemblée et qui peuvent nuire aux heureux effets qui doivent en résulter pour ces provinces. L'assemblée, en recevant ce règlement des mains de M. le Commissaire départi, croit donc ne pouvoir se dispenser d'adresser à Sa Majesté de respectueuses représentations sur les inconvénients qu'il présente.

Le Roi a daigné annoncer qu'il écouteroit avec bonté les observations que lui feroient les assemblées provinciales sur les règlements provisoires qui leur ont été adressés; l'assemblée ose donc espérer que S. M. voudra bien accueillir ses respectueuses représentations, mais le procès-verbal de ses premières séances devant, au terme du règlement du 30 juillet, être livré à l'impression et rendu public. L'assemblée a pensé que, dans un moment où tous les habitants de ces provinces se livrent à l'expression de la plus vive reconnoissance, il étoit de sa sagesse de ne donner aucune publicité à ses réclamations, d'offrir enfin au gouvernement une preuve de son respect et de sa soumission et donner en même tems à M. le Commissaire départi un témoignage des égards qu'elle a pour son caractère et pour sa personne. Par ces considérations, il a été arrêté : 1° qu'il sera incessamment adressé à S. M. de très-respectueuses représentations sur le règlement du 5 août et, à cet effet, MM. l'abbé de La Chapelle, le baron de La Roche, Pezant et Barou du Soleil sont priés de les rédiger; 2° que le discours de M. l'Intendant, ainsy que la présente délibération, ne seront point insérés dans le procès-verbal destiné à l'impression, 3° que, dans le procès-verbal imprimé, ne sera faite aucune mention du règlement du 5 août, ni des représentations de l'assemblée et que la présente délibération sera seulement transcrite sur le registre; 4° que Mgr le Président est prié d'adresser au ministre du département, à M. le Contrôleur général, une expédition en forme des présentes et des représentations de l'assemblée, ainsi que la copie du discours de M. l'Intendant et de la réponse qu'il lui a faite ; arrêté, enfin, que MM. les Procureurs sindics, après la clôture de l'assemblée, remettront à M. l'Intendant une copie du présent procès-verbal, avec copie des représentations.

Fait et clos, ledit jour, dix-sept septembre mil sept cent quatre-vingt-sept, et ont signé.

† Ant., archevêque de Lyon; l'abbé de Castellas, doyen, comte de Lyon; l'abbé de Montazet, l'abbé de La Chapelle, Fulchiron, le marquis d'Albon, le comte de Laurencin, le comte de Thelis, le baron de Rochetaillée, le baron de La Roche, Pezant, de Meaux, Verdat de Sure, Jovin, Camille Dugas, de Ramey de Sugny ; Barou du Soleil, procureur général syndic, Boscary, secrétaire.

Et le mardi 18 du même mois de septembre, à onze heures du matin,
MM. les députés, assemblés de nouveau au Palais archiépiscopal, présidés par Mgr l'Archevêque, se sont rendus à la chapelle du palais et ont entendu la messe du Saint-Esprit, célébrée par M. l'abbé de Montazet.

Après la messe, la compagnie a repris la séance dans la salle provisoirement destinée à ses assemblées, suivant l'ordre marqué dans le procès-verbal d'hier.

M. Boscary, nommé à la place de secrétaire-greffier, garde des archives de l'administration provinciale, ayant été admis à prêter serment en cette qualité, a promis et juré, entre les mains de M. le Président, de bien et fidèlement remplir les fonctions de cette place.

L'assemblée a remercié M. l'abbé de Montazet, qui a célébré la messe du St-Esprit.

Mgr l'Archevêque président, ayant dit qu'il convenoit de s'occuper du choix des personnes que l'assemblée doit nommer pour former en partie les assemblées de département, on est allé au scrutin, et, après l'ouverture et vérification des billets par MM. l'abbé Fulchiron et Jovin, les suffrages se sont trouvés réunis sur les personnes ci-après nommées, savoir :

Département de la ville de Lyon et Franc Lyonnois, présidé par M. l'abbé Charrier, vicaire général, prévôt curé d'Ainai; M. l'abbé de Gourcy de Mainville, chanoine de l'église, comte de Lyon; M. le marquis de Regnauld, seigneur de Parcieu, Pomey et autres lieux ; M. Bouilloud de Chanzieu, ancien conseiller en la Cour des Monnoies de Lyon; M. Myevre Faure, négociant, ancien trésorier et administrateur de la Charité; M. Imbert-Colomès, négociant, ancien administrateur de la Charité, homme du Roi en la Conservation, tous propriétaires en la ville de Lyon ; M. Monlong l'aîné, ancien échevin, propriétaire à Fontaines en Franc-Lyonnois.

Département du Lyonnois, présidé par M. l'abbé de Cordon, précenteur de l'église, comte de Lyon ; M. l'abbé Fraisse, chanoine de St-Nizier; M. l'abbé de Riverie de St-Jean, chanoine d'Ainai ; M. le baron de La Chassagne, lieutenant-colonel du régiment de Chartres, seigneur de La Chassagne et de Marcy; M. le comte de Cibeins, capitaine de cavalerie, seigneur de Bully; M. La Croix de Laval, seigneur de Dardilly et Laval, ancien chevalier d'honneur en la Cour des Monnoies de Lyon ; M. Faure de Montaland, lieutenant criminel en la Sénéchaussée de Lyon, propriétaire à St-Symphorien-Le-Chateau ; M. Duvernay, propriétaire à Oullins; M. Goudard l'aîné, négociant, ancien administrateur de l'Hôtel-Dieu, propriétaire à St-Cyprien ; M. Marion de La Tour, propriétaire à St-Genis-Laval; M. Rast de Maupas, docteur en médecine, proffesseur agrégé au collège de Lyon, propriétaire à Chessy ; M. Le Court, procureur aux Cours de Lyon, propriétaire à Brignais.

Département de Villefranche, présidé par M. le marquis de Monspey, seigneur de Charantay; M. l'abbé de Rully, chanoine de l'église, comte de Lyon; M. l'abbé Varenard, chantre du chapitre de Beaujeu ; M. Tissier, de la congrégation de Ste-Geneviève, prieur de Nety; M. le marquis de St-Vincent, seigneur dudit lieu ; M. le marquis de

La Roche-Tullon, seigneur des Ardillats; M. Pezant, avocat au Parlement, ancien maire de Villefranche, propriétaire à Villefranche; M. Humblot, négociant à Villefranche, propriétaire à Arnas; M. Saunier, propriétaire à Beaujeu ; M. Humbert, conseiller en la sénéchaussée de Villefranche, seigneur du fief de La Barre, à Limas ; M. Dubost, ancien procureur à Villefranche, propriétaire à Fleury ; M. Desvernay, avocat, propriétaire à Thizy.

Département de Roanne, présidé par M. le comte du Bourg de St-Polgue; M. l'abbé de St-George, chanoine de l'église, comte de Lyon; M. l'abbé Pernety, prieur de St-Just; M. l'abbé Bouquet, prieur de St-Maurice; M. de Ramey de Sugny, chevalier, seigneur de Souternon; M. le comte Dulieu de Chenevoux, seigneur de Bussières; M. La Rochette fils, assesseur criminel, propriétaire à Charrier; M. Populle, maire de Roanne, propriétaire à Poully; M. Dumarais, propriétaire à Roanne; M. Meaudre fils, écuyer, propriétaire à St-Germain-Laval; M. Michel, avocat, propriétaire à Crémeaux; M. Duché, conseiller en l'élection de Roanne, propriétaire à St-André-d'Apchon.

Département de Montbrison, présidé par M. le marquis de Rostaing, grand bailli d'épée du Forez; M. l'abbé de Turpin, chanoine de l'église, comte de Lyon; M. l'abbé de Contenson, doyen du chapitre de Montbrison ; M. l'abbé Bénévant, chanoine de St-Rambert; M. le comte de Thélis, seigneur de Cleppé; M. de Rochefort, comte de Bussy-en-Forez; M. Boyer du Moncel, propriétaire à St-Bonnet-le-Château; M. de Brioude, conseiller au bailliage et propriétaire à Montbrison ; M. Barrieu, avocat au Parlement, propriétaire dans l'élection; M. Forrissier, juge et propriétaire à St-Galmier; M. Dubessey, avocat, propriétaire à Arthun ; M. Apotiquaire, procureur fiscal et propriétaire à St-Rambert.

Département de St-Etienne, présidé par M. l'abbé de Bois Boissel, chanoine de l'église, comte de Lyon ; M. l'abbé Fulchiron, doyen du chapitre de St-Chammond ; M. l'abbé Deschamps de La Magdelaine, chanoine baron de St-Just, titulaire d'un bénéfice à Condrieu ; M. le baron de Feugerolles ; M. le marquis de la Condamine père, seigneur d'Ampuis ; M. le baron de Rochetaillée, capitaine de cavalerie ; M. Jovin, négociant, propriétaire à La Fouillouse; M. Fromage, juge de la ville de St-Etienne, propriétaire à Sorbiers; M. Neyron le cadet, écuyer, propriétaire à St-Genest-Lerpt; M. Dugas, écuyer, seigneur de Chassagny, propriétaire à St-Chammond ; M. Dervieux de Varey, propriétaire du fief du Villars, près Condrieu; M. Richard, oncle, receveur des consignations et propriétaire à Bourg-Argental.

L'assemblée a arrêté d'envoyer une députation à M. l'Intendant pour le saluer en son nom; M. l'abbé Fulchiron et M. Dugas ont été députés.

M. le Président a continué l'assemblée à demain mercredi 19, à dix heures du matin.

Fait et arrêté ledit jour 18 septembre 1787 (1).

---

(1) *L'imprimé porte les signatures* † Ant., arch. de Lyon. Boscary, secrétaire.

Ce jourd'hui 19 septembre 1787, à dix heures du matin,

L'assemblée ayant pris séance dans la même salle et dans le même ordre, Mgr l'Archevêque, président, a fait lecture des lettres qu'il se propose d'adresser, au nom de l'assemblée, au Roi, à M. le baron de Breteuil et à M. de Lambert, contrôleur général des finances; l'assemblée les a approuvées et a remercié Mgr l'archevêque d'y avoir exprimé les sentiments dont elle est animée.

MM. les commissaires ont lu le projet de la lettre qui doit être écrite à M. l'archevêque de Toulouze, au nom de l'assemblée, elle l'a approuvé et a remercié MM. les commissaires. Elle a arrêté que ces lettres seront signées par Mgr l'archevêque, président, contresignées par le secrétaire, et que les minutes resteront déposées aux archives.

Mgr l'Archevêque, président, a proposé de nommer la Commission Intermédiaire, qui doit être composée de quatre membres choisis, le premier dans le clergé, le second dans l'ordre de la noblesse, et les deux autres dans le nombre des représentants des propriétaires des villes et campagnes. On est allé au scrutin : les billets ouverts et vérifiés par MM. l'abbé Fulchiron et Jovin, les suffrages se sont réunis en faveur de M. l'abbé de Clugny, grand custode de l'église, comte de Lyon; M. le marquis d'Albon; M. Deschamps fils, avocat, et M. Goudart l'aîné, négociant.

Il a été ensuite arrêté que l'ouverture des assemblées de département demeure fixée au 8 octobre prochain; en conséquence, Mgr l'Archevêque a été prié d'adresser aux présidents des départements le tableau des nominations faites dans les séances d'hier, avec invitation de convoquer et d'ouvrir les assemblées de leurs départements, pour élire les membres qui doivent les completter et ceux qui composeront les Commissions Intermédiaires.

L'ouverture de l'Assemblée Provinciale a été fixée au lundi 5 novembre prochain.

On a continué la séance à demain jeudi, onze heures du matin.

Fait et arrêté ledit jour, 19 septembre 1787 (1).

Ce jeudi 20 septembre 1787, à onze heures du matin,

L'assemblée ayant pris séance dans le même lieu et dans le même ordre, Mgr l'Archevêque, président, a dit que l'assemblée ayant fait toutes les élections dont elle étoit chargée, il lui restoit à fixer les opérations dont la Commission Intermédiaire s'occupera, pour procurer à l'assemblée les renseignements nécessaires sur les objets qui doivent faire la matière de ses délibérations dans la séance du mois de novembre, il a ajouté que, quelque méritée que soit la confiance de l'assemblée dans le zèle et les lumières de MM. les Procureurs Syndics et des membres de la Commission Intermédiaire, il lui paroissoit convenable d'instruire les habitants de la province des premières vues de cette administration, et de les inviter à lui faire parvenir toutes les observations qu'ils croiront utiles au bien public.

(1) *L'imprimé porte les signatures* † Ant., Arch. de Lyon. Boscary, secrétaire.

La matière mise en délibération, les renseignements à prendre ont été réduits aux articles suivants : 1° avoir l'état de chaque imposition de cette généralité, contenant la division partielle entre les six départements et la quotité de la répartition entre les paroisses qui les composent ; 2° donner connoissance de cet état aux assemblées de département, en les invitant à procurer à la Commission Intermédiaire un relevé du nombre de feux dont chaque district est composé, et du nombre des paroisses qui se trouveront dépendre de plusieurs élections ; 3° demander à chaque assemblée de département quel est l'usage de son district au sujet du transport des cotes de taille que font la plupart des taillables dans le lieu de leur domicile, pour les biens qu'ils possèdent en d'autres paroisses ; quels sont les inconvénients de cet usage et par quelles voies on pourroit y remédier ; 4° avoir l'état général et détaillé par paroisse, de tous les privilégiés de la généralité, en distinguant ceux qui, faisant valoir leurs fonds, jouissent en entier de leur privilège d'avec ceux qui contribuent par leurs fermiers ou cultivateurs aux impôts auxquels ils ne sont pas directement soumis ; 5° l'état des quartiers de la ville de Lyon et des paroisses de la généralité dont les propriétés ont été vérifiées, avec indication de la date de ces vérifications et de l'augmentation d'impôt qui en est résulté, le tout divisé par paroisse ; 6° l'état des frais de contrainte et de saisie, fait chaque année, depuis dix ans, notamment dans les années 1785 et 1786, pour en arbitrer la quotité annuelle, ledit état divisé par paroisse ; 7° l'état annuel des non-valeurs et cotes-mortes de chaque impôt depuis dix ans ; 8° savoir la quotité des impositions qui doivent être portées au trésor royal, celle des sommes employées dans la généralité aux frais de perception et d'administration, aux indemnités, encouragements et autres objets d'utilité publique ; 9° le toisé général des grandes routes qui sont à la charge de la généralité, avec distinction de celles ou la poste est établie ; 10° savoir à quelle époque les routes publiques ont été ouvertes, en quelle année elles ont été refaites à neuf ou seulement réparées ; 11° demander copie des plans et devis des routes, arrêtés par le Conseil du Roi ; savoir quand elles ont commencées, les sommes qui y ont été employées, ce qui reste à faire et l'apperçû de ce qu'il en couteroit pour les achever ; 12° demander quels moyens ont été employés jusqu'à présent pour empêcher la dégradation des chemins et pour y faire les réparations urgentes ; 13° se procurer des renseignements précis sur l'établissement, fait en quelques provinces, de stationnaires placés de distance en distance, pour l'entretien des routes publiques, et sur le régime et les frais relatifs à cet objet ; 14° demander les règlements ou arrêts du Conseil qui ont fixé la forme des adjudications des travaux pour les grands chemins, les obligations des entrepreneurs, les précautions pour s'assurer de leur capacité et de leur solvabilité, savoir, de plus, si l'usage n'a rien retranché ou ajouté à ce qui est prescrit par ces règlements ou arrêts ; 15° savoir quelle est la quotité des fonds accordés à cette généralité sur ceux des ponts et chaussées, quelle est la somme imposée sur elle pour tenir lieu des corvées, et dans quelle proportion chaque paroisse y a contribué cette année ; 16° quelle somme est accordée à cette généralité pour les atteliers de charité ; dans quelle proportion ce secours est réparti entre les élections, et d'après quelles règles on est dans l'usage de le diviser.

L'assemblée se fera un devoir de profiter des vues et plans utiles qui lui seront communiqués sur ces divers objets, et elle s'empressera d'en faire connoître les auteurs. Elle a chargé MM. les Procureurs Syndics de prier M. l'Intendant de donner les ordres nécessaires pour leur procurer les renseignements dont ils pourront avoir besoin.

La séance a été renvoyée par Mgr l'Archevêque, président, à demain vendredi, quatre heures après midi.

Fait et arrêté ledit jour, 20 septembre 1787 (1).

Ce vendredi 21 septembre 1787, à quatre heures après-midi,

L'assemblée ayant pris séance dans la même salle et le même ordre, Mgr l'Archevêque la présidant,

M. l'abbé de Castellas, doyen de l'église primatiale, et M. le marquis d'Albon, qui avoient été priés de voir M. le Prévôt des Marchands et de se concerter avec lui sur les moyens de procurer à l'assemblée un local pour la tenüe de ses séances, ont dit que M. le Prévôt des Marchands, dans la visite qu'ils lui ont faite hier, leur a promis d'en parler ce même jour au Consulat et que, depuis ce moment, il leur a écrit que le Consulat répondroit incessamment sur cet objet.

L'assemblée étant sur le point de se séparer, a prié Messieurs de la Commission Intermédiaire de faire toutes les démarches nécessaires pour lui procurer un local convenable pour la tenüe de ses séances.

On a proposé de faire faire un sceau pour les expéditions et la correspondance de l'assemblée; on a pensé qu'il falloit le composer des armes du Roi et de celles des trois provinces comprises dans la généralité; la Commission Intermédiaire a été chargée du soin de le faire graver.

L'assemblée ayant rempli les divers objets dont elle avoit à s'occuper, Mgr l'archevêque, président, a invité M. l'abbé de La Chapelle, M. le comte de Thelis, M. Pezant et M. Demeaux, à rendre, au nom de l'assemblée, à M. l'Intendant les honneurs accoutumés.

L'assemblée, prévenue de l'arrivée de M. l'Intendant, MM. les députés sont allés le recevoir et lui ont rendu les mêmes honneurs qu'à l'ouverture des séances. M. le commissaire départi s'est placé dans un fauteuil en face de celui de Mgr l'Archevêque, président, et après un discours analogue aux circonstances et obligeant pour l'assemblée, il a annoncé qu'il lui étoit permis de se séparer.

Mgr l'Archevêque a exprimé, dans sa réponse, le zèle de l'assemblée pour le service du Roi, et tous les sentiments dont elle est animée pour M. l'Intendant, qui a été reconduit par les mêmes députés et avec les mêmes distinctions.

Avant de se séparer, l'assemblée, vivement touchée du zèle, de la sagesse et des sentiments de patriotisme que Mgr l'Archevêque a développés dans le cours des séances et des soins obligeants et affectueux dont il a comblé chacun de ses membres, s'est fait un devoir

---

(1) *L'imprimé porte les signatures* † Ant., arch. de Lyon. Boscary, secrétaire.

de consigner, dans son procès-verbal, le témoignage public de sa vénération pour ce prélat.

Elle a aussi remercié MM. les commissaires des soins qu'ils ont donnés à la rédaction de ce procès-verbal qui, après que lecture en a été faite, a été clos ce jourd'hui vingt-un septembre mil sept cent quatre-vingt-sept. Et ont signé (1).

(1) *L'imprimé porte les signatures* † ANT., arch. de Lyon, président, L'abbé DE CASTELLAS, doyen de l'église, comte de Lyon. L'abbé DE MONTAZET. L'abbé DE LA CHAPELLE. L'abbé FULCHIRON. Le marquis D'ALBON. Le comte DE LAURENCIN. Le comte DE THELIS. Le baron DE ROCHETAILLÉE. PEZANT. DEMEAUX. VERDAT DE SURE. JOVIN. Camille DUGAS. RAMEY DE SUGNY. Le baron DE LA ROCHE, procureur général syndic. BAROU DU SOLEIL, procureur général syndic. BOSCARY, secrétaire.

PROCÈS-VERBAUX

DES SÉANCES

DE

L'ASSEMBLÉE PROVINCIALE

1787

5 NOVEMBRE - 5 DÉCEMBRE

Aujourd'huy, cinq novembre mil sept cent quatre-vingt-sept, dix heures du matin, dans une des salles de l'Hôtel commun de la ville de Lyon, destiné provisoirement à la tenue des séances de l'Assemblée Provinciale de cette généralité, se sont trouvés :

POUR L'ORDRE DU CLERGÉ.

Mgr de Malvin de Montazet, archevêque et comte de Lyon, primat de France, président.

Ville de Lyon et Franc-Lyonnois. — M. Jean-Antoine de Castellas, doyen de l'église, comte de Lyon.

Roanne. — M. Louis de Clugny de Thenissey, vicaire général de l'archevêché de Vienne, grand custode de l'église, comte de Lyon.

Villefranche. — M. Pierre-Jean-Charles de Malvin de Montazet, abbé de Fontenay, prieur de Salles, vicaire général du diocèse de Lyon.

Roanne. — M. Gabriel - Paul Daudé Dumonteil, chanoine de l'illustre chapitre métropolitain de Besançon, vicaire général de Châlons-sur-Marne, prieur de Régny.

Montbrison. — M. Jean-Philibert de La Chapelle, chanoine de l'église, baron de St-Just, vicaire général du diocèse de Lyon.

Lyonnois. — M. Jean-Louis-Joseph de Boissieu, chanoine du chapitre de St-Paul.

St-Etienne. — M. Marcelin du Pelloux de La Villette, vicaire général, chanoine, comte du chapitre noble et royal de St-Pierre-de-Vienne; M. Jean-Louis Fulchiron, doyen du chapitre de St-Chammond.

Villefranche. — M. Bernard-Pierre Chatelain d'Essertines, doyen du chapitre de Villefranche.

POUR L'ORDRE DE LA NOBLESSE (1).

Lyonnois. — M. Camille, marquis d'Albon, seigneur de St-Forgeux et St-Marcel.

Lyonnois. — M. Pierre Elisabeth, comte de Chaponay, seigneur de Chaponay, Morancé et autres lieux, chevalier de St-Louis.

St-Etienne. — M. Jean-Baptiste-Michel de Charpin, comte de Feugerolles, marquis de La Rivière.

Ville de Lyon et Franc-Lyonnois. — M. Pierre-Louis, marquis de Grollier-Treffort, comte de Maison-Sceuil, vicomte du Thil, seigneur de Vaurenard et autres lieux.

Lyonnois. — M. Jean-Baptiste-Espérance, comte de Laurencin, chevalier de St-Louis, seigneur de Chanzé et de Bas.

Montbrison. — M. Palamède-Antoine, comte de Thélis, capitaine aux Gardes Françoises, seigneur de Cleppé-en-Forez et autres lieux.

Villefranche. — M. Louis-Alexandre-Elisée, marquis de Monspey, brigadier des armées du Roi, chef d'escadron des gardes du corps, compagnie Ecossoise, seigneur d'Arbigny, Charentay et partie de Rognins-en-Beaujolois.

St-Etienne. — M. Jean-Baptiste Bernou, baron de Rochetaillée, capitaine de cavalerie, chevalier de l'ordre royal et militaire de St-Louis.

Villefranche. — M. Claude-Réné-François-Marie Thibaut, marquis de la Roche-Tullon, mestre de camp d'infanterie, seigneur des Ardillats.

POUR LES DÉPUTÉS DES VILLES ET CAMPAGNES,
REPRÉSENTANT LE TIERS-ÉTAT.

Villefranche. — M. Marie-Jean-François Pezant, avocat au Parlement, ancien maire et propriétaire à Villefranche.

Montbrison. — M. Durand-Antoine de Meaux, écuyer, seigneur de St-Just-en-Chevalet et du Rest, lieutenant général, juge domanial au baillage de Montbrison, sénéchaussée de Roanne et de St-Etienne y exercés, président au présidial subsistant audit baillage.

Ville de Lyon et Franc-Lyonnois. — M. Pierre Verdat, seigneur de Sure, Cordieu et du Cazot, syndic général du Franc-Lyonnois.

St-Etienne. — M. François Jovin, secrétaire-greffier du point d'honneur, propriétaire à St-Etienne.

Lyonnois. — M. Jean-Antoine Chirat, écuyer, négociant et ancien échevin, propriétaire à Souzy.

St-Etienne. — M. Camille Dugas, secrétaire du Roi, maison couronne de France, propriétaire à St-Chamond.

Montbrison. — M. Marie-Guillaume du Rozier, chevalier, seigneur du fief de la Varenne en Forez, propriétaire à Montbrison.

St-Etienne. — M. Joseph Mathon des Fougères, écuyer, procureur du Roi au baillage et propriétaire à Bourg-Argental.

---

(1) *Au-dessous une croix renvoit en marge aux mots biffés :* M. le comte du Bourg, seigneur de St-Polgue.

Villefranche. — M. Etienne Clerjeon du Carry, doyen des conseillers en la sénéchaussée et procureur du Roi en l'élection de Beaujolois.

Montbrison. — M. Pierre Barrieu de Prandières, avocat en Parlement, propriétaire dans l'élection de Montbrison.

Villefranche. — M. Antoine-Marie Dumas, écuyer, secrétaire de Roi, propriétaire à St-Lager-en-Beaujolois.

Lyonnois. — M. Benoît de Gérando, écuyer, propriétaire à Millery.

Roanne. — M. Jean-Baptiste Chassain, juge-chatelain et propriétaire à St-Germain-Laval.

Roanne. — M. Aimé-Joseph-Louis-Claude-Marie-Gilbert Tillard de Tigny, chatelain de la ville et propriétaire à Charlieu.

Lyonnois. — M. Pierre-Louis Goudard, négociant à Lyon, ancien administrateur de l'hôpital, propriétaire à La Chassagne.

Montbrison. — M. Antoine Boyer du Moncel, chevalier, seigneur de Baffaillou en Forez.

Villefranche. — M. Jacques-Benoît Desverney, écuyer, seigneur de Grezieu et la Vupilière.

St-Etienne. — M. Pierre-Suzanne Deschamps, écuyer, avocat en Parlement et aux Cours de Lyon, propriétaire à Condrieu.

Lyonnois. — M. Jérôme Valous, chevalier, seigneur du fief de la Proty, paroisse de Vaugneray, et propriétaire de celui de la Maison Forte à Vourles.

Ville de Lyon et Franc-Lyonnois. — M. Jean-Jacques Milannois, avocat du Roi en la sénéchaussée de Lyon, propriétaire dans la ville de Lyon.

PROCUREURS GÉNÉRAUX SYNDICS.

Pour l'ordre du clergé et de la noblesse. — M. Jean-Baptiste de Charrier, baron de La Roche, seigneur de Chénas et de St-Jacques-des-Arrêts.

Pour le Tiers-Etat. — M. Pierre-Antoine Barou du Soleil, chevalier, procureur général honoraire en la Cour des Monnoyes de Lyon.

SECRÉTAIRE-GREFFIER.

M. Boscary, licencié ez droits.

Tous composant l'Assemblée Provinciale et convoqués en vertu des ordres du Roi, en datte du 11 octobre dernier, adressés à Mgr l'Archevêque, président, lesquels ont pris leur séance suivant l'ordre prescrit par les règlements, sous la réserve expresse que les rangs assignés à MM. les propriétaires représentants les villes et campagnes ne pourront préjudicier aux titres et qualités par eux pris, ni être considérés comme une dérogation aux droits et privilèges qui y sont attachés.

L'assemblée ainsi disposée, Mgr l'Archevêque, président, a dit que M. le comte de St-Polgue, M. le marquis de Luzy-Couzan, M. de Ramey de Sugny et M. Goudard, l'avoient prévenu que des affaires qu'ils n'avoient pu remettre ne leur permettoient pas de se trouver à l'ouverture des séances, mais qu'ils s'y rendroient incessamment.

Il a ensuite annoncé que M. l'abbé de Grezolles, l'un des représentans de l'élection de Montbrison, et M. Basset, de celle de Roanne, l'avoient prié de faire connoître à l'assemblée leurs regrets de n'avoir pû accepter l'honneur qu'elle leur avoit fait en les appellant à l'administration, et il a remis sur le bureau les lettres qu'ils lui ont adressées, à l'effet d'être déposées aux archives.

MM. les Procureurs Généraux Syndics, chargés de prévenir M. le Commissaire du Roi que l'assemblée étoit formée et de l'inviter à venir en faire l'ouverture, ayant annoncé son arrivée, Mgr l'Archevêque, président, a prié M. l'abbé de Clugny, M. le comte de Laurencin, M. Dugas et M. du Rozier, d'aller au-devant de lui et de lui rendre les honneurs accoutumés. M. le Commissaire du Roi ayant pris séance dans l'assemblée, a dit :

« Messieurs,

« L'institution patriotique qui vous rassemble consacre à jamais la
« bienfaisance du Roi; elle est l'accomplissement du vœu de la
« Nation et le signal heureux qui va donner un libre cours à l'amour du
« bien public, dont vous êtes pénétrés. Sa Majesté sait que vous
« associer à ses sollicitudes paternelles pour ses peuples, vous offrir
« leur bonheur pour but et pour récompense de vos travaux, c'est
« lier vos cœurs plus étroitement au bien de l'Etat; c'est employer
« vos lumières à sa prospérité, c'est développer en vous les plus purs
« sentimens de patriotisme.

« Une vaste carrière, Messieurs, s'ouvre à vos regards et à votre
« zèle; une égale distribution des charges de la province, une pru-
« dente économie dans les dépenses publiques, des encouragements
« à l'agriculture, au commerce, des secours toujours dirigés vers les
« besoins réels, voilà ce que vos concitoyens attendent de vous, ce
« que leur assurent les vertus de votre chef, ses talents et les vôtres,
« enfin ce qui deviendra le garant de vos droits aux hommages de
« leur reconnoissance.

« Attaché par des liens personnels aux intérêts de cette province,
» je prendrai doublement part à vos succès; au devoir précieux d'y
« concourir comme administrateur, à l'honnorable fonction d'y
« applaudir au nom du Roi je réunirai l'avantage d'en recueillir
« particulièrement les fruits.

« Le Conseil m'a prévenu que je recevrois incessamment des
« instructions sur les objets dont vous aurés à vous occuper. J'aurai
« l'honneur de vous en faire part aussitôt qu'elles me seront parve-
« nues. Je présume, Messieurs, que vous jugerés convenable de
« n'arrêter définitivement vos délibérations que lorsque les intentions
« du Roi vous seront connues. »

Mgr l'Archevêque, président, a répondu, au nom de l'assemblée, et a dit :

« Monsieur,

« Tout notre travail s'est borné, jusqu'à présent, à composer les
« différentes assemblées qui doivent prendre part à l'administration
« de cette province, et vous aurés surement applaudi, comme nous,
« aux choix qui ont été faits pour répondre à la confiance du Roi et
« à l'attente des peuples; il ne s'agit que de réaliser les espérances

« dont le public se flatte à la vue de tant de moyens réunis et c'est
« de quoi notre assemblée va s'occuper avec tout le zèle dont elle est
« capable.

« Mais nous le reconnoissons, Monsieur, et nous en faisons volon-
« tiers l'aveu, vous pouvez beaucoup contribuer au succès de ce
« grand ouvrage.

« Cette province est la troisième qui a été successivement confiée à
« votre sagesse et à vos soins ; elle profite depuis plusieurs années
« des progrès que vous avez fait dans la science de l'administration ;
« aidés nous de vos conseils, ils seront reçus avec l'empressement
« que ne peuvent manquer de nous inspirer vos lumières, votre justice
« et votre expérience.

« Toutes sortes de considérations se réunissent pour nous faire
« sentir la nécessité de cet heureux concert, il importe au bien du
« service du Roi, à celui de la province, à notre satisfaction mutuelle,
« à l'estime et à la confiance publiques, que l'assemblée veut partager
« avec vous, et qui seules peuvent la dédommager de ses sacrifices
« et de ses peines. »

M. le Commissaire du Roi s'étant retiré, Mgr l'archevêque, président, a dit :

« Messieurs,

» Lorsque la dernière forme d'administration fut introduite en
« France, les connoissances dans cette matière étoient rares parmi
« nous. On conservoit encore un souvenir inquiétant des tems
« orageux qui avoient précédé, et le Gouvernement étoit plus occupé
« à s'assurer de la soumission des peuples qu'à gagner leur confiance
« et leur amour, mais, depuis que nous sommes devenus plus éclairés
« sur l'obligation et sur les moyens de procurer le bien public,
« depuis qu'il ne reste plus à l'autorité de nos Rois d'autre fortune à
« faire que celle de rendre leurs sujets heureux, tous les yeux se sont
« ouverts sur les inconvénients d'un régime souvent arbitraire et
« toujours clandestin. On en a comparé les résultats affligeans avec les
« avantages et la prospérité des pays d'Etats, et un cri général
« s'est élevé pour demander un nouveau plan d'administration, plus
« assorti à la justice et à la bienfaisance du monarque.

« La marche des gouvernemens est ordinairement plus lente que
« celle de l'opinion publique. Le notre a longtems considéré tout ce
« qu'on lui présentoit d'utile ou de dangereux dans le changement
« proposé ; il a été longtems arrêté par l'esprit de domination caché
« sous le voile du pouvoir suprême, mais enfin le cœur paternel du
« Roi a levé toutes les difficultés qui s'opposoient au désir commun,
« et, par l'institution des assemblées provinciales, non seulement il a
« mis le comble à notre reconnoissance, à notre amour, mais il s'est
« emparé de la plus solide gloire des rois, celle d'être les bienfai-
« teurs et les pères des peuples.

« Nous allons donc jouir, Messieurs, du plus beau spectacle qui
« puisse s'offrir aux yeux de la justice et de l'humanité ; c'est-à-dire
« que toutes les lumières et les vertus répandues dans ce grand
« empire vont se réunir pour en faire le bonheur ; qu'elles vont
« s'occuper à bannir de son administration tout ce que la prévention,

« la légèreté, la surprise, le crédit, la cupidité entraînent après elles
« de vexations et d'abus; à encourager l'agriculture, le commerce,
« l'industrie; à ouvrir toutes les sources de l'abondance aux différentes
« classes de citoyens; à leur faire aimer l'autorité qui leur aura pro-
« curé tous ces biens; enfin à vivifier, à régénérer un royaume qui
« n'a besoin que de devenir heureux et florissant pour doubler sa
« puissance.

« Ainsy, l'influence et l'autorité seront désormais ce qu'elles
« auroient dû être toujours, le prix des talens et des vertus. Pour
« commander avec succès, il faudra se rapprocher sans cesse de ceux
« qui obéissent.

« Ainsi, les travaux publics ne seront entrepris et dirigés que sur la
« recommandation de l'utilité générale. Les sacrifices du peuple
« n'auront d'autre étendue que celle de leurs besoins. Le droit d'en
« disposer ne sera confié qu'à des hommes assés justes pour n'en
« jamais abuser, assés éclairés pour les soustraire aux pièges de
« l'avidité et de la fraude.

« Ainsi, l'intérêt personnel, qui est la source de tant d'injustices,
« deviendra le plus sûr garant de l'équité, il surveillera la répartition
« des impôts, et cette vigilance patriotique, sans jamais dégénérer
« dans un espionnage avilissant, suffira pour mettre une juste pro-
« portion entre les charges et les facultés des contribuables.

« Cependant, Messieurs, il ne faut pas se dissimuler que ce nouvel
« ordre de choses s'établit dans des circonstances bien peu propres
« à nous en faire recueillir promptement les fruits. Les villes et
« campagnes succombent sous le poids des impositions, ces dernières
« sont tout à la fois immenses et insuffisantes aux besoins de l'Etat.
« La terrible révélation du vuide qui se trouve dans ses revenus
« consterne les propriétaires par la vue du mal et par la crainte des
« remèdes; elle inquiète le commerce et intimide ses combinaisons;
« elle arrête la circulation du numéraire. Eh! comment, au milieu de
« tant de gênes et d'obstacles, le bien pourra-t-il s'opérer? Comment
« le peuple s'appercevra-t-il des services que vous êtes chargés de
« lui rendre?

« Les vrais citoyens, Messieurs, ne désespèrent jamais de la patrie;
« les grands revers élèvent les grandes âmes, au lieu de les décou-
« rager; la France a dans son sein des ressources abondantes et
« quelques années de sagesse et d'économie peuvent réparer les
« désastres que nous déplorons.

« L'histoire de tous les siècles et de tous les pays atteste, comme
« la notre, que les grands états ont dû, quelques fois, leurs plus
« étonnantes prospérités à des calamités passagères; il se fait presque
« toujours, dans ces tems de crise, un effort vers le bien public, et
« ce bien s'opère promptement, quand toutes les volontés y concou-
« rent et que chacun y travaille selon ses moyens.

« Appliquons-nous donc, Messieurs, à remplir honorablement la
« tâche qui nous appartient dans ce grand ouvrage; portons pour
« cela, dans l'exercice de nos fonctions, l'esprit de justice et de désin-
« téressement, l'amour de la concorde et de la paix, le zèle actif et
« persévérant, qui seuls peuvent en assurer le succès et en perpétuer
« la durée; car nous ne devons jamais perdre de vue que la baze la
« plus solide des assemblées provinciales est leur utilité; qu'elles ne
« peuvent se mettre à l'abri des traits de l'inquiétude et de la jalousie

« que par leurs services; en un mot, qu'elles doivent faire assés de
« bien et mériter assés la reconnoissance publique, pour que personne
« ne puisse plus élever la voix contr'elles, sans se dénoncer lui-même
« comme un mauvais citoyen.

« C'est surtout dans cette première assemblée, Messieurs, qu'il
« importe de déployer toute votre énergie, parce qu'elle ne peut
« manquer d'avoir la plus grande influence sur toutes celles qui la
« suivront. L'esprit de l'institution primitive laisse toujours des
« traces profondes dans le bien comme dans le mal ; et si vos
« travaux commencent avec gloire, cette gloire deviendra pour vous
« le principe d'une émulation nouvelle, qui se communiquera à ceux
« qui vous succéderont.

« Je sens, Messieurs, qu'ayant l'honneur d'être placé à votre tête,
« je devrois échauffer votre zèle bien plus par mes exemples que par
« mes discours. Je sens encore qu'une assemblée, composée de ce
« que les trois provinces ont de plus distingué dans tous les genres
« de mérite, seroit autorisée à exiger de moi plus de talens et de
« connoissances que je ne peux lui en offrir; mais je vous prie de
« considérer que toute ma vie a été consacrée, par devoir, à des
« études et à des occupations d'un ordre différent; que j'ai reconnu
« le premier mon insuffisance; que j'ai voulu en épargner les incon-
« véniens, et que, si les sollicitations les plus touchantes ont prévalu
« sur le sentiment de ma foiblesse, en vous acquérant des droits sur
« tout ce qui peut me rester de force et d'ardeur, elles m'en ont aussi
« donné à votre indulgence. »

Mgr l'Archevêque, président, a proposé ensuite de remplacer M. l'abbé de Grezolles et M. Basset ; les suffrages se sont réunis en faveur de M. l'abbé Rozier, fondé de procuration de M. l'abbé de La Magdeleine, chanoine de l'église, comte de Lyon, prieur de Sail-sur-Couzan, élection de Montbrison, et de M. Meaudre fils, propriétaire à St-Germain-Laval, élection de Roanne.

L'assemblée a député M. l'abbé de Clugny, M. le comte de Thélis, M. Dugas et M. Valous, pour saluer, en son nom, M. le Commissaire du Roi; M. l'abbé de Castellas, M. le marquis d'Albon, M. Chirat et M. Mathon des Fougères ont été priés de faire visite, au nom de l'assemblée, à Mme Terray, intendante.

Mgr l'Archevêque, président, ayant annoncé que le Chapitre de l'église primatiale avoit offert de célébrer la messe solennelle du Saint-Esprit dans son église, il a été arrêté que l'assemblée s'y rendroit en corps demain mardy, à dix heures du matin, et que M. le Commissaire du Roi seroit invité, en son nom, à y assister.

† Ant., arch. de Lyon.

Mardi 6 novembre 1787, à dix heures du matin,

L'assemblée, ainsi que M. le Commissaire du Roi, se sont rendus à l'église primatiale et ont assisté à la messe solennelle du Saint-Esprit, célébrée par M. l'abbé de Poix, archidiacre de l'église, comte de Lyon.

M. l'abbé de Castillon, vicaire général, a prononcé un discours analogue aux circonstances.

† Ant., arch. de Lyon.

Jeudi 8 novembre 1787, à dix heures du matin.

M. l'abbé Rozier et M. le comte de Saint-Polgue ont pris séance dans l'assemblée.

M. l'Archevêque, président, a annoncé que M. le Commissaire du Roi avoit reçu des instructions de la Cour et qu'il devoit se rendre à l'assemblée pour les lui communiquer; il a chargé MM. les procureurs syndics de le prévenir que l'assemblée étoit formée. MM. les procureurs syndics étant de retour et ayant averti de l'arrivée de M. le commissaire du Roi, M. l'abbé de Montazet, M. le comte de Thélis, M. Teillard de Tigny et M. Valous ont été nommés pour aller le recevoir. M. le commissaire du Roi étant entré, a annoncé à l'assemblée qu'il étoit chargé de lui remettre une instruction en forme de règlement, le secrétaire en ayant fait lecture. M. le commissaire du Roi en a remis une copie sur le bureau, pour être déposée aux archives, et s'étant retiré, il a été reconduit avec les mêmes honneurs.

Les députés étant rentrés, Mgr l'Archevêque, président, a dit que l'assemblée ne pouvant prendre de délibération, sur la proposition qui lui étoit faite dans la quatrième partie des instructions, que d'après des réflexions et des recherches peut-être fort étendues, il lui paroissoit convenable de nommer des commissaires qu'elle chargeroit de s'occuper spécialement de cet objet. Cette proposition ayant été unanimement agréée, Mgr l'Archevêque, président, a nommé à cet effet M. l'abbé de Clugny, M. l'abbé de La Chapelle, M. l'abbé du Pelloux de La Villette, M. le marquis d'Albon, M. le comte de Chaponnay, M. le marquis de Grollier, M. le marquis de Monspey, M. Pezant, M. du Rozier, M. Deschamps, M. Valous et M. Millanois.

L'assemblée a prié M. l'abbé Daudé et M. Mathon des Fougères d'aller, en son nom, remercier le Chapitre de l'église primatiale, en la personne de M. le doyen, M. l'abbé de Poix, et témoigner à M. l'abbé de Castillon combien elle avoit été satisfaite de l'entendre.

M. le comte de Laurencin et M. Millanois ont été nommés pour aller, au nom de l'assemblée, faire visite à M. de La Millière, intendant des ponts et chaussées.

† Ant., arch , de Lyon.

Le vendredi 9 novembre 1787, à dix heures du matin,

M. Goudard a pris séance dans l'assemblée.

Mgr l'Archevêque, président, a dit que pour faciliter le travail et se conformer aux dernières instructions, il convenoit de diviser l'assemblée en quatre bureaux ; ce qu'il a fait dans l'ordre suivant :

Bureau de l'impôt.

M. l'abbé de Castellas, M. l'abbé Daudé, M. l'abbé Dessertines, M. le comte de Laurencin, M. le comte de Feugerolles, M. le marquis de Monspey, M. Millanois, M. de Meaux, M. Mathon des Fougères, M. Valous, M. Barrieu.

Bureau des fonds de la comptabilité et du règlement.

M. l'abbé de Clugny, M. l'abbé Fulchiron, M. le marquis d'Albon, M. le marquis de Grollier, M. le marquis de Luzy-Couzan, M. Chirat, M. Boyer du Moncel, M. Dumas, M. Pezant, M. Chassain.

Bureau des travaux publics.

M. l'abbé de Montazet, M. l'abbé de La Chapelle, M. l'abbé de Boissieu, M. le comte de St-Polgue, M. le comte de Thélis, M. le marquis de La Roche-Tullon, M. du Rozier, M. Deschamps, M. de Gerando, M. Camille Dugas, M. Meaudre fils.

Bureau de l'agriculture, du commerce, et de tout ce qui intéresse le bien public.

M. l'abbé du Pelloux de La Villette, M. l'abbé Rozier, M. le comte de Chaponnay, M. le baron de Rochetaillée, M. Goudard, M. Verdat de Sure, M. Desverney, M. Ramey de Sugny, M. Jovin, M. Tillard de Tigny.

M. l'abbé de La Chapelle et M. Deschamps ont été chargés de la révision du procès-verbal et des délibérations de l'assemblée.

L'assemblée s'est séparée pour aller travailler dans ses bureaux.

† Ant., arch. de Lyon.

Samedi 10 novembre 1787, à dix heures du matin,

M. le comte de St-Polgues, premier opinant de l'ordre de la noblesse, président en l'absence de Mgr l'Archevêque, a proposé à l'assemblée de nommer quatre députés chargés d'aller, en son nom, s'informer de la santé de Mgr l'Archevêque et de l'assurer des vœux que forment tous les membres pour son rétablissement. L'assemblée ayant unanimement applaudi à sa proposition, M. l'abbé de Boissieu, M. le comte de Feugerolles, M. Clerjeon et M. Goudard, ont été chargés de la députation.

L'assemblée s'est séparée pour aller travailler dans ses bureaux.

Du Bourg de St-Polgues.

Lundi 12 novembre 1787, à dix heures du matin,

L'assemblée s'est réunie pour aller travailler dans ses bureaux.

Du Bourg de St-Polgues.

Mardi 13 novembre 1787, à dix heures et demi du matin,

Mgr l'Archevêque, président, a remercié l'assemblée des marques d'intérêt et d'attention qu'il avoit reçu d'elle pendant son indisposition.

MM. du bureau du Bien Public ont dit que M. l'abbé Rozier, l'un des membres de l'assemblée, devoit ouvrir, au 1er décembre prochain, un cours public et gratuit sur la culture des arbres fruitiers et forestiers, que l'ignorance de la plupart des cultivateurs, qui ne suivent presque tous qu'une routine souvent très nuisible et contraire aux vrais principes, avoit jusqu'à ce jour fort retardé dans cette province cette partie de l'agriculture; qu'il étoit, par conséquent, à désirer que le nombre des élèves formés par ses soins se multipliat pour répandre dans les campagnes la méthode la plus utile à la culture des arbres; qu'un des moyens le plus assuré seroit de choisir, dans chacun des six départemens, deux cultivateurs qui seroient envoyés, aux frais de la province, pour suivre ce cours pendant une année. L'assemblée, délibérant sur cette proposition, a remercié M. l'abbé Rozier du soin qu'il veut bien se donner pour l'instruction des cultivateurs, mais, considérant que quelque modique que fut cette dépense, l'assemblée n'avoit aucun fond sur lequel elle put l'asseoir et qu'elle ne pourroit s'y livrer sans ordonner une imposition, a arrêté de remettre à une année suivante l'exécution de ce projet et d'envoyer aux bureaux intermédiaires des assemblées de département copie du prospectus de M. l'abbé Rozier, en les invitant à s'occuper de cet objet et de faire parvenir à l'assemblée leurs vues sur la manière la plus économique de réaliser ce projet, dont l'utilité ne peut être contestée.

L'assemblée s'est séparée pour aller travailler dans ses bureaux.

† Ant., arch. de Lyon.

Jeudy 15 novembre 1787, à dix heures et demi du matin,

L'assemblée s'est réunie pour aller travailler dans ses bureaux.

† Ant., arch. de Lyon.

Vendredi 16 novembre 1787, à dix heures et demi du matin,

Le bureau de l'Impôt a fait un rapport qui sera joint au registre et déposé aux archives sous la cotte A, n° 1. La matière mise en délibération, l'assemblée a unanimement délibéré « que Sa Majesté sera suppliée d'autoriser l'Assemblée Provinciale à rétablir, dans les commissions qui s'expédieront aux assemblées de départements et aux municipalités, le détail des objets qui forment les impositions connues sous le nom d'accessoires de la taille, avec la datte des loix qui en autorisent la perception, qui en déterminent la nature et en ont fixé la durée.

Le bureau des Travaux publics a fait un rapport qui sera joint au registre et déposé aux archives, sous la cotte B, n° 2.

L'assemblée s'est séparée pour aller travailler dans ses bureaux.

† Ant., arch. de Lyon.

Samedi 17 novembre 1787, à dix heures et demi du matin,

Mgr l'Archevêque, président, a dit que M. le Commissaire du Roi lui avoit annoncé que Sa Majesté avoit donné des ordres pour que la ville remit à l'assemblée l'hôtel du Concert, pour y tenir provisoirement ses séances, y établir sa Commission Intermédiaire, son greffe et ses archives, mais que, pour prévenir toute discussion relativement aux indemnités que le corps municipal pourroit réclamer, dans le cas où il rentreroit en jouissance de ce bâtiment, l'intention du Roi étoit qu'il fut dressé procès-verbal de son état actuel par trois experts nommés par l'assemblée, par M. l'Intendant et par les officiers municipaux, en présence de commissaires. L'assemblée, pour se conformer aux ordres du Roi, a prié M. le baron de Rochetaillée et M. de Gérando d'assister, au nom de l'assemblée, au procès-verbal qui sera dressé de l'état des bâtimens de l'hôtel du Concert, et a choisi le s^r Boulard, architecte, pour son expert.

L'assemblée s'est séparée pour aller travailler dans ses bureaux.

† Ant., arch. de Lyon.

Lundi 19 novembre 1787, à dix heures et demi du matin,

L'assemblée s'est réunie pour aller travailler dans ses bureaux.

† Ant., arch. de Lyon.

Mardi 20 novembre 1787, à dix heures et demi du matin,

L'assemblée s'est réunie pour aller travailler dans ses bureaux.

† ANT., arch. de Lyon.

Jeudi 22 novembre 1787, à dix heures et demi du matin,

Messieurs du bureau des Travaux Publics ont fait un rapport qui sera joint au registre et déposé aux archives sous la cotte C, n° 3.

La matière mise en délibération, l'assemblée a arrêté que, sous le bon plaisir du Roi, la contribution représentative de la corvée seroit fixée pour l'année 1788, au dixième de la taille de ses impositions accessoires et de la capitation roturière, et qu'elle seroit acquittée par les contribuables, conformément aux dispositions de l'arrêt du Conseil du 6 novembre 1786.

L'assemblée s'est séparée pour aller travailler dans ses bureaux.

† ANT., arch. de Lyon.

Vendredi 23 novembre 1787, à dix heures et demi du matin,

L'assemblée s'est réunie pour aller travailler dans ses bureaux.

† ANT., arch. de Lyon.

Samedi 24 novembre 1787, à dix heures du matin,

Le bureau de l'Impôt a fait un rapport qui sera joint au registre et déposé aux archives sous la cotte D, n° 4.

La matière mise en délibération, il a été arrêté sur les cottes d'office 1° que toutes cottes non fondées en titres seront indistinctement supprimées ; 2° que celles qui seront reconnues fondées seront portées sur les rolles des paroisses et rétablies dans la juste proportion des facultés des contribuables ; 3° qu'aucune cotte d'office ne sera accordée sans l'aveu de l'Assemblée Provinciale ; que l'article du rapport concernant les transports de cottes sera renvoyé aux bureaux de département, pour avoir leur avis ; que l'objet du rapport concernant les cottes ouvertes aux fermiers des biens ruraux sera renvoyé aux bureaux de département, pour avoir leur avis, et que l'assemblée sollicitera au Conseil du Roi un règlement qui borne l'exemption de taille accordée aux maitres de postes à 50 arpents, soit qu'ils soyent propriétaires, soit qu'ils soyent fermiers ; qui limite l'exercice de ce privilège à l'étendüe de l'élection où le relay sera établi et qui assujetisse les maitres de poste à faire enregistrer leurs brevets aux greffes des élections, en désignant les fonds sur lesquels ils voudront asseoir leur privilège.

† Ant., arch. de Lyon.

Le lundi 26 novembre 1787, à dix heures du matin,

La commission du vingtième a fait un rapport qui sera joint au registre et déposé aux archives sous la cotte E, n° 5. Sur quoy, la matière mise en délibération, l'assemblée arrête 1° que Mgr l'Archevêque, président, seroit prié de remettre sous les yeux du Roi et de son Conseil le rapport dont elle adopte unanimement les calculs, les observations et les résultats ; 2° que, dans l'impossibilité où elle est de voter pour tout abonnement qui excéderoit le montant de la perception effective des vingtièmes et 4 sous pour livre du premier 20mo, conformément aux rolles actuellement en recouvrement, Sa Majesté seroit suppliée, au nom de l'assemblée, de ne pas soumettre la généralité à des vérifications qui seroient plus allarmantes pour les peuples qu'utiles pour le fisc, et qui leur enlèveroient l'espoir qu'ils ont conçu que la forme nouvelle d'administration pourra contribuer à leur soulagement et à leur bonheur.

† Ant., arch. de Lyon.

Mardi 27 novembre 1787, à dix heures du matin,

L'assemblée s'est réunie pour aller travailler dans ses bureaux.

† Ant., arch. de Lyon.

Mercredi 28 novembre 1787, à dix heures du matin,

Le bureau de l'Impôt a fait à l'assemblée un rapport qui sera joint au registre et déposé aux archives sous la cotte F, n° 6. La matière mise en délibération, l'assemblée a arrêté 1° que, sans rien changer à la forme des rôles de recouvrement, il en sera fait de particuliers, divisés par quartiers et par classes pour la ville de Lyon, et par paroisses et par classes pour les autres départements, dont la première sera une classe morte, où seront inscrits tous ceux qui, par leur pauvreté, ne peuvent pas payer 20 sous de capitation, et, depuis 20 sous jusqu'à plus forte taxe, seront classés ceux qui, à raison de leur fortune personnelle et du produit de leurs emplois ou offices, seront reconnus devoir contribuer dans la même proportion ; lequel rôle servira de baze à l'imposition et à la confection des rôles de recouvrement, auxquels il sera ajouté une colonne pour rappeller la classe des contribuables ; 2° que la formation des classes et leur taux sera réglé par les bureaux intermédiaires assemblés, qui en rendront compte aux assemblées de département, pour leurs opérations y être approuvées ou ratifiées et ensuite de nouveau vérifiées et approuvées par l'Assemblée Provinciale, si elle est réunie assés à tems pour que la répartition, la confection des rôles et le recouvrement n'en soient pas retardés, à défaut de quoi l'approbation de la Commission Intermédiaire (1) suffira ; 3° qu'il en sera usé de même pour les modérations, décharges et changemens de classes ; 4° que dans le cas où la diminution du nombre des contribuables et les variations des classes opéreroient un déficit sur la somme à imposer dans des circonstances plus heureuses, Sa Majesté sera suppliée de modérer le montant actuel de la capitation : mais, afin de ne point changer essentiellement le taux des classes, il sera provisoirement ajouté, comme accessoire à la taxe principale, la somme résultante des diminutions et non-valeurs survenues dans les classes, en observant dans la répartition au marc la livre de ce déficit, la même proportion des classes, celles de 20 sous, 40 sous et 3 liv. étant exemtes de toute augmentation ; 5° que le bureau intermédiaire du département de Lyon s'occupera, aussitôt que les circonstances le lui permettront, ainsi que ceux des autres départemens, de la confection des classes qui devront servir à l'imposition de 1789, et ce, d'après les instructions qui leur seront données par la Commission Intermédiaire provinciale, qui restera chargée de veiller à l'exécution de ce nouvel ordre de chose.

† ANT., arch. de Lyon.

Vendredi 30 novembre 1787, à dix heures du matin,

L'assemblée réunie, le bureau des Travaux Publics a fait un rapport qui sera joint au registre et déposé aux archives sous la cotte G. n° 7. La matière mise en délibération, il a été arrêté : 1° que la somme de 320.522 liv. représentative de la corvée, sera appliquée en entier, pour l'année 1788, aux chemins de 1re et 2e classes, qu'en conséquence, prélèvement fait sur cette somme de tout ce qui sera nécessaire pour l'entretien parfait de toutes les parties qui sont en état de perfection, les deux cinquièmes de ce qui restera seront employés, soit aux réparations urgentes que nécessiteroient des évènemens imprévus, soit pour maintenir les routes praticables dans toute leur étendue, et les trois autres cinquièmes employés en perfection et confection nouvelles sur lesdites routes ouvertes ; 2° que les ateliers pour confections nouvelles seront placés sur chaque route, de manière à ne pas laisser d'intervales, et que les parties qu'on perfectionnera se succèdent immédiatement, à moins que des obstacles impossibles à

(1) *Les mots* de la Commission Intermédiaire *remplacent ceux* du département assemblé, *qui ont été biffés.*

vaincre sur-le champ ne s'y opposent ; 3° que toute la portion des fonds de charité, dont on pourra disposer pour les chemins, sera appliquée à ceux des 3e et 4° classes, en attendant qu'il soit possible d'y porter des secours plus abondants ; que cette somme, divisée entre les départemens, dans la proportion de la contribution de chacun d'eux à l'imposition des chemins, sera distribuée par la Commission Intermédiaire provinciale, sur l'avis et rapport des assemblées de département ou de leurs bureaux intermédiaires, aux paroisses qui, désirant la réparation d'un chemin de 3° et 4° classe, offriroient d'y contribuer en argent ou en travaux libres, au moins pour la moitié, en préférant celles qui offriroient une contribution plus forte ; 4° que les sommes accordées par le Roi pour les ouvrages d'art seront employées, distraction faite des appointements et gratifications des ingénieurs, 1° à la réparation et confection des cassis, acqueducs, ponceaux et pavés dans les villages traversés par des routes de 1re et 2e classe ; 2° à la confection des ponts commencés sur les routes ; 3° que l'excédent, s'il s'en trouve, les deux premières destinations remplies, sera distribué et employé, suivant l'exigeance des besoins, par l'assemblée ou sa Commission Intermédiaire (1), après les demandes débattues de chaque département ; 5° que les adjudications d'entretien et de confection seront subdivisées de manière qu'elles n'excèdent pas deux à trois mille toises au plus, et qu'il sera inséré, entr'autres clauses de rigueur dans les brefs, que l'adjudicataire ne pourra sousbailler et qu'il sera tenu d'avoir des cantonniers pour être employés journellement au maintien des routes, suivant ce qui sera prescrit par le règlement (2) qui sera arrêté à cet effet par la Commission Intermédiaire lorsqu'il sera établi par forme d'essay des stationnaires sur la route de Lyon en Bourgogne, conformément à ce qui se pratique dans le Mâconnois ; 7° que les assemblées de département nommeront dans les différens arrondissements des commissaires à l'effet de veiller exactement à l'entretien et confections des chemins ; 8° que les routes de 1re et 2e classes, actuellement ouvertes, resteront dans la largeur où elles se trouvent et que, sur icelles, les encaissemens et ferremens dans le milieu de la route seront au moins de 18 pieds et au plus de 24 ; 9° que Sa Majesté sera suppliée de rendre une loi qui fixe, dans cette généralité, la largeur des chemins de 3° classe à 20 pieds et celle des chemins de 4° classe à 16. — 2° d'accorder la poudre à canon à employer pour la confection desdits chemins au même prix qu'elle est livrée pour les chemins de 1re et 2° classes ; 3° d'autoriser l'assemblée à faire vérifier par des commissaires, en présence des ingénieurs, ou duement appelés, tous les ouvrages adjugés pour l'année 1787, qui n'auroient pas été reconnus et reçus au 1er janvier prochain, et à poursuivre les adjudicataires qui ne se seroient pas conformé aux devis et clauses de leurs adjudications ; 10° qu'il ne sera accordé aucune indemnité pour l'élargissement des chemins de 3° et 4° classes ; 11° que cependant, tant sur lesdits chemins que sur ceux de 1re et 2° classes à ouvrir, tout propriétaire, dont il seroit nécessaire d'abattre la maison ou une clôture en mur,

---

(1) *Il y avait d'abord :* sur l'avis de l'assemblée ou de la Commission Intermédiaire.

(2) *Sous une rature on lit :* suivant les règles qui seront prescrittes dans le règlement.

sera indemnisé suivant l'avis d'experts choisis par le propriétaire et par les commissaires de l'assemblée de département, sur le rapport desquels le payement de l'indemnité sera accordé premièrement aux taillables, et entre ceux-ci aux moins payants au rôle des tailles, et ensuite aux privilégiés (1) dans la même proportion ; 12° que lorsque des communautés ou des particuliers désireront l'ouverture de chemins de 3° et 4° classe, ils ne pourront présenter ce vœu à l'assemblée générale sans rapporter l'avis motivé de l'assemblée de département ou ses députés composant la Commission Intermédiaire, sur l'avantage et l'utilité du chemin demandé, et que toute sollicitation de ce genre sera accompagnée, aux frais de ceux qui la formeront, d'un plan géométrique, avec le toisé de la superficie du sol et des fossés, et d'un devis par apperçu de la dépense, dans lequel sera comprise l'estimation des terreins nécessaires pour l'ouverture du chemin ou des renonciations de la part des particuliers propriétaires qui ne prétendroient pas à l'indemnité ; et enfin à la charge de réaliser les soumissions des contributions particulières, par l'engagement de chacun des souscripteurs ou le dépôt effectif des fonds. L'arrêté ci-dessus devant servir de règle absolue pour toutes les demandes qui ont été ou qui seront proposées à l'avenir, par les départemens, les communautés ou les particuliers. Et en ce qui concerne le 13mo et dernier article, touchant les indemnités, sur lesquelles le bureau des Travaux Publics a présenté deux avis, la délibération a été continuée à demain.

L'assemblée, prenant en considération différens baux d'adjudication à longs termes pour entretien et confection qui ont été à l'instant remis sur le bureau, a chargé sa Commission Intermédiaire d'examiner les motifs qui en peuvent faire désirer l'exécution ou la résiliation, et dans le cas où elle penseroit que lesdits baux ou aucun d'eux doivent être résiliés, l'assemblée autorise sa Commission à en demander la résolution, à la poursuite et diligence de MM. les procureurs généraux syndics.

† ANT., arch. de Lyon.

Samedi 1er décembre 1787, à dix heures du matin,

L'assemblée, délibérant sur le 13me article du rapport fait en la séance d'hier par le bureau des Travaux Publics, relatif aux indemnités qui pourroient être dues pour les héritages qui seroient traversés par de nouvelles routes, et, après le plus mur examen, ayant considéré qu'il ne sera ouvert aucun nouveau chemin dans le courant de l'année, elle a arrêté de renvoyer la décision de cette question à la prochaine assemblée, pour que, dans cet intervale, elle put profiter des lumières qui lui seroient communiquées sur une matière aussi importante.

L'assemblée s'est séparée pour aller travailler dans ses bureaux.

† ANT., arch. de Lyon.

---

(1) *Une première rédaction portait :* et par les commissaires de l'assemblée de département, lesquels ordonneront le payement de l'indemnité en commençant par les taillables et entre ceux-ci par les moins payants au rôle des taillables, et ensuite par les privilégiés.

Lundi 3 décembre 1787, à dix heures et demi du matin,

Le bureau des Travaux Publics a fait un nouveau rapport joint au registre et déposé aux archives sous la cotte H n° 8. La matière mise en délibération, il a été arrêté qu'il seroit sursis jusqu'à l'année prochaine pour décider et présenter le vœu de l'assemblée sur la question traitée dans ce mémoire.

Mgr l'Archevêque, président, ayant annoncé qu'il étoit prévenu que M. le Commissaire du Roi avoit des instructions de la Cour à communiquer; M. l'abbé de Montazet et M. Valous ont été chargés d'aller lui annoncer que l'assemblée étoit formée. L'assemblée, instruite de son arrivée, M. l'abbé de Clugny, M. le marquis de Grollier, M. Dugas et M. Chassain sont allé le recevoir. M. le Commissaire du Roi ayant pris séance, a remis une instruction de la Cour sur l'agriculture et le bien public, dont lecture a été faite par le secrétaire; il a remis, de plus, des exemplaires de divers ouvrages et instructions utiles, rédigés par ordre du gouvernement, sur les effets des vapeurs méphitiques dans l'homme, sur les noyés, sur les enfants qui paroissent morts en naissant, sur la rage, avec un précis des traitemens les mieux éprouvés dans ces cas; 2° sur le parcage des bêtes à laine; 3° sur la culture des turneps et gros navets; 4° sur les prairies artificielles; 5° sur la culture et les avantages de la bette-rave champêtre. M. le Commissaire du Roi a annoncé que Sa Majesté, toujours occupée du bonheur de ses peuples, avoit à cœur de voir propager des lumières propres à soulager les maux de l'humanité et favoriser l'agriculture; que Sa Majesté croyoit ne pouvoir remplir d'une manière plus utile ses vues bienfaisantes qu'en confiant à l'assemblée le soin de répandre dans les campagnes les connoissances que renferment ces différents ouvrages. Mgr l'archevêque, président, a exprimé sa respectueuse reconnoissance.

M. le Commissaire du Roi s'étant retiré, l'assemblée a arrêté que MM. les procureurs syndics prieroient M. le Contrôleur général de faire parvenir à la Commission Intermédiaire un nombre suffisant d'exemplaires des instructions remises par M. le Commissaire du Roi, et qu'aussitôt qu'on les auroit reçus, ils seroient adressés aux bureaux intermédiaires des départements, avec invitation de les répandre dans les paroisses de la généralité et d'engager les riches propriétaires à encourager, par leur exemple, les méthodes utiles que renferment ces divers ouvrages.

Le bureau du règlement et de la comptabilité a fait un rapport négatif aux élections des membres des municipalités et à divers articles du règlement. La délibération sur cet objet a été continuée à demain.

† Ant., arch. de Lyon.

Le mardi 4 décembre 1787, à dix heures et demi du matin,

L'assemblée ayant délibéré sur le rapport fait en la séance d'hier, par le bureau du Règlement et de la Comptabilité, a arrêté que ce rapport, eu égard à la multiplicité des objets qu'il renferme, sera résumé et réduit aux articles sommaires, sur lesquels l'assemblée a annoncé son vœu, et à des observations sur les doutes qui se sont élevés dans la discussion des opinions. M. Pezant a été nommé commissaire pour ce travail et prié de vouloir bien l'adresser à la Commission Intermédiaire, pour être ensuite envoyé au ministre et déposé aux archives.

Le bureau de l'impôt a fait un rapport joint au registre sous la cotte K n° 9. La matière mise en délibération, l'assemblée a arrêté que Sa Majesté sera suppliée d'ordonner que le rôle pour la contribution représentative de la corvée sera réuni au rôle de la taille, des accessoires et de la capitation roturière, avec la liberté aux communautés de suivre la forme des rôles usitée jusqu'à présent, de placer les articles à la suite les uns des autres, en toutes lettres et ensuite en chiffres par une accolade, à l'effet de quoi la somme fixée chaque année pour la contribution aux chemins sera ajoutée au bas de la commission de chaque parroisse lors du département, et enfin d'attribuer la vérification des rôles qui comprendront ces quatres objets réunis et la connoissance des contestations y relatives à tels de ses officiers qu'elle jugera à propos ; et, en ce qui concerne les frais des contraintes, il en sera, sur l'avis des départements, délibéré en la prochaine assemblée.

Le bureau de l'Impôt a fait encore un rapport joint au registre, sous la cotte I n° 10. La matière mise en délibération, l'assemblée a arrêté que la Commission Intermédiaire sera chargée de préparer le travail annoncé dans le rapport et d'adresser un mémoire au ministre, pour faire régler la somme qui devra être observée pour le département de l'année 1789.

Le bureau d'Agriculture du Commerce et du Bien Public, a fait un rapport joint au registre et déposé aux archives sous la cotte L n° 11. L'assemblée a adopté ce travail et arrêté que les instructions à demander seront adressées par la Commission Intermédiaire aux bureaux des départements, pour les faire parvenir aux municipalités.

Le bureau du Règlement et de la Comptabilité a fait un rapport joint au registre et déposé aux archives sous la cotte M n° 12. La matière mise en délibération, l'assemblée a arrêté que la fixation des dépenses de l'assemblée sera renvoyée à ses premières séances générales ; que cependant la Commission Intermédiaire sera chargée de supplier Sa Majesté d'accorder des fonds pour subvenir à ses dépenses les plus urgentes jusqu'à cette époque. Monseigneur l'Archevêque, président, a été prié d'appuyer auprès du ministre la demande de l'assemblée.

Il a été arrêté, de plus, que les bureaux intermédiaires sont, dès à présent, autorisés à passer des baux à loyer nécessaires pour la tenue des assemblées de départements et de leurs bureaux.

Le bureau de l'Impôt a proposé divers projets qu'il croit propres à établir une plus grande égalité dans la répartition de la taille pour l'année 1789. L'assemblée a arrêté, à cet égard, que ces vues seroient communiquées aux bureaux de départements, qui feront passer leur avis à la Commission Intermédiaire chargée de s'occuper des moyens qui paroitront les plus convenables pour répartir avec égalité l'imposition de la taille.

† Ant. arch. de Lyon.

Mercredi 5 décembre 1787, à dix heures du matin,

L'assemblée a procédé au remplacement de M. le marquis de Luzy-Couzan, qui avoit envoyé sa démission, suivant sa lettre déposée aux archives ; le scrutin ouvert et vérifié par M. le marquis de Chaponay, M. de Sugny et MM. les procureurs généraux syndics, les suffrages se sont réunis en faveur de M. Ranvier, seigneur de Bellegarde, dans le département de Montbrison,

L'assemblée chargée, par l'instruction du 31 octobre dernier, de nommer un conseil composé de trois avocats, pour donner leur avis sur les contestations qui intéressent les communautés, a choisi et nommé M. Deschamps fils, M. Dupuis et M. l'abbé Jacquet, avocats.

Mgr l'archevêque, président, a observé que le nombre des commissaires de l'assemblée qui composent la Commission Intermédiaire, ne paroit pas proportionné à l'importance et à la multitude des travaux dont cette commission sera chargée, et qu'il seroit convenable d'y ajouter de nouveaux membres. L'assemblée ayant agréé cette proposition, elle a procédé à la nomination de quatre nouveaux membres qui, sous le bon plaisir du Roi, seront ajoutés à la Commission Intermédiaire et le scrutin ouvert et vérifié par les mêmes commissaires, les suffrages se sont réunis en faveur de M. l'abbé de La Chapelle, de M. Ranvier de Bellegarde, de M. Millanois et de M. Valous.

L'assemblée, avant de terminer ses séances, a cru devoir s'occuper de sa reconnoissance envers les assemblées de département, elle s'empresse d'en consigner le témoignage dans son procès-verbal, bien sure de la continuation de leur zèle et de leurs efforts pour concourir aux vues utiles que s'est proposé le gouvernement dans l'établissement des assemblées provinciales.

L'assemblée ayant rempli les objets dont elle pouvoit s'occuper pendant la tenue de ses séances, Mgr l'Archevêque, président, a prié M. le comte de Thélis et M. de Meaux de se rendre à l'Intendance pour annoncer à M. le Commissaire du Roi que l'assemblée l'invitait à venir en faire la clôture. Prévenus de son arrivée, M. l'abbé Daudet, M. de Rochetaillée, M. Chassaing et M. Goudard sont allés le recevoir. M. le Commissaire du Roi ayant pris séance, a témoigné à l'assemblée combien ses travaux, son zèle et l'esprit de sagesse et d'union qui a présidé à ses délibérations, en répondant aux vues bienfaisantes de Sa Majesté, doivent lui concilier la confiance des peuples. A quoi Mgr l'Archevêque, président, a répondu par un discours également agréable à M. le Commissaire et à l'assemblée.

M. le Commissaire du Roi s'étant retiré, l'assemblée a donné à Mgr l'Archevêque, président, les témoignages les plus vrais de sa reconnoissance, de son respect et des sentimens que lui ont inspiré pour sa personne, le patriotisme, le zèle, les lumières, l'esprit conciliateur qui l'ont sans cesse animé, et elle l'a prié d'agréer les vœux qu'elle forme pour sa conservation intimement liée au bonheur de cette province.

Les différents membres, après s'être aussi donné des témoignages réciproques d'estime et d'attachement, le présent procès-verbal a été clos à Lyon, ledit jour cinq décembre mil sept cent quatre-vingt-sept.

†Ant. arch. de Lyon.

L'abbé DE CASTELLAS, doyen, comte de Lyon, CLUGNY, grand custode, comte de Lyon, l'abbé DE MONTAZET, l'abbé DAUDÉ, l'abbé DE LA CHAPELLE, l'abbé DE BOISSIEU, l'abbé DUPELOUX, l'abbé FULCHIRON, l'abbé D'ESSERTINE, l'abbé ROZIER, DU BOURG DE St-POLGUES, le marquis D'ALBON, le comte DE CHAPONAY, le comte DE FEUGEROLLES, le marquis DE GROLLIER, le comte DE LAURENCIN, le comte DE THÉLIS, le marquis DE MONSPEY, le baron DE ROCHETAILLÉE, LAROCHE-THULON, PEZANT, VERDAT DE SURE, JOVIN, CHIRAT, CAMILLE DUGAS, BARRIEU, DUMAS, CHASSAIN, DESVERNAY, B. DE GERANDO, BOYER DUMONCEL, DESCHAMPS fils, VALOUS DE LA PROTY, MILLANOIS, DE MEAUX, DUROSIER, MATHON DE FOGÈRES, CLERJON, TILLARD DE TIGNY, GOUDARD, DE RAMEY DE SUGNY, le baron de LA ROCHE, procureur général syndic, BAROU DU SOLEIL, procureur général syndic, BOSCARY, secrétaire.

PROCÈS-VERBAUX

DES SÉANCES

DE LA

COMMISSION INTERMÉDIAIRE

DE

L'ASSEMBLÉE PROVINCIALE

1ᵉʳ Octobre 1787 — 30 Juin 1790.

Aujourd'huy lundy 1ᵉʳ octobre 1787, la Commission Intermédiaire de l'Assemblée Provinciale de la généralité de Lyon, convoquée de l'ordre de Mgr l'Archevêque de Lyon, président, a tenu sa première séance à dix heures du matin, dans le château d'Oullins, prez Lyon.
Présents Mgr l'Archevêque, président; M. le marquis d'Albon; M. Deschamps fils, avocat; M. le baron de La Roche et M. Barou du Soleil, procureurs généraux sindics ; M. Boscary, secrétaire tenant la plume ; M. le comte de Clugny-Thenissey et M. Goudart l'ainé n'ayant pu s'y rendre (1).

MM. les Procureurs Généraux Sindics ont rendu compte à la commisssion de leur démarche auprès de M. le Prévôt des Marchands, pour obtenir du Consulat la liberté d'établir les séances et les bureaux de l'Assemblée Provinciale, soit à l'Hôtel-de-Ville ou dans la salle du Concert, et du refus formel du Consulat ; M. Barou a fait lecture d'un mémoire qu'il a rédigé sur cette affaire, la commission a approuvé ce mémoire et Mgr l'Archevêque a été prié de l'adresser au nom de la commission, avec une lettre d'envoy aux ministre de Sa Majesté.

MM. les Procureurs Généraux Syndics ont mis sur le bureau une lettre que M. l'Intendant leur a adressée de Changy, le 29 septembre dernier, dont suit la teneur :

« A Changy, le 29 septembre 1787.

« J'ai l'honneur de vous prévenir, Messieurs, que l'intention du Roi
« est que les assemblées provinciales ne puissent rien faire imprimer
« sans autorisation ; que les mémoires, projets, ou autres objets dont
« elles ne seroient point les auteurs, mais dont elles croiroient la
« publicité utile, ne soient imprimés qu'avec la permission de M. le

(1) Premier registre, Archives du Rhône, C. 772.

« Garde des Sceaux ; et que leurs arrêtés, plans, tableaux et autres
« pièces émanées d'elles ne puissent être imprimées que de l'aveu du
« Commissaire du Roi. Je vous envoye copie de la lettre que M. le
« Garde des Sceaux m'a écrite à ce sujet ; je vous prie de m'en accuser
« la réception, ainsy que de la présente.

« J'ai l'honneur d'être, avec un sincère et respectueux attachement,
« Messieurs, votre très humble et très obéissant serviteur. Signé :
« Terray.

« MM. les sindics de l'Assemblée Provinciale de Lyon ».

Mgr l'Archevêque, président, a dit que M. l'Intendant lui a pareillement écrit sur le même sujet, et que déjà il est prévenu qu'il a été adressé aux syndics de la librairie et à l'imprimeur de l'assemblée des deffenses conformes aux ordres de M. le Garde des Sceaux. Lecture faite de la copie de la lettre de M. le Garde des Sceaux du 22 septembre, la matière mise en délibération, il a été arrêté que MM. les procureurs sindics écriront demain à M. l'Intendant une lettre en ces termes :

« Nous avons reçu, Monsieur, la lettre que vous nous avés fait
« l'honneur de nous écrire le 29 septembre dernier, à laquelle étoit
« jointe celle qui vous a été adressée par M. le Garde des Sceaux, le 22
« du même mois. Le tout a été communiqué de notre part, à la Com-
« mission Intermédiaire, qui a tenu hier une séance. Nous sommes
« chargés, Monsieur, de vous témoigner l'étonnement de la Commis-
« sion sur l'interprétation que vous avés donnée aux ordres de M. le
« Garde des Sceaux, ne vous déterminant à empêcher par voie d'au-
« torité la distribution du procès-verbal que l'Assemblée Provinciale
« a fait imprimer à la forme du droit, dont jusqu'à présent ont usé
« toutes les assemblées provinciales, à la forme aussi des premiers
« règlements pour leur constitution, qui leur en font un devoir.

« Il semble, Monsieur, que votre zèle a donné trop d'étendue aux
« ordres de M. le Garde des Sceaux, en pensant qu'ils devoient avoir
« un effet rétroactif, mais la plus simple réflexion peut rétablir les
« choses dans l'état où elles doivent être, et la Commission Intermé-
« diaire se flatte d'autant plus que votre opinion s'accordera avec la
« sienne sur cet objet, qu'ayant entre vos mains, depuis plusieurs
« jours, une expédition en forme du procès-verbal de l'assemblée,
« vous n'y avés surement rien trouvé qui puisse blesser l'ordre public ;
« dans cette confiance, la commission espère que vous révoquerés les
« deffenses signifiées de votre part au sieur La Roche, imprimeur.

« Nous sommes, avec un sincère et respectueux attachement, Mon-
« sieur, vos très humbles et très obéissants serviteurs. »

La commission attendra la réponse de M. l'Intendant à cette lettre pour prendre sur cet objet un parti ultérieur.

Fait et clos ledit jour.

† ANT., arch. de Lyon, BOSCARY, secrétaire.

Ce jourd'huy samedi sixième jour du mois d'octobre de l'année 1787, dans l'assemblée de la Commission Intermédiaire de l'Assemblée Provinciale de la généralité de Lyon, tenue à quatre heures de l'après-midi au château d'Oullins, près Lyon, où étoient Mgr l'Archevêque, président ; M. Deschamps fils, avocat ; MM. le baron de La Roche et M. Barou du Soleil, procureurs généraux syndics.
M. le comte de Clugny, M. le marquis d'Albon et M. Goudart ainé ayant été empêchés de s'y rendre pour cause d'indisposition.

MM. les Procureurs Généraux Syndics ont fait lecture d'une lettre que leur a adressé M. l'Intendant, le 4 de ce mois, en réponse à celle qu'ils lui avoient écrite le 2, conformément au projet inséré dans la délibération du 1er de ce mois ; dans sa lettre, M. l'Intendant annonce qu'il a pris les ordres de M. le Garde des Sceaux, relativement à l'impression et publication du procès-verbal des séances préliminaires de l'Assemblée Provinciale. La matière mise en délibération, il a été arrêté qu'il seroit écrit de suite par la Commission Intermédiaire, à Mgr le Garde des Sceaux, une lettre contenant des observations sur les inconvénients qui résultent des ordres qu'il a adressés à M. l'Intendant, le 22 septembre. Et qu'en même temps la Commission fera passer à Mgr l'archevêque de Toulouze et à M. le Contrôleur Général, copie de la lettre de Mgr le Garde des Sceaux à M. l'Intendant du 22 septembre, et de celle écrite par la Commission Intermédiaire à Mgr le Garde des Sceaux.

Mgr l'Archevêque, président, a bien voulu dicter ces lettres, l'assemblée tenante et elles ont été signées par Mgr l'Archevêque et par le secrétaire de l'assemblée.

Fait et clos ledit jour, 6 octobre 1787.

† ANT., arch. de Lyon. BOSCARY, secrétaire.

Aujourd'huy mardy, 16 octobre 1787, la Commission Intermédiaire de l'Assemblée Provinciale a tenu une séance au château d'Oullins à onze heures du matin, présents Mgr l'archevêque, président ; M. le marquis d'Albon, M. Deschamps fils, avocat, et M. Barou, l'un de MM. les procureurs généraux syndics.
M. le baron de La Roche étant dans ses terres et M. le comte de Cluny et M. Goudart ayant été empêchés de se rendre à l'assemblée pour cause d'indisposition.

Mgr l'Archevêque, président, a remis sur le bureau une lettre à lui adressée, le 11 de ce mois, par Mgr le Garde des Sceaux, contenant copie de la lettre que le chef de la magistrature a écrite le même jour à M. l'Intendant. Lecture faite de ces lettres, arrêté qu'elles resteront déposées dans les archives de l'Assemblée Provinciale, qu'il en sera délivré, par le secrétaire, deux ampliations collationnées à MM. les Procureurs Généraux Syndics, pour être adressées, l'une aux syndics de la librairie, et l'autre au sieur La Roche, imprimeur de l'Assemblée

Provinciale, et qu'il sera donné cours à l'impression et publication du procès-verbal des séances préliminaires de l'Assemblée Provinciale.

Mgr l'Archevêque, président, a communiqué à l'assemblée une lettre de M. le Contrôleur général, du 4 de ce mois, et deux ampliations qui y étoient jointes des instructions adressées aux présidents des assemblées de département, arrêté que les deux ampliations resteront déposées aux archives et que, pour s'y conformer, MM. les Procureurs Généraux Syndics remettront à M. l'Intendant et adresseront à M. le Contrôleur général une expédition des procès-verbaux des séances préliminaires des assemblées de département, dès que les expéditions seront parvenues au secrétaire de l'Assemblée Provinciale, et qu'une troisième expédition de ces mêmes procès-verbaux restera déposée aux archives de l'assemblée.

M. Barou du Soleil a communiqué à l'assemblée une lettre adressée, par M. l'Intendant, aux Procureurs Généraux Syndics, contenant l'envoy d'une lettre de M. le Contrôleur général, et d'une lettre adressée à ce ministre par les officiers municipaux de Lyon, qui renferme leurs observations sur l'emplacement demandé par l'Assemblée Provinciale, pour la tenue de ses séances. M. Barou a ajouté à cette lecture celle du projet qu'il a rédigé pour servir de réponse aux observations de MM. les Prévôt des Marchands et Echevins de la ville de Lyon; ce projet a été approuvé par la commission et MM. les Procureurs Généraux Syndics ont été prié de s'y conformer dans la lettre qu'ils sont chargés d'écrire au nom de la Commission Intermédiaire, à M. le Contrôleur général.

Fait et clos ledit jour, 16 octobre 1787.

† Ant., arch. de Lyon. Boscary, secrétaire.

Du mardi 11 décembre 1787, quatre heures de l'après-midi, a été tenue, à l'hôtel du Concert, une séance de la Commission Intermédiaire de l'Assemblée Provinciale de la généralité de Lyon, où étoient les députés qui composent lad. commission, à l'exception de Mgr l'Archevêque, président, et de M. Valous.

M. l'abbé de La Chapelle a mis sur le bureau deux lettres de M. le Contrôleur général adressées, le 7 de ce mois, à Mgr l'archevêque; il a de suite été répondu à ces deux lettres, et la réponse portée au copie de lettres de la Commission Intermédiaire, folio 18.

Le sieur Le Brun, graveur, ayant apporté un sceau et quatre cachets qu'il avoit été chargé de graver pour l'assemblée, dont le prix a été fixé à deux cent seize livres, cette somme lui a été à l'instant payée par M. le baron de La Roche qui en a fait l'avance.

Examen fait des baux à long terme, adjugés 1° au sieur Cristot, pour le pavé de la route du Bourbonnois; 2° au sieur Riondel, pour celui de la route de Bourgogne, 3° au sieur Pommel, pour celui de la route de Saint-Etienne, 4° de 4 baux d'adjudication de travaux non commencés, donnés à divers, 5° et enfin du bail adjugé au sieur Riondel, pour l'entretien du canal de la rivière d'Azergue, la commission a arrêté que ces baux paroissant contraires aux intérêts de la province, la résiliation en sera poursuivie au Conseil, à la diligence de MM. les Procureurs Généraux Syndics. M. l'abbé de La Chapelle a été chargé de rédiger le mémoire contenant les motifs qui font désirer la résiliation de ces baux ; MM. les procureurs syndics dresseront ensuite le projet d'arrêt qui sera envoyé au ministre, après avoir passé sous les yeux de la Commission Intermédiaire.

Vu les états remis par l'ingénieur en chef de la province, contenant l'apperçu des ouvrages à faire sur diverses routes de la généralité et des dépenses que ces ouvrages pourront occasionner, arrêté que MM. les Procureurs Généraux Syndics écriront à l'ingénieur en chef de la province, pour le charger 1° de faire dresser incessamment les devis nécessaires pour les ouvrages d'entretien et réparations à faire sur la route de Lyon à Paris, par la Bourgogne ; 2° de faire faire les devis des ouvrages à faire pour entretien, réparations et continuation des ouvrages commencés sur le chemin de Belleville à Charlieu ; quant aux ouvrages à faire à neuf sur cette route, il sera sursis jusqu'à nouvel ordre ; 3° de faire dresser pareillement le devis des ouvrages d'entretien et de réparations à faire au chemin de halage sur les bords de la Saône ; quant aux ouvrages de confection nouvelle à faire sur le chemin, la Commission Intermédiaire, avant de rien ordonner à cet égard, prendra l'avis du bureau du département de Lyon et Franc-Lyonnois et des syndics du Franc-Lyonnois. En ce qui concerne le chemin de Villefranche à Riottier, attendu que c'est un chemin de 3° classe, il en sera communiqué au bureau de département de Villefranche, pour être à même de savoir si les communautés intéressées à l'entretien de ce chemin, se mettront en devoir de faire des offres qui puissent les faire participer au partage des fonds de charité, seuls destinés aux réparations des routes de troisième et quatrième classe, d'après la délibérations de l'Assemblée Provinciale du 30 novembre dernier. Il sera, de plus, écrit à l'ingénieur en chef de faire dresser les devis des ouvrages d'entretien, réparations et continuation des ouvrages à faire sur la route de Lyon en Provence et sur celle de Lyon à Saint-Etienne, l'ingénieur sera chargé de faire observer, pour les divers devis, la méthode adoptée dans les états et apperçus de dépense fournis pour les routes du département de Beaujolois ; 2° d'observer aux sous-ingénieurs de diviser les devis de manière à ce que chaque adjudication n'excède pas 3.000 toises environ ; 3° de faire insérer dans les brefs la clause expresse que les adjudicataires seront chargés d'entretenir, sur les travaux dont ils auront l'entreprise, des cantonniers pour veiller à l'entretien des ouvrages faits et en prévenir les dégradations pendant l'année où l'adjudication aura été donnée ; 4° que l'assemblée ayant arrêté, par sa délibération du 30 novembre, d'établir, par forme d'essay, des stationnaires sur toute la partie de la route de Bourgogne qui se trouve en état d'entretien parfait, les devis, à cet égard, soumettront les adjudicataires à fournir et empiler sur les acotements les graviers et matériaux nécessaires pour maintenir cette route en état d'entretien, le soin de placer et de niveler ces matériaux devant être à la charge des stationnaires. L'ingénieur en chef sera invité de presser la confection de ces différens devis.

La commission, pour se conformer à l'arrêté de l'assemblée du 4 de ce mois, sur le rapport cotté I n° 10 du bureau de l'Impôt et sur celui cotté M n° 12 du bureau de la Comptabilité, a prié M. Millanois de s'occuper de rédiger un mémoire contenant l'apperçu des dépenses en tout genre qu'exigeront l'Assemblée Provinciale, sa Commission Intermédiaire, les assemblées de départemens, leurs bureaux intermédiaires, les municipalités et le détail des fonds que Sa Majesté sera suppliée d'appliquer à l'acquittement de ces dépenses.

MM. les Procureurs Généraux Syndics ont été chargés d'adresser un mémoire sur la forme dans laquelle sera fait le département du brevet général de l'impôt pour l'année 1789.

MM. les Procureurs Généraux Syndics sont également priés d'écrire à M. le Contrôleur général pour l'engager à faire remettre à la commission des exemplaires des ouvrages remis de la part du gouvernement à l'Assemblée Provinciale, dans sa séance du trois de ce mois, en quantité suffisante pour en répandre la connoissance dans la généralité.

MM. les Procureurs Généraux Syndics sont chargés de solliciter un arrêt du Conseil pour autoriser la Commission à faire vérifier, par les commissaires qu'elle choisira, les ouvrages adjugés en 1787 et qui n'auront pas été reçus avant le 1er janvier 1788, et poursuivre, par la voie des procureurs syndics, les adjudicataires qui ne se seroient pas conformés aux conditions de leurs devis.

La commission, considérant combien les frais de ports de lettres et papiers deviendroient onéreux pour la province, a prié M. Deschamps de s'occuper des moyens de faciliter et rendre moins couteuse la correspondance de l'assemblée avec les départemens, et il a été arrêté qu'il sera inséré, soit dans le procès-verbal imprimé des séances de l'assemblée, soit dans l'almanach de cette ville, un avis pour annoncer que tout particulier qui aura à faire remettre aux députés, syndics ou secrétaires de l'assemblée ou des départemens, des lettres ou paquets, voudra bien les faire affranchir, autrement ils ne seroient pas retirés.

Arrêté que la commission s'assemblera le jeudi de chaque semaine, à 4 heures après midi, sans qu'il soit besoin de convocation, et qu'il sera indiqué des assemblées extraordinaires toutes les fois que les affaires l'exigeront.

Fait et clos ledit jour, et ont signé :

D'ALBON, CLUGNY, grand custode, comte de LYON, GOUDARD, DESCHAMPS fils, BAROU DU SOLEIL, le baron DE LA ROCHE, BOSCARY, secrétaire.

Du vendredy vingt-un décembre 1787, a été tenue en l'hôtel du Concert, à quatre heures après midy, une séance de la Commission Intermédiaire où étoient les députés qui la composent, à l'exception de M. le marquis d'Albon et de M. le baron de La Roche.

Lecture a été faite du procès-verbal de la séance de la commission du onze courant.

MM. les Procureurs Généraux Syndics ont rendu compte des lettres par eux adressées, en conséquence de la délibération dud. jour 11 décembre, l'une à M. le Contrôleur général, l'autre au sieur Lallié, ingénieur en chef, lesquelles lettres ont été approuvées. Ils ont rendu compte de la lettre à eux adressée par M. Lallié, ci-devant ingénieur en chef, qui leur annonce sa retraite et la nomination de M. de Varenne, son successeur. MM. les Procureurs Généraux Syndics sont chargés d'engager M. de Varenne à presser la confection des devis énoncés en la délibération du onze du courant, et de lui demander l'apperçu des ouvrages à faire sur la route du Bourbonnois et sur les routes du département de Montbrison.

M. l'abbé de La Chapelle a fait lecture du mémoire qu'il avoit été chargé, dans la séance dernière, de rédiger pour obtenir la résiliation de divers baux à long terme rappellés dans la délibération du 11 ; ce mémoire a été approuvé et remis à MM. les Procureurs Généraux Sindics, chargés de rédiger le projet d'arrêt du Conseil pour la résiliation desd. baux.

M. Deschamps a rendu compte des démarches par lui faites, pour faciliter et rendre moins couteuse la correspondance dans l'intérieur de la généralité ; il a dit que M. le Prévôt général de la maréchaussée offroit à l'assemblée ses bons offices pour faire porter par ses cavaliers, dans le cours de leurs chevauchées dans l'intérieur de la génélité, tous les paquets que l'assemblée auroit à faire tenir aux départements et aux municipalités, et ceux que les municipalités ou les départements auroient à faire parvenir aux départements ou à l'assemblée ; il a été arrêté que M. Deschamps voudroit bien offrir, à M. le Prévôt général, les remerciements de la commission sur son offre obligeante, dont on profitera jusqu'à nouvel ordre ; mais que, comme cette voye pourra occasionner des lenteurs dans la correspondance et donner lieu à des retards qui, dans certaines circonstances, pourroient devenir nuisibles, M. Deschamps a été prié de rédiger un mémoire pour obtenir, s'il est possible, le port franc de tous les papiers, lettres et paquets concernants le service de l'Assemblée Provinciale, tant dans l'intérieur de la généralité, que pour Paris et la Cour.

MM. les Procureurs Généraux Sindics ont remis sur le bureau le rapport du bureau de la Comptabilité, adressé, le 17 de ce mois, au secrétaire de l'assemblée, par M. Pezant. Lecture faite de ce rapport, dont M. le comte de Clugny et M. Deschamps avoient déjà pris communication, la commission, considérant que ce rapport n'est point encore rendu dans l'état où l'avoit désiré l'Assemblée Provinciale, suivant son arrêté du 4 décembre, que, pour être livré à l'impression, il seroit susceptible de quelques retranchements, que le délay de quinzaine, à compter de la clôture de l'assemblée, pour rendre public le procès-verbal de ses séances, est expiré, et qu'il faudroit retarder au moins d'un mois la publication de ce procès-verbal attendu avec impatience, pour avoir le tems de concerter avec l'auteur du rapport les retranchements à y faire et en donner connoissance au Ministre quinzaine avant l'impression ; la commission a arrêté qu'il sera surcis à l'impression de ce rapport jusques aux premières séances de l'assemblée générale ; il a été de suite rédigé et renvoyé à l'imprimeur de l'assemblée une note relative à ce rapport, pour être imprimée à la suite du procès-verbal. MM. les Procureurs Généraux Sindics ont été chargés d'écrire à M. Pezant, pour lui annoncer, au nom de la commission, tout le regret qu'elle a de s'être vu forcée, par ces considérations, de suspendre pour quelque tems la publication d'un ouvrage aussi important.

Il a de suite été écrit, par la commission, trois lettres à M. le Contrôleur général, lesquelles sont rapportées aux f°s 21, 22 et 23 du copie de lettres ; l'une pour solliciter ce ministre à obtenir de S. M. une prompte décizion sur l'art. 9 de la délibération de l'assemblée générale du 30 novembre dernier, la 2e pour demander que S. M. daigne autoriser la nomination faite par l'assemblée, dans sa délibération du 5 décembre, de quatre nouveaux députés pour être ajoutés à ceux qui composoient déjà la Commission Intermédiaire, la 3me pour faire part au Ministre des Finances de quelques erreurs qui ont été rectifiées dans le premier rapport fait à l'Assemblée par le bureau de l'Impôt.

La première séance de la commission a été fixée au jeudi 27 de ce mois, quatre heures de l'après-midy.

Fait et clos ledit jour et ont signé :

CLUGNY, grand custode, comte de Lyon, DESCHAMPS, GOUDARD, BAROU DU SOLEIL, procureur syndic, BOSCARY, secrétaire.

Du jeudi 27 décembre 1787, la Commission Intermédiaire assemblée à 4 heures après midi, M. le marquis d'Albon et M. le baron de La Roche absents,

MM. les Procureurs Généraux Syndics ont rendu compte d'une difficulté survenue sur l'exécution d'une ordonnance rendue par M. l'Intendant, pour la nomination des experts qui doivent procéder à la reconnoissance des bâtimens de l'hôtel du Concert, et la mise en possession de cet hôtel assigné pour la tenue des séances de l'assemblée et de la Commission Intermédiaire, les officiers municipaux de la ville de Lyon, prétendant que M. l'Intendant n'est pas en droit de se permettre à leur égard des actes de jurisdiction et offrant, d'ailleurs, de se conformer aux ordres du Roi, la Commission, considérant (1) qu'il importe au bien du service que sa mise en possession ne soit pas retardée, a chargé MM. les Procureurs Généraux Syndics d'écrire à M. le Contrôleur Général, pour lui faire part de cette contestation et l'engager à donner des ordres pour accélérer la mise en possession du bâtiment destiné à la tenue des séances de l'Assemblée Provinciale, pour que les réparations ne soient pas retardées.

MM. les Procureurs Généraux Syndics ont mis sur le bureau une lettre à eux adressée, le 22, par M. le Contrôleur Général ; lecture faite de cette lettre, arrêté que MM. les Procureurs Syndics, dans leur réponse, prieront ce ministre de faire passer à la Commission Intermédiaire mille exemplaires en placards et mille exemplaires brochés de la première instruction remise, le 3 décembre, à l'assemblée, par M. l'Intendant, et mille exemplaires brochés de chacun des autres ouvrages, pour être à

(1) *Il y avait d'abord*: considérant que cette difficulté lui est étrangère, mais que cependant il importe.

même de les répandre dans toutes les paroisses de la généralité et d'en conserver un certain nombre d'exemplaires dans chaque département.

Lecture faite d'une lettre adressée à la Commission Intermédiaire le de ce mois, par M. de Varaigne, nommé, pour remplacer M. Lallié, en qualité d'ingénieur en chef de la province, la Commission, sensible aux dispositions avantageuses et au zèle qu'annonce M. de Varaigne pour les intérêts de la province, a arrêté qu'il lui sera adressé une lettre contenant les témoignages de sa satisfaction (1).

Le travail de M. Pezant pour le bureau du Règlement et de la Comptabilité a été lu de nouveau; il a été arrêté qu'il seroit réduit aux sept paragraphes approuvés par l'assemplée générale et envoyé dans cet état au Ministre et remis à M. l'Intendant, avec l'extrait des procès-verbaux des séances des assemblées de département tenues à la fin d'octobre et dans les premiers jours de novembre.

La Commission a reçu et remis aux archives une lettre de M. le baron de Breteuil, en réponse à l'envoi fait à ce Ministre du procès-verbal des séances de l'Assemblée Provinciale.

Il a été fait et signé par les députés de la Commission Intermédiaire une lettre adressée à Mgr l'Archevêque, président, pour lui exprimer, au renouvellement de l'année, les sentiments dont sont pénétrés pour lui les membres de la Commission et les vœux sincères qu'ils forment pour sa conservation.

La prochaine séance a été fixée au jeudi 3 janvier 1788.

Fait et clos ledit jour et ont signé :

CLUGNY, grand custode, comte de Lyon, DESCHAMPS, BAROU DU SOLEIL, GOUDARD, BOSCARY, secrétaire.

Du jeudi 3 janvier 1788, en la séance de la Commission Intermédiaire de l'Assemblée Provinciale de la généralité de Lyon, où étoient MM. les députés composant ladite commission, à l'exception de M. le marquis d'Albon et de M. le baron de La Roche.

Il a été arrêté que MM. les Procureurs Généraux Syndics adresseroient aux bureaux intermédiaires des six assemblées de département, une lettre contenant l'analise des divers objets renfermés dans le procès-verbal imprimé de l'Assemblée Provinciale, sur lesquels les départements sont priés de donner leur avis ou de faire des recherches. Dans cette lettre, les bureaux intermédiaires sont invités de s'occuper incessamment de ces recherches et de donner leur avis.

MM. les Procureurs Généraux Sindics ont fait lecture d'une lettre à eux adressée le 29 décembre, par M. l'Intendant ; ils ont été autorisés à répondre 1° que les départements n'ont point envoyé à l'Assemblée Provinciale les expéditions des procès-verbaux des nominations faites dans les communautés pour la composition des assem-

---

(1) *Une première rédaction portait :* contenant l'expression de la reconnaissance de la commission.

blées municipales, mais des relevés desdites nominations faits d'après lesdits procès-verbaux ; que la commission estime que ces procès-verbaux doivent rester déposés aux archives des assemblées de département; 2° que les pièces et requêtes relatives aux contestations survenues dans quelques paroisses sur la composition des municipalités, remises à l'Assemblée Provinciale par les départements, seront renvoyées aux départements ; 3° que le rapport du bureau du Règlement sera incessamment envoyé à M. l'Intendant.

MM. les Procureurs Syndics ont mis sur le bureau une seconde lettre de M. l'Intendant à eux adressée le 30 décembre, contenant copie d'une lettre par lui écrite, le même jour, aux officiers municipaux, relativement à l'exécution de l'ordonnance rendue par M. l'Intendant, pour la mise en possession de l'hôtel du Concert, arrêté que MM. les Procureurs Syndics répondront à M. l'Intendant que la Commission Intermédiaire attendra, sur cette affaire, la décizion du ministre.

Lecture faite d'une lettre adressée le 22 décembre, par M. le Contrôleur Général à la Commission Intermédiaire, cette lettre a été déposée aux archives et il sera répondu au ministre, pour lui accuser la réception de cette lettre et lui déclarer que la Commission Intermédiaire se conformera à la décizion qu'elle renferme.

MM. les députés, dans la vue de suivre avec plus d'activité le travail dont est chargée la Commission Intermédiaire, sont convenus d'en faire entr'eux le partage, en sorte que tous les objets concernant l'impôt et la comptabilité seront traités par M. Valous et M. Milannois ; ceux concernant les règlements seront dévolus à M. le marquis d'Albon et à M. Ranvier de Bellegarde ; et les objets relatifs aux travaux publics, à l'agriculture, commerce et bien public, resteront à la charge de M. le comte de Clugny, M. l'abbé de La Chapelle, M. Goudard et M. Deschamps ; bien entendu que, dans chaque partie, rien ne sera arrêté ni exécuté que d'après une délibération de la Commission Intermédiaire, sur le rapport qui lui sera fait par celui de MM. les députés chargés du travail.

La séance prochaine fixée au jeudi 10 janvier.

Fait et clos ledit jour et ont signé :

CLUGNY, grand custode, comte de Lyon ; DESCHAMPS, GOUDARD, BAROU DU SOLEIL, BOSCARY, secrétaire.

Du jeudi 10 janvier 1788, dans la séance de la Commission Intermédiaire de l'Assemblée Provinciale de la généralité de Lyon, où étoient MM. les députés composant ladite Commission, à l'exception de M. le marquis d'Albon et de M. le baron de La Roche.

M. de Varaignes, nommé à la place d'ingénieur en chef de cette généralité, a fait lecture de la première partie d'un mémoire qu'il a rédigé et qui a pour objet de développer les principes d'après lesquels les ingénieurs de la province dirigeront, à l'avenir, leur travail. Cet ouvrage a été approuvé par la Commission, et M. de Varaignes a promis de mettre la seconde partie de ce mémoire sous les yeux de la Commission, à sa première séance.

COMMISSION INTERMÉDIAIRE 1788.

M. de Varaignes a rendu compte d'une lettre que lui a adressée, le 2 de ce mois, le sieur Panay, ci-devant ingénieur au département de St-Étienne, dans laquelle le sieur Panay élude la demande, que lui a faite M. de Varaignes, de dresser les devis des ouvrages à faire, pour 1788, sur les routes de son département ; la Commission a chargé MM. les Procureurs Généraux Syndics d'écrire à M. de La Millière, intendant général des ponts et chaussées, pour l'engager à donner au sieur Panay l'ordre exprès de dresser les devis qui lui sont demandés et qu'il auroit dû envoyer avant le 1er octobre passé.

La première séance fixée au jeudi 17, 4 heures après midi.

Fait et clos ledit jour.

CLUGNY, grand custode, comte de Lyon, DESCHAMPS, BAROU DU SOLEIL, BOSCARY, secrétaire.

Du jeudi 17 janvier 1788, dans la séance de la Commission Intermédiaire de l'Assemblée Provinciale de la généralité de Lyon, à quatre heures de l'après-midi, où étoient MM. les députés composant ladite commision, exceptés M. le marquis d'Albon et M. Goudard.

M. de Vareigne, ingénieur en chef de la province, a fait lecture de la seconde partie de son mémoire en forme d'instruction, contenant les règles d'après lesquelles on peut, à l'avenir, diriger le travail des ingénieurs pour les ouvrages à faire sur les routes de la généralité. Après cette lecture, M. de Vareigne a laissé, sur son bureau, son mémoire et les divers projets de devis et modèles qui y sont rappelés. M. de Vareigne retiré, son mémoire et pièces y jointes ont été remis à M. Deschamps pour, sur son rapport, en être délibéré à la première séance.

Ouverture a été faite de deux paquets adressés à la Commission Intermédiaire ; le premier contenant une lettre de M. le Contrôleur Général à la Commission, du 5 de ce mois, à laquelle est jointe une formule du protocole que doit suivre la Commission dans sa correspondance avec les ministres et les membres du Conseil de Sa Majesté; cette lettre accompagnée d'une lettre d'envoy, du 16 de ce mois, de la part de M. l'Intendant à la Commission Intermédiaire ; le second paquet contenant deux lettres adressées à la Commission par M. de La Millière, intendant des ponts et chaussées, l'une, le 4 de ce mois, à laquelle sont joints les plan et devis de l'arche à construire sur le ruisseau d'Alay, route de Bordeaux, l'autre, le 5, à laquelle est joint le plan du chemin de Chessy à Poule, par Chamelet ; ces deux lettres accompagnées d'une lettre d'envoy, du 16, de la part de M. l'Intendant à la Commission Intermédiaire. Arrêté qu'il sera incessamment répondu, par la Commission, à la lettre de M. le Contrôleur Général, du 5, et qu'il sera répondu pareillement aux deux lettres de M. de La Millière et que MM. les Procureurs Généraux Syndics sont chargés d'envoyer ces deux lettres, les plans et devis et observations y jointes, à M. de Vareigne, ingénieur en chef, pour en faire l'examen, et sur son avis, être pris telle délibération qu'il appartiendra.

MM. les Procureurs Généraux Syndics ont mis sur le bureau une lettre écrite, le 9 de ce mois, par M. le Contrôleur Général à la Commission Intermédiaire, à eux envoyée le 16, par M. l'Intendant, arrêté qu'il sera répondu à M. le Contrôleur Général qu'on lui rendra compte des circonstances qui ont mis la Commission Intermédiaire dans l'impossibilité d'adresser aux ministres l'état et les devis des ouvrages à faire dans le courant de l'année 1788, sur les routes de la province, et des dispositions faites pour hâter cet envoy ; le projet d'arrêt joint à la lettre de M. le Contrôleur Général a été remis à M. Deschamps, pour y faire les changements et observations convenables, et, sur son rapport, en être délibéré.

MM. les Procureurs Généraux Syndics ont été priés d'apporter à la première séance les projets d'arrêts à adresser au Ministre 1° pour autoriser la nomination des quatre membres ajoutés à la Commission Intermédiaire par la délibération de l'Assemblée Provinciale du 5 décembre ; 2° pour la résiliation des baux à long termes mentionnés dans la délibération de la Commission Intermédiaire du 14 décembre ; 3° pour que la Commission soit autorisée à faire vérifier les ouvrages adjugés en 1787, non reçus avant le 1er janvier, et à poursuivre les adjudicataires qui ne se seroient pas conformés à leur devis.

La prochaine séance fixée au jeudi 24 de ce mois.

Fait et clos ledit jour.

CLUGNY, grand custode, comte de Lyon, DESCHAMPS, le baron DE LA ROCHE, BAROU DU SOLEIL, BOSCARY, secrétaire.

Du jeudi 24 janvier 1788, à quatre heures de l'après-midi, dans la séance de la Commission Intermédiaire de l'Assemblée Provinciale de la généralité de Lyon, où étaient MM. les députés composant ladite commission, à l'exception de M. Goudard et de M. Valous.

Ouverture a été faite de deux lettres adressées à la commission, la première, du 17 de ce mois, par M. de La Millière, intendant des ponts et chaussées, en réponse à la lettre qui lui avait été écrite, le 11, au sujet du sieur Panay, cy-devant sous-ingénieur du département de St-Étienne ; la deuxième, par M. l'Intendant de cette généralité, annonçant les ordres donnés au sieur Panay pour qu'il s'occupe sans délai des devis des routes du département dont il étoit chargé.

Lecture a été faite du projet d'arrêt pour la résiliation des baux à longs termes mentionnés en la délibération du 11 décembre, le projet a été approuvé ; il sera adressé à M. le Contrôleur Général, avec expédition de l'arrêté pris à cet égard dans la séance de l'Assemblée Provinciale du 30 novembre et copie du mémoire de M. l'abbé de La Chapelle ; copie du tout sera pareillement adressée à Mgr l'Archevêque, président, avec prière de solliciter la prompte expédition de ces arrêts.

M. Deschamps a fait son rapport sur le mémoire qu'a lu M. de Vareigne dans les deux séances précédentes de la Commission, et après le plus mûr examen de cet ouvrage, la Commission a arrêté qu'elle l'approuve et qu'il sera imprimé, pour en répandre la connoissance dans les divers départements.

Ouverture a été faite d'une lettre adressée le 20 de ce mois, à la Commission, par le bureau intermédiaire du département de St-Étienne, dans laquelle MM. les députés de ce bureau intermédiaire, en accusant la réception de la lettre et des instructions à eux adressées le 8 de ce mois, annoncent que, n'ayant aucune imprimerie à St-Étienne ni dans l'étendue de leur élection, ils prient la commission de faire imprimer à Lyon les questions à adresser aux municipalités, d'après la délibération de l'assemblée générale du 3 décembre, pour mettre le bureau de ce département à même de faire parvenir ces questions aux paroisses qui composent l'élection de St-Étienne. La Commission a arrêté qu'elle fera imprimer les questions au nombre de 150 exemplaires.

La prochaine séance a été fixée au lundi 28 de ce mois, à 4 heures du soir.

Fait et clos ledit jour.

D'Albon, Clugny, grand custode, comte de Lyon, Deschamps, Goudard, le baron de La Roche, Barou du Soleil, Boscary, secrétaire.

Du lundy 28 janvier 1788, à quatre heures après midi, dans la séance de la Commission Intermédiaire provinciale de la généralité de Lyon.

Lecture a été faite d'une lettre de M. de La Millière, du 18 de ce mois, adressée le 27, par M. l'Intendant à la Commission Intermédiaire, arrêté que la Commission accusera la réception de cette lettre à M. l'Intendant, qu'il sera répondu à M. de La Millière, qu'il paroît convenable, ainsi qu'il le pense, qu'avant l'obtention de l'arrêt, dont M. le Contrôleur Général a adressé le projet par sa lettre du 9, la Commission Intermédiaire soit autorisée à faire vérifier les travaux adjugés en 1787 et non reçus avant le 1er de ce mois.

Lecture a été faite du projet d'arrêt nécessaire pour que la Commission Intermédiaire soit autorisée à faire vérifier les travaux des routes adjugés en 1787 et non reçus avant le 1er de ce mois. Ce projet a été approuvé, arrêté qu'il sera adressé à M. le Contrôleur Général, avec un extrait de la délibération prise par l'Assemblée Provinciale dans sa séance du 30 novembre. Lecture a été pareillement faite du projet d'arrêt, à l'effet d'autoriser la nomination faite par l'Assemblée Provinciale dans sa séance du 5 décembre, de quatre nouveaux membres pour ajouter à ceux qui composoient déjà sa Commission Intermédiaire; ce projet a été approuvé et sera adressé à M. le Contrôleur Général, avec un extrait de la délibération dudit jour 5 décembre. Copie des deux projets d'arrêts ci-dessus sera adressée à Mgr l'Archevêque, président, avec prière d'interposer ses offfces auprès du Ministre pour la prompte expédition de ces deux affaires.

M. de Vareignes, ingénieur en chef, et MM. les ingénieurs ordinaires de la province ont été admis à la séance, pour rendre compte à la Commission des ouvrages à faire, dans le courant de 1788, sur les routes de la généralité, en se conformant à la délibération de l'assemblée générale du 30 novembre. Suivant le résultat du compte-rendu par les ingénieurs, les ouvrages à faire dans le département de Roanne monteront à 66,000 liv., ceux à faire dans celui de Lyon à 63,000 liv.; ceux du département de Montbrison à 56,000 liv. et ceux du département de Villefranche à 57,022 liv.; en tout 242,022 liv.; bien entendu que cette dépense ne comprend que les ouvrages à faire des fonds de la corvée. MM. les ingénieurs ont été chargés de s'occuper sans relâche de la confection des devis desdits ouvrages, en se conformant à la délibération du 30 novembre et aux instructions contenues dans le mémoire de M. de Vareignes, dont l'impression a été délibérée dans la précédente séance.

La prochaine séance fixée au jeudi 7 février prochain.

Fait et clos ledit jour.

   D'Albon, Clugny, grand custode, comte de Lyon, Deschamps, Goudard, le baron de La Roche, Barou du Soleil. Boscary, secrétaire.

Du jeudy sept février mil sept cent quatre-vingt-huit, à quatre heures après midy, dans la séance de la Commission Intermédiaire provinciale de la généralité de Lyon.

MM. les Procureur Sindics ont mis sur le bureau une lettre à eux adressée le 9 janvier, par M. le Contrôleur Général, que M. l'intendant leur a fait remettre seulement hier; cette lettre contient la note de quelques expressions insérées au procès-verbal imprimé des séances de l'Assemblée Provinciale et des changemens dont elles ont été jugées susceptibles. La Commission a arrêté les observations dont cette lettre a paru susceptible; il sera, en conséquence, écrit à M. le Contrôleur Général, et cette lettre sera mise sous les yeux de la Commission à sa prochaine séance. Lecture a été faite d'une lettre adressée le 30 janvier à la Commission Intermédiaire, par M. le Contrôleur Général, pour engager les départements à presser les paroisses de la généralité, qui n'ont pas encore formé leurs assemblées municipales, à s'acquitter de ce devoir. Copie de cette lettre a été de suite adressée aux bureaux intermédiaires des six départements, avec une lettre de la Commission, contenant l'invitation la plus pressante de se conformer aux intentions de M. le Contrôleur Général. Cette lettre est transcrite à la page 45 du copie de lettres, et à la page 46 est la réponse que la Commission a adressée de suite à M. le Contrôleur Général.

Il a été pareillement écrit, pages 46 et 47 du copie de lettres, au bureau intermédiaire du département de Roanne, en réponse à sa lettre du 18 janvier.

MM. les Procureurs Sindics ont fait lecture de deux lettres à eux adressées les 31 janvier et 4 février, par MM. les Procureurs Sindics du département de l'élection de Villefranche, les réponses aux questions qu'elles renferment ayant été discutées, MM. les Sindics ont été chargés de répondre, conformément au résultat arrêté par la Commission.

MM. les Procureurs Sindics ont fait lecture d'une lettre de M. de Varaigne. La réponse à lui faire a été pareillement arrêtée et se trouve à la page 11 du copie de lettres, concernant les ponts et chaussées.

Il a pareillement été mis sur le bureau une lettre de M. l'Intendant à MM. les Sindics, en date du 6, contenant l'envoy de quatre lettres de M. le Contrôleur Général, la première du 9 janvier, à MM. les Sindics, dont il est fait mention dez l'entrée de cette délibération ; la deuxième, du 29, à la Commission, accompagnée des réponses à plusieurs questions que la Commission Intermédiaire avoit proposé au Ministre, dans sa lettre du 10 janvier dernier ; la troisième, du même jour 29, contenant la confirmation faite par S. M. de la nomination que l'Assemblée Provinciale a faite, le 5 décembre, de quatre nouveaux membres, pour être ajoutés à ceux qui composoient déjà la Commission Intermédiaire ; la quatrième du 31 janvier, concernant la composition des assemblées municipales qui ne sont pas encore en activité ; à cette lettre est encore jointe copie d'une lettre de M. le Contrôleur Général à M. l'Intendant, du 30 janvier dernier. Arrêté qu'il sera accusé réception de ces lettres à M. l'Intendant ; que les réponses à M. le Contrôleur Général sur ces diverses lettres seront mises sous les yeux de la Commission Intermédiaire, à sa prochaine séance ; que les observations sur la lettre de M. le Contrôleur Général à M. l'Intendant, du 30 janvier, seront jointes à celles à faire sur la lettre du même ministre à MM. les Sindics, en date du 9.

Lecture a pareillement été faite d'une lettre de M. le Contrôleur Général à la Commission, du 2 février, contenant réponse sur les observations faites par la Commission Intermédiaire, relativement aux inconvénients qui résultent de l'usage adopté de lui faire parvenir les lettres du ministre par la voye de l'Intendance ; la réponse à cette lettre sera préparée et mise sous les yeux de la Commission, à sa prochaine séance. Arrêté que copie sera adressée à tous les départements des décizions jointes à la lettre de M. le Contrôleur Général du 29 janvier.

Arrêté encore qu'on fera imprimer, au nombre de 1,000 exemplaires, les questions insérées dans le rapport du bureau d'Agriculture et du Bien Public, adressées aux municipalités.

La prochaine séance fixée au jeudi 14 du courant mois de février.

Fait et clos ledit jour.

    D'ALBON, CLUGNY, grand custode, comte de Lyon, RANVIER DE BELLEGARDE, DESCHAMPS, VALOUS DE LA PROTY, BAROU DU SOLEIL, le baron DE LA ROCHE, MILLANOIS. GOUDARD, BOSCARY, secrétaire.

Du jeudi quatorze février 1788, à quatre heures après midy, dans la séance de la Commission Intermédiaire provinciale de la généralité de Lyon. M. l'abbé de la Chapelle et M. Barou du Soleil absents.

Lecture faite des lettres écrites par MM. les Procureurs Sindics du département de Villefranche, en réponse à leurs lettres des 31 janvier et 4 février, ces réponses ont été trouvées conformes aux arrêtés pris sur cet objet dans la précédente séance, et elles ont été transcrites aux folios 53 et 55 du copie de lettres.

Lecture faite des projets de lettres à M. le Contrôleur Général, la première transcrite aux folios 56 et 57 du copie de lettres, relativement à la lettre de M. le Contrôleur Général à MM. les Procureurs Sindics, du 9 janvier, et à la lettre adressée, le 30 du même mois, par ce ministre à M. l'Intendant; la seconde servant de réponse à la lettre du 29 janvier, contenant ses décizions sur parties des questions contenues dans le rapport du bureau du Règlement, portée page 49; la troisième, page 50, répondant à une seconde lettre du 29; la quatrième, folios 53 et 54, répondant à sa lettre du 31 ; la cinquième, en réponse à la lettre du 2, transcrite pages 58 et 59 ; lecture pareillement faite des lettres à adresser aux six départements, portée à la page 50, et d'une lettre à Mgr l'Archevêque, président, pour lui donner connoissance des lettres du Ministre et des réponses qui doivent lui être adressées, laquelle est transcrite aux pages 51 et 52 du même copie de lettres et sert aussi de réponse à la lettre adressée par ce prélat à la Commission, le 8 de ce mois, et dont lecture a été faite, toutes les lettres ci-dessus détaillées ont été approuvées et signées, pour être adressées par le secrétaire.

Lecture a été faite d'une lettre adressée, le 9 février, à la Commission, par M. de La Millière, qui annonce la décizion de M. le Contrôleur Général, qui autorise la Commission Intermédiaire à faire vérifier, par ses commissaires et en présence des ingénieurs des ponts et chaussées, les travaux de routes adjugés en 1787 et qui n'ont pas été reçus avant le 1er janvier 1788, et qui invite la Commission à prendre, de concert avec M. l'Intendant, les mesures nécessaires pour cette vérification; vû pareillement une lettre de M. l'Intendant à la Commission en date du 13, sur le même objet, la Commission a prié MM. Deschamps et Goudard de voir M. l'Intendant, de concerter avec lui, soit l'époque que M. l'Intendant sera prié de fixer pour le dernier terme dans lequel les entrepreneurs seront tenus de parachever les ouvrages à eux adjugés, soit sur les autres mesures à prendre pour que cette vérification soit faite d'une manière convenable.

Lecture a été faite d'une lettre adressée à la Commission par le bureau intermédiaire de l'assemblée de département de l'élection du Lyonnois, à laquelle sont jointes diverses délibérations de ce bureau en forme de mémoire, sur les cottes d'offices; 2° sur le transport de cottes; 3° sur les contraintes; 4° sur les impositions que doivent supporter les fermiers et cultivateurs ; la réponse à cette lettre sera préparée et mise sous les yeux de la Commission, à la première séance.

M. le marquis d'Albon, MM. le baron de La Roche, M. de Bellegarde et M. Millanois ont été priés de s'occuper de la rédaction de l'état à mi marge que demande M. le Contrôleur Général, dans sa lettre du 29 janvier dernier, qui doit contenir le détail des irrégularités à réformer et des contestations à décider sur les élections faites

dans les paroisses de la généralité, pour la formation des assemblées municipales.
La prochaine séance est fixée au 21 de ce mois.
Fait et clos ledit jour.

> d'Albon, Clugny, grand custode, comte de Lyon, Ranvier de Bellegarde, Deschamps, Valous de La Proty, Barou du Soleil, le baron de La Roche, Millanois, Goudard, Boscary, secrétaire.

Du jeudi 21 février 1788, à quatre heures de l'après-midy, dans la séance de la Commission Intermédiaire provinciale de la généralité de Lyon, M. l'abbé de La Chapelle absent.

MM. Goudard et Deschamps ont rendu compte des démarches qu'ils ont faites auprès de M. l'Intendant, en conséquence de la commission qui leur en fut donnée dans la précédente séance. L'époque à laquelle il sera procédé à la reconnoissance des ouvrages des routes adjugés en 1787, a été fixée au premier avril prochain ; en conséquence, M. l'Intendant a donné des ordres pour avertir tous les entrepreneurs de terminer les ouvrages dont ils étaient chargés avant le 1er avril, en leur déclarant que tous les ouvrages qui ne se trouveroient pas achevés à cette époque seroient déduits du montant de leurs devis. Il a été convenu, avec M. l'Intendant, que pour procéder à la reconnoissance ordonnée par M. le Contrôleur Général, suivant la lettre de M. de La Millière, on se conformeroit à l'art. 18 de la section 5me de l'instruction du 31 octobre dernier ; cet arrangement a été approuvé par la Commission Intermédiaire.

Lecture a été faite du projet d'une lettre à M. le Contrôleur Général, en réponse à sa lettre du 15 de ce mois, concernant les dénominations à donner aux officiers de l'Assemblée Provinciale et à ceux des assemblées de départements et des municipalités ; cette lettre a été approuvée, copie de la susd. lettre de M. le Contrôleur Général du 15 a été de suite adressée à tous les départements.

Vû l'état dressé par MM. les commissaire nommés dans la dernière séance, contenant le détail des irrégularités commises dans la composition de quelques municipalités et des contestations élevées dans quelques paroisses de la généralité, sur les nominations des sindics ou autres membres de ces assemblées, avec des observations, ce travail a été approuvé et adressé de suite à M. le Contrôleur Général, suivant la lettre portée à la page 61 du copie de lettres.

Lecture a été faite de la lettre que la Commission doit adresser à MM. les députés du bureau intermédiaire de l'élection de Lyon, en réponse à leur lettre du 14 de ce mois, cette lettre, portée aux pages 62, 63, 64 et 65 du copie lettres, a été approuvée et signée de suite.

Lecture faite d'une lettre de M. le Contrôleur Général du 15 février, contenant une décizion sur la place que doit occuper, dans les assemblées municipales, le député d'un corps écléziastique, seigneur de paroisse, arrête que copie de cette lettre sera adressée à tous les départements, avec prière de donner connoissance de la décizion qu'elle renferme aux paroisses que cette décizion peut intéresser.

M. le marquis d'Albon a mis sur le bureau une lettre adressée, le 19 de ce mois, à la Commission Intermédiaire, par MM. les procureurs sindics du département, de la ville de Lyon et Franc-Lyonnois ; cette lettre contient trois questions, sur la première et la seconde desquelles la Commission pense que la femme contribuable ne peut ni ne doit se faire représenter dans les assemblées de paroisses et ne peut être élue membre de l'assemblée municipale, et sur la troisième, qu'une femme propriétaire d'une terre en toute justice peut se faire représenter dans la municipalité, et que, si son fondé de procuration est un gentilhomme possédant mille livres de rentes dans la paroisse, il doit présider l'assemblée municipale ; la Commission a cependant cru devoir soumettre ces questions à M. le Contrôleur Général, et elles lui seront adressées.

La prochaine séance fixée au jeudi vingt-huit de ce mois.

Fait et clos ledit jour.

    D'ALBON, CLUGNY, grand custode, comte de Lyon, RANVIER DE BELLEGARDE, DESCHAMPS, VALOUS DE LA PROTY, MILLANOIS, le baron DE LA ROCHE, GOUDARD, BAROU DU SOLEIL, BOSCARY, secrétaire.

Du jeudi vingt-huit février 1788, à quatre heures de l'après-midi, dans la séance de la Commission Intermédiaire provinciale de la généralité de Lyon, M. l'abbé de La Chapelle, absent.

Un de MM. les députés a dit :

« Si, dans tous les tems, les premiers soins d'une bonne administra-
« tion se sont dirigés vers la classe malheureuse du peuple, si, dans ce
« moment, les vœux de la nation sont exaucés par l'établissement des
« assemblées provinciales, si l'intérêt public en est le seul but, ne
« tromperions-nous pas l'espoir de nos concitoyens, en nous taisant
« sur le sort de vingt mille ouvriers en soye, réduits à la plus affreuse
« misère ?

« La pitié seule, ce sentiment que la nature a placé dans le cœur de
« tous les hommes, pour les forcer à se donner des secours mutuels,
« suffiroit sans doute pour nous engager à réunir, en faveur de ces
« malheureux, nos efforts à ceux du corps municipal auprès du gou-
« vernement, mais la qualité d'administrateurs nous en fait un devoir
« plus pressant encore.

« L'intérêt du commerce de cette grande ville qui lui doit sa splen-
« deur, celui de nos immeubles dont la valeur tient au succès de nos
« manufactures, celui de nos immeubles *(sic)* dont le prix et la consomma-
« tion en dépendent absolument, doivent fixer l'attention de tous les
« ordres des citoyens, sur la cessation du travail, qui peut n'être que
« momentanée, mais dont les conséquences, également funestes à
« l'industrie, aux mœurs et à la sûreté publique, présentent les plus
« grands dangers.

« La souscription ouverte pour secourir les ouvriers, a produit
« deux cent quatre-vingt mille livres, et cette somme doit paroître
« d'autant plus considérable, que, dans la même année, l'Hôtel-Dieu
« a reçu en aumones extraordinaires, pour l'établissement des lits à
« seul, cent soixante-cinq mille livres environ.

« Si de pareils secours honnorent la bienfaisance de nos concitoyens,
« il est bien douloureux, pour leur cœur, de penser qu'ils suffisent à
« peine pour donner une livre de pain par jour à chaque malheureux,
« et que ce secours est trop foible pour l'empêcher de recourir à la
« honteuse ressource de la mendicité ou de se livrer au désespoir de
« la misère. En effet, suivant le tableau qui nous a été communiqué,
« le nombre des ouvriers secourus dans les douze paroisses de la ville
« est, suivant les états fournis par MM. les curés, de dix-neuf mille six
« cent quatre-vingt, et les deux sous qui leur sont payés chaque jour
« montent à la somme de dix-neuf cent soixante-huit livres, faisant
« par mois celle de 59.042 liv. 14 sous, mais deux sous ne peuvent
« pas nourrir un homme, et, indépendamment de sa nourriture, il faut
« qu'il soit vêtu et couché, ce secours est donc, non-seulement insuf-
« fisant, mais si de nouvelles aumônes ne l'augmentent, la caisse
« n'aura plus de fonds à distribuer au 15 avril prochain. Chaque jour,
« cependant, le nombre des mendians augmente, l'habitude de la
« mendicité en affoiblit la honte, l'exemple en propage la contagion, la
« paresse, le vagabondage et tous les vices qu'entraine l'oisiveté se
« répandent et troublent l'ordre public ; des chansons, plus propres à
« soulever le peuple qu'à exciter sa charité, se répètent à haute voix,
« à toute heure et en tous lieux, et plus d'un malheureux, peut-être,
« finira par être coupable. La sensibilité, d'ailleurs, se refroidit par le
« spectacle trop répété des misères humaines, et si le gouvernement
« peut caluculer les effets de ce sentiment précieux dans des circons-
« tances particulières, sa sagesse ne lui permet par d'asseoir sur cette
« seule baze l'existence de vingt mille individus et le maintien de la tran-
« quillité publique. Nous connoissons ses intentions bienfaisantes et
« nous sommes prévenus qu'il est disposé à faire des sacrifices, même
« considérables, si on lui propose les moyens d'en déterminer l'em-
« ploi, de manière à réunir l'intérêt de l'individu malheureux à l'avan-
« tage de la ville et de nos manufactures; mais notre position actuelle
« rend impossible la solution de ce grand problème.

« La disette des soyes, au moins leur rareté, a été, dans le principe,
« la première cause de la cessation du travail dans nos manu-
« factures.

» L'excessive augmentation du prix de cette matière première
« suspendit à l'instant toutes les fabriques et réduisit, par conséquent,
« tous leurs ouvriers à une oisiveté absolue. Ces malheureux ont suc-
« cessivement vendu leurs meubles, leurs métiers même, de sorte
« qu'en supposant qu'une nouvelle activité ranimat nos manufactures,
« on trouverait des bras, sans pouvoir peut-être les occuper, faute de
« métiers.

« A ce premier inconvénient s'en joint un autre, plus affligeant
« encore, c'est la stagnation totale du commerce de nos étoffes. La
« ville de Lyon fournit essentiellement l'Allemagne et tous les états
« du Nord; mais les loix somptuaires de la Prusse, de la Suède, de
« l'Empire, la guerre de la Russie avec le Turc, le défaut de consom-
« mation dans le Levant, les manufactures d'Italie, celles de Valence,

« en Espagne, et depuis longtems les révolutions de la mode dans la
« capitale, toutes ces causes, réunies à la rareté des soyes, non seule-
« ment ont arrêté toutes les commissions, mais empêchent même la
« vente des étoffes fabriquées, quoiqu'offertes au prix de l'année
« dernière. On assure qu'il y en a d'amoncelées dans les magasins de
« nos fabricans pour plus de douze millions.

« Dans cette supposition, il est impossible de proposer au gouver-
« nement aucune spéculation sur la fabrication d'étoffes de soyes, en
« faisant l'avance de la matière et des façons, puisque d'un côté un
« pareil moyen feroit remonter sur-le-champ le prix des soyes, déjà
« fort diminué, et que, de l'autre, on emmagazineroit inutilement des
« étoffes dont le défaut de consommation et la multiplicité rabaisse-
« roient de plus en plus la valeur.

« On a proposé d'employer les ouvriers en soye aux manufactures
« de toiles peintes et de coton. Une des plus considérables fabriques
« de ce genre, qui s'est transportée de Genève à Lyon, une foule
« d'autres qui se sont établies aux environs de la ville, les filatures,
« les indienneries de tout genre sembloient être une ressource
« offerte à nos malheureux ouvriers; mais, d'un côté, leurs mains,
« accoutumées à la soye, ont de la peine à travailler le cotton ou le
« fil; ils travaillent moins vite et moins bien; d'ailleurs, ces manufac-
« tures toutes montées ont déjà leurs ouvriers qui, vivant hors de la
« ville, se contentent d'un salaire très modique. Sur le tout encore, les
« marchandises angloises de ce genre ayant inondé le Royaume depuis
« le traité de commerce et pouvant se donner à un prix très inférieur
« aux nôtres, les manufactures nationales ne peuvent pas soutenir la
« concurrence et leur état, peut-être, est pire encore que celui de nos
« fabriques de soye.

« Si, d'un côté, la difficulté de se procurer des matières premières
« en fil ou coton et, de l'autre, la difficulté plus grande de s'assurer
« le débit de l'étoffe; si l'établissement très cher de grands atteliers
« pour ce genre, l'acquisition de nouveaux métiers, la nécessité du
« tems à perdre et des sacrifices à faire pour les apprentissages,
« malgré les avances qu'auroient à cet égard nos ouvriers, ne per-
« mettent pas d'adopter ces idées qui semblent, au premier coup d'œil,
« d'une exécution facile, tous les calculs forcent à se réduire pour le
« moment aux secours pécuniaires et à attendre l'époque où la nou-
« velle récolte des soyes et le retour des commissions ranimeront
« l'industrie en ravivant le commerce.

« Ce n'est qu'après avoir consulté les négocians les plus distingués
« par leur expérience, leur patriotisme et leurs vues, que nous nous
« sommes convaincus qu'en sollicitant la bienfaisance du gouverne-
« ment dans les circonstances où se trouve notre ville, nous devons
« nous borner à lui présenter nos idées sur les meilleurs moyens à
« employer pour assurer l'ordre, la justice et l'égalité dans la distri-
« bution des secours qui deviennent indispensables; pour en prévenir
« l'abbus en les portant au-dessus du besoin et au-delà du terme que
« le retour de la belle saison et l'activité toujours renaissante du
« commerce doivent y mettre. C'est enfin, suivant l'expression vul-
« gaire, un mauvais pas qu'il faut franchir. Soutenons pour éviter les
« chutes, mais ne creusons pas l'abîme en voulant le combler.

« En calculant, d'après la dépense faite jusqu'à présent, à deux sous
« par jour, pour les dix-neuf mille six cent quatre-vingt ouvriers

« secourus, c'est à peu prez soixante mille francs par mois. Si le
« nombre des pauvres n'augmente pas et qu'on n'ajoute rien à
« l'aumône des deux sous, la caisse peut fournir jusqu'au 15 avril;
« mais depuis cette époque jusqu'à celle où l'on présume que les
« commissions reviendroient, ce que la foire de Leipsik, qui est
« regardée comme le vrai thermomètre de nos manufactures, pourra
« seule nous apprendre, il s'écoulera au moins trois mois, qui exigeront
« un supplément de 180 mille livres; il faut donc trouver cette somme,
« ou dans la bienfaisance du gouvernement, ou dans celle des
« citoyens; mais dans l'un ou l'autre cas, pour assurer la meilleure
« distribution des aumônes, faire cesser la mendicité et arrêter les
« désordres qu'une plus longue tolérance porteroit au plus haut
« degré, nous proposons de sous-diviser les vingt-huit quartiers de
« la ville dans la proportion de vingt mille ouvriers à peu près qui
« sont à secourir; de former dans chaque sous-division un bureau de
« pauvres, comme il en existe déjà dans plusieurs paroisses; ce
« bureau seroit composé de dix ou douze personnes, hommes et
« femmes, dont l'aisance, le loisir et la charité leur permettroient de
« surveiller cent ménages, par exemple, et qui fourniroient le pain et
« la viande nécessaires, par des cartes signées pour le boulanger et
« le boucher. Cette inspection, bornée sur un certain nombre d'indi-
« vidus, s'exerceroit plus exactement; elle rapprocheroit le riche du
« malheureux; elle exciteroit davantage la sensibilité du bienfaiteur
« et la reconnoissance du pauvre; on trouveroit plus facilement les
« moyens d'occuper les ouvriers sans travail en les faisant, suivant
« les sexes et les âges, filer dévuider, carder ou coudre; ce qu'ils
« gagneroient seroit en déduction du prix de trente ou quarante sous
« jugés nécessaires pour la subsistance des ménages, calculés sur
« quatre individus les uns dans les autres; alors la mendicité pour-
« roit être rigoureusement deffendue; la paresse n'auroit plus le
« prétexte des circonstances pour s'y livrer, les citoyens, qui ne
« seroient plus inquiétés dans les rues par cette foule de mendians
« qui les assaillent en ce moment, donneront plus volontiers aux
« bureaux de leur arrondissement ou à la caisse générale, car quelque
« sacrée que soit la dette du pauvre, le citoyen doit être libre dans
« son aumône; la honte enfin, qui retient souvent les plus nécessiteux
« dans leurs atteliers et les livre au désespoir de la misère, sera
« prévenue par les secours qui leurs seront portés, l'ordre public sera
« rétabli, le zèle des bons citoyens se réchauffera, MM. les curés
« présideront, guideront, éclaireront les commissaires dans leurs
« paroisses, et la Providence hâtera les succès d'une œuvre dictée par
« l'humanité, la religion et le patriotisme. Le régime suivi dans l'Ins-
« titut de bienfaisance, pour favoriser l'allaitement maternel, peut
« servir de modèle à celui dont nous venons de tracer la grossière
« esquisse; si ce plan étoit agréé du gouvernement, il faudroit qu'en
« accordant des secours proportionnés à nos besoins, il adressât des
« ordres au Consulat, en l'absence de Mgr l'Archevêque, pour convo-
« quer en assemblée générale les citoyens les plus notables de tous
« les ordres. Cette assemblée seroit présidée par M. le Prévot des
« Marchands, en sa qualité de premier citoyen, et, pour prévenir toute
« dispute sur les préséances, chacun y prendroit place suivant son
« âge; on y rendroit compte de l'état de la caisse de secours, du
« montant de ceux donnés par le gouvernement, et on prendroit les

« avis sur la meilleure distribution à faire parmi les ouvriers sans
« travail, dont on auroit une liste exacte. On travailleroit ensuite à la
« division des arrondissemens dans les différentes paroisses et à la
« formation des bureaux sur le tableau qui en seroit dressé par des
« commissaires choisis dans le sein de l'assemblée.

« On pense que cette idée toute simple et qui ne tend qu'à faire
« cesser la mendicité, en forçant l'ouvrier à recevoir l'aumône dans
« son domicile, est la seule à proposer dans les circonstances, la
« seule qui doive être adoptée, puisque tous les négocians s'accordent
« à dire qu'il n'est aucune espèce de travail utile qui puisse remplacer
« celui des manufactures de soye, pour l'ouvrier dont l'industrie est
« bornée à ce genre.

« Les causes de la cessation du travail sont bien connues. Si la
« disette des soyes, si l'engorgement de nos étoffes en Allemagne, si
« la guerre allumée dans le nord de l'Europe, si la nécessité de l'éco-
« nomie dans tous les états ont diminué la consommation de nos
« étoffes de luxe, si les variations de la mode en ont détourné le goût,
« toutes ces causes cependant sont momentanées, et, pour l'avenir,
« l'établissement de la Caisse Philantropique, ce nouveau monument
« de la bienfaisance et du patriotisme de nos concitoyens, semble
« devoir nous garantir à jamais du malheur extrême dont notre ville
« est menacée en ce moment. »

Sur quoi, la matière mise en délibération, il a été unanimement arrêté que MM. les Procureurs Syndics Provinciaux adresseroient le présent mémoire à Mgr l'Archevêque, en le suppliant de joindre ses instances particulières aux vœux de la Commission Intermédiaire, pour faire agréer au Ministre le projet présenté et obtenir du gouvernement les secours pour arrêter la mendicité et pourvoir à la subsistance de vingt mille ouvriers sans travail et sans pain.

Lecture a été faite d'un mémoire contenant le vœu de l'Assemblée Provinciale et des assemblées de département, sur l'époque la plus convenable pour la tenue des séances de ces assemblées; ce mémoire a été approuvé et envoyé de suite à M. le Contrôleur Général, avec une lettre d'envoy portée à la page 67 du copie de lettres.

Lecture a été faite d'un mémoire concernant la place que le règlement assigne aux curés dans les assemblées municipales. Ce mémoire a été approuvé et adressé à M. le Contrôleur Général, avec une lettre transcrite au folio 70 du copie de lettres.

Lecture a été faite d'une lettre adressée à Mgr l'Archevêque, président, pour lui rendre compte de l'état actuel des affaires; cette lettre a été signée et transcrite aux pages 65 et 66 du copie de lettres.

Lecture a été faite d'une lettre du bureau intermédiaire du département de l'élection de Lyon, en datte du 21; il y a été répondu de suite et la lettre est trancrite aux pages 70 et 71 dud. copie de lettres.

Ouverture et lecture faite d'une lettre de MM. les Procureurs Syndics de l'assemblée du département de Roanne, il y a été répondu, et la réponse est transcrite aux folios 71 et 72 du copie de lettres.

Lecture a été faite de trois lettres du 26, adressées à la Commission par le bureau intermédiaire du département de Villefranche. Les deux premières accusent la réception des lettres de la Commission des 8 et 21 février; la troisième présente la question de savoir si le concierge de l'assemblée de département de Villefranche pourra être assujeti à tirer à la milice. Arrêté qu'il sera écrit à M. le Contrôleur Général; que ce ministre sera prié de prendre les ordres du Roi pour faire déclarer ce concierge exempt.

Lecture a été faite d'une lettre de M. le Contrôleur Général, du 21 février, à laquelle était jointe une lettre adressée le même jour à M. l'Intendant, concernant les requêtes données avant le 1er janvier 1788, pour les réparations ou reconstructions des églises paroissiales et presbytères. Arrêté que copie de ces lettres sera adressée aux bureaux intermédiaires des départemens.

La prochaine séance fixée au jeudi 6 mars prochain.

Fait et clos ledit jour.

    D'ALBON, CLUGNY, grand custode, comte de Lyon, RANVIER DE BELLEGARDE, VALOUS DE LA PROTY, MILLANOIS, DESCHAMPS, le baron DE LA ROCHE, GOUDARD, BAROU DU SOLEIL, BOSCARY, secrétaire.

Du jeudy 6 mars mil sept cent quatre-vingt-huit, à quatre heures de l'après-midy, dans la séance de la Commission Intermédiaire provinciale de la généralité de Lyon, M. l'abbé de la Chapelle absent.

Vû la note des journées employées par le nommé Michel Eguy, au service de l'Assemblée Provinciale, pendant la tenue de ses séances aux mois de novembre et décembre, son salaire a été fixé à trente-six livres ; le secrétaire chargé de lui faire le payement de cette somme qui lui sera allouée dans la dépense de son compte.

Lecture a été faite d'une lettre adressée à la Commission par le bureau intermédiaire de la ville de Lyon et d'un mémoire que ce département prie la Commission d'adresser à M. le Contrôleur Général, au sujet d'une délibération prise par le Bureau des Finances de Grenoble, qui, si elle avoit son exécution, forceroit M. Piron, l'un des greffiers en chef de ce Bureau des Finances, de se démettre de la place de procureur sindic du département de la ville de Lyon. Ce mémoire et les pièces qui l'accompagnent ont de suite été adressés à M. le Contrôleur Général, avec une lettre pressante transcrite à la page 75 du copie de lettre.

Vû une lettre du bureau intermédiaire de Villefranche, dans laquelle il prie la Commission d'interposer ses bons offices pour faire exemter du tirage de la milice le concierge de l'assemblée du département de Villefranche ; la commission a de suite adressé à M. le Contrôleur Général une lettre sur cet objet, laquelle est transcrite au folio 76 du copie de lettres.

MM. les Procureurs Sindics ont remis sur le bureau la lettre que vient de leur adresser M. de Vareignes, ingénieur en chef, ensemble tous les devis des ouvrages des routes jugés nécessaires pour l'année 1788, plus un état général desdits devis. MM. les Procureurs Sindics ont annoncé que l'ingénieur en chef doit joindre à ses devis des détails estimatifs qui seront prêts à être expédiés dez samedy prochain. La Commission Intermédiaire a de suite signé une lettre à

M. le Contrôleur Général, qui lui annonce l'envoy desdits devis et détails estimatifs, de la lettre de M. de Varaigne, de l'état qui y est joint, plus du projet d'arrêt adressé par M. le Contrôleur Général à la Commission Intermédiaire, sous la date du 9 janvier, auquel projet sont joints les changements dont la Commission l'a crû susceptible. Le secrétaire a été chargé de veiller à ce que cet envoy soit effectué samedy prochain.

La prochaine séance a été fixée au jeudy 13 de ce mois.

Fait et clos lesdits jour et an.

  D'Albon, Ranvier de Bellegarde, Deschamps, Millanois, Goudard, Barou du Soleil, le baron de La Roche, Boscary, secrétaire.

Dans la séance du jeudy 13 mars mil sept cent quatre-vingt-huit,

Lecture a été faite d'une lettre de M. le Contrôleur Général, du cinq, concernant les renseignements que la Commission ou les bureaux intermédiaires auroient à désirer, relativement aux droits royaux perçus par la ferme générale ou la régie générale ; il y a été de suite répondu, et la lettre transcrite à la page 77 du copie de lettres. Copie de cette lettre a été aussi addressée aux bureaux intermédiaires. Il a été écrit aux bureaux intermédiaires pour les prévenir des opérations qu'ils auroient bientôt à faire pour la reconnoissance des travaux des routes exécutés en 1787 et l'adjudication de ceux à faire en 1788. Il a été écrit à M. le Contrôleur Général, pour le prier de permettre au bureau intermédiaire de Montbrison de remplacer provisoirement le sieur Apothicaire, l'un de ses membres, qui vient de mourir.

Lecture a été faite d'une lettre de M. le Contrôleur Général, du trois mars, concernant les dépenses de l'assemblée ; il y a été de suite répondu et la réponse transcrite page 1 du copie de lettres n° 2.

Lecture a été faite d'une lettre de M. le Contrôleur Général, du 28 février, qui annonce que, pour cette année 1788, le Roy a fixé le moins imposé de la taille à trente mille livres et les fonds destinés aux atteliers de charité à quarante mille livres ; il y a été de suite répondu et la réponse portée page 2 du susdit copie de lettres.

La Commission, considérant que le gouvernement s'occupe, dans ce moment, du projet utile de porter la douane aux frontières du royaume, a pensé qu'il était du plus grand intérêt pour la ville de Lyon que, dans cet arrangement, on daigna s'occuper des précautions qu'exige la ville de Lyon pour conserver, s'il est possible, dans ses murs, le commerce qui y est devenu languissant. Lecture faite d'un mémoire dont la Commission s'est déjà occupé sur cet objet, il a été arrêté que ce mémoire seroit adressé à M l'archevêque de Sens, ministre principal, et à M. le Contrôleur Général.

La prochaine séance fixée au jeudi 27.

Fait et clos lesdits jour et an.

  D'Albon, Clugny, grand custode, comte de Lyon, Ranvier de Bellegarde, Deschamps, Valous de La Proty, le baron de La Roche, Millanois, Goudard, Barou du Soleil, Boscary, secrétaire.

Dans la séance du jeudy vingt-sept mars mil sept cent quatre-vingt-huit,

La Commission Intermédiaire a examiné l'apperçu déjà rédigé des dépenses relatives à son administration et à celles des assemblées de département et bureaux intermédiaires, ledit état revenant à quatre-vingt-neuf mille huit cent livres, plus l'état des frais qui ont eu lieu, tant pour l'Assemblée Provinciale que pour les départements, depuis leur établissement, jusqu'au trente-un décembre. Ces états, après avoir été certifiés par la Commission, ont été addressés à M. le Contrôleur Général avec une lettre, folios six et sept du copie de lettres. Lecture faite d'une lettre du ministre du dix-huit mars, dans laquelle il demande que l'état des frais de l'assemblée lui soient envoyés conformes au modèle joint à cette lettre, monsieur Milanois a été chargé d'adapter l'état, que vient de certifier la Commission et addresser à M. le Contrôleur Général, au susdit modèle autant que les dispositions locales pourront le permettre.

Lecture a été faite d'une lettre de M. le Contrôleur Général du 17, contenant la réponse aux trois questions addressées le dix-neuf février par MM. les Procureurs Syndics de la ville Lyon et Franc-Lyonnois. Copie de cette décision a été de suite addressée aux six départements.

Examen a été fait de diverses pièces et instructions, projets de distribution des fonds de charité et état des communications commencées avec les fonds de charité, addressées à la Commission par le subdélégué général de l'Intendance, il a été arrêté que M. Deschamps voudroit bien se charger de l'examen plus approfondi de ce travail, et cependant qu'envoy serait fait aux bureaux intermédiaires de la copie de l'état de distribution de 1787 et des communications commencées, afin d'avoir leur avis sur l'employ des fonds de charité.

Arrêté que les pièces et dossiers renvoyées, le 14, de l'Intendance à la Commission, concernant les réparations des églises et presbytères, seroient addressées aux divers départements dont dépendent les paroisses que ces dossiers concernent, après que le secrétaire aura rapporté, sur un registre destiné à cet effet, la notice de toutes ces affaires.

Lecture a été faite de la copie d'un arrêt du conseil, certifiée par M. l'Intendant, en date du seize février, qui prescrit les formalités à remplir pour, par l'Assemblée Provinciale, se mettre en possession de l'hôtel du Concert, que Sa Majesté a destiné à la tenue de ses séances ; cette copie d'arrêt et la lettre de M. l'Intendant, du dix de ce mois, qui l'accompagnait, ont été remises à MM. les Procureurs Syndics, chargés de faire remplir le plutôt possible les formalités prescrites par ledit arrêt.

Lecture a été faite d'une lettre de M. le Contrôleur Général, du dix-sept, qui annonce les intentions du Roy sur les formes que devront observer les membres des assemblées municipales qui se croiront dans le cas de donner leur démission et sur la manière d'opérer leur remplacement. Copie de cette lettre a été de suite addressée aux six départements.

Lecture a été faite d'une lettre de M. le Contrôleur Général, du huit, qui annonce que l'intention du Roy est que la Commission Intermédiaire statue sur toutes les demandes en décharges et modérations de capitation pour l'année mil sept cent quatre-vingt-huit.

Lecture a été faite d'une lettre de M. le Contrôleur Général du dix, suivant laquelle le Roy veut que la Commission Intermédiaire ait, dès cette année, la disposition des fonds libres de la capitation et des fonds variables de la généralité; à cette lettre était jointe une instruction approuvée par le Roy et les bordereaux relatifs auxdites dépenses. Le tout a été remis à M. Millanois, qui a été chargé d'examiner quels étaient, dans le nombre de ces dépenses, celles qui pouvoient être susceptibles de réduction, même de suppression, et d'en faire son rapport à la commission ; il a été, au surplus, arrêté, à cet égard, que la Commission ne se permettroit, sans l'agrément du gouvernement, aucune dépense sur les fonds de la capitation ou des dépenses variables, si ce n'est quand aux objets déjà approuvés et portés en dépense dans le bordereau joint à l'instruction. La lettre écrite à M. le Contrôleur Général est portée page douze du copie de lettre.

Lecture faite d'une lettre du bureau intermédiaire de St-Etienne, concernant deux réparations jugées très urgentes sur la route de St-Chamond, le bureau intermédiaire de St-Etienne a été chargé de donner l'ordre convenable pour ces réparations, en prenant les précautions indiquées par la lettre qui leur est écrite page 13 du copie de lettre.

Examen fait du mémoire addressé par le département de St-Etienne, sur la demande du marquis d'Osmond, d'être autorisé à faire faire un chemin tendant de Roche-la-Mollière à la Loire, la commission a approuvé ce mémoire, l'a addressé à M. de La Millière et accompagné de la lettre la plus pressante portée page 16 du copie de lettres, concernant les ponts et chaussées.

Lecture faite d'une lettre de M. le Contrôleur Général du six mars, concernant la manière dont doivent être traitées les questions qui seroient relatives aux nominations irrégulières faites ou à faire pour la composition des municipalités, il a été de suite répondu à cette lettre et, tant la lettre que la réponse ont été transcrites à mi-marge, pages 15, 16, 17, 18 et 19 du copie de lettre.

Lecture faite d'un mémoire adressé par M. de Vairagne sur la division actuelle des départements des ingénieurs ordinaires de la généralité, et sur un projet de nouvelles divisions jugées plus propres à favoriser leurs services, ce mémoire a été approuvé, visé par la Commission, pour rester déposé dans les archives de l'assemblée, arrêté qu'il en sera remis une expédition à l'ingénieur en chef, pour veiller à établir la nouvelle division par lui proposée.

Lecture faite d'un mémoire donné par M. Millanois, propriétaire à Lantignier, pour l'établissement d'un attelier de charité dans cette paroisse, arrêté que ce mémoire serait addressé au département de Villefranche, pour avoir son avis et le prier de prendre l'avis de l'ingénieur au département de Villefranche.

La Commission, considérant que le terme accordé par M. l'Intendant aux entrepreneurs des travaux des routes adjugés en 1787 expire le 1er avril et que, dès cette époque, il convient que les départements s'occupent de la vérification à laquelle la Commission est authorisée par la lettre de M. de La Millière, du neuf février 1788, il a été arrêté que les bureaux intermédiaires seront chargés de procéder par eux ou des commissaires qu'ils choisiront parmi les membres de leurs départements, à cette vériffication, en présence des ingénieurs, en se conformant à l'article 18 de la cinquième partie de l'instruction du 31 octobre ; qu'en conséquence, il sera addressé à chaque département 1° une lettre instructive; 2° copie de la lettre de M.de La Millière du 9 février, de celle de M. l'Intendant qui l'accompagnoit et de la copie de l'état des atteliers de 1787; 3° un itinéraire que l'ingénieur en chef sera chargé de dresser, pour que cette opération puisse se faire avec ordre et que les ingénieurs puissent assister, chacun dans leur département, à la vériffication de chaque attelier; 4° un certain nombre d'exemplaires des procès-verbaux de réception imprimés, MM. les Procureurs Syndics sont chargés d'écrire au subdélégué général de l'Intendance, pour procurer la remise entre les mains de l'ingénieur en chef des devis de 1787, pour les faire passer aux ingénieurs ordinaires. Le secrétaire demeure chargé d'envoyer un exprès dans chaque département, pour y porter ces diverses pièces, dont le port deviendroit trop cher par la poste et trop lent par la messagerie; il profitera de cette occasion pour faire parvenir aux départements des affiches imprimées pour les adjudications de 1788 et les pièces relatives aux atteliers de charité.

La prochaine séance renvoyée au trois avril prochain.

Fait et clos lesdits jours et an.

D'ALBON, CLUGNY, grand custode, comte Lyon, DESCHAMPS, VALOUS DE LA PROTY, RANVIER DE BELLEGARDE, BAROU DU SOLEIL, le baron DE LA ROCHE, MILLANOIS, GOUDARD, BOSCARY, secrétaire.

Dans la séance de la Commission Intermédiaire du trois avril 1788,

Lecture a été faite de la lettre 1° de M. de La Millière (1), adressée à la Commission Intermédiaire, dans laquelle ce magistrait annonce que le conseil approuve les devis des travaux des routes à exécuter en 1788 et que la Commission Intermédiaire est provisoirement autorisée à procéder, soit par elle, soit par les commissaires qui seront par elle délégués, à l'adjudication au rabais desd. travaux; 2° d'une lettre addressée, le 31 mars, aux six départements de la généralité, dans laquelle la commission charge chacun des départements de procéder à l'adjudication des travaux à exécuter dans son ressort et de faire apposer les affiches pour donner à ces adjudications la plus grande publicité; 3° d'une lettre addressée, le même jour 31 mars, à tous les départements pour la vériffication des travaux des routes adjugés en 1787; 4° d'une lettre écrite le même jour, aux départements, relativement aux atteliers de charité, lesd. lettres portées pages 17, 18, 19 et 20 du copie de lettre, intitulé Ponts et Chaussées; lesdites lettres et leur contenu ont été approuvées, ainsi que l'envoy qui leur en a été fait par exprès, qui seront payés par le secrétaire et la dépense allouée dans son compte.

Vû le mémoire envoyé par le département de Montbrison, relativement au chemin demandé par M. le marquis d'Osmond, ce mémoire a été de suite envoyé à M. de La Millière; il a été répondu à la lettre de

(1) *Sous une rature on lit :* de M. le Contrôleur Général addressée à la Commission.

ce magistrat du 23 mars, cy devant rappellée, et cette réponse portée à la page 22 du même copie de lettres.

Vû le mémoire du curé de St-George-de-Renand en Beaujollois, à l'effet d'obtenir la réparation du mur du cimetière de sa paroisse, dégradé par les niveaux donnés à la grande route, et l'avis sur ce mémoire de l'ingénieur en chef, l'envoy a été fait du tout au bureau intermédiaire de Villefranche, pour y pourvoir conformément à la lettre à lui adressée, transcrite page 23 du même copie de lettre.

Vu le mémoire sur les abus que se permettent les préposés des vingtièmes dans le département de St-Etienne, ce mémoire a été adressé aux ministres avec une lettre portée folio 21 et 22 du copie de lettre n° 2.

L'état des dépenses fixes et variables de l'Assemblée Provinciale, rédigé d'après le modèle adressé le 18 mars, par M. le Contrôleur Général, a été approuvé et envoyé de suite à ce ministre.

La Commission a envoyé au bureau de Montbrison un mémoire de quelques habitants du faubourg de la Magdeleine de la même ville, tendant à obtenir le comblement d'un cloaque qui infecte leurs habitations, le bureau de Montbrison a été chargé d'y pourvoir suivant la lettre de l'ingénieur en chef, et d'après la lettre à lui adressée, portée page 24 du copie de lettre n° 2.

La Commission renvoye au bureau de St-Etienne le mémoire du nommé Claude Journaux, habitant à Tartaras, tendant à obtenir des secours, en considération de sa nombreuse famille, pour avoir son avis; la commission a écrit de suite à M. Blondel, intendant des finances, pour le même objet.

La Commission a adressé à Mgr l'Archevêque, président de l'assemblée, une lettre pour lui témoigner la satisfaction que lui cause sa convalescence.

Arrêté que le secrétaire fournira à M. Lallié, inspecteur des ponts et chaussées, copie collationnée de l'arrêt du conseil qui détermine les formalités à remplir pour la mise en possession de l'hôtel du Concert, destinée pour la tenue des séances de l'Assemblée Provinciale.

La prochaine séance fixée au jeudi dix avril courant.

Fait et clos lesd. jour et an.

D'ALBON, RANVIER DE BELLEGARDE, DESCHAMPS, VALOUS DE LA PROTY, le baron DE LA ROCHE, BAROU DU SOLEIL, MILLANOIS, GOUDARD, BOSCARY, secrétaire.

Dans la séance de la Commission Intermédiaire du 10 avril,

Lecture prise des lettres du département de Roanne, des 15 mars, 4, 5 et 6 avril, il y a été de suite répondu, et les réponses portées pages 26, 27 et 28 du copie de lettre n° 2.

Lecture faite des lettres du département de Lyon et Franc-Lyonnois, des 4 et 5, il y a été répondu, et la réponse écrite pages 28 et 29 du copie de lettre.

La Commission a adressé à M. le Contrôleur Général la délibération prise le 4, par le département de la ville de Lyon, au sujet des réclamations des habitants du Franc-Lyonnais, elle a addressé au département de Roanne la copie de la lettre de M. le Contrôleur Général du 4, qui confirme la nomination de M. Simon de Quirielle; elle a écrit, sur le même objet à M. le Contrôleur Général; elle a addressé au département de Montbrison, copie de la lettre de ce ministre, du 28 mars, qui lui permet de remplacer le sieur Apothicaire. Elle a envoyé à tous les départements copie de la lettre de M. de La Millière, intendant des finances, qui annonce que M. Delimay est chargé de l'inspection de cette généralité, en sa qualité d'inspecteur général des ponts et chaussées.

Vu l'erreur commise dans les affiches pour les adjudications des ouvrages à adjuger pour 1788, en ce qu'elles annoncent que les devis pourront être vérifiés dans un dépôt indiqué la veille des adjudications, tandis que, aux termes de l'instruction du 31 octobre, tout entrepreneur peut vériffier les devis dans un lieu indiqué huitaine avant les adjudications, la Commission a arrêté qu'il seroit envoyé de suite à l'imprimerie un avis au public, qui sera addressé dès demain à tous les départements pour être affiché, pour annoncer que les devis seront dèz lors, jusques à l'époque des adjudications, déposés au secrétariat de chaque département, et pourront être vérifiés par toute personne qui se proposeront d'enchérir au rabais.

Vu les deux états présentés par M. de Varaigne, l'un des dépenses et fraix relatifs à la conduite des travaux des routes pendant le premier quartier de 1788, ledit état montant à 2.415 l. 4 s. 6 d. ; le second concernant les appointements des ingénieurs en chef, inspecteurs, sous-ingénieurs et élèves pour le même quartier, lesdits deux états ont été visés et approuvés par la Commission Intermédiaire.

La prochaine séance fixée au jeudi 17 de ce mois.

Fait et clos lesd. jour et an.

Ranvier de Bellegarde, d'Albon, Deschamps, Valous de La Proty, Barou du Soleil, le baron de La Roche, Millanois, Goudard, Boscary, secrétaire.

Dans la séance de la Commission Intermédiaire tenue le 17 avril 1788,

Vu les procès-verbaux des commissaires des départements, nommés pour la vériffication des travaux des routes adjugés en 1787, addressés à la Commission Intermédiaire par le département de St-Etienne, celuy de Villefranche et M. Méaudre fils, membre et commissaire du bureau intermédiaire du département de Roanne, la commission, après avoir pris l'avis de M. de Varaigne, ingénieur en chef, sur les malfaçons et négligences dont se sont rendus coupables les entrepreneurs et que constatent ces procès-verbaux, a arrêté qu'il serait de suite écrit à M. l'ingénieur en chef, pour l'autoriser à prescrire, par une lettre-circulaire, à tous les ingénieurs ordinaires de la généralité, de ne délivrer aucun certificat de payement qu'après l'entière exécution des engagements contractés par les adjudicataires, et de prévenir ceux-ci que si, dans l'intervalle de ce jour au 15 may prochain, ils n'y ont pas satisfait complettement, il sera procédé par les ingénieurs, en présence de MM. les ingénieurs des départements, à l'estimation des défficit, calculée d'après les détails estimatifs et diminuée proportionnellement aux rabais, que les sommes dues aux adjudicataires, en reste des devis, seront employées à des établissements d'ouvriers chargés, par les ingénieurs, de parachever les ouvrages portés au devis, et les sommes restantes employées au payement desdits ouvriers avant la délivrance d'aucun fond aux adjudicataires titulaires, lesquels ne seront admis à faire aucunes réclamations pour cause de la diminution résultante pour eux de la forme à laquelle leur négligence aura donné lieu. Il a été, en conséquence, écrit de suite une lettre conforme à M. l'ingénieur en chef. Il a été écrit de suite à MM. du bureau de Villefranche, de celuy de St-Etienne et à M. Meaudre fils, pour leur faire part de cet arrêté. MM. les Procureurs Syndics ont été chargés d'en instruire les bureaux intermédiaires des élections de Montbrison et de Roanne ; la Commission Intermédiaire a, de suite, fait part de cet arrêté à M. le Contrôleur Général, dans une lettre transcrite page 33 du copie de lettre des ponts et chaussées.

Vu l'état dressé par le secrétaire, de la distribution de l'imposition représentative de la corvée par chaque paroisse de la généralité, sur le pied du dixième des impositions réunies de la taille accessoire et capitation roturière, cet état a été approuvé et addressé à M. le Contrôleur Général, en conformité de la lettre de M. de La Millière, du 23 mars. La Commission a écrit sur le même objet à M. de La Millière.

Lecture faite d'une lettre de M. le Contrôleur Général, du 3 de ce mois, concernant l'exécution de l'art. 37 de l'édit donné au mois de novembre dernier, pour les non catholiques, pour le choix d'un lieu clos et décent pour leur inhumation dans les diverses paroisses de la généralité où ils sont établis. Copie de cette lettre a été adressée à tous les départements, et il a été répondu de suite à M. le Contrôleur Général.

Vu les dossiers des diverses affaires concernant les demandes en réparations ou reconstructions d'églises ou presbytères, dont M. l'Intendant a fait le renvoy à la Commission Intermédiaire, pour se conformer aux vues du gouvernement.

La Commission a fait le renvoy de chacune de ces demandes aux départements dans le ressort desquels se trouvent les paroisses que ces demandes concernent ; il a été cependant conservé, sur un registre servant de mémorial, une notice de chacune de ces affaires.

Vu la lettre de M. le Contrôleur Général, du 8 mars, qui lui annonce que l'intention de Sa Majesté est que la Commission statue sur toutes les demandes en décharges et modérations de capitation pour l'année 1788, la Commission a arrêté qu'avant de statuer sur lesdites demandes, elle prendra l'avis du bureau intermédiaire du département de la ville de Lyon, et qu'à cet effet le renvoy seroit fait, par le secrétaire, à ce bureau intermédiaire, de toutes les requêtes, feuilles ou mémoires remis à la Commission pour obtenir lesdites décharges ou modérations et qui pourroient lui parvenir dans la suite.

La prochaine séance fixée au jeudi vingt-quatre du courant.

Fait et clos lesd. jour et an.

> Ranvier de Bellegarde, d'Albon, Valous de La Proty, Deschamps, le baron de La Roche, Barou du Soleil, Millanois, Goudard, Boscary, secrétaire.

Dans la séance de la Commission Intermédiaire, tenue le jeudi vingt-quatre avril mil sept cent quatre-vingt-huit.

Vu la lettre de M. de Varaigne, addressée à MM. les Procureurs Syndics, en date de ce jour, contenant l'apperçu des réparations par lui jugées nécessaires aux ponts situés sur les rivières de Soanam et d'Azergues, sur la route de la Croisette au Pontaret, près la ville du Bois-d'Oingt, la Commission a arrêté que l'ingénieur en chef sera chargé de faire le plutôt possible le devis des ouvrages relatifs à ces réparations, lequel sera adressé, par MM. les Procureurs Syndics, au bureau intermédiaire du département de l'élection de Lyon, pour faire procéder aux enchères aux rabais, après avoir préalablement fait apposer les affiches.

Lecture faite d'une lettre de M. le Contrôleur Général, en datte du 12 de ce mois, qui annonce que M. l'Intendant a reçu l'ordre de délivrer au secrétaire de l'assemblée une ordonnance sur les fonds libres de 1787 de cinq mille quatre cent trente-quatre livres, douze sols, trois deniers, pour pourvoir au payement des frais d'établissement de l'Assemblée Provinciale et de cinq des assemblées de département, dont l'état avait été adressé à M. le Contrôleur Général le vingt-sept mars. Copie de cette lettre a de suite été addressée à tous les départements, avec prière de faire recevoir la somme à recevoir par chacun d'eux dans le montant de cette ordonnance.

Il a été pareillement écrit à M. le Contrôleur Général, pour le prier de faire parvenir à l'assemblée, aux frais du gouvernement, des grennes de turneps et de bettes raves champêtres pour en faire la distribution dans la généralité.

La séance prochaine indiquée au vendredi deux may prochain.

Fait et clos lesd. jour et an.

> d'Albon, Ranvier de Bellegarde, Deschamps, Valous de La Proty, Millanois Goudard, Barou du Soleil, Boscary, secrétaire.

Dans la séance de la Commission Intermédiaire, tenue le vendredi deux mai mil sept cent quatre-vingt-huit.

MM. Deschamps et Goudard ont été nommés commissaires pour, en exécution de la lettre de M. de La Millière, du 25 avril, se concilier avec

M. l'Intendant, relativement au retard apporté par les entrepreneurs des travaux des routes adjugés en 1787, et l'exécution de leurs devis. La Commismission, instruite de l'arrivée de M. l'Intendant, a prié M. le comte de Clugny et M. Millanois d'aller visiter ce magistrat de sa part. La commission a arrêté le nommé Jacques Gaillard, suisse de nation, pour le service de l'assemblée en qualité de garçon de bureau, sous le gage annuel de trois cent livres et avec l'espoir d'une gratiffication de cent livres qui lui sera accordée chaque année, si l'on est content de son service.

Vu la lettre de M. le Contrôleur Général, en date du dix-huit avril, contenant les décisions du conseil sur le relevé des irrégularités ou contestations relatives à la formation des municipalités, addressées le vingt-un février à M. le Contrôleur Général, 1° copie de ces décisions ; 2° d'une lettre de M. le Contrôleur Général, du six mars, et d'une seconde lettre de M. le Contrôleur Général, du dix-huit avril, a été de suite envoyé à tous les départements.

Vu le devis dressé par M. Boulard, architecte, des réparations et ajancements à faire dans l'hôtel du Concert, pour le disposer d'une manière convenable pour la tenue des séances de l'Assemblée Provinciale, des assemblées de département de la ville et de l'élection de Lyon et pour l'établissement de leur bureau, ensemble les plans dressés par le même architecte, pour la distribution intérieure dudit hôtel, ces plans et devis ont été signés et approuvés par la commission, et il a été arrêté qu'ils seront incessamment envoyés à M. le Contrôleur Général, avec prière d'autoriser la Commission à adjuger au rabais les ouvrages portés aud. devis, et d'assigner des fonds pour en acquitter la dépense.

Vu la lettre de MM. les députés du bureau intermédiaire de la ville de Lyon et Franc-Lyonnois, au sujet des réparations urgentes, par eux jugées nécessaires sur le chemin de halage de Lyon à Neuville, cette lettre a été de suite adressée à M. de Varaigne, ingénieur en chef, avec prière de vérifier les parties de cette route qui sont dégradées, et de dresser le devis des réparations qu'il y croira nécessaires.

MM. les Procureurs Syndics ont été chargés de faire l'envoy à M. de Varaigne de deux mémoires addressés au bureau intermédiaire du département de Lyon et Franc-Lyonnois, au sujet des réparations comprises au premier attelier de chemin de halage et au tort qui résulteroit pour les propriétés des demoiselles Richard. M. de Varaigne sera chargé de vériffier les lieux et de donner son avis sur ces mémoires.

Vu les dénonciations transmises par M. de La Beaume, à M. de Varaigne, et communiquées par celuy-ci à la Commission, relativement aux entreprises nuisibles à la conservation des routes, sur le chemin de Lyon à Bordeaux, par Feurs et Boïn, et de Lyon en Auvergne, par Montbrison, ces dénonciations ont été de suite addressées au bureau intermédiaire du département de Montbrison, avec prière d'avertir les auteurs des entreprises dennoncées de les faire cesser et de réparer le dommage par eux occasionné au grand chemin, à deffaut de quoi, ces dennonciations seront communiquées au Bureau des Finances, pour y pourvoir.

Sur ce que MM. les Commissaires du bureau intermédiaire de l'élection de Lyon, qui ont étéchargés de la visite de la route de Lyon en

Auvergne, par Montbrison, ont communiqué à MM. les Procureurs Syndics les observations qui les ont frappées en traversant le ruisseau d'Aley, sur l'emplacement qui a été choisi et creusé en partie pour l'établissement d'un nouveau pont sur ce ruisseau, la Commission Intermédiaire, à qui ces observations ont été communiquées par MM. les Procureurs Syndics, a pensé qu'il pouvait être plus naturel et plus économique d'établir ce pont sur le lit actuel du ruisseau, du moins de manière que l'on ne fut pas obligé à la dépense très considérable de l'escarpement de roch dont on est menacé, tant pour former un débouché au pont dans la montagne, que pour ouvrir un nouveau lit pour amener les eaux du ruisseau sous la nouvelle arche qu'on se propose de faire construire ; en conséquence, MM. les Procureurs Syndics ont été priés de communiquer ces doutes à l'ingénieur en chef, et de le charger d'examiner, avec toute l'attention dont il est capable, s'il ne seroit pas possible de former un projet plus naturel et moins dispendieux que celuy qui a été mis sous les yeux de M. de La Millière, et que ce magistrat a envoyé à la Commission Intermédiaire avec les observations de l'assemblée des ponts et chaussées, en conciliant, dans le nouveau projet, le prix des travaux pour l'adoucissement du chemin aux abords du pont avec la dépense du pont en luy-même, en sorte que l'on puisse choisir des deux plans, celuy dont l'ensemble sera le moins coûteux.

La prochaine séance fixée au jeudi huit may, présent mois.

Fait et clos lesd. jour et an.

  d'Albon, Ranvier de Bellegarde, Deschamps, Valous de La Proty, Millanois, Goudard, Barou du Soleil, Boscary, secrétaire.

Dans la séance de la Commission Intermédiaire du jeudi huit may mil sept cent quatre-vingt-huit.

MM. les députés qui la composent, instruits que Mgr l'Archevêque de Lyon, président de l'Assemblée Provinciale, est décédé à Paris, dans son palais abbatial de St-Victor, le vendredi 2 de ce mois, pénétrés de la plus vive douleur, ont arrêté que M. le marquis d'Albon et M. Millanois voudroient bien se rendre, la séance tenante, auprès de M. l'abbé de Montazet et de M. l'abbé de Malvin, neveux de feu Mgr l'Archevêque, pour leur exprimer, au nom de la Commission Intermédiaire, toute l'affliction que lui cause la perte du respectable prélat qui présidoit l'Assemblée Provinciale et les inviter à choisir le jour qui leur sera le plus commode pour assister au service que la Commission se propose de faire célébrer dans l'église paroissiale de St-Nizier, pour le repos de l'âme de feu Mgr l'Archevêque. M. le marquis d'Albon et M. Millanois s'étant rendus auprès de M. de Montazet et de M. l'abbé de Malvin, sont rentrés et ont dit que M. l'abbé de Montazet et M. de Malvin les avoient chargés de témoigner à la Commission leur reconnoissance et avoient choisi mercredi prochain pour la célébration du service ; en conséquence, il a été arrêté que ce même jour, mercredi prochain, 14 du courant, la Commission Intertermédiaire fera célébrer dans l'église de St-Nizier, un service pour le repos de l'âme de feu M. l'Archevêque ; que le secrétaire adressera, au nom de la Commission, des lettres d'invitation pour assister à ce service, à M. l'Intendant, à MM. les vicaires généraux de ce diocèze, à NM. les membres de l'Assemblée Provinciale qui font leur résidence à Lyon, et à MM. les présidents et députés composant les assemblées de département de la ville de Lyon et Franc-Lyonnois et de l'élection de Lyon. M. Goudard a été prié de se charger des démarches à faire auprès de M. le sacristain curé de St-Nizier et des détails relatifs à ce service.

Vu le mémoire adressé le 5 de ce mois, par le bureau intermédiaire du département de la ville de Lyon et Franc-Lyonnois, à l'effet d'obtenir que l'assemblée de ce département soit composée en nombre égal, et ait dans l'Assemblée Provinciale autant de représentants que les autres départements ; ce mémoire a été de suite adressé à M. le Contrôleur Général, avec prière d'accueillir la demande contenue en ce mémoire, la lettre est transcrite à la page 53 du copie de lettres n° 2.

Lecture faite de l'avis donné par le même département de la ville de Lyon et Franc-Lyonnois, sur la réclamation de quelques bourgeois de la ville de Lyon et de quelques privilégiés, possédants fonds dans la paroisse de Neuville en Franc-Lyonnois, relativement aux cottes qui leur ont été ouvertes dans l'année 1787, dans les rôles de la capitation et de la corvée, affaire sur laquelle M. Blondel, intendant des finances, avoit demandé l'avis de la Commission Intermédiaire ; la matière mise en délibération, la commission a pensé que les consuls de la paroisse de Fontaines n'avoient ni pu ni dû changer en l'année 1787, de leur autorité privée, l'ordre des rôles subsistants jusqu'alors et notamment dans l'année 1786 ; qu'il étoit juste de rétablir les choses telles qu'elles étoient en 1786, sauf aux habitants de Fontaines, s'ils se croyoient lézés par cet ordre de choses, à se pourvoir par simple mémoire devant l'Assemblée Provinciale ; il a été écrit de suite, conformément à cet arrêté, à M. Blondel, et la lettre est transcrite au f° 54 du même copie de lettres.

Vu le rapport de l'ingénieur en chef sur le mémoire présenté à la Commission par M. Maritz, seigneur de la Barollière, paroisse de Limonet, il a été arrêté que le chemin tendant de la grande route à la carrière de M. Maritz sera réparé aux frais de la province, que les travaux portés dans l'avis de l'ingénieur en chef seront incessamment adjugés au rabais, sur le devis qui en sera dressé, et qu'il sera pourvu à l'entretien annuel de ce même chemin, tant qu'il sera nécessaire, pour l'entretien de la grande route, d'avoir recours à la carrière de M. Maritz.

La prochaine séance fixée au jeudi 15 may courant.

Fait et clos lesdits jour et an.

D'ALBON, CLUGNY, grand custode, comte de Lyon, DESCHAMPS, BAROU DU SOLEIL, VALOUS DE LA PROTY, le baron DE LA ROCHE, RANVIER DE BELLEGARDE, MILLANOIS, GOUDARD, BOSCARY, secrétaire.

Dans la séance de la Commission Intermédiaire du jeudi 15 may 1788,

Lecture a été faite d'une lettre de M. le Contrôleur Général, en date du 2 may, en réponse aux observations que lui avoit adressé la Commission Intermédiaire, sur les réclamations du bureau intermédiaire du département de Montbrison, concernant les abus que se permettent les contrôleurs des vingtièmes dans la fixation de la valeur des denrées lors des vérifications dont ils s'occupent; copie de cette lettre a été adressée à tous les départements, et il a été de suite répondu à M. le Contrôleur Général; ces lettres sont transcrites aux pages 55 et 56 du copie de lettres.

Vû le mémoire adressé à M. le Contrôleur Général, par quelques habitants de la paroisse de St-Paul-en-Jarrest, sur lequel ce ministre demande l'avis de la Commission Intermédiaire; ce mémoire a été adressé à MM. les députés du bureau intermédiaire de St-Etienne, avec prière de recueillir les renseignements nécessaires pour mettre la Commission à portée de donner son avis.

La Commission a approuvé l'état, montant à 175 l. 15 s., des dépenses faites par le département de St-Etienne, depuis sa formation jusqu'au 31 décembre, et l'état montant à 2.178 liv. des dépenses qui restent à faire au département de Villefranche pour completter l'ameublement et les agencements du local destiné à la tenue de ses séances; ces deux états ont été adressés à M. le Contrôleur Général, avec prière d'autoriser M. l'Intendant à en faire acquitter le montant.

Vû la lettre du bureau intermédiaire de Montbrison, plus les mémoires et la carte qui y sont joints, concernant la route de Lyon en Auvergne, par St-Galmier, St-Marcelin et St-Bonnet. Le renvoy en a été fait à l'ingénieur en chef, pour donner son avis; la Commission, prenant en considération les observations du bureau intermédiaire de Montbrison, contenues dans une seconde lettre du 10 may, relativement au mauvais état dans lequel se trouvent les routes de cette élection, a de suite fait le renvoy de cette lettre à l'ingénieur en chef, et l'a chargé de se rendre compte qu'il le pourra à Montbrison, à l'effet de se concerter avec MM. les députés du bureau intermédiaire de ce département, sur le choix des ouvrages les plus utiles et les plus urgents à faire dans ce département, auxquels la Commission destinera une partie des fonds de la contribution représentative de la corvée qui doit être perçue en l'année 1788, après avoir obtenu, à cet égard, l'autorisation du Conseil.

Sur les observations faites par le bureau intermédiaire du département de Roanne, sur le mauvais état des routes de son élection, la Commission Intermédiaire a pris le même arrêté que pour le département de Montbrison.

Vu le mémoire de M. Humbert, membre de l'assemblée du département de Villefranche, tendant à ce que l'entrepreneur de l'attelier de Villefranche à Anse, pour l'année 1788, ait à s'abstenir de faire des fouilles dans la sablonnière dépendante de son fief de La Barre et soit tenu de se pourvoir du gravier nécessaire pour la réparation de la route, dans la rivière d'Azergue; la Commission a pensé que, quoique le sable de rivière soit préférable en qualité, il deviendroit trop dispendieux de s'en servir et qu'elle ne pouvoit, par conséquent, ni ne devoit avoir égard à la demande de M. Humbert; il a été écrit, en conséquence, à MM. du bureau intermédiaire de Villefranche, la lettre qui est transcrite au f° 54 du copie de lettres intitulé Ponts et Chaussées, correspondance.

La Commission, considérant que le délay accordé aux entrepreneurs de 1787, par son arrêté du 17 avril, pour l'entière exécution des engagements contenus dans leurs devis, étoit échu, MM. les Procureurs Sindics ont été chargés d'écrire une lettre-circulaire aux bureaux intermédiaires, pour les engager à faire faire, par MM. leurs commissaires, accompagnés de l'ingénieur de leur département, les procès-verbaux de visite de l'état des travaux de 1787, pour, après lesd. procès-verbaux, être pris, de concert avec M. l'Intendant, tel parti qu'il appartiendra contre les entrepreneurs qui n'auront pas exécuté entièrement leurs engagements.

La prochaine séance fixée au vendredy 23 du courant.

Fait et clos lesdits jour et an.

    D'Albon, Clugny, grand custode, comte de Lyon, Deschamps, Barou du Soleil, Ranvier de Bellegarde, Valous de La Proty, le baron de La Roche, Millanois, Goudard, Boscary, secrétaire.

Dans la séance de la Commission Intermédiaire du vendredy vingt-trois mai mil sept cent quatre-vingt-huit.

Vu le mémoire du bureau intermédiaire du département de la ville de Lyon et Franc-Lyonnois, à l'effet d'obtenir du gouvernement un secours extraordinaire sur les fonds de la capitation de cette année 1788, pour parer au vide que doit opérer, sur le produit de cet impôt, la misère trop notoire des ouvriers en soye ; ce mémoire a été de suite adressé à M. le Contrôleur Général, avec une lettre qui est transcrite à la page 61 du copie de lettre n° 2.

La Commission, instruite que Mgr l'évêque d'Autun vient d'être nommé, par le Roi, à l'archevêché de Lyon, s'est empressé de lui offrir son hommage, par une lettre transcrite f° 62 du même copie de lettres.

Vu la dénonciation adressée à la Commission, par l'ingénieur en chef, relative à de nouvelles contraventions commises sur la route de Lyon à La Rochelle, par Feurs et Boën ; cette dénonciation a été adressée au bureau intermédiaire de Montbrison, dans une lettre transcrite page 58 du copie de lettre intitulé Ponts et chaussées, correspondance.

Examen fait des plans, desseins, devis et détails estimatifs dressés par l'ingénieur en chef, à la demande de la Commission Intermédiaire, pour la construction d'une nouvelle arche sur le ruisseau d'Alëy et des parties de routes qui y aboutissent, avec l'état comparatif de la dépense à laquelle ce nouveau projet doit donner lieu, avec celle qui résulteroit du premier projet adressé à la Commission Intermédiaire par M. de La Millière, le 5 janvier dernier, la Commission Intermédiaire a approuvé ce nouveau projet et en a fait l'envoy à M. de La Millière, ensemble des desseins, plans et devis y relatifs ; la lettre transcrite à la page 60 du copie de lettre intitulé Ponts et chaussées.

Vu l'état, présenté par l'ingénieur en chef, des conducteurs des travaux des routes à employer dans la Généralité, cet état a été approuvé, et il a été arrêté que les conducteurs y dénommés seroient pourvus de commissions signées par MM. les Procureurs Sindics et contre-signées par le secrétaire.

La prochaine séance fixée au jeudi 29 du courant.

Fait et clos lesd. jour et an.

 D'Albon, Clugny, grand custode, comte de Lyon, Deschamps, Barou du Soleil, Ranvier de Bellegarde, Valous de La Proty, le baron de La Roche, Millanois, Goudard, Boscary, secrétaire.

Dans la séance de jeudi vingt-neuf may mil sept cent quatre-vingt-huit,

Lecture a été faite d'un mémoire présenté à la Commission Intermédiaire, par M. Humbert, propriétaire du fief de La Barre, contenant de nouvelles réclamations contre la faculté donnée à l'entrepreneur de l'attelier de Villefranche, au Pont de Belair, d'extraire du gravier dans une sablonnière dépendante du fief de La Barre ; la Commission, après avoir fait représenter par le secrétaire le premier mémoire donné par M. Humbert au bureau intermédiaire du département de Villefranche, communiqué à la Commission Intermédiaire par ce bureau, dans sa lettre du 6 mai dernier; attendu que ce second mémoire contient de nouveaux faits et des explications dont il n'étoit fait aucune mention dans le premier ; la Commission a nommé et député M. Goudard et M. Millanois, qu'elle a prié de se rendre sur les lieux, conjointement avec M. de Varaignes, ingénieur en chef, pour vérifier les faits exposés dans le mémoire, en présence de M. Humbert, de l'ingénieur du département de Villefranche, de MM. les Procureurs Sindics du département, pour, après le rapport de MM. les Commissaires, être, par la Commission, statué ce qu'il appartiendra, et cependant le bureau intermédiaire du département de Villefranche d'enjoindre à l'entrepreneur de suspendre jusqu'à nouvel ordre toute fouille et extraction de gravier dans les fonds de M. Humbert.

Lecture a été faite d'une lettre adressée le 16 de ce mois à la Commission Intermédiaire, par M. le Contrôleur Général, qui annonce que le Roi fera bientôt connaître ses intentions pour le changement des municipalités qui se trouvoient établies en conformité de l'édit de 1771.

La Commission a arrêté et écrit de suite une lettre-circulaire aux six départements, contenant des instructions relatives aux opérations des contrôleurs des vingtièmes et à la conduite que doivent tenir avec eux les municipalités ; copies imprimées de cette même lettre seront envoyées en nombre suffisant aux bureaux intermédiaires, pour être adressées par ceux-ci à chaque municipalité de leur ressort.

Vu un certificat de payement délivré par l'ingénieur en chef à Claude

Belmont, jardinier, de la somme de deux cent quatorze livres, pour labours et ébourgeonnement de 1432 arbres plantés sur la route, ce certificat a été visé et approuvé par la Commission Intermédiaire.

Il a été adressé à M. de La Millière, intendant des ponts et chaussées, un nouvel avant-projet d'état du Roi, exercice de 1787, approuvé par la Commission Intermédiaire, qui est rédigé d'après les observations contenues dans la lettre de M. de La Millière à M. de Varaignes, du 7 may dernier.

La prochaine séance fixée au jeudi 5 juin prochain.

Fait et clos lesdits jour et an.

D'Albon, Clugny, grand custode, comte de Lyon, Ranvier de Bellegarde, Deschamps, Valous de La Proty, le baron de La Roche, Millanois, Goudard, Boscary, secrétaire.

Dans la séance du jeudi cinq juin mil sept cent quatre-vingt-huit,

Lecture a été faite d'une lettre du 31 may, addressée à la Commission Intermédiaire par le bureau du département de Roanne, contenant des observations sur les inconvénients qu'il y auroit à tenir les assemblées de département dans le courant du mois d'octobre. La Commission, prenant en considération les motifs exposés dans cette lettre, a écrit de suite à M. le Contrôleur Général, pour le prier de se faire représenter le mémoire que lui a adressé la Commission, le 28 février dernier, à l'effet d'obtenir que les séances des assemblées provinciales et des assemblées de département soient fixées à une époque moins incommode et plus convenable que les mois d'octobre et novembre indiqués par les règlements.

Lecture a été faite d'une délibération prise par le bureau intermédiaire de la ville de Lyon et Franc-Lyonnois, tendante à supprimer l'usage abusif qui s'est introduit, de faire des rôles particuliers pour imposer à la capitation les employés de la douane, des aides des octrois, et à être autorisés à imposer les particuliers dénommés dans ces rôles, ainsi que les autres contribuables, suivant leur état et faculté; la Commission, en applaudissant aux motifs qui ont déterminés cette délibération, en a de suite fait l'envoy à M. le Contrôleur Général, en le suppliant d'avoir égard à la demande du bureau intermédiaire du département de la ville de Lyon et Franc-Lyonnois.

Lecture faite d'une lettre en date du 30 may, adressée à la Commission Intermédiaire, par MM. de S\ :superscript:`t`-Genez et Detours, commissaires délégués par le bureau intermédiaire du département de S\ :superscript:`t`-Etienne, pour la vériffication des travaux des routes adjugés en 1787, et des procès-verbaux de visite joints à cette lettre, la Commission a pensé devoir suspendre toute délibération sur les contraventions annoncées relativement à l'attelier de S\ :superscript:`t`-Etienne au pont du Gaz, jusques à la réception du mémoire que MM. de S\ :superscript:`t`-Genay et Detours annoncent devoir envoyer à la Commission sur cet objet.

La prochaine séance fixée à jeudi douze de ce mois.

Fait et clos les dits jour et an.

D'Albon, Clugny, grand custode, comte de Lyon, Deschamps, Valous de La Proty, Ranvier de Bellegarde, le baron de La Roche, Millanois, Goudard, Boscary, secrétaire.

Dans la séance du jeudi 12 juin mil sept cent quatre-vingt-huit,

Lecture a été faite d'une lettre adressée le 28 may, par M. le Contrôleur Général, à la Commission Intermédiaire, relativement aux ouvrages à faire à l'hôtel du Concert, pour le disposer d'une manière convenable à sa nouvelle destination. Il a été de suite répondu à cette lettre et la réponse transcrite de la page 71 à la 75 du copie de lettres.

Vu la lettre du bureau intermédiaire du département de Montbrison, contenant un supplément de dépenses montant à 292 livres, pour frais d'établissement et d'ameublements; cet état a été de suite adressé à M. le Contrôleur Général, avec prière de donner des ordres pour le payement de ladite somme de 292 liv.

Vu la lettre adressée le 7 de ce mois, à la Commission Intermédiaire, par le bureau du département de Roanne, contenant l'état des ouvrages les plus urgents à faire sur les routes de l'élection de Roanne, arrêté qu'il sera sursis sur le choix des ouvrages à faire en 1788, dans le nombre de ceux indiqués, jusqu'au retour de M. de Varaigne et qu'il en sera référé à l'Assemblée Provinciale, lors de ses premières séances, sur le contenu au procès-verbal de visite faite par M. le comte de St-Polgue, accompagné de l'ingénieur en chef, sur la route de la Paccodière à St-Martin-Létro.

Lecture a été faite d'une lettre de M. de La Millière, en date du 4 de ce mois, adressée à la Commission, qui contient l'approbation du nouveau projet présenté par M. de Varaigne, pour la construction d'une arche sur le ruisseau d'Alaye et lerenvoy des plans, desseins, détails et devis estimatifs relatifs à ce nouveau projet. Il a été de suite répondu à M. de La Millière la lettre transcrite folio 68 du copie de lettres intitulé Ponts et Chaussées, et la Commission a arrêté qu'il seroit, incessamment et après le retour de M. de Varaigne, procédé à l'adjudication au rabais des ouvrages portés aud. devis.

La prochaine séance fixée au jeudi dix-neuf juin présent mois.

Fait et clos lesdits jour et an.

D'Albon, Clugny, grand custode, comte de Lyon, Deschamps, Ranvier de Bellegarde, Valous de La Proty, Millanois, Goudard, Boscary, secrétaire.

Dans la séance du jeudi dix-neuf juin mil sept cent quatre-vingt-huit,

Lecture a été faite d'une lettre de M. le Contrôleur Général, en datte du treize, en réponse à l'envoy fait à ce ministre, par la Commission Intermédiaire, du mémoire du bureau intermédiaire du département de Lyon, tendant à obtenir un supplément de vingt-cinq mille livres pour subvenir, pendant le cours de l'année 1788, aux demandes de décharges ou modérations de capitation. Il a été de suite répondu à M. le Contrôleur Général, et la réponse transcrite page 79 du copie de lettre ; copie de cette même lettre a été de suite adressée au département de la ville de Lyon.

Lecture a été faite de la lettre de M. de La Millière, en datte du 11 juin, contenant le renvoy de l'avant-projet du Roy, qui lui avoit été adressé avec son approbation ; cet avant-projet a été de suite envoyé à M. de Varaigne, ingénieur en chef, qui a été chargé d'en faire faire quatre expéditions et de dresser les devis et détails des ouvrages d'entretien ennoncés dans cet avant-projet.

Vu les lettres adressées à la Commission, les 10 et 16 de ce mois, par MM. les députés du département de Villefranche et de celuy de Roanne, relativement aux vérifications faites par les deux commissaires de ces départements, des travaux des routes à exécuter en 1788 ; attendu que la Commission doit, aux termes de la lettre de M. de La Millière, du 25 avril, se concerter sur ces objets avec M. l'Intendant, MM. Deschamps et Goudard ont été chargés de prendre, sur ces deux lettres et sur les procès-verbaux qui y sont joints, l'avis de l'ingénieur en chef, et de voir ensuite M. l'Intendant pour concerter avec luy le parti qu'il leur paraîtra le plus convenable de prendre à l'égard des entrepreneurs de 1787 et des travaux qu'ils sont encore en arrière d'exécuter.

La prochaine séance a été fixée au jeudi vingt-six du courant.

Fait et clos lesdits jour et an et ont signé :

D'ALBON, CLUGNY, grand custode, comte de Lyon ; DESCHAMPS, RANVIER DE BELLEGARDE, VALOUS DE LA PROTY, MILLANOIS, GOUDARD, BOSCARY, secrétaire.

Dans la séance du jeudi vingt-six juin mil sept cent quatre-vingt-huit.

Vu la lettre de M. le Contrôleur Général, contenant le renvoy de l'état des réparations sur les communautés de la généralité de l'imposition représentative de la corvée, et copie certifiée par M. l'Intendant, de l'arrêt du Conseil du 10 may, qui autorise la levée de cette imposition, le secrétaire a été chargé de faire imprimer, le plus tôt possible 1° led. arrêt à la suite duquel seront les modèles de commission, qui seront signés par les députés de la Commission Intermédiaire et adressé, avec des modèles imprimés de rôles, à chacun des départements, qui seront invités de faire parvenir lesd. commissions et modèles de rôles à chaque syndic de municipalité, pour être procédé, en conformité de l'arrêt du 10 may, à la confection desdits rolles.

Vu le mémoire adressé à la Commission par le bureau intermédiaire de l'élection de Lyon, au nom de la municipalité d'Anse, concernant la faculté accordé par l'arrêt du Conseil, du 27 novembre 1774, au nommé Riondel, de disposer à son proffit de la coupe des arbres plantés sur les berges du nouveau lit de la rivière d'Azergues, ce mémoire et les pièces y jointes ont été remises à M. l'abbé de La Chapelle, avec prière d'en faire le rapport à la première séance.

Vu les requêtes et mémoires présentés par divers particuliers, à l'effet d'obtenir des indemnités à raison des pertes en bestiaux ou d'incendies, ces mémoires ont été adressés aux départements dans le ressort desquelles se trouvent domiciliés ceux qui réclament ces indemnités, avec prière de prendre des informations sur les égards que méritent ces demandes. Il a été arrêté, à cet égard, qu'il sera annoncé que les départements seront invités de considérer, sur ces sortes de demandes, que le secours annuel qu'accorde le Roi sous le nom de moins imposé de la taille, est uniquement destiné pour le soulagement des paroisses ou des particuliers qui ont éprouvés des dommages dans leurs récoltes ou dans leurs propriétés, par l'effet de l'intempérie des saisons et des inondations, ou à ceux qui ont éprouvé des pertes de bestiaux par l'effet des maladies épizootiques ou des incendies, sans qu'on puisse les reprocher à leur négligence, et que c'est s'éloigner des vues de bienfaisance de Sa Majesté et de l'esprit de sagesse qui doit diriger l'administration, que de faire participer au partage de ces secours ceux qui éprouvent des pertes de bestiaux par des causes naturelles ou par deffaut de soins et des incendies qu'on peut imputer à leur négligence.

Lecture faite d'une lettre de M. Blondel, du treize de ce mois, d'un mémoire présenté à M. le Contrôleur Général, par le sieur Poncet, à l'effet d'obtenir une indemnité à cause de la privation d'un appartement dans l'Hôtel du Concert, dont le Consulat lui avait concédé la jouissance gratuite, et d'un avis en forme de consultation, donné sur ce mémoire par les conseils de la province, nommés par délibération du cinq décembre, suivant lequel ils estiment que l'indemnité réclamée par le sieur Poncet ne sauroit lui être due à aucun titre ; que si, cependant, il avoit quelque droit d'y prétendre, ce ne pourroit être qu'à raison de sa place de contrôleur de la milice bourgeoise, et alors comme cet employ n'est utile qu'à la ville de Lyon, cette ville seule auroit à supporter cette indemnité ; la Commission, en adoptant cet avis, l'a adressé à M. Blondel et lui a renvoyé le mémoire du sieur Poncet et les pièces y jointes.

Lecture a été faite d'une lettre de M. le comte de Saint-Polgue, du 15 ; il y a été de suite répondu, et la copie de cette réponse transcrite pages 71, 72 et 73 du copie de lettres des Ponts et Chaussées.

M. Deschamps et M. Goudard ont dit qu'en cause de la mission à eux donnée en la précédente séance, ils ont pris l'avis de l'ingénieur en chef, consigné dans une lettre qu'il a adressée, le 22, à M. Deschamps et qu'ils ont vu M. l'Intendant, qui leur a déclaré qu'il approuvait l'avis de M. l'ingénieur en chef. La Commission a délibéré qu'il seroit pris, sur cet avis, un arrêté deffinitif après la réception des procès-verbaux de verifficcation des travaux de 1787, faits dans le département de Montbrison et dans celuy de l'élection de Lyon, qui ne sont point encore parvenus à la Commission, et cependant il a été écrit provisoirement, page 75 du copie de lettre, au département de Villefranche, qu'il pouvoit donner aux entrepreneurs des travaux de 1787 les matériaux en état de réception approvisionnés en 1787, qui gênent le service actuel des approvisionnements ordonnés pour 1788.

La prochaine séance fixée au jeudi trois juillet prochain.

Fait et clos lesdits jour et an et ont signé :

> D'Albon, Clugny, grand custode, comte de Lyon, Deschamps, de La Chapelle, Valous de La Proty, Ranvier de Bellegarde, le baron de La Roche, Millanois, Goudard, Boscary, secrétaire.

Dans la séance du jeudi trois juillet mil sept cent quatre-vingt-huit,

Vu par la Commission l'état qu'elle a fait dresser des dépenses qu'elle juge devoir être acquittées sur les fonds libres de la capitation, pour les six premiers mois de l'année 1788, ledit état accompagné d'observations sur divers articles de dépenses contenus dans le bordereau de l'employ des fonds libres de la capitation, remis par M. l'Intendant à l'Assemblée Provinciale le 7 novembre, lesquels articles de dépense la Commission estime n'être d'aucune utilité pour la province, et sur d'autres articles, lesquels semblent devoir être acquittés sur d'autres fonds que ceux connus sous le nom de fonds libres de la capitation ; cet état a été adressé à M. le Contrôleur Général, avec une lettre transcrite page 90 et 91 du copie de lettres.

M. de Varaigne, ingénieur en chef, s'étant présenté, a remis à l'assemblée 1° les devis et détails estimatifs des travaux d'entretien des chaussées pavées des routes de la généralité ; examen fait de ces titres, la Commission les a approuvé et a arrêté d'en faire l'envoi à M. de La Millière, à l'effet d'obtenir l'autorisation nécessaire pour procéder à l'adjudication desdits ouvrages ; 2° quatre expéditions de l'état du Roi, exercice de 1787, rédigé d'après l'avant-projet approuvé par M. de La Millière ; cet état a été approuvé et signé par la Commission et sera pareillement adressé à M. de La Millière ; 3° trois expéditions de l'état des appointements des ingénieurs en chef, inspecteurs, sous-ingénieurs et élèves ; 4° l'état triple des gratifications, frais de voyages extraordinaires qui leur sont accordés ; 5° et enfin trois expéditions de l'état des salaires des conducteurs et piqueurs, ces divers états ont été pareillement approuvés et signés et seront envoyés à M. de La Millière.

M. de Varaigne a pareillement présenté deux devis pour la réparation du chemin de hallage le long de la rivière de Saône, vis-à-vis la maison des demoiselles Richard et celle de M. Régny, la Commission a approuvé ces devis et envoy en sera fait à M. de Varaigne.

Enfin M. de Varaigne a remis un devis des ouvrages nécessaires pour élever des parapets sur le quatrième pont au bas de la montée de

Tarare, lequel sera adressé au département du ressort pour procéder à l'adjudication.

Il a été dressé un projet d'affiches pour l'adjudication du nouveau pont à construire sur le ruisseau d'Aleÿ, en exécution des plans et devis approuvés par M. de La Millière, et à l'adjudication du chemin attenant audit pont ; cette adjudication a été fixée au jeudi 31 juillet ; les affiches indicatives de ladite adjudication seront apposées dans la ville, faubourgs et lieux circonvoisins.

Lecture faite de trois mémoires et délibérations adressées à la Commission par le bureau intermédiaire de St-Étienne, l'un concernant les réparations à faire au chemin tendant de Valbenoite et La Montat à la ville de St-Étienne ; ce mémoire a été remis à M. l'abbé de La Chapelle, avec prière d'en faire le rapport. Le second, concernant le dommage que cause à la ville de St-Étienne la cherté actuelle des fers ; ce mémoire a été remis à M. Goudard, qui a été prié de prendre des renseignements sur les faits contenus en ce mémoire et d'en faire le rapport. Le troisième, concernant les inconvénients qui résultent pour le commerce de la ville de St-Étienne et pour les propriétaires de son arrondissement, de la concession faite au marquis d'Osmond des carrières de charbons de Roche-la-Molière ; ce mémoire a été remis à M. Millanois, avec prière d'en faire le rapport.

Vu la lettre adressée à la Commission, le 21 juin dernier, par le bureau intermédiaire du département du Lyonnois, avec copie d'un arrêté du Conseil, du 27 novembre 1774, qui adjuge au nommé Riondel, ci-devant adjudicataire des travaux à faire pour la construction et entretien du canal de la rivière d'Azergue, la propriété et la coupe des arbres plantés sur les berges de la rivière d'Azergues ; l'opposition formée à cet arrêt par les habitants de la ville et communauté d'Anse ; le mémoire donné au nom de la municipalité d'Anse, pour obtenir la réformation de cet arrêt ; ces pièces ont été remises à M. l'abbé de La Chapelle, pour en faire le rapport.

Vu la lettre de M. Varaigne, du 1er de ce mois, touchant les certificats de 3me payement à délivrer aux adjudicataires des travaux des routes de 1787 ; la Commission a autorisé l'ingénieur en chef à écrire aux ingénieurs ordinaires qu'ils pouvoient délivrer ces certificats à ceux des entrepreneurs dont les travaux étaient assez avancés pour obtenir le 3me payement, en se concertant avec MM. les commissaires des départements qui ont bien voulu se charger de la vérification des travaux de 1787.

La prochaine séance fixée extraordinairement au mardi huit de ce mois, à neuf heures du matin.

Fait et clos ledit jour.

    Clugny, grand custode, comte de Lyon ; Ranvier de Bellegarde, de La Chapelle, Boscary, secrétaire.

Dans la séance du mardi huit juillet mil sept cent quatre-vingt-huit,

Les députés composant la Commission Intermédiaire ont signé et arrêté 1° le plumitif contenant le détail des paroisses de chacun des six départements et la somme qui doit être imposée sur chacune desdites paroisses, pour l'imposition représentative de la corvée, sur le pied du 10me de la taille, impositions, accessoires d'icelle et capitation roturière, et sur le pied du quart de la capitation quant aux paroisses du Franc-Lyonnois ; le tout en conformité de l'état général de répartition de l'impôt représentatif de la corvée, adressé à M. de La Millière et approuvé par le Conseil ; ils ont, de plus, signé les commissions adressées à chaque municipalité pour la confection des rôles de lad. imposition et le partage du montant d'icelle entre les taillables de chaque communauté ; lesdits plumitifs et lesd. commissions ont été adressés de suite à chaque département, et les lettres d'envoy transcrites aux f°s 77 et 78 du copie de lettres des Ponts et Chaussées, avec prière aux bureaux intermédiaires de remettre au receveur des tailles de son ressort le plumitif, et d'adresser, le plutôt possible, à chaque sindic de municipalité de son ressort, la commission, les têtes de rôles et feuilles de remplissage destinées à sa communauté, pour les mettre à même de procéder incessamment à la confection desd. rôles.

Lecture faite d'une lettre du bureau intermédiaire de St-Étienne, contenant les observations de M. de St-Genest sur les travaux des routes ; il a été de suite répondu et la réponse transcritte à la page 76 du copie de lettres.

La prochaine séance fixée au jeudi 10 de ce mois.

Fait et clos ledit jour.

   CLUGNY, grand custode, comte de Lyon ; RANVIER DE
    BELLEGARDE, DE LA CHAPELLE, BOSCARY, secrétaire.

Dans la séance du jeudi dix juillet mil sept cent quatre-vingt-huit,

Vu la lettre de M. le Contrôleur Général, du 4, contenant l'arrêt du Conseil, du 31 may, relativement aux vingtièmes ; cette lettre et cet arrêt ont été remis à M. Millanois, pour en faire le rapport.

M. l'abbé de La Chapelle ayant rendu compte à la Commission de la réclamation de la municipalité d'Anse, contre l'arrêt du Conseil du 27 novembre 1774, qui autorise l'adjudicataire des travaux de la rivière d'Azergue à planter des arbres sur les berges de cette rivière et à en disposer comme de choses à lui appartenant, la Commission, considérant que si des motifs d'utilité publique forcent à gêner la liberté des propriétaires et à les priver du droit de disposer de leurs biens suivant leur gré, en les assujetissant à faire des plantations jugées nécessaires, ces motifs ne peuvent autoriser à les priver de leur propriété même, que dans le seul cas où ils auroient refusé ou négligé de se conformer à ce que le bien public exige d'eux. Ainsi, lorsqu'on ouvre une nouvelle route, l'administration ne fait faire les plantations qui doivent la border, que lorsque les propriétaires des fonds riverains ne les ont point fait faire dans les délais qui leur sont assignés ; alors, seulement, ils sont privés de leur propriété et les plantations appartiennent à l'État. La sagesse de cette jurisprudence ne peut être contestée, puisque il n'est pas juste que le public souffre de la négligence ou de l'obstination d'un particulier. Mais l'on a point observé cette loi sage pour les plantations faites sur les berges de la rivière d'Azergue; les propriétaires n'ont point été mis en demeure, et le droit exclusif de les faire a été accordé à l'entrepreneur des travaux avant même qu'ils fussent entièrement achevés. Cette exception à la loi commune ne peut être justifiée par la crainte des irrégularités dans les plantations, seul motif énoncé dans l'arrêt du Conseil, puisqu'on pouvait prévenir cet inconvénient en assujettissant tous les propriétaires à se conformer aux alignements et distances qui leur seroient tracés par l'ingénieur en chef de la province, et à ne faire la coupe ou tonte des arbres que d'après la permission qu'ils en auroient reçûs, ainsi que cela se pratique pour les plantations faites sur les grandes routes. Ne doit-on pas, d'ailleurs, compter sur une vigilance plus active de la part des propriétaires riverains intéressés à la conservation des berges, que de celle d'un entrepreneur étranger à cette paroisse? La réclamation de la communauté d'Anse paraît donc devoir être accueillie, d'autant plus que l'on ne peut dire même qu'elle soit tardive et qu'elle ait consenti à cette lézion de sa propriété, puisque dez qu'elle eut connaissance de l'arrêt du Conseil obtenu par l'entrepreneur des travaux, elle forma opposition à ce qu'il fut exécuté; mais les mêmes principes d'équité qui ont déterminé l'opinion de la Commission Intermédiaire, lui font penser que ce n'est point à la communauté d'Anse ou à celles traversées par le canal de la rivière d'Azergue que doit être rendu la propriété des plantations faites sur les berges dud. canal, mais à chacun des propriétaires riverains, chacun en droit soi, et qu'ils ne peuvent en être dépouillés qu'autant qu'ils auroient refusé ou négligé de se conformer à ce qui leur auroit été prescrit pour la conservation des berges et la facilité des travaux ; la Commission Intermédiaire espère de la justice de M. le Contrôleur Général qu'il fera rentrer tous les propriétaires riverains du canal de la rivière d'Azergue dans une jouissance dont ils ont été injustement privés pendant quatorze années. En conséquence, il a été dressé un arrêt du Conseil, dont le projet a été de suite adressé à M. le Contrôleur Général, avec toutes les pièces de cette affaire ; M. le Contrôleur Général a été supplié de faire rendre un arrêt conforme à ce projet.

Sur le rapport fait par M. Millanois, l'affaire relative à la concession accordée à M. le marquis d'Osmond des carrières de Roche-la-Molière et lieux circonvoisins, la Commission, considérant que toute concession, en général, est contraire au droit de propriété, que celle-ci, en particulier, est dénoncée par le bureau intermédiaire de St-Étienne comme très préjudiciable au bien public, à raison du tort qu'elle fait au commerce de St-Étienne, à la cherté qu'elle a occasionné sur le prix du charbon de terre dans la province, et comme contraire à l'intérêt des propriétaires dans l'héritage desquels se trouvent ces carrières. La Commission a pensé que des motifs aussi intéressants lui imposoient le devoir d'apporter, dans l'examen de la suite de cette affaire, tout le soin qu'exige une affaire aussi essentielle pour la province ; en conséquence, elle a nommé commissaires M. l'abbé de La Chapelle et M. Millanois, qu'elle a prié de se rendre, dez qu'ils le pourront, sur les lieux, pour examiner par eux-mêmes quels sont les effets que produit la concession accordée au marquis d'Osmond, qu'elle est la manière d'exploiter la carrière de ces préposés, l'abondance et le prix des matières extraites, l'état actuel de ces carrières, prendre des informations les plus sures sur les motifs donnés à cette concession ; prendre l'avis des gens de l'art sur ces divers objets, et généralement recueillir toutes les lumières qui pourront mettre la Commission à portée d'éclairer le Gouvernement sur l'utilité ou les désavantages de cette concession. Il a, de suite, été écrit à M. de La Millière, pour lui donner avis de cette délibération et le prier de suspendre la décizion de l'instance pendante au Conseil, entre M. le marquis d'Osmond et les propriétaires des héritages dans lesquels se trouvent les carrières concédées, jusqu'à ce que l'Assemblée Provinciale ait été à portée, d'après le procès-verbal des Commissaires qu'elle vient de nommer, de délibérer et de présenter au Gouvernement son avis sur la concession accordée à M. le marquis d'Osmond.

Vu l'état des dépenses des ponts et chaussées du trimestre échu le le 1er juillet, revenant à la somme de deux mille sept cent quatre-vingt-douze livres douze sous ; cet état a été vérifié et arrêté par la Commission.

Vu le mémoire du s^r Oriol, écrivain, tendant à obtenir le payement de 541 l. 9 s., pour frais de transcription des rôles de la capitation de l'année 1788 ; ce mémoire a été adressé à M. le Contrôleur Général, pour être autorisé à ordonner le payement de cette somme sur les fonds libres de la capitation.

Vu le mémoire de M. Durosier, à l'effet d'obtenir qu'il soit dressé procès-verbal d'une plantation par lui faite sur une grande route du département de Montbrison, arrêté que ce mémoire sera adressé à M. l'ingénieur en chef, avec prière de faire dresser ce procès-verbal par l'ingénieur ordinaire du département de Montbrison.

Vu la lettre du bureau intermédiaire du département de Lyon et Franc-Lyonnois, en date du 27 juin dernier, relativement à la levée du don gratuit dans le Franc-Lyonnois, il a été de suite répondu à cette lettre, la réponse transcrite à la page 93 du copie de lettres.

Vu la délibération du bureau intermédiaire de l'élection de Lyon, du 28 juin, contenant son avis sur la réclamation de M. Lallié, inspecteur général des ponts et chaussées, contre la cotte qui lui a été ouverte dans le rôle des tailles de la paroisse de Charly, la Commission a unanimement adhéré à cet avis et a, en conséquence, répondu de suite à la lettre que M. l'Intendant lui a adressé, le 22 juin, sur cette affaire.

La prochaine séance fixée au mercredi seize de ce mois, pour délibérer sur les demandes en modération de capitation pour l'année 1788.

Fait et clos ledit jour.

CLUGNY, grand custode, comte de Lyon ; RANVIER DE BELLEGARDE, DE LA CHAPELLE, BOSCARY, secrétaire.

Dans la séance du mercredi seize juillet,

MM. les députés composant la Commission Intermédiaire se sont occupés de l'examen des demandes en décharges et modération de capitation. Vu les feuilles, certificats et requêtes, ensemble l'avis du bureau intermédiaire de la ville de Lyon et Franc-Lyonnois sur lesdites demandes, chaque demande a été séparément délibérée et rapportée par ordre alphabétique, sur un registre destiné à cet effet ; les décisions de la Commission ont été transcrites en marge de chaque article, et l'arrêté desd. décisions a été signé par les membres de la Commission, au bas de l'état de chaque lettre.

La prochaine séance fixée à demain jeudi dix-sept de ce mois.

Fait et clos ledit jour.

CLUGNY, grand custode, comte de Lyon, RANVIER DE BELLEGARDE, DE LA CHAPELLE, BOSCARY, secrétaire.

Dans la séance du jeudi dix-sept juillet 1788,

M. l'abbé de La Chapelle et M. Millanois ont fait leur rapport du procès-verbal par eux dressé, le 11 de ce mois, conjointement avec M. de Varaigne, relativement à l'opposition faite par le seigneur du fief de La Barre, contre l'ouverture de la gravière indiquée par l'ingénieur ordinaire de Villefranche, dans son devis du 5ᵉ attelier de la route de Paris en Provence par la Bourgogne. Ce procès-verbal a été approuvé par la Commission et, en conséquence, il a été de suite écrit à M. l'Ingénieur en chef de charger M. Lespinat, ingénieur du département de Villefranche, de prescrire au sieur Roux, adjudicataire du 5ᵉ attelier, de prendre le gravier dont il doit faire la fourniture, aux termes de son devis, dans l'ancienne gravière, située au dessus du château de La Barre, désigné dans le rapport, et d'avoir soin de passer à la claye les produits de cette gravière, pour en dégager la terre et le sable ; M. Lespinat préviendra cet entrepreneur qu'il lui sera tenu compte de l'augmentation qui doit résulter de cette nouvelle condition, aux termes des clauses de son devis, d'après le nouveau détail estimatif qui sera dressé par M. Lespinat et approuvé par l'ingénieur en chef.

M. l'abbé de La Chapelle a rendu compte du mémoire présenté par le bureau intermédiaire du département de St-Étienne, pour les réparations du chemin de Val Benoite et de La Montat ; la Commission, après avoir délibéré sur ce rapport, a écrit de suite à l'ingénieur en chef, page 83 du copie de lettres, et au bureau intermédiaire de St-Étienne, pages 86 et 87 du même copie de lettre.

Vu le mémoire adressé par le bureau intermédiaire de Roanne, relativement à la municipalité de cette ville, établie en exécution de l'édit de 1771, ce mémoire a été, de suite, adressé à M. le Contrôleur Général, avec prière de hâter la décizion du Conseil qu'il a fait espérer sur la nouvelle composition des municipalités établies en vertu de l'édit 1771.

Vu la lettre du bureau intermédiaire de la ville de Lyon et Franc-Lyonnois, en date du 11, contenant cinq questions proposées par la municipalité de Cuire la Croix-Rousse, la Commission y a délibéré et a répondu de suite, pages 106 et 107 du copie de lettres.

M. Millanois a fait le rapport de l'arrêt du Conseil du 31 may et de la lettre de M. le Contrôleur Général, du 4 juillet, relativement aux vingtièmes, la Commission a délibéré et écrit de suite, pages 108 et 109 du copie de lettre, à M. le Contrôleur Général.

Vu l'état adressé à la Commission, par le Prévôt Général, des sommes dues pour les logements des brigades des maréchaussées de la généralité, pendant les six premiers mois de 1788, cet état, approuvé par la Commission, a été de suite adressé à M. le Contrôleur Général, pour être autorisé à faire acquitter cette dépense sur les fonds des dépenses variables.

La prochaine séance fixée au jeudi vingt-quatre juillet.

Fait et clos ledit jour.

  Clugny, grand custode, comte de Lyon, Ranvier de Bellegarde, de La Chapelle, Boscary, secrétaire.

Dans la séance du jeudi vingt-quatre juillet 1788.

La Commission ayant reçu l'envoi de M. le Contrôleur Général de deux sacs de graines, l'un de turneps, l'autre de betrave champêtre, il a été adressé à chaque département copie de la lettre de M. le Contrôleur Général, en date du 26 mai, plus deux sacs, l'un de graines de turneps, l'autre de beteraves champêtres, les départements ont été invités à se conformer, dans la distribution de ces graines, aux intentions de M. le Contrôleur Général contenues dans la lettre dudit jour 26 mai.

La Commission a adressé, à chacun des six départements, des copies imprimées, en nombre suffisants pour être envoyées à chaque municipalité, d'une lettre de M. le Contrôleur Général, en date du 14 de ce mois, contenant des instructions sur la manière dont doivent se tenir les assemblées municipales ;

La Commission a fait l'examen des nouvelles requêtes en modération ou décharges de capitation ; il y a été délibéré et statué de la même manière énoncée en notre délibération du 16.

La prochaine séance fixée au jeudi trente-un juillet, au matin, pour l'adjudication du nouveau pont à construire sur le ruisseau d'Aley et du grand chemin y attenant.

Fait et clos ledit jour.

  Clugny, grand custode, comte de Lyon, Ranvier de Bellegarde, de La Chapelle.

Dans la séance du jeudi trente-un juillet au matin,

Jour indiqué par les affiches apposées, tant en cette ville que dans les autres villes et principaux bourgs de la généralité, pour l'adjudication au rabais du nouveau pont à construire sur le ruisseau d'Aleï et du redressement du canal de la rivière d'Aleï et des chemins aux abords du pont, après les publications et criées accoutumées et les diverses enchères faites par les entrepreneurs rassemblés en très grand nombre dans la salle du Concert, les travaux pour la construction du pont ont été adjugés au nommé Claude Forobert, entrepreneur à Lyon, y demeurant, rue Confort, moyennant la somme de 20648 liv. 7 s. 7 d., sous le cautionnement d'Antelme Villermet aîné, aussi entrepreneur de bâtiments à Lyon, y demeurant, place de l'Hôpital, et les travaux du canal de la rivière d'Aleï et des chemins aux abords du pont, ont été adjugés au nommé Alexis Aubertier, habitant de la paroisse de Tassins, moyennant la somme de 7.500 livres, sous le cautionnement de Pierre Despalmes, habitant à Grezieu ; desquelles deux adjudications il a été, en présence de M. de Varaigne, ingénieur en chef, dressé hors les présentes des procès-verbaux ; lesquels ont été souscrits par les députés composant la Commission Intermédiaire, les adjudicataires et leurs cautions.

La prochaine séance fixée à cejourd'huy quatre heures de l'après-midi.

Fait et clos ledit jour.

CLUGNY, grand custode, comte de Lyon, RANVIER DE BELLE-
GARDE, DE LA CHAPELLE, BOSCARY, secrétaire.

Dans la séance du jeudi trente-un juillet, après midi,

Vu la lettre de M. le Contrôleur Général, en date du 22 juillet, et le brevet général y joint des impositions de l'année prochaine 1789, cette lettre et le brevet ont été remis à M. Millanois, pour en faire le rapport et être ensuite procédé à la répartition, entre les différents départements, des sommes portées audit brevet.

Vu la lettre du 23 mai de M. le Contrôleur Général, contenant une décision du Conseil qui exempte de la collecte les membres des municipalités pendant le cours de leur exercice, copie de cette lettre a été adressée à tous les départements, avec prière d'en donner connaissance aux municipalités.

Vu la lettre de Messieurs du bureau intermédiaire de Lyon et Franc-Lyonnois, en date du 25, contenant des observations et des plaintes sur la manière dont la Commission a procédé en statuant sur les demandes en modération et décharges de capitation, il a été délibéré et répondu de suite, pages 115, 116, 117 et 118 du copie de lettres.

Vu la lettre du bureau de Roanne, délibération et pièces y jointes, relativement à l'action intentée par le curé de St-Georges de Baroiles, contre sa paroisse, il y a été délibéré et répondu, pages 121 et 122 du copie de lettres.

Sur ce que M. Ménard, qui occupoit un appartement dans l'hôtel du Concert, a offert de céder à l'Assemblée Provinciale les agencements faits à ses frais dans led. appartement, au prix de l'estimation qui en seroit faite, et lesdits agencements portés en l'état fait double et signé hors les présentes, ayant été évalués à la somme de six cent vingt-quatre livres, M. Menard en cède la propriété à l'Assemblée Provinciale, et sera remboursé de ladite somme de six cent vingt-quatre livres sur les premiers fonds dont le gouvernement accordera les dispositions à la Commission.

La prochaine séance fixée au mardi cinq août prochain.

Fait et clos ledit jour, et a M. Menard signé avec les députés, en raison de l'article de la présente délibération qui le concerne (1).

Dans la séance du mardi cinq août mil sept cent quatre-vingt-huit.

Vu la lettre de M. le Contrôleur Général, en date du 25 juillet, qui autorise la réunion des communautés dépendantes de la paroisse de St-Paul-en-Jarrest, cette lettre a été de suite adressée au bureau intermédiaire de St-Etienne, avec prière d'opérer de suite cette réunion.

Vu la lettre du bureau intermédiaire de Villefranche et le procès-verbal d'adjudication des réparations à faire au presbytère de Poule et à l'église de St-Marcel-l'Eclairé, arrêté qu'il sera incessamment adressé à M. le Contrôleur Général un projet d'arrêt, à l'effet d'autoriser l'imposition sur ces deux paroissses du montant desd. deux adjudications; il a été écrit de suite au bureau intermédiaire de Villefranche ; il a été écrit au bureau de Montbrison, page 89 et 90 copie de lettres pour lui accuser la réception des nouveaux procès-verbaux de visite des travaux de 1787 et relativement au nommé Desplaces et Bras, deux des entrepreneurs desd. travaux.

Il a été écrit, pages 90 et 91, au bureau de Roanne, pour l'inviter à s'occuper incessamment du choix des cantonniers à établir dans son département, et pour répondre aux observations de ce bureau sur cet objet.

La prochaine séance fixée au huit août prochain.

Fait et clos ledit jour.

CLUGNY, grand custode, comte de Lyon, RANVIER DE BELLEGARDE, DE LA CHAPELLE, BOSCARY, secrétaire.

Dans la séance tenue le huit août mil sept cent quatre-vingt-huit,

La Commission, informée que M. le commandant vient de notifier à M. Barou, procureur sindic provincial pour le Tiers-Etat, un ordre du Roi, pour le faire arrêter et transférer au fort Brescou, la Commission, considérant que cet ordre n'a d'autre motif que le refus fait par M. Barou de prendre place, comme Procureur du Roi, dans le baillage établi à Lyon, en vertu de l'édit de mai dernier, et les protestations

---

(1) *Les signatures n'ont pas été apposées.*

que ce magistrat a cru devoir adresser au chef de la justice pour justifier ce refus, la Commission, consternée à la vue de l'ordre rigoureux qui frappe l'un de ses membres, qui lui est également cher et par ses lumières et par ses vertus, a prié M. le comte de Clugny et M. Goudard de vouloir bien faire visite à Madame Barou, pour lui exprimer tout l'intérêt que la Commission prend au sort de son mari et les sollicitations qu'elle se propose d'adresser aux ministres de Sa Majesté pour faire cesser sa disgrâce; arrêté, de plus, qu'il sera adressé par la Commission, au ministre principal, à celui de la province et à M. le Contrôleur Général, les représentations les plus pressantes pour obtenir la liberté de M. Barou, et qu'il sera écrit par la Commission, à M. l'évêque d'Autun, nommé à l'archevêché de Lyon, pour l'engager à s'intéresser à M. Barou et à appuyer, auprès des ministres, la demande de la Commission en sa faveur; M. l'abbé de La Chapelle et M. Millanois ont été priés de préparer toutes ces lettres qui seront signées et expédiées dans la séance de mardi prochain. M. Millanois a bien voulu tenir la plume pendant cette partie de la délibération, attendu la parenté du secrétaire provincial avec M. Barou.

M. Millanois a fait le rapport de la lettre de M. le Contrôleur Général du 28 juillet, et du brevet général des impositions pour l'année 1789, il a été relevé une erreur de 571 l. 12 s. 8 d. et procédé de suite à la répartition du montant desd. impositions, dont le projet a été adressé à M. le Contrôleur Général, page 128 du copie de lettres.

Vu la lettre de M. de La Millière, en date du 28 juillet, relativement à la concession du marquis d'Osmond, il a été répondu de suite, pages 129 et 130 du copie de lettres; il a été écrit sur le même sujet, pages 130 et 131, au bureau de St-Etienne.

La Commission, informée que le Roi vient d'établir une loterie de 12 millions, dont le bénéfice est destiné au soulagement des cultivateurs dont les récoltes ont été ravagées par la gresle, la Commission a écrit à tous les départements pour leur annoncer les intentions bienfaisantes de S. M. et les engager à constater, le plutot possible, les dommages occasionnés par la grêle dans leur district, pour mettre à portée la Commission Intermédiaire de solliciter, en faveur des cultivateurs de la généralité, une portion des secours que S. M. destine aux propriétaires dont les récoltes ont été endommagées par la gresle.

Vu la lettre de M. le Contrôleur Général, du 17 juillet dernier, relative à l'employ des fonds libres de la capitation, la Commission a dressé de suite un nouveau bordereau des dépenses à acquitter sur ces fonds pour les six premiers mois 1788; ce bordereau a été adressé à M. le Contrôleur Général avec une lettre, pages 132 et 133 du copie de lettres; il a été écrit de suite à M. de La Millière, pour le prier d'autoriser la Commission à acquitter les deux mille livres dues à l'ingénieur en chef, pour frais de bureaux, sur les fonds accordés par le Trésor royal, au service des ponts et chaussées de la province, et d'abolir l'usage abusif d'acquitter ces frais de bureaux sur les fonds libres de la capitation qui n'ont et ne peuvent avoir aucune sorte d'analogie avec les fonctious de l'ingénieur en chef.

La prochaine séance fixée au mardi douze août prochain.

Fait et clos ledit jour.

  CLUGNY, grand custode, comte de Lyon, RANVIER DE BELLEGARDE, DE LA CHAPELLE, BOSCARY, secrétaire.

Dans la séance du mardi douze août 1788,

M. l'abbé de La Chapelle et M. Millanois ont apporté les lettres qu'ils furent chargés, dans la dernière séance, de préparer pour M. l'archevêque de Sens, M. de Villedeuil, M. le Contrôleur Général, M. l'évêque d'Autun, nommé à l'archevêché de Lyon, en faveur de M. Barou. Ces lettres ont été approuvées, signées et envoyées de suite.

Vu la lettre de M. le Contrôleur Général, du 2, relativement aux frais d'administration de l'assemblée, cette lettre et l'état y joint ont été remis à M. Millanois, avec prière d'en faire le rapport.

La prochaine séance fixée au jeudi quatorze.

Fait et clos ledit jour.

    Clugny, grand custode, comte de Lyon, Ranvier de Bellegarde, de La Chapelle, Boscary, secrétaire.

Dans la séance du jeudi quatorze août 1788,

M. Millanois, après avoir vérifié les divers roles, pièces et renseignements remis à la Commission par le directeurs des vingtièmes, a fait le rapport des obstacles que pouvait éprouver l'exécution des intentions de M. le Contrôleur Général, annoncées dans sa lettre du 4 juillet, il a été délibéré et écrit de suite, page 138 du copie de lettres, à M. le Contrôleur Général.

M. Millanois a fait le rapport de la lettre de M. le Contrôleur Général, du 2 de ce mois, il y a été délibéré et écrit de suite à M. le Contrôleur Général, pages 139, 140 et 141 du copie de lettres.

Vu le mémoire de la municipalité de Cogny, envoyé par le département de Villefranche, relatif aux transports de cotte, ce mémoire a été adressé au bureau intermédiaire du Lyonnois, avec une lettre transcrite pages 141 et 142 du copie de lettre.

Il a été adressé aux six départements, l'exemplaire de l'arrêt du Conseil du 31 mai, relatif aux vingtièmes, et il leur a été écrit une lettre à ce sujet, transcrite pages 144 et 145 du copie de lettre.

Vu la lettre du bureau intermédiaire de la ville de Lyon, du 6 de ce mois, en réponse à celle de la Commission, en date du 31 juillet, la Commission a écrit à M. le Contrôleur Général, pages 146, 147, 148 et 149 du copie de lettres, et lui a adressé les lettres du bureau de Lyon des 25 juillet et 6 août.

La Commission a adressé aux six départements *parte in qua* de l'état des frais d'administration, contenus dans la lettre de M. le Contrôleur Général du 6 juillet.

M. l'abbé de La Chapelle a rendu compte des procès-verbaux de vérification faits par les divers commissaires des départements, des travaux des routes adjugés en 1787, la Commission, après en avoir délibéré, a prié M. de La Chapelle de voir M. l'Intendant et de concerter avec lui le parti définitif qu'il convient de prendre à l'égard des entrepreneurs sur lesd. procès-verbaux.

La prochaine séance fixée au mardi 19 août.

Fait et clos ledit jour.

    Clugny, grand custode, comte de Lyon, Ranvier de Bellegarde, de La Chapelle, Boscary, secrétaire.

Dans la séance du dix-neuf août 1788,

Il a été écrit au bureau intermédiaire de la ville de Lyon et du Franc-Lyonnois, pour l'informer de l'envoy fait le 14, à M. le Contrôleur Général, de toute la correspondance relative aux reproches adressés à la Commission Intermédiaire, par ce bureau, sur la manière dont elle a statué sur la demande en décharge et modération de capitation.

Vu la lettre adressée à la Commission par M. le Prévôt des marchands de Lyon, dans laquelle il lui annnonce la hausse excessive survenue sur le prix des grains, occasionnée par les achats considérables que font en Bourgogne et autres provinces circonvoisines, les Suisses et les Francs-Comtois, pour exporter dans l'étranger, et ses craintes que les bleds ne deviennent, dans l'hiver, d'une rareté et d'un prix extrêmes, la Commission a écrit de suite à M. le Prévôt des Marchands, pour le remercier de sa vigilance, et à M. le Contrôleur Général, pour lui déférer ses justes craintes et le prier d'obtenir des ordres du Roi, pour deffendre la sortie des grains par les frontières du Royaume qui avoisinent la Suisse et la Savoye.

La prochaine séance fixée au jeudi 21 août prochain.

Fait et clos ledit jour.

    Clugny, grand custode, comte de Lyon, Ranvier de Bellegarde, de La Chapelle, Boscary, secrétaire.

Dans la séance du jeudi vingt-un août 1788,

M. l'abbé de La Chapelle a rendu compte de la conférence qu'il a eue avec M. l'Intendant et des décisions concertées avec ce magistrat, à l'égard des divers entrepreneurs des travaux de 1787. La commission ayant approuvé ces décisions, il a été, en conséquence, écrit de suite aux bureaux du Lyonnais, Villefranche, Montbrison, Roanne et St-Etienne, pour leur en donner connaissance, et à l'ingénieur en chef, pages 94, 95, 96, 97, 98, 99, 100, 101, 102, 103 et 104.

Il a été écrit à M. l'Intendant, pages 105 et 106, pour le prier de faire verser entre les mains du commis à la recette générale, les fonds restants de l'imposition représentative de la corvée perçus en 1887.

Vu la lettre du bureau intermédiaire de la ville de Lyon et Franc-Lyonnois, du 14 août, et la délibération de la communauté de St-Bernard y jointe, tendant à obtenir la permission de construire un pont sur le ruisseau de Froment; il y a été répondu page 105 du même copie de lettre.

Vu le détail estimatif dressé par l'ingénieur en chef, qui porte que la somme de 226 l. 2 s. 6 d., l'indemnité due au nommé Roux, adjudicataire du 5me attelier de la route de Bourgogne, à raison de la nouvelle condition à lui imposée, en exécution de l'avis énoncé au rapport dressé le 11 juillet dernier, par MM. les commissaires nommés pour vérifier les faits énoncés au mémoire de M. Humbert, propriétaire du fief de La Barre, ce détail a été approuvé et adressé à MM. du bureau intermédiaire de Villefranche, pour être notifié au s^r Roux, entrepreneur.

Vu le bail proposé de la location d'une maison sise à Feurs, appartenant au sieur Rombaud, pour le logement de la brigade dud. Feurs, les députés de la Commission ont signé les deux doubles dudit bail ; l'un de ces doubles a été déposé dans les archives de l'Assemblée Provinciale, et l'autre renvoyé au prévôt général de la maréchaussée, pour être remis au sieur Rombaud.

Vu le mémoire du nommé Guillebeau l'aîné, à fin de payement d'une somme de 125 liv. à lui due pour solde des réparations par lui faites dans une maison appartenante à la communauté de la Guillotière, ce mémoire a été adressé au bureau intermédiaire du Lyonnois, pour y faire droit lors du prochain département.

Vu la lettre du bureau du Lyonnois, du 9, et la délibération de la municipalité de Charnay, du 20 juillet, afin d'autoriser à faire faire un cadastre et à imposer sur tous les possédants fonds dans lad. paroisse une somme de 1.200 liv. pour la dépense dud. cadastre, la commission a répondu au bureau du Lyonnois et a adressé la délibération de la paroisse de Charnay à M. le Contrôleur Général, avec un projet d'arrêt à faire rendre pour autoriser ladite délibération.

Vu la lettre de M. le Contrôleur Général, du 11, qui fixe pour cette année la tenue des assemblées complettes de département du 10 au 20 octobre prochain, copie de cette lettre a été adressée aux six bureaux intermédiaires et à MM. les présidents des six départements.

Vu la lettre de M. le Garde des Sceaux, du 15 de ce mois, et l'arrêt du Conseil du 8 mai, qui détermine au 1er may prochain la convocation des Etats Généraux du Royaume, il a été adressé à chaque département un exemplaire de cet arrêt et la Commission a écrit à M. l'Intendant pour le prier de lui faire parvenir des exemplaires dud. arrêt en nombre suffisant pour en donner connoissance aux municipalités.

Vu la lettre de M. l'Intendant, du 16, l'état y joint des demandes et requêtes en réimpositions concernant les départements du Lyonnois, Villefranche, Montbrison, Roanne et Saint-Etienne, la Commission a adressé à chacun des cinq départements copie de lad. lettre et dud. état et les pièces et requêtes les concernant, avec prière de statuer sur lesd. demandes lors du prochain répartement des tailles. Il a été répondu à la lettre de M. l'Intendant.

La prochaine séance fixée au mardi vingt-six août prochain.

Fait et clos ledit jour.

CLUGNY, grand custode, comte de Lyon, RANVIER DE BELLEGARDE, DE LA CHAPELLE, BOSCARY, secrétaire.

Dans la séance tenue le mardi vingt-six août 1788,

Vu la lettre de M. Blondel, du 16 de ce mois, contenant le renvoy du projet de répartition entre les divers départements du montant du brevet des impositions de l'année 1789, la Commission, s'étant convaincue que l'erreur annoncée par sa lettre du 8 n'existait pas, la Commission a réformé led. projet de répartition et a dressé un nouveau projet entièrement conforme au brevet général adressé par le ministre et ce projet, signé par la Commission, a été envoyé à M. Blondel avec une lettre, 157 du copie de lettres.

Vu la lettre de M. le Contrôleur Général du 15, l'arrêt du Conseil du 8 de ce mois, portant règlement pour les assemblées provinciales de département et municipales sur les formes de la répartition et assiete de la taille, la Commission Intermédiaire a adressé aux six départements copie de cette lettre, plus à chacun des six départements, savoir, à celui de la ville de Lyon et Franc-Lyonnois, 30 exemplaires dud. arrêt et 39 modèles du tableau prescrit par l'art. 7 ; à celui du Lyonnois, 175 exemplaires de l'arrêt et 423 tableaux ; à celui de Villefranche, 170 exemplaires de l'arrêt et 390 tableaux ; à celui de Roanne, 175 arrêts et 423 tableaux ; à celui de Montbrison, 235 arrêts et 609 tableaux, et à celui de Saint-Etienne, 160 arrêts et 366 tableaux. Il a été, de plus, adressé à chaque département un nombre suffisant de lettres imprimées pour faire l'envoy de chaque pièce ci-dessus indiquée à chaque municipalité de leur district, et leur prescrire la conduite qu'elles ont à tenir pour se conformer aud. arrêt ; la Commission a répondu de suite à M. le Contrôleur Général.

Vu la lettre de MM. du bureau intermédiaire de Montbrison, contenant l'expression de l'intérêt qu'ils ont pris à la détention de M. Barou, procureur sindic, et leurs vœux ardents pour que la liberté lui soit rendue, copie de cette lettre a été adressée à M. de Villedeuil et à M. le Contrôleur Général, et la Commission a écrit au bureau de Montbrison pour lui témoigner sa reconnaissance.

Vu les devis approuvés par le Conseil, des ouvrages à exécuter en l'année 1788, pour l'entretien des chaussées pavées de la généralité, la Commission a adressé aux bureaux intermédiaires du Lyonnois, Villefranche, Saint-Etienne et Roanne, lesd. devis, pour adjuger au rabais les ouvrages à exécuter dans les districts, la lettre transcrite pages 106 et 107 du copie de lettres des ponts et chaussées.

La prochaine séance fixée au jeudi 28 août prochain.

Fait et clos ledit jour.

CLUGNY, grand custode, comte de Lyon, RANVIER DE BELLEGARDE, DE LA CHAPELLE, BOSCARY, secrétaire.

Dans la séance du jeudi vingt-huit août 1788,

Vu la lettre de M. Thiollier, curé de Chavanay, et le mémoire y joint sur la nécessité de ne former qu'un seul rôle des impositions pour la paroisse de Chavanay et la parcelle de Verlieux, la Commission a écrit de suite à M. le Contrôleur Général, page 162, et a répondu à M. le curé de Chavanay.

Vu la lettre du bureau intermédiaire de Lyon et Franc-Lyonnois, du 20 de ce mois, relativement aux vingtièmes, il y a été délibéré et répondu pages 161, 162, jusques à 169.

Vu la lettre de MM. de Montbrison, relativement au remplacement de M. Apothicaire, décédé, il y a été répondu page 263.

Vu les lettres de M. Blondel, du 21 juillet, contenant l'état des logements dus aux officiers de maréchaussée pour les six premiers mois de 1788, montant à 973 liv., plus des loyers dus à divers propriétaires pour le logement des brigades, montant à 4.052 liv. 10 s., la Commission a délivré, au profit des diverses parties prenantes dénommées auxd. états, des mandats sur le commis à la recette générale pour le payement des sommes à eux dues, ces mandats seront adressés au prévot général par MM. les procureurs sindics.

Il a été écrit aux bureaux du Lyonnois, Roanne, Saint-Etienne, Montbrison et Villefranche, pour les prier de presser la confection des rôles de l'imposition représentative de la corvée.

La prochaine séance fixée au mardi 2 septembre prochain.

Fait et clos ledit jour.

CLUGNY, grand custode, comte de Lyon, RANVIER DE BELLEGARDE, DE LA CHAPELLE, BOSCARY, secrétaire.

Dans la séance du mardi deux septembre 1788,

La Commission a écrit au bureau de Saint-Etienne, pour lui accuser la réception de son avis sur la demande du nommé Christophe, de Saint-Romain-de-Galles, et du nommé Etienne Chaumartin, de Chavanay; elle a répondu à la lettre du même bureau du 12 août; ces deux lettres sont transcrites f°s 170 et 171 du copie de lettres.

Vu la lettre de MM. du bureau de Villefranche, qui annonce le refus du nommé Roux, adjudicataire du 5me attelier, de se conformer à l'ordre qui lui a été donné de prendre le gravier dans l'ancienne gravière située au-dessus du château de La Barre; le bureau de Villefranche a été prié de notifier de nouveau cet ordre et même de le faire signifier audit Roux; la lettre est transcrite f°s 107 et 108 du copie de lettres.

Il a été écrit à MM. de Roanne, folios 108 et 109 du même copie de lettres.

La Commission a envoyé à MM. du Lyonnois un devis pour la construction d'un acqueduc entre Montluzin et Limonet, avec prière de l'adjuger au rabais.

La Commission, informée du rappel de M. Necker, lui a écrit pour lui témoigner la joye que cause son élévation au ministère.

La prochaine séance fixée au jeudi 4 septembre prochain.

Fait et clos ledit jour.

CLUGNY, grand custode, comte de Lyon, RANVIER DE BELLEGARDE DE LA CHAPELLE, BOSCARY, secrétaire.

Dans la séance du jeudi quatre septembre 1788,

La Commission a adressé au bureau intermédiaire du Franc-Lyonnois copie de la lettre de M. le Contrôleur Général du 20 août, relativement aux renseignements demandés par ce bureau sur les différents droits perçus dans cette ville au profit de Sa Majesté, et il a été répondu à M. Necker.

Copie a été adressée aux six départements d'une autre lettre de M. le Contrôleur Général, du 20, contenant l'ordre donné aux greffiers des sièges de laisser prendre communication aux procureurs sindics des départements, des rôles, des tailles et autres pièces dont la communication leur seroit nécessaire.

Il a été adressé au bureau de Roanne, pour y être fait droit lors du répartement, une requête en réimposition donnée par le sindic de la municipalité de Boen. Il a été adressé à M. Necker une lettre et divers tableaux, avec observations, sur les opérations prescrites à la Commission relativement aux vingtièmes; cette lettre est transcrite de la page 74 à la 77e du copie de lettres.

Il a été écrit au bureau de Montbrison, en réponse à sa lettre du 11 touchant les formes prescrites par le Gouvernement pour la convocation des assemblées municipales, et les réparations que sollicite ce bureau pour le quay de la rive droite du ruisseau de Vizezy, qui traverse la ville de Montbrison; cette lettre transcrite f°s 178, 179 et 180 du copie de lettres. Il a été écrit à M. Blondel pour lui adresser copie de la lettre écrite en cette séance à M. Necker, relativement à la confection des rôles des vingtièmes pour l'année 1789.

La Commission a écrit à M. Necker une lettre dans laquelle elle réclame son appuy auprès du Roi, pour faire cesser la disgrâce de M. Barou, procureur sindic; copie de cette lettre a été adressée à M. le marquis de Monspey, qui a été prié par la Commission de faire valoir auprès des ministres des réclamations en faveur de M. Barou.

La Commission, d'après les conférences qu'elle a eu avec M. de Limey, inspecteur général des ponts et chaussées de la province, et d'après sa propre expérience, considérant que les ingénieurs ordinaires de la généralité sont tellement occupés de la direction et de l'inspection des travaux des routes, que ce service, bien essentiel pour la province, resterait nécessairement en souffrance, s'il fallait ajouter à ces travaux, ainsi que le prescrit l'instruction du 31 octobre, les procès-verbaux de visite et devis à faire pour la réparation et reconstruction des églises et presbytères de toutes les paroisses de la généralité ; considérant, d'ailleurs, que les études des élèves des ponts et chaussées n'étant nullement dirigées vers ce genre de travail, les ingénieurs ordinaires doivent avoir moins d'aptitude pour ces sortes de procès-verbaux et devis; la Commission a arrêté, sous le bon plaisir du Conseil, que les ingénieurs ne seroient plus chargés à l'avenir de ce genre de travail, et il a été écrit en conséquence aux six départements.

Vu la lettre du sieur de Varaigne et les détails estimatifs des réparations à faire sur les 11e, 12e, 16° et 18° ateliers de la route de Lyon à Bordeaux par Feurs, la Commission, attendu l'extrême modicité du prix de ces réparations, a autorisé l'ingénieur en chef à donner des ordres pour faire faire lesdites réparations par l'entrepreneur de chacun desdits ateliers.

Vu la dénonciation faite par l'ingénieur en chef, de la construction d'un acqueduc pratiqué par le sieur Besson, traversant la grande route de Lyon à Bordeaux par Feurs; la Commission a écrit à M. l'Intendant pour le prier de donner des ordres pour supprimer cet aqueduc ou du moins pour le faire construire suivant les règles de l'art, en sorte qu'il ne puisse nuire ni aux voyageurs, ni à la route.

La prochaine séance fixée au jeudi 11 septembre prochain.

Fait et clos ledit jour.

CLUGNY, grand custode, comte de Lyon, RANVIER DE BELLEGARDE, DE LA CHAPELLE, BOSCARY, secrétaire.

Dans la séance du jeudi onze septembre 1788,

La Commission a écrit à l'ingénieur en chef de prescrire à tous les ingénieurs ordinaires de la généralité de faire parvenir, avant le 1er octobre, l'apperçu des ouvrages à exécuter sur les routes dans leurs départements pour l'année 1789.

La Commission a écrit à M. Necker pour lui accuser la réception de sa lettre, qui annonce les ordres donnés par le Roi pour deffendre l'exportation des grains par les frontières de la Bourgogne et de la Franche-Comté; elle a adressé au même ministre trois projets d'arrêts pour autoriser l'imposition des dépenses des réparations et reconstructions d'églises et presbytères de Saint-Priest-la-Roche en Forez, Poule et Saint-Marcel-Eclairé en Beaujolois; elle a répondu à la lettre du bureau de Lyon en date du 5 et aux questions y contenues; elle a autorisé le secrétaire provincial à payer au nommé Gaillard, garçon de bureau de l'Assemblée Provinciale, soixante et quinze livres pour le trimestre de ses gages échus le 25 juillet dernier et vingt-cinq livres de gratification.

La Commission, informée d'un ordre du Roi en date du 31 août, qui a converti la détention de M. Barou dans le fort Brescou, en un exil dans sa terre du Soleil, a écrit à M. de Villedeuil, ministre de la province, pour le remercier de l'intérêt qu'il a bien voulu mettre à adoucir le sort de M. Barou, et y a joint les sollicitations les plus pressantes pour que cet administrateur soit rendu à la province; elle a adressé la même réclamation à M. Necker.

La prochaine séance fixée au jeudi 18 septembre prochain.

Fait et clos ledit jour.

CLUGNY, grand custode, comte de Lyon, RANVIER DE BELLEGARDE, DE LA CHAPELLE, BOSCARY, secrétaire.

Dans la séance du jeudi dix-huit septembre mil sept cent quatre-vingt-huit,

M. Barou, procureur sindic pour le tiers-état, a pris séance et a dit que, dans le moment où, après son élargissement du fort Brescou, il étoit en route pour se rendre dans sa terre du Soleil, en conformité de l'ordre du Roi, du 31 août, il avoit reçu, lundi dernier, un nouvel ordre de Sa Majesté qui lui rend entièrement la liberté ; M. Barou a témoigné à la Commission Intermédiaire la vive reconnoissance que lui inspire l'intérêt que la Commission a bien voulu prendre à sa disgrâce ; il ne doute pas qu'il ne doive aux sollicitations pressantes qu'elle a bien voulu adresser aux ministres, en sa faveur, la prompte justice qui lui a été rendue ; il ne perdra jamais le souvenir de ce bienfait et il va désormais consacrer tous ses efforts et tout son zèle à partager les travaux de la Commission et à se rendre utile à la province. La Commission a témoigné à M. Barou toute la satisfaction que lui cause son retour et combien elle est sensible aux expressions de sa reconnaissance.

Le sieur Moyne, ci-devant concierge de l'hôtel du Concert, ayant annoncé le désir qu'il a de se retirer, a fourni l'état des avances par lui faites pour le service de la Commission Intermédiaire et des bureaux intermédiaires de la ville de Lyon, Franc-Lyonnois y uni, et de l'élection de Lyon ; lesd. avances consistant, savoir pour 44 feux doubles par lui fournis, tant au poêle qu'à la cheminée dans la salle d'assemblée, à raison de 3 livres l'un, cent trente-deux livres, plus vingt livres chandelles pour éclairer l'escalier et la salle du rez-de-chaussée, à 12 sous la livre, treize livres, quatre sous et enfin, pour gratification, la Commission a trouvé juste de lui accorder trente-six livres, lesquelles trois sommes ci-dessus revenantes à la totale de cent quatre-vingt-une livres quatre sous, le secrétaire provincial a été autorisé de payer ; en conséquence, M. Boscary a, à l'instant, payé aud. sieur Moyne, lequel, ne sachant signer, n'a pu en faire un reçu, ladite somme de cent quatre-vingt-une livres quatre sous, laquelle sera allouée audit sieur secrétaire dans la dépense de son compte.

Vu l'arrêt du Conseil, du 10 mai dernier, portant entr'autres choses que l'imposition représentative de la corvée sera versée par les collecteurs, dans la caisse particulière des receveurs des élections de la généralité, la Commission a délibéré et fait rédiger les commissions adressées en son nom aux receveurs particuliers des finances, à l'effet de faire ledit recouvrement ; ces commissions ont été de suite signées. MM. les Procureurs Sindics ont été chargés de remettre au receveur de Lyon celle qui lui est destinée, et de prendre, au bas du double de ladite commission, sa soumission de se conformer aux conditions portées en ladite commission et d'adresser aux bureaux intermédiaires de Villefranche, Roanne, St-Étienne et Montbrison, les commissions destinées pour les receveurs desd. villes, avec prière de les leur remettre, et de prendre au bas des doubles desd. commissions leurs soumissions de se conformer à tout ce qui y est prescrit.

Vu la lettre des officiers municipaux de Montbrison, dans laquelle ils déclarent leur refus formel de se charger de la confection du rôle de l'imposition représentative de la corvée, arrêté que cette lettre sera adressée à M. le directeur général des finances, avec prière d'y pourvoir; qu'il sera fait, en même temps, des observations à ce ministre sur les inconvénients qui résultent, pour l'organisation de l'administration provinciale des municipalités établies en vertu de l'édit de 1771, et du retard qu'apporte le gouvernement à expliquer ses intentions sur le changement de ces municipalités.

Vu l'avis donné par le bureau intermédiaire de St-Étienne, sur la demande du nommé Tiblier, sur celle du nommé Jean de Mussieu et de Jean Richier, à l'effet d'obtenir des secours, en considération de leurs nombreuses familles, la Commission a pensé qu'il étoit juste d'accorder au nommé Tiblier 90 livres, 60 livres à Jean Richier; qu'à l'égard de Jean de Mussieu, son patrimoine le mettant en état de se passer de secours, il serait inutile de lui en accorder; ces avis ont, de suite, été adressés à M. Blondel.

Vu l'avis du bureau intermédiaire de Villefranche, sur la demande de brigade de maréchaussée de cette ville, à l'effet d'ajouter à sa location une écurie et un fenil; il a été écrit au prévôt général pour l'autoriser à passer une nouvelle convention, à l'effet d'ajouter une écurie et un fenil au logement de sa brigade, moyennant une augmentation annuelle de 50 livres sur le prix du bail.

Vu la lettre du bureau intermédiaire du Lyonnois, qui annonce que, dans le nombre des devis des ouvrages d'entretien des chaussées pavées, adressées au bureau de Villefranche pour en passer l'adjudication, se trouve le devis du pavé d'Anse au village de La Fontaine, dont le territoire fait partie du ressort du département du Lyonnais; il a été écrit au bureau intermédiaire de Villefranche pour lui annoncer que le bureau du Lyonnais restera chargé de l'inspection des travaux de cet attelier.

La prochaine séance fixée au jeudi 25 septembre.

Fait et clos lesd. jour et an.

CLUGNY, grand custode, comte de Lyon, RANVIER DE BELLEGARDE, DE LA CHAPELLE, BOSCARY, secrétaire.

Dans la séance du jeudi 25 septembre mil sept cent quatre-vingt-huit,

Lecture a été faite d'une lettre adressée à la Commission par M. Necker, dont la teneur suit :

« Je n'avais pas attendu, Messieurs, votre demande pour m'inté-
« resser à M. Barou ; c'est une des premières choses auxquelles j'ai
« pensé en entrant en place. Il doit être, dans ce moment, au
« milieu de vous, et je n'ai plus que le regret des peines qu'il a
« éprouvées.

« J'ai l'honneur d'être, etc. Signé : Necker. »

La Commission, pénétrée de la reconnaissance la plus vive et la plus respectueuse, a écrit à M. Necker et s'est efforcé de lui exprimer ses sentiments ; cette lettre est transcrite à la page 200 du copie de lettres.

Vu la lettre du département de St-Étienne, du 19, contenant l'état des paroisses de son discrict dans lesquelles, lors de la formation des assemblées municipales, les parcelles se sont réunies aux paroisses principales, pour ne former entr'elles qu'une seule municipalité, il a été écrit à M. Necker pour le prier d'autoriser la Commission à prescrire, dans toutes les paroisses de la généralité où il s'est opéré de pareilles réunions, qu'il ne soit formé qu'un seul rôle.

COMMISSION INTERMÉDIAIRE 1788.

Vu les lettres du département du Lyonnais, qui dénoncent le fils aîné du nommé Pierre Madignier, sindic de la municipalité de St-André-la-Côte, pour avoir manqué à M. Lacroix de Laval, sindic de ce département, et les nommés Mathieu Grosmolard, Jean Chenevot, habitants de Souzy-l'Argentière, et Chermet, habitant des Halles, pour avoir intercepté et décacheté les paquets adressés par ce département à François Grosmolard, sindic de la paroisse de Souzy ; ces deux lettres ont été de suite adressées à M. l'Intendant, en s'en rapportant à sa sagesse sur la punition qu'il convient d'infliger aux coupables.

Vu la lettre de M. de La Millière, du 13, et le mémoire contenant les réclamations du sieur Roux et du sieur Riondel, sa caution, relativement à la décision de la Commission Intermédiaire, qui assujettit Roux à fournir deux pouces de gravier sur l'empierrement à neuf dont il avait l'entreprise en 1787, sur l'attelier du fauxbourg de Villefranche à Anse, la Commission s'étant fait représenter les lettres du département de Villefranche sur cette affaire, le mémoire du sieur Roux, le rapport de l'ingénieur en chef, a pensé, après une mûre délibération, qu'elle ne pouvait que persister dans son avis, et il a été écrit à M. de La Millière sur cet objet, une lettre transcritte pages 117, 118, 119 du copie de lettres.

Vu la lettre du bureau de l'élection de Lyon et le procès-verbal de M. Marion de La Tour, l'un de ses députés, sur les dégradations occasionnées par les avals d'eau au chemin neuf de La Mulatière à Oullins, cette lettre et ce procès-verbal ont, de suite, été adressés à M. de Varaigne, avec prière de prescrire les réparations les plus urgentes et de dresser le devis des ouvrages qu'il croira les plus propres à empêcher, à l'avenir, de pareilles dégradations.

Vu la lettre de M. l'Intendant, du 23, et la copie y jointe de celle de son subdélégué à Rive-de-Gier, contenant l'avis d'une dégradation survenue au pont de Rive-de-Gier ; le secrétaire a été chargé d'en donner communication à M. de Varaigne et de le prier d'envoyer, de suite, M. Astier à Rive-de-Gier, pour faire faire à ce pont les réparations les plus urgentes, et de dresser le devis des ouvrages nécessaires pour donner à ce pont toute la solidité qu'exige la sûreté publique.

Vu la lettre de M. de La Millière, du 16, et la nouvelle note de M. le marquis d'Osmond, dans laquelle il insiste pour être promptement autorisé à faire faire, à ses frais, le chemin par lui sollicité, tendant du lieu de Roche-la-Mollière à la Loire, la Commission a écrit à M. de La Millière, que MM. les commissaires nommés au mois de juillet dernier, pour aller sur les lieux prendre les renseignements relatifs à la concession dont se prévalait le marquis d'Osmont, ayant rempli leur mission, ils supplient instamment M. de La Millière de ne rien statuer sur cette affaire, soit provisoirement, soit en définitif, jusqu'à ce que l'Assemblée Provinciale en ait délibéré sur le compte qui lui en sera rendu lors de ses prochaines séances.

Vu la lettre du bureau intermédiaire de Villefranche, contenant l'acte signifié le 16, à la Commission, de la part du sieur Roux, adjudicataire de l'attelier de Villefranche au pont de Belair; la Commission, d'après l'avis de l'ingénieur en chef, a écrit au bureau de Villefranche pour le prier de faire déclarer de nouveau au sieur Roux, qu'il lui est enjoint de prendre le gravier nécessaire pour la fourniture de son attelier, dans l'ancienne gravière située au-dessus du château de La

Barre, aux offres de lui payer, ainsi qu'il le demande, une indemnité d'après le règlement du sieur Lespinat, ingénieur du département de Villefranche, dont il lui sera justifié.

La prochaine séance fixée au jeudi 2 octobre.

Fait et clos lesdits jour et an.

CLUGNY, grand custode, comte de Lyon, RANVIER DE BELLEGARDE, DE LA CHAPELLE, BOSCARY, secrétaire.

Dans la séance du jeudi deux octobre mil sept cent quatre-vingt-huit.

Vu la lettre de M. le Directeur général des finances en date du 24 septembre, qui annonce l'envoi fait à M. l'Intendant des commissions du Conseil, pour le département des impositions de 1789, et que l'intention de S. M. est que les bureaux intermédiaires procèdent, sans délai, au partage des tailles et impositions accessoires entre les paroisses de leur département, en sorte que les opérations du département de 1789 soyent terminées avant la prochaine tenue des assemblées complettes de département, la Commission a tout disposé pour l'envoy de ces commissions à chaque bureau intermédiaire, aussitôt que M. l'Intendant les lui aura fait parvenir, et cependant elle a adressé de suite, à M. le Directeur Général des finances, une lettre contenant des observations sur les changements dont sont susceptibles les dispositions des arrêts du Conseil, des 8 et 10 août dernier, attendu la déclaration du Roi, du 23 septembre, qui rétablit dans leurs fonctions les bureaux des finances et les officiers des élections.

Vu la délibération du bureau intermédiaire de Roannne, en date du 16 septembre, qui contient l'évaluation en bloc à la somme de 340.000 livres, des pertes occasionnées dans l'étendue de ce département par la gresle, dans le courant de cette année, la Commission, considérant qu'une évaluation de ce genre ne présente rien d'assez précis pour établir le jugement de l'Assemblée Provinciale dans la distribution des secours que ce département sera dans le cas d'obtenir sur le moins imposé de la taille, ou pour solliciter en sa faveur une indemnité dans le partage des secours que le Roi a bien voulu promettre aux paroisses du royaume ravagées par la gresle, la Commission a renvoyé au bureau intermédiaire de Roanne les divers procès-verbaux, dressés par ses commissaires, des ravages causés dans diverses paroisses de son département, et l'a prié de dresser à la suite de chacun de ces procès-verbaux, un état plus précis et détaillé, contenant l'évaluation en argent des dommages soufferts par chacune desd. paroisses.

Vu les trois états adressés par M. de Varaigne, 1° des payements à faire aux entrepreneurs des ouvrages d'art portés en l'état du Roi, exercice 1787 ; 2° celui des salaires des conducteurs et dépenses qui ont eu lieu dans le troisième quartier de l'année ; 3° celui des appointements de MM. les ingénieurs pendant le cours du troisième trimestre, ces trois états ont été approuvés, et il en a été gardé un double par le secrétaire provinial.

Vu les devis dressés par l'ingénieur en chef, pour la construction de deux acqueducs d'un pied d'ouverture, sur la route de Bresse en Bourbonnois, l'un à la sortie de la ville de Beaujeu, du côté de Bourbonnais, l'autre à quarante toises au-delà de la maison Savigny, côté de Bourgogne, ces deux devis ont été approuvés et seront envoyés au bureau intermédiaire de Villefranche, pour les adjuger au rabais.

La Commission a pareillement approuvé l'état des dépenses faites pour les réparations urgentes du pont d'Oudan.

Vu la lettre de MM. de St-Étienne, en date du 5 septembre, relativement à l'attelier de St-Etienne à St-Chamond, adjugé en 1787, au sieur Mazenod, la Commission y a répondu de suite et a joint à sa lettre un ordre qui enjoint au sieur Pomey, entrepreneur, sous le nom du sieur Mazenod, de remettre sous quinzaine l'état détaillé des ouvrages exécutés sur cet attelier.

Vu la lettre de MM. de Roanne, en date du 20 septembre, qui annonce que les entrepreneurs qui se sont présentés pour enchérir sur l'adjudication des ouvrages d'entretien des chaussées pavées, n'ont voulu s'en charger, attendu le trop bref délai qui leur étoit accordé, et qu'aucun d'eux n'était en état de donner caution, la Commission a répondu que le bureau pouvait indiquer un nouveau jour pour les enchères, accorder un plus long délai aux entrepreneurs, mais qu'on ne pouvait se dispenser d'exiger caution de la part des entrepreneurs.

Vu le mémoire de la ville de Charlieu, pour changer la direction arrêtée par le Conseil, en 1785, de la route de Bresse en Bourbonnais, et celui donné par les paroisses de Chandon, Mizilly et autres, afin que cette direction soit conservée, ensemble la lettre du bureau intermédiaire de Roanne, du 6 septembre, contenant ses observations sur le 1er mémoire, celui des paroisses de Chandon, Mizilly et autres a été adressé au bureau intermédiaire de Roanne, pour avoir son avis.

La prochaine séance fixée au jeudi neuf de ce mois.

Fait et clos lesd. jour et an.

CLUGNY, grand custode, comte de Lyon, RANVIER DE BELLEGARDE, DE LA CHAPELLE, BOSCARY, secrétaire.

Dans la séance du jeudi neuf octobre mil sept cent quatre-vingt-huit,

Lecture a été faite d'une lettre de M. l'Intendant, du 2 de ce mois, qui annonce qu'en recevant les commissions pour le département de 1789 il a observé qu'elles étaient d'une date antérieure à la déclaration du Roi du 23 septembre, par laquelle S. M. a expressément ordonné, art. 3, qu'il ne serait rien innové dans l'ordre des jurisdictions d'attribution et d'exception, tel qu'il existoit avant le mois de mai dernier; que, dans ces circonstances, il avoit cru devoir renvoyer ces commissions au Conseil, en lui fesant les observations dont elles lui ont paru susceptibles.

Vu la lettre de M. le Directeur Général des finances, en date du 2 octobre, contenant quelques décisions pour le remplacement des présidents, soit de l'Assemblée Provinciale, soit des assemblées de département, et un projet de cannevas intitulé : *Premières idées non encore arrêtées sur les formes des convocations d'arrondissement pour la nomination d'un représentant à l'assemblée de département,* copies de cette lettre et de ce projet ont été de suite adressées à chaque bureau intermédiaire, et il a été répondu à M. le Directeur Général des finances.

Vu la lettre du ministre en date du 4 octobre, contenant l'envoy de 50 exemplaires d'un arrêt du Conseil du 30 septembre, qui règle provisoirement les formes de la répartition des impositions par les municipalités des villes; arrêté que MM. les Procureurs Sindics adresseront incessamment à chaque bureau intermédiaire les exemplaires de cet arrêt.

Vu la lettre du même ministre, en date du 27 septembre, qui autorise la réunion de la paroisse de Chavanay et de Verlieu, sa parcelle, en une seule collecte, et qui annonce que l'intention du Conseil est de simplifier, autant que les localités pourront le permettre, l'organisation des communautés, et qu'il s'en rapporte entièrement à toutes les dispositions que la Commission Intermédiaire jugera à propos de prescrire pour opérer des réunions dans le même genre, la Commission a adressé copie de cette lettre à tous les bureaux intermédiaires et les a invités à opérer toutes les réunions qui leur paraîtront convenables entre les paroisses principales et les parcelles qui en dépendent, et à prescrire, en conséquence, lors du prochain département, la formation d'un seul rôle dans les paroisses et parcelles ainsi réunies; il a été répondu à M. le Directeur Général des finances, et copie de la lettre écrite aux départements lui a été adressée.

Vu la lettre du même ministre, en date du 27 septembre, dans laquelle il annonce qu'ayant mis sous les yeux du Roi la lettre de la Commission en date du 14 août, concernant les frais d'administration, S. M. a bien voulu accorder à la Commission, à titre d'avance sur la recette générale des finances, une somme de 38.700 livres, faisant, avec celle de 12.000 livres, montant du mandat que la Commission a été autorisée à délivrer par la lettre de M. Lambert, du 18 mars, les trois quarts de la somme de 67.600 livres à laquelle le total desd. frais d'administration a été réglé; la Commission a adressé à M. Necker ses remerciements les plus sincères sur cette avance; copie a été envoyée de cette lettre à tous les départements, avec invitation de choisir un fondé de procuration pour recevoir les trois quarts de la somme fixée pour les frais d'administration de chacun d'eux, et la Commission a de suite délivré, au nom du secrétaire provincial, un mandat de 6.000 livres, formant le solde de la somme de 12.000 livres que la lettre de M. Lambert, du 18 mars, l'autorisait à toucher sur la recette générale.

Vu la lettre de M. le Directeur Général des finances, du même jour 27 septembre, dans laquelle il demande des explications sur des représentations adressées par le bureau intermédiaire de la ville de Lyon, pour la suppression de ces rôles particuliers de la capitation; la Commission a répondu à ce ministre; elle a expliqué que, par un mémoire du 30 may, adressé le 5 juin par la Commission Intermédiaire à M. Lambert, le bureau intermédiaire de Lyon avait demandé la suppression des rôles particuliers ou rollets, dans lesquels quelques corps et les employés des fermes sont imposés séparément à la capitation et taxés à un taux infiniment inférieur à leurs facultés; la Commission a observé que, si la sûreté du recouvrement pouvait engager à maintenir l'usage de ces rolets, il étoit juste que les particuliers qui y sont taxés fussent imposés en raison du produit de leurs offices ou emplois et de leurs facultés.

La Commission a adressé, au bureau intermédiaire de Lyon, copie de la lettre que lui a écrit M. Necker, le 27 octobre, relativement à la nomination de M. Piron à la place de procureur sindic pour le Tiers-Etat dans le département de la ville de Lyon et Franc-Lyonnois.

La Commission, sur la demande du bureau intermédiaire de l'élection de Lyon, contenue dans sa lettre du 4 octobre, a délivré, au profit de M. Delolle, son secrétaire, un mandat de 1.851 liv. 6 s. 8 d., sur M. Valesque, chargé du recouvrement de l'impôt représentatif de la corvée, pour le payement des salaires dus jusqu'à la fin de septembre aux cantoniers établis pour le service des routes dans l'étendue de l'élection de Lyon.

M. Messance, receveur des tailles de l'élection de Saint-Etienne, ayant adressé à la Commission Intermédiaire cinq cartes et cinq registres, avec la lettre dont la teneur suit :

« Messieurs, j'ai l'honneur de vous adresser cinq registres et cinq
« cartes qui y sont relatives, contenant le tableau de la généralité de
« Lyon divisée par élections ; c'est un hommage que je m'empresse
« d'offrir à l'administration provinciale, parce qu'il m'a paru digne du
« zèle qui l'anime. Vous avez présenté, dans le procès-verbal de la
« première assemblée, le bilan général des trois provinces ; c'est le
« grand livre duquel il est tiré que je vous offre ; par là, messieurs,
« vous constatés l'état de toutes les paroisses confiées à votre admi-
« nistration à l'époque où elles vous sont remises. Ces registres,
« ainsi montés, recevront toutes les observations que vous serés
« dans le cas de faire, à mesure que vous remarquerés de nouvelles
« lumières, et ne perdant jamais de vue le point de départ, le bien
« que vous aurés fait, celui que vous pourrez faire se montrera d'une
« manière sensible pour chaque paroisse, rien ne pourra échapper à
« votre sagacité. Les progrès de l'impôt seront sous vos yeux et les
« comparaisons seront plus faciles. Les cartes ne sont que la copie
« des registres et vous offrent, dans un seul tableau, chaque élection ;
« je n'ai pu, dans ce moment, completter ce travail que pour l'élection
« de Saint-Etienne, parce que je me suis appliqué à la connaître sous
« tous ses rapports ; mes confrères pourront vous fournir ce qui
« manque aux autres, je ne veux pas les priver de la satisfaction de
« vous donner des preuves de leur zèle. Je m'estime heureux que les
« circonstances m'ayent mis à portée de connaître la généralité ; je
« n'employerai mes faibles lumières que pour concourir au bien que
« vous voulés opérer, et je vous prie d'être convaincu que mon désir est
« que vous me mettiés à portée d'être utile à votre administration ; je
« me ferai toujours un plaisir et un devoir de me livrer à tout ce qui
« pourra vous être agréable ; ma récompense se trouvera dans l'estime
« des citoyens administrateurs que le bien public anime.

« Je suis avec un très profond respect, Messieurs, votre, etc. Signé :
« Messance. »

Examen fait de ce registre et de ces cartes, la Commission ayant reconnu l'importance de ce travail et son utilité, M. Messance, qui se trouve à Lyon, a été invité de se rendre à l'assemblée. La Commission lui a fait ses justes et bien sincères remercîments et lui a témoigné combien elle est satisfaite de l'ouvrage dont il a bien voulu lui faire hommage; arrêté qu'il sera répondu à M. Messance et qu'il sera fait registre de cette réponse.

La prochaine séance fixée au jeudi seize de ce mois.

Fait et clos lesd. jour et an.

De La Chapelle, Boscary, secrétaire.

Dans la séance du jeudi seize d'octobre mil sept cent quatre-vingt-huit,

Vu la lettre de M. le Directeur Général des Finances, en date du 9, contenant envoi de 50 exemplaires d'un arrêt du Conseil, du 4 de ce mois, contenant les opérations du département pour 1789, qui rétablit, à l'égard du bureau des finances et des élections, les choses au même état où elles étoient avant l'édit de mai dernier ; il a été adressé des copies de cet arrêt à chaque bureau intermédiaire, et il a été répondu à M. le Directeur Général des Finances.

La Commission a répondu à M. Blondel, relativement au mémoire que lui avait adressé ce magistrat, de la part du sieur Journet, à l'effet d'obtenir la place du sieur Lenée, commissaire aux revues de la capitation.

Vu la lettre de M. Blondel, intendant des finances, du 29 septembre, contenant l'état, approuvé par le Conseil, de quelques dépenses proposées par la Commission Intermédiaire, par les fonds libres de la capitation, montant à 5.400 livres, il a été fourni deux mandats sur la recette générale des finances, l'un de 1.350 livres, au profit du sieur Lenée, le 2me de 750 livres, au profit du sieur Verne, l'un et l'autre commissaires aux revues de la capitation, pour les neuf premiers mois de 1788, de leurs appointements et gratifications, faisant partie des dépenses approuvées par le Conseil.

Vu la lettre de M. Blondel, du 7 octobre, relative aux frais de bureaux de l'ingénieur en chef, la Commission a répondu à ce magistrat qu'elle insistait pour que ces frais de bureaux fussent acquittés sur les fonds des ponts et chaussées, plutot que sur les fonds libres de la capitation, d'abord parce que cette disposition est plus conforme à l'ordre, en second lieu parce que les revenants bon des fonds des ponts et chaussées restoient au Trésor royal, tandis que les deniers restants sur les fonds libres de la capitation, déduction faite des dépenses indispensables, pouvoient être employés utilement pour les besoins de la province.

Lecture faite d'une lettre de M. Blondel, à laquelle est jointe une lettre de M. l'Intendant de cette généralité, dans laquelle ce magistrat demande que ses subdélégués continuent à jouir de la distinction d'une cotte d'office, la Commission a répondu à M. Blondel qu'elle s'empressoit de donner une marque de déférence à M. l'Intendant en consentant à sa demande, mais que M. l'Intendant était trop juste pour ne pas désirer que ses subdélégués fussent taxés en raison de leurs facultés et suivant le taux commun des paroisses, et pour éviter toutes surprises sur la valeur de leurs biens, qu'il s'empressait lui-même à se concilier sur ces cottes d'office avec la Commission Intermédiaire.

Il a été délivré, à la demande du bureau du département de St-Etienne, sur M. Messance, receveur des tailles de cette élection, chargé du recouvrement de l'imposition représentative de la corvée, un mandat de 50 livres au profit du nommé Gallet, cantonnnier de ce département, pour deux mois échus de ses salaires.

La Commisssion Intermédiaire a addressé à M. Messance, en conformité de la délibération du 9 de ce mois, la lettre dont la teneur suit :

« Monsieur,
« Nous avons reçu les cinq registres et les cinq cartes contenant le
« tableau de la généralité de Lyon, divisée par élections. Nous avons
« reconnu dans cet ouvrage un travail infiniment utile, très propre
« à nous faire connaitre, dans les plus grands détails, les provinces
« dont l'administration est confiée à l'Assemblée Provinciale. Recevés,
« Monsieur, le témoignage bien sincère de notre reconnoissance et
« l'assurance bien plus flatteuse, que, si l'assemblée parvient à opérer
« le bien dont elle ne cessera jamais de s'occuper, vous aurés contri-
« bué pour beaucoup à ses succès par l'ouvrage utile que vous nous
« avés présenté ; nous nous ferons un devoir, monsieur, de faire con-
« naitre à l'Assemblée Provinciale, lors de ses prochaines séances, le
« travail intéressant dont vous lui adressés l'hommage, et nous négli-
« gerons pas d'instruire M. le Directeur Général des connaissances
« précieuses dont vous avés bien voulu nous enrichir. Nous avons
« l'honneur d'être, etc. Signé : « les députés composant la Commission
« Intermédiaire. »

La prochaine séance fixée au jeudi 23 octobre.

Fait et clos lesdits jour et an.

CLUGNY, grand custote, comte de Lyon, DE LA CHAPELLE, BOSCARY, secrétaire.

Dans la séance du jeudi vingt-trois octobre mil sept cent quatre-vingt-huit,

Vu la lettre de M. le Directeur Général des Finances, du 14 de ce mois, et la lettre en forme de mémoire du maire de St-Galmier, qui y est jointe, relativement à l'établissement d'une assemblée municipale dans la ville de St-Galmier ; copie de la lettre du ministre et le mémoire du maire de St-Galmier ont été adressés à l'assemblée du département de Montbrison, en annonçant que, si les faits exposés par le maire de St-Galmier sont exacts, l'assemblée de département est invitée de prescrire aux particuliers choisis pour former l'assemblée municipale, de ne point s'immiscer dans les affaires de la communauté.

La Commission a signé et approuvé une nouvelle convention passée avec le sieur Monnery, de Villefranche, suivant laquelle, moyennant une augmentation annuelle de 50 livres, ce particulier ajoute une écurie et un fenil au logement de la maréchaussée de Villefranche.

Vu la lettre de M. Necker, en date du 15, qui annonce que Sa Majesté s'est déterminée à ne point ordonner la convocation des assemblées provinciales, attendu la tenue prochaine des États Généraux, il a été répondu au ministre, pages 29 et 30 du copie de lettres n° 3, et copie de cette lettre a été adressée à tous les départements.

Il a été pareillement écrit à M. Necker, pages 30 et 31 du même registre, au sujet d'une erreur qui s'est glissée dans les commissions du conseil pour le département des tailles, relativement à la vérification des rôles des tailles.

Vu la lettre de M. le marquis de Monspey, du 18, il lui a été répondu pages 31 et 32 du copie de lettres.

Vu la lettre de MM. les Procureurs Sindics du département de St-Étienne, relative au 2° attelier de la route de Lyon à St-Étienne, adjugé à Jacques Faure, la Commission leur a répondu et leur a adressé les observations de M. l'ingénieur en chef à ce sujet.

La prochaine séance fixée au mardi 27 octobre.

Fait et clos lesdits jour et an.

  CLUGNY, grand custode, comte de Lyon, DE LA CHAPELLE' BOSCARY, secrétaire.

Dans la séance du mardi vingt-sept octobre mil sept cent quatre-vingt-huit,

Vu la lettre de MM. les Procureurs Sindics du département de la ville de Lyon et Franc-Lyonnois, contenant l'avis de ce bureau et un mémoire du nommé George Benoit, habitant à Fontaines, à l'effet d'obtenir des secours, en considération des pertes que lui a fait essuyer l'incendie de sa maison, ce mémoire a été adressé à M. le Directeur Général des Finances, avec prière de permettre que les secours réclamés par led. Benoit soyent pris sur les fonds libres de la capitation, cette ressource étant la seule qui s'offre pour soulager les pertes que peuvent éprouver les habitants du Franc-Lyonnois, attendu que ce pays, qui est exempt de la taille, ne saurait être admis au partage du moins imposé.

Vu les pièces du procès intenté, devant la sénéchaussée de Montbrison, par le curé de St-George de Barroiles, à l'effet d'obtenir quelques réparations dans son presbitère, il a été arrêté qu'il serait adressé à M. le Directeur Général des Finances, un projet d'arrêt, à l'effet de faire casser les procédures incompétemment dirigées par ce curé contre ses paroissiens, en la sénéchaussée de Montbrison.

La Commission a adressé à MM. les Procureurs Sindics de Montbrison, un mandat de 435 l. 13 s. 4 d. sur le receveur des tailles de Montbrison, chargé du recouvrement de l'impôt de la corvée, lad. somme payable sur les mandats particuliers du bureau intermédiaire de Montbrison, aux cantonniers établis sur les routes de ce département, dont les salaires sont échus au premier octobre dernier.

Vu la lettre de M. l'Intendant, en date du 22 de ce mois, relativement aux ouvrages exécutés sur la route de Roanne à Montbrison, à la demande de M. le comte de St-Polgue et de M. de Sugny, il a été répondu à ce magistrat, page 17 du copie de lettres n° 2 des ponts et chaussées.

La prochaine séance fixée au jeudi six novembre prochain.

Fait et clos lesd. jour et an.

 Clugny, grand custode, comte de Lyon ; de La Chapelle, Boscary, secrétaire.

Dans la séance du jeudi six novembre 1788,

Vu la lettre de M. le Directeur Général des Finances, en date du 18 octobre, qui autorise la Commission à faire dresser les rôles de vingtièmes de 1789 sur le modèle des rôles de l'année 1787, sans y comprendre d'autres biens que ceux soumis aux vingtièmes de 1787, la Commission a répondu à ce ministre, page 43 du copie de lettres n° 3, et copie de cette lettre a été adressée à chaque bureau intermédiaire.

Vu la lettre du bureau intermédiaire de Villefranche, du 30 octobre, et la requête y jointe d'un grand nombre de propriétaires de vignobles dans le Beaujolais, contenant leur réclamation contre les poursuites que se permettent les employés de la régie des aides, à l'égard des voituriers chargés de la conduite des vins aux ports de la Loire, cette requête a été adressée à M. le Directeur Général des Finances, page 49 du même copie de lettres.

Vu la lettre de M. le Directeur Général des Finances, en date du 25 octobre, qui annonce les lettres écrites par M. le Procureur Général de la Cour des Aides aux sièges et aux procureurs du Roi des élections de son ressort, dans la vue de prévenir, de leur part, tout mouvement sur l'exécution prescrite aux communautés des arrêts du conseil des 8 et 10 août dernier, copie de cette lettre a été envoyée à tous les départements, et il a été répondu au ministre.

Vu l'avis adressé, le 26 octobre, au secrétaire provincial, par le Directeur des domaines de cette ville, qui annonce une décision du conseil, du 29 septembre dernier, portant que les adjudications faites pour les confections, réparations et entretien des routes, soyent controlées dans la quinzaine et sur le pied de 10 sous et des 10 sous pour livre ; la Commission a adressé au ministre la lettre la plus pressante, à l'effet de révoquer cette décizion et affranchir de l'inspection du domaine tous les actes relatifs à l'administration qui lui est confiée. Cette lettre est transcrite pages 50, 51 et 52 du même copie de lettres n° 3.

La prochaine séance fixée au mardi onze novembre.

Fait et clos lesd. jour et an.

 Clugny, grand custode, comte de Lyon, de La Chapelle, Boscary, secrétaire.

Dans la séance du jeudi onze novembre mil sept cent quatre-vingt-huit,

Vu la lettre de M. Blondel, intendant des finances, en date du 31 octobre, qui annonce que l'intention du conseil est que la Commission Intermédiaire soit chargée, par voye d'administration, du soin de statuer sur toutes les demandes en décharge ou modération sur l'imposition du vingtième de l'année 1788 et qui trace la marche que la Commission doit suivre sur ces demandes, la Commission, a arrêté qu'elle se conformera aux instructions contenues dans cette lettre et, en conséquence, que toutes les demandes en décharge et modération de vingtièmes seront communiquées par le secrétaire provincial au directeur des vingtièmes, pour, ensuite du rapport de ce directeur, être, par la Commission, statué ainsi qu'il appartiendra. La Commission a de suite écrit, pages 55, 56, 57, 58 et 59 du copie de lettres, à M. le Directeur Général des Finances, pour le prier de trouver bon que les bureaux intermédiaires soyent chargés, chacun dans leur département, de la confection des rôles de vingtièmes d'industrie ; elle prie ce ministre, dans la même lettre, de statuer sur la prétention élevée par le bureau intermédiaire de la ville de Lyon et Franc-Lyonnois, relativement aux demandes en décharge ou modération de capitation.

Vu la lettre de M. le Directeur Général des Finances, en date du 4 novembre, qui annonce que l'intention du Roi est que les collecteurs nommés pour le recouvrement de la taille, soyent en même tems chargés de toutes les perceptions qui doivent avoir lieu dans leur communauté, pour vingtièmes, capitation non taillable et privilégiée, contribution représentative de la corvée et toute autre imposition locale qui aura lieu pour l'année de leur gestion ; il a été répondu à cette lettre, page 62 du copie de lettres, et copie en a été donnée aux bureaux intermédiaires.

Vu la lettre de MM. du bureau intermédiaire de St-Étienne, du 5 de ce mois ; il leur a été répondu, f° 16 du copie de lettres des ponts et chaussées. La Commission a adressé à MM. les Procureurs Sindics de Montbrison un mandat de 3.378 livres, au profit d'Antoine Besson, adjudicataire de l'attelier de La Pinette, à Pisse-Chat, en leur annonçant que si le receveur de Montbrison n'avoit pas en main des fonds suffisants pour les payer, la Commission pourvoirait à ce payement sur les fonds destinés au payement de ses frais d'administration, à elle adressés par M. le Directeur Général des Finances.

La Commission, considérant que le sieur Cabuchet, chef stationnaire du département de Roanne, n'est pas agréable au bureau intermédiaire, sans qu'il ait été donné connaissance à la Commission Intermédiaire d'aucuns faits qui puissent l'engager à priver ledit Cabuchet de son état, la Commission a arrêté que ce chef stationnaire seroit, à l'avenir, employé sur le chemin de hallage, dans le département du Franc-Lyonnois, et qu'il serait remplacé, dans le département de Roanne, par le sieur Lamiraud, de St-Just-en-Chevalet.

La prochaine séance fixée au samedi 15 du courant.

Fait et clos lesd. jour et an.

CLUGNY, grand custode, comte de Lyon, DE LA CHAPELLE, BOSCARY, secrétaire.

Dans la séance de la Commission Intermédiaire Provinciale de Lyon, tenue le samedi 15 novembre mil sept cent quatre-vingt-huit (1).

La Commission, après avoir arrêté et signé, sous la date du 13 de ce mois, tous les mandats d'à-compte délivrés aux divers entrepreneurs des travaux de 1788, ensuite des certificats des ingénieurs, visés par l'ingénieur en chef, de concert avec MM. les commissaires des bureaux intermédiaires, considérant que le retard apporté à la confection des rôles des corvées pour l'année 1788, et la lenteur qu'éprouvent les recouvrements de ces rôles, exposerait nécessairement la Commission Intermédiaire à la nécessité fâcheuse de retarder le payement des sommes dues aux entrepreneurs; que les sommes destinées aux frais d'administration, dont la Commission se fait un devoir de faire l'avance provisoire, ne suffiraient pas au payement des entrepreneurs, si M. le Directeur Général des Finances ne vient au secours de la province et s'il n'avait pas la bonté de consentir à ce que la Commission soit autorisée à recourir, pour satisfaire les entrepreneurs, aux fonds consacrés aux divers besoins de la province et dont l'employ ne doit avoir lieu qu'après la fin de l'année, tels que les fonds libres de la capitation, les fonds des dépenses variables et ceux des atteliers de charité, sauf à remplacer ces mêmes fonds à mesure du recouvrement de l'imposition représentative de la corvée ; il a été écrit, pour cet objet, à M. Necker, pages 26 et 27 du copie de lettres des ponts et chaussées.

Vu l'état, certifié par M. de Varaigne, des fonds à délivrer relativement aux ouvrages d'art, exercice 1786, cet état a été approuvé par la Commission et renvoyé à l'ingénieur en chef.

Vu la lettre de M. de La Millière, en date du 13, contenant la décision de M. le Directeur Général des Finances, qui assujettit le sieur Roux, entrepreneur, en 1787, de l'attelier entre Anse et Villefranche, à fournir les deux pouces de gravier par lui contestés, copie de cette lettre a été adressée à MM. de Villefranche.

Vu l'apperçu des ouvrages à exécuter sur les routes des départements du Lyonnois, Villefranche et Roanne, ces aperçus ont été adressés à chaque bureau intermédiaire des départements, avec prière de proposer leurs observations à cet égard.

Vu la requête des habitants de Quincié, relativement au dommage causé au chemin servant d'abord à leur paroisse, par les travaux nécessaires pour réparer la route de Bresse en Bourbonnais, la Commission a trouvé juste de faire réparer ces dégradations aux frais de la province, et il a été écrit à MM. de Villefranche de prescrire à M. Lespinats de dresser les devis desd. réparations.

La Commission a adressé à M. le Garde des Sceaux et à M. Necker l'extrait du procès-verbal des séances de l'assemblée complette du département de Villefranche, contenant son vœu sur la représentation de cette province aux États Généraux, le nombre de ses députés et la forme dans laquelle ils doivent être élus. (2)

Vu la lettre de M. l'Intendant, en date du 13 courant, contenant un arrêt du Conseil, du 3 octobre, relativement aux propriétaires de la

---

(1) Second registre, Archives du Rhône, C. 773.

(2) *A la suite on lit les mots biffés :* Vu la lettre de M. le Directeur Général du 4, qui annonce que l'intention du conseil est que les collecteurs chargés dans.

navigation sur la Loire, de St-Rambert à Roanne, et la copie de l'ordonnance de M. l'Intendant, du 12 novembre, la Commission a écrit à ce magistrat, page 61 du copie de lettres.

Vu la lettre de M. l'Intendant, du 14, dans laquelle il abandonne dez à présent, aux bureaux intermédiaires, l'inspection des contraintes et le soin d'en taxer les frais, il a été répondu à M. l'Intendant, et copie de sa lettre a été adressée à tous les bureaux intermédiaires, avec des exemplaires imprimés de l'arrêt du Conseil, du 10 août dernier.

La Commission a adressé au bureau de St-Etienne le devis des réparations à faire au pont de Rive-de-Gier, avec prière de les adjuger; à celui de Montbrison, le devis des travaux à faire sur le quinzième attelier de la route de Lyon à Bordeaux, par Feurs et Boën, et à celui de St-Etienne, le devis des ouvrages à faire pour convertir en chaussées d'empierrement 108 toises de chaussées pavées, commençant à l'extrémité du pont de la côte de St-Jean-de-Bonnefond.

La prochaine séance fixée au mardi 18 novembre.

Fait et clos lesd. jour et an.

CLUGNY, grand custode, comte de Lyon, DE LA CHAPELLE, BOSCARY, secrétaire.

Dans la séance du mardi dix-huit novembre mil sept cent quatre-vingt-huit,

Vu l'instruction provisoire approuvée par le Conseil pour le service des ingénieurs des ponts et chaussées, adressée à la Commission Intermédiaire par M. de La Millière, copie de cette instruction a été adressée aux six bureaux intermédiaires et à l'ingénieur en chef. Il a été écrit à M. de La Millière pour lui en accuser la réception et pour le prier d'accorder un cinquième sous-ingénieur pour le service de la province.

La Commission, en accusant à l'ingénieur en chef la réception des apperçus des ouvrages à exécuter en 1789, sur les routes des élections du Lyonnois et de St-Etienne, l'a chargé de presser les sous-ingénieurs de la province de remettre, à leurs départements respectifs, les apperçus des travaux à exécuter en 1789, sur les routes confiées à leurs soins, de sorte que les adjudications puissent être données le 15 janvier au plus tard.

Il a été écrit pareillement à l'ingénieur en chef, pour lui demander un travail provisoire sur la continuation des travaux nécessaires pour le redressement de la route du Bourbonnois, entre la Pacaudière et le ravin Berger; cette lettre est portée f° 31 du copie de lettres n° 2, concernant les ponts et chaussées.

Le jour de l'adjudication des travaux du pont de la Servante a été fixé au mardi onze décembre prochain, à dix heures du matin.

Il a été écrit au bureau intermédiaire de Villefranche, relativement au sieur Roux, entrepreneur des travaux des routes; cette lettre est portée au f° 32 du même copie de lettres.

La prochaine séance fixée au jeudi 20 de ce mois.

Fait et clos lesd. jour et an.

RANVIER DE BELLEGARDE, DE LA CHAPELLE, BOSCARY, secrétaire.

Dans la séance du jeudi vingt novembre mil sept cent quatre-vingt-huit,

Vu l'état des gratifications et appointements demandés par le sieur de Buronne, inspecteur des haras de la province, tant pour lui que pour les gardes étalons de la généralité, cet état a été envoyé aux départements, celui de la ville de Lyon excepté, avec prière de prendre des informations sur l'exactitude qu'ont porté, dans leur service, les personnes dénommées aud. état et de donner leur avis sur l'utilité de cet établissement.

Il a été écrit à MM. de la ville de Lyon et Franc-Lyonnois, pages 68, 69 et 70, concernant leurs prétentions sur les demandes en décharge ou modération de capitation.

La Commission a adressé à MM. du Lyonnois, l'état de situation des atteliers des routes de leur élection, avec prière de presser les adjudicataires de parachever incessamment les fournitures dont ils sont chargés.

Il a été adressé à MM. de St-Etienne et du Lyonnois, avec prière de les faire apposer dans les principales villes et paroisses de leur département, des affiches indicatives de l'adjudication du pont de la Servante.

La prochaine séance fixée au mardi 25 novembre.

Fait et clos lesd. jour et an.

RANVIER DE BELLEGARDE, DE LA CHAPELLE, BOSCARY, secrétaire.

Dans la séance du mardi vingt-cinq novembre mil sept cent quatre-vingt-huit,

La Commission a adressé à MM. du Lyonnois, de St-Etienne et de Villefranche, l'apperçu des ouvrages à exécuter en 1789 dans leur département, avec prière d'engager les commissaires de leurs bureaux de s'occuper avec la plus grande célérité de l'examen de ces apperçus.

Il a été envoyé à MM. de Roanne et de Villefranche des mandats pour le payement des salaires échus des cantonniers établis dans leur département.

Vu la lettre de M. le Directeur Général, du 18, qui annonce que l'intention du Roi est qu'à l'avenir les officiers des bureaux des finances, qui auront été admis dans les assemblées provinciales, puissent être admis dans les commissions intermédiaires, copie de cette lettre a été adressée aux bureaux intermédiaires, et il a été répondu au ministre.

Vu la lettre du même ministre, du 20, contenant 50 exemplaires de la déclaration du Roi, du 28 octobre, concernant les formes de la répartition et levée des tailles, il a été répondu au ministre et adressé à chacun des bureaux intermédiaires six exemplaires de cette loi ; la Commission s'est ensuite occupé des demandes en modération ou décharge de capitation.

La prochaine séance fixée au jeudi 27 de ce mois.

Fait et clos lesd. jour et an.

CLUGNY, grand custode, comte de Lyon, RANVIER DE BELLE-GARDE, DE LA CHAPELLE, BOSCARY, secrétaire.

Dans la séance du jeudi vingt-sept novembre mil sept cent quatre-vingt-huit,

Il a été écrit à M. Necker pour lui annoncer que les officiers municipaux de Montbrison, pour satisfaire à sa lettre du 24 octobre, s'étoient enfin mis en devoir d'exécuter les arrêts des 8 août et 30 septembre et s'occupoient de la confection du rôle de la corvée.

Il a été également écrit à M. le Ministre, pour lui annoncer la nomination faite par le département de Montbrison, de M. Laulagnier, pour succéder à M. Apothicaire.

La Commission, considérant le retard apporté dans le département de Montbrison, pour le recouvrement de l'imposition de la corvée, les dommages qu'il en résulteroient pour les entrepreneurs, s'il n'y étoit pourvu, a autorisé le secrétaire provincial à employer les sommes adressées à la Commission pour le payement de ses frais d'administration pendant les neuf premiers mois 1788, au payement des entrepreneurs du département de Montbrison qui ont obtenus des mandats d'acompte, et il a été écrit au bureau intermédiaire de Montbrison, pour le prier d'avertir ces entrepreneurs qu'ils peuvent se présenter à Lyon et qu'ils y seront payés.

Les entrepreneurs du département de Villefranche se trouvant dans le même cas, il a été pris en leur faveur la même résolution, et il en a été donné avis à MM. de Villefranche.

Vu la lettre de MM. de St-Etienne, relativement au sieur Faure, entrepreneur de la réparation du pavé de la traversée de Rive-de-Gier, et les observations de l'ingénieur en chef, ces observations ont été adressées à MM. de St-Etienne, avec les prières les plus instantes de ne rien négliger pour forcer cet entrepreneur à s'occuper sans retard de la réparation de ce pavé, dont le mauvais état est en même tems incommode et dangereux pour le public.

Vu le rapport du sieur Lespinat, sous-ingénieur, sur le dommage que causent au pont de St-George-de-Renins les enlèvements de graviers et de sable que se permettent quelques particuliers aux abords, tant en aval qu'en amont de ce pont, ce rapport a été adressé à M. le Procureur du Roi, au bureau des finances, avec prière de requérir et de faire rendre une ordonnance portant deffenses d'enlever des sables ou graviers, si ce n'est à 20 toises de distance, tant en aval qu'en amont du pont.

La prochaine séance fixée au mardi 2 décembre.

Fait et clos lesd. jour et an.

    CLUGNY, grand custode, comte de Lyon, RANVIER DE BELLEGARDE, DE LA CHAPELLE, BOSCARY, secrétaire.

Dans la séance du mardi deux décembre mil sept cent quatre-vingt-huit,

Vu la lettre de MM. de Villefranche, tendante à obtenir au profit du sieur Abraham, chef stationnaire de leur département, une augmentation de 120 livres par année sur ses appointements, en considération de sa bonne conduite et de son zèle, la Commission a délibéré d'accorder, audit Abraham, une gratification annuelle de 120 livres et de l'en faire jouir à compter du 1er août dernier, en sorte qu'il lui sera accordé, au 31 décembre, une gratification de 50 livres pour les cinq mois qui se trouveront échus à cette époque ; il a été de suite donné avis de cette décision à M. l'Ingénieur en chef.

Il a été écrit au bureau intermédiaire de la ville de Lyon et Franc-Lyonnois, pour lui annoncer que la Commission a statué sur toutes les demandes en décharge ou modération de capitation, sur lesquelles ce bureau a donné son avis jusqu'à ce jour, et que les ordonnances seroient expédiées incessamment.

Vu la lettre de M. Necker, du 25 novembre, et la supplique du sieur Poncet, relativement à l'appartement qu'il occupe dans l'hôtel du l'administration, il a été répondu au ministre, pages 81, 82 et 83 de copie de lettres n° 3.

Il a été écrit, pages 81 et 82, du même registre, au même ministre, sur les inconvénients qui résultent des réserves apposées par la Cour des Aides, dans son arrêt d'enregistrement de la déclaration du Roi, du 28 octobre.

Il a été adressé aux six départements des exemplaires de cette loi, en nombre suffisant pour qu'il en soit envoyé à chaque municipalité.

Fait et clos lesd. jour et an.

    CLUGNY, grand custode, comte de Lyon, RANVIER DE BELLEGARDE, DE LA CHAPELLE, BOSCARY, secrétaire.

Dans la séance du jeudi 4 décembre mil sept cent quatre-vingt-huit,

Il a été écrit de nouveau à M. Necker, pour le prier d'accorder une prompte décision sur le mémoire adressé, le 5 juin, à M. Lambert, et de permettre que les employés des fermes soyent taxés, dans les rôles de la capitation de l'année 1789, en raison du produit de leurs employs et de leurs facultés.

Vu la lettre de M. Necker, du 25 novembre, il a été répondu à ce ministre, pages 85, 86 et 87 du copie de lettres n° 3.

Vu la lettre de M. Cahouet, du 1er de ce mois, dans laquelle il annonce qu'il ne peut, dans ce moment, se charger du travail à lui demandé sur le redressement de la route du Bourbonnois, entre La Pacaudière et le pont Dubreuil, arrêté que copie de sa lettre seroit adressée à M. de La Millière et que M. de Varaigne seroit chargé de confier ce travail à l'un des sous-ingénieurs et de lui prescrire de s'en occuper le plus tôt possible.

Vu la lettre de MM. de Villefranche, du 26 novembre, à l'effet d'obtenir la démolition des portes de Villefranche, le redressement de la route aux abords de leur ville et surtout l'adoucissement de la pente trop rapide à l'entrée de Villefranche, par la porte d'Anse, après avoir conféré sur cet objet avec M. l'abbé Varenard, procureur sindic, et MM. Dubost et Humblot, membres du bureau intermédiaire de ce département, arrêté qu'avant de prendre un parti définitif à cet égard, MM. de Villefranche rapporteront la soumission des officiers municipaux de cette ville, pour se charger d'indemniser tous les propriétaires et refaire à leurs frais les pavés, le consentement de Son Altesse Serénissime Mgr le duc d'Orléans, et que l'ingénieur en chef donnera l'apperçu des dépenses auxquelles pourront donner lieu les ouvrages demandés.

La prochaine séance fixée au mardi neuf décembre, onze heures du matin.

Fait et clos lesd. jour et an.

CLUGNY, grand custode, comte de Lyon, RANVIER DE BELLEGARDE, DE LA CHAPELLE, BOSCARY, secrétaire.

Dans la séance du mardi neuf décembre 1788,

La Commission a adjugé, au prix de onze mille sept cent livres, les travaux du pont de la Servante, portés dans le devis à 13.209 liv. 13 s. 7 d., et il en a été dressé procès-verbal hors les présentes.

Il a été écrit à M. le Procureur du Roi, au bureau des finances, pour le remercier de l'ordonnance rendue sur sa réquisition, à la prière de la Commission, portant deffenses de faire aucune fouille sous les ponts de St-George-de-Reneins et St-Jean-d'Ardière.

Il a été écrit à MM. de Villefranche, pour les informer de l'arrêté pris, sur leur demande, en la dernière séance.

Il a été écrit à MM. de Montbrison pour presser l'envoi des rôles de la corvée de leur département, qui n'ont point encore parus.

Il a été écrit à M. de La Millière, pour lui faire part du refus de M. Cahouet et de l'ordre donné à M. de Varaigne.
Il a été écrit, pour le même objet, à MM. de Roanne.
La prochaine séance fixée au jeudi onze de ce mois.
Fait et clos lesdits jour et an.

 CLUGNY, grand custode, comte de Lyon, RANVIER DE BELLEGARDE, DE LA CHAPELLE, BOSCARY, secrétaire.

Dane la séance du jeudi onze décembre 1788,

A été prise la délibération suivante, relativement à la formation des Etats Généraux.

La Commission Intermédiaire Provinciale de la généralité (1) s'était proposé, conformément à l'arrêt du Conseil de Sa Majesté, du 5 juillet dernier, et à l'invitation qu'elle en a reçu de M. le Directeur Général des Finances, de réunir les vœux particuliers de chaque département, relativement à la convocation des Etats Généraux, et d'en présenter le résultat au gouvernement ; mais, n'ayant pas encore reçu tous les procès-verbaux des assemblées de département, elle se trouve, quant à présent, dans l'impossibilité d'exprimer l'opinion générale de la province, en supposant qu'elle se trouvat uniforme dans les six divisions de la généralité.

Cependant elle croirait manquer à la confiance du Roi et à l'espérance de ses concitoyens, si elle négligeait de s'expliquer particulièrement sur un objet qui occupe tous les esprits, échauffe tous les cœurs et réunit toutes les volontés pour concourir efficacement à la régénération de la France.

En conséquence, elle a délibéré de faire passer successivement à M. le Directeur Général, ainsi qu'elle l'a fait jusqu'à présent, l'énoncé des départements sur cet objet, à mesure que leurs procès-verbaux lui parviendront, et usant, en ce qui la concerne, du droit accordé à toutes les corporations, même aux particuliers, de présenter les vues qui leur paraîtront les plus propres à opérer une convocation tellement ordonnée, qu'il ne puisse en résulter qu'un choix libre et vraiment représentatif de la généralité et de chacun des trois ordres qui la composent, elle estime :

1° Que l'ordre du clergé, celui de la noblesse et celui du tiers-état, doivent s'assembler chacun séparément pour nommer leurs représentants aux Etats Généraux, sans mélange d'aucuns individus qui n'appartinssent pas à l'ordre dans lequel ils s'introduiroient, de manière qu'aucun noble non ecclésiastique ne puisse être admis dans l'assemblée du clergé ou du tiers, (2) ou aucun roturier séculier dans celles du clergé ou de la noblesse ;

---

(1) *A la suite du registre ff. 54-60, se trouve une expédition signée de cette délibération. Cette expédition donne quelques variantes, elle ajoute ici les mots ;* de Lyon.

(2) *Dans l'expédition cet article se termine :* et réciproquement aucun ecclésiastique dans celle de la noblesse ou du tiers, ou aucun roturier séculier dans celle du clergé ou de la noblesse.

2° Que la représentation entre les différents ordres doit être dans une telle proportion, que les députés du tiers-état aux Etats Généraux soyent en nombre égal aux députés réunis du clergé et de la noblesse, de manière que si la généralité de Lyon, dans la proportion avec les autres généralités du Royaume, envoit trente-deux députés, il y en ait huit du clergé, huit de la noblesse et seize du tiers-état.

3° Qu'ayant écarté toute influence que pourrait avoir, sur un ordre, la présence d'aucuns membres d'un autre ordre, il doit être libre à un ordre, s'il le juge convenable, de choisir ses représentants dans les personnes d'un autre ordre et même dans toutes les classes de la société, sans autre condition que d'être majeur émancipé, non entaché par jugement.

4° Que, dans le cas où Sa Majesté ne jugeroit pas à propos de laisser à chaque ordre le choix de son président, la Commission pense que, pour anéantir toute prépondérance que pourroit avoir le président de l'assemblée de chaque ordre, s'il préside en vertu d'un titre, office quelconque ou d'ordre particulier du Roi, il doit être non éligible par l'ordre à l'assemblée duquel il aura présidé, sans que cette incapacité puisse l'exclure de la représentation des autres ordres qu'il n'aura pas présidé, s'ils le choisissent pour député aux États.

5° Qu'en adoptant la division de la généralité par élections, par préférence à la division en baillages, les députés aux États Généraux doivent être nommés dans le chef-lieu de chacune des cinq élections composant la généralité de Lyon.

6° Que le nombre des députés pour la généralité de Lyon étant une fois déterminé par le Roi dans une juste proportion avec les autres provinces du Royaume, chacune des cinq élections de la généralité fournira des députés en nombre proportionné aux impositions qu'elle supporte.

Ainsi, supposant la généralité de Lyon supporter cinq millions, l'élection de Lyon, qui en paye deux, nommeroit douze députés, dont six pris dans la ville de Lyon, attendu qu'elle supporte près d'un million à elle seule. L'élection de St-Étienne, qui paye un million, en nommerait six ; celle de Montbrison un pareil nombre, attendu qu'elle paye près de 900.000 liv., et les élections de Villefranche et de Roanne, qui supportent, l'une 700 et l'autre 500 mille livres, nommeroient chacune quatre députés seulement, en observant que les élections qui nommeroient six députés, doivent combiner leur nomination de manière que dans l'une on choisisse un écclésiastique et deux nobles et dans l'autre deux écclésiastiques et un noble.

7° Que ne pouvant être procédé de la même manière à l'élection des députés des trois ordres, attendu la disproportion numérique entre les individus qui leur appartiennent, il convient, à l'égard du clergé, que tout écclésiastique lié aux ordres et possédant, dans la généralité, un bénéfice ou simple ou à charge d'âmes, sans distinction de dignité, ou du corps écclésiastique auquel il sera attaché, puisse se rendre à l'assemblée de son élection lorsqu'elle sera convoquée, à l'effet d'y donner son suffrage pour le choix des députés. Que les communautés séculières et régulières d'hommes, les ordres mendiants exceptés, puissent y envoyer chacune un membre de leur communauté, et les abbayes, chapitres et communautés de filles, chacune un représentant eclésiastique.

Qu'à l'égard de la noblesse, tout noble âgé de 25 ans étant émancipé et possédant une propriété foncière quelconque, doit avoir le droit de se trouver à l'assemblée de la noblesse de l'élection dans laquelle il fera sa résidence ou aura ses propriétés, à son choix, mais sans pouvoir voter dans deux élections.

Qu'en ce qui regarde le tiers-état, étant impossible de réunir à la fois tous les individus de cet ordre, et la forme la plus élémentaire et la moins compliquée étant celle adoptée pour la régénération des assemblées provinciales, elle doit être suivie; qu'en conséquence, chaque municipalité assemblée, sous la présidence du sindic, doit nommer des députés qu'elle enverra à l'assemblée qui se tiendra dans le cheflieu de l'élection, pour la nomination des députés aux États Généraux et pour que la représentation à cette assemblée des électeurs soit proportionnelle entre les paroisses, elles nommeront un député par chaque 3.000 livres d'imposition foncière et personnelle, supportée par les taillables, et dans le cas où une municipalité ne payerait pas cette somme, elle se réunira à une ou plusieurs municipalités voisines, et elles nommeront ensemble un ou plusieurs députés, selon la quotité de leurs impositions réunies, et le sindic le plus âgé présidera lad. assemblée.

8° Que pour être admis à voter dans l'assemblée de la municipalité, il faudra payer au moins dix livres d'impositions foncières et personnelles, sans qu'il soit besoin de payer plus forte somme pour être député à l'assemblée de l'élection où lesd. députés des municipalités nommeront les représentants de leur élection aux États Généraux.

9° Qu'à l'égard de la ville de Lyon, la division en vingt-huit quartiers favorisant les élections partielles des députés du Tiers-État à l'assemblée de l'élection, elle paraît préférable à toute autre, et lad. ville fournissant, comme les municipalités, un député par chaque 3.000 liv. d'imposition foncière ou personnelle, elle aura environ 333 députés, dans la supposition que lesdites impositions montent à un million, et ces députés seront fournis par chaque quartier dans la proportion des impositions qu'il paye.

10° Que le nombre de députés que chaque quartier devra fournir à l'assemblée de l'élection étant déterminé, chacun desd. quartiers sera assemblé séparément, sous la présidence du curé de sa paroisse, et, si un quartier se trouve sur le territoire de plusieurs paroisses, le plus ancien curé desd. paroisses présidera led. quartier.

Chaque quartier, ainsi assemblé, nommera ses députés, lesquels, tous réunis à ceux des différentes municipalités de l'élection de Lyon, procéderont, dans l'hôtel commun de la ville de Lyon, à la nomination des députés du tiers-état aux États Généraux, et ladite assemblée sera présidée par la personne qu'elle aura choisie ou par qui il plaira à Sa Majesté, mais en ce dernier cas, sous la restriction portée en l'art. 4 de la présente délibération.

11° Que pour être électeur dans l'assemblée de quartier, il faudra payer au moins quinze livres d'imposition foncière ou personnelle dans la ville de Lyon, sans qu'il soit besoin de payer plus forte somme pour être député à l'assemblée d'élection.

12° Qu'immédiatement après que chaque ordre aura procédé à la nomination de ses députés aux États Généraux, il sera, par la même assemblée, procédé à la nomination de personnes qu'elle jugera capables, et en tel nombre qu'elle croira convenable pour rédiger les cahiers contenant les représentations, plaintes et doléances dud. ordre, lesquels rédacteurs pourront être choisis dans tous les ordres et dans toutes les classes de la société, sans aucune restriction d'âge, de liberté de leurs personnes et biens de naissance ou de fortune.

13° Que les cahiers de chaque ordre étant rédigés, ils doivent être lus dans une assemblée dud. ordre, laquelle sera composée des mêmes députés qui auront procédé à l'élection des représentants aux États Généraux, et tous les articles qui passeront à la majorité des voix, resteront dans lesdits cahiers, pour être présentés aux États Généraux.

14° Que chaque ordre, ayant rédigé et arrêté ses cahiers, lesquels renfermeront les limites des pouvoirs qu'il entend donner à ses députés, les députés des trois ordres seront invités à se communiquer respectivement leurs cahiers, afin, s'il est possible, que les trois ordres apportent un vœu uniforme aux États Généraux.

15° Que la nomination des députés aux assemblées d'élection se fera à voix haute dans les municipalités, et les noms des députés seront écrits, à mesure de prononciation, par le greffier de la municipalité. Quant aux nominations des quartiers de la ville de Lyon et celles dans les assemblées d'élection, elles se feront par la voye du scrutin qui sera tenu et ouvert par le secrétaire-greffier du département.

En arrêtant provisoirement ces articles, la Commission Intermédiaire Provinciale les expose avec d'autant plus de confiance, qu'ils ont pour baze la liberté, l'égalité, sans lesquelles toute représentation ne sauroit être parfaite, et qu'en admettant un nombre considérable de députés aux assemblées d'élection, elle est persuadée que c'est le plus sûr moyen de prévenir toute influence que pourrait avoir telle ou telle personne, et dans le tiers-état, telle ou telle classe, et de laisser moins d'issue à la sollicitation et à la séduction.

Et ont, MM. les députés signé, après qu'il a été déclaré, savoir : par M. Ranvier de Bellegarde, que sur l'art. 2 du plan proposé dans la présente délibération, il est d'avis que chaque ordre fournisse un nombre égal pour ses représentants aux États Généraux, pour qu'il n'y ait aucune prépondérance de l'un sur l'autre dans la discussion des intérêts communs; et par M. le baron de La Roche, tant comme procureur sindic pour l'ordre du clergé et de la noblesse, qu'en son propre et privé nom, qu'il adhère au vœu exprimé par le Parlement de Paris, dans son arrêté du 23 septembre dernier, pour réclamer par préférence à toute autre forme, celle observee en 1614 pour la convocation des Etats Généraux, cette forme, suivant les expressions de M. le premier président de cette cour, paraissant plus régulière, à cause des formalités légales dont elle est accompagnée, et ayant d'ailleurs, au milieu des variations qui ont règné dans ces convocations, l'avantage de fixer le dernier état des choses ; et par MM. Barou du Soleil et Millanois, sans approbation de l'art. 4, en ce qu'il déclare la non éligibilité du président de l'assemblée, s'il n'est pas choisi par elle, et sans approbation également de la réserve portée en l'art. 10, relative à l'art. 4. (1)

Du même jour, il a été écrit à l'ingénieur en chef, pour le charger de

---

(1) *A la suite de ces mots l'expédition est signée :* Rouvier de Bellegarde, de La Chapelle, chanoine de St-Just, sindic du clergé du diocèse de Lyon, Deschamps, Valous de Proty, Goudard, le baron de La Roche, Barou du Soleil, Millanois, Boscary, secrétaire.

faire dresser le devis des dépenses qu'entraineront l'exécution des ouvrages demandés par MM. de Villefranche, pour la démolition des portes de leur ville et l'adoucissement de la pente à la porte d'Anse.

Il a été écrit à M. le Directeur Général des Finances, pour lui rendre compte des motifs qui ont retardé le recouvrement de l'imposition représentative de la corvée, et à MM. de St-Etienne, pour leur adresser un mandat de 600 liv., au profit de leur secrétaire, pour le payement des cantonniers, et pour le prier de faire parvenir chaque quinzaine un état des salaires dûs à ces ouvriers pour leur payement.

Il a été écrit à MM. de Montbrison pour les presser de faire l'envoy du département des tailles pour 1789, auquel ils ont dû procéder; il a été écrit à ce même département et à ceux de St-Etienne et Roanne, pour les prier de mettre la plus grande célérité dans l'envoi aux municipalités des mandements pour la confection des rôles.

Il a été écrit à M. Necker, pour lui rendre compte de l'exactitude avec laquelle les bureaux intermédiaires se sont acquitté des opérations du département des tailles pour 1789, et pour le prévenir que si le recouvrement des impositions éprouve, en 1789, quelques retards, comme les receveurs généraux des finances veulent le faire craindre à ce ministre, ces lenteurs sont bien moins le fait des bureaux intermédiaires ou des municipalités, que l'effet des difficultés que les municipalités ont à redouter et dont l'arrêt de l'enregistrement de la déclaration du Roi du 28 décembre deviendra le prétexte.

Il a été écrit au sieur Bonnamour, sindic de la municipalité d'Anse, pour le remercier des soins qu'il a donné à la réparation des pavés aux abords de la ville d'Anse, et le prier de vouloir bien les continuer.

La prochaine séance fixée au jeudi 15 décembre.

Fait et clos lesd. jour et an.

    CLUGNY, grand custode, comte de Lyon, RANVIER DE BELLEGARDE, DE LA CHAPELLE, BOSCARY, secrétaire.

Dans la séance du quinze décembre mil sept cent quatre-vingt-huit.

La Commission, délibérant sur la répartition entre les divers départements de la généralité de la somme de 285.678 l. 4 s. 7 d., portée au brevet général, pour le montant de la capitation de l'année 1789, des villes franches, nobles et privilégiés, officiers de justice, exempts et employés des fermes, non compris les quatre deniers pour livre, pour droit de collecte, a considéré que quoique quelques bureaux intermédiaires lui ayent adressé des plaintes sur la portion de cet impôt que supporte leur département, elle n'a pu se procurer encore des renseignements assez surs pour lui faire connaitre si ces plaintes sont fondées et lui apprendre les changements que la Justice pourroit solliciter dans la répartition de cet impôt, pensant d'ailleurs que ces changements ne peuvent être régulièrement délibérés que par l'Assemblée Provinciale elle-même et en présence des représentants de tous les départements, elle a arrêté que la répartition en seroit faite pour l'année 1789, sur le même pied qu'elle a eu lieu en l'année 1788 et, en conséquence, ladite répartition a été fixée ainsi qu'il suit :

Pour la ville de Lyon, à la somme de deux cent quarante-sept mille six cent soixante-neuf livres dix-sept sous sept deniers.

Pour le Franc-Lyonnois, à celle de dix-huit mille trois cent cinq livres dix-huit sous trois deniers.

Pour l'élection de Lyon, à celle de seize cent cinquante-sept livres dix-neuf sous.

Pour celle de Villlefranche, à celle de quatre mille deux cent quatre-vingt-quinze livres seize sous.

Pour celle de Roanne, à celle de seize cent treize livres un sou neuf deniers.

Pour l'élection de Montbrison, à celle de cinq mille cinq cent quatre-vingt-cinq livres deux sous.

Pour l'élection de St-Etienne, à celle de six mille deux cent cinquante livres dix sous.

Copie de cette délibération a été de suite adressée au bureau intermédiaire de la ville de Lyon et Franc-Lyonnois, et il en sera incessamment adressé copie aux six autres départements.

La prochaine séance fixée au jeudi 18 du courant.

Fait et clos lesd. jour et an.

 CLUGNY, grand custode, comte de Lyon, RANVIER DE BELLEGARDE, DE LA CHAPELLE, BOSCARY, secrétaire.

Dans la séance du jeudi dix-huit décembre mil sept cent quatre-vingt-huit,

Copie a été adressée aux départements, celui de la ville de Lyon excepté, de la délibération du 15, au sujet de la répartition de l'imposition de la capitation pour 1789.

Il a été écrit au bureau de Roanne pour lui annoncer que la communauté d'Ambierle pouvait dresser dez à présent le rôle pour la répartition d'une somme de 200 liv., payable au curé de cette paroisse, pour lui tenir lieu de suplément de logement pendant les années 1787 et 1788.

Copie a été adressée à tous les départements, de la lettre de M. Necker, du 10 de ce mois, qui autorise les bureaux intermédiaires à dresser les rôles des vingtièmes d'industrie pour 1789, et il a été répondu à ce ministre.

Copie a été adressée à tous les départements de deux arrêts du Conseil, qui accordent des primes pour l'importation des grains.

Il a été écrit au département de St-Etienne, pour lui annoncer que les collectes de Pelussin, Ambuens et Virieu, s'étant réunies en une seule municipalité, il ne doit être formé dans cette paroisse qu'un seul rôle.

Il a été écrit au sieur Chabert, sindic de cette municipalité.

Il a été adressé, au bureau de Roanne, un mandat de 2.400 liv., au profit de Simon Flandre, entrepreneur de ce département.

La prochaine séance fixée au lundi 22 décembre.

Fait et clos lesd. jour et an.

  Clugny, grand custode, comte de Lyon, Ranvier de Bellegarde, de La Chapelle, Boscary, secrétaire.

Dans la séance du lundi 22 décembre 1788,

La Commission a homologué la délibération de la communauté de Fleurieu, du 28 novembre, contenant nomination d'un seul collecteur pour 1789, et en a fait le renvoi au bureau de la ville de Lyon.

Il a été adressé, aux six départements, copie de la lettre de M. Necker, du 13, qui annonce les intentions du Roi sur les formes à observer sur les différentes demandes en modération ou décharge d'imposition. Il a été répondu sur cette lettre au ministre.

Il a été écrit à MM. de Roanne, de se rembourser des soixante livres par eux payées à des destructeurs de loups, en un mandat sur le secrétaire provincial, au profit de leur secrétaire.

La Commission a approuvé le bail passé par le sieur Delaye, pour le logement de la brigade de maréchaussée à la résidence de Chazelles.

Vu la lettre du bureau du Lyonnois et les pièces relatives au jugement rendu en l'élection, qui décharge Jean Siméon, habitant de St-Genis-Terrenoire, de la collecte, la Commission a adressé ces pièces, un mémoire et un projet d'arrêt, pour obtenir la cassation de ce jugement.

Il a été écrit à M. Necker pour lui rendre compte des tracasseries qu'éprouvent les municipalités de la part des élections, pages 110 et 111 du copie de lettres n° 3.

La prochaine séance fixée au lundi 29 décembre.

Fait et clos lesd. jour et an.

  Clugny, grand custode, comte de Lyon, Ranvier de Bellegarde, de La Chapelle, Boscary, secrétaire.

Dans la séance du lundi vingt-neuf décembre mil sept cent quatre-vingt-huit,

La Commission, considérant que, dans ce moment où le froid le plus rigoureux augmente les horreurs de la misère trop généralement répandue dans les campagnes, l'établissement des atteliers de charité deviendroit un soulagement utile, elle a, en conséquence, arrêté le partage, entre les divers départements, de la somme de 40.000 livres accordée par le Roi, en 1788, pour le secours des atteliers de charité, et ce partage a été règlé ainsi qu'il suit :

Pour le département de Montbrison, dans lequel la gresle et les ouragants ont occasionné le plus de ravage	12.000 livres.
Pour celui de St-Étienne	8.000 —
Pour celui de Roanne	8.000 —
Pour le Beaujolois	6.000 —
Pour le Lyonnois	6.000 —
TOTAL	40.000 livres.

Il a été écrit à ces cinq départements pour les informer de ce partage et pour les engager à proposer le plutôt possible les ouvrages auxquels ils croiront devoir appliquer ce secours.

Le même motif du froid très rigoureux et de la misère a engagè la Commission à délibérer d'employer sur les fonds libres de la capitation, une somme de 9.000 livres en achat et distribution de ris pour le soulagement des pauvres ; il a été arrêté que, des 450 quintaux de ris que l'on pourroit se procurer avec cette somme, il en seroit distribué dans l'intérieur de la ville de Lyon, par l'entremise de MM. les curés des paroisses et des œuvres de la Marmite, 142 quintaux ; au Lyonnois, par l'entremise du bureau intermédiaire, 80 quintaux ; 64 à celui de Montbrison ; 52 à celui de Villefranche ; 56 à celui de Roanne ; 48 à celui de St-Étienne, et le surplus à celui du Franc-Lyonnois.

M. Goudard a été prié de se charger des détails de cet achat et de cette distribution.

La prochaine séance fixée au vendredi deux janvier.

Fait et clos lesd. jour et an.

CLUGNY, grand custode, comte de Lyon ; RANVIER DE BELLECARDE, DE LA CHAPELLE, BOSCARY, secrétaire.

Dans la séance du vendredi deux janvier mil sept cent quatre-vingt-neuf,

Sur la demande du bureau de St-Etienne, la Commission lui a adressé un ordre qui enjoint au sieur Pomey, adjudicataire en 1787 de l'attelier du pont du Gas, sous le nom du sieur Mazenod, de remettre au bureau de St-Etienne un compte détaillé du nombre d'ouvriers par lui employés, la date et l'époque auxquelles il les a employés, la durée de leurs travaux et la quantité de matériaux par lui transportés.

Il a été écrit à M. l'Intendant, pour le prier de demander compte à M. Lallié, ci-devant ingénieur en chef de la province, des outils propres aux travaux des routes qu'on fourniroit aux corvéables.

Il a été écrit à M. Blondel, pour lui faire part du partage délibéré dans la dernière séance, de la somme de 40.000 liv. destinée aux atteliers de charité.

Il a été écrit à MM. les Procureurs Sindics du département de

Roanne, pour leur annoncer les secours de ris destinés à leur canton.

La prochaine séance fixée au lundi 5 janvier.

Fait et clos lesd. jour et an.

Dans la séance du lundi 5 janvier 1789,

Il a été écrit aux départements de Montbrison, St-Étienne et Villefranche, pour les presser de mettre la Commission à portée de proposer le partage de la somme de 30.000 livres accordée par le Roi, pour le moins imposé de 1788, en lui adressant le plutot possible l'état nominatif des paroisses et des particuliers de leur département qui ont éprouvé des incendies ou dont les récoltes ont été ravagées par la gresle ou les ouragants, avec la note de leurs impositions.

La Commission, informée que des amas de neige ayant intercepté la route de Montbrison à Lyon, entre le bois de Layat et Chazelle, il a été donné ordre au sieur Sotille, conducteur, de se rendre sur les lieux et de diriger les travaux nécessaires pour rendre la route libre, et que M. de Laval, procureur sindic du département du Lyonnois, a fait quelques avances au sieur Sotille pour fournir au payement de ses travaux, ces dispositions ont été approuvées par la Commission, et il a été arrêté que M. de Laval serait remboursé sur le vu de l'état des dépenses certifié par les sindics des municipalités voisines, qui sera rapporté par le sieur Sottille. Le secrétaire provincial a été autorisé à payer, des deniers destinés aux frais d'administration, le montant de certificats délivrés aux nommés Chalencon, Gingenne et Giraud, entrepreneurs du département de Montbrison.

La prochaine séance fixée au jeudi 8 janvier.

Fait et clos lesd. jour et an.

CLUGNY, grand custode, comte de Lyon, RANVIER DE BELLEGARDE, DE LA CHAPELLE, BOSCARY, secrétaire.

Dans la séance du jeudi huit janvier 1789,

La Commission a écrit à M. Necker, pour le remercier des 14,000 livres qu'il destine pour les réparations de l'hôtel de l'administration.

Elle a écrit au même ministre, pour le prier d'obtenir du Roi l'établissement, dans cette province, d'états provinciaux, à l'instar de ceux du Dauphiné.

Il a été écrit à M. de Saint-Vincent, pages 122, 123, 124 et 125 du copie de lettres n° 3.

Il a été écrit à M. l'Intendant, pour le prier d'homologuer une délibération prise par la municipalité de Roanne, relativement au procès que lui a intenté le sieur Perroton de Chatelus ; il a été écrit au même magistrat pour lui témoigner la reconnoissance de la Commission sur l'économie par lui faite d'une somme de quatorze mille livres, que le ministre a destinée aux réparations de l'hôtel de l'administration, et pour lui adresser l'état des sommes à acquitter à la fin du mois sur les fonds libres de la capitation et sur les fonds variables, avec prière d'ordonnancer ces deux lettres.

La prochaine séance fixée au lundi 12 de ce mois.

Fait et clos lesd. jour et an.

> CLUGNY, grand custode, comte de Lyon, RANVIER DE BELLEGARDE, DE LA CHAPELLE, BOSCARY, secrétaire.

Dans la séance du lundi douze janvier 1789,

La Commission a autorisé MM. de Villefranche à recevoir les enchères au-dessus du prix porté aux devis pour l'adjudication des deux acqueducs à construire près Belleville, dans le cas où aucun entrepreneur ne voulut miser au-dessous.

Il a été répondu à MM. de St-Etienne, pages 69, 70, 71, 72, 73 du copie de lettres des ponts et chaussées n° 2, au mémoire de M. de St-Genest, sur l'état des routes de ce département.

Il a été adressé aux départements des copies de la lettre de la Commission à M. Necker, pour obtenir des états provinciaux.

Il a été écrit à M. l'Intendant, pour le prier d'homologuer une délibération de la communauté de Belleville.

Il a été écrit à MM. de la ville de Lyon, relativement à la somme de 58.000 livres destinée aux décharges et modérations sur l'imposition de la capitation.

La prochaine séance fixée au jeudi 15 janvier.

Fait et clos lesd. jour et an.

> CLUGNY, grand custode, comte de Lyon, RANVIER DE BELLEGARDE, DE LA CHAPELLE, BOSCARY, secrétaire.

Dans la séance du jeudi quinze janvier 1789,

La Commission a écrit à M. le Directeur Général des Finances, pour lui annoncer les inquiétudes qu'éprouvent les municipalités du département de St-Etienne, de la part des officiers de l'élection, relativement aux nominations à la collecte.

Il a été écrit à MM. de la ville de Lyon, sur les vues par eux proposées, concernant les avertissements donnés et les contraintes relativement à l'impôt de la capitation.

Il a été [adressé] aux départements les rôles des vingtièmes de biens fonds pour l'année 1789, déclarés exécutoires par M. l'Intendant, en les chargeant de les remettre au receveur des finances de chaque élection, pour les faire parvenir aux municipalités.

Vu la lettre de M. Necker, du 9, qui annonce le don fait par le Roi d'une somme de 6.000 livres, pour les employer en achat de ris à distribuer aux pauvres de la ville de Lyon, il a été répondu à ce ministre, et copie de cette lettre a été adressée au bureau intermédiaire de la ville de Lyon.

La prochaine séance fixée au lundi 19.

Fait et clos lesd. jour et an.

Dans la séance du lundi dix-neuf janvier 1789,

La Commission a mis sous les yeux du ministre des finances la demande faite, par MM. de la ville de Lyon et Franc-Lyonnois, d'une somme de 600 livres, pour gratification extraordinaire en faveur des sieurs Lenée et Verne, commissaires aux revues pour la capitation. Elle a écrit au même ministre, relativement au secours demandé par M. Chappuis de La Goutte, de Montbrison. Elle a écrit au bureau intermédiaire de Montbrison, relativement à la capitation des non-taillables et privilégiés de son département.

Elle a adressé à MM. de la ville de Lyon et du Franc-Lyonnois les rôles des vingtièmes de 1789, pour la ville de Lyon et le Franc-Lyonnois, avec prière de les remettre au receveur.

La prochaine séance fixée au jeudi 22.

Fait et clos lesd. jour et an.

CLUGNY, grand custode, comte de Lyon, RANVIER DE BELLEGARDE, DE LA CHAPELLE, BOSCARY, secrétaire.

Dans la séance du jeudi vingt-deux janvier mil sept cent quatre-vingt-neuf,

La Commission a écrit à M. de La Millière pour le remercier d'avoir donné un cinquième sous-ingénieur à la province, dans la personne de M. Busson. Elle a écrit au même magistrat pour lui annoncer que M. de La Beaume, sous-ingénieur, avoit déjà fait le travail dont il avoit été chargé à la place de M. Cahouet, relativement au redressement projetté de la route du Bourbonnois, entre La Pacaudière et le ravin Berger.

Il a été écrit à M. le Directeur Général des Finances, pour le remercier de la fixation faite par le Roi, d'une somme de quarante-cinq mille livres pour les atteliers de charité de 1789 et de trente mille livres pour le moins imposé.

La Commission a délivré les mandats au profit des officiers de maréchaussée dénommés en l'état des logements, pour les derniers six mois de 1788, ordonnancé par M. l'Intendant.

Il a été répondu, pages 148 et 149 du copie de lettres n° 3, à la lettre de M. Necker, du 10 de ce mois, contenant l'emploi des fonds libres de la capitation et des fonds variables.

La prochaine séance fixée au lundi 26 de ce mois.

Fait et clos lesd. jour et an.

    Clugny, grand custode, comte de Lyon, Ranvier de Bellegarde, de La Chapelle, Boscary, secrétaire.

Dans la séance du lundi vingt-six janvier 1789,

Vu la lettre de MM. de Lyon, du 23, au sujet de M. Rey, lieutenant-général de police, copie de cette lettre a été adressée à M. le Directeur Général des Finances.

La Commission a adressé, aux six départements, extrait de la lettre de M. Necker, du 10 de ce mois, l'état cotté C, qui y étoit joint, avec prière d'envoyer le plutôt possible, à la Commission, l'état de leurs frais d'administration pendant l'année 1788.

La Commission a adressé à MM. de Lyon et à MM. de Roanne, les rôles des vingtièmes d'industrie de 1789, déclarés exécutoires.

Elle a adressé à MM. de St-Etienne un mandat de 557 l. 10 s. 10 d., pour solder les salaires des cantonniers.

Elle a écrit à MM. de Roanne pour faire réparer le pont de Somaine, entraîné par les glaces.

La prochaine séance fixée au jeudi 29 janvier.

Fait et clos lesd. jour et an.

    Clugny, grand custode, comte de Lyon, Ranvier de Bellegarde, de La Chapelle, Boscary, secrétaire.

Dans la séance du jeudi vingt-neuf janvier 1789,

La Commission a chargé M. de Varaigne de faire reconnoître l'état du chemin qui traverse le village de Rochetaillée, et de le faire réparer incessamment, s'il est sur l'état du Roi ou s'il devient un chemin indispensable, lorsque la rivière de Saône est débordée.

Vu le mémoire de M. le marquis d'Evry, le chemin dont il demande la réparation n'étant pas sur l'état du Roi, il a été écrit à MM. de Roanne pour leur annoncer que ce chemin ne peut être réparé que sur les fonds des atteliers de charité.

Vu les délibérations du bureau du Lyonnois, des 7 et 10 de ce mois, pour obtenir des Etats provinciaux dans cette généralité.

Copie a été adressée à tous les départements d'un arrêt du Conseil, rendu le 30 novembre, pour opérer quelques réunions de hameaux au chef-lieu, dans l'étendue du département de Melun.

La Commission a adressé à M. Necker les états de situation, exercice 1788, des fonds libres de la capitation et de cazernement.

Il a été écrit, folios 159 et 160 du copie de lettres, à MM. de Lyon et du Lyonnois, pour les prévenir d'une erreur découverte dans la répartition de la capitation de 1789.

La prochaine séance fixée au jeudi cinq février.

Fait et clos lesd. jour et an.

>   CLUGNY, grand custode, comte de Lyon, RANVIER DE BELLEGARDE, DE LA CHAPELLE, BOSCARY, secrétaire.

Dans la séance du jeudi cinq février,

La Commission a adressé à MM. de Villefranche les rôles des vingtièmes d'industrie, pour leur ville et celle de Beaujeu.

Elle a écrit à M. Necker, pour lui annoncer que l'opération des vingtièmes de 1789 est entièrement terminée.

La Commission a écrit au bureau de la ville de Lyon, pour lui accuser la réception des rôles de capitation pour 1789 de la ville de Lyon, et pour lui demander la communication du rôle par classe, qu'il a dû faire dresser pour la répartition de cette imposition.

Elle a écrit au même bureau, au sujet des cotes ouvertes à quelques bourgeois de Lyon dans les rôles de la capitation taillable, à raison de leur propriété dans le Franc-Lyonnois, pages 163 et 164 du copie de lettres n° 3.

Il a été écrit à MM. de Roanne, au sujet de l'arrêt rendu, à la Cour des Aides, en faveur de M. de Chatelus, contre la communauté de Roanne.

Il a été écrit à MM. de Roanne, au sujet de l'établissement des atteliers de charité.

La prochaine séance fixée au lundi 9 février.

Fait et clos lesd. jour et an.

>   CLUGNY, grand custode, comte de Lyon, RANVIER DE BELLEGARDE, DE LA CHAPELLE, BOSCARY, secrétaire.

Dans la séance du lundi neuf février 1789,

La Commission a adressé à M. de Varaigne l'apperçu des travaux à exécuter, en 1789, dans l'étendue du département de Roanne.

Elle a écrit à MM. de Roanne sur le même objet, ces lettres, après avoir été délibérées, ont été transcrites du f° 81 à celui 87 du copie de lettres des ponts et chaussées n° 2.

Elle a accordé au sieur Astier, sous-ingénieur, le congé de six semaines par lui demandé.

Elle a adressé à M. Barou du Soleil, procureur sindic, de présent à Paris, toutes les pièces relatives au logement du sieur Poncet dans l'hôtel de l'administration, avec prière de solliciter la réformation de la décision du ministre, contenue dans sa lettre du 29 janvier. Elle a écrit à M. Necker sur le même objet.

La prochaine séance fixée au jeudi 12 de ce mois.

Fait et clos lesd. jour et an.

    CLUGNY, grand custode, comte de Lyon, RANVIER DE BELLEGARDE, DE LA CHAPELLE, BOSCARY, secrétaire.

Dans la séance du jeudi douze février 1789, après midy,

La Commission, vu la lettre à elle adressée par M. de Villedeuil, ministre et secrétaire d'Etat, concernant les services de M. Rey, lieutenant général de police, en date du 2, a adressé copie de cette lettre à MM. de la ville de Lyon et Franc-Lyonnois.

Elle a vérifié diverses demandes en décharge et modération de capitation.

La prochaine séance fixée au lundi 16.

Fait et clos lesdits jour et an.

    CLUGNY, grand custode, comte de Lyon, RANVIER DE BELLEGARDE, DE LA CHAPELLE, BOSCARY, secrétaire.

Dans la séance du lundi seize février 1789,

Vu le mémoire du bureau intermédiaire de la ville de Lyon et sa lettre du 2, la Commission a répondu que tous les objets relatifs à cette matière ne pouvaient être traités que par les députés des trois ordres réunis.

Elle a adressé à M. le Directeur Général des Finances l'arrêté pris, le 25 octobre, en l'assemblée complette du département de la ville de Lyon, et ses observations contre l'enchérissement, illicite et contraire à la teneur de son bail, que s'est permis le sieur Berger, fermier des diligences de Paris, sur le prix des places dans la diligence par eau.

Elle a adressé à MM. de Roanne le bail passé par le sieur Durelle, pour la location d'une maison servant de cazerne à la brigade de maréchaussée de St-Just-en-Chevalet, avec prière de faire vérifier les réparations dont cette maison est susceptible et d'engager le sieur Durelle à les faire faire.

La prochaine séance fixée au jeudi 19 du courant.

Fait et clos lesd. jour et an.

    CLUGNY, grand custode, comte de Lyon, RANVIER DE BELLEGARDE, DE LA CHAPELLE, BOSCARY, secrétaire.

Dans la séance du jeudi 19 février 1789,

La Commission a vérifié les demandes faites par les pères de nombreuse famille de la généralité, et a arrêté l'état des secours à leur accorder pour l'année 1788.

Elle a écrit à M. Necker pour savoir si, avant de statuer sur les demandes en décharge ou modération de vingtièmes, sur lesquelles le directeur a donné son avis, elle ne doit pas communiquer ces demandes aux bureaux intermédiaires.

Elle a adressé aux bureaux de Roanne et de Villefranche, copie de l'arrêt du Conseil, du 1er novembre, qui homologue les délibérations prises par les paroisses de St-Sixte, St-Priest-la-Roche, Poulle et St-Marcel-l'Eclairé, pour les réparations de leurs églises et presbitères.

Elle a écrit à M. de Varaigne, pour autoriser le congé à lui adressé par M. de La Millière.

La prochaine séance fixée au jeudi 26 février.

Fait et clos lesd. jour et an.

CLUGNY, grand custode, comte de Lyon, RANVIER DE BELLEGARDE, DE LA CHAPELLE, BOSCARY, secrétaire.

Dans la séance du jeudi vingt-six février 1789,

La Commission, informée du décès de M. le marquis d'Albon, l'un de ses membres, a prié M. le baron de La Roche et M. de Bellegarde de se rendre auprès de Madame la marquise d'Albon, sa veuve, pour lui exprimer la douleur que les membres de la Commission ressentent de cette mort, et combien il est fâcheux pour la province d'être privé d'un administrateur aussi recommandable par son zèle que par sa probité.

La Commission a adressé à M. Necker l'état des secours en faveur des pères de nombreuse famille, arrêté en la présente séance, et l'état des trois demandes de ce genre qu'elle a cru ne pas devoir accueillir, avec prière de faire approuver par le Conseil les décisions de la Commission sur ces deux états.

Il a été écrit à MM. du bureau intermédiaire de la ville de Lyon, pages 179 et 180 du copie de lettres, sur les précautions relatives aux contraintes et sur quelques irrégularités ou erreurs que présentent les rôles de la capitation de 1789.

La Commission a adressé à l'ingénieur en chef les projets des devis de la montagne de Tarare à Roanne, avec la note des changements à faire. Elle a écrit, sur le même objet à MM. de Villefranche.

La prochaine séance fixée au jeudi 2 mars.

Fait et clos lesdits jour et an.

CLUGNY, grand custode, comte de Lyon, RANVIER DE BELLEGARDE, DE LA CHAPELLE, BOSCARY, secrétaire.

Dans la séance du lundi deux mars 1789,

La Commission a adressé à MM. de Roanne une lettre de M. l'Intendant, du 28 février, avec une ordonnance au profit de M. de St-Polgues et de M. de Sugny, dont le montant doit être employé au payement des ouvriers qui ont travaillé au pont de la Bruyère.

M. le baron de La Roche et M. de Bellegarde ont rendu compte des visites par eux faites, au nom de la Commission, à Madame la marquise d'Albon, et de la reconnoissance qu'elle leur a témoigné pour l'intérêt qu'a pris la Commission à la mort de son mari.

Vu la lettre de M. Barou du Soleil, du 17 février, relativement aux démarches par lui faites pour obtenir la réformation de la décision du ministre, relativement à l'appartement occupé par le sieur Poncet, il a été répondu à M. Barou, pages 180 et 181 du copie de lettres.

La prochaine séance fixée au jeudi 5 de ce mois.

Fait et clos lesd. jour et an.

CLUGNY, grand custode, comte de Lyon, RANVIER DE BELLEGARDE, DE LA CHAPELLE, BOSCARY, secrétaire.

Dans la séance du jeudi cinq mars 1789,

La Commission a écrit à MM. de Montbrison et de St-Etienne, pour les prier de se charger de la distribution, dans leur département, de la portion de ris destinée à chacun de ces départements.

La Commission a écrit aux cinq bureaux intermédiaires, pour leur annoncer les sommes destinées à donner des gratifications aux conducteurs qui leur paroîtroient avoir mérité cette grâce.

Elle a adressé à M. de La Millière, pages 93, 94 et 95 du copie de lettres, et il lui a été fait envoy de divers états et de la note des gratifications demandées par la Commission pour les ingénieurs de la province.

Il a été écrit au même magistrat, relativement à la demande du département de Montbrison, pour la confection du chemin de Roanne en Auvergne, par Montbrison.

La prochaine séance fixée au lundi neuf mars.

Fait et clos lesd. jour et an.

CLUGNY, grand custode, comte de Lyon, RANVIER DE BELLEGARDE, DE LA CHAPELLE, BOSCARY, secrétaire.

Dans la séance du lundi neuf mars 1789,

Vu la lettre de M. Blondel, du 16 février, et l'arrêt du 29 janvier y énoncé, par lequel le Roi, sur les représentations de la Commission

Intermédiaire, casse les procédures faites en la sénéchaussée de Montbrison par le curé de St-George-de-Baroilles, contre les habitants de sa paroisse, relativement aux réparations de son presbitère, la Commission a répondu à M. Blondel et copie de cet arrêt a été de suite adressée au bureau intermédiaire de Montbrison.

La Commission a adressé à M. Blondel l'état des sommes imposées pour la capitation de l'année 1789, tant sur les habitants de la ville de Lyon que sur les communautés du Franc-Lyonnois, avec prière de faire autoriser cet état par le conseil.

Attendu les séances prochaines des trois ordres, pour la nomination des députés aux Etats Généraux et la formation des cahiers, la Commission a suspendu ses séances, qu'elle ne reprendra qu'après la fin de cette assemblée.

Fait et clos lesdits jour et an.

CLUGNY, grand custode, comte de Lyon, RANVIER DE BELLEGARDE, DE LA CHAPELLE, BOSCARY, secrétaire.

Dans la séance de la Commission Intermédiaire du jeudi deux avril, ensuite de la convocation faite par le secrétaire provincial, d'ordre de M. le comte de Clugny, président,

La Commission, sur le rapport à elle fait par M. l'abbé de La Chapelle et M. Millanois, commissaires, relativement à la demande de M. le marquis d'Osmont, tendante à ouvrir à ses frais un chemin du lieu de Roche-la-Mollière à la Loire, a arrêté, après une mure délibération, son avis, qui a été transcrit à la suite du rapport et adressé de suite à M. de La Millière.

Vu l'avis de MM. du Lyonnois, sur les difficultés élevées dans les municipalités de St-Symphorien-le-Château, la Commission a autorisé cet avis par son délibéré et l'a adressé au bureau du Lyonnois.

Vu la lettre adressée à la Commission par M. le baron de La Roche, contenant sa démission de la place de procureur sindic, M. le comte de Clugny et M. l'abbé de La Chapelle ont été chargés, par la Commission, de voir M. de La Roche et de lui faire les plus vives instances pour l'engager à retirer sa démission.

La prochaine séance fixée au lundi six avril.

Fait et clos lesd. jour et an.

CLUGNY, grand custode, comte de Lyon, RANVIER DE BELLEGARDE, DE LA CHAPELLE, BOSCARY, secrétaire.

Dans la séance du lundi six avril 1789,

Sur le compte rendu par M. le comte de Clugny et M. l'abbé de La Chapelle, de la visite par eux faite à M. le baron de La Roche et de sa déclaration qu'il persiste dans sa démission, malgré les sollicitations pressantes qu'ils ont employées auprès de lui, pour l'engager à continuer ses fonctions, la Commission a adressé une lettre à M. le baron de La Roche, pour lui témoigner tout le regret que lui cause sa retraite et pour l'assurer des sentiments d'estime et d'attachement que lui ont voué les membres de la Commission.

La Commission, considérant le vuide que forme dans son sein la mort de M. le marquis d'Albon, la retraite de M. le baron de La Roche et la nomination, pour députés aux Etats Généraux, de M. Deschamps dans l'ordre de la noblesse et de MM. Goudard et Millanois dans celui du Tiers, il a été écrit une lettre à M. Necker, pour le prier d'autoriser la Commission à remplacer quelques-uns de ses membres jusqu'au retour des Etats Généraux.

Vu la lettre de M. Necker du 24 mars et l'instruction y contenue, sur les formes à observer pour les demandes en décharge ou modération sur la capitation ou sur les vingtièmes. Copie de cette instruction a été adressée à tous les bureaux intermédiaires.

La Commission a adressé à M. Necker l'état, à elle envoyé par M. l'Intendant, des déboursés faits par M. Vitet, médecin, pour le cours d'accouchements commencé en décembre et clos à la fin de mars dernier.

La prochaine séance fixée au jeudi neuf de ce mois.

Fait et clos lesd. jour et an.

  CLUGNY, grand custode, comte de Lyon, RANVIER DE BELLEGARDE, DE LA CHAPELLE, BOSCARY, secrétaire.

Dans la séance du jeudi neuf avril 1789,

La Commission a adressé à la Société royale d'agriculture deux règlements, l'un relatif à la Société royale de Paris, l'autre ordonnant l'établissement d'une société d'agriculture à Poitiers, plus l'exemplaire d'un ouvrage de M. Parmentier sur la culture de la pomme de terre.

La Commission a adressé à chacun des six départements toutes les affaires relatives aux 20^{mos} des biens-fonds les concernant, pour y donner leur avis.

Vu la lettre de M. le Directeur général, du 19 mars, contenant les intentions du Roi sur la part que doivent avoir les inspecteurs et sous-ingénieurs des ponts et chaussées, dans la confection des devis et la direction des ouvrages relatifs aux constructions et reconstructions des églises et presbitères, copie de cette lettre a été adressée aux six départements et il a été répondu au ministre.

Il a été pareillement écrit à M. Necker, pour lui faire part des difficultés qu'éprouve la municipalité de Pelussin, Viricu et Ambuens, de la part des officiers de l'élection de St-Etienne, pour s'être conformé aux intentions du conseil et à l'ordre de la Commission, en ne formant qu'un seul rôle pour les trois collectes qui se sont réunies en une seule municipalité.

La prochaine séance fixée au mercredy 15 de ce mois.

Fait et clos lesd. jour et an.

    Clugny, grand custode, comte de Lyon, Ranvier de Bellegarde, de La Chapelle, Boscary, secrétaire.

Dans la séance du mercredi quinze avril 1789.

La Commission a adressé à M. l'Intendant, pages 98, 99 du copie de lettres n° 2 des ponts et chaussées, toutes les pièces, mémoires et délibérations du bureau de St-Etienne, relativement à une adjudication donnée, en 1787, au sieur Mazenod, d'un attelier entre la Grand'-Croix et côte de St-Jean-de-Bonnefonds, adjudication dans laquelle le sieur Mazenod n'était que le prête-nom du sieur Pomey, conducteur des travaux des routes. Il a été donné avis de cet envoy à MM. de St-Etienne.

La Commission a adressé à M. de La Millière le travail fait par M. de La Beaume, sur le projet de redressement du chemin du Bourbonnois, entre La Pacaudière et le ravin Berger.

La Commission a adressé à MM. de Roanne l'avis des conseils de la province, sur l'instance intentée par le sieur Madinier, maître de poste, à la paroisse de Ste-Agathe, et son délibéré pour autoriser cette dite communauté à deffendre à cette demande. Elle a adressé au même bureau l'avis des conseils de la province, sur l'affaire de la communauté de Roanne contre le sieur Perroton de Chatelus.

La Commission a adressé à M. Necker un mémoire de la municipalité de St-Germain-Laval, relativement à un procès intenté à un particulier de cette paroisse, par un commis des aides, d'après une visite domiciliaire faite chez lui, à raison d'un cochon qu'il avait tué pour son usage particulier.

La Commission a adressé à M. Necker huit dossiers concernant des réparations d'églises et presbytères, avec un projet d'arrêt y relatif.

Enfin, elle a adressé à M. Necker l'avis des conseils de la province et un projet d'arrêt, pour obtenir la cassation de toutes les poursuites faites en la sénéchaussée de Lyon par le sieur Martinot, curé de la paroisse d'Echalas, contre les habitants de sa paroisse, pour les réparations de son presbytère.

La prochaine séance fixée au lundi 20 de ce mois.

Fait et clos lesdits jour et an.

    Clugny, grand custode, comte de Lyon, Ranvier de Bellegarde, de La Chapelle, Boscary, secrétaire.

Dans la séance du lundi vingt avril mil sept cent quatre-vingt-neuf,

La Commission a adressé à M. l'Intendant le projet d'état de distribution du fond de 12.000 livres, de l'exercice de 1788, destiné au payement des indemnités dues aux divers particuliers de la province, dont les héritages ont été endommagés par l'ouverture ou les travaux des routes ; elle a prié ce magistrat d'adresser cet état au conseil, à l'effet de le faire approuver.

Il a été écrit à MM. de la ville de Lyon, à l'effet d'autoriser M. Lespinat, ingénieur de leur département, à employer quelques ouvriers aux réparations les plus urgentes du chemin de halage près La Roche-de-l'Isle et le long du clos le Roi.

La Commission a statué sur la demande de M. de Boubée, en modération de sa capitation.

Il a été écrit au département de Montbrison, pages 10 et 11 du copie de lettres n° 4, relativement aux diverses requêtes et mémoires contenues dans sa lettre du 15.

La prochaine séance fixée au jeudi 23 du courant.

Fait et clos lesd. jour et an.

    CLUGNY, grand custode, comte de Lyon, RANVIER DE BELLEGARDE, DE LA CHAPELLE, BOSCARY, secrétaire.

Dans la séance du jeudi vingt-trois avril 1789,

Vu l'état, approuvé par le conseil, des secours au profit des pères de nombreuse famille ou autres gratifications à prendre sur les fonds libres de la capitation, exercice 1788, la Commission a délivré des mandats sur le receveur général, au profit de chaque partie prenante dénommée aud. état.

La Commission a écrit à MM. de St-Etienne, pour autoriser le choix par eux fait du sieur Fonvieille pour nouveau conducteur dans leur département.

Elle a écrit à MM. de Montbrison, pour approuver le projet de faire faire, sur le fond des atteliers de charité, un chemin autour de la ville de Montbrison.

Elle a adressé à MM. de St-Etienne un mandat de mille livres, pour le payement des salaires échus des ouvriers stationnaires employés dans son département.

La prochaine séance fixée au lundi 27 de ce mois.

Fait et clos lesd. jour et an.

    CLUGNY, grand custode, comte de Lyon, RANVIER DE BELLEGARDE, DE LA CHAPELLE, BOSCARY, secrétaire.

Dans la séance du lundi vingt-sept avril 1789,

Il a été écrit à MM. de Roanne, en réponse à leur lettre du 22, que la Commission ne pouvait ordonner aucune réparation nouvelle sur la route de Roanne à St-Germain-Laval, passant par St-Polgue et Souternon, avant que M. le comte de St-Polgue et M. de Sugny n'eussent employé, conformément à leur soumission, entre les mains de M. l'Intendant, la somme de 5.000 livres à eux accordée par ce magistrat, en 1787, pour fournir aux réparations de cette route, à moins qu'il ne plut à M. l'Intendant de les dégager de leur soumission et de rendre à la province la somme qui leur est destinée, déduction faite des sommes employées au pont de la Bruyère.

Il a été écrit au même bureau pour le prier de faire dresser un devis régulier des réparations à faire au pont de Sornain.

Vu l'instruction approuvée par M. le Directeur Général, sur les formes à observer pour l'application et distribution du moins imposé. Copie de cette instruction a été adressée aux bureaux intermédiaires, celui de la ville de Lyon excepté.

La prochaine séance fixée au jeudi 30 du courant.

Fait et clos lesd. jour et an.

CLUGNY, grand custode, comte de Lyon, RANVIER DE BELLEGARDE, DE LA CHAPELLE, BOSCARY, secrétaire.

Dans la séance du jeudi trente avril 1789,

La Commission a écrit deux lettres à l'Ingénieur en chef, l'une pour lui demander son avis pour rendre sûr et comode le passage de la Loire, dans la partie où cette rivière traverse la route de Lyon à Bordeaux, l'autre pour lui demander sur quels fonds il peut être pourvu au payement de la somme de 360 livres due à Benoît Boisson, entrepreneur des ouvrages ordonnés aux murs du cimetière de Saint-George-de-Renins, à cause du dommage que lui avoit causé le surbaissement de la grande route.

Il a été écrit à MM. de St-Etienne, pour leur annoncer que la Commission ne pouvoit, sans compromettre les intérêts de la province, consentir au payement demandé par le sieur Mazenod.

Il a été écrit à M. Necker pour le remercier de l'augmentation de 10.000 livres accordée par le Roi, sur le moins imposé de 1789.

Il a pareillement été écrit à MM. de St-Etienne, pour les presser de nouveau de faire parvenir à la Commission l'état de leurs frais d'administration pendant l'année 1788.

La prochaine séance fixée au lundi 4 mai.

Fait et clos lesd. jour et an.

CLUGNY, grand custode, comte de Lyon, RANVIER DE BELLEGARDE, DE LA CHAPELLE, BOSCARY, secrétaire.

Dans la séance du lundi quatre mai 1789,

La Commission a écrit à M. Blondel, pour lui accuser la réception de sa lettre du 29 avril, contenant l'envoy de l'état arrêté au Conseil de la capitation des paroisses du Franc-Lyonnais, et de celles des non taillables et privilégiés de la ville de Lyon.

Sur l'avis donné à la Commission par MM. de St-Etienne, que la brigade de maréchaussée de cette ville est obligée de quitter la maison qui lui sert de cazerne, la Commission a prié MM. de Saint-Etienne de se donner des soins pour trouver un autre logement à cette brigade.

Vu la lettre de M. Necker, du 25 avril, qui autorise la Commission à choisir un successeur à M. le baron de La Roche et à nommer provisoirement un nouveau membre de la Commission, pris dans le nombre des représentants du Tiers-Etat dans l'Assemblée Provinciale, la Commission a nommé unanimement M. l'abbé de La Chapelle pour remplir les fonctions de procureur sindic provincial, pour l'ordre du clergé et celui de la noblesse, et M. Binot, avocat-juge de Belleville, pour membre de la Commission pendant l'absence et jusqu'au retour de MM. Deschamps, Goudard et Millanois, députés aux Etats généraux; copie de la lettre du ministre a été adressée à MM. de Villefranche.

La prochaine séance fixée au jeudi 7 mai.

Fait et clos lesd. jour et an.

CLUGNY, grand custode, comte de Lyon, RANVIER DE BELLEGARDE, DE LA CHAPELLE, BOSCARY, secrétaire.

Dans la séance du jeudi sept mai 1789,

La Commission a écrit à M. Necker pour lui annoncer la nomination faite, dans la précédente séance, de M. l'abbé de La Chapelle et de M. Binot.

Elle a écrit à MM. de Roanne, pages 27 et 28 du copie de lettres n° 4, au sujet de l'assignation donnée à la municipalité de Bussières.

La Commission a autorisé et renvoyé à MM. du Lyonnois les délibérations prises par les municipalités de Ville-sur Jarniost, Saint-André-du-Coin et Limonet.

Vu l'assignatipn donnée le six de ce mois, à la requête de M. Perrodon, notaire, à M. Dareste, receveur des impositions, au sujet des exécutions faites dans le domicile de M. Perrodon, pour le recouvrement de la cotte de la capitation ouverte à la demoiselle Mandiot, la Commission a prié M. l'abbé de La Chapelle, procureur sindic, d'écrire à M. le Lieutenant Général de la sénéchaussée, pour lui observer que cette affaire ne peut être de la compétence de son tribunal.

Vu le jugement de l'élection de St-Etienne, contre la municipalité de Virieu, Pelussin et Ambuens, la Commission a adressé copie de ce jugement à M. le Directeur Général, avec prière de faire cesser les difficultés qu'éprouve cette municipalité ; elle a fait part de ces poursuites au bureau intermédiaire de St-Etienne et écrit au receveur des tailles de la même ville, pour qu'il ne fit aucune poursuite contre cette municipalité jusques à la réponse du ministre.

La Commission a écrit aux bureaux intermédiaires du Lyonnois, Montbrison et St-Etienne, relativement à la reconnoissance des travaux des routes ordonnés pour l'année 1788.

La prochaine séance fixée au lundi onze de ce mois.

Fait et clos lesd. jour et an.

CLUGNY, grand custode, comte de Lyon, RANVIER DE BELLE-GARDE, BINOT, DE LA CHAPELLE, BOSCARY, secrétaire.

Dans la séance du lundi onze mai 1789,

M. l'abbé de La Chapelle a rendu compte à la Commission de la lettre de M. le Lieutenant Général en la sénéchaussée, qui annonce qu'en l'audience du 9, sur la réquisition de MM. les gens du Roi, la demande formée par M. Perrodon à M. Dareste a été renvoyée par-devant les juges qui en doivent connaître.

La Commission a adressé à M. de Varaigne la lettre écrite dans la précédente séance, à MM. du Lyonnois, Montbrison et Villefranche, relativement à la reconnoissance des travaux des routes ordonnés en 1788.

La Commission a écrit à M. Blondel, pour lui accuser la réception de sa lettre du 1er, concernant le moins imposé de 1789, et pour lui annoncer qu'elle ne s'occuperoit du partage de ce secours qu'après que le sort des récoltes de 1789 seroit décidé. Elle a écrit à MM. de la Société royale d'agriculture, pour leur annoncer que, d'après son avis, elle se décideroit volontiers à faire imprimer le résumé étant à la suite de l'ouvrage de M. Parmentier, sur la culture des pommes de terre, aussitôt que la Société royale aurait rédigé et lui aurait fait parvenir les notes qu'elle croit utiles d'ajouter à ce résumé.

La prochaine séance fixée au jeudi 14 mai.

Fait et clos lesd. jour et an.

CLUGNY, grand custode, comte de Lyon, RANVIER DE BELLE-GARDE, BINOT, DE LA CHAPELLE, BOSCARY, secrétaire.

Dans la séance du jeudi quatorze mai 1789,

La Commission a dénoncé à M. le Procureur du Roi au bureau des finances, les enlèvements journaliers qui se font des matériaux approvisionnés pour la réparation des routes, surtout aux abords de la ville de Charlieu.

Elle a écrit à M. l'Intendant, pour lui représenter que M. de St-Polgue et M. de Sugny ayant négligé de mettre à profit la somme de 5.000 livres qu'il avait bien voulu leur accorder, en 1787, pour réparer le chemin de Roanne à St-Germain-Laval, par St-Polgue et Souternon, et le mauvais état de cette route empirant chaque jour, la Commission le prioit de ne pas insister sur l'exécution de la soumission de MM. de St-Polgue et de Sugny, de rendre à la province les 5.000 livres qu'il leur avoit accordées, moins les dépenses faites au pont de la Bruyère, au moyen de quoy la Commission ordonneroit les ouvrages nécessaires pour réparer cette route ; il a été donné avis de cette lettre à M. de Roanne.

Vu le projet adressé par l'ingénieur en chef, à la Commission, d'un nouveau partage de départements entre les sous-ingénieurs de la province ; copie de ce projet a été adressé aux bureaux intermédiaires.

Il a été écrit à M. de La Millière, en réponse à sa lettre d'observations sur l'état du Roi, exercice 1787; copie de cette lettre a été envoyée à l'ingénieur en chef.

Il a été écrit à l'ingénieur en chef pour le charger de prescrire aux sous-ingénieurs et aux conducteurs une vigilance plus sévère sur les stationnaires.

Vu la lettre de M. Necker, du 9, et la copie de celle par lui adressée à M. le premier Président de la Cour des Aides, au sujet des difficultés élevées, par l'élection de St-Etienne, à la municipalité de Virieu, Pelussin et Ambuens, copie de ces deux lettres a été adressée aux Procureurs Sindics de St-Etienne.

La Commission a écrit au bureau d'administration des collèges de Lyon, au sujet d'une difficulté pendente en l'élection, sous le nom du principal du collège, contre la municipalité d'Irigny.

Elle a écrit à MM. de la ville de Lyon, pour s'opposer à ce qu'ils fissent afficher un avis au public, pour annoncer la liberté à tous citoyens de vérifier les rôles de capitation de 1789, et pour lui demander, pour la seconde fois, la communication du rôle par classes, rédigé en exécution de la délibération de l'Assemblée Provinciale du 28 novembre.

La prochaine séance fixée au lundi 18 mai.

Fait et clos lesd. jour et an.

  CLUGNY, grand custode, comte de Lyon, RANVIER DE BELLE-
   GARDE, BINOT, DE LA CHAPELLE, BOSCARY, secrétaire.

Dans la séance du lundi dix-huit mai mil sept cent quatre-vingt-neuf,

La Commission a réuni tous les rôles de capitation, pour l'année 1789, des nobles, officiers de justice, exempts, privilégiés et employés des fermes de la généralité et les a adressé, avec les doubles des dits rôles, à M. Blondel, avec prière de les faire approuver par le Conseil et de renvoyer l'un desd. doubles pour les faire mettre en recouvrement.

La Commission a adressé une lettre d'observations à MM. de St-Etienne, sur dix-huit requêtes envoyées par ce bureau, avec son avis.

La Commission a écrit à MM. de Villefranche, pour presser l'adjudication des travaux des chaussées pavées qui n'ont pu être adjugées au mois de septembre, faute d'enchérisseurs ; 2° pour réunir aux six cantonniers de son département, établis sur la route de Bourgogne, quelques manœuvres ; 3° relativement aux affouillements qui se forment sous le pont de St-George-de-Renins et sous celui de St-Jean-d'Ardières ; 4° pour lui annoncer que le devis proposé par M. Lespinat, sur la route de Chessy à Poule, ne saurait avoir lieu pour cette année ; 5° pour autoriser le canal projeté, sur la demande de Claude Lapierre, de St-George-de-Renins, pour faciliter l'écoulement des eaux aux abords de sa maison.

La Commission a écrit à M. Necker pour lui observer, en réponse à sa lettre du 12, que la saison la plus convenable pour mettre en activité les atteliers de charité est la fin de l'automne.

La prochaine séance fixée au vendredi 22 mai.

Fait et clos lesd. jour et an.

CLUGNY, grand custode, comte de Lyon, RANVIER DE BELLE-GARDE, BINOT, DE LA CHAPELLE, BOSCARY, secrétaire.

Dans la séance du vendredi vingt-deux mai 1789,

La Commission, ouï le rapport du directeur des vingtièmes, s'est occupé à statuer sur les diverses demandes en décharge et modération des vingtièmes des maisons, qui se trouvoient répondues de l'avis des bureaux intermédiaires. Elle a écrit à M. Blondel. intendant des finances, en réponse à sa lettre du 16, qu'elle a trouvée, en commençant son administration, l'usage établi de ne répartir le moins imposé de la taille que dans l'année qui succède à celle pour laquelle il a été accordé ; elle a encore écrit à ce magistrat pour lui renvoyer le mémoire de M. Lallié, ancien ingénieur en chef, avec son avis touchant sa demande en décharge de capitation.

La prochaine séance fixée au jeudi vingt-huit mai 1789.

Fait et clos lesd. jour et an.

CLUGNY, grand custode, comte de Lyon, RANVIER DE BELLE-GARDE, BINOT, DE LA CHAPELLE, BOSCARY, secrétaire.

Dans la séance du jeudi vingt-huit mai 1789,

La Commission a renvoyé à MM. de Roanne la délibération de la paroisse de St-Haon-le-Chatel, en leur observant que cette délibération n'est pas régulière.

Elle a adressé aux conseils de la province la délibération de la municipalité de Thezé, au sujet de l'acquisition qu'elle projette d'une maison pour tenir lieu de presbitère.

Elle a écrit à MM. de St-Etienne, pour les presser de nouveau de s'occuper de la confection de l'état nominatif nécessaire pour la distribution du moins imposé de 1788.

Elle a répondu à MM. de Villefranche sur les difficultés qu'ils proposent contre le nouveau partage des départements des ingénieurs.

Elle a adressé à MM. de Roanne un mandat de 129 l. 5 s. au profit du sieur Terray, de Charlieu, pour le payement de quelques dépenses faites par ce citoyen pour rétablir provisoirement la communication de la route de Bresse au Bourbonnois, interrompue par la chute du pont de Sornain.

Elle a écrit à MM. du Lyonnois pour leur demander le renvoy des pièces concernant M. Ravel, qui lui avoient été ci-devant adressées, et son avis sur cette affaire.

La prochaine séance fixée au jeudi 4 juin.

Fait et clos lesd. jour et an.

CLUGNY, grand custode, comte de Lyon, RANVIER DE BELLEGARDE, BINOT, DE LA CHAPELLE, BOSCARY, secrétaire.

Dans la séance du jeudi quatre juin 1789,

La Commission a adressé à MM. de Montbrison quelques mémoires concernant leur département, avec prière d'inviter les diverses personnes de leur département qui ont des demandes à former, de les leur remettre directement, pour ne pas multiplier les frais de port dont la province est déjà surchargée.

Vu la lettre de M. l'Intendant, du 29, le travail fait par MM. de Lyon, pour le partage d'une somme de 20.000 livres destinée, par M. l'Intendant, au soulagement des ouvriers de la fabrique et aux propriétaires d'immeubles peu aisés, qui avoient des ouvriers pour locataires et qui ont essuyé des pertes, sur les sommes auxquelles ces ouvriers et ces propriétaires étoient imposés au rôle de la capitation des années 1787, travail sur lequel M. l'Intendant demande l'avis de la Commission, il a été répondu à M. l'Intendant, et ce travail et toutes les pièces y relatives ont été remises à M. Binot, avec prière d'en faire l'examen pour, sur son rapport, en être délibéré par la Commission.

La Commission a accusé à M. de La Millière la réception de l'avant-projet de l'état du Roi, exercice 1787, et en a fait le renvoi à l'ingénieur en chef.

La Commission a dénoncé au Bureau des Finances l'entreprise faite par M. Sarton du Jonchay, sur la route d'Anse à l'Arbresle, d'un mur de clôture qui anticipe sur la grande route, et l'entrepôt par lui fait de matériaux qui encombrent cette route.

La prochaine séance fixée au mercredi 10 du courant.

Fait et clos lesd. jour et an.

    Clugny, grand custode, comte de Lyon ; Ranvier de Belle-
        garde, Binot, de La Chapelle, Boscary, secrétaire.

Dans la séance du dix juin mil sept cent quatre-vingt-neuf,

Vu l'état ordonnancé par M. l'Intendant, contenant la distribution de la somme de 12.000 livres imposée en 1788, pour indemniser les propriétaires qui ont souffert par les travaux des routes, la Commission a délivré ses mandats au profit des diverses personnes mentionnées aud. état.

La Commission a écrit au bureau intermédiaire de Lyon, pour lui demander, pour la troisième fois, la communication du rôle de la capitation par classes, qui a dû servir de baze au rôle de recouvrement de la même imposition pour 1789.

Elle a adressé, au bureau intermédiaire du Lyonnois, un mandat de 1.200 livres, au profit de son secrétaire, pour fournir au payement des salaires dûs aux fonctionnaires établis dans son ressort.

Elle a adressé à MM. de Villefranche le devis des réparations à faire aux chaussées pavées, en commençant à la Chapelle-de-Roncevaux et finissant à l'extrémité du fauxbourg de Villefranche, du côté d'Anse, avec prière de l'adjuger le plutôt possible.

Elle a envoyé à MM. de Roanne deux mandats, montant à 800 livres, pour solder le montant de l'adjudication de 3.200 livres, de Simon Flandre.

Elle a adressé à M. de La Millière tous les devis et détails estimatifs des travaux à exécuter, en 1789, sur les fonds représentatifs de la corvée.

Elle a écrit à MM. de St-Etienne que, faute par le sieur Faure, entrepreneur du pavé de la traversée de Rive-de-Gier, d'y mettre des ouvriers pour le plus bref délai, le sieur Busson, ingénieur en chef, avoit l'ordre d'établir, le plus promptement possible, des ouvriers, aux frais et périls dud. Faure ; copie de cette lettre a été adressée à M. de Varaigne, en le chargeant de recommander à M. Busson, son ingénieur, la plus prompte exécution du contenu en cette lettre.

La prochaine séance fixée au jeudi 18 juin.

Fait et clos lesd. jour et an.

    Clugny, grand custode, comte de Lyon ; Ranyier de Belle-
        garde, Binot, de La Chapelle, Boscary, secrétaire.

Dans la séance du jeudi 18 juin 1789,

La Commission, considérant qu'après l'envoi qu'elle vient de faire au Conseil de tous les devis et détails estimatifs des ouvrages à exécuter en 1789, pour réparer les grandes routes de la généralité, sur les fonds de l'imposition représentative de la corvée, elle doit nécessairement s'occuper de la fixation de cette imposition pour la présente année 1789. La Commission auroit désiré que cette fixation pût être proposée et déterminée dans le sein de l'Assemblée Provinciale, mais la circonstance de la tenue des Etats Généraux du Royaume ayant empêché la convocation de l'Assemblée Provinciale, qui devoit avoir lieu au mois de novembre dernier, le soin de pourvoir aux objets les plus importants de l'administration de la province devient un devoir pour la Commission Intermédiaire. Dans la nécessité où elle se trouve de proposer au Conseil son vœu sur cet objet, la Commission doit chercher la baze de sa décision dans les délibérations de l'Assemblée Provinciale, où, dans ses dernières séances et par la délibération du 22 novembre 1787, homologuée par l'arrêt du Conseil du 10 mai 1788, l'Assemblée Provinciale fixa l'imposition de l'imposition représentative de la corvée, qui devoit être perçue, en l'année 1788, au dixième de la taille, accessoires et capitation roturière supportés par les paroisses taillables de la généralité, et au quart de la capitation imposée sur les communautés du Franc-Lyonnois. La Commission se croit d'autant mieux fondée à adopter, pour l'année 1789, la même fixation, qu'elle ne sauroit être blâmée en prenant pour règle ladite délibération de l'Assemblée Provinciale; et d'ailleurs, si les économies faites sur le produit de l'imposition en 1788 laissent quelques fonds à sa disposition, si elle doit encore espérer de nouvelles économies sur l'imposition de 1789, le produit de ces fonds laissés en réserve trouvera un emploi utile et avantageux pour la province, dans les dépenses nécessaires pour la confection des routes nouvelles qu'il est indispensable d'ouvrir dans l'intérieur de la généralité, telles que la route du Languedoc, aboutissant à Limony, celle de St-Etienne à Roanne, celle de Villefranche à Roanne, par Thisy, et de Chessy à Poule; toutes les routes et divers autres chemins étant également essentiels pour la province, la Commission n'auroit pas hésité d'en solliciter l'ouverture et d'en accélérer les travaux, si elle n'avoit pas jugé convenable de laisser à l'Assemblée Provinciale, dans le sein de laquelle toutes les parties de la généralité ont leurs représentans, le soin d'en fixer irrévocablement les directions; il sera sans doute agréable pour les administrateurs de la province, de pouvoir, au moment de leurs premières séances, s'occuper sans retard de l'ouverture de ces routes et de trouver, dans les économies de la Commission, des fonds suffisans pour acquitter ces dépenses, sans être obligés d'augmenter la quotité de la prestation en argent, représentative de la corvée. D'après ces motifs, la Commission a arrêté, sous le bon plaisir du Conseil, que l'imposition représentative de la corvée, pour l'année 1789, est et demeure fixée au dixième de la taille, de ses impositions accessoires et de la capitation roturière, et au quart de la capitation imposée sur les communautés du Franc-Lyonnois. Que les fonds restant de l'imposition de 1788, ceux qui resteront sur celle de 1789, seront mis en réserve pour être employés aux dépenses nécessaires pour la confection des nouvelles routes à ouvrir dans l'étendue de la généralité. Elle a, en conséquence, clos et arrêté le plumitif ou projet de répartition de l'imposition représentative de la corvée, entre les diverses communautés de la généralité, sur le pied fixé en la présente délibération ; arrêté, de plus, qu'il sera de suite adressé au conseil, avec ce plumitif, un projet d'arrêt, à l'effet de faire autoriser l'adjudication des travaux portés aux devis adressés à M. de La Millière et l'imposition sur les paroisses de la généralité de la prestation en argent, représentative de la corvée, sur le pied fixé en la présente délibération et aud. plumitif ; ladite imposition revenant en totalité à la somme de 320.222 liv. 10 s.

Fait et arrêté lesd. jour et an.

 Clugny, grand custode, comte de Lyon, Ranvier de Bellegarde, Binot, de La Chapelle, Boscary, secrétaire.

Dans la séance du jeudi vingt-cinq juin 1789,

Vu la lettre du bureau intermédiaire de Montbrison, du 4 de ce mois, au sujet des contestations qu'éprouvent sans cesse les municipalités devant l'Élection, et dont le prétexte se trouve dans la modification apportée par la Cour des Aides, dans son enregistrement du 13 novembre, de la déclaration du Roi du 28 octobre dernier ; copie de cette lettre a été adressée à M. le Contrôleur Général des Finances, avec des représentations sur cet objet ; la lettre est transcrite pages 65 et 66 du copie de lettres n° 4.

Vu le mémoire remis à la Commission par le bureau intermédiaire du Lyonnois, relativement à un jugement rendu en l'élection de Lyon, entre la municipalité de Ville-sur-Jarniot et quelques habitans de cette paroisse, ce mémoire a été adressé à M. le Directeur Général des Finances pour des observations, pages 67 et 68 du même copie de lettres.

Il a été écrit à MM. du Lyonnois, page 71, relativement à l'opposition formée par quelques habitans de la paroisse de St-Romain-le-Popée, à l'adjudication des ouvrages approuvés par la municipalité, pour la reconstruction du presbytère de cette paroisse.

Il a été écrit à M. l'Intendant, pour le prier de faire délivrer au sieur Jean Buys, adjudicataire en 1787, au prix de 22.774 livres, d'un attelier sur la route de Bresse au Bourbonnois, une ordonnance de 4.600 livres, à compte de ce qui lui est dû pour solde de cette adjudication, et à cet effet, copie a été adressée à M. l'Intendant de la lettre du bureau de Villefranche, du 12 de ce mois.

Il a été écrit à MM. du Lyonnois, pour les prier de faire réduire en état de cailloutis les pierres approvisionnées sur les atteliers 3 et 9 de la route de Lyon à Bordeaux et sur les atteliers 2 et 4 du chemin de St-Simphorien-le-Château à Avèse.

Il a été écrit à ce même bureau, pour le prier de faire choix d'un chef stationnaire qui soit essentiellement chargé de surveiller les stationnaires employés sur les routes de leur département.

Fait et clos lesd. jour et an.

    CLUGNY, grand custode, comte de Lyon, RANVIER DE BELLE-GARDE, BINOT, DE LA CHAPELLE, BOSCARY, secrétaire.

Dans la séance du jeudi 2 juillet 1789,

MM. les Procureurs Sindics ont rendu compte de la lettre par eux écrite, le 30 juin, à M. l'Intendant, pour le prier, à la demande du bureau intermédiaire de Villefranche, de faire délivrer au sieur Brosselard, adjudicataire, en 1787, de l'attelier des cassis des Valettes au bois des Couroux, une ordonnance de 2.400 livres, à compte de ce qui lui est dû pour solde de son adjudication ; 2° de l'envoy par eux fait, à tous les bureaux intermédiaires, des devis à adjuger pour les travaux publics à exécuter dans le courant de cette année, renvoyé par M. de La Millière et approuvé par le conseil, pour en donner l'adjudication.

La Commission a écrit à M. de La Millière, en réponse à sa lettre du 19 juin ; il a été écrit à MM. de Villefranche, pour les prier de faire réparer, par la voye la plus prompte et la plus économique, sous les yeux de MM. les commissaires de leur département, la dégradation survenue au passage du ruisseau de St-Didier, sur la route de Bresse au Bourbonnois ; il a été écrit au bureau intermédiaire, pour le prier d'adjuger le plutôt possible les devis à eux adressés par MM. les Procureurs Sindics.

La Commission a adressé à M. l'Intendant l'état des logemens dus, pour les premiers six mois 1789, aux officiers de maréchaussée et aux propriétaires de maisons servant de cazernes aux brigades. La Commission a fait ajouter à cet état une somme de cent quarante-quatre livres dix-sept sous, due au sieur Bertrand, sous-lieutenant à la résidence de Montbrison, pour quelques réparations faites à la cazerne royale, dont les comptes ont été vérifiés par MM. du bureau intermédiaire de Montbrison.

Fait et clos lesd. jour et an.

    CLUGNY, grand custode, comte de Lyon, RANVIER DE BELLE-GARDE, BINOT, DE LA CHAPELLE, BOSCARY, secrétaire.

Dans la séance du jeudi 9 juillet 1789,

La Commission a adressé à M. l'Intendant l'état des dépenses à acquitter, pour les premiers six mois 1789, sur les fonds libres de la capitation, avec prière de le faire approuver par le conseil et de l'ordonnancer.

Il a été adressé à MM. les administrateurs du Bureau des Collèges, copie de la lettre du bureau intermédiaire du Lyonnois, du 27 juin, relativement à la cotte ouverte, en 1788, par les consuls d'Irigny sur les grangers ou fermiers du domaine appartenant au collège.

Vu le projet d'instruction que le bureau intermédiaire du Lyonnois se propose d'adresser aux municipalités, pour constater les pertes qui peuvent donner lieu à des demandes en indemnité, ce projet a été approuvé et renvoyé à MM. du Lyonnois.

La Commission a adressé à MM. du bureau de la ville de Lyon et Franc-Lyonnois, les devis des travaux à exécuter sur le chemin de hallage; elle leur rappelle le devis, suspendu l'année dernière, des travaux à exécuter aux abords des possessions des demoiselles Richard et la nécessité indispensable que ces travaux soient enfin exécutés, ou que les demoiselles Richard se conforment aux soumissions par elles prêtées à M. Fournier, devant M. l'Intendant, de contribuer pour un tiers aux dépenses nécessaires pour élever un mur de quay au devant de leur héritage.

Il a été adressé à M. l'Intendant un projet d'arrêt, pour obtenir la cassation des adjudications données au sieur Faure, maître de poste à St-Chamond, des atteliers n°s 2 et 3, pour le relevé à bout des chaussées pavées sur la route de Lyon en Languedoc.

Fait et clos lesd. jour et an.

 CLUGNY, grand custode, comte de Lyon, RANVIER DE BELLE-
  GARDE, BINOT, DE LA CHAPELLE, BOSCARY, secrétaire.

Dans la séance du mardi 14 juillet 1789,

La Commission a écrit à M. l'Intendant pour le prier de la mettre à portée de disposer, pour le payement des entrepreneurs du département de Montbrison, d'une somme de 12 à 15 mille livres sur les fonds restans de l'impôt de la corvée, exercice 1787, ce secours étant devenu nécessaire à la Commission, attendu le retard apporté par le receveur de Montbrison au recouvrement de l'imposition représentative de la corvée, exercice 1788.

La Commission a adressé à MM. de St-Etienne l'ordonnance rendue par M. l'Intendant, au sujet des sieurs Mazenod et Pomeys, à raison d'adjudication prise par ce dernier, sous le nom du sieur Mazenod, en 1787, sur la route de St-Chamond à St-Etienne, avec prière de veiller à l'exécution de cette ordonnance.

La Commission a arrêté l'état général des frais d'administration pour l'année 1788 et l'a adressé, avec des observations, à M. le Directeur Général des Finances, avec des observations, pages 79, 80 et 81 du copie de lettres.

La Commission a, en outre, délibéré sur le traitement annuel à accorder au secrétaire provincial ; elle a arrêté, sous le bon plaisir du Conseil, que ce traitement serait porté annuellement à huit mille livres ; elle a exprimé ce vœu dans une lettre, pages 81 et 82 du copie de lettres, qu'elle a adressé à M. le Directeur Général, en lui adressant l'état détaillé et arrêté par elle, des frais de bureaux de l'année 1788.

Fait et clos lesd. jour et an.

CLUGNY, grand custode, comte de Lyon, RANVIER DE BELLE-GARDE, BINOT, DE LA CHAPELLE, BOSCARY, secrétaire.

Dans la séance du jeudi 23 juillet 1789,

Vu la lettre de M. l'Intendant, du 6 de ce mois, dans laquelle il déclare ne pas insister sur l'exécution de la soumission de M. le comte de St-Polgue et de M. de Sugny, pour l'exécution des travaux nécessaires pour réparer la route de Roanne à St-Germain-Laval, il a été écrit à M. l'Intendant pour lui demander la disposition des 3731 l. 11 s., restant des 5.000 livres promises à M. de St-Polgue et M. de Sugny, pour ces travaux.

Il a été écrit à MM. de Roanne, pour leur faire part de la lettre de M. l'Intendant et les prier de se concerter avec M. de Varaigne pour déterminer les réparations qu'exige la route de Roanne à St-Germain-Laval.

La Commission a adressé à MM. de Villefranche, l'ordonnance de M. l'Intendant de 2.400 livres, qui avait été demandée à ce magistrat pour le sieur Brosselard.

Vu la lettre du bureau intermédiaire de St-Etienne, du 14, la Commission leur a renvoyé la délibération de St-Pierre-de-Bœuf et de St-Genest de Malifaux, revêtue d'un délibéré de la Commission, conforme à l'avis de ce bureau.

Sur la demande des propriétaires de maisons placées au long de la traversée de St-Etienne, tendant à obtenir que les pavés de cette traversée soient réparés aux frais de la province, la Commission a arrêté qu'il n'est pas en son pouvoir de changer l'ordre qu'elle a trouvé établi pour la réparation du pavé dans la traversée des villes. La Commission a fait part de cette décision au bureau intermédiaire de St-Etienne.

Fait et clos lesd. jour et an.

CLUGNY, grand custode, comte de Lyon, RANVIER DE BELLE-GARDE, BINOT, DE LA CHAPELLE, BOSCARY, secrétaire.

Dans la séance du jeudi 13 août 1789,

La Commission a délibéré sur le contenu des lettres à elle adressées, le 29 juillet, par le bureau intermédiaire de Roanne ; la réponse à ces lettres a été arrêtée et transcrite pages 51, 52 et 53 du copie de lettres.

Il a été pareillement écrit au même bureau intermédiaire, page 86 du copie de lettres n° 4, relativement aux difficultés survenues dans le sein de la municipalité de Feurs.

La Commission a adressé aux divers bureaux intermédiaires et a adressé à chacun d'eux, l'extrait le concernant du rôle arrêté au Conseil pour la capitation des nobles privilégiés, officiers de justice et employés des fermes de la province.

Fait et clos lesd. jour et an.

  CLUGNY, grand custode, comte de Lyon, RANVIER DE BELLE-
    GARDE, BINOT, DE LA CHAPELLE, BOSCARY, secrétaire.

Dans la séance du mardi 18 août 1789,

Il a été écrit à MM. de Villefranche, pages 86 et 87 du copie de lettres n° 4, relativement à l'ordonnance rendue par le prévôt général de la maréchaussée, pour le maintien de la tranquillité publique.

Vu le mémoire du sieur Morel, relatif à la nouvelle direction de la route de Bourgogne, à la sortie de Villefranche, ce mémoire a été communiqué à M. de Varaigne, de même que celui de M. de St-Fonds, à l'effet d'obtenir une indemnité pour les dommages que lui a causés cette direction nouvelle.

Fait et clos lesdits jour et an.

  CLUGNY, grand custode, comte de Lyon, RANVIER DE BELLE-
    GARDE, BINOT, DE LA CHAPELLE, BOSCARY, secrétaire.

Dans la séance du jeudi vingt août 1789,

Il a été écrit à l'ingénieur en chef, pour lui annoncer que M. de La Beaume, ci-devant ingénieur au département de Montbrison, serait désormais attaché à celui de Roanne, que M. Baltus passerait de Roanne à Villefranche, et M. Lespinats, de Villefranche à Montbrison ; il a été chargé de prévenir de leur nouvelle destination chacun de ses sous-ingénieurs.

Il a été écrit à MM. de Roanne, Montbrison et Villefranche, pour les instruire de ce nouvel arrangement.

La Commission a pareillement écrit à MM. de Villefranche pour les autoriser à recevoir des mises en sus du prix des devis, pour les travaux de 1789 restans à adjuger.

Vu le mémoire du curé de Villechenève, à l'effet d'obtenir, pour sa paroisse, des secours, en considération de la cherté des grains et de la perte que vient de lui faire essuyer la gresle, ce mémoire a été adressé au bureau intermédiaire de Roanne. La Commission a envoyé au bureau intermédiaire de la ville de Lyon et Franc-Lyonnois le mémoire du sieur Perremont. sergent des gardes valonnes, tendant à obtenir le remboursement de la cotte de la capitation qui lui a été ouverte.

Fait et clos lesd. jour et an.

CLUGNY, grand custode, comte de Lyon, RANVIER DE BELLE-GARDE, BINOT, DE LA CHAPELLE, BOSCARY, secrétaire.

Dans la séance du mardi vingt-cinq août 1789,

Vu l'arrêt du Conseil, du 10 juillet dernier, dont copie vient d'être adressée à la Commission par M. l'Intendant, lequel arrêt autorise l'imposition, sur les taillables de la généralité, de la prestation représentative de la corvée pour l'année 1789. La Commission, considérant que, d'après les décrets de l'Assemblée Nationale, arrêtés le 4 et décrétés le 12 de ce mois, l'imposition représentative de la corvée doit être supportée, au moins pour les six derniers mois 1789, par le clergé, la noblesse et tous les ci-devant privilégiés, elle ne peut ni ne doit se permettre de suivre, pour cette imposition, le mode de l'année dernière, annoncé dans sa délibération du 18 juin dernier; la Commission a arrêté de ne donner aucune suite à l'exécution de cet arrêt, et elle a adressé ses observations, à cet égard, au premier ministre des finances, dans une lettre transcrite pages 57, 58 et 59 du copie de lettres des ponts et chaussés n° 3.

La Commission a écrit, pages 59, 60 et 61 du même copie de lettres, à la municipalité de St-Germain-Laval, relativement aux travaux à exécuter sur la route de Roanne à St-Germain-Laval.

Fait et clos lesd. jour et an.

CLUGNY, grand custode, comte de Lyon, RANVIER DE BELLE-GARDE, BINOT, DE LA CHAPELLE, BOSCARY, secrétaire.

Dans la séance du jeudy 27 août 1789,

La Commission a adressé une lettre à M. le Contrôleur Général, où elle l'engage à donner des ordres prompts pour que le trésor royal fasse remettre à la caisse des ponts et chaussées de la province, une somme de 65.729 liv. 15 s., qui lui est due sur les exercices 1787 et 1788.

Il a été écrit à MM. de Roanne, pages 62 et 63 du copie de lettres, relativement aux ouvrages à exécuter sur la route de Roanne à Saint-Germain-Laval. MM. les Procureurs Sindics ont été priés d'adresser à MM. du bureau intermédiaire du Lyonnois, la lettre du prévot général de la maréchaussée, avec prière de s'occuper du soin de procurer un logement, conforme à l'ordonnance, à la brigade de maréchaussée que le ministre se propose d'établir dans la paroisse de Talluyers.

Fait et clos lesd. jour et an.

    CLUGNY, grand custode, comte de Lyon, RANVIER DE BELLEGARDE, BINOT, DE LA CHAPELLE, BOSCARY, secrétaire.

Dans la séance du jeudi 3 septembre 1789,

La Commission a écrit à MM. du bureau intermédiaire de Roanne, relativement aux ouvrages à exécuter sur la route de Roanne à Saint-Germain-Laval, page 64 du copie de lettres des ponts et chaussées.

La Commission, vu la lettre de l'ingénieur en chef, du 19 août, concernant les réparations urgentes qu'exige le pont de Rive-de-Gier, considérant que ces réparations, dans l'état actuel, ne peuvent excéder 150 ou 200 livres, a arrêté qu'elles seront faites très incessament, par voye d'économie, pour profiter du moment où les eaux sont basses, et elle a donné de suite à l'ingénieur en chef des ordres conformes à cet arrêté.

Vu de nouveau le mémoire du sieur Morel, aubergiste à Villefranche, les observations, les nouveaux profils dressés par M. Lespinats, et l'avis de l'ingénieur en chef, la Commission a arrêté que le redressement de la route sera fait conformément à ces profils.

Vu la lettre de M. de Varaigne, qui annonce que les pluyes de dimanche dernier ont entraîné une quantité de terre, de gravier, qui obstrue la grande route entre Tarare et Poncharra, la Commission lui a écrit de donner les ordres les plus prompts pour l'enlèvement des terres et graviers qui obstruent cette route. Elle a adressé, pages 71, 72 et 73 du copie de lettres n° 3, une lettre au bureau intermédiaire de Villefranche, relativement au procès-verbal dressé par ses commissaires pour la reconnoissance des travaux exécutés, en 1787 et 1788, sur la route de Bresse au Bourbonnois.

Fait et clos lesdits jour et an.

    CLUGNY, grand custode, comte de Lyon, RANVIER DE BELLEGARDE, BINOT, DE LA CHAPELLE, BOSCARY, secrétaire.

Dans la séance du jeudi 10 septembre 1789,

La Commission a adressé au bureau de Roanne le devis des travaux à adjuger pour réparer le pont de Sornain, près de Charlieu. La Commission a écrit au bureau intermédiaire de Montbrison, pour le prier d'engager le receveur de l'imposition de la corvée à mettre plus d'activité dans son recouvrement, et lui demander l'état en recette et dépense sur cet impôt jusqu'à ce jour.

Elle a écrit à MM. de St-Etienne, pour leur annoncer que la restauration du pavé de Rive-de-Gier ne pouvant plus être différée, et l'approche de la mauvaise saison ne permettant aucun délai pour cette réparation, elle a jugé convenable de confier ce travail au sieur Pommeys ; elle a prié MM. du bureau de St-Etienne de faire surveiller ce travail par ses commissaires et par les municipalités, MM. les Procureurs Sindics ont été priés d'écrire à l'ingénieur en chef, pour lui faire part de ces dispositions.

Vu le procès-verbal de M. Marion de La Tour, commissaire du bureau du Lyonnois, contenant la vérification d'une maison pour le logement de la brigade à établir dans la paroisse de Talluyers, et ensuite, de l'avis dud. bureau, la Commission a autorisé le bureau intermédiaire à passer bail avec M. Clapeyron, aux prix, clauses et conditions portées aud. procès-verbal.

Vu la lettre de M. le Contrôleur Général, du 31 août, avec des modèles imprimés de l'état comparatif de la récolte en grains de 1788 avec celle de 1789, ces modèles ont été adressés à tous les bureaux intermédiaires et il a été répondu à M. le Contrôleur Général.

La Commission a écrit également à ce ministre, pages 98, 99 et 100 du copie de lettres n° 4, relativement aux difficultés élevées par l'élection de St-Etienne à la municipalité de Virieu, Pelussin et Ambuens.

Fait et clos lesd. jour et an.

    Clugny, grand custode, comte de Lyon, Ranvier de Bellegarde, Binot, de La Chapelle, Boscary, secrétaire.

Dans la séance du jeudi 17 septembre 1789,

Vu la lettre de M. le Contrôleur Général, du 17 août, contenant approbation du compte rendu au Conseil, par la Commission, de ses frais d'administration et de ceux des bureaux intermédiaires pour l'année 1788, la Commission a accusé à ce ministre la réception d'une ordonnance de M. l'Intendant, de 15.527 liv. 5 s. 8 d., pour le payement du solde desd. frais ; elle a prié ce ministre de lui faire délivrer une nouvelle ordonnance pour le remboursement d'une somme de 1.177 liv. 15 s., qu'elle a employé en frais d'ameublemens, suivant le compte qu'elle lui a précédemment adressé.

Vu l'état des ouvrages que le sieur Pomeys prétend avoir exécuté sur l'attelier de la Grand'Croix au pont du Gas, dont il avoue s'être rendu adjudicataire sous le nom du sieur Mazenod, cet état et la lettre qui l'accompagnoit ont été adressés à MM. du bureau intermédiaire de St-Etienne.

La Commission a accusé à M. l'Intendant la réception d'une ordonnance de 9.000 livres, que ce magistrat lui a adressé, à prendre sur les fonds de la corvée de 1787, pour faciliter le payement des entrepreneurs des travaux des routes.

La Commission a annoncé à MM. de Villefranche qu'il n'était pas en son pouvoir d'ordonner l'ouverture de la nouvelle route de Villefranche à Roanne, par Thizy.

Fait et clos lesd. jour et an.

CLUGNY, grand custode, comte de Lyon, RANVIER DE BELLEGARDE, BINOT, BOSCARY, secrétaire.

Dans la séance du jeudi 24 septembre 1789,

La Commission Intermédiaire a adressé à M. de La Millière, les devis des travaux adjugés en 1789, pour réparer et entretenir les chaussées pavées de la province, pour les faire examiner et en autoriser l'adjudication.

La Commission, considérant qu'il est juste de réparer, aux frais de la province, le chemin tendant de Limonet aux carrières de La Barolière; le devis des travaux à faire pour réparer ce chemin a été envoyé à l'ingénieur en chef, pour le viser et le faire repasser à MM. du Lyonnois, chargés d'en donner l'adjudication.

La Commission a écrit, pages 107 et 108 du copie de lettres n° 4, à MM. de Roanne, relativement aux difficultés élevées à la municipalité de Roanne, par le sieur Perroton de Chatelus.

La Commission a adressé aux bureaux intermédiaires de Roanne, Villefranche, ville de Lyon et Franc-Lyonnois, la copie de l'arrêt du Conseil du 13 juin dernier, qui, en homologuant les délibérations prises par les habitans des diverses paroisses de ces départemens pour des réparations ou reconstructions d'églises ou presbytères, ordonne l'imposition du montant des dépenses relatives auxd. réparations et reconstructions.

Fait et clos lesd. jour et an.

CLUGNY, grand custode, comte de Lyon, RANVIER DE BELLEGARDE, BINOT, BOSCARY, secrétaire.

Dans la séance du jeudi premier octobre 1789,

Vu le projet de mandement remis à la Commission par le bureau intermédiaire de l'élection de Lyon, pour servir de modèle aux mandemens à faire parvenir aux municipalités pour la répartition individuelle des impositions de 1790, d'après les nouveaux décrets de l'Assemblée nationale, ce projet a été adressé à M. le Contrôleur Général.

Examen fait de la délibération de la commune de Beaujeu, relativement à la demande que lui a formé le sieur Thevenon, en l'élection de Villefranche, pour voir révoquer une cotte à lui ouverte sur des biens situés à Lentigny, à lui vendus par le sieur Varenard, et d'après l'avis du bureau intermédiaire de Villefranche, la Commission a arrêté qu'il n'y avoit lieu d'autoriser lad. délibération, et elle l'a renvoyé, avec les pièces y annexées, à MM. de Villefranche.

La Commission, en adressant à MM. de Villefranche un mandat de 247 livres pour pourvoir au payement des ouvriers extraordinaires pour verser des graviers sur la route de Paris en Provence, a fait des observations à ce bureau intermédiaire sur l'abus de l'emploi fait des ouvriers extraordinaires et sur la mollesse des cantonniers.

Fait et clos lesd. jour et an.

CLUGNY, grand custode, comte de Lyon, RANVIER DE BELLEGARDE, BINOT, BOSCARY, secrétaire.

Dans la séance du jeudi 8 octobre 1789,

La Commission, après avoir vérifié la carte générale du partage par elle fait, entre les diverses élections de la province, des impositions portées au brevet général arrêté pour la présente année 1789, l'a adressé à M. Blondel, intendant des finances, qui la lui avait demandé; elle a délibéré et statué sur la demande en décharge et modérations de vingtièmes, suivant les délibérés arrêtés au bas de chacun des mémoires donnés sur cet objet, dont les minutes restent dans ses archives.

Elle a pareillement délibéré sur les gratifications à accorder, de l'avis des bureaux intermédiaires, aux chefs stationnaires, et leur a délivré des mandats pour le montant desd. gratifications.

Fait et clos lesd. jour et an.

CLUGNY, grand custode, comte de Lyon, RANVIER DE BELLEGARDE, BINOT, BOSCARY, secrétaire.

Dans la séance du jeudi 15 octobre 1789,

La Commission a adressé aux bureaux intermédiaires des exemplaires d'un arrêt du conseil qui défend de donner aucune suite à un arrêt de la Cour des Aides, du 2 septembre. Sur les plaintes portées à la Commission que quelques entrepreneurs obtiennent des sacrifices pécuniaires de la part des propriétaires, dans la crainte qu'ont ceux-ci de voir leurs fonds dégradés par des fouilles dont ils sont menacés dans leurs héritages, la Commission a cru devoir annoncer, par un avis au public, que nul entrepreneur n'a le droit de faire des fouilles dans les héritages d'un propriétaire, sans y être autorisé par son devis, dont il est tenu de faire la représentation au propriétaire. Des exemplaires de cet avis ont été envoyés au bureau intermédiaire, avec prière de les répandre.

Vu les nouvelles soumissions fournies par les demoiselles Richard, à l'effet de contribuer, pour un tiers, aux ouvrages du mur de quay, que M. l'Intendant a consenti de faire faire, sur les fonds de la navigation, au-devant de leur héritage, cette soumission a été envoyée à M. l'Intendant, avec prière d'ordonner la prompte adjudication du devis dud. mur de quay.

Fait et clos lesd. jour et an.

CLUGNY, grand custode, comte de Lyon, RANVIER DE BELLEGARDE, BINOT, DE LA CHAPELLE, BOSCARY, secrétaire.

Dans la séance du jeudi 22 octobre 1789,

La Commission a statué sur les demandes en décharges et modérations de vingtièmes. Elle a adressé, au bureau intermédiaire, des exemplaires de la proclamation du Roi, du 14 de ce mois, pour la confection des rôles de suplément sur les ci-devant privilégiés, pour les six derniers mois 1789, et du mandement relatif à cette imposition; plus des exemplaires de la déclaration du Roi, du 27 septembre, portant sanction du décret de l'Assemblée Nationale, du 26 du même mois; elle a adressé au bureau de St-Etienne l'arrêt du Conseil, du 29 septembre, qui annulle l'ordonnance rendue le 4 avril, par l'élection de St-Etienne, et lui enjoint de vérifier le rôle de la municipalité de Virieu, Pelussin et Ambuens; elle a adressé aux six bureaux intermédiaires, l'instruction arrêtée au Conseil, le 4 octobre, sur le cérémonial et les formes à observer lors du département de 1790.

Vu la lettre du premier Ministre des Finances, du 10 de ce mois, elle a pris sur les objets y contenus l'arrêté suivant : La Commission Intermédiaire, spécialement chargée de surveiller la perception des impôts, manquerait sans doute au premier de ses devoirs si, dans les circonstances orageuses où se trouve le royaume par le vuide du trésor royal et l'immense étendue de la dette publique, elle ne rappellait pas aux contribuables de cette généralité l'obligation sacrée où ils sont d'acquitter sans délai et avec exactitude leur contribution particulière. Le premier Ministre des Finances, seul à portée de bien calculer à cet égard l'urgence des besoins et les dangers de l'interruption du recouvrement, en a présenté l'effrayant tableau à l'Assemblée Nationale, qui s'est empressée, par son décret du 26 septembre dernier et en renouvellant les dispositions de celui du 17 juin, d'ordonner que les impôts et contributions continueroient d'être levés pendant la présente session de la même manière qu'ils l'ont été précédemment, jusqu'à ce qu'elle puisse faire jouir les contribuables du nouveau mode d'imposition qu'elle décrétera et dont elle veut combiner la répartition avec maturité. C'est en considérant combien il importe à la sureté de l'Etat, au maintien de l'ordre et au rétablissement de la paix intérieure, que le recouvrement des deniers publics ne soit interrompu sous aucun prétexte, que Sa Majesté, en sanctionnant les décrets de l'Assemblée, a rendu sa déclaration du 27 septembre dernier; elle a invité, par l'organe du premier Ministre des Finances, la Commission Intermédiaire à réunir ses efforts et son zèle à ceux des bureaux intermédiaires et des municipalités, sur lesquels elle compte également pour assurer et hâter l'exécution d'une loi dont les motifs sont aussi pressans. Si, par des insinuations perfides et incendiaires, le malheureux peuple des campagnes et même celui des villes a pu se persuader un instant que l'exemption totale des impôts était possible, l'accord unanime de toutes les autorités premières, de tous les pouvoirs, de toutes les administrations, sur la nécessité d'en acquitter sans délai l'entier payement, le ramènera sans doute aux sentimens que la raison, la justice et la religion commandent à tous les bons citoyens ; il sentira bientôt que l'affection si naturelle pour sa propriété, exige de lui qu'il sache respecter celle des autres et que l'Etat, qui doit les protéger toutes sans distinction, ne peut assurer l'ordre public, la seule sauvegarde des personnes et des biens, sans le sacrifice que chacun fait d'une partie de sa fortune aux besoins du gouvernement ; enfin, la confiance qu'il doit à l'Assemblée Nationale, qui compte parmi ses membres un grand nombre de cultivateurs, est bien propre à le rassurer sur la diminution des impôts à l'avenir. Celle qui vient d'être ordonnée sur le prix du sel est un premier bienfait pour les habitans de cette généralité ; le décret de l'assemblée qui ordonne que l'imposition proportionnelle, à laquelle les nobles et privilégiés ont consenti pour les 6 derniers mois de cette année, sera employée au soulagement des contribuables ordinaires, en est un second pour les taillables, dont la cotte sera diminuée dans la même proportion. La Commission Intermédiaire réclame avec instance la sagesse et le zèle de MM. les curés, les chefs des municipalités, les sindics de paroisses, les juges, leur influence et celle des conseils des citoyens notables et principaux habitans de toutes les localités, pour seconder de tout leur pouvoir l'exécution des décrets de l'Assemblée Nationale sur la perception des impôts ; la Commission Intermédiaire espère également qu'en se pénétrant, comme elle, de l'amour du bien public, de l'ordre et de la paix si nécessaire aux progrès de l'agriculture, du commerce et de l'industrie, toutes les classes de citoyens se réuniront pour calmer et contenir les esprits inquiets, ranimer la confiance et le patriotisme, qui peuvent seuls sauver l'Etat et réaliser la consolante perspective que présente le concours des travaux de l'Assemblée Nationale et des vues paternelles du Roi pour le bonheur du peuple. Arrêté que les présentes seront adressées à tous les départemens, avec prière de les faire parvenir à toutes les municipalités et de les faire afficher partout où besoin sera.

Fait et clos lesd. jour et an.

    Clugny, grand custode, comte de Lyon, Ranvier de Bellegarde, Binot, de La Chapelle, Boscary, secrétaire.

Dans la séance du mercredi 28 octobre 1789,

Vu la lettre du Premier Ministre des Finances, du 23, la déclaration du Roi y contenue, du 9 octobre, portant sanction du décret de l'Assemblée Nationale, du 6, sur la contribution patriotique ; 2° l'instruction publiée, par ordre du Roi, sur le même objet ; 3° la proclamation du Roi pour l'exécution des art. 21 et 22 du même décret, la

Commission a adressé des exemplaires de ces diverses loix aux bureaux intermédiaires, avec prière de les distribuer aux municipalités, et a écrit, à cet égard, au premier Ministre des Finances.

La Commission a pareillement adressé, aux bureaux intermédiaires, des exemplaires de la proclamation du Roi, du 16 octobre, concernant les impositions de 1790 et du mandement y relatif, et en a donné avis à M. le Contrôleur Général.

Sur la demande faite par M. le Contrôleur Général, le 22, au sujet du partage arrêté le 8 août, des impositions ordinaires de 1790, la Commission a arrêté un nouveau partage desdites impositions, qu'elle a adressé au Ministre, et elle a développé, dans une lettre, transcrite du f° 125 au f° 129 du copie de lettres n° 4, les motifs qui justifient ce nouveau partage. Elle a, pareillement, délibéré sur une lettre à adresser à M. le Contrôleur Général, relativement aux impositions de 1790.

Fait et clos lesd. jour et an.

CLUGNY, grand custode, comte de Lyon, RANVIER DE BELLEGARDE, BINOT, DE LA CHAPELLE, BOSCARY, secrétaire.

Dans la séance du jeudi cinq novembre 1789,

La Commission a écrit au bureau intermédiaire de Montbrison, relativement à l'employ des 12.000 livres qui lui sont destinées sur les fonds de charité, exercice 1788. Elle a adressé aux bureaux intermédiaires des exemplaires du tarif rédigé d'après les prix fixés par le décret du 6 octobre, pour l'évaluation des bijoux et vaisselles portés aux hôtels des monnoyes.

Elle a adressé, pages 136 et 137 du copie de lettres n° 4, aux bureaux du Lyonnois, de St-Etienne et de Montbrison, des explications relatives aux impositions de 1790. Elle a adressé, page 138, une lettre à M. le Contrôleur Général, relativement aux impressions faites pour le service de l'Intendance.

Fait et clos lesd. jour et an.

RANVIER DE BELLEGARDE, BINOT, DE LA CHAPELLE, BOSCARY, secrétaire.

Dans la séance du jeudi 12 novembre 1789,

Vu la lettre adressée à la Commission, le 7 de ce mois, par le bureau intermédiaire du Lyonnois, relativement à l'ordre du Roi, qui ordonne la translation à Lyon de la brigade de maréchaussée récemment établie au lieu du Batard, paroisse de Talluyers; la Commission a écrit au Ministre de la Guerre, pages 140 et 141 du copie de lettres, et lui a adressé copie de la lettre de MM. du bureau intermédiaire du Lyonnois.

La Commission a ensuite délibéré sur les lettres du bureau intermédiaire de Villefranche et de celui de la ville de Lyon et Franc-Lyonnois, contenant diverses questions relatives aux impositions de 1790, et il a été écrit à ces deux bureaux, d'après les arrêtés, pages 143, 144 et 145 du copie de lettres.

La Commission a écrit de nouveau à M. de La Millière, avec prière de faire tous ses efforts pour obtenir que le trésor royal fasse remettre à la caisse des ponts et chaussées de la province les sommes qui lui sont dues sur les exercices 1787 et 1788.

Fait et clos lesd. jour et an.

RANVIER DE BELLEGARDE, BINOT, DE LA CHAPELLE, BOSCARY, secrétaire.

Dans la séance du jeudi 19 novembre 1789,

Vu la lettre de M. Contrôleur Général, du 11, et les projets de répartition y contenus, la Commission a définitivement arrêté le partage, entre les districts de la province, des impositions ordinaires de 1790 et en a adressé l'état, signé d'elle, à M. le Contrôleur Général.

La Commission a écrit, pages 155, 156, 157 et 158 du copie de lettres, aux bureaux intermédiaires de St-Etienne, du Lyonnois et de Roanne, sur des questions relatives aux impositions de 1790 ; elle a adressé à M. le Contrôleur Général, pages 159 et 161, des observations sur la difficulté de choisir, dans les grandes villes, les adjoints qui, aux termes de la proclamation du 16 octobre, doivent concourir avec les officiers municipaux, à l'assiette des impositions de 1790. Elle a adressé au même ministre, une lettre transcrite du f° 145 au f° 149, sur les impositions de 1790. Et, finalement, la Commission, considérant que Sa Majesté a ordonné, par l'article 20 de sa proclamation du 16 octobre dernier, que la prestation représentative de la corvée, pour l'année 1790, serait répartie sur tous les contribuables, par le même rôle que l'imposition principale, les impositions accessoires, la capitation et les sous pour livres accessoires, a pensé qu'il est dez lors instant de déterminer, dez à présent, la quotité de cette prestation pour l'année prochaine mil sept cent quatre-vingt-dix, afin qu'au pied du mandement qui sera expédié pour chaque communauté, la somme qu'elle aura à acquitter, pour la prestation des chemins, puisse, en même temps, lui être annoncée. En conséquence, prenant pour règle de cette fixation les considérations énoncées dans les délibérations de l'Assemblée Provinciale, du 22 novembre 1787, homologuée par arrêt du Conseil du 10 mai 1788, la Commission a arrêté, sous le bon plaisir du Conseil, que l'imposition représentative de la corvée, pour l'année 1790, est et demeure fixée au dixième de l'imposition principale, des impositions accessoires, de la capitation et ses accessoires à imposer en 1790 sur cette généralité, suivant le brevet général arrêté le 27 juin dernier et le suplément audit brevet, du 16 octobre dernier. Lesdites impositions revenant à la forme desd.

brevets et en y comprenant les taxations pour frais de rôle et de collette et frais de quittance, à 3.522.553 l. 2 s. 7 d., dont le dixième, qui formera le montant de l'imposition représentative de la corvée, arrive à la somme de trois cent cinquante-deux mille deux cent cinquante-cinq livres six sous, et sera lad. prestation, en conséquence du décret de l'Assemblée Nationale sur les impositions, sanctionné par Sa Majesté, imposée à raison de toutes leurs propriétés et facultés, tant sur lesdits ci-devant privilégiés que sur les autres contribuables, dans la même proportion et la même forme.

Fait et clos lesd. jour et an.

CLUGNY, grand custode, comte de Lyon, RANVIER DE BELLEGARDE, BINOT, DE LA CHAPELLE, BOSCARY, secrétaire.

Dans la séance du jeudi vingt-six novembre 1789,

La Commission a adressé à M. le Contrôleur Général la lettre que lui a écrit, le 24, le bureau intermédiaire de St-Etienne, celle écrite à ce bureau par la municipalité de St-Chamond, ensemble la supplique que le Conseil de cette ville a adressé à l'Assemblée Nationale, pour être autorisé à se choisir provisoirement une municipalité.

La Commission a écrit à M. le grand Prieur d'Auvergne, commandeur de Verrières, pour le prier de suspendre les poursuites d'un procès intenté, en son nom, à la municipalité de Verrières, et dans lequel cette paroisse a été appelée en assistance de cause.

Il a été écrit à M. le Contrôleur Général, pages 164, 165 et 166 du copie de lettres, relativement aux vingtièmes de biens-fonds pour l'année 1790.

Fait et clos lesd. jour et an.

CLUGNY, grand custode, comte de Lyon, RANVIER DE BELLEGARDE, BINOT, DE LA CHAPELLE, BOSCARY, secrétaire.

Dans la séance du jeudi trois décembre 1789,

La Commission a adressé aux officiers municipaux des villes de la province, la proclamation du Roi, du 15 novembre, qui autorise les municipalités à recevoir les bijoux et vaisselles d'or et d'argent, pour les transmettre aux directeurs des monnoyes, et de l'instruction sur la manière de procéder à la recette de ces bijoux et vaisselles, et elle en a accusé la réception à M. le Contrôleur Général. Elle a, pareillement, adressé aux bureaux intermédiaires des exemplaires d'une note indicative des valeurs qui peuvent être reçues en payement sur la contribution patriotique.

La Commission a écrit à M. Valesque, commis à la recette générale, pour le prier de faire trouver, à Montbrison, une somme de

6.000 livres, à prendre sur les fonds destinés aux atteliers de charité, exercice 1788, laquelle somme sera payable sur les mandats particuliers du bureau intermédiaire de Montbrison et employée au payement des ouvriers qui seront occupés dans l'attelier de charité qui va être ouvert aux abords de la ville de Montbrison.

Fait et clos lesd. jour et an.

CLUGNY, grand custode, comte de Lyon, RANVIER DE BELLEGARDE, BINOT, DE LA CHAPELLE, BOSCARY, secrétaire.

Dans la séance du jeudi 10 décembre 1789,

Vu les lettres patentes du Roi, du 29 novembre, sur le décret de l'Assemblée Nationale, du 28 du même mois, portant que les ci-devant privilégiés seront cottisés pour les impositions des six derniers mois 1789 et pour celles de 1790, non dans le lieu où ils sont domiciliés, mais dans celui où les biens sont situés, il a été adressé des exemplaires de cette loi aux bureaux intermédiaires, avec prière d'en faire la distribution aux municipalités de leur ressort, et en même temps, la Commission a écrit à M. le Contrôleur Général, pages de 173 à 176 du copie de lettres, pour faire sentir au Conseil la nécessité que cette loi soit déclarée commune aux ci-devant taillables et à toutes les propriétés en général.

Il a été écrit au bureau intermédiaire de Villefranche, pages de 176 à 179, relativement aux secours que peut attendre son département des fonds de la province.

Fait et clos lesd. jour et an.

CLUGNY, grand custode, comte de Lyon, RANVIER DE BELLEGARDE, BINOT, DE LA CHAPELLE, BOSCARY, secrétaire.

Dans la séance du jeudi dix-sept décembre 1789,

La Commission Intermédiaire a adressé aux bureaux intermédiaires de la province, pour être distribuées aux municipalités, les lettres-patentes des 18 et 27 novembre, sur les décrets de l'Assemblée Nationale, des 13 novembre, 7 et 14 du même mois, concernant les déclarations à fournir par tous les éclésiastiques et corps éclésiastiques et la conservation de leurs biens, et elle en a accusé la réception à M. le Contrôleur Général.

Vu la lettre du même ministre, du 7 de ce mois, concernant les assemblées à former pour la nomination des adjoints à nommer, en exécution de la proclamation du 16 octobre, la Commission a adressé copie de cette lettre aux officiers municipaux de Lyon. Elle a écrit, sur le même objet, aux bureaux intermédiaires de Montbrison, St-Etienne et Roanne.

Elle a adressé, aux officiers municipaux de St-Chamond, une lettre de M. le Contrôleur Général, concernant cette ville.

Fait et clos lesdits jour et an.

CLUGNY, grand custode, comte de Lyon, RANVIER DE BELLEGARDE, BINOT, DE LA CHAPELLE, BOSCARY, secrétaire.

Dans la séance du samedi 19 décembre 1789,

La Commission ayant reçu, d'envoi de M. l'Intendant, les commissions du Conseil adressées aux bureaux intermédiaires de la province, à l'effet de procéder au département ou partage des impositions de 1790, entre les communautés de leur ressort, elle a adressé à chacun des bureaux intermédiaires la commission qui le concerne ; 2° copie de l'arrêt du Conseil, du 4 de ce mois, qui autorise l'imposition, sur les communautés de la généralité, d'une somme de 352.255 l. 6 s. 3 d., pour la prestation représentative de la corvée ; 3° l'état de répartition arrêtée par la Commission, de cette même somme, entre les six départemenrs de la province ; 4° des supplémens de mandemens adressés à la Commission par M. le Contrôleur Général, en conséquence du décret du 28 novembre dernier, plus et enfin le bordereau du moins imposé qui résulte, sur le brevet de la capitation, en faveur de chaque département, des rôles de supplément délivrés pour l'année 1788, sur la capitation. La Commission a ajouté à cet envoi une lettre contenant tous les détails qu'elle a cru propres à être mis sous les yeux des bureaux intermédiaires, celle adressée au bureau de la ville de Lyon, Franc-Lyonnois, et transcrite sur les pages de 189 et 192 du copie de lettres n° 4 ; celles adressées aux autres bureaux intermédiaires et transcrites sur le registre n° 5, des pages 1 à 8.

La Commission a informé M. le Contrôleur Général de cet envoy et lui a adressé copie des lettres écrites aux bureaux intermédiaires.

Fait et clos lesd. jour et an.

CLUGNY, grand custode, comte de Lyon, RANVIER DE BELLEGARDE, BINOT, DE LA CHAPELLE, BOSCARY, secrétaire.

Dans la séance du jeudi 24 décembre 1789,

La Commission a écrit au bureau intermédiaire de Villefranche, pages de 11 à 13 du registre n° 5, sur des questions relatives aux impositions de 1790. Elle a écrit au bureau intermédiaire du Lyonnois, pages 13 et 14, sur la conduite que doit tenir la municipalité de St-Genis-d'Argentière, relativement à des bois coupés dans les fonds de la prébande de St-Blaize, par elle séquestrés.

Il a été écrit, page 10, au bureau intermédiaire de Roanne, relativement au secours du moins imposé, de 1788 et 1789. Il a été écrit au bureau intermédiaire de St-Etienne, pour autoriser quelques réparations provisoires et urgentes sur le chemin du hameau de Trémolin à la Loire.

Sur la demande de MM. les officiers municipaux de Roanne, d'un secours de trois mille livres, pour être employé en atteliers de charité, il leur a été écrit de se concerter, à cet égard, à MM. du bureau intermédiaire de Roanne, auxquels la Commission a fait part, en même temps, de cette demande.

Fait et clos lesdits jour et an.

CLUGNY, grand custode, comte de Lyon, RANVIER DE BELLEGARDE, BINOT, DE LA CHAPELLE, BOSCARY, secrétaire.

Dans la séance du jeudi 31 décembre 1789,

La Commission a adressé, pages 18 et 19 du copie de lettres n° 5, à M. l'Intendant, des observations et son avis sur l'emploi de la somme de 20.000 livres, en faveur des ouvriers réduits, en 1787, par la misère, dans l'impossibilité d'acquitter leur capitation de lad. année, et des propriétaires peu aisés qui ont fait des pertes sur les loyers que leur devoient ces malheureux ouvriers.

La Commission a adressé aux bureaux intermédiaires les lettres-patentes du Roi, du 19 de ce mois, sur le décret de l'Assemblée Nationale, du 17, qui veut que les biens des ci-devant taillables soient imposés aux lieux de leur situation, et les nouveaux mandements relatifs à ce décret. Elle a informé de cet envoi M. le Contrôleur Général.

Elle a écrit, pages 16, 17 du copie de lettres n° 5, 21, 22, 23, ensuite aux bureaux intermédiaires de St-Etienne, Roanne et Villefranche, sur des questions relatives aux impositions de 1790. Elle a écrit au bureau intermédiaire de Roanne et à la municipalité de St-Germain-Laval, sur les réparations du chemin de Roanne à Saint-Germain-Laval.

Fait et clos led. jour 31 décembre 1789.

CLUGNY, grand custode, comte de Lyon, RANVIER DE BELLEGARDE, BINOT, DE LA CHAPELLE, BOSCARY, secrétaire.

Dans la séance du jeudi 7 janvier 1790,

La Commission Intermédiaire, considérant que M. le Contrôleur Général lui a fait parvenir trois mandemens successifs pour être adressés, par les bureaux intermédiaires, aux municipalités, à l'effet de guider leur marche dans la répartition individuelle des impositions de 1790, les dispositions du premier mandement sont, en grande partie, devenues inutiles d'après les décrets des 28 novembre et 17 décembre; que, cependant, cette multitude de mandemens peut induire les municipalités en erreur ; en conséquence, la Commission a fait rédiger et réunir, en un seul mandement, toutes les dispositions qu'elle a cru les plus propres à éclairer les municipalités pour la confection des rôles, et elle en a adressé des exemplaires aux bureaux intermédiaires, pour être envoyés aux municipalités. Les lettres par elle écrites sur ce sujet, aux bureaux, sont transcrites pages 27, 28, 30, 31, 32, 34, 35 et 36 du copie de lettres n° 5. Elle a écrit, sur cet objet, à M. le Contrôleur Général et lui a adressé un exemplaire de ce nouveau mandement.

Il a été écrit à MM. de St-Etienne, relativement aux travaux à faire pour réparer la route du hameau de Trémolin à la Loire, et à MM. de Roanne, pour leur indiquer les moyens d'employer les journaliers nécessiteux aux réparations à faire pour le passage de la rivière de Renaison.

Fait et clos lesd. jour et an.

RANVIER DE BELLEGARDE, BINOT, DE LA CHAPELLE.

Dans la séance du mardi 12 janvier 1790,

La Commission, instruite que, par un décret du 30 décembre, l'Assemblée Nationale a ordonné la prorogation du péage de l'Isle-Barbe, éteint depuis le 31 décembre, a adressé à M. le Président de l'Assemblée Nationale, M. le Garde des Sceaux, le premier Ministre des Finances et à MM. les Députés de la sénéchaussée de Lyon à l'Assemblée Nationale, les représentations les plus fortes contre les dangers de cette prorogation et le tort qui en résulterait pour la ville de Lyon et la province ; les lettres écrites sur cet objet sont transcrites pages de 38 à 43 du copie de lettres n° 5.

Fait et clos lesd. jour et an.

CLUGNY, grand custode, comte de Lyon, RANVIER DE BELLEGARDE, BINOT, BOSCARY, secrétaire.

Dans la séance du jeudi 14 janvier 1790,

La Commission a écrit à MM. de St-Etienne, Montbrison et Roanne, de faire toucher, par les mains de M. le Secrétaire Provincial, le dernier quart des frais d'administration qui leur reste dû pour 1788 ; elle a délibéré sur la lettre du bureau intermédiaire du 8 de ce mois, concernant les impositions de 1790 ; elle y a répondu, pages 42 et 43 du copie de lettres, et a vérifié un grand nombre de demandes en modération et décharge de capitation.

Fait et clos lesd. jour et an.

Dans la séance du jeudi vingt-un janvier 1790,

La Commission a adressé aux bureaux intermédiaires des projets de procès-verbaux, contenans nomination des maires et officiers municipaux, dont l'établissement est ordonné par le décret du 14 décembre dernier, pour être adressé aux municipalités; elle a arrêté le partage définitif, entre les départemens, des riz dont elle a ordonné l'achat pour le soulagement des pauvres de la province, et elle en a donné avis aux bureaux intermédiaires. MM. les Procureurs Sindics ont été chargés de prévenir MM. les curés et les œuvres de charité de la ville, sur la portion de ce secours qui leur est destiné.

Elle a écrit au bureau intermédiaire de la ville de Lyon, page 53 du copie de lettres, sur les demandes en décharges et modération de capitation, à M. le Contrôleur Général, pages 47 et 48, et à MM. du Lyonnois, page 49, sur une question relative à la paroisse de Saint-Forgeux, pour la formation des rôles de 1790, et au bureau intermédiaire de Villefranche, sur les atteliers de charité à ouvrir dans l'étendue de son département.

Fait et clos lesd. jour et an.

CLUGNY, grand custode, comte de Lyon, RANVIER DE BELLEGARDE, BINOT, BOSCARY, secrétaire.

Dans la séance du jeudi 28 janvier 1790,

La Commission a écrit, pages 64, 65 et 66 du copie de lettres n° 5, à M. le Contrôleur Général et à MM. les députés de la sénéchaussée de Lyon à l'Assemblée Nationale, relativement au péage de l'Isle-Barbe, elle a adressé aux bureaux intermédiaires des exemplaires des lettres-patentes du Roi, sur le décret de l'Assemblée Nationale du 26 décembre, et la proclamation du Roi du 14 janvier, concernant la contribution patriotique, pour les faire parvenir aux municipalités, et a écrit, à cet égard, à M. le Contrôleur Général, pages 70 et 71 du copie de lettres n° 5.

La Commission a adressé, au bureau intermédiaire du Lyonnois, un mandat de 1.000 livres, au profit du sieur Verne, commissaire aux revues, pour les appointemens de l'année entière 1789 et la demande de ce bureau, pour obtenir, au profit dud. sieur Verne, un supplément de traitement de 800 livres, a été adressée à M. le Contrôleur Général, pages 68 et 69 du copie de lettres. En conséquence d'une lettre de ce ministre, du 22, la Commission a écrit à M. Dareste, receveur, pour s'occuper de la recette de la contribution patriotique, pages 61 et 62 du copie de lettres; elle a écrit, pages 57 et 58, à M. le Contrôleur Général, relativement au rôle des vingtièmes de la présente année.

Elle a écrit à M. de La Millière, au sujet des fonds dus à la caisse des ponts et chaussées par le trésor royal, et lui a envoyé un projet d'arrêt, pour faire ordonner que les fournisseurs des matériaux employés au pont d'Alëy seront payés de leurs avances sur ce qui reste dû à cet entrepreneur, nonobstant les saisies faites à son préjudice par des créanciers étrangers à ces fournitures.

Fait et clos lesd. jour et an.

 CLUGNY, grand custode, comte de Lyon, RANVIER DE BELLEGARDE, BINOT, DE LA CHAPELLE, BOSCARY, secrétaire.

Dans la séance du jeudi 4 février 1790,

La Commission a adressé, à MM. de Roanne, le devis à adjuger des travaux à exécuter sur la route de Roanne à St-Germain-Laval ; au bureau intermédiaire de Saint-Etienne, un mandat de 821 liv. 3 s., pour le montant des réparations urgentes exécutées sur la route du hameau de Trémolins à la Loire.

Elle a chargé le commis à la recette générale des finances de faire passer à Montbrison, une somme de 1.366 liv. 2 s. 11 d., pour être payée, sur les mandats particuliers du bureau intermédiaire de Montbrison, aux ouvriers employés dans l'attelier ouvert autour de la ville de Montbrison.

Vu le mémoire adressé à M. le Contrôleur Général par la municipalité de Sury, le 2 janvier, que le ministre a fait parvenir à la Commission le 25 janvier dernier. La Commission a écrit sur cet objet à M. le Contrôleur Général, à MM. de Montbrison et à la municipalité de Sury, pages de 76 à 80 du copie de lettres n° 5.

Fait et clos lesd. jour et an.

 CLUGNY, grand custode, comte de Lyon, RANVIER DE BELLEGARDE, BINOT, DE LA CHAPELLE, BOSCARY, secrétaire.

Dans la séance du vendredi 12 février 1790,

La Commission a adressé à tous les bureaux intermédiaires, pour les adresser aux municipalités, les exemplaires du discours qu'a prononcé le Roi à l'Assemblée Nationale, dans la séance du 4 février, et elle en a accusé la réception à M. le comte de Saint-Priest. Elle a adressé au bureau intermédiaire de la ville de Lyon, un mandat de 735 liv. 13 s. 6 d., au profit de son secrétaire, pour les frais de transcription des rôles de capitation de 1789.

Elle a écrit aux bureaux intermédiaires et aux procureurs du Roi des cinq élections, pour les prier de lui adresser chaque semaine le bordereau des rôles de supplément des six derniers mois 1789 et de ceux de la contribution patriotique, à mesure qu'ils seront vérifiés. Elle a répondu à la lettre de M. le Contrôleur Général, du 30 janvier, qui lui annonce la suspension du payement des travaux d'arts exécutés jusqu'au 31 décembre dernier. Elle a écrit, sur le même objet, à M. de La Millière et à l'ingénieur en chef.

Fait et clos lesd. jour et an.

CLUGNY, grand custode, comte de Lyon, RANVIER DE BELLE-GARDE, BINOT, DE LA CHAPELLE, BOSCARY, secrétaire.

Dans la séance du jeudi 25 février 1790,

Il a été écrit à M. le Contrôleur Général, pages 89 et 90, pour l'instruire des progrès de la contribution patriotique dans la généralité; il a été écrit au même ministre, page 91, pour l'instruire des progrès des opérations du département de 1790.

Vu la lettre de MM. les Députés de la Ville de Lyon à l'Assemblée Nationale et les mémoires qui y sont joints, lesquels ont été adressés à l'Assemblée Nationale par le bureau intermédiaire de Lyon et Franc-Lyonnois et par le sindic du Franc-Lyonnois, contenant des réclamations sur le partage des impositions de l'année 1790, arrêté par la Commission; la Commission a écrit sur cet objet à M. le Contrôleur Général et à MM. les Députés de Lyon à l'Assemblée Nationale, pages de 92 à 95 du copie de lettres n° 5.

Fait et clos lesd. jour et an.

BINOT, DE LA CHAPELLE, BOSCARY, secrétaire.

Dans la séance du jeudi 4 mars 1790,

La Commission a adressé à MM. de Montbrison quatre mémoires, présentés par des ci-devant privilégiés, sur la surcharge des cottisations à eux faites dans les rôles des 6 derniers mois 1789, pour y donner leur avis.

Elle a adressé, pages 97 et 98 du copie de lettres n° 5, une lettre de MM. de Roanne, concernant une difficulté élevée à la municipalité de Commelle; elle a arrêté une lettre-circulaire aux maires et officiers municipaux de chaque communauté, pour presser le recouvrement des impositions de 1790. Cette lettre est transcrite page 96 du copie de lettres. La Commission a donné avis de cette lettre-circulaire à M. le Contrôleur Général; elle a écrit, pages 99 et 100, à la municipalité de Mornant, page 102, aux maire et officiers municipaux de la ville de St-Chamond, pages 103 et 104, à ceux de la ville de Charlieu. Elle a arrêté une lettre-circulaire à adresser aux municipalités, relativement aux premiers cahiers des rôles de vingtièmes. Cette lettre transcrite pages 104, 105 et 106 du copie de lettres n° 5.

Fait et clos lesd. jour et an.

CLUGNY, grand custode, comte de Lyon, RANVIER DE BELLE-GARDE, BINOT, DE LA CHAPELLE, BOSCARY, secrétaire.

Dans la séance du mercredi 11 mars 1790,.

La Commission Intermédiaire a écrit à M. le Contrôleur Général et à MM. les Députés à l'Assemblée Nationale, pages de 113 à 115 du copie de lettres, au sujet du péage de l'Isle-Barbe.

Elle a écrit au bureau intermédiaire de Villefranche, pages 108 et 122 du copie de lettres, au sujet d'une réclamation de la municipalité de Beaujeu. Elle a écrit, pages de 108 à 110, au bureau intermédiaire de Roanne, et elle a délibéré relativement au moins imposé de 1788 et 1789, l'arrêté suivant :

Vu, par la Commission Intermédiaire, la lettre à elle adressée par M. le Contrôleur Général des Finances, du 28 février 1788, qui fixe à la somme de 30.000 livres le moins imposé effectif accordé par Sa Majesté, pour le soulagement des taillables de la province, sur leurs impositions de l'année 1788 ; l'arrêt du Conseil d'État de Sa Majesté, du 11 avril 1789, qui fixe à la somme de quarante mille livres le même secours sur les impositions de l'année 1789 ; la Commission, considérant que si, jusqu'à ce moment, il n'a pas été procédé au partage de ce secours, pour les années 1788 et 1789, c'est que, désirant se conformer aux formes anciennement établies et aux instructions du mois d'avril 1789, la Commission attendait d'être en état de régler ce partage entre les paroisses et les individus qui ont le plus souffert de l'intempérie des saisons, dans leurs récoltes des années 1788 et 1789 ; mais, pour y parvenir, il était indispensable que MM. les députés composant les bureaux intermédiaires, après avoir constaté les pertes essuyées dans les diverses paroisses de leur département, eussent adressé à la Commission les états nominatifs des habitans des paroisses maltraitées qui, eu égard à leurs pertes et à la modicité de leurs facultés, ont le plus de droit à ces secours. Quatre des départemens taillables ont, à la vérité, fait parvenir à la Commission tous les renseignemens pour le partage du moins imposé de 1788, mais il en est un cinquième qui ne les lui a pas encore adressé. Quant au moins imposé de 1789, il n'est que deux départemens qui ayent envoyé, jusqu'à ce jour, les procès-verbaux qui constatent les dommages essuyés par les communautés de leur ressort. Dans cet état, la Commission ne pouvant, d'après les formes établies, procéder à un partage partiel, ne peut consommer la distribution des secours de 1788, et elle aurait encore longtemps à attendre avant qu'elle eut rassemblé les élémens nécessaires pour le partage du moins imposé de 1789. Cependant, il serait très instant, pour le soulagement des habitans des campagnes qui ont essuyé des pertes dans le cours de ces deux années, et pour faciliter le payement des impositions de 1790, que la distribution du moins imposé de 1788 et 1789, ne fut pas plus longtemps retardée. La Commission a pensé que, pour faciliter et accélérer ce travail, il serait convenable qu'elle fixât d'abord la portion appartenante à chaque département ; le soin de déterminer le partage ultérieur, entre les paroisses maltraitées de chaque district, ne pourroit être confié en des mains plus sûres que celles des bureaux intermédiaires de chaque département, dont les Commissaires ayant acquis, lors de leurs visites, tous les renseignements qui peuvent éclairer sur la quotité des dommages éprouvés par chaque paroisse, sont plus à même que personne de régler, d'une manière équitable, la portion que doit obtenir chaque paroisse dans le moins imposé. Quant au partage individuel entre les particuliers d'une même communauté, il est également convenable qu'il soit fixé par les bureaux intermédiaires, sur l'avis du Conseil général de la commune de chaque paroisse, plus à portée que personne d'apprécier les facultés des contribuables et les pertes qu'ils ont éprouvées. Par ces diverses considérations, la Commission Intermédiaire a, sous le bon plaisir du Roi et de son Conseil, arrêté et délibéré les dispositions suivantes :

1° Le partage du moins imposé de 1788, montant à la somme de trente mille livres, est et demeure fixé ainsi qu'il suit, savoir :

Pour les paroisses ci-devant taillables de l'élection du Lyonnois............................	6.751 livres.
Pour celles de l'élection de Villefranche...........	5.477 —
Pour celles de l'élection de Roanne..............	4.009 —
Pour celles de l'élection de Montbrison...........	6.401 —
Pour celles de l'élection de St-Etienne............	7.362 —
Total pour 1788...........	30.000 livres.

2° Le partage de la somme de quarante mille livres, montant du moins imposé de 1789, est et demeure réglé comme ci-après, savoir :

Pour les paroisses du Lyonnois..................	9.002 livres.
Pour celles de l'élection de Villefranche...........	7.302 —
Pour celles de l'élection de Roanne..............	5.344 —
Pour celles de l'élection de Montbrison...........	8.536 —
Pour celles de l'élection de St-Etienne............	9.816 —
	40.000 livres.

3° Le partage de la somme destinée à chaque élection, à la forme de la division ci-dessus, entre les paroisses qui en dépendent, sera réglé par le bureau intermédiaire de chaque département ;

4° Et à l'égard du partage individuel de la somme qui aura été assignée à chaque paroisse, entre les individus ayant souffert des pertes ou dommages, il sera pareillement réglé par les bureaux intermédiaires, sur l'avis du Conseil général de la commune de chacune desd. paroisses.

Sera, l'expédition des présentes, incessamment adressée au Conseil, à l'effet d'y être autorisée.

Fait et clos lesd. jour et an.

CLUGNY, grand custode, comte de Lyon, RANVIER DE BELLE-
GARDE, BINOT, DE LA CHAPELLE, BOSCARY, secrétaire.

Dans la séance du jeudi 18 mars 1790,

Il a été écrit à MM. de Roanne, pages 125 et 126 du copie de lettres, au sujet des rôles de supplément des six derniers mois 1789 et de la contribution patriotique.

La Commission a adressé à M. le Contrôleur Général, sa délibération du 11, concernant le moins imposé de 1788 et 1789, avec une lettre transcrite page 125.

Il a été écrit, page 123, à MM. de Villefranche, au sujet de la contribution patriotique ; à M. le Contrôleur Général, page 120, au sujet de l'autorisation demandée par la municipalité de Beaujeu, pour imposer une somme de 600 livres destinée à des dépenses locales. Elle a écrit au même ministre, page 119, au sujet de la difficulté survenue dans la communauté de Doizieu et les Farnanches.

Il a été écrit à MM. de Roanne, au sujet de la demande que fait le sieur Dumond, du payement des ouvrages qu'il a exécutés aux abords du pont du Breuil.

Fait et clos lesd. jour et an.

CLUGNY, grand custode, comte de Lyon ; RANVIER DE BELLEGARDE, BINOT, DE LA CHAPELLE, BOSCARY, secrétaire.

Dans la séance du vendredi 26 mars 1790,

La Commission a écrit, page 141 du copie de lettres, à MM. du Lyonnois, sur une difficulté relative aux impositions de 1790, survenue entre la municipalité de la ville d'Oingt et celle de St-Laurent-d'Oingt ; page 140, au sieur Barjon, maire de Sury. Elle a adressé à M. Blondel le projet d'arrêt pour autoriser les délibérations prises par les diverses communautés de la province, pour réparations d'églises et presbytères ou autres réimpositions, et a joint à cet envoy le dossier de chaque affaire. Elle a écrit, pages 136 et 137, à MM. de Montbrison et à la municipalité de Pralong, sur des questions relatives aux impositions de 1790, et au bureau intermédiaire de Villefranche et à la municipalité de Beaujeu, pages de 133 à 136 du copie de lettres n° 5 ; à MM. de Montbrison, page 131, et au maire de St-Pierre-le-Bœuf. Elle a, de plus, écrit à M. le Contrôleur Général, relativement aux réclamations du Franc-Lyonnois et du bureau intermédiaire de la ville de Lyon, page 130.

Vu la lettre du bureau intermédiaire de Roanne, du 19, contenant les témoignages les plus avantageux sur le zèle et l'intelligence que ne cesse de montrer, dans son travail, M. de La Beaume, ingénieur attaché à ce département, la Commission a écrit à M. de La Beaume, pour lui témoigner toute sa satisfaction, et lui a adressé copie, signée de M. le secrétaire provincial, de la lettre du bureau intermédiaire de Roanne.

Fait et clos lesd. jour et an.

CLUGNY, grand custode, comte de Lyon, RANVIER DE BELLEGARDE, BINOT, DE LA CHAPELLE, BOSCARY, secrétaire.

Dans la séance du jeudi premier avril 1790,

La Commission a adressé au bureau intermédiaire de Montbrison, les devis des travaux à exécuter sur les fonds de charité, et a autorisé l'employ d'une somme de 364 l. 6 s. 9 d., formant le solde des 12000 livres destinés à leur département, sur les fonds de charité de 1788, au parachèvement des ouvrages commencés autour de la ville de Montbrison, sur les fonds de charité de 1788. Elle a écrit au bureau intermédiaire et à MM. les Procureurs Sindics du département de St-Etienne, sur des questions relatives aux impositions de 1790, de la page 150 à 155 du copie de lettres.

Elle a adressé aux bureaux intermédiaires, pour les distribuer aux municipalités, des exemplaires de l'instruction publiée par ordre du Roi, pour accellérer la confection des rôles des impositions ordinaires de 1790 ; elle en a accusé la réception à M. le Contrôleur Général.

Elle a écrit, pages 146 et 147 du copie de lettres, à MM. les maire et officiers municipaux de Roanne et au maire de Sury, et à MM. les officiers municipaux de St-Chamond, page 143.

Fait et clos lesd. jour et an.

    CLUGNY, grand custode, comte de Lyon, RANVIER DE BELLEGARDE, BINOT, DE LA CHAPELLE, BOSCARY, secrétaire.

Dans la séance du vendredy neuf avril 1790,

La Commission a écrit, pages 157 et 158 du copie de lettres n° 5, à MM. de la ville de Lyon et Franc-Lyonnois, au sujet de la résistance apportée par les paroisses du Franc-Lyonnois, à s'occuper de la confection des rôles des impositions de 1790, conformément aux mandements qui leur ont été adressés. Il a été écrit, sur le même objet, page 158, à M. le Contrôleur Général.

Vu la lettre de M. Necker, du 2 de ce mois, au sujet du recouvrement des impositions de 1790 ; la Commission a arrêté que cette lettre serait imprimée et adressée à toutes les municipalités, et elle a répondu à ce premier ministre, pages 158 et 159 du copie de lettres.

Elle a adressé, à M. le Contrôleur Général, une note transcrite à mi-marge des questions sur lesquelles le receveur des impositions, chargé du recouvrement de la contribution patriotique, demande une solution. Il a été écrit, page 160, au maire de Sury.

Fait et clos lesd. jour et an.

    CLUGNY, grand custode, comte de Lyon, RANVIER DE BELLEGARDE, BINOT, DE LA CHAPELLE, BOSCARY, secrétaire.

Dans la séance du jeudi quinze avril 1790,

Vu la lettre de MM. les maire et officiers municipaux de la ville de Beaujeu, du 8 de ce mois, et la copie de la délibération prise par l'assemblée du conseil général de la commune, le 5 ; il a été écrit à cette municipalité, pages 160 et 161 du copie de lettres ; copie de cette lettre a été envoyée au bureau intermédiaire de Villefranche ; il a été écrit à ce dernier bureau intermédiaire, relativement aux difficultés survenues entre les mas de Gand, des Eaux et des Couron, paroisse de St-Simphorien-de-Lay et de Bourg de St-Simphorien-de-Lay, relativement aux impositions de 1790.

Vu le mémoire adressé par M. Praire du Rey, à l'effet d'être déchargé de l'entretien du pont sur la rivière de Rin, dont il était tenu, pour prix de l'affranchissement des impositions accordé à ses auteurs ; MM. du bureau intermédiaire de Villefranche ont été priés de faire dresser préalablement, par M. de La Beaume, en présence d'un commissaire de leur bureau et de M. Praire du Rey, procès-verbal de l'état dudit pont de Rin, et de donner préalablement leur avis sur la demande de M. Duret.

Fait et clos lesd. jour et an.

CLUGNY, grand custode, comte de Lyon, RANVIER DE BELLEGARDE, BINOT, DE LA CHAPELLE, BOSCARY, secrétaire.

Dans la séance du jeudi vingt-deux avril 1790,

La Commission a adressé aux bureaux intermédiaires et aux cinq receveurs particuliers des finances de l'élection, l'instruction publiée par ordre du Roi, sur la manière d'opérer les compensations de la moitié des quittances de décimes ou de capitation payés en 1789 par les ci-devant privilégiés, avec leur cottisation dans les rôles de supplément des six derniers mois 1789, et elle en a accusé la réception à M. le Contrôleur Général. Elle a pareillement adressé aux bureaux intermédiaires, pour être distribuées aux municipalités, quatre lettres-patentes, du 14 mars, portant sanction de quatre décrets de l'Assemblée Nationale, du 22 du même mois, concernant 1° la suppression du droit de marque des cuirs ; 2° du droit sur la fabriquation des amidons ; 3° du droit de marque des fers ; 4° et enfin du droit sur les huiles et savons, et en outre d'autres lettres-patentes, du 30 du même mois, sur les décrets de l'Assemblée Nationale, des 14, 15, 18, 20 et 21 du même mois.

Elle a écrit à la municipalité de Montagny, sur une difficulté relative à l'imposition des six derniers mois 1789, et à celle de Mornant, sur une difficulté survenue entre cette municipalité et celle de St-Sorlin, relativement aux impositions de 1790.

Fait et clos lesd. jour et an.

CLUGNY, grand custode, comte de Lyon, RANVIER DE BELLEGARDE, BINOT, BOSCARY, secrétaire.

Dans la séance du jeudi 29 avril 1790,

La Commission Intermédiaire a autorisé la délibération prise par le conseil général de la commune de Beaujeu, pour imposer, sur la communauté, une somme de 300 livres pour 1789 et pareille somme pour 1790, à l'effet de subvenir à quelques dépenses locales et jugées utiles ; cette délibération a été adressée au bureau intermédiaire de Villefranche.

Elle a adressé à tous les bureaux intermédiaires, pour être distribués aux municipalités : 1° les lettres-patentes du Roi, sur le décret de l'Assemblée Nationale, du 27 mars, relatif à la contribution patriotique ; en second lieu, la proclamation du Roi, du 11, sur le décret du 22 mars, concernant le payement des droits y énoncés ; elle a écrit, sur ces deux objets, à M. le Contrôleur Général ; elle a pareillement adressé aux bureaux intermédiaires, pour être distribuées aux municipalités, de nouvelles instructions publiées par ordre du Roi, le 22 de ce mois, sur les divisions de territoire, relativement à la confection des impositions de 1790.

Elle a écrit au bureau intermédiaire de Roanne, sur le moins imposé et les fonds destinés aux ateliers de charité des exercices 1788 et 1789, et à M. le Contrôleur Général, sur les difficultés qu'apportent les paroisses du Franc-Lyonnois à se conformer aux mandemens qui leur ont été adressés pour les impositions de 1790.

Fait et clos lesd. jour et an.

    CLUGNY, grand custode, comte de Lyon, RANVIER DE BELLE-
        GARDE, BINOT, BOSCARY, secrétaire.

Dans la séance du six mai 1790,

Dans la séance, la Commission a rendu compte, à M. le Contrôleur Général, du résultat de l'assemblée tenue sous les yeux du bureau intermédiaire de Villefranche, en présence des officiers d'élection de la même ville, entre les commissaires de la municipalité de St-Simphorien-de-Lay et ceux des mas des Eaux, de Gand et des Couron. Elle a envoyé, au même ministre, les lettres des municipalités de Cuire-la-Croix-Rousse, St-Jean-de-Thurigneux et St-Bernard, sur leur refus de se conformer aux mandemens des impositions de 1790. Elle a écrit, sur le même objet, au bureau de la ville de Lyon et Franc-Lyonnois.

Elle a envoyé aux bureaux intermédiaires, pour être adressé aux municipalités, les lettres-patentes du Roi, du 22 avril, sur les décrets de l'Assemblée Nationale, des 14 et 20 du même mois, qui confient aux assemblées de département et de districts les biens déclarés à la disposition de la nation ; d'autres lettres-patentes du même jour, sur le décret du 17, concernant la dette du clergé et la circulation des assignats, et enfin les lettres-patentes du 20 avril, sur le décret du 11 ;

elle a informé de cet envoi M. le Contrôleur Général. Elle a écrit à ce ministre sur l'exécution de la délibération du 11 mars, concernant le moins imposé de 1788 et 1789, et sur la formation des seconds cahiers des rôles de vingtièmes. Elle a chargé les Procureurs Sindics d'adresser au bureau intermédiaire du Lyonnois une lettre de M. le Contrôleur Général, relative à la paroisse de La Chassagne.

Fait et clos lesd. jour et an.

 CLUGNY, grand custode, comte de Lyon, RANVIER DE BELLEGARDE, BINOT, BOSCARY, secrétaire.

Dans la séance du vendredi quatorze mai 1790,

La Commission, délibérant sur la demande du sieur Dumont, entrepreneur, chargé d'exécuter, en 1787, des travaux aux abords du pont du Breuil, examen fait de l'avis de MM. du bureau intermédiaire de Roanne et du rapport de l'ingénieur en chef, a fixé à trois mille livres le payement desdits travaux.

Elle a adressé aux bureaux intermédiaires, pour être distribués aux municipalités 1° des lettres-patentes du 28 mars, sur les décrets de l'Assemblée Nationale du 15, concernant les droits féodaux; 2° d'autres lettres-patentes, sur le décret du 19, qui abolit les droits de ravage, pâturage, parcours et autres; 3° la proclamation du Roi, du 19, concernant les assignats décrétés par l'Assemblée Nationale; 4° et enfin la proclamation du 25 avril, sur le décret du 9, relatif aux mesures à remplir par les municipalités qui voudront acquérir des biens nationaux. Elle a adressé aux bureaux intermédiaires la copie 1° des solutions données par M. le Contrôleur Général, sur les questions adressées par le receveur des impositions de Lyon, relativement à la contribution patriotique, et l'expédition, signée par le secrétaire provincial, de la délibération de la Commission, du 11 mars, relativement au moins imposé.

Fait et clos lesd. jour et an.

 CLUGNY, grand custode, comte de Lyon, RANVIER DE BELLEGARDE, BINOT, BOSCARY, secrétaire.

Dans la séance du jeudi vingt mai 1790,

La Commission Intermédiaire a adressé aux bureaux intermédiaires, pour être distribués aux municipalités 1° des exemplaires de l'instruction publiée par ordre du Roi, relativement au recouvrement de la contribution patriotique; 2° des lettres-patentes du 5 de ce mois, concernant le service des maîtres de poste; elle en a annoncé l'envoi à M. le Contrôleur Général. Elle a écrit à ce ministre relativement aux 20mes d'industrie pour l'année 1790.

Examen fait du projet à elle adressé par M. le Contrôleur Général, d'une instruction à publier pour aider les municipalités, qui n'ont pas encore fait les rôles de 1790, à accellérer cette opération, la Commission a pensé que cette instruction seroit plus embarrassante qu'utile pour le progrès de cette opération ; elle a écrit à M. le Contrôleur Général et a dévelopé dans sa lettre les motifs de son opinion. Elle a adressé au bureau intermédiaire de St-Etienne un mémoire de la communauté de Riverie, qui se plaint de l'énormité de son imposition, et elle a écrit au bureau intermédiaire de Villefranche, en lui annonçant qu'elle croit raisonnable de céder à la demande que lui a adressée le conseil général de la commune de Beaujeu, pour obtenir la communication du rôle des impositions de Villefranche.

Fait et clos lesd. jour et an.

  CLUGNY, grand custode, comte de Lyon, RANVIER DE BELLEGARDE, BINOT, BOSCARY, secrétaire.

Dans la séance du jeudi 27 mai 1790,

La Commission a adressé aux bureaux intermédiaires des lettres-patentes, du 10 de ce mois, sur les décrets de l'Assemblée Nationale des 23 avril et 4 mai, et du mémoire adressé par M. le Contrôleur Général à l'Assemblée Nationale, sur la répartition des impositions de 1790 et sur la confection des rôles, avec prière de les faire distribuer aux municipalités.

Elle a écrit au bureau intermédiaire de la ville de Lyon et Franc-Lyonnois, relativement aux plaintes formées par ce bureau et les communautés du Franc-Lyonnois, sur la part assignée à ces communautés et à la ville de Lyon lors du partage du brevet général des impositions de 1790. Elle a écrit à M. de La Millière, pour lui annoncer le refus fait par le receveur provincial des ponts et chaussées, de rembourser à la caisse de la corvée les 7.000 livres avancées par cette caisse pour le service des ponts et chaussées.

Elle a délibéré définitivement sur la demande de M. Praire du Rey et a fait parvenir une expédition de ce délibéré au bureau intermédiaire de Roanne, pour veiller à son exécution. Elle a adressé aux bureaux intermédiaires copie d'une lettre de M. le Contrôleur Général, du 22 mai, sur l'expédition des rôles de la contribution patriotique.

Fait et clos lesd. jour et an.

  CLUGNY, grand custode, comte de Lyon, RANVIER DE BELLEGARDE, BINOT, BOSCARY, secrétaire.

Dans la séance du vendredi quatre juin 1790,

La Commission a adressé aux bureaux intermédiaires, pour être distribués aux municipalités, des lettres-patentes du 9 mai, sur le décret du 3, concernant les droits féodaux rachetables; celles du 15, sur le décret du 1ᵉʳ mai, concernant les cottisations relatives à des rentes constituées à prix d'argent, et celles du 11 mai sur le décret du 10 avril, concernant l'exemption du droit de contrôle sur les actes d'administration.

Elle a écrit au bureau intermédiaire de St-Etienne, sur la surcharge dont se plaint la communauté de Riverie; au bureau de Montbrison, sur le moins imposé de 1788; au bureau intermédiaire de Villefranche, relativement au parti pris par la municipalité de Vougy de faire verser directement au trésor royal le premier terme de sa contribution patriotique, et au dessein annoncé par cette municipalité d'en user de même à l'égard du montant du rôle de suplément des six derniers mois 1789. La Commission a adressé copie de cette lettre au premier ministre des Finances, avec des observations sur cet objet.

Fait et clos lesd. jour et an.

 CLUGNY, grand custode, comte de Lyon, RANVIER DE BELLEGARDE, BINOT, BOSCARY, secrétaire.

Dans la séance du mercredi neuf juin 1790,

La Commission Intermédiaire a adressé aux bureaux intermédiaires, pour être distribués aux municipalités, des exemplaires des lettres-patentes du Roi, du 30 mai, sur le décret de l'Assemblée Nationale du 22, portant injonction aux municipalités de terminer leurs rôles dans quinzaine, à peine d'en demeurer personnellement responsables; elle a annoncé cet envoi à M. le Contrôleur Général.

Elle a déclaré exécutoire le rôle de la contribution patriotique dressé par la municipalité de Villefranche. Elle a écrit à M. le Contrôleur Général, pour lui annoncer les demandes faites par divers bureaux intermédiaires, à l'effet d'être autorisés à faire ouvrir au besoin des atteliers de charité; elle a écrit sur le même objet au bureau intermédiaire du Lyonnois. Elle a autorisé la confection d'un devis pour un acqueduc à construire sur l'embranchement du chemin des Etoux avec la route de Bresse au Bourbonnois. Elle a adressé au bureau intermédiaire de St-Etienne, un mémoire de M. Challand sur l'enlèvement des matériaux faits par un entrepreneur des travaux publics dans ses fonds ; elle a prié ce bureau de nommer un commissaire pour vérifier les faits et de faire suspendre jusqu'après le rapport de ses commissaires tout enlèvement de matériaux dans les fonds du sʳ Chaland.

Fait et clos lesd. jour et an.

 CLUGNY, grand custode, comte de Lyon, RANVIER DE BELLEGARDE, BINOT, BOSCARY, secrétaire.

Dans la séance du mercredi seize juin 1790.

La Commission a écrit au bureau intermédiaire du Lyonnais, relativement aux arrêtés pris par ce bureau sur toutes les demandes en indemnités qui lui avaient été adressées dans le courant de 1789. Elle a adressé aux bureaux intermédiaires copie de la lettre de M. le Contrôleur Général, du 5 de ce mois. Elle a pareillement adressé aux bureaux intermédiaires, pour être distribués aux municipalités, des exemplaires 1° de lettres-patentes sur le décret du 14 mai, qui prohibe l'entrée du sel étranger dans le royaume ; 2° celles concernant l'abolition du droit de triage, la propriété des bois, pâturages, etc.; 3° celles qui prorogent jusqu'au 15 août prochain le terme fixé pour la conversion des billets de la Caisse d'Escompte en assignats ; 4° celles concernant la distribution des bois communaux en usance; 5° et enfin celles comprenant les dispositions pour prévenir et arrêter les abus relatifs aux bois et forêts domaniaux et dépendans d'établissemens éclésiastiques. Elle a annoncé cet envoi à M. le Contrôleur Général. Elle a adressé au directeur des vingtièmes copie des lettres de M. le Contrôleur Général, des 14 mai et 8 de ce mois, et lui a donné des ordres pour la prompte confection des rôles de vingtièmes d'industrie de 1790. Elle a écrit à MM. du bureau intermédiaire de St-Etienne, relativement à la réclamation du sieur Chaland, et a invité ce bureau de donner l'ordre à l'adjudicataire de se présenter, assisté des officiers municipaux de St-Jean-de-Bonnefond, pour continuer les extractions autorisées dans les fonds du sieur Chaland, et que dans le cas où il opposerait la violence aux travaux de l'entrepreneur, il en serait verbalisé par la municipalité de St-Jean-de-Bonnefond, qui déclarerait au sieur Chaland qu'il reste responsable des dommages de l'entrepreneur.

Fait et clos lesd. jour et an.

  CLUGNY, grand custode, comte de Lyon, RANVIER DE BELLEGARDE, BINOT, BOSCARY, secrétaire.

Dans la séance du mercredi 23 juin 1790,

La Commission a adressé aux bureaux intermédiaires, pour être envoyés aux municipalités, des exemplaires in-4° et en placard de la proclamation du Roi, du 6 juin, pour l'exécution des lettres-patentes et proclamations des 13 février, 11 avril et 31 mai ; 2° des exemplaires in-4° des lettres-patentes du 13 juin, sur le décret du 30 mai, concernant les mendians, et des lettres-patentes du même jour, sur le décret du 6, qui attribuent provisoirement aux départements la connoissance des contestations en matière d'impôt direct.

Elle a délivré au bureau intermédiaire du Lyonnois un mandat de 499 liv. 19 s., pour frais de copistes des rôles de la contribution patriotique. Elle a écrit à l'ingénieur en chef, pour autoriser l'enlèvement des terres amoncelées qui interceptent les routes de Lyon à Bordeaux et de St-Simphorien à Anse. Ella a écrit à MM. les Procureurs Sindics de Roanne, sur la manière de statuer sur les décharges demandées par les contribuables imposés dans les rôles de suplément des six derniers mois 1789. Elle a écrit à M. de La Millière, pour demander encore le remboursement des 7.000 livres avancées à la caisse des ponts et chaussées par celle de la corvée.

Sur le renvoi fait par M. Blondel de toutes les pièces adressées au Conseil, relativement aux réparations d'églises, presbytères ou autres réimpositions, la Commission a renvoyé à chaque bureau intermédiaire tous les dossiers concernant les communautés de leur district.

Fait et clos lesd. jour et an.

CLUGNY, grand custode, comte de Lyon, RANVIER DE BELLEGARDE, BINOT, DE LA CHAPELLE, BOSCARY, secrétaire.

Dans la séance du mercredi 30 juin 1790,

La Commission a écrit à M. de La Millière, relativement aux indemnités accordées chaque année à l'ingénieur en chef, pour ses frais de tournées, et aux sous-ingénieurs pour l'entretien de leurs chevaux.

Elle a écrit à M. le Contrôleur Général, relativement aux ordonnances que ce ministre lui a fait remettre par M. l'Intendant, pour subvenir aux dépenses du service pendant le cours de l'année. Elle a écrit au même ministre, au sujet de l'ordonnance de 28.000 livres qu'il lui a fait adresser pour les fonds de charité de l'exercice 1788. Elle a délivré, à la prière du bureau intermédiaire de Roanne, un mandat de 240 livres à valoir sur les 15.000 livres provenant des restes de la corvée 1787, dont M. l'Intendant lui a accordé la disposition, au profit de Pierre Deschamps, entrepreneur de l'attelier n° 3, sur la route de Lyon en Languedoc par Montbrison. Elle a délibéré sur toutes les demandes à elle adressées par les pères de nombreuse famille, pour obtenir des secours sur les fonds de bienfaisance de l'exercice 1789, et elle a, d'après l'avis des bureaux intermédiaires, arrêté l'état nominatif de distribution de ce secours, revenant à la somme de 4.572 liv. 12 s., ensuite duquel état il sera délivré, au profit de toutes les personnes y dénommées, un mandat du montant de l'indemnité qui leur est accordé, à la forme dud. état sur les fonds libres de la capitation, exercice 1789.

Il a été adressé aux bureaux intermédiaires, pour être distribués aux municipalités, des exemplaires de lettres-patentes sur un décret de l'Assemblée Nationale, qui annulle les procès commencés à raison de la perception de différens droits ; 2° sur un autre décret, portant que les citoyens en procès avec la régie, antérieurement au décret du 22 mars dernier, à l'occasion des droits de marque des cuirs, des fers, etc., pourront continuer de poursuivre la réparation des torts qu'ils auront éprouvés ; 3° le décret concernant la vente de 400 millions de domaines nationaux ; 4° un autre décret, relatif à l'instruction de ladite vente ; 5° et enfin deux proclamations du Roi, relatif à la forme et à la signature des assignats. Il a été donné avis de cet envoi à M. le Contrôleur Général.

Fait et clos lesdits jour et an.

    CLUGNY, grand custode, comte de Lyon, RANVIER DE BELLEGARDE, BINOT, DE LA CHAPELLE, BOSCARY, secrétaire.

COMPTE-RENDU

PAR

LA COMMISSION INTERMÉDIAIRE

DE

L'ASSEMBLÉE PROVINCIALE DE LYON

DES FONDS CONFIÉS A SON ADMINISTRATION

A

L'ASSEMBLÉE DU DÉPARTEMENT DE RHONE-ET-LOIRE

1790

Messieurs,

Nous venons remettre dans vos mains l'administration qui fut confiée, par l'édit de juin 1787, à l'Assemblée Provinciale. Cet établissement, Messieurs, fut en quelque sorte l'avant-coureur des administrations vraiment constitutionnelles que les décrets du Corps législatif et la sanction du meilleur des Rois ont donné à la nation rendue à la liberté.

C'est à vous, Messieurs, qu'est réservé l'avantage inestimable de faire tout le bien dont l'Assemblée Provinciale n'avait pû qu'entrevoir la possibilité.

En mettant sous vos yeux tous les détails de l'administration dont a été chargée la Commission Intermédiaire Provinciale, nous nous ferons un devoir de vous faire appercevoir les économies dont peuvent être susceptibles les dépenses, et nous n'oublierons rien, pour que le compte que nous allons vous rendre serve tout à la fois à justifier la pureté de notre administration et à prouver le véritable intérêt que nous prenons à vos succès.

Les fonds dont la disposition nous était confiée sont de divers genres ; nous les distinguerons avec soin ; ils consistent : 1° dans les fonds connus sous le nom de fonds libres de la capitation ; 2° dans ceux provenant des fonds variables ; 3° dans ceux du moins imposé ; 4° dans ceux destinés aux atteliers de charité ; 5° dans ceux fournis, chaque année, par le trésor royal, pour le payement des ouvrages d'arts exécutés dans la province, désignés sous le nom de fonds des ponts et chaussées ; 6° et enfin dans les fonds de l'impôt représentatif de la corvée, destinés au payement des travaux publics qui s'exécutoient par la corvée.

Notre administration, Messieurs, remonte au 1ᵉʳ janvier 1788 ; jusqu'à cette époque, M. l'Intendant avait conservé l'administration de tous les fonds de la province.

Nous allons vous offrir le tableau de l'emploi que nous avons fait, chaque année, des fonds dont nous venons de vous présenter le détail.

CHAPITRE PREMIER

PREMIÈRE PARTIE

Fonds libres de la capitation, année 1788.

Le procès-verbal des séances générales tenues par l'Assemblée Provinciale, dans les mois de novembre et décembre 1787, vous mettra à portée de connaître, pages 23 et 24, la nature des fonds désignés sous le nom de fonds libres de la capitation, et pour vous donner, à cet égard, des connaissances plus détaillées, nous mettrons sous vos yeux deux états, cottés A et B, dont le premier fut remis à l'Assemblée Provinciale par M. l'Intendant, au mois de novembre 1787, et le second, cotté B, fut adressé à la Commission par M. le Contrôleur Général, au mois de mars de l'année 1788. Suivant ce dernier état, qui est celui auquel il faut s'arrêter, les fonds libres de la capitation se réduisoient à la somme de 24.803 l. 13 s. 9 d.

Le compte n° 1, auquel sont jointes les pièces justificatives sous une même cotte, depuis le n° 1 jusqu'au n° 8, vous offre l'emploi de cette somme.

Il vous sera facile de remarquer, Messieurs, que dans cette dépense, il n'est aucun article qui n'ait été approuvé par le Conseil et ordonnancé par M. l'Intendant, en suite des ordres de M. le Contrôleur Général ; que les fonctions de la Commission Intermédiaire à cet égard, se sont bornées à proposer les dépenses et à donner ensuite ses mandats particuliers, après les ordonnances délivrées par M. l'Intendant à la suite des divers états de dépenses.

Nous devons vous faire observer, Messieurs, que quoique la dépense des riz distribués aux pauvres de la ville et de la province ne paraisse, dans cet état, portée qu'à 6.000 livres, la vérité est qu'il a été acheté et distribué des riz pour une somme de 12.242 l. 4 s. ; mais à cette époque, le Roi accorda aux pauvres de la ville de Lyon une somme de 6.000 livres, pour être employée en distribution de riz ; cette somme de 6.000 livres, que la Commission reçut du trésor royal, par un acte particulier de la bienfaisance du Roi, fut remise au fournisseur de riz ; il reçut d'autre part les 6.000 livres portées en dépense dans le compte n° 1, et les 242 l. 4 s. restantes lui furent payées sur les fonds variables de l'exercice 1788. Nous vous remettons séparément, Messieurs, un état de l'achat et distribution de ces riz. La partie de ce secours destinée aux pauvres de la ville de Lyon et des fauxbourgs, a été remise à MM. les curés et aux œuvres de bienfaisance connues sous le nom de Marmite, pour en faire la distribution, et les bureaux intermédiaires ont bien voulu se charger du soin de faire distribuer, dans les villes et paroisses de la province, les portions de riz qui leur étaient destinées.

Il ne vous échappera pas, Messieurs, que dans le nombre des dépenses que l'état cotté B donne comme dépenses annuelles et fixes à la charge des fonds libres de la capitation, il en est plusieurs qui ne sont point portées dans la dépense de l'état n° 1, exercice 1788, nous vous devons, à cet égard, quelques explications.

Toute la partie des fonds libres qui n'était pas absorbée par les frais nécessaires de l'administration, était destinée à des actes de bienfaisance ou à des dépenses utiles à la province ; il était donc de notre devoir de faire tous nos efforts pour faire rejetter les frais qui, par leur nature, ne devoient pas être pris sur les fonds libres de la capitation.

Il nous parut que les 2.000 livres destinées au logement et frais du bureau de l'ingénieur en chef devoient être payées sur les fonds des ponts et chaussées ; que les 3.560 livres pour intérêts du cautionnement de M. Dareste, devoient être acquittées par le trésor royal, qui jouissait du capital de ce cautionnement ; que les 1.800 livres payées à l'inspecteur de la librairie ne pouvoient être acquittées sur les fonds de la province.

Nous apperçumes encore, dans l'état cotté A, remis par M. l'Intendant, des dépenses qui nous paroissoient ou inutiles ou ne pouvoir être à la charge des fonds de la province. Telles étoient une gratification de 500 livres à un ancien subdélégué, une somme de 660 livres au grand louvetier de France.

Ces dépenses, sur nos représentations, ont été supprimées ou portées sur d'autres fonds, à l'exception du premier article, concernant l'ingénieur en chef, qui a été supporté en 1788 par les fonds libres de la capitation.

D'autre part, Messieurs, vous voyez, dans le compte n° 1, la dépense sur les fonds libres portée à 25,368 liv. 1 s., tandis que ces mêmes fonds libres ne montoient, en 1788, qu'à 24.803 liv. 13 s. 9 d., ce qui forme, dans la dépense, un excédent de 564 liv. 7 s. 3 d. Cet excédent, Messieurs, est à prendre sur le fonds des décharges et modérations, et nous devons à cet égard, Messieurs, vous expliquer que l'état cotté B porte à 58.200 livres le fond des non valeurs, décharges et modérations. Cette somme n'est jamais absorbée par les non valeurs effectives, et ce qui reste en caisse pour solde des 58.200 livres, est employé, comme les fonds libres de la capitation, en œuvres de bienfaisance ou dépenses utiles à la province. Ce solde ne peut être connu qu'après l'apurement du compte du receveur des impositions, mais nous ne craignons pas d'assurer que, malgré la multitude des décharges que la cessation du travail a mis dans la nécessité d'accorder, ce solde s'élèvera au moins à une somme de 20.000 livres, dont vous aurez à disposer.

Enfin, Messieurs, nous ne devons pas terminer ce chapitre sur les fonds libres de la capitation, sans vous dire que les dépenses dont ils étaient autrefois chargés vont se diminuer du montant des frais de bureaux de l'Intendance, qui se portaient, en 1787, à 28.000 livres; que le trésor royal payait sur le produit des impositions le traitement de M. l'Intendant ; que ces sommes semblent naturellement destinées aux frais d'administration du département et des districts ; qu'enfin les fonds libres de la capitation, autrefois plus considérables, avoient été diminués par des pensions de retraite accordées sur ces mêmes fonds à d'anciens intendans, à d'autres préposés de l'administration. Le trésor royal s'était retenu sur les fonds libres le montant annuel de ces pensions, mais il en est d'éteintes, et vous obtiendrez sans doute que les sommes qui en furent autrefois distraites pour le payement de ces pensions soient rendues aux fonds libres de la capitation.

CHAPITRE PREMIER

DEUXIÈME PARTIE

Fonds libres de la capitation, exercice 1789.

Ces fonds, en 1789, montoient à 24.233 liv. 11 s. 5 d.

Vous appercevez déjà une différence de 570 liv. 2 s. 4 d. entre les fonds libres de 1788 et ceux de 1789, mais cette différence provient de ce que les taxations des receveurs généraux et particuliers ont été déduites sur les fonds de 1789.

Le compte n° 2 vous offre, Messieurs, le tableau de l'emploi de ces fonds; nous y joignons les pièces justificatives de la dépense, sous une même cotte, depuis le n° 1 jusqu'au n° 8.

Les dépenses de 1789 n'ont point été, comme celles de 1788, autorisées et ordonnancées article par article, mais vous trouverez, Messieurs, dans le nombre des pièces justificatives, une lettre de M. le Contrôleur Général du 10 janvier 1789, qui nous autorisait, quant aux dépenses déjà approuvées ou aux actes de bienfaisance, de suivre les mouvemens de notre justice, sans attendre une autorisation spéciale, et pour nous mettre à même de pourvoir aux dépenses, il nous fut adressé une ordonnance générale pour le montant des fonds libres, ensuite de laquelle nous avons été à même de délivrer, à mesure de besoin, nos mandats particuliers aux parties prenantes.

Nous vous prions d'observer, Messieurs, que dans tous les articles qui composent la dépense de ce compte, il n'en est aucun qui n'ait pour objet des dépenses déjà approuvées ou des secours de bienfaisance sur lesquels les bureaux intermédiaires ont donné leur avis.

L'objet de dépense le plus considérable a été l'achat des riz distribués, dans le courant de l'hiver dernier, aux pauvres de Lyon et des autres villes et paroisses du département. Vous avez sous les yeux un compte particulier pour l'achat et la distribution de ces riz. Jamais la misère n'avait offert de plus pressans besoins, et l'achat a été porté à une somme de 13.896 liv. 7 s. 4 d.

Vous ne trouverez, dans la dépense de 1789, que 11.145 liv. 7 s. 4 d. Les 2.750 liv. (1) restans ont été prises sur une ordonnance de 3.000 liv. qui nous avait été fournie pour les achats de 1788, et cette somme de 2.750 livres (2) restait en valeur, parce que le don de 6.000 livres fait par le Roi sur les achats de 1788, et dont nous vous avons déjà rendu compte dans l'article précédent, nous avait mis à même de faire cette économie sur une somme de 9.000 livres que nous avions destinée en achat de riz sur les fonds libres de 1788.

---

(1) Le compte-rendu imprimé porte les chiffres 11.047 l., 71 et 2.557 l. 16 s.
(2) 2.557 l. 16 s.

Vous remarquerés, Messieurs, que les 2.000 livres dues à l'ingénieur en chef, pour logement et frais de bureaux, n'ont point été portées en dépense en 1789 : le ministre, cédant à nos justes représentations, a senti qu'il était plus naturel que cette dépense fut prise sur les fonds des ponts et chaussées, ainsi les fonds libres de la capitation sont affranchis de cette charge.

Nous devons encore vous observer, Messieurs, que nous n'avons point cru devoir ordonner, en 1789, la dépense d'une somme de 3.150 livres demandée par le sieur de Buronne, inspecteur des haras, pour gratifications usitées en sa faveur et en celle des gardes étalons ; la suppression des haras, ordonnée dans le cours de 1789, nous faisait une loi de vous abandonner le soin de statuer sur la demande du sieur de Buronne. Nous joignons ici son mémoire et l'état qui l'accompagnoit.

Enfin, Messieurs, il vous reste, en 1789 comme en 1788, le solde du fonds de 58.200 livres destiné aux non valeurs, décharges et modérations, mais ce solde, nous avons lieu de le craindre, sera moins considérable qu'en 1788.

Il vous reste, de plus, un solde effectif de 661 liv. 15 s. 5 d.

CHAPITRE DEUXIÈME

PREMIÈRE PARTIE

Fonds des dépenses variables, exercice 1788.

Vu avez vu, Messieurs, page 25 du procès-verbal de l'Assemblée Provinciale, que les impositions connues sous le nom des dépenses variables, font partie des accessoires de la taille et se divisent en 4 articles,
  Savoir :
Logements militaires .... 15.000 livres.
Levée et équipement des soldats provinciaux..... 8.000 —
Pépinières..... .... 6.000 —
Indemnités de terrains pour les grandes routes.... 12.000 —
  Ces objets reviennent à............ 41.000 livres.

Ce même procès-verbal a fait connaître que les dépenses annuelles auxquelles ces fonds sont destinés ne les absorbent pas en entier et que les revenans bon devoient être employés en dépenses utiles à la province; ces revenans bon se sont accrus par les circonstances et par la sage économie de M. l'Intendant. Ce magistrat a trouvé le moyen d'acquitter, sur d'autres fonds confiés à son administration, la dépense des pépinières. Le tirage de la milice n'a point eu lieu en 1788, de manière que la somme de 8.000 livres d'une part, celle de 6.000 livres d'autre, destinée à ces dépenses, sont restées à notre disposition.

Le compte intitulé n° 3 vous offre, Messieurs, le tableau de l'emploi des 41.000 livres, montant des fonds variables en 1788; nous y joignons les pièces justificatives, sous une même cote, numérotées de 1 à 8.

Nous vous prions de remarquer qu'il n'est aucune des dépenses portées dans ce compte qui n'ait été approuvée par le Conseil et payée d'après des états ordonnancés, à la suite desquels la Commission a délivré ses mandats particuliers.

Il est dans ces dépenses un article de 11.668 liv. 9 s. 8 d., qui a servi à acquitter partie des frais d'administration de la Commission et des bureaux intermédiaires, le surplus a été payé sur les fonds de la recette générale.

Vous verrez encore un article de 1.177 liv. 15 s., employé en frais d'ameublement ; ce sont des tables, des tapis, des chandeliers achetés pour le service de l'Assemblée Provinciale et des bureaux intermédiaires de la ville de Lyon et du Lyonnois, tous objets utiles pour le département et les deux districts tenans leurs séances à Lyon ; dans cette même somme sont entrées 624 liv. remboursées au sieur Menard, qui occupait dans l'hôtel de l'administration les appartemens qui ont servi au bureau intermédiaire de la ville de Lyon, pour des agencemens qu'il aurait fallu faire et qui se trouvoient placés.

Nous devons vous observer, Messieurs, que le bâtiment du Concert, qui fut destiné aux séances de l'Assemblée Provinciale, de sa Commission Intermédiaire, des assemblées de département de la ville de Lyon et du Lyonnois et de leurs bureaux intermédiaires, ne pouvait être propre à cette destination sans des réparations et des agencemens intérieurs, qui étoient indispensables pour assigner à chacune de ces trois administrations une salle d'assemblée et des bureaux. La Commission avait fait faire les plans et devis de ces dispositions nouvelles ; la dépense devait s'élever à 14.500 livres. M. l'Intendant avait trouvé dans ses économies, sur les fonds confiés à son administration, une somme de 14.000 livres, qu'il offrait pour ces réparations, et le Conseil avait autorisé la Commission à en donner l'adjudication dès la fin de 1788, mais déjà nous pressentions que l'administration provinciale devait être remplacée par des administrateurs appelés par le suffrage libre de leurs concitoyens. Nous formions des vœux pour voir établir ce nouvel ordre. Notre lettre au Ministre des Finances, du mois de janvier 1789, imprimée dans le temps, est un sûr garant de leur sincérité ; ainsi, Messieurs, nous pensâmes devoir suspendre l'exécution de ces projets de réparations. Notre attente n'a point été trompée et nous avons à nous féliciter d'une prévoyance qui a évité à la province une dépense de 14.000 livres, qui pouvait lui devenir inutile. Nous devons cependant mettre sous vos yeux et recommander à votre justice la demande du sieur Boulard, architecte, employé par nous pour ces plans et devis, et à qui ses honoraires sont encore dus, nous en joignons un état au compte n° 3.

Nous joignons également à ce compte l'état de répartition de la somme de 12.000 livres, destinée, sur les fonds variables de 1788, aux indemnités dues aux propriétaires dont les fonds ont été endommagés par l'ouverture ou l'élargissement des routes.

Vous remarquez, Messieurs, que la dépense portée dans ce compte n° 3 excède de 927 liv. 4 s. 8 d. le montant des fonds variables 1788, mais cet excédent sera compensé par une moindre dépense sur les 41.000 livres de l'exercice 1789.

CHAPITRE DEUXIÈME

DEUXIÈME PARTIE

Fonds des dépenses variables, exercice 1789.

Le tirage de la milice n'a point eu lieu dans l'année 1789, et M. l'Intendant a continué de faire acquitter, sur les fonds étant à sa disposition, la dépense de la pépinière ; ainsi, la somme de 14.000 liv., faisant partie des fonds variables et destinée à ces deux objets, a pu être employée, comme l'année précédente, aux besoins de la province.

Le compte cotté n° 4 renferme les dépenses acquittées sur la somme de 41.000 livres, montant des dépenses variables de l'exercice 1789. Nous joignons à ce compte les pièces justificatives de ces dépenses, numérotées sous une même cotte de 1 à 7.

Dans le nombre de ces pièces justificatives, sont: 1° les états des logemens des officiers de maréchaussée, ceux des loyers dus aux propriétaires des maisons servant de cazerne aux brigades et l'état de répartition des 12.000 livres destinées, sur l'exercice 1789, aux indemnités de terrains enlevés pour le service des routes. Nous ne devons pas, Messieurs, vous laisser ignorer, à cet égard, que la province doit encore, sur cet objet, le solde des indemnités adjugées aux parties prenantes dénommées dans cet état ; nous avons trouvé ces fonds endettés de 35.000 livres, et cette dette se réduit aujourd'hui à 14.000 livres.

Le surplus des fonds variables a été employé à fournir un à-compte de 12.000 livres sur les frais de bureaux de la Commission intermédiaire, et un à-compte de 3.000 livres sur ceux du bureau intermédiaire du Lyonnois et a servi à des déboursés de frais de bureaux des six premiers mois 1790.

Vous remarquez, Messieurs, que ce compte, outre les 927 l. 4 s., 8 d., excédent de la dépense de l'exercice 1788, vous laisse un solde effectif de 384 l. 15 s. 4 d.

CHAPITRE TROISIÈME

Fonds provenans du moins imposé de 1788 et 1789.

Le moins imposé est un secours qu'accordait annuellement le Roi, en une remise sur le montant de la taille. Ce secours avait pour objet de soulager, dans chaque paroisse, les individus qui avoient éprouvé des pertes, soit par des incendies, soit par l'effet des maladies épizootiques, soit enfin par les intempéries des saisons. Comme cette remise est essentiellement destinée à faciliter le payement des impositions, le secours accordé à chaque individu ne peut excéder le montant de ses impositions. Si la perte éprouvée par le contribuable est considérable, le secours lui est continué sur le moins imposé des années suivantes.

Vous avez pu voir, Messieurs, page 24 du procès-verbal des séances générales de l'Assemblée Provinciale, que le moins imposé de 1787 n'étoit qué de 24.000 livres ; ce secours étoit de beaucoup inférieur aux besoins de la province ; sur les représentations de feu M. de Montazet, archevêque de Lyon, président de l'Assemblée Provinciale, il fut porté, pour 1788, à 30.000 livres, et il s'est accru, en 1789, jusqu'à 40.000 livres.

Le partage du moins imposé s'arrête ordinairement à la fin de l'année et lorsque le sort des récoltes est entièrement décidé. C'est à cette époque seulement qu'il est possible de connaître les pertes et les malheurs qu'ont éprouvé les habitants des campagnes dans le courant de l'année.

Vous vous rappelez, Messieurs, les dégâts causés, en 1788, dans presque toute la province, par les ouragans, les avals d'eau et la gresle ; les bureaux intermédiaires nous avoient fait parvenir les procès-verbaux dressés par leurs commissaires, de tous les maux causés par les intempéries, dans l'étendue de leurs districts, et nous avions sous les yeux l'apperçu des dommages soufferts par les paroisses.

Nous vous avouerons, Messieurs, que comme il s'agissait de fixer, entre les divers départements de la province, qui tous avoient souffert des pertes notables, le partage du moins imposé, la Commission crut devoir laisser le soin de faire cette distribution à l'Assemblée Provinciale, qui devait tenir une assemblée générale au mois de novembre 1788, et dans le sein de laquelle tous les départements avoient des représentants mais, vous savez, Messieurs, que la convocation des Notables du Royaume fit renvoyer les séances des Assemblées Provinciales ; alors, forcés de régler nous-mêmes cette distribution, et pour nous conformer aux instructions du Conseil, qui nous avoient été adressées au mois de mars 1788, nous demandâmes à tous les bureaux intermédiaires l'état nominatif des propriétaires les moins aisés, qui avoient souffert, dans chacune des paroisses de la généralité, et la note de leurs impositions. Ces états une fois remis dans nos mains, nous devions proposer au Conseil le projet de distribution et le faire autoriser.

Ces états nominatifs, exigés par le Conseil, devaient entraîner de grandes lenteurs ; aussi, l'année 1789 était écoulée, et il nous manquait encore les états des paroisses d'une élection entière. Cependant, les bureaux intermédiaires qui s'étoient mis en règle pressoient, avec raison, pour faire jouir les communautés de leur district du secours du moins imposé. Il ne nous était pas possible de proposer une distribution partielle. Dans cet embarras, nous pensâmes que, si le Conseil avait exigé des formes plus rigoureuses dans l'ancien régime, lorsque les communautés n'avoient à leur tête que des collecteurs appelés par l'ordre du tableau, la distribution du moins imposé n'exigeoit que des formes simples, dans un moment où toutes les communautés étoient administrées par un maire et des officiers municipaux, choisis par le suffrage libre de leurs concitoyens, et où ces administrations étoient surveillées par les bureaux intermédiaires et leurs commissaires, tous à portée de rectifier les erreurs qui pourraient être commises dans les partages du moins imposé, d'après ces motifs, nous prîmes, le 11 mars dernier, une délibération qui sera mise sous vos yeux, par laquelle nous fixâmes le partage, entre les cinq élections de la province, du moins imposé de 1788 et de celui de 1789. Nous chargeâmes les bureaux intermédiaires de régler eux-mêmes, entre les communautés de leur district qui avoient éprouvé des pertes, le partage de la portion qu'elles auroient à recevoir dans la somme échue à leur district. Quant au partage individuel, la même délibération porte qu'il sera arrêté par les bureaux intermédiaires, sur l'avis des municipalités.

Cette délibération, Messieurs, a été approuvée par le Conseil ; copie en a été adressée à tous les bureaux intermédiaires qui se sont occupés de son exécution ; la suite de cette opération sera consommée par les directoires de district, et lorsque le partage individuel du moins imposé sera définitivement règlé, le payement effectif s'opérera conformément à l'instruction du mois d'avril 1789, rappellée dans notre délibération, et qui sera mise sous vos yeux, en déchargeant sur les rôles les cottes des redevables qui auront obtenu des modérations, d'une somme égale au montant de la modération qui leur aura été accordée.

CHAPITRE QUATRIÈME

Fonds destinés aux atteliers de charité, années 1788 et 1789.

Les fonds de charité étoient encore un secours qu'accordait le Roi, sur le montant de la taille ; il était destiné à établir des atteliers dans la province, pour fournir des moyens de subsistance et du travail dans les lieux où la misère se fesait ressentir et où les journaliers étoient sans occupation. Ce secours, dicté par l'humanité, et non moins important pour la sûreté publique, étoit toujours employé à réparer les communications de village à village, qui ne sont pas entretenues aux frais de la province.

Vous avez remarqué, Messieurs, que les fonds des atteliers de charité n'étoient, en 1787, que de 33.000 livres, page 24 du procès-verbal de l'Assemblée Provinciale, en 1788, ils furent portés à 40.000 livres, et en 1789, ils ont été fixés à 45.000 livres.

Au mois de mars de l'année 1788, M. le Contrôleur Général nous adressa et nous fit remettre, par M. l'Intendant, différentes instructions pour nous faire connaître et la nature de ce secours et les formes à suivre pour en faire l'emploi.

Ces instructions nous apprenoient que les travaux de charité devoient être portés là où se fait sentir la misère et où les ouvriers languissent sans travail, et cette règle ne s'accordait pas entièrement avec les délibérations de l'Assemblée Provinciale, qui vouloient que les fonds de charité fussent accordés, par préférence, aux communautés qui offriroient de contribuer, soit en argent, soit en travaux libres, pour la moitié des travaux.

Ces instructions nous apprenoient, de plus, que les atteliers ne pouvoient être mis en activité avant qu'ils eussent été proposés au Conseil et autorisés.

Au mois de décembre 1788, nous nous occupâmes du soin de règler, entre les départemens de la province, le partage des fonds de charité de l'exercice 1788 ; nous crûmes devoir consulter, dans ce travail, les apperçus que nous avions alors sous les yeux des pertes que les orages et les intempéries des saisons avaient causé dans les divers districts de la province.

Vous savez, Messieurs, à quel point la ville de Montbrison et les paroisses circonvoisines avoient eu à souffrir de l'orage du mois de juillet 1788, nous crûmes donc devoir accorder à ce district une somme de 12.000 livres ; ceux de St-Etienne et Roanne eurent chacun 8.000 livres ; le Beaujolois et le Lyonnois eurent chacun 6.000 livres ; nous donnâmes, de suite, connoissance de ce partage aux bureaux intermédiaires, et nous les invitâmes de nous faire parvenir leur vœu sur les ouvrages qu'ils croiroient les plus convenables à l'intérêt de leur district et l'apperçu des dépenses qu'ils devoient occasionner pour nous mettre à portée de les proposer au Conseil et de les faire autoriser.

Les bureaux intermédiaires n'ont pû, malgré tout leur zèle, suivre cette opération avec beaucoup de célérité ; les renseignemens à recueillir dans l'étendue de leur district ; les lenteurs qu'apportoient, dans leurs opérations, les municipalités qui existoient alors, les occupations dont étoient surchargés les ingénieurs pour la direction des travaux des routes entretenues aux frais de la province, toutes ces circonstances se sont réunies pour retarder l'établissement des atteliers de charité, en sorte que, sur les fonds de 1788, nous n'avons encore vu d'attelier en activité que celui exécuté dans le pourtour de la ville de Montbrison, qui a consommé une somme de 7.730 l. 9 s. 10 d., faisant partie des 12.000 livres assignées à ce district. Nous mettons sous vos yeux, Messieurs, l'état des dépenses relatives à ces travaux, certifié par le bureau intermédiaire de Montbrison ; ce bureau a dû adjuger, depuis, pour 4.269 l. 10 s. 2 d. de travaux autorisés et qui consommeront les 12.000 livres qui lui étoient assignées sur les fonds de charité de 1788.

Les bureaux de Roanne et Villefranche nous avoient également fait parvenir les devis de divers ouvrages par eux proposés, pour être exécutés sur les fonds de charité, et que nous n'avions pas hésité d'approuver d'après leur avis ; mais ces ouvrages n'ont point encore été autorisés. Cependant le bureau de Roanne demande qu'on fasse délivrer de suite, à M. le curé d'Arçon, une somme de 120 livres, qu'il avoit destinée, sur les fonds de charité, pour réparer le chemin de St-Haon-le-Châtel à Roanne, réparation que ce curé a fait exécuter, ainsi que l'attestent les officiers municipaux de la ville de St-Haon.

Il demande, en second lieu, qu'on fasse toucher aux municipalités de St-Haon-le-Vieux et de St-Haon-le-Châtel, une somme de 969 l. 16 s., pour les travaux autorisés par ce bureau et exécutés sur le devis de l'ingénieur et sous l'inspection des deux municipalités, pour réparer les communications de ces deux paroisses avec la ville de Roanne.

Le bureau du Lyonnois n'a encore proposé que deux atteliers à établir dans son district, sur les fonds de charité de 1788 : l'un, sur le chemin tendant des Massues à la route du pont d'Alaï ; le second, sur le chemin de St-Cyr à Lyon. Dans l'un et dans l'autre, les propriétaires riverains ont fourni leurs soumissions de contribuer à la moitié de la dépense, mais les devis ne sont point encore faits.

Le bureau de St-Etienne ne nous a fait, sur cet objet, aucune proposition déterminée ; l'assemblée de ce district ne manquera pas, sans doute, de s'en occuper. Ainsi, Messieurs, vous voyés que sur les fonds de charité de 1788, il n'y a, dans ce moment, de dépense effective que celle de la somme de 7.730 l. 9 s. 10 d., pour laquelle la Commission a fourni ses mandats et à laquelle montent les travaux exécutés à Montbrison.

Le bureau de Roanne réclame le payement des ouvrages déjà exécutés sur deux atteliers qu'il a cru devoir autoriser et dont nous venons de vous rendre compte.

L'assemblée de ce district, ou son directoire, auront à faire établir les autres atteliers dont les devis nous avoient été adressées par le bureau intermédiaire et qui seront mis sous vos yeux.

Il en sera de même du district du Beaujolais ; nous vous remettrons pareillement les devis que nous avait adressés son bureau intermédiaire.

Enfin, les districts du Lyonnois et de St-Etienne vous proposeront des ouvrages pour l'emploi, en atteliers de charité, des fonds qui leur étoient destinés sur les fonds de charité de l'exercice 1788.

Fonds des atteliers de charité, exercice 1789.

Nous avons annoncé, Messieurs, que les fonds de charité de l'exercice 1789 ont été portés à 45.000 livres. Les fonds de 1788 n'étant pas encore employés, nous n'avons pas cru devoir procéder au partage général des fonds de 1789, entre les districts de la province. Mais après nous être assurés que, de toutes les élections, il n'en était aucune qui eut souffert de plus grands dommages, par l'effet des gelées de l'hiver de 1789, que de celle du Beaujolais ; après avoir reconnu que, dans plus de quarante paroisses de ce district, les propriétaires étaient forcés d'arracher la plus grande partie des vignes, qui forment presque le seul revenu de ce canton, la Commission crut devoir accorder, à la demande du bureau intermédiaire de Villefranche, que la portion du Beaujolais, dans les fonds destinés aux atteliers de charité sur l'exercice 1789, demeurât fixée à 10.000 livres. Vous serés à portée, Messieurs, de vérifier les motifs qui ont déterminé cette décision, et nous espérons de votre justice qu'elle sera ratifiée.

Vous trouverez, Messieurs, dans les papiers d'administration que nous avons à vous remettre, les devis d'une partie des ouvrages auxquels le bureau intermédiaire destinait cette somme de 10.000 livres, et vous aurez à statuer sur leur autorisation.

Ainsi, Messieurs, les 45 000 livres destinées aux atteliers de charité, sur l'exercice 1789, sont dans leur entier.

CHAPITRE CINQUIÈME

Fonds des ponts et chaussées, destinés aux ouvrages d'art, exercices 1787 et 1788.

Nous devons d'abord, Messieurs, vous prévenir que, quoique l'intitulé de ce chapitre vous annonce les exercices 1787 et 1788, nous allons vous rendre compte des travaux d'art exécutés en 1788 et 1789 et des payemens ordonnés dans le cours de ces deux années. Nous avons trouvé établi l'usage de dénommer l'exercice courant du nom de l'année précédente, parce que les fonds de l'année étoient employés aux travaux de l'année qui suivait. Les fonds, par exemple, de l'année 1787, servaient au payement des travaux de 1788, et ceux de 1788 acquittoient les travaux de 1789 ; ces dénominations tenoient à la comptabilité du trésor royal, et elles ont subsisté jusqu'au 1ᵉʳ janvier dernier.

Les fonds destinés aux ouvrages d'art étoient imposés dans chaque province et faisoient partie du principal ou des accessoires de la taille, dont les détails ont cessé d'être énoncés dans les Commissions depuis l'année 1781. Cependant, on n'employait pas, dans chaque province, une somme égale à celle pour laquelle elle avait contribué, par ses impositions, aux fonds des ponts et chaussées.

Le Conseil arrêtait, chaque année, le partage des fonds des ponts et chaussées, et il assignait à chaque province, sans doute d'après ses besoins, la portion de ces mêmes fonds qui lui était destinée.

Ceux de cette province, pour l'exercice 1787, devant servir à l'acquittement des dépenses de 1788, étaient fixés à 98.579 l. 13 s. 7 d.

Nous n'entrerons pas dans de grands détails sur les formes auxquelles était assujetti l'emploi de ces fonds ; il suffit de savoir que l'ingénieur en chef proposait, sous le nom d'avant-projet d'état du Roi, les ouvrages et les dépenses auxquels devoient s'appliquer les fonds des ponts et chaussées. Dans ces dépenses étoient toujours compris les appointemens de l'ingénieur en chef, et des sous-ingénieurs de la province, les salaires des conducteurs et autres préposés à la conduite des travaux publics ; cet avant-projet, après avoir été examiné et visé par la Commission Intermédiaire, était adressé à l'administration des ponts et chaussées, et après que ce projet avoit été mis sous les yeux de M. le Contrôleur Général et approuvé, il était renvoyé, sous le nom d'état du Roi, à la Commission Intermédiaire, chargée de faire procéder à l'adjudication publique, au rabais, des travaux autorisés.

La Commission visait, tous les trois mois, l'état des appointemens, salaires et menus frais du trimestre, et M. l'Intendant en ordonnoit le payement.

A mesure que les entrepreneurs avançoient leurs travaux, la Commission visait l'état de distribution des à-comptes qui devoient leur être délivrés, et M. l'Intendant en ordonnait le payement.

A la fin de l'année, l'ingénieur en chef dressait l'état de situation des ouvrages exécutés dans le courant de la campagne. Cet état, visé par la Commission, était adressé à l'administration des ponts et chaussées, et alors M. le Contrôleur Général fixait, d'après l'avis de la Commission Intermédiaire, les gratifications qui devoient être accordées, comme supplément de traitement, à l'ingénieur en chef et aux sous-ingénieurs, et les indemnités qu'il étoit juste de leur accorder pour frais de voyage et pour l'entretien des chevaux.

Vous aurez, sous les yeux, Messieurs, les états du Roi et états de situation, exercices 1787 et 1788. Nous ne vous parlerons que des sommes effectives fournies par le trésor royal, sur les deux exercices 1787 et 1788, et des dépenses effectuées sur ces fonds. Les dépenses sont justifiées par les états du Roi et les états de situation.

Le compte cotté n° 5 vous offre le tableau de ces fonds et de ces dépenses. Vous remarquerés, d'abord, Messieurs, sur l'exercice 1787, que les fonds remis au trésorier de la généralité, par le trésor royal, montent à 98.579 l. 13 s. 7 d., sommé égale à celle destinée au service de la province. Sur cette somme, il a été payé à-compte des dépenses approuvées par l'état du Roi, une somme de 59.818 l. 13 s. 7 d.

Il a été employé une somme de 14.970 l. 2 s. 11 d., pour dépenses relatives à l'exercice 1788 et autorisées par l'état du Roi de cet exercice.

Ces deux sommes réunies montent à 74.788 l. 16 s. 6 d.

L'excédent des fonds de l'exercice 1787, revenant à 23.999 l. 17 s. 1 d., a été employé au payement d'une partie des ouvrages dont M. l'Intendant avait seul l'attribution. Si l'on nous demande pourquoi nous avons consenti d'employer 14.790 livres appartenant à l'exercice 1787 à payer des dépenses relatives à l'exercice 1788, nous répondrons que les fonds de l'exercice 1788 n'ayant point encore été fournis par le trésor royal, au moment où il était juste de faire acquitter ces dépenses, nous ne faisions que nous conformer aux règles d'une bonne administration en appliquant à ces dépenses les fonds de l'exercice 1787, dont l'emploi devait être différé jusqu'à ce que les entrepreneurs des travaux de l'exercice 1787 eussent suffisamment avancé leur ouvrage, pour recevoir. N'avions nous pas le droit de compter que le trésor royal ferait remettre les fonds appartenans à l'exercice 1788 et que ces remises acquitteraient l'emprunt momentané que nous faisions des fonds de l'exercice 1787.

Si l'on nous demande en second lieu pourquoy une somme de 23.999 l. 17 s. 1 d., appartenant à l'exercice 1787, destinée au payement des ouvrages et dépenses autorisés par l'état du Roi 1787, dont l'administration nous était confiée, a été employée à partie des ouvrages dont M. l'Intendant avait l'attribution.

Nous répondrons d'abord que nous n'avons jamais approuvé cet emploi, que nous l'avons même ignoré; mais vous sentirés, Messieurs, que M. l'Intendant, qui avait encore sous son administration quelques travaux faits dans la province pour compte du Roi, au payement desquels étoient affectés des fonds particuliers, ayant à faire acquitter quelques dépenses pressées, et comptant sur les fonds destinés aux ouvrages dont il avoit l'attribution, a pu donner des ordonnances sur les fonds des ponts et chaussées, exercice 1787, dans l'espérance que le montant de ces ordonnances serait bientôt remplacé ; d'ailleurs, M. l'Intendant se conformait à un usage établi. Le Conseil vouloit que toutes les parties du service s'entr'aidassent mutuellement, et toutes les fois que le trésorier provincial avoit des fonds sur une partie, il ne lui étoit pas permis de refuser le payement d'une ordonnance, quelle que fut la partie à laquelle elle s'appliquoit.

Cependant, Messieurs, les espérances de M. l'Intendant et les nôtres ont été trompées, le trésor royal n'a point fait remettre les fonds de l'exercice 1788 ; M. l'Intendant, par la même raison, n'a point été à même de faire rendre, à l'exercice 1787, les 23.999 livres montant de ses ordonnances, en sorte que, lorsque les entrepreneurs des ouvrages portés en l'état du Roi 1787 ont, à la fin de 1789, sollicité des payemens qui leur étoient dus, la caisse des ponts et chaussées se trouvait sans fonds, et l'Assemblée Nationale ayant ordonné la suspension et la liquidation de toutes les dépenses arrièrées, jusques et y compris le 31 décembre dernier, nous avons eu la douleur de voir ces entrepreneurs en souffrance. Il leur est dû 26.352 l. 7 s. 3 d., qui se trouvent compris dans l'arrière. Nous avons fait parvenir à M. de La Millière l'extrait certifié de l'état de situation du compte de chacun de ces adjudicataires, pour être remis au comité de liquidation formé dans le sein de l'Assemblée Nationale.

Vous concevez, Messieurs, que cette suspension, qui nous a vivement affecté, est la suite de l'état de gêne dans lequel s'est constament trouvé le trésor royal pendant le courant de l'année dernière. Qu'il nous soit permis, Messieurs, de vous conjurer, au nom de la justice et de l'humanité, d'employer tous vos efforts pour obtenir le plus prompt payement de ces entrepreneurs.

Fonds des ponts et chaussées, exercice 1788.

Quant aux fonds des ponts et chaussées de l'exercice 1788, destinés au payement des ouvrages exécutés en 1789, vous voyés, Messieurs, dans le même compte n° 5, que ces fonds étoient de la somme de 98.579 liv. 13 s. 7 d., de même que ceux de l'exercice 1787, mais sur cette somme, le trésor royal n'a fourni au trésorier de la province que celle de 11.555 liv. 1 s. 9 d.; cependant il a été payé, sur cet exercice, 33.525 liv. 4 s. 8 d. Ces payemens se sont faits d'abord avec les 11.555 liv. 1 s. 9 d. ci-dessus remis par le trésor royal; 2° avec les 14.970 liv. 2 s. 11 d. empruntés sur les fonds de l'exercice 1787, et enfin à l'aide d'une somme de 7.000 livres, dont nous avons fait faire l'avance à la caisse des ponts et chaussées par le receveur des fonds de l'imposition représentative de la corvée perçue en 1788.

Au moment où la Commission a ordonné cette avance, elle espérait encore que le trésor royal ferait remettre des fonds au trésorier provincial des ponts et chaussées; elle avait adressé à plusieurs reprises les sollicitations les plus pressantes pour les obtenir, et chaque jour on les lui faisait espérer. D'ailleurs, cette somme de 7.000 livres étoit destinée au payement des dépenses les plus urgentes, et notamment des appointemens des ingénieurs de la province, des salaires des chefs stationnaires et autres préposés employés dans les travaux des ponts et chaussées, échus au 31 décembre; à cette époque, la suspension des payemens arriérés jusqu'au 31 décembre ne nous était point connue.

Vous remarquerez, Messieurs, qu'il est encore dû aux entrepreneurs, sur l'exercice 1788, une somme de 10.920 liv. 1 d., dont les états et comptes certifiés ont été pareillement remis au comité de liquidation et qui se trouvent également compris dans l'arriéré. Quoique M. de La Millière nous ait annoncé, dez le 2 mars, que la somme de 7.000 livres, avancée des fonds de la corvée, ne serait point comprise dans l'arriéré, cette somme n'a point encore été rétablie dans la caisse du receveur de la corvée. Cependant, outre que ce receveur se trouve en avance de 22.482 livres, il y a encore des sommes à payer aux entrepreneurs des travaux exécutés sur les fonds de la corvée.

Vous obtiendrés sans doute, Messieurs, que le trésor royal fasse passer des fonds au trésorier provincial des ponts et chaussées. Vous ferés alors rétablir, dans la caisse de la corvée, les 7.000 livres dont elle est en avance, et votre humanité vous portera à solliciter le prompt payement des 10.920 livres dues aux entrepreneurs des ponts et chaussées sur l'exercice 1788.

Nous ne devons pas terminer, Messieurs, l'article des fonds des ponts et chaussées, sans vous dire un mot de ceux qui ont été adressés au trésorier provincial sur l'exercice de l'année courante 1790.

Ponts et chaussées, exercice 1790.

Nous joignons au compte n° 5 l'apperçu de ces fonds et de leur emploi. Vous verrés, Messieurs, que ces remises ont été bien modiques et qu'elles ont servi au payement des appointemens des ingénieurs et des salaires des conducteurs et autres préposés, et de quelques ouvrages indispensables exécutés depuis le premier janvier sur les travaux d'art précédemment adjugés. Vous verrés que, tandis que le trésorier provincial était en arrière de rendre au receveur de la corvée les 7.000 livres, montant de son avance, ce trésorier a payé une somme de 7.530 liv. 9 s. 3 d. au sieur Gaillard, adjudicataire des travaux relatifs à la rivière d'Azergue, objet qui ne dépendait point de notre administration et qui devait être acquitté sur les fonds relatifs aux travaux de la navigation. Ce payement a été fait sans qu'on nous en ait donné connaissance, et ce n'est que depuis quelques jours que nous avons appris que le sieur Gaillard, adjudicataire des travaux de l'Azergue, vivement pressé par les ouvriers qu'il y avait employé, avait eu recours au premier ministre des finances, qui, touché de sa situation, avait donné l'ordre de le faire payer sur les fonds remis depuis le 1er de janvier au trésorier provincial des ponts et chaussées, quelle que fut d'ailleurs la destination de ces fonds.

Vous appercevez, Messieurs, d'après le compte que nous venons de vous rendre des fonds destinés aux travaux d'art, combien d'objets vous aurez à faire rentrer dans la caisse des ponts et chaussées du département.

1° 23.999 liv. 17 s. 1 d. employés, sur l'exercice 1787, aux travaux royaux dont M. l'Intendant avait l'administration;

2° 87.024 liv. 11 s. 10 d., formant le solde des fonds que le trésor royal avait à faire parvenir au trésorier de la province pour l'exercice 1788;

3° Et enfin 7.530 liv. 9 s. 3 d., payés sur les fonds remis depuis le 1er janvier dernier à l'adjudicataire des travaux de l'Azergue.

Ces trois sommes réunies forment celle de 118.554 liv. 18 s. 2 d., sur laquelle vous aurés à faire payer aux entrepreneurs de l'exercice
1787 compris dans l'arriéré.... .... 26.352 l. 7 s. 3 d.
A ceux de l'exercice 1788.................. 10.920 » 1
Et à la caisse de l'impôt de la corvée......... 7.000 » »
                                              44.272 l. 7 s. 4 d.

Et en déduisant cette somme sur celle de 118.554 liv. 18 s. 2 d. que vous avez à faire rentrer dans la caisse des ponts et chaussées, il vous restera un solde libre de 74.282 liv. 10 s. 10 d., à employer au payement des ouvrages d'arts adjugés et dont les travaux sont retardés par la suspension des payemens, et d'autres ouvrages utiles au département que vous croirés, dans votre sagesse, devoir ordonner.

CHAPITRE SIXIÈME

Fonds provenans de l'imposition représentative de la corvée.

Le compte que nous avons à vous rendre des travaux exécutés sur le produit de l'imposition représentative de la corvée est bien fait pour désabuser ceux qui pourroient confondre l'administration des assemblées provinciales avec l'ancien régime. Avant l'établissement de l'Assemblée Provinciale, le produit de l'imposition représentative de la corvée se consommait chaque année, et tout le monde se rappelle quel était alors le déplorable état des routes de la généralité. Vous savez, Messieurs, combien étoient effrayants les premiers apperçus remis à l'Assemblée Provinciale, relativement aux dépenses de l'entretien et réparation des routes; il suffit de lire le premier rapport du bureau des travaux publics. C'était une somme de 1.227.000 livres à dépenser pour réparer et mettre en état d'entretien les principales routes ouvertes, sans compter 100.000 livres à dépenser annuellement, pour le simple entretien, sur les parties de ces mêmes routes qui se trouvoient en état.

Nous rendons, Messieurs, à la province les chemins publics dans le meilleur état où ils ayent été vus de nos jours, et les dépenses faites ou à faire pour solder les travaux que nous avons ordonné pendant le cours de notre administration, n'excèderont pas la somme de 420.000 livres; aussi, Messieurs, nous avons joui dans cette partie d'une récompense bien douce, l'impôt de la corvée n'a point eu lieu dans l'année 1789, et c'est un soulagement de 320.222 livres dont nous avons eu le bonheur de faire jouir nos concitoyens.

Si nous avons contribué à cette économie, la province en est essentiellement redevable au zèle infatigable, à la surveillance éclairée de MM. les députés composant les bureaux intermédiaires de la province, aux talens et à l'honnêteté de l'ingénieur en chef et des ingénieurs attachés, sous ses ordres, à chaque district. Les atteliers ont été tellement divisés, que l'habitant des campagnes pouvait se charger d'une adjudication et l'exécuter sans s'écarter de ses foyers. Nous avons eu la satisfaction de voir la plus grande partie des travaux exécutés par les propriétaires les plus à portée des atteliers.

Les adjudications, annoncées longtemps d'avance par des affiches, multipliaient le nombre des enchérisseurs, les enchères, reçues avec la plus grande publicité, écartaient toute faveur; les payements d'acompte n'étoient délivrés qu'après la vérification des ingénieurs et l'approbation des bureaux intermédiaires. Le payement final de chaque attelier n'étoit jamais ordonné qu'après que les ouvrages avoient été reconnus par les commissaires du bureau intermédiaire, assistés de l'ingénieur. Enfin, Messieurs, l'établissement des cantonniers sur les routes a opéré le double avantage de prévenir, par un entretien journalier, les dégradations majeures et de réparer avec plus d'économie celles qui surviennent chaque jour.

Nous vous remettons, Messieurs, un compte cotté n° 6, qui contient l'état général des adjudications données pendant le cours de notre administration, pour les travaux publics à exécuter sur les fonds de la corvée et l'état général des mandats fournis par la Commission Intermédiaire sur ces mêmes fonds, pour payement d'acompte ou payement final sur ces travaux.

Vous appercevés, Messieurs, qu'en 1788, le montant des adjudications a été porté à 151.553 livres et les salaires des cantonniers se sont élevés à la somme de 11.255 liv. 6 s. En 1789, les adjudications ont été portées à 203.320 livres et les salaires des cantonniers se sont élevés à 33.604 liv. 2 s. 3 d. En 1790, les adjudications n'ont été portées qu'à 11.598 livres et les salaires des cantonniers ont monté jusqu'à la fin de mai à 14.775 liv. 16 s.

Nous vous prions d'observer que si la dépense des cantonniers, en l'année 1788, paraît n'arriver qu'au tiers de la même dépense dans les années suivantes, c'est qu'en 1788, ces journaliers ne furent établis que fort tard, leur service ne pouvant être d'aucune utilité, jusqu'au moment où les approvisionnemens dont étoient chargés les adjudicataires furent en grande partie portés sur les acottemens des routes.

Nous devons encore vous faire observer, Messieurs, que nous n'avons point fait entrer dans ce compte général quelques dépenses très modiques, acquittées sur nos mandats, pour des ouvrages imprévus et d'une urgente nécessité, tels que des déblais ou remblais ordonnés sur des routes encombrées par des chutes de terre ou de gravier, ou interceptées par des ravins après de fortes pluyes ou des orages, nous vous remettons une note séparée de ces dépenses.

La totalité des dépenses dont nous venons de vous donner le détail, s'élève à la somme de 426.107 liv. 2 s. La totalité des mandats fournis par la Commission pour payement d'acompte ou payement final de partie des ouvrages adjugés s'élève à 323.139 liv. 6 s. 4 d.

Vous savez, Messieurs, que le montant de l'impôt de la corvée, fixé par l'Assemblée Provinciale à la dixième partie du montant des impositions ordinaires de l'année 1788, ne se monte qu'à la somme de 320.222 liv. 10 s. Vous savez que cette imposition n'a été perçue qu'une seule fois depuis que l'administration de la province a été confiée à l'Assemblée Provinciale.

Ainsi, Messieurs, les dépenses s'élèvent à 105.884 liv. 12 s. au-dessus des fonds de la corvée qui ont été imposés. Sur cette somme, vous aurés à déduire les rabais faits ou à faire sur les entrepreneurs lors de la vérification de leurs ouvrages, et le montant des certificats délivrés s'élève à 916 liv. 16 s. 4 d. au-dessus de ces mêmes fonds.

Nous devons vous instruire, Messieurs, que plusieurs des entrepreneurs auxquels il a été délivré des mandats n'ont point encore reçu leur payement.

D'une part, l'imposition de la corvée de 1788 n'est pas encore entièrement acquittée, suivant le dernier état remis par le receveur de Montbrison, au milieu de juin, il a encore 16.000 l. à recouvrer des diverses paroisses de son district.

D'autre part, il reste entre les mains du receveur de St-Etienne une somme d'environ 18.000 liv., pour solde du produit de l'imposition de la corvée dans son élection. Enfin il manque à la caisse de la corvée une somme de 7.000 livres, dont elle a fait l'avance pour le service des ponts et chaussées. En sorte que le montant des mandats non acquittés s'élèverait à plus de 50.000 livres, mais le receveur particulier des finances de Lyon s'est mis en avance de 22.482 liv. 17 s. 9 d. Celui de Villefranche a fait également des avances qui s'élèvent à 16.000 liv., et nous avons fait acquitter environ 10.000 liv. sur les restes de la corvée de 1787, au moyen de quoy la somme due en ce moment aux entrepreneurs des travaux de la corvée n'excède pas la somme de 7.000 livres (1).

Votre premier soin, Messieurs, sera sans doute de faire presser le recouvrement des sommes dues par les communautés du district de Montbrison; de faire verser entre les mains des entrepreneurs les sommes restantes dans les mains du receveur de St-Etienne; de vous

---

(1) L'imprimé porte de 7 à 8 mille livres.

procurer le remboursement des 7.000 livres avancées à la caisse des ponts et chaussées. Le receveur a l'ordre exprès de rétablir cette somme des premiers deniers que lui remettra le trésor royal ; il nous en renouvelle l'assurance formelle par sa lettre du 2 de ce mois (1).

Ces premières dispositions vous mettront à même de pourvoir au payement des mandats délivrés aux entrepreneurs. Mais bientôt vous aurés à ordonner des payemens plus considérables. D'abord le salaire des cantonniers s'acquitte tous les mois ; l'état et la position de ces journaliers ne leur permet pas d'endurer le moindre retard ; c'est une dépense d'environ 2.800 livres par mois. En second lieu, bientôt les entrepreneurs des travaux adjugés vont presser pour qu'on procède à la reconnaissance et réception de leurs ouvrages et pour que vous leur fassiés délivrer des mandats pour solder le prix de leur adjudication, et c'est une somme d'environ 100.000 livres à débourser dans peu de tems, et la lenteur qu'ont apporté les municipalités dans la confection des rôles, ne vous présente qu'une ressource éloignée dans la perception des impositions de la corvée de l'année 1790.

Votre justice, Messieurs, et votre humanité auroient à souffrir, si vous vous trouviez dans la nécessité de laisser longtems en retard de malheureux adjudicataires qui ont pour la pluspart de pressans besoins, et qui peuvent être exposés à des poursuites de la part de ceux qui leur ont fait des avances, ou des ouvriers qu'ils ont employés dans leurs travaux.

Ici, Messieurs, vous pourriés nous accuser d'avoir manqué de prévoyance et de vous laisser dans un embarras pénible, mais vous nous écouterés et vous nous rendrés justice. Lorsque la Commission pensa qu'elle pouvait faire jouir la province de l'affranchissement de l'impôt de la corvée pour l'année 1789, il lui était démontré que le solde des ouvrages ordonnés en 1788 et 1789 n'excéderait pas de 80.000 à 85.000 livres le produit de l'imposition de la corvée de 1788. Cet excédent, avec les dépenses faites jusqu'à ce jour en 1790, se porte à 105.000 livres, la Commission savait que cette somme ne serait exigible qu'après la reconnaissance générale et la réception des ouvrages, c'est-à-dire vers le milieu de 1790 ; elle savait encore que la prestation de la corvée de 1790 s'imposerait et serait perçue en même temps que les impositions ordinaires et par un même rôle. Dez lors, si les rôles eussent été faits et mis en recouvrement dans le même temps que les années précédentes, il est évident que la prestation de la corvée, à la fin des six premiers mois de 1790, devait avoir produit une somme bien supérieure aux 105.000 livres exigibles à cette époque par les entrepreneurs. La Commission devait compter, à cet égard, sur le zèle des contribuables, qui ont sans doute mis quelque prix au soulagement dont la Commission les a fait jouir.

Vous connaisses, Messieurs, les circonstances qui ont trompé notre attente. La formation des municipalités, les difficultés survenues entre les communautés, sur les limites de leurs collectes, ont apporté des retards dans la confection des rôles. Mais, Messieurs, cet embarras dont il nous eut été très difficile, peut-être même impossible, de sortir, vous le verrés disparaître, en faisant des dispositions qui vous

(1) Depuis la rédaction de ce compte, le receveur des ponts et chaussées a rendu à la caisse de la corvée les 7.000 livres dont celle-ci lui avait fait l'avance.

sont permises et qui excédoient les limites très bornées du pouvoir qui nous était confié.

D'après le compte que nous vous avons rendu, chapitres 3 et 4, vous voyés, Messieurs, qu'il existe des fonds appartenans à la province.

Savoir :

Moins imposé de 1788.......................	30.000 livres.
Moins imposé de 1789.......................	40.000 —
Atteliers de charité en reste de 1788.........	28.000 —
Fonds de charité de 1789....................	45.000 —
Total.................	143.000 livres.

Ces fonds existent en espèces entre les mains des receveurs généraux de la province. Vous qui pouvez, Messieurs, faire verser dans le moment ces fonds entre les mains du trésorier qu'il vous plaira de choisir, vous ne laisserez pas les receveurs généraux en jouir, tandis que de malheureux entrepreneurs attendroient dans le besoin et en murmurant le prix de leur salaire.

L'emploi auquel ces fonds sont spécialement destinés, ne sauroit être prochain ; le moins imposé ne sera exigible qu'au moment où les municipalités auront fait approuver, par les assemblées de district ou par leurs directoires, la distribution individuelle qu'elles proposeront.

Le débours effectif des fonds destinés aux atteliers de charité n'aura lieu que lorsqu'après que vous aurés approuvé les ouvrages proposés. Les atteliers seront en activité et l'ouverture en sera très probablement différée jusqu'après les récoltes.

Ainsi, Messieurs, si vous pensés devoir employer provisoirement ces fonds au payement des adjudicataires, à mesure que les ouvrages auront été reconnus, vous serés très sûrement à même de faire remplacer ces fonds par le produit de l'imposition représentative de la corvée de 1790, avant le moment où il faudra en faire l'emploi.

La prestation de la corvée, pour l'année 1790, monte à la somme de 352.225 l. 6 s. 3 d. ; elle n'est supérieure à l'imposition de 1788 que parce que la ville de Lyon qui, jusqu'alors, en avait été affranchie, a dû y être soumise, d'après le décret du 26 septembre 1789, qui a aboli toute exemption quant aux personnes et quant aux villes et provinces.

Vous apercevés, Messieurs, que sur cette somme de 352.225 l. 6 s. 3 d., vous avés à faire acquitter environ 100.000 livres pour le solde des adjudications et dépenses dont nous vous avons donné le détail ; ainsi, il vous restera 252.000 livres à employer en ouvrages d'entretien on en ouvertures de routes. Nous croyons pouvoir vous annoncer que les ouvrages d'entretien ne sauroient être l'objet d'une dépense bien considérable, eu égard au bon état actuel des routes et aux matériaux qui se trouvent approvisionnés sur les accotemens, et il vous restera une somme importante que vous pourrés destiner aux ouvrages nécessaires pour les routes nouvelles, dont l'ouverture vous paraîtra la plus urgente et la plus utile au département. Nous mettons sous vos yeux tous les projets, tous les mémoires, toutes les demandes qui nous ont été adressées sur cet objet ; nous ne nous sommes permis aucune décision sur cette importante matière, et vous aurés à recueillir, Messieurs, les bénédictions des cantons que vous vivifierez par de nouvelles routes.

Nous ne saurions, Messieurs, terminer ce qui concerne les travaux publics sans rendre un témoignage bien mérité au zèle, à l'intelligence et à l'exactitude de M. de Varaigne, ingénieur en chef, et des sous-ingénieurs des différents districts ; nous avons toujours vu, en eux, des citoyens estimables et des artistes très utiles à la province, et nous nous sommes fait un devoir de leur accorder la considération due à ces deux titres.

Le compte que nous venons de vous rendre, présente le résultat suivant :

	l.	s.	d.
Les fonds libres de la capitation, exercice 1788, vous offrent une somme effective de 20.000 livres au moins, dont vous aurés la disposition pour les besoins de la province, ci.	20.000	»	»
Ceux de 1789 vous offrent également le solde des non-valeurs, qui se portera au moins à	15.000	»	»
Indépendamment du solde effectif de. .	661	15	5
Les fonds des dépenses variables de 1789 vous laissent un solde effectif de. . .	384	15	10
Le moins imposé de 1788 est, dans son entier, pour	30.000	»	»
Il en est de même de celui de 1789 pour.	40.000	»	»
Il reste sur les fonds destinés aux atteliers de charité, en 1788	28.000	»	»
Ceux de l'exercice 1789 sont, dans leur entier, de	45.000	»	»
Total	179.046	11	3

Les fonds des ponts et chaussées de l'exercice 1788 (si le trésor royal fait acquitter le solde 98.579 l. 13 s. 7 d. destinés à la province), vous présentent un excédent de 74.282 l. 10 s. 10 d., déduction faite de tout ce qui est dû aux entrepreneurs, compris dans l'arriéré.

Sur l'emploi des fonds provenans de l'impôt de la corvée, vous avez aperçu, Messieurs, que si les travaux exécutés excèdent d'environ 100.000 livres les fonds de la corvée de l'exercice 1788, ceux de 1790 montant à 352.000 livres, il vous reste, non seulement de quoi acquitter cet excedent de dépense, de quoy pourvoir, en outre, aux dépenses d'entretien de 1790, mais encore une somme très considérable, que vous pourrés destiner à ouvrir de nouvelles routes.

Vous avez encore aperçu que, sur cet objet, la province a joui d'un soulagement de 322.000 livres, pour le montant de l'impôt de la corvée de 1789, qui n'a point été perçu, ci......... 322.000 livres.

Nous devons encore vous prévenir, Messieurs, que les fonds libres de 1790, ceux des dépenses variables restent dans leur entier, ce qui forme, pour les six premiers mois de l'année, 33.000 livres.

Vous n'aurez à faire acquitter, sur les dépenses de ces premiers six mois, que les frais de logement des officiers de maréchaussée, ceux de cazernement de cette troupe, et six mois des appointemens du commissaire aux revues de la capitation.

D'après ce tableau, nous attendons de votre part, Messieurs, de la part de tous nos concitoyens, qu'il sera reconnu que nous avons apporté, dans l'administration qui nous etait confiée, quelque zèle et, au moins, la plus sévère économie.

Qu'il nous soit permis, Messieurs, de vous prier de joindre vos instances aux notres, pour obtenir du Conseil qu'il fasse pourvoir au payement des frais d'administration qui restent dûs à la Commission et aux bureaux intermédiaires, dont nous vous remettons l'apperçu. Vous pourrés, Messieurs, vous convaincre par notre correspondance, que nous n'avons jamais voulu souffrir que ces frais devinssent un surcroit d'imposition pour la province (1).

L'extrême circonspection dont nous nous sommes fait un devoir dans l'exercice de nos fonctions, nous faisait espérer que nous n'aurions aucun reproche à essuyer. Cependant, Messieurs, les habitans du Franc-Lyonnois, le bureau intermédiaire de la ville de Lyon ont élevé des réclamations contre le partage des impositions de 1790. D'un autre côté, dans quelques districts de la province, on a murmuré sur ce même partage, on nous a accusé d'avoir surchargé les campagnes pour favoriser la ville de Lyon.

Il suffirait, pour notre justification, de voir le bureau chargé des intérêts de la ville de Lyon, se plaindre de son imposition, tandis que les campagnes nous accusent de l'avoir trop ménagé. Mais il nous importe d'effacer jusqu'à la moindre trace de ces réclamations; nous aurions bien désiré, Messieurs, n'être point chargés seuls de la fonction toujours dangereuse de répartir, entre les divers districts de la province, le brevet général des impositions, mais nous y avons été forcés par le défaut de convocation de l'Assemblée Provinciale.

Lors du partage des impositions de 1789, nous savions, comme toute la province, que ce partage était susceptible de réforme, mais nous n'avions acquis, nous n'avons pu nous procurer aucune baze sûre pour opérer cette réforme.

Elle devait être nécessairement précédée d'une opération faite avec justice et clarté dans la généralité entière, et dont le résultat fit connaître les forces respectives de chaque communauté. Toute réforme partielle ne pouvait qu'exciter des murmures et n'était d'aucune utilité. Cette opération générale était tout à fait impossible, dans un temps où l'impôt étoit encore arbitraire. Nous ne pouvions donc prendre d'autre parti que celui de laisser subsister le partage tel qu'il existait avant nous, et ce parti, le seul raisonnable, nous le prîmes.

Quant au partage des impositions de 1790, il n'a été proposé que le 28 octobre, d'après les décrets du 12 août et du 26 septembre, mais à cette époque, l'opération à faire pour réformer le partage n'était plus pratiquable pour 1790; il était donc encore indispensable de laisser subsister l'ancien partage, sans autres changemens que ceux ordonnés par le décret du 26 septembre. Or ce décret, en abolis-

---

(1) Les frais d'administration qui restent dus, concernent l'année entière 1789 et les six premiers mois 1790.

Les frais antérieurs sont ceux d'établissements faits dans le dernier trimestre de 1787 et ceux de l'année 1788. Les premiers consistent en une somme de 5.434 liv. 12 s. 3 d., dépensés pour l'Assemblée Provinciale et celles de départements appelés aujourd'huy de district de Lyon, Montbrison, Villefranche et Roanne.

2° En 2.178 livres accordés au bureau de Villefranche, pour ameublement et réparation dans le lieu de ses séances;

3° 175 liv. 11 s., pour frais d'établissement du bureau de St-Etienne.

Et enfin 292 livres pour supplément de frais d'ameublement dus au bureau intermédiaire de Montbrison, en tout 8.080 liv. 3 s. 3 d. Cette somme a été payée sur les fonds étant à la disposition de M. l'Intendant.

Les frais d'administration de l'année 1788 ont été apurés par le conseil à 66.227 liv. 5 s. 8 d.; sur cette somme, il en a été payé, des fonds étant à la disposition de M. l'Intendant, 54.558 liv. 16 s. et sur les impositions variables, 11.668 liv. 9 s. 8 d., qui se trouvent portés en dépense au compte n° 3.

sant tous les privilèges, voulait que le Franc-Lyonnois supportat, comme les autres paroisses de la province, l'imposition principale et les impositions accessoires, dont il avait été jusqu'alors affranchi. Nous avons consulté, dans la fixation de ces deux impositions pour le Franc-Lyonnois, la justice due au surplus de la province, et les ménagemens dont il était convenable d'user envers un pays imposé pour la première fois et dont les produits ne nous étoient pas parfaitement connus.

Quant à la ville de Lyon, nous avons dû mettre sous les yeux du Conseil sa position particulière. Nous avons dû représenter que sa portion dans le brevet général des impositions ne pourrait pas excéder 7 à 800.000 livres; qu'elle payait déjà en droits d'entrée perçus au profit de l'Etat, indépendamment des octrois et des droits de ses hôpitaux, plus de 1.100 mille livres, droits que ne payait pas le surplus de la province; qu'elle supportait en outre près de 300.000 livres dans les impositions portées au brevet général; que cette dernière somme ne pouvait être augmentée tant que Lyon resterait assujetti aux droits d'entrée perçus au profit de l'Etat. Sur ces représentations, qu'il était de notre justice de faire, le Conseil a pensé que Lyon ne devait supporter en imposition principale, impositions accessoires et capitation, que 291.000 livres, et après cette décision, nous avons arrêté définitivement, le dix-neuf novembre mil sept cent quatre-vingt-neuf, le partage du brevet général.

Et par un sort étrange, le Franc-Lyonnois, le bureau de la ville de Lyon et les habitans des campagnes ont également blâmé ce partage. Ah! si l'on pouvait douter de notre impartialité, daignés, Messieurs, mettre sous les yeux de la province nos lettres des 31 octobre et 19 novembre dernier au ministre des finances; ces lettres, notre correspondance entière, justifieront de la pureté de nos intentions, du zèle avec lequel nous avons défendu les intérêts de tous, sans acception de personne. Les habitans des campagnes verroient surtout avec quelle force nous nous sommes élevés contre les règlements qui vouloient que les cottes de propriété fussent payées au lieu du domicile du redevable et qui privoient ainsi les collectes des campagnes de la moitié des impositions des grands propriétaires pour en faire jouir les collectes des villes; tous nos concitoyens verroient avec quel courage nous avons lutté contre la prorogation d'un péage onéreux perçu aux abords de Lyon, et combien d'efforts a employé l'Assemblée Provinciale pour éviter les tentatives faites en 1787 et 1788 dans la vue d'augmenter les vingtièmes de la province.

Puissions-nous, Messieurs, obtenir de votre part et de celle de nos concitoyens, l'estime qui est le seul prix et la plus noble récompense que nous ayons pu espérer de nos travaux, notre conscience nous dit que nous l'avons méritée, et cette idée consolante nous suivra dans notre retraite, où nous ne cesserons jamais de former des vœux pour vos succès.

CLUGNY, grand custode, comte de Lyon, BINOT, DE LA CHAPELLE, BAROU DU SOLEIL, BOSCARY, secrétaire (1).

---

(1) Ici s'arrête l'expédition originale conservée aux archives du Rhône sous la cote C 774, les comptes qui suivent sont donnés d'après le compte-rendu imprimé.

COMPTE N° 1.

Fonds libres de la capitation, exercice 1788.

Montant des fonds libres de la capitation, exercice 1789, vingt-quatre mille huit cents trois livres treize sous neuf deniers, ci...................................... 24.803 l. 13 s. 9 d.

Dépenses acquittées sur lesdits fonds.

Du 15 août 1788. — Délivré au sieur Oriol, un mandat de la Commission Intermédiaire, de la somme de cinq cents quarante-neuf livres neuf sous, pour la transcription des rôles de la capitation de 1788, pour la ville de Lyon, ci........................ 549 l. 9 s.

Du 16 octobre. — Au sieur Lenée, commissaire aux revues de la capitation, un mandat de treize cents cinquante livres, pour neuf mois échus, le 1ᵉʳ octobre, de ses appointements, ci........................ 1.350 »

Dudit jour. — Au sieur Verne, autre commissaire aux revues, un mandat de sept cents cinquante livres, pour neuf mois, échus le 1ᵉʳ octobre dernier, de ses appointements, ci........................ 750 »

Du 20 novembre. — Au sieur de Varaigne, ingénieur en chef, mandat de la somme de deux mille livres, pour frais de logement et de bureaux pendant l'année 1788, ci........................ 2.000 »

Du 9 janvier 1789. — Au sieur Constant, membre et trésorier de la Société royale d'agriculture, mandat de la somme de douze cents livres, pour frais de bureaux de ladite société, pendant l'année 1788, ci.. 1.200 »

Du 22 janvier 1789. — Au sieur Lenée, commissaire aux revues de la capitation, un mandat de quatre cents cinquante livres, pour le dernier trimestre de 1788 de ses appointements, ci........................ 450 »

Dudit jour. — Au sieur Verne, mandat pour même cause, de la somme de deux cents cinquante livres, ci. 250 »

Dudit jour. — Mandat au profit du sieur Durus-Beaupré, régisseur de l'Ecole Vétérinaire de Lyon, de la somme de six cents soixante-dix livres, pour le paiement de la nourriture, habillement, livres et instruments, de trois élèves de ladite école, pendant les six derniers mois 1788, ci........................ 670 »

Dudit jour. — A MM. les conseils de la province, mandat de quatorze cents livres, pour leurs honoraires pendant ladite année 1788, ci........................ 1.400 »

Du 27 janvier. — Au sieur de Buronne, inspecteur des haras, treize mandats, montant ensemble à trois mille cent cinquante livres, pour ses appointements d'inspecteur et ceux des gardes étalons, gardes haras, pendant l'année 1788, ci........................ 3.150 »

Du 23 avril. — Délivré cinquante-trois mandats,

Report...................... 11.769 9

A reporter................	11.769	9
montant ensemble à quatre mille quatre-vingt-huit livres douze sous, pour secours accordés aux pères de nombreuses familles, ci.......................	4.088	12
Du 5 juin 1789. — Au sieur Vitet, médecin, directeur du cours d'accouchements, un mandat de deux mille neuf cents soixante-dix livres, pour ses honoraires et remboursement de diverses dépenses avancées pour cet établissement, ci.........................	2.970	»
Du 2 juillet 1789. — Remis au sieur Thomas, marchand-épicier, un mandat de six mille livres, pour à compte sur le paiement des fournitures de riz qu'il a faites à la province pendant l'hiver de 1788, ci......	6.000	»
	24.828 l.	1 s.

Nota. — M. l'Intendant a remis, au commencement de l'année 1788, une ordonnance de la somme de cinq cents quarante livres au régisseur de l'Ecole Vétérinaire, pour la pension de trois élèves entretenus aux frais de la province, pendant les six premiers mois 1788, porté ci pour mémoire................................. 540 liv.

Le présent état, montant à la somme de vingt-quatre mille huit cents vingt-huit livres, un sou, arrêté par nous, députés composant la Commission Intermédiaire Provinciale de Lyon, le 5 juillet 1790.

Signé : CLUGNY, grand custode, comte de Lyon, BINOT, LA CHAPELLE, procureur syndic, et BOSCARY, secrétaire.

COMPTE N° 2.

Province de Lyon.

Fonds libres de la capitation, exercice 1789.

Montant des fonds libres de la capitation, exercice 1789........................... 24.233 l. 11 s. 5 d.

Dépenses acquittées sur lesdits fonds.

Du 25 août 1789. — Remis au sieur Durus-Beaupré, régisseur de l'Ecole Vétérinaire, un mandat de cinq cents quarante livres, pour la nourriture et entretien de trois élèves de ladite école pendant les six premiers mois 1789, ci............................	540 l.	» s.
Du 26 novembre 1789. — Délivré un mandat de cent vingt livres à la veuve Jalabert, pour secours que l'administration lui accorde pendant l'année 1789, en considération de sa nombreuse famille et de la modicité de ses facultés, ci.........................	120	»
Du 8 janvier 1790. — A MM. les Conseils de la province, un mandat de quatorze cents livres, pour leurs honoraires de l'année 1789, ci................	1.400	»
Du 8 janvier 1790. — A M. de Constant, membre et trésorier de la Société d'agriculture, un mandat de la somme de douze cents livres, pour frais de bureaux pendant l'année 1789, ci.........................	1.200	»
Dudit jour. — A M. Gilibert, médecin en chef des		
Report..................	3.260	»

A reporter..................	3.260	»

épidémies, un mandat de la somme de trois cents livres, pour ses honoraires pendant ladite année, ci.. 300 »

Dudit jour. — Au sieur Beaupré, régisseur de l'Ecole Royale Vétérinaire de Lyon, un mandat de huit cents vingt-huit livres pour le paiement de la nourriture, habillement, livres et instruments de trois élèves de ladite école, pendant les six derniers mois 1789, ci....................................... 828 »

Du 28 janvier 1790. — Au sieur Verne, commissaire aux revues de la capitation, un mandat sur M. Valesque, de la somme de mille livres, pour ses appointements de l'année 1789, ci................. 1.000 »

Du 4 février. — Au sieur Thomas, marchand-épicier, un mandat de la somme de six mille livres, pour à-compte sur le paiement des fournitures de riz qu'il a faites à la province pendant l'hiver de 1789, ci...... 6.000 »

Du 12 février 1790. — A M. Bernat, secrétaire du Bureau intermédiaire de la ville de Lyon, un mandat de la somme de sept cents trente-cinq livres dix-sept sous, pour la transcription du rôle de la capitation de l'année 1789, ci............................... 735 17

Du 13 mars 1790. — Délivré un mandat de la somme de quatre cents soixante-deux livres, à M. le Secrétaire Provincial, pour remboursement de pareille somme qu'il a avancée pour gratifications aux destructeurs de loups pendant l'année 1789, ci.............. 462 »

Du 1er avril 1790. — Délivré au sieur Thomas, marchand-épicier, un mandat de quatre mille six cents trente-neuf livres sept sous, pour solde du paiement des fournitures de riz qu'il a faites à la province pendant l'hiver dernier, ci........................... 4.639 7

Du 12 avril 1790. — Délivré au sieur Verne, commissaire aux revues de la capitation, un mandat de huit cents livres, faisant, avec celle de mille livres à lui ci-devant payée pour l'année 1789, la totale de dix-huit cents livres, à laquelle la Commission Intermédiaire a été autorisée, par la lettre de M. le Contrôleur Général du 13 avril, à porter le traitement annuel du sieur Verne, à compter du 1er janvier 1789, époque de la retraite du sieur Lenée, son ancien collègue, ci.... 800 »

Du 4 juin 1790. — Délivré au profit de Frédéric Hauzer, natif d'Arch en Suisse, fabricant de rubans, demeurant à Saint-Etienne, un mandat de la somme de trois cents livres, sur les fonds libres de 1789, pour secours que la Commission lui a accordés provisoirement, en considération de sa nombreuse famille, ci.. 300 »

Du 23 juillet 1790. — Délivré au sieur Thomas, marchand-épicier, pour solde de fournitures de riz qu'il a faites à la province pendant l'hiver dernier, un mandat de cinq cents six livres, ci................. 506 »

Du 2 juillet 1790. — Délivré au sieur Beaupré,

Report..................	18.831	4

A reporter...	18.831	4
régisseur de l'Ecole Royale Vétérinaire de Lyon, un mandat de la somme de cinq cents quarante livres, pour la nourriture, pendant les six premiers mois 1790, de trois élèves de ladite école, ci............	540	»
Dudit jour. — Délivré à M. Boscary, un mandat de la somme de quarante-huit livres, pour le rembourser de pareille somme qu'il a avancée aux destructeurs de loups depuis le commencement de l'année 1790, ci.	48	»
Du 2 juillet 1790. — Délivré sur M. Valesque, des mandats jusqu'à concurrence de la somme de quatre mille cent cinquante-deux livres douze sous, montant de l'état des secours à accorder aux pères de nombreuses familles, arrêté ledit jour 2 juillet par la Commission, ci............................	4.152	12

23.571 l. 16 s.

Vu et arrêté le présent état à la somme de vingt-trois mille cinq cents soixante-onze livres seize sous, par nous, députés composant la Commission Intermédiaire Provinciale de Lyon, le 5 juillet 1790.

Signé : CLUGNY, grand custode de l'église de Lyon, BINOT, LA CHAPELLE, procureur syndic, et BOSCARY, secrétaire.

COMPTE N° 3.
Fonds des dépenses variables, exercice 1788.

Montant des fonds des dépenses variables, exercice 1788, quarante-un mille livres, ci.............................. 41.000 livres.

Dépenses acquittées sur lesdits fonds.

Du 19 août 1788. — Délivré neuf mandats de la Commission, montants ensemble à la somme de neuf cents soixante-quinze livres, pour le logement de MM. les officiers de maréchaussée pendant les six premiers mois 1788, ci........................	975 l.	» s.	» d.
Dudit jour. — Dix-huit mandats, montants ensemble à la somme totale de quatre mille cinquante-deux livres dix sous, au profit des propriétaires des maisons servant de logement aux diverses brigades de maréchaussée, ci.........	4.052	10	»
Du 19 janvier 1789. — Délivré huit mandats pour le logement des six derniers mois des officiers de maréchaussée, neuf cents vingt-cinq livres, ci................................	925	»	»
Dudit jour. — Dix-sept mandats, montants ensemble à la somme de trois mille neuf cents vingt-sept livres dix sous, pour les six derniers mois 1788 du casernement des brigades, ci......	3.927	10	»
Du 5 juin. — Remis au sieur Gilibert, médecin des épidémies, un mandat de trois cents livres, pour ses honoraires en ladite qualité pendant l'année 1788, ci..............................	300	»	»
Du 31 août 1789. — Délivré un mandat de la			
......Report................	9.205	»	»

A reporter............	9.205	»	»
Commission Intermédiaire, au secrétaire provincial, de la somme de onze mille six cents soixante-huit livres neuf sous huit deniers, pour être employée aux frais d'administration de 1788, ci.	11.668	9	8
Du 5 novembre 1789. — Remis au sieur Bruyset, imprimeur du Roi, un mandat de la somme de trois mille quatre cents quarante-cinq livres, pour frais d'impressions faites pour le compte de l'Intendance, ci..........................	3.445	»	»
Au sieur Thomas, épicier, un mandat de deux cents quarante-deux livres quatre sous, pour solde du paiement des fournitures de riz qu'il a faites à la province pendant l'hiver 1788, ci.....	242	4	»
Du 26 mars 1790. — Remis au secrétaire provincial un mandat de la Commission, de la somme de onze cents soixante-dix-sept livres quinze sous, pour remboursement d'avances faites pour ameublements à l'usage de la Commission Intermédiaire, ci.................................	1.177	15	»
Du 26 mars 1790. — Au secretaire provincial, un mandat de quatre cents cinquante-six livres, pour remboursement de différentes avances pour œuvres de bienfaisance, faites par ordre de la Commission, ci...........................	456	»	»
Du 1er avril 1790. — Au sieur Thomas, marchand-épicier, un mandat de la somme de deux mille sept cents cinquante-sept livres seize sous, à-compte du paiement des fournitures de riz qu'il a faites à la province pendant l'hiver de 1790, ci.	2.757	16	»
Distribution faite, en 1788, d'une somme de douze mille livres aux propriétaires de la province dont les fonds ont été endommagés par l'ouverture des routes, ci........................	12.000	»	»

41.927 l. 4s. 8d.

Le présent compte, montant à la somme de quarante-un mille neuf cents vingt-sept livres quatre sous huit deniers, visé et arrêté par nous, députés composant la Commission Intermédiaire Provinciale de Lyon, le 15 juillet 1790.

Signé : CLUGNY, grand custode, comte de Lyon, BINOT, LA CHAPELLE, procureur syndic, et BOSCARY, secrétaire.

COMPTE N° 4.

Année 1789.
Province de Lyon.

Montant des fonds variables .... 41.000 livres.

Mandats délivrés sur lesdits fonds.

Casernement des brigades de maréchaussée et logement de MM. les officiers, pendant l'année entière 1789, la somme de dix mille vingt-

une livres dix-sept sous, suivant les mandats des 25 juillet, 17 septembre et 31 décembre 1789, ci................ 10.021 l. 17 s. »d.
Du 31 décembre 1789. — Délivré à M. Boscary, secrétaire provincial, un mandat de la somme de douze mille livres, pour être employée à l'acquittement des frais de bureaux de l'année 1789, ci.. 12.000 » »
Du 27 février 1790. — Délivré au bureau intermédiaire du Lyonnois un mandat de trois mille livres, pour à-compte sur ses frais d'administration de 1789, ci........................... 3.000 » »
Du 1ᵉʳ avril 1790. — Délivré à M. Boscary, un mandat de douze cents livres, pour acquitter les frais de bureaux du premier trimestre, ci....... 1.200 » »
Du 14 mai 1790. — Délivré à divers propriétaires de la province, dont les fonds ont été endommagés par l'ouverture de nouvelles routes, des mandats jusqu'à concurrence de la somme de douze mille livres, ci....................... 12.000 » »
Du 2 juillet 1790. — Délivré à M. Boscary, secrétaire provincial, un mandat de quatorze cents soixante-quatre livres seize sous six deniers, pour faire face aux frais de bureaux du trimestre d'avril à juillet 1790, ci................ .... 1.464 16 6
39.686 l. 13 s. 6 d.

Vu et arrêté le présent état à la somme totale de trente-neuf mille six cents quatre-vingt-six livres treize sous six deniers, par nous, députés composant la Commission Intermédiaire Provinciale de Lyon, le 5 juillet 1790.

Signé : CLUGNY, grand custode de l'église de Lyon, BINOT, LA CHAPELLE, procureur syndic, et BOSCARY, secrétaire.

Nota. — Messieurs de la Commission Intermédiaire, dans la vue d'éviter une dépense inutile, ont cru ne pas devoir faire imprimer les états n° 5 et 6, parce que ces états ne pouvoient rien apprendre à leurs concitoyens, à moins qu'ils n'eussent sous les yeux les états du Roi, états de situation, devis et procès-verbaux d'adjudication, qui doivent être déposés aux archives du département et qui forment un ensemble trop volumineux pour être livrés à l'impression.

(Imprimé. — Bibl. de la ville de Lyon, fonds Coste, n° 7103,-933).

ANNEXES

I

Règlement fait par le Roi, sur la formation et la composition des assemblées qui auront lieu dans la généralité de Lyon, en vertu de l'édit portant création des Assemblées Provinciales.

30 Juillet 1787.

De par le Roi

Sa Majesté (1) ayant, par son édit du mois de juin dernier, ordonné qu'il seroit incessamment établi dans les provinces et généralités de son royaume, différentes assemblées, suivant la forme qui sera déterminée par Sa Majesté, elle a résolu de faire connoître ses intentions sur la formation et la composition de celles qui auront lieu dans la généralité de Lyon. Les dispositions que Sa Majesté a suivies, sont généralement conformes à l'esprit qui a dirigé les délibérations des Notables de son Royaume qu'elle a appelés auprès d'elle; mais en les adoptant, et malgré les avantages qu'elle s'en promet, Sa Majesté n'entend pas les regarder comme irrévocablement déterminées; elle sait que les meilleures institutions ne se perfectionnent qu'avec le temps, et comme il n'en est point qui doivent plus influer sur le bonheur de ses sujets que celles des Assemblées Provinciales, elle se réserve de faire à ces premiers arrangemens tous les changemens que l'expérience lui fera juger nécessaires; c'est en conséquence qu'elle a voulu que les premières assemblées dont elle ordonne l'établissement restent pendant trois ans telles qu'elles seront composées pour la première fois. Ce délai mettra Sa Majesté à portée de juger des effets qu'elles auront produits et d'assurer ensuite la consistance et la perfection qu'elles doivent avoir. En conséquence, Sa Majesté a ordonné et ordonne ce qui suit :

L'administration de la généralité de Lyon sera divisée entre trois espèces d'assemblées différentes : une municipale, une de département et une provinciale.

L'Assemblée Provinciale se tiendra dans la ville de Lyon ; celle de département, dans le chef-lieu ; enfin, les assemblées municipales, dans les villes et les paroisses qu'elles représentent.

Elles seront élémentaires les unes des autres, dans ce sens que les membres de l'assemblée de la province seront choisis parmi ceux des assemblées de départemens, et ceux-ci pareillement parmi ceux qui composeront les assemblées municipales.

Elles auront toutes leur base constitutive dans ce dernier élément formé dans les villes et paroisses.

(1) *L'imprimé porte* « Le Roi ».

Assemblées Municipales.

Article premier

Dans toutes les communautés de la généralité de Lyon, où il n'y a pas actuellement d'assemblée municipale, il en sera formé une conformément à ce qui va être prescrit, Sa Majesté n'entendant pas changer pour le moment la forme et l'administration des municipalités établies.

Art. II.

L'assemblée municipale qui aura lieu dans les communautés de la généralité de Lyon, où il n'y a point de municipalité établie, sera composée du seigneur de la paroisse et du curé, qui en feront toujours partie, et de trois, six ou neuf membres choisis par la communauté, c'est-à-dire de trois, si la communauté contient moins de cent feux ; de six, si elle en contient deux cents, et de neuf, si elle en contient davantage.

Art. III.

Lorsqu'il y aura plusieurs seigneurs de la même paroisse, ils seront alternativement, et pour une année chacun, membres de l'assemblée municipale, en cas que la seigneurie de la paroisse soit entr'eux également partagée ; si au contraire, la seigneurie est inégalement partagée, celui qui en possédera la moitié, sera de deux années une, membre de ladite assemblée ; celui qui en possédera un tiers, de trois années une, et les autres qui en posséderont une moindre partie, seront tenus d'en choisir un d'entr'eux pour les représenter, et pour faire ledit choix, chacun aura autant de voix qu'il aura de portions de seigneurie.

Art. IV.

Il y aura en outre dans lesdites assemblées, un syndic qui aura voix délibérative et qui sera chargé de l'exécution des résolutions qui auront été délibérées par l'assemblée et qui n'auront pas été exécutées par elle.

Art. V.

Le syndic et les membres électifs de ladite assemblée seront élus par l'assemblée de toute la paroisse convoquée à cet effet.

Art. VI.

L'assemblée de la paroisse sera composée de tous ceux qui paieront dix livres et au-dessus, dans ladite paroisse, d'imposition foncière ou personnelle, de quelqu'état et condition qu'ils soient.

Art. VII.

Ladite assemblée paroissiale se tiendra cette année le jour indiqué par le sieur Commissaire départi ; et les années suivantes, le premier dimanche d'octobre, à l'issue de vêpres.

Art. VIII.

Cette assemblée paroissiale sera présidée par le syndic. Le seigneur et le curé n'y assisteront pas.

Art. IX.

Le syndic recueillera les voix, et celui qui en réunira le plus sera le premier élu membre de l'assemblée municipale, et il sera de même procédé successivement à l'élection des autres.

Art. X.

Ces élections, et toutes celles qui seront mentionnées dans le présent règlement, se feront par la voix du scrutin.

Art. XI.

Toute personne noble ou non noble ayant vingt-cinq ans accomplis, étant domiciliée dans la paroisse au moins depuis un an, et payant au moins trente livres d'imposition foncière ou personnelle, pourra être élue membre de l'assemblée municipale.

Art. XII.

Chaque année, après les trois premières années révolues, un tiers des membres choisis pour l'assemblée municipale se retirera et sera remplacé par un autre tiers nommé par l'assemblée paroissiale. Le sort décidera les deux premières années de ceux qui devront se retirer, ensuite l'ancienneté.

Art. XIII.

Nul membre de l'assemblée municipale ne pourra être réélu qu'après deux ans d'intervalle. Le syndic sera élu tous les trois ans et pourra être continué neuf ans, mais toujours par une nouvelle élection.

Art. XIV.

Le seigneur présidera l'assemblée municipale; en son absence, le syndic. Le seigneur qui ne se trouvera pas à l'assemblée, pourra s'y faire représenter par un fondé de procuration, qui se placera à la droite du président. Les corps laïcs ou ecclésiastiques qui seront seigneurs, seront représentés de même par un fondé de procuration.

Art. XV.

Le curé siégera à la gauche du président, et le syndic à la droite, quand il ne présidera pas ; les autres membres de l'assemblée siégeront entr'eux, suivant la date de leur élection.

Art. XVI.

L'assemblée municipale élira un greffier qui sera aussi celui de l'assemblée paroissiale ; il pourra être révoqué à volonté par l'assemblée municipale.

Assemblée de départemens

Article premier

La généralité de Lyon sera divisée en six départemens, savoir : un de la ville de Lyon, des fauxbourgs qui ne paient point de taille et du

Franc-Lyonnois ; un de l'élection de Lyon ; un de celle de Villefranche ; un de celle de Roanne ; un de celle de Montbrison, et un de celle de Saint-Etienne. Il sera établi dans chacun de ces départemens, une assemblée particulière.

Art. II.

Nul ne pourra être de ces assemblées, s'il n'a été membre d'une assemblée municipale, soit de droit comme le seigneur ecclésiastique ou laïc et le curé, soit par élection, comme ceux qui auront été choisis par les assemblées paroissiales. Les premiers représenteront le Clergé et la Noblesse, les autres le Tiers-Etat.

Art. III.

Dans les villes ou paroisses dans lesquelles il y a des municipalités établies, les députés desdites villes ou paroisses aux assemblées de départemens, seront pris dans les membres de ladite municipalité, ainsi que parmi les seigneurs et curés desdites villes et paroisses, et ce jusqu'à ce qu'il en ait été autrement ordonné.

Art. IV.

Les fondés de procuration des seigneurs laïcs à une assemblée municipale, pourront aussi, si le seigneur qu'ils représentent n'est pas lui-même de l'assemblée de département, et un seul pour chaque seigneur, quand même il auroit plusieurs seigneuries, être nommés pour y assister, pourvu qu'ils soient nobles et qu'ils possèdent au moins mille livres de revenu dans le département.

Art. V.

Lorsqu'une seigneurie sera possédée par des corps et communautés, un des membres desdits corps et communautés, pourvu qu'il soit noble ou ecclésiastique, pourra à ce titre être membre desdites assemblées de départemens, sans néanmoins que le même corps puisse avoir plus d'un député à la même assemblée.

Art. VI.

Lesdites assemblées seront composées, savoir : celle de Lyon et Franc-Lyonnois, de quatorze personnes, dont deux du Franc-Lyonnois, et celles des élections de Lyon, Villefranche, Roanne, Montbrison et Saint-Etienne, de vingt-quatre ; moitié sera prise parmi les ecclésiastiques et seigneurs laïcs, ou gentilshommes les représentans, et moitié parmi les députés des villes et paroisses.

Art. VII.

Ces vingt-quatre personnes seront prises dans six arrondissemens, entre lesquels chaque département sera divisé, et qui enverront chacun à l'assemblée, ainsi qu'il sera dit ci-après, quatre députés ; et sera cette division faite par la première assemblée de département. Sa Majesté se réserve au surplus à statuer sur la manière dont sera composée et régénérée à l'avenir l'assemblée de département de la ville de Lyon et Franc-Lyonnois, d'après les mémoires qui lui seront envoyés à ce sujet par l'Assemblée Provinciale.

ANNEXES 207

Art. VIII.

La première assemblée de département se tiendra au jour qui sera indiqué par les personnes que nous nommerons ci-après, pour former l'Assemblée Provinciale.

Art. IX.

Les mêmes personnes nommeront la moitié des membres qui doivent composer l'assemblée de département, et ceux-ci se completteront au nombre qui est ci-dessus exprimé.

Art. X.

Quand les assemblées de département seront formées, elles resteront composées des mêmes personnes pendant les années 1788, 1789, 1790.

Art. XI.

Ce temps expiré, les assemblées, autres que celles de la ville de Lyon, se régénéreront en la forme suivante :

Un quart sortira chaque année par le sort, en 1791, 1792 et 1793, et après suivant l'ancienneté ; de manière néanmoins que, par année, il sorte toujours un membre de chaque arrondissement.

Pour remplacer celui qui sortira, il se formera une assemblée représentative des paroisses de chaque arrondissement.

Cette assemblée sera composée des seigneurs, des curés et des syndics desdites paroisses, et de deux députés pris dans l'assemblée municipale, et choisis à cet effet par l'assemblée paroissiale.

Ces cinq députés se rendront au lieu où se tiendra l'assemblée d'arrondissement, et qui sera déterminé par l'assemblée de département, et ils éliront le député à l'assemblée de département, dans le même ordre que celui qui sera dans le cas d'en sortir.

Cette assemblée d'arrondissement sera présidée alternativement par celui des ecclésiastiques ou seigneurs laïcs qui devra siéger le premier, suivant l'ordre ci-après établi.

En cas d'absence de seigneur, la présidence sera dévolue au syndic le plus anciennement élu, et en cas d'égalité dans l'élection, au plus ancien d'âge.

Art. XII.

En cas qu'il ne se trouve pas de seigneur, ni même de personne fondée de la procuration des seigneurs, qui puisse être députée à l'assemblée de département, il sera libre d'en choisir dans un autre arrondissement, mais du même département.

Art. XIII.

La composition des assemblées de départemens sera tellement ordonnée, que les membres du Clergé et de la Noblesse, ou du Tiers-Etat, seront, le moins qu'il sera possible, tirés de la même paroisse; et la paroisse dont sera celui qui sortira de l'assemblée, ne pourra pas en fournir du même ordre, qu'après un an au moins révolu.

Art. XIV.

Les députés des paroisses seront, autant qu'il se pourra, toujours pris moitié dans les villes et moitié dans les paroisses de campagne.

Art. XV.

La présidence sera dévolue à un membre du Clergé ou de la Noblesse indifféremment. Ce président sera nommé la première fois par Sa Majesté, il restera quatre ans président, après quoi et tous les quatre ans, le Roi choisira celui que Sa Majesté jugera convenable entre deux membres du Clergé et deux de la Noblesse qui lui auront été proposés par l'assemblée, après avoir réuni la pluralité des suffrages.

Art. XVI.

L'ordre des séances sera tel que les ecclésiastiques seront à droite du président, les seigneurs laïcs à gauche, et les représentans le Tiers-Etat en face.

Art. XVII.

En l'absence du président, l'assemblée, s'il est ecclésiastique, sera présidée par le premier des seigneurs laïcs, et s'il est laïc, par le premier des ecclésiastiques.

Art. XVIII.

Les ecclésiastiques garderont entr'eux l'ordre accoutumé dans leurs séances.

Art. XIX.

Les seigneurs laïcs siègeront suivant l'ancienneté de leur admission, et l'âge décidera entre ceux qui seront admis le même jour.

Art. XX.

Les séances entre le Tiers-Etat seront suivant l'ordre des paroisses qui sera déterminé d'après leur contribution.

Art. XXI.

Les voix seront prises par tête et de manière qu'on prendra la voix d'un ecclésiastique, ensuite celle d'un seigneur laïc, ensuite deux voix du Tiers, et ainsi de suite jusqu'à la fin. Le président opinera le dernier et aura voix prépondérante en cas de partage. Ce qui est dit du président de cette assemblée, aura lieu pour toutes les assemblées ou commissions dont il est question dans le présent règlement.

Art. XXII.

Lesdites assemblées de départemens auront deux syndics, un pris parmi les représentans du Clergé et de la Noblesse, et l'autre parmi les représentans du Tiers-Etat. Les deux syndics seront trois ans en place, et pourront être continués pendant neuf années, mais toujours par une nouvelle élection, après trois ans accomplis, et de manière cependant que les deux ne soient pas changés à la fois.

Art. XXIII.

Il y aura de plus un greffier qui sera nommé par l'assemblée et révocable à sa volonté.

Art. XXIV.

Pendant l'intervalle des assemblées de départemens, il y aura une commission intermédiaire, composée d'un membre du Clergé, d'un de la Noblesse et de deux du Tiers-Etat, qui, avec les syndics, seront chargés de toutes les affaires que l'assemblée leur aura confiées. La commission intermédiaire du département de la ville de Lyon et Franc-Lyonnois sera de plus composée d'un cinquième membre qui sera toujours choisi parmi les députés des villes ou paroisses du Franc-Lyonnois.

Art. XXV.

Le greffier de l'assemblée sera aussi le greffier de cette commission intermédiaire.

Art. XXVI.

Le président de l'assemblée de département présidera aussi, quand il sera présent, cette commission intermédiaire.

Art. XXVII.

En son absence, elle sera présidée par celui des représentans du Clergé et de la Noblesse qui sera nommé de ladite commission, et ce, suivant que le président sera de l'ordre du Clergé ou de la Noblesse, ainsi qu'il a été dit ci-dessus.

Art. XXVIII.

Les membres de ladite commission seront élus par l'assemblée ; les premiers resteront les mêmes pendant trois ans, après lesquels un sortira chaque année, d'abord par le sort, ensuite par ancienneté, et sera remplacé dans son ordre par l'assemblée.

Art. XXIX.

Ladite commission intermédiaire rendra compte à l'assemblée, par l'organe des syndics, de tout ce qui aura été fait par elle dans le cours de l'année.

Assemblées Provinciales.

Article premier.

L'Assemblée Provinciale de la généralité de Lyon se tiendra, pour la première fois, le 10 du mois de septembre.

Art. II.

Elle sera composée du sieur archevêque de Lyon, que Sa Majesté a nommé président, et des vingt-une personnes qu'elle se propose de nommer à cet effet, et qui seront prises, savoir, quatre parmi les ecclésiastiques, cinq parmi les seigneurs laïcs, et douze pour la représentation du Tiers-Etat, y compris un des syndics du Franc-Lyonnois.

Art. III.

Le sieur archevêque de Lyon et les autres personnes nommées

dans l'article précédent, nommeront vingt-deux autres personnes, pour former le nombre des quarante-quatre dont ladite assemblée sera composée.

Art. IV.

Ils nommeront pareillement les personnes qui, avec le président que le roi aura nommé, commenceront à former les assemblées de départemens qui doivent ensuite nommer les autres membres desdites assemblées.

Art. V.

Ils nommeront pareillement deux syndics : un sera pris parmi les représentants du Clergé et de la Noblesse, et l'autre parmi les représentants du Tiers-Etat, et un greffier.

Art. VI.

Ils nommeront aussi une commission intermédiaire, composée du président de l'assemblée, des deux syndics, d'un membre du Clergé, d'un de la Noblesse et de deux du Tiers-Etat.

Art. VII.

Des quarante-quatre membres dont sera composée l'assemblée provinciale, vingt-deux seront ecclésiastiques ou seigneurs laïcs ou gentilshommes les représentans, les uns et les autres en nombre égal ; et vingt-deux pris dans les députés des villes et des paroisses, de manière que sur les quarante-quatre, il y en ait toujours quatre du département de la ville de Lyon et Franc-Lyonnois, et huit de chacun des autres départemens, et que dans ce nombre il y ait toujours moitié du Clergé et de la Noblesse, et moitié du Tiers-Etat, ainsi qu'il est expliqué ci-dessus.

Art. VIII.

Parmi les membres de ladite assemblée, il ne pourra jamais s'en trouver deux de la même paroisse.

Art. IX.

La première formation faite restera fixe pendant les trois premières années ; et ce terme expiré, l'assemblée sera régénérée par le procédé suivant.

Art. X.

Un quart se retirera par le sort en 1791, 1792 et 1793, et ensuite par ancienneté ; ce quart qui se retirera chaque année, sera tellement distribué entre les départemens, qu'il sorte un député du département de la ville de Lyon et Franc-Lyonnois, et deux députés de chacun des cinq autres départemens. Les députés qui sortiront seront remplacés dans leur ordre par un pareil nombre du même département, et nommés à cet effet par l'assemblée de département.

Art. XI.

Celui qui aura été élu par l'assemblée de département pour assister à l'assemblée provinciale, pourra rester membre de l'assemblée de département et ainsi être tout-à-la fois ou n'être pas partie des deux assemblées ; mais les membres de la commission intermédiaire des assemblées de départemens ne pourront être membres de la commission intermédiaire de l'assemblée provinciale.

Art. XII.

Tout membre de l'assemblée provinciale qui aura cessé d'en être, pourra être réélu après toutefois qu'il aura été une année membre de l'assemblée de département.

Art. XIII.

En cas qu'un membre de l'assemblée provinciale meure ou se retire avant que son temps soit expiré, il sera remplacé dans son ordre par l'assemblée de département, et celui qui le remplacera ne fera que remplir le temps qui restoit à parcourir à celui qu'il aura remplacé.

Art. XIV.

Le président de l'assemblée provinciale restera quatre ans président.

Art. XV.

Ce terme expiré, le Roi nommera un autre président, pris dans l'ordre du Clergé ou de la Noblesse, sur la présentation qui lui sera faite par l'assemblé générale, de quatre sujets idoines qu'elle déclarera au scrutin.

Art. XVI.

Ce qui a été dit des élections, des rangs, ainsi que des syndics, des greffiers et de la commission intermédiaire, pour les assemblées de départemens, aura également lieu pour les rangs, les syndics, les greffiers et la commission intermédiaire de l'assemblée provinciale.

Art. XVII.

Les assemblées municipales, celles de départemens, ainsi que les commissions intermédiaires qui en dépendent, seront soumises et subordonnées à l'assemblée provinciale et à la commission intermédiaire qui la représentera, ainsi qu'il sera plus amplement déterminé par Sa Majesté.

Art. XVIII.

Sa Majesté se réserve pareillement de déterminer, d'une manière particulière, les fonctions de ces diverses assemblées, et leur relation avec le commissaire départi dans ladite généralité ; elle entend qu'en attendant qu'elle se soit plus amplement expliquée, les règlemens faits par elle à ce sujet, pour l'assemblée provinciale du Berry, soient provisionnellement suivis, ainsi qu'ils se comportent.

Fait et arrêté par le Roi, étant en son Conseil, tenu à Versailles, le trente juillet mil sept cent quatre-vingt-sept.

LOUIS.
Le baron de Breteuil.

(Original et imprimé (à Lyon, de l'imprimerie du roi. 1787). — Arch. du Rhône, C. 771).

II

Règlement fait par le Roi, sur les fonctions des assemblées provinciales, et de celles qui leur sont subordonnées, ainsi que sur les relations de ces assemblées, avec les Intendans des provinces.

5 Août 1787.

De par le Roi.

Le Roi, par les règlemens que Sa Majesté a arrêtés pour la formation et la composition des différentes assemblées, créées par son édit du mois de juin dernier, dans toutes les provinces du royaume, s'est réservé de déterminer d'une manière particulière, les fonctions de ces différentes assemblées, ainsi que leurs relations avec le Commissaire départi dans chaque province. Sa Majesté a ordonné en même temps, qu'en attendant qu'elle se fût plus amplement expliquée, les règlemens faits par elle à ce sujet, pour les assemblées provinciales de Berry et de Haute-Guyenne, seroient provisionnellement suivis. Mais ces derniers règlemens, faits pour deux généralités, dont les administrations provinciales n'ont été composées jusqu'à présent que d'une seule assemblée, n'ayant pu prévoir la diversité des rapports et des portions d'activité propres à chacune des différentes assemblées établies dans les autres provinces, Sa Majesté a pensé qu'il pouvoit être utile de faire connoître, dès ce moment, et de régler avec précision les fonctions respectives de ces assemblées, celles de son Commissaire départi, et enfin leurs relations réciproques, de manière que la liberté qu'il convient de laisser à l'action de chaque partie, ne puisse jamais altérer le concours et la surveillance mutuels qu'exige l'intérêt général de la province.

En déterminant ces premières bases du nouveau régime, Sa Majesté ne s'est pas dissimulée que le temps seul pourroit fixer ses résolutions définitives sur les améliorations dont il seroit susceptible, et c'est en se réservant d'y faire successivement les changements que lui inspirera sa sagesse, que le Roi a ordonné et ordonne provisoirement ce qui suit :

SECTION PREMIÈRE

Fonctions des assemblées municipales.

Article premier

L'assemblée municipale de chaque paroisse sera tenue de se conformer, tant aux ordres qu'elle recevra au nom du Roi, par la voie de l'Intendant et Commissaire départi, qu'à ce qui lui sera prescrit, soit par l'assemblée provinciale, soit par l'assemblée d'élection, soit enfin par les commissions intermédiaires de l'une ou de l'autre assemblée.

Art. II.

Ladite assemblée sera chargée de la répartition de toutes les impositions et levées de deniers, dont l'assiette devra être faite sur la communauté, d'après les mandemens qui lui seront adressés à cet effet, en vertu des ordres du Conseil, par l'assemblée d'élection ou la commission intermédiaire de ladite assemblée. La répartition entre les contribuables de la communauté sera faite par les deux tiers au moins de tous les membres qui composeront l'assemblée municipale, on observant néanmoins que la répartition de la taille et des impositions accessoires d'icelle soit faite par les seuls membres taillables de l'assemblée municipale.

Et dans le cas où il ne se trouveroit pas, dans l'assemblée municipale, les deux tiers des membres payant taille dans la paroisse, ce nombre sera complété à la pluralité des voix de l'assemblée paroissiale, par le choix d'un ou plusieurs autres taillables de la paroisse, pour, tous lesdits députés taillables réunis, procéder conjointement à l'assiette et à la répartition de la taille.

Art. III.

La répartition des impositions s'opérera dans chaque communauté par cinq rôles distincts et séparés, et tous conformes aux modèles qui seront envoyés.

Le premier rôle contiendra la répartition individuelle de la taille et des impositions qui en sont accessoires, même de la capitation taillable dans les élections de taille personnelle.

Le second contiendra la répartition individuelle de la capitation des domiciliés dans la paroisse, nobles, officiers de justice, privilégiés ou employés sous les ordres de l'administration, et aussi celle de la capitation roturière, dans les villes franches et dans les élections de taille réelle. Ces différents objets seront divisés dans le rôle en autant de chapitres ; et chaque contribuable y sera taxé, tant à raison de sa fortune personnelle que du produit de ses offices ou emplois, selon le taux commun de la capitation du même genre, dans l'élection ou département : abrogeant Sa Majesté tous tarifs précédemment observés à cet égard.

Le troisième rôle contiendra la répartition de la subvention territoriale, dans la forme qui sera plus amplement déterminée par les règlemens particuliers à cette imposition.

Le quatrième contiendra la répartition de la contribution pour les chemins.

Enfin le cinquième, celle des sommes destinées à faire le fonds, tant des décharges et indemnités, que des dépenses relatives, soit à la province, soit à l'élection ou au département, soit à la communauté, lesquelles sommes seront réputées charges locales, et réparties comme telles.

Art. IV.

Chaque rôle sera fait triple, et, des trois expéditions, l'une sera conservée au greffe de l'assemblée municipale ; les deux autres seront adressées par le syndic de l'assemblée municipale, avant le premier novembre, aux syndics de la commission intermédiaire de l'élection ou département, lesquels feront remettre les deux expéditions du rôle de la taille et impositions accessoires d'icelle au greffe de l'élection, pour ledit rôle y être vérifié ; l'une des deux expéditions demeurera au greffe de l'élection, et l'autre expédition, destinée pour le recouvrement, être rendue exécutoire dans le délai de trois jours, conformément aux règlemens. A l'égard des quatre autres rôles, le syndic de l'assemblée d'élection en adressera deux expéditions aux syndics de l'Assemblée Provinciale, pour lesdites expéditions être par eux présentées au sieur Intendant et Commissaire départi qui les vérifiera, conservera une desdites expéditions et remettra la seconde, en forme exécutoire, aux syndics de l'Assemblée Provinciale, qui la renverront aux syndics de l'assemblée d'élection, avant le premier décembre; et les syndics des commissions intermédiaires d'élection ou département, feront repasser tous les rôles exécutoires au syndic de chaque paroisse avant la fin de décembre, pour qu'ils soient mis en recouvrement au premier janvier de l'année suivante.

Art. V.

Le syndic, ou, en cas d'absence ou légitime empêchement du syndic, un autre membre à ce député par l'assemblée municipale, examinera, une fois par semaine, au jour qui sera fixé à cet effet par ladite assemblée, les différens rôles dont le collecteur sera porteur, à l'effet de vérifier : 1° si le recouvrement est en retard et quelles en sont les causes ; 2° si toutes les sommes recouvrées sont émargées sur le rôle et existent en entier dans les mains du collecteur, en deniers ou quittances valables du receveur de l'élection ou des adjudicataires d'ouvrages à la charge de la communauté. Ces quittances seront visées par celui qui fera la vérification, et il sera tenu de remettre, dans le délai de trois jours, à l'assemblée municipale, l'état desdites quittances certifié de lui et du collecteur, et le bordereau pareillement signé de l'un et de l'autre, du montant du recouvrement, des paiemens faits dans la semaine par le collecteur et des sommes restantes à recouvrer dans la paroisse.

Art. VI.

En cas de retard de paiement de la part des redevables, il en sera usé comme par le passé, jusqu'à ce qu'il en ait été, par Sa Majesté, autrement ordonné. En conséquence, les contraintes pour le recouvrement des deniers du Roi continueront d'être décernées par le receveur particulier des finances, visées par le sieur Commissaire départi ou son subdélégué, et portées par les huissiers ou garnisaires, selon les règlemens en usage dans chaque généralité. Lorsqu'il sera nécessaire de procéder par voie de saisie et de vente, elles seront faites dans les mêmes formes que par le passé.

Art. VII.

Les assemblées municipales veilleront à prévenir tous les abus auxquels pourroit donner lieu l'exécution des contraintes ou garnisons pour fait d'impositions, notamment à ce que les huissiers, chefs de garnison ou garnisaires, ne séjournent dans les communautés que le temps nécessaire pour accélérer le recouvrement, et à ce que les frais portent principalement sur les redevables le plus en retard, et, afin que les frais soient équitablement réglés et n'excèdent pas une quotité proportionnelle, lesdits membres de l'assemblée municipale signeront la contrainte avec le collecteur, pour constater ce qui sera dû au porteur de la contrainte, à raison du nombre de journées réellement employées.

Art. VIII.

Les membres de l'assemblée municipale seront en outre chargés de tous les objets qui intéressent la communauté. Ils veilleront à ce que tous les bâtimens et autres objets qui sont ou peuvent retomber à la charge de la communauté ne soient pas dégradés, et ils prendront les mesures convenables pour qu'il soit promptement pourvu aux réparations qui, trop différées, en nécessiteroient de plus considérables, ou même des constructions neuves.

Ils prendront les délibérations nécessaires pour qu'il soit fait des baux d'entretien de tous les objets qui en sont susceptibles, sans cependant que leurs délibérations puissent être exécutées avant qu'elles aient reçu l'approbation de l'Assemblée Provinciale ou de sa Commission Intermédiaire, sur l'avis de celle de l'assemblée d'élection ou département, ainsi que l'autorisation du Commissaire départi, si la dépense n'excède pas cinq cents livres, ou celle du Conseil, si la dépense est plus considérable.

Art. IX.

Les requêtes présentées au sieur Intendant et Commissaire départi pour obtenir la construction, reconstruction ou réparation d'une église ou presbytère, seront par lui communiquées à l'assemblée municipale, si ces requêtes ne sont présentées par l'assemblée municipale elle-même.

Sur la réponse de l'assemblée, le Commissaire départi jugera s'il convient ou non d'autoriser la demande; s'il ne l'autorise pas, il rendra, en conséquence, son ordonnance, qui sera exécutée, sauf l'appel au Conseil.

Si le Commissaire départi ne trouve pas l'affaire suffisamment instruite, ou, si l'assemblée municipale soutient qu'une reconstruction n'est pas indispensable et que des réparations suffiroient, le Commissaire départi nommera un expert pour constater l'état des lieux en présence des parties intéressées et des membres de l'assemblée municipale. Sur le rapport du procès-verbal de l'expert, le Commissaire départi statuera ainsi qu'il appartiendra.

Enfin, lorsque le Commissaire départi aura autorisé la reconstruction ou réparation, il ordonnera qu'il soit procédé à un devis et détail estimatif par un expert que désignera son ordonnance. L'expert se rendra sur les lieux et, en présence des députés de l'assemblée municipale et autres parties intéressées, il rédigera le devis dans lequel il distinguera, s'il est question d'un presbytère, les réparations usufruitières qui sont à la charge des curés ou de leurs successions, d'avec les grosses réparations, et même celles de cette dernière espèce qui, occasionnées par défaut d'entretien, seroient, par cette raison, à la charge du curé. S'il s'agit des réparations d'une église, l'expert aura également soin de ne pas confondre, avec les réparations de la nef et autres qui sont à la charge des paroissiens, les réparations du chœur, celles du clocher, suivant sa position, ni celles des chapelles seigneuriales.

Le procès-verbal de l'expert, entièrement rédigé, sera, par lui, affirmé véritable et remis au sieur Commissaire départi qui, après l'avoir homologué, s'il y a lieu, l'adressera, avec les autres pièces, à la Commission Intermédiaire provinciale, et celle-ci à la commission intermédiaire de l'élection ou département, pour qu'elle fasse procéder à l'adjudication, ainsi qu'il sera dit ci-après.

Art. X.

Les délibérations que prendront les communautés à l'effet d'être autorisées à ester en jugement, soit en demandant, soit en défendant, ne pourront être adressées qu'au sieur Commissaire départi, pour être par lui homologuées, s'il y a lieu, conformément aux règlemens.

Dans le cas où les habitans auroient demandé, en outre, par la même délibération, à être autorisés à faire, soit un emprunt, soit une imposition pour subvenir aux frais du procès, et où le sieur Intendant jugeroit que l'autorisation pour plaider doit être accordée, il donnera communication de la délibération à la Commission Intermédiaire de l'Assemblée Provinciale qui, après avoir entendu la commission intermédiaire d'élection ou de département, proposera, sur l'imposition ou emprunt seulement, ce qui lui paroîtra plus convenable.

Art. XI.

L'assemblée municipale délibérera sur la fixation, tant des traitemens de son syndic et de son greffier, que des autres frais de l'administration municipale. Elle prendra aussi toutes les délibérations qu'elle croira convenables, soit pour de nouvelles constructions, soit pour toute espèce d'établissement utile à la communauté; mais toutes délibérations quelconques pour dépenses, soit de construction, soit d'administration, n'auront d'effet qu'après que les formalités prescrites par l'article VIII ci-dessus auront été remplies.

Art. XII.

Toutes les dépenses d'entretien à la charge des communautés, seront supportées et acquittées par chaque paroisse en particulier, quel qu'en soit le montant.

Celles relatives à des constructions neuves qui, quoique sollicitées par une seule paroisse, auroient cependant un caractère d'utilité générale reconnu par l'Assemblée Provinciale, ne seront à la charge de la paroisse que jusqu'à concurrence de la somme que Sa Majesté jugera proportionnée aux forces de ladite paroisse.

Dans le cas où la dépense excéderoit cette somme, l'excédent sera réparti par l'assemblée d'élection ou département, sur les paroisses qui la composent, jusqu'à concurrence de la somme que Sa Majesté jugera convenable de lui faire supporter.

Dans le cas cependant où cet excédent, retombant à la charge de toute l'élection ou département, surpasseroit la somme qui sera également déterminée pour la contribution des élections ou départemens dans ces sortes de dépenses, alors le surplus sera réparti sur toute la généralité par l'Assemblée Provinciale qui, passé une certaine somme, pourra pareillement demander à Sa Majesté de concourir à l'acquit de la dépense, ainsi qu'il sera plus amplement expliqué par le règlement sur les travaux publics.

Art. XIII.

L'assemblée municipale adressera directement à la commission intermédiaire de département ou d'élection, toutes ses propositions, délibérations et réclamations ; et ladite commission les fera passer, avec son avis, à l'Assemblée Provinciale ou à la Commission Intermédiaire de ladite assemblée.

Art. XIV.

Toutes les dépenses ordinaires ou extraordinaires de la communauté, autorisées dans la forme prescrite ci-dessus, seront acquittées, ainsi qu'il sera réglé, sur les mandats signés par le syndic et deux membres de l'assemblée municipale, et visés par la commission intermédiaire de l'élection ou département.

Art. XV.

Au mois de janvier chaque année, l'assemblée municipale se fera rendre compte de toutes les recettes et dépenses faites pendant l'année précédente en l'acquit de la communauté : ce compte, certifié et signé, tant par le collecteur que par les membres de l'assemblée municipale, sera adressé, avec les pièces justificatives, avant la fin du même mois de janvier, à la commission intermédiaire de l'élection ou département, qui, après l'avoir vérifié, le fera passer, avec ses observations, à la Commission Intermédiaire Provinciale, à l'effet d'être, par elle, examiné et arrêté définitivement, ainsi qu'il sera prescrit ci-après.

SECONDE SECTION

Fonctions des assemblées d'élection ou de département.

Article premier.

Il ne sera fait aucune levée de deniers, soit pour le compte du Roi, soit pour les dépenses de la province ou des élections, départemens, villes et communautés qui la composent, qu'elle n'ait été préalablement ordonnée ou autorisée par Sa Majesté, lorsque la dépense excédera cinq cents livres, ou par le Commissaire départi lorsqu'elle sera au-dessous de cette somme.

Art. II.

Les impositions ordonnées par le Roi seront réparties entre les différentes communautés, soit par l'assemblée d'élection ou de département, soit par sa commission intermédiaire, d'après les extraits de brevets ou commissions que Sa Majesté fera remettre par la voie de son Commissaire départi, revêtues de l'attache du Bureau des finances de la généralité, aux syndics de l'Assemblée Provinciale, qui seront tenus de les faire passer, avant le 1er septembre, aux syndics des assemblées d'élection ou de département.

Art. III.

Le département entre les paroisses sera fait pour toutes les impositions royales, l'expédition en forme d'icelui adressée au Bureau des finances, et les mandemens envoyés aux communautés respectives avant le 1ᵉʳ octobre. Ce délai révolu, le Bureau des finances informera le Commissaire départi de l'envoi de l'expédition du département ou du retard de cet envoi ; et dans ce dernier cas, le Commissaire départi procédera lui-même au département, avant le 15 octobre, dans la forme prescrite par le règlement du 16 avril 1643, sur une expédition en forme des commissions ou extraits de brevets que les Trésoriers de France lui remettront dans trois jours au plus tard, afin que pour quelque cause et sous quelque prétexte que ce soit, il ne puisse y avoir difficulté ni retard dans la répartition et levée des impositions royales.

Art. IV.

Les assemblées d'élection ou de département, ainsi que leurs commissions intermédiaires, seront le lien de la correspondance qui doit exister entre les assemblées municipales et l'Assemblée Provinciale : elles feront parvenir à celle-ci les délibérations des communautés et transmettront aux assemblées municipales les décisions qui les concerneront.

Art. V.

A l'ouverture des séances de chaque assemblée d'élection ou de département, les syndics seront tenus de faire à ladite assemblée un rapport divisé par matières de tous les objets qui, depuis la dernière tenue, auront été traités par la commission intermédiaire, en vertu des délibérations de l'assemblée, duement autorisées, ou des instructions qui leur auront été adressées, soit au nom de Sa Majesté, soit par l'Assemblée Provinciale.

Art. VI.

Les assemblées d'élection et de département adresseront à l'Assemblée Provinciale l'état des frais de leur administration, ainsi que les propositions et représentations qu'elles jugeront devoir faire sur les objets qui intéresseront tout ce qui composera leur territoire.

Art. VII.

Les assemblées d'élection ou de département ou leur commission intermédiaire, procéderont aux adjudications des ouvrages délibérés par elles dans l'étendue de tout ce qui composera leur territoire. Elles procéderont aussi à celles qui auront été délibérées par l'Assemblée Provinciale, lorsqu'elles auront été commises à cet effet par ladite Assemblée Provinciale ou sa Commission Intermédiaire.

Art. VIII.

Les adjudications d'ouvrages particuliers à une communauté, duement autorisées, seront pareillement faites par la commission intermédiaire de l'assemblée d'élection ou de département, ou par un de ses membres par elle député à cet effet ; et il sera procédé à ladite adjudication, en présence de l'assemblée municipale de ladite communauté, au chef-lieu de l'élection ou département, ou dans la paroisse intéressée, selon qu'il sera jugé plus utile par la commission intermédiaire de l'assemblée d'élection.

Art. IX.

En général, tout ce qui intéressera exclusivement ce qui composera le territoire des assemblées d'élection ou département, sera d'abord délibéré et ensuite exécuté par elles ou leurs commissions intermédiaires, lorsque, sur l'avis de l'Assemblée Provinciale, l'exécution en aura été autorisée par Sa Majesté.

Mais tout ce qui regardera le général de la province, ne sera pas l'objet de leurs délibérations, et l'exécution ne leur en appartiendra, dans l'étendue de leur territoire, que lorsqu'elles auront été déléguées, elles ou leurs commissions intermédiaires, à cet effet, par l'Assemblée Provinciale ou sa Commission Intermédiaire.

TROISIÈME SECTION

Fonctions de l'Assemblée Provinciale.

Article premier.

Toutes les sommes nécessaires pour faire le fonds des indemnités ou décharges générales ou particulières, pour les frais d'administration, pour la construction et l'entretien des routes, ouvrages d'art et canaux de navigation dans l'étendue de la province, et en général pour toutes les dépenses à la charge, soit de la province entière, soit de quelqu'une de ses parties, ou qui auroient une utilité générale ou particulière pour objet, seront délibérées chaque année par l'Assemblée Provinciale, qui en proposera au Conseil l'état, avec distinction des objets, par la voie du Commissaire départi, en y joignant les plans et devis, à l'effet de recevoir l'autorisation du Roi, s'il y a lieu.

Art. II.

Lorsque les travaux auront été autorisés et l'état approuvé, les sommes auxquelles cet état se trouvera fixé, seront réparties, sans délai, par la Commission Intermédiaire Provinciale, entre toutes les assemblées d'élections ou de départemens, et les mandemens qui détermineront la contribution respective de chacune d'elles, avec distinction des objets, seront envoyés à leurs commissions intermédiaires, à l'effet d'être, par chacune d'elles, procédé à la répartition entre les communautés.

Art. III.

Toutes les demandes en décharge ou indemnités formées par un particulier, seront portées à l'assemblée municipale, et pourront l'être ensuite à l'assemblée d'élection ou de département.

Celles du même genre qui seront formées par des paroisses, pourront, après avoir été portées aux assemblées d'élection ou de département, l'être une seconde fois à l'Assemblée Provinciale, à laquelle seront aussi portées les demandes formées par des élections ou départemens, le tout ainsi qu'il sera plus amplement réglé par Sa Majesté.

Art. IV.

L'Assemblée Provinciale, pendant la tenue de ses séances, ou, dans les cas très urgents, sa Commission Intermédiaire, procédera seule dans la forme qui sera déterminée par le règlement que Sa Majesté se propose de donner sur les travaux publics, à l'adjudication, à la direction et à la réception de ceux de ces travaux que l'assemblée aura proposés et qui s'exécuteront sur les fonds de la province ; les dépenses relatives à ces travaux seront acquittées sur les mandats donnés par la Commission Intermédiaire, d'après les certificats des ingénieurs.

Art. V.

Les dépenses relatives à toutes les charges locales, communes et assises sur les fonds communs de la province, seront également acquittées sur les seuls mandats de l'Assemblée Provinciale ou de sa Commission Intermédiaire.

Art. VI.

L'Assemblée Provinciale et sa Commission Intermédiaire pourront faire parvenir au Conseil toutes les propositions et mémoires qu'elles jugeront utiles à la province.

Art. VII.

Tous les comptes des communautés, ainsi que ceux des dépenses qui se seront faites sous l'administration, tant de l'Assemblée Provinciale que des assemblées d'élections ou départemens, seront envoyés ou présentés à la Commission Intermédiaire Provinciale, pour y être examinés et arrêtés dans la forme qui sera déterminée dans la section suivante.

Art. VIII.

A l'ouverture des séances de chaque assemblée provinciale, les syndics seront tenus de faire à ladite assemblée un rapport divisé par matières, de tous les objets qui, depuis la dernière tenue, auront été traités par la Commission Intermédiaire, en vertu des délibérations de l'Assemblée Provinciale, duement autorisées, ou des instructions qui lui auront été adressées au nom de Sa Majesté.

Art. IX.

Les procès-verbaux des séances de l'Assemblée Provinciale seront livrés à l'impression pendant la durée des séances, de manière qu'ils puissent être rendus publics immédiatement après la clôture de l'assemblée.

QUATRIÈME SECTION

Fonctions respectives du Commissaire départi et de l'Assemblée Provinciale.

Article premier.

Le Commissaire départi remplira auprès de l'Assemblée Provinciale les fonctions de Commissaire du Roi ; aucune délibération ne pourra être prise par l'assemblée avant qu'il en ait fait l'ouverture ; il fera connoître à l'assemblée les intentions de Sa Majesté; et en fera la clôture le trentième jour ou même plus tôt, si les ordres du Roi le lui prescrivent ou si, les affaires étant terminées, il en est requis par l'Assemblée.

Art. II.

Les syndics seront tenus d'informer chaque jour le Commissaire du Roi, des objets qui auront été mis en délibération dans l'assemblée, et de ce qu'elle aura déterminé.

Art. III.

L'Assemblée Provinciale correspondra, pendant la tenue de ses séances, avec le sieur Contrôleur Général des Finances et les autres ministres de Sa Majesté, par la voie de son président, qui sera tenu d'envoyer au sieur Contrôleur Général des Finances, immédiatement après chaque délibération, une copie du procès-verbal de chaque séance, des mémoires qui y auront été adoptés et des avis formés en conséquence. Pareille copie, contre-signée par le secrétaire de l'assemblée, sera remise en même temps au Commissaire départi.

Art. IV.

Aussitôt après la clôture de l'assemblée, le procès-verbal entier de ses séances sera adressé, par le président, au sieur Contrôleur Général et au Secrétaire d'État de la province. Pareille copie dudit procès-verbal sera remise au sieur Intendant et Commissaire départi, pour y faire ses observations, s'il le juge convenable.

Art. V.

Chaque commission intermédiaire sera tenue de faire remettre ou adresser, par ses syndics, dans la huitaine, au sieur Intendant et Commissaire départi, une copie des délibérations qu'elle aura pu prendre, contre-signée et certifiée par le secrétaire de ladite Commission.

Art. VI.

Ordonne expressément Sa Majesté à tous représentans et secrétaires-greffiers, soit de l'Assemblée Provinciale, soit des autres assemblées ou commissions qui lui sont subordonnées, de donner, sans aucun délai, à son Commissaire départi, tous les éclaircissemens ou communications qui leur seront demandés par ledit sieur Commissaire départi : comme aussi à tous préposés de se soumettre aux vérifications qu'il pourra juger nécessaires.

Art. VII.

L'intention de Sa Majesté est aussi que son Commissaire départi procure à l'Assemblée Provinciale tous les éclaircissemens que ledit sieur Commissaire départi jugera lui être nécessaires pour ses opérations, sans que l'assemblée puisse, sous aucun prétexte, prendre aucune délibération contraire aux actes d'administration antérieurs à celle que Sa Majesté veut bien lui confier.

Art. VIII.

L'intention de Sa Majesté étant qu'il ne soit statué en son Conseil sur aucune délibération, demande ou proposition des assemblées provinciales, sans qu'elles aient été communiquées aux sieurs Commissaires départis, et le bien du service étant intéressé à la plus prompte exécution possible, les syndics de l'Assemblée Provinciale remettront, au nom de la Commission Intermédiaire, au sieur Intendant et Commissaire départi, les lettres, mémoires, états et projets d'arrêts qui devront être adressés au sieur Contrôleur Général, auquel ledit sieur Commissaire départi fera parvenir toutes ces pièces en original, en y joignant ses observations et avis. Il remettra de même, en original ou par ampliation, suivant la nature des objets, aux syndics, les réponses, décisions ou arrêts qu'il recevra du sieur Contrôleur Général pour la Commission Intermédiaire. N'entend néanmoins Sa Majesté interdire, par la présente disposition, toute correspondance directe entre son Conseil et les commissions intermédiaires des assemblées provinciales, pour les objets étrangers à la correspondance courante et habituelle.

Art. IX.

Le Commissaire départi connoitra seul de tout le contentieux qui peut concerner l'administration, sauf l'appel au Conseil. En conséquence, toutes les discussions qui pourroient s'élever, soit entre des propriétaires qui auroient succombé dans des demandes en indemnités pour pertes de terrains dans des ouvrages publics, et les syndics qui soutiendroient la décision de l'Assemblée Provinciale ou de sa Commission Intermédiaire, soit entre les mêmes syndics et des adjudicataires de travaux publics, soit entre les assemblées municipales et les contribuables qui se pourvoiroient, pour raison de surtaxe, contre leurs impositions, à l'exception toutefois de celles qui sont de la compétence des Elections et Cours des Aides, et en général toutes les contestations et demandes de nature à être portées par appel au Conseil, seront portées en première instance devant le sieur Intendant et Commissaire départi.

Art. X.

Le Commissaire départi procédera seul et sans concours, ni de l'Assemblée Provinciale, ni de sa Commission Intermédiaire, à l'adjudication, direction et réception des ouvrages qui s'exécuteront sur les seuls fonds du Roi, et les dépenses en seront acquittées sur ses seules ordonnances.

Art. XI.

Lorsque les ouvrages se feront, partie sur les fonds du Roi et partie sur les fonds de la province, toutes les opérations seront déterminées par la Commission Intermédiaire, présidée par le Commissaire départi, qui aura voix prépondérante en cas de partage ; et les ordonnances seront expédiées par le seul Commissaire départi.

En cas d'absence dudit sieur Intendant, son subdélégué entrera à la Commission Intermédiaire ; il y aura voix délibérative, mais il ne présidera pas ; il n'aura que la seconde place et, en cas de partage, la voix prépondérante appartiendra au président.

Art. XII.

Les états détaillés des diverses impositions faites sur chacune des villes et communautés de la province, seront tous rédigés sur le même modèle et envoyés, à la diligence des syndics des différentes commissions intermédiaires, dans le courant du mois de mars de l'année qui suivra celle de l'imposition, à la Commission provinciale intermédiaire, ainsi que l'état justifié des dépenses faites par chaque collecteur, pour la même année, sur les fonds des deniers imposés pour les charges de la province ou de la communauté.

Art. XIII.

Les syndics feront à la Commission Intermédiaire, présidée par le Commissaire départi, le rapport de ces comptes, à l'effet, par elle, de les vérifier et d'ordonner que le montant des sommes qui n'auront pas été valablement imposées ou qui n'auront point été dépensées, sera appliqué en moins imposé au profit des communautés qui en auront supporté l'imposition.

Art. XIV.

Les comptes de toutes les dépenses faites sur les fonds de la province, seront également rendus devant la même Commission Intermédiaire présidée par le Commissaire départi, qui aura toujours, en cas de partage, la voix prépondérante.

Art. XV.

Tous les arrêts et règlemens émanés de l'autorité de Sa Majesté, seront imprimés, publiés et affichés, sur l'ordonnance d'attache du sieur Intendant et Commissaire départi.

CINQUIÈME SECTION

Cérémonial.

Article premier.

Dès que l'Assemblée Provinciale sera formée, elle en fera prévenir le Commissaire du Roi par deux députés, l'un de la Noblesse ou du Clergé, l'autre du Tiers-Etat. Le Commissaire départi se rendra à l'assemblée en robe de cérémonie du Conseil et précédé de ses hoquetons : il sera reçu à la première porte extérieure par les syndics de l'assemblée ; plus loin, par quatre députés : un du Clergé, un de la Noblesse, deux du Tiers-Etat; dans le lieu même des séances, par l'assemblée debout et découverte, et il sera conduit à un fauteuil à la gauche duquel il en sera placé un autre pour le président de l'assemblée ; le Commissaire du Roi sera reconduit avec les mêmes honneurs.

Art. II.

Il pourra entrer à l'assemblée toutes les fois qu'il le croira utile pour le bien du service de Sa Majesté, et toutes les fois qu'il y entrera, les mêmes honneurs lui seront rendus.

Art. III.

Le lendemain de l'ouverture des séances, il sera fait une députation au Commissaire du Roi, pour le saluer de la part de l'assemblée.

Art. IV.

Le Commissaire du Roi sera invité, par l'assemblée, à toutes les cérémonies publiques auxquelles elle se proposera de prendre part ; il se rendra, à l'heure convenue, au lieu des séances de l'assemblée, marchera et sera placé à côté du président, et le Commissaire du Roi aura la droite.

Fait et arrêté par le Roi, étant en son Conseil, tenu à Versailles le cinq août mil sept cent quatre-vingt-sept.

Signé LOUIS. *Et plus bas*, le baron DE BRETEUIL.

Antoine-Jean Terray, chevalier, conseiller du Roi en ses Conseils, maître des requêtes ordinaire de son Hôtel, intendant de justice, police et finances dans la ville et généralité de Lyon, et commissaire départi pour l'exécution des ordres de Sa Majesté dans lesdites villes et généralité,

Vu le règlement ci-dessus, ensemble les ordres particuliers à nous adressés,

Nous, Intendant susdit, ordonnons qu'il sera imprimé, publié et affiché dans toute l'étendue de la généralité de Lyon.

Fait le 20 août 1787.

Signé, TERRAY.
Par Monseigneur,
CORDIVAL.

(Imprimé (à Lyon, de l'Imprimerie du Roi. 1787). — *Arch. du Rhône, c. 771).*

III

Instruction et règlement pour l'assemblée provinciale de la généralité de Lyon.

31 Octobre 1787. (1)

Le sieur Terray, intendant et commissaire départi en la généralité de Lyon, et commissaire de Sa Majesté à l'Assemblée Provinciale de ladite généralité, convoquée par les ordres du Roi, au 5 novembre présent mois (2), en la ville de Lyon.

(1) Il existe deux exemplaires différents de ces instructions, l'un original, imprimé en italiques avec des blancs remplis à la main et portant la signature autographe de Terray ; l'autre imprimé à Lyon : (A Lyon, de l'imprimerie d'Aimé de La Roche, imprimeur de l'administration provinciale, 1787), suivi de l'extrait du règlement rendu pour la province de Berry.

(2) L'original porte : « au 5 novembre prochain ».

Fera connoître à ladite Assemblée Provinciale que Sa Majesté, en donnant le règlement du 30 juillet dernier, pour la formation de ladite Assemblée Provinciale et de celles qui lui sont subordonnées, a annoncé ce règlement comme provisoire pour deux années, à l'expiration desquelles elle expliqueroit définitivement ses intentions, et par celui du 5 août dernier, relatif aux fonctions de ces différentes assemblées et à leurs rapports avec son Commissaire départi, elle s'est réservé d'y faire successivement les changements que lui inspireroit sa sagesse.

Sa Majesté ayant reconnu qu'il étoit utile et indispensable qu'elle manifestât, dès à présent, ses intentions sur quelques-uns des articles de ces règlemens qui lui ont paru exiger des développemens et quelques interprétations, Elle a chargé son Commissaire de les notifier à l'assemblée.

PREMIÈRE PARTIE

§ 1er. — *Du Commissaire du Roi, du cérémonial, des formes de la tenue de l'Assemblée Provinciale et des assemblées de département, des fonctions des différens membres ou officiers desdiles assemblées et autres objets relatifs à leurs formation et organisation intérieures.*

Le sieur Intendant, Commissaire du Roi, sera prévenu en son hôtel, par deux membres de l'assemblée choisis par le président, l'un dans le Clergé ou la Noblesse et l'autre dans le Tiers-État, que l'assemblée est formée, et il sera invité par eux à venir en faire l'ouverture.

Le Commissaire du Roi se rendra à l'assemblée en robe de cérémonie du Conseil et précédé de ses hoquetons : arrivé au lieu des séances, il sera reçu au pied de l'escalier par les deux procureurs-syndics ; au haut de l'escalier, par une députation de quatre membres choisis par le président : l'un dans le Clergé, un autre dans la Noblesse et les deux autres dans le Tiers-Etat.

Le Commissaire du Roi sera reçu dans l'assemblée, tous les membres autres que ceux formant la députation, étant à leurs places, debout et découverts.

Le Commissaire du Roi sera conduit à un fauteuil d'honneur élevé d'un degré et placé au milieu de l'assemblée, vis-à-vis de celui du président, qui sera aussi élevé d'un degré, et en avant du bureau des procureurs syndics et du secrétaire-greffier.

Il sera reconduit avec les mêmes honneurs. Le même cérémonial sera observé pour la clôture de l'assemblée et toutes les fois que le Commissaire du Roi entrera à l'assemblée pour y faire connoître les intentions de Sa Majesté.

Le lendemain de l'ouverture de l'assemblée, il sera fait une députation composée de quatre députés, au Commissaire du Roi, pour le saluer de la part de l'assemblée.

Toutes les fois qu'il sera fait mention, dans le procès-verbal, du sieur Intendant, relativement à ses fonctions vis-à-vis de l'assemblée, pendant le cours de ses séances, il sera désigné dans le procès-verbal, sous le titre de M. le Commissaire du Roi.

Lorsqu'il sera question d'opérations antérieures à l'assemblée, ou qui devront la suivre, Sa Majesté veut que son Commissaire départi ne puisse être désigné dans le procès-verbal, les rapports et autres actes de l'Assemblée, que sous le nom de M. l'Intendant.

§ 2. — Du Président.

Le président sera l'organe de l'assemblée, pendant le cours de ses séances ; c'est par lui qu'elle correspondra avec le Conseil de Sa Majesté.

Les procès-verbaux des séances de l'assemblée seront, jour par jour, signés du président seul et contre-signés du secrétaire-greffier ; celui de la dernière séance sera signé de lui et de tous les membres de l'assemblée.

La Commission Intermédiaire étant entièrement suspendue et n'existant plus pendant l'assemblée, tous les paquets de la Cour et autres, adressés, soit à l'assemblée, soit à ladite Commission Intermédiaire, seront ouverts dans l'assemblée par le président.

Les adjudications qui seroient passées pendant le cours des séances de l'assemblée, seront signées du président seul et contre-signées par le secrétaire-greffier.

Les mandats de paiement à expédier pendant la tenue de l'assemblée, seront signés du président et des commissaires du bureau des fonds et de la comptabilité, et contre-signés par le secrétaire-greffier.

Le président nommera toutes les députations, proposera la composition des bureaux, ainsi qu'il sera ci-après expliqué, et il sera de droit membre de tous lesdits bureaux, qui seront présidés par lui lorsqu'il y entrera.

§ 3. — De l'Assemblée.

Tout ce qui est relatif aux rangs et aux séances, a été prescrit par le règlement de formation.

Il n'y aura nulle distinction entre les membres choisis par le Roi et ceux nommés par l'assemblée préliminaire.

Ainsi les rangs, pour les seigneurs laïcs, ne seront réglés dans la prochaine assemblée que suivant leur âge, leur admission étant censée de la même époque, c'est-à-dire du jour de la convocation de l'assemblée complète.

Sa Majesté a ordonné que, pour le Tiers-État, les séances seroient suivant l'ordre des communautés, qui seroit déterminé d'après leur contribution.

Nul membre du Tiers-État ne pourra être regardé comme représentant une ville où il y a un corps municipal, s'il n'est lui-même un des officiers municipaux.

S'il se trouvoit à l'assemblée deux députés du Tiers-État demeurans habituellement dans une même ville, celui-là seul pourra représenter sa ville, qui sera officier municipal ; l'autre ne pourra représenter que la communauté villageoise dans laquelle il aura des propriétés.

Si l'un ni l'autre n'est un des officiers municipaux, ils ne pourront prendre rang à raison de la contribution de la ville où ils demeurent, mais à raison de la contribution des communautés où ils posséderont des biens.

A l'ouverture de ses séances, l'assemblée assistera à une messe du Saint-Esprit.

Les deux frères, le père et le fils, le beau père et le gendre, ne pourront à l'avenir être élus à la fois membres de l'assemblée.

Sa Majesté autorise la prochaine assemblée à remplacer, pour se compléter, ceux des députés nommés, soit par Sa Majesté, soit par l'assemblée préliminaire, qui seroient morts depuis, ou qui n'auroient point accepté ; mais toutes les nominations ultérieures seront faites par les assemblées de département, dont les bureaux intermédiaires seront, en conséquence, prévenus par la Commission Intermédiaire Provinciale, huit jours avant la convocation desdites assemblées, des remplacemens auxquels elles auront à pourvoir.

Il sera formé, dans les deux premiers jours de l'assemblée, des bureaux particuliers chargés de rédiger et préparer les objets sur lesquels il devra être délibéré.

Le président proposera à l'assemblée la composition des bureaux, et y distribuera tous les membres de l'assemblée, en suivant, autant que faire se pourra, les proportions établies dans la composition de l'assemblée.

Il y aura quatre bureaux : l'un sera le bureau de l'impôt ; le second, celui des fonds et de la comptabilité ; le troisième, celui des travaux publics ; le quatrième, celui de l'agriculture, du commerce et du bien public. Outre ces quatre bureaux, s'il étoit question d'examiner et de discuter une affaire très importante, elle pourra être confiée à une commission particulière.

Il sera aussi formé une commission particulière pour la visite du greffe et des archives, et nommé des commissaires pour la rédaction et la révision du procès-verbal.

Les délibérations de l'assemblée pour son régime intérieur, seront exécutées provisoirement ; mais nulle délibération à exécuter hors de l'assemblée, n'aura d'effet qu'elle n'ait été spécialement approuvée par Sa Majesté.

Aucun député ne pourra personnellement proposer à l'assemblée un nouvel objet de délibération, étranger à ceux qui seroient alors discutés, ni lire aucun mémoire, qu'il n'en ait préalablement prévenu M. le président et n'ait communiqué sa proposition ou son mémoire à celui des bureaux de l'assemblée qui se trouvera chargé des objets auxquels seroit analogue la proposition ou le mémoire dudit député.

Les procès-verbaux de l'assemblée pourront être livrés à l'impression, à fur et à mesure de ses séances, et ne seront rendus publics que quinze jours après celui de la clôture.

§ 4. — *De la Commission Intermédiaire.*

Après la séparation de l'assemblée, la Commission Intermédiaire rentrera en activité.

Elle seule représente l'assemblée et a un caractère public à cet effet.

Le président de l'assemblée est aussi le président de la Commission Intermédiaire ; mais dans ce sens qu'il en est le premier membre, faisant corps avec elle, et n'ayant sur elle aucune supériorité.

En conséquence, la correspondance ministérielle et celle dans l'intérieur de la province, après la séparation de l'assemblée, se tiendront toujours avec et par la Commission Intermédiaire.

L'absence du président, comme celle de tout autre membre, ne changera rien à la forme de la correspondance.

Sur les objets importans, le président pourra écrire particulièrement aux ministres du Roi, pour appuyer et développer les avis de la Commission Intermédiaire ; mais la lettre seule de la Commission Intermédiaire sera la dépêche officielle.

Après le protocole d'usage pour les différentes personnes auxquelles elle écrira, la Commission Intermédiaire terminera ainsi ses lettres :

Vos très ...... serviteurs,
Les députés composant la Commission Intermédiaire.

Ensuite tous les membres présens et les procureurs syndics signeront.

Toutes les adjudications, les mandats de payemens et autres actes émanés de la Commission Intermédiaire, seront signés dans la même forme, c'est-à-dire, qu'il sera mis au bas : *Par les députés composant la Commission Intermédiaire de la généralité de Lyon.* Ensuite tous les membres signeront.

Les officiers du Bureau des Finances et des élections, pourront être membres de l'Assemblée Provinciale ou des assemblées d'élection, comme tous les autres propriétaires ; mais ils ne pourront à l'avenir être élus membres de la commission ou d'aucun bureau intermédiaire, attendu les fonctions qui leur sont imposées par la nature de leurs charges et par les règlemens.

Confirme néanmoins Sa Majesté, pour cette fois seulement et sans tirer à conséquence, les nominations qui auroient pu être faites par les assemblées préliminaires provinciales ou de département de quelques membres du Bureau des Finances ou des élections, pour la composition de la commission ou des bureaux intermédiaires : mais ces officiers ne pourront être continués ni remplacés par d'autres membres des mêmes tribunaux, lors des renouvellemens ultérieurs des nominations, pour lesdites commission et bureaux intermédiaires.

§ 5. — *Des Procureurs-syndics.*

Pour être procureur syndic pour la Noblesse et le Clergé, il ne sera pas nécessaire qu'un gentilhomme qui auroit des titres à cette place soit seigneur de paroisse ; il suffira qu'il soit propriétaire d'un fief dans la province.

Les procureurs syndics prendront séance dans l'assemblée, à un bureau placé au milieu de l'Assemblée.

Les procureurs-syndics feront remettre chaque jour au Commissaire du Roi, à la fin de chaque séance, une notice succincte et uniquement énonciative des objets qui auront été discutés ou délibérés dans l'assemblée, pour que le Commissaire de Sa Majesté soit assuré qu'il ne s'y traite aucune matière étrangère aux objets dont elle doit s'occuper.

Lorsqu'un rapport aura été lu et délibéré dans un bureau, avant qu'il en soit fait lecture à l'assemblée, les procureurs syndics seront appelés à ce bureau pour en prendre communication et donner sur ledit mémoire leurs observations, s'il y a lieu, soit verbalement, soit par écrit, tant au bureau qu'à l'assemblée.

Ils n'auront point voix délibérative dans l'assemblée.

Mais, attendu que la Commission Intermédiaire doit toujours suivre ponctuellement l'exécution des délibérations de l'assemblée, approuvées par Sa Majesté, et que les procureurs syndics doivent y concourir, lesdits procureurs syndics auront voix délibérative dans la Commission Intermédiaire; ils n'auront à eux deux qu'une seule voix qui sera prépondérante en cas de partage. Si leurs opinions diffèrent, leurs voix se détruiront et ne seront point comptées; et dans le cas où les autres voix seroient partagées, celle du président aura la prépondérance.

Les procureurs syndics écriront, en nom collectif, sur tous les objets de correspondance qu'ils devront suivre, et après avoir énoncé leur qualité de *procureurs syndics de la généralité de*..........., ils signeront. Si un des procureurs-syndics étoit absent, la lettre seroit toujours écrite en nom collectif, et un seul signeroit.

Ils ne pourronr intervenir dans aucune affaire sans une délibération de l'assemblée ou de sa Commission Intermédiaire, et n'agiront d'ailleurs sur aucun objet relatif à l'administration de la province, que de concert avec la Commission Intermédiaire.

Ce qui vient d'être prescrit pour les procureurs syndics de l'Assemblée Provinciale, sera également observé pour les syndics des assemblées de département en tout ce qui leur est commun.

§ 6. — *Assemblées de département.*

Les assemblées de département se tiendront dans le mois d'octobre de chaque année.

Elles ne pourront durer plus de quinze jours : le jour précis de leur convocation sera fixé par le président de l'assemblée, qui se concertera à ce sujet avec le Bureau Intermédiaire.

Lorsque le jour en aura été arrêté, et ce jour ne pourra être indiqué plus tard que le 15 dudit mois d'octobre, afin que toutes les assemblées d'élections de la généralité soient closes et terminées le 30 du même mois au plus tard; le président en préviendra la Commission Intermédiaire Provinciale un mois à l'avance, et avertira les députés qui devront être convoqués, de l'époque précise de l'ouverture de l'assemblée, par une lettre signée de lui.

Sa Majesté a jugé qu'il étoit indispensable que les assemblées de département évitassent la dépense de l'impression de leurs procès-verbaux; mais s'ils contiennent quelque rapport ou mémoire qui, par l'utilité de ses vues et le mérite de sa rédaction, soit de nature à fixer l'attention de l'Assemblée Provinciale et qui lui paroisse mériter une distinction particulière, l'Assemblée Provinciale pourra délibérer de l'insérer dans son procès-verbal ou à la suite ; et ce mémoire sera alors imprimé avec le procès-verbal de l'Assemblée Provinciale, dont il fera partie.

L'assemblée de département fera toujours former trois expéditions de ses procès-verbaux ; et ces trois expéditions seront adressées par elle à la Commission Intermédiaire Provinciale, laquelle enverra la première, avec ses observations, au sieur Contrôleur général des finances ; la seconde au sieur Intendant et Commissaire départi, et la troisième restera déposée dans les archives de l'Assemblée provinciale.

Les assemblées de département auront soin de se conformer exactement aux délibérations de l'Assemblée Provinciale, lorsqu'elles auront été approuvées par Sa Majesté, et elles sentiront que tout le bien qu'elles désireront procurer à leur discrict ne pourra s'opérer que par un concert et une harmonie réciproque entr'elles et l'assemblée supérieure.

§ 7. — *Des Bureaux Intermédiaires.*

Les bureaux intermédiaires des assemblées de département se conformeront ponctuellement et littéralement à tout ce qui leur aura été prescrit, tant par l'assemblée de département que par la Commission Intermédiaire Provinciale.

Comme les assemblées de département et leurs bureaux intermédiaires sont le lien réciproque entre les assemblées municipales et l'Assemblée Provinciale, et entre l'Assemblée Provinciale et les assemblées municipales, il ne sera rien prescrit ni fait aucune disposition par la Commission Intermédiaire Provinciale à l'égard d'aucune ville et communauté ou d'aucuns contribuables et habitans d'un département quelconque, que par la voie du bureau intermédiaire dudit département et qu'après que ledit bureau intermédiaire aura été préalablement entendu.

Sa Majesté recommande en conséquence aux bureaux intermédiaires de mettre la plus prompte exactitude et la plus grande célérité dans toutes leurs relations et leur correspondance avec la Commission Intermédiaire Provinciale.

Lorsqu'un bureau intermédiaire croira devoir faire imprimer quelques lettres circulaires, quelques états, et autres objets à adresser aux assemblées municipales, et dont les modèles ne lui auroient pas été donnés par la Commission Intermédiaire Provinciale, il les communiquera préalablement à ladite Commission Intermédiaire, pour qu'elle soit toujours à portée de maintenir dans toute la généralité l'unité des principes, des formes et des méthodes. Au surplus, ce qui a été prescrit ci-dessus au § 4 de la Commission Intermédiaire, sera aussi observé par les bureaux intermédiaires, en tout ce qui leur est applicable.

§ 8. — *De l'examen des nominations pour les assemblées municipales, pour les assemblées de département et pour l'Assemblée Provinciale.*

La volonté de Sa Majesté est que les syndics des assemblées de département et subsidiairement les procureurs syndics de l'Assemblée Provinciale, donnent la plus grande attention à l'examen de toutes les délibérations concernant les nominations des députés des assemblées municipales et provoquent à l'avenir la réformation de celles qui seroient irrégulières.

Sa Majesté désire cependant que, d'après les tableaux qu'elle a ordonné aux assemblées de département de faire former, l'Assemblée Provinciale examine s'il ne seroit pas convenable de mettre dans le taux d'imposition qui avoit été fixé uniformément à dix livres pour être admis dans les assemblées paroissiales, et à trente livres dans les assemblées municipales, quelques proportions relatives à l'état d'aisance ou de pauvreté des communautés des campagnes, qui résulte toujours ou de la nature du sol, ou du genre de culture, ou enfin du plus ou moins d'industrie auquel se livrent les habitans de ces communautés.

D'après les observations que présenteront sur cet objet les différentes assemblées provinciales, Sa Majesté fera connoître à cet égard ses intentions, avant le mois d'octobre 1788.

A compter de cette époque, les syndics des assemblées de département donneront avis aux procureurs-syndics des irrégularités qu'ils auroient pu remarquer dans les délibérations paroissiales ou les nominations qui y auroient été faites, et leur enverront un mémoire détaillé et signé d'eux, sur chaque nomination irrégulière.

Les procureurs-syndics mettront lesdits mémoires sous les yeux de la Commission Intermédiaire ou de l'Assemblée Provinciale, qui y joindra ses observations, et enverra le tout au Contrôleur général des finances, pour y être statué ainsi qu'il appartiendra, sur l'avis de M. l'Intendant.

Quant aux nominations irrégulières qui pourroient être faites, pour les assemblées de département par celles d'arrondissement, ou pour l'Assemblée Provinciale par celles de département, Sa Majesté veut que la réformation en soit poursuivie, par les procureurs syndics, au Conseil qui y statuera après avoir entendu les observations et l'avis de M. l'Intendant.

Mais les procureurs syndics informeront des diligences par eux faites, à cet effet, l'assemblée de département ou l'assemblée Provinciale, suivant l'élection pour l'une ou l'autre assemblée, par eux argué d'irrégularité, afin que ladite assemblée puisse, le jour même de l'ouverture de ses séances, délibérer s'il y aura lieu d'admettre provisoirement, ou non, la personne dont la nomination sera contestée.

DEUXIÈME PARTIE

Des fonctions des différentes assemblées, et de leurs relations avec M. l'Intendant.

§ 1er. — *Assemblées municipales.*

En soumettant, par l'article 1er du règlement du 5 août, les assemblées municipales, tant aux ordres qu'elles recevront au nom du Roi, par la voie de M. l'Intendant, qu'à ce qui leur seroit prescrit, soit par l'Assemblée Provinciale, soit par l'assemblée de département, soit enfin par les commission et bureaux intermédiaires, Sa Majesté n'a point entendu que MM. les Intendans et les assemblées provinciales ou celles de département pussent indifféremment donner des ordres ou des instructions aux assemblées municipales sur les mêmes objets, mais respectivement sur ceux qui leur seroient attribués.

Par l'article 2, qui exclut de la répartition de la taille les personnes qui ne sont point taillables, Sa Majesté n'a fait que rappeler ce qui est prescrit par tous les règlemens en matière de taille personnelle.

L'intention de Sa Majesté est de diminuer le nombre des rôles qui avoit été porté à cinq par l'article 3 ; mais à cet égard, Sa Majesté suspendra sa détermination, et l'Assemblée Provinciale reconnoîtra que par le vœu qu'elle sera dans le cas de présenter sur le mode de répartition des différentes natures d'impositions, elle peut procurer à la province une grande économie, en réunissant plusieurs de ces impositions dans un seul et même rôle, qui seroit seulement divisé en plusieurs colonnes. L'Assemblée Provinciale remplira les intentions de Sa Majesté, en proposant le mode de répartition le plus juste et le moins dispendieux.

M. l'Intendant fera cependant connoître dès à présent à l'Assemblée provinciale, snr la répartition de la capitation des nobles, privilégiés, etc., que ce rôle, au lieu d'être fait comme le prescrivoit l'article 3, par chaque assemblée municipale, le sera par le bureau intermédiaire de chaque département pour tous les nobles, privilégiés, etc. compris dans son district, en le divisant toutefois par paroisses. Il sera fait de ce rôle deux expéditions, qui seront toutes deux remises à M. l'Intendant par la voie des procureurs syndics, pour être adressées au Conseil. Lorsque ce rôle y aura été arrêté, M. l'Intendant en renverra l'expédition en forme au bureau intermédiaire, pareillement par la voie des procureurs syndics, pour qu'il soit déposé dans ses archives, et rendra en même temps exécutoires les extraits de ce rôle qui lui auront été envoyés par le bureau intermédiaire, pour chaque paroisse ou communauté ; ces extraits seront ensuite adressés par le bureau intermédiaire à chaque assemblée municipale, pour être mis en recouvrement. Par ce moyen, le taux uniforme réglé par l'assemblée de département recevra plus facilement son application ; la dépense de la confection d'un rôle particulier sera épargnée aux assemblées municipales, et cependant chaque contribuable demeurant dans une paroisse, payera ses impositions dans la même paroisse, selon les intentions de Sa Majesté.

Le nombre des triples expéditions des rôles qui avoient été prescrites par l'article 4, sera infiniment diminué, d'après ce que Sa Majesté aura statué définitivement sur l'article III ; ainsi le bien et l'économie à opérer sur cette disposition, résultera également du vœu qui sera présenté à Sa Majesté par l'Assemblée Provinciale.

Les précautions indiquées par l'article 5, ont pour objet de prévenir les divertissements de deniers ; si l'exécution peut en paroître difficile dans les commencements pour les petites paroisses, elle s'établira successivement par l'habitude et les instructions des assemblées supérieures ; et les avantages en sont si frappans pour tous les contribuables, que l'Assemblée Provinciale ne négligera certainement aucuns moyens auprès des assemblées municipales pour assurer l'exacte observation de ces vérifications.

A l'égard des réparations ou reconstructions des nefs des églises ou des presbytères, dont il est fait mention en l'article 9, lorsque ces réparations seront demandées par l'assemblée municipale de la paroisse, elle s'adressera à l'assemblée ou bureau intermédiaire de département qui nommera les ingénieurs ou sous-ingénieurs du département, pour dresser les devis et détails estimatifs.

Lorsque la demande sera formée par une partie seulement des habitans, ou par le curé seul, le mémoire sera présenté au bureau intermédiaire de département, qui le fera communiquer à l'assemblée municipale. Si l'assemblée municipale consent aux reconstructions ou réparations demandées, le bureau intermédiaire chargera l'ingénieur de dresser les devis. S'il y a contradiction ou opposition de la part de l'assemblée municipale, alors, dans le cas où l'affaire ne pourroit être terminée par le bureau intermédiaire par voie de conciliation, elle deviendroit contentieuse, et le bureau intermédiaire renverroit les parties à se pourvoir par-devant M. l'Intendant.

Avant son jugement, M. l'Intendant pourra nommer tel expert qu'il jugera à propos, pour constater l'état des lieux et éclairer sa religion ; mais son jugement rendu, il commettra toujours pour dresser les devis, l'ingénieur du département.

Les ingénieurs, inspecteurs et sous-ingénieurs de la province, feront tous les devis dont ils seront chargés, sans aucune rétribution particulière pour aucune de ces opérations ; ce qui tournera au soulagement des communautés, sauf à l'Assemblée Provinciale à avoir égard, dans la fixation des traitemens de ces ingénieurs et des gratifications qui seront par elle proposées en leur faveur, au supplément de travail qui résultera pour eux de ces nouvelles occupations.

L'article 10 sera exécuté selon sa forme et teneur ; Sa Majesté exhorte seulement l'Assemblée Provinciale à composer, dans la ville où est la résidence de M. l'Intendant, un conseil de trois avocats au plus, qui seront rétribués par la province et choisis par l'Assemblée Provinciale. Les avocats qui composeroient ce conseil, ne pourroient néanmoins être nommés par l'assemblée que pour deux ans au plus, sauf à les continuer pour deux autres années, et ainsi de suite s'il y avoit lieu, d'après le compte qui seroit rendu par la Commission Intermédiaire, de leur exactitude et de l'utilité de leur travail pour les communautés de la province.

Les communautés d'habitans seroient tenues d'envoyer les pièces ou mémoires relatifs aux contestations dans lesquelles elles auroient intérêt, à la Commission Intermédiaire Provinciale, qui les feroit examiner par lesdits avocats, et leur consultation remise ensuite à la Commission Intermédiaire, sera par elle renvoyée auxdites communautés d'habitans, pour être jointe à la requête que ces communautés pourroient alors présenter à M. l'Intendant, pour obtenir de lui, s'il le jugeoit convenable, la permission de plaider. Les communautés d'habitans seroient ainsi dispensées de se procurer la consultation d'aucun autre avocat.

Par l'article 11, Sa Majesté avoit autorisé les assemblées municipales à délibérer sur la fixation des traitemens de leurs syndics et de leurs greffiers ; mais Sa Majesté désire que l'Assemblée Provinciale examine s'il ne seroit pas possible de n'accorder aucun traitement fixe aux syndics et greffiers, sauf à leur allouer, à la fin de chaque année, les dépenses qu'ils justifieroient avoir faites pour l'intérêt de la communauté.

§ 2. — *Des Assemblées de département.*

Le Roi a ordonné, par l'article 1er, qu'il ne seroit fait aucune levée de deniers qu'elle n'eût été préalablement ordonnée par son Conseil, lorsque la dépense excéderoit cinq cents livres, ou par le Commissaire départi, lorsqu'elle seroit au-dessous de cette somme.

Sa Majesté voulant concilier avec ce qu'elle doit à son autorité, les témoignages de confiance qu'elle est disposée à accorder à son Assemblée Provinciale, veut bien consentir à ce que les dépenses qui seroient inférieures à cinq cents livres, soient imposées sur les communautés, lorsqu'elles auront été approuvées par l'Assemblée Provinciale ou sa Commission Intermédiaire, dont la délibération prise à cet effet sera visée par M. l'Intendant ; mais l'intention de Sa Majesté est que, tous les six mois, il soit adressé au Conseil, par l'Assemblée Provinciale, un projet d'arrêt, à l'effet de valider lesdites impositions.

En ordonnant par l'article 5, que les assemblées de département se conformeroient aux ordres qui leur seroient adressés, soit au nom de Sa Majesté, soit par l'Assemblée Provinciale, Sa Majesté n'a point entendu changer l'ordre de correspondance qu'elle a établie. Ses intentions ne parviendront jamais à l'assemblée de département que par l'Assemblée Provinciale ; mais elle a voulu faire connoître que les assemblées de département seroient tenues de se conformer non seulement à ce que Sa Majesté auroit expressément ordonné, mais encore à ce que l'Assemblée Provinciale auroit cru juste et convenable de leur prescrire, quand bien même elle n'y auroit point été précédemment autorisée par un ordre spécial de Sa Majesté.

§ 3. — *De l'Assemblée provinciale.*

Toutes les dépenses qui seront délibérées par l'Assemblée Provinciale, conformément à l'article 1er, ne seront point pour cela un objet d'imposition nouvelle : l'intention de Sa Majesté étant de remettre à la disposition de l'Assemblée Provinciale l'emploi des fonds déjà imposés, appartenans à la province, comme il sera ci-après expliqué. L'Assemblée Provinciale n'auroit à proposer d'impositions pour les dépenses de la province, au-delà de ces fonds, que dans le cas où ils ne lui paroîtroient pas suffisans pour subvenir aux besoins indispensables de ladite province.

§ 4. — *Des fonctions respectives de l'Intendant de la province et de l'Assemblée Provinciale.*

Les commission et bureaux intermédiaires ne pouvant prendre aucune délibération contraire à ce qui leur aura été prescrit par les assemblées qu'ils représentent, et celles qu'ils prendroient ne pouvant être relatives qu'à l'exécution de celles de l'assemblée déjà connues du Conseil et de son Commissaire départi, ou à des dépenses de circonstances imprévues, pour lesquelles l'autorisation de Sa Majesté, sur l'avis du sieur Intendant, est nécessaire, Sa Majesté dispense les commission et bureaux intermédiaires de l'exécution de l'article 5.

Sa Majesté, en développant ses intentions sur l'exécution des articles 6 et 7, veut que M. l'Intendant et l'Assemblée Provinciale se communiquent respectivement tous les éclaircissements dont ils auront réciproquement besoin pour le plus grand bien du service de Sa Majesté et celui de la province; n'entendant au surplus, Sa Majesté, interdire à l'assemblée les observations qu'elle estimera utiles au bien de la province, sur tous les objets précédemment autorisés qui n'auroient point encore reçu leur entière exécution.

Lorsque la Commission Intermédiaire de l'Assemblée Provinciale connoîtra plus particulièrement les objets d'administration qu'elle aura à traiter, elle sera à portée de reconnoître en quoi consistent les objets de correspondance courante et habituelle qui doivent être adressés au Conseil, pour la plus grande célérité du service, par la voie de M. l'Intendant.

Dans le cas où M. l'Intendant croiroit devoir présenter au Conseil des observations dont la rédaction exigeroit quelque délai, il ne pourra, par ce motif, retarder l'envoi des dépêches qui lui auront été remises par la Commission Intermédiaire, sauf à annoncer les observations ultérieures qu'il se proposera d'envoyer.

Pour résumer, la correspondance de forme et celle qui a lieu chaque année, aux mêmes époques, pour les opérations du département et autres, aura lieu par la voie de M. l'Intendant. La Commission Intermédiaire répondra aussi à toutes les lettres qui lui auront été écrites par les ministres de Sa Majesté ou ses intendans des finances, par la voie de M. l'Intendant, sinon elle lui fera remettre des copies de ses réponses. A l'égard de toutes les lettres qu'elle sera dans le cas d'écrire la première, elle aura l'option de les adresser directement, ou par la voie de M. l'Intendant.

Relativement aux demandes formées par les contribuables en matière d'imposition et affaires contentieuses, l'intention de Sa Majesté est que les vingt-huit premiers articles de la troisième section du règlement du Conseil du 6 juin 1785 rendu pour la province de Berry (1), soient provisoirement exécutés selon leur forme et teneur.

Dans le cas où il s'exécuteroit, ainsi que l'avoit prévu l'article XI, des ouvrages, partie sur les fonds du Roi, et partie sur les fonds de la province, Sa Majesté a considéré que la surveillance de son Commissaire départi seroit plus utile au bien de son service, lorsque son avis seroit postérieur à la délibération de la Commission Intermédiaire : en conséquence, l'intention de Sa Majesté est que son Commissaire départi ne prenne point part aux délibérations qui seroient prises par la Commission Intermédiaire sur les ouvrages de ce genre ; mais qu'aucune de ces délibérations ne puisse avoir son effet qu'après avoir été homologuée par lui, s'il y a lieu ; et qu'enfin toutes les ordonnances de paiement sur les fonds du Roi soient par lui délivrées, et ensuite par lui renvoyées à la Commission Intermédiaire, pour être visées par elle, et remises à l'adjudicataire. A l'égard des paiemens sur les fonds de la province, ils auront lieu comme il sera expliqué ci-après à l'article des ponts et chaussées.

Enfin, sur les articles 13 et 14, Sa Majesté veut pareillement que les comptes soient examinés et vérifiés par la Commission Intermédiaire, à laquelle M. l'Intendant n'assistera point ; mais ces comptes lui seront ensuite remis, pour être par lui révisés et clos et arrêtés par son ordonnance.

TROISIÈME PARTIE

Impositions ordinaires.

L'intention de Sa Majesté est que M. l'Intendant remette à l'Assemblée Provinciale,

1° Une copie du brevet général de l'année prochaine 1788.

---

(1) Les mots « vingt-huit — 6 juin 1785 — Berry » sont écrits à la main dans l'imprimé signé de l'intendant.

2° Un tableau contenant la distribution, par élection, de la taille, des impositions accessoires de la taille et de la capitation taillable, ce qui compose le montant des commissions expédiées pour les impositions taillables ; et le montant, aussi par élection, de la capitation des nobles, privilégiés, etc., pour laquelle il est formé des rôles qui sont arrêtés au Conseil ; duquel tableau le total sera égal à celui des sommes portées au brevet général.

3° Une copie pour chaque élection du département de 1788.

4° Un état qui fera connoître le montant des fonds appartenans à la province, pour la dépense des ponts et chaussées ; ledit état conforme à celui qui a été formé, en exécution de l'article 1ᵉʳ de l'arrêt du 6 novembre 1786.

5° Un état des sommes imposées, avec les impositions accessoires de la taille, pour les dépenses à faire dans la province, lesquelles sommes composent le fonds connu sous la dénomination des *fonds variables ;* dans lequel état seront distinguées les dépenses militaires et autres relatives au service de Sa Majesté, qui paroîtront devoir continuer d'être à la disposition de M. l'Intendant.

6° Un état des fonds qui font partie de la capitation, et connus sous la dénomination des *fonds libres de la capitation ;* dans lesquels doivent pareillement être distingués les frais de bureaux de l'Intendance et autres dépenses de ce genre, qui devront continuer de dépendre de l'administration de M. l'Intendant.

Si M. l'Intendant ne pouvoit remettre tous ces états à l'assemblée à l'ouverture de ses séances, il les lui fera remettre dans les huit premiers jours de sa tenue.

D'après tous ces renseignements, l'Assemblée Provinciale connoîtra la position de la généralité sous le rapport des impositions, et sera à portée de connoître les bases actuelles de la répartition.

Elle recherchera les moyens de l'améliorer, fera les comparaisons qui lui paroîtront possibles de département à département, indiquera aux assemblées de département comment elles devront faire par elles-mêmes, ou par leurs bureaux intermédiaires, celles de paroisse à paroisse, pour perfectionner de plus en plus la répartition.

Elle examinera pareillement l'objet des contraintes relatives au recouvrement, recherchera les moyens de les simplifier ou de les adoucir, s'il y a lieu.

Enfin, elle ne négligera rien, principalement en ce qui concerne la répartition des impositions qui portent sur la classe la moins aisée, pour seconder les vues dont Sa Majesté est animée, pour qu'aucun de ses sujets ne paye dans une proportion plus forte que les autres contribuables.

QUATRIÈME PARTIE

Vingtièmes.

Par son édit du mois de septembre dernier, le Roi a ordonné la perception de l'imposition des vingtièmes dans toutes les provinces de son royaume, selon les véritables principes de cette imposition établie par l'édit de mai 1749.

Par les dispositions de l'édit de 1749, tous les biens-fonds du royaume avoient été soumis à cette imposition, sans aucune exception ; les apanages des princes et les domaines engagés y étoient assujettis. Ce n'est que postérieurement et par des actes particuliers d'administration, que la forme et l'assiette de l'imposition ont varié à l'égard d'une partie des contribuables.

Les circonstances présentes exigeant un supplément de revenus, Sa Majesté a reconnu que l'imposition des vingtièmes, perçue d'une manière uniforme, offroit un moyen d'autant plus juste de se le procurer, que ce moyen ne fera que rétablir la proportion de l'imposition, à l'égard de ceux des propriétaires qui ne l'acquittoient qu'incomplètement, sans qu'il en résulte pour ceux qui payoient exactement les vingtièmes et quatre sous pour livre du premier vingtième de leurs revenus, aucune espèce d'augmentation.

Ainsi, l'édit du mois de septembre ne contient réellement de dispositions nouvelles que celles qui assujettissent aussi à l'imposition des vingtièmes le domaine même de la Couronne, et font cesser les exceptions qui s'étoient introduites à l'égard de quelques propriétaires ; et ne contient rien d'ailleurs qui n'ait déjà été prescrit par l'édit de mai 1749, et les loix générales subséquentes.

L'ordre à maintenir dans la rentrée des deniers royaux ne pouvant point permettre que l'arrêté des rôles de l'année prochaine 1788, soit différé au-delà de l'époque ordinaire du 1ᵉʳ janvier, il n'eût pas été possible, dans un intervalle de temps aussi court, de terminer, avec les développemens et détails nécessaires, une opération générale qui ne doit avoir rien de vague ni d'arbitraire. L'intention de Sa Majesté est que tous les résultats de ce travail portent sur des bases que les contribuables eux-mêmes ne puissent désavouer ; elle veut que la plus grande publicité démontre avec évidence la justesse et la précision des travaux qui seront faits en exécution de ses ordres.

Sa Majesté a donc ordonné que, pour l'année 1788, les rôles des vingtièmes seroient faits provisoirement, pour être mis en recouvrement pendant les six premiers mois seulement, dans la proportion de moitié des cotes de 1787, en se réservant de faire expédier, pour être mis en recouvrement au 1ᵉʳ juillet 1788, un rôle définitif, qui contiendra les cotes véritablement proportionnées aux revenus effectifs des biens qui y seront soumis, à la déduction des sommes qui auront été provisoirement payées en exécution du premier rôle.

Les détails mis sous les yeux de Sa Majesté, l'ayant convaincue que la forme de répartition adoptée, quant à présent, par le clergé, pour celle du don gratuit, étoit avantageuse aux curés et ecclésiastiques pauvres, Sa Majesté a jugé de sa sagesse de ne point ôter à ce premier corps de l'Etat ses formes anciennes ; mais elle veut que les revenus qui appartiennent au clergé, soient aussi portés sur les rôles des vingtièmes, afin que, quoique énoncés pour *mémoire* seulement, on puisse cependant connoître la juste proportion de ce que ces biens pourroient payer à raison de leurs revenus, par comparaison avec les autres propriétés foncières du Royaume, y compris ceux du propre domaine de Sa Majesté.

C'est par l'effet de ces mesures que la (1) sagesse lui a inspirées, que le Roi trouvera, dans la perception des vingtièmes, les ressources qu'exigent les circonstances ; mais l'intention de Sa Majesté n'est pas

(1) L'original porte « sa Sagesse ».

de refuser à celles des provinces de son Royaume qui le désireroient, les avantages qu'elles pourroient apercevoir dans une fixation déterminée de cette imposition, après les avoir mises à portée de connoître elles-mêmes la juste proportion dans laquelle elles seroient dans le cas d'y contribuer.

Mais la faveur d'un abonnement ne pourra être accordée qu'à celles dont les offres seroient relatives à leurs véritables facultés, et correspondroient à la somme que le Roi retireroit de l'imposition, s'il jugeoit à propos de la faire percevoir en exécution de ses ordres.

Sa Majesté se portera d'autant plus volontiers à faire jouir les provinces de son Royaume de cette faveur, que par l'effet de l'abonnement, les recherches qui seroient nécessaires n'auroient plus alors pour objet une augmentation de recette pour son trésor royal, mais simplement une justice plus exacte dans l'assiette de l'impôt, ce qui adouciroit aux yeux des contribuables ces mêmes recherches indispensables pour atteindre le but proposé.

Pour connoître quelle seroit la proportion dans laquelle chaque province seroit tenue de contribuer aux produits de l'impôt, Sa Majesté s'est fait remettre : 1° l'état des rôles de 1756 ; 2° celui des rôles de 1787 ; 3° des états particuliers des travaux faits par l'administration des vingtièmes, et d'après lesquelles les augmentations successives ont été opérées.

L'examen de ces différens états a mis Sa Majesté à portée de juger par le produit des travaux faits, de celui qu'il étoit possible d'espérer par l'effet des travaux qui restent à faire ; et les calculs les plus exacts, mais les plus modérés, ont fait connoître la quotité de la somme qui doit être acquittée par chaque province, et qui doit être le prix de son abonnement.

D'après tous ces détails, M. l'Intendant fera connoître à l'Assemblée Provinciale, que les vingtièmes de la généralité de Lyon, perçus au profit de Sa Majesté, ont été estimés devoir produire au moins la somme de deux millions trois cent cinquante-deux mille livres, sauf à tenir compte à la province de celle de 216.000, qui a paru pouvoir être à la charge des biens ecclésiastiques.

Si le vœu de l'assemblée étoit de solliciter un abonnement de pareille somme, et qu'elle eût pris une délibération à cet effet, cette délibération sera envoyée au Conseil par le président de l'assemblée ; et lorsque l'abonnement aura été accordé par le Roi, M. l'Intendant donnera ordre au directeur des vingtièmes, de remettre à l'assemblée tous les renseignemens qui auront servi de base à la quotité de l'imposition, et de prendre les ordres de l'assemblée, qui sera alors chargée de la répartition de la somme à laquelle le Roi aura fixé l'abonnement.

En énonçant le vœu d'obtenir un abonnement, l'Assemblée Provinciale pourra adresser à Sa Majesté et à son Conseil, tels mémoires et calculs qu'elle croira devoir présenter à l'effet d'obtenir une modération sur la somme annoncée, et le Roi, d'après le compte qui lui en sera rendu en son Conseil, y aura tel égard que Sa Majesté jugera convenable ; mais l'intention de Sa Majesté est que l'assemblée remette un double desdites observations à M. l'Intendant, et qu'elle envoie sa délibération assez tôt pour que Sa Majesté puisse lui faire connoître ses intentions définitives avant sa séparation.

Dans le cas où l'assemblée ne se détermineroit pas à demander au

Roi l'abonnement des vingtièmes, M. l'Intendant annoncera à l'assemblée que Sa Majesté donnera les ordres nécessaires pour que les rôles soient faits en la manière accoutumée, et il l'assurera d'ailleurs qu'il sera pris les précautions les plus positives : 1° pour que les cotes qui auront été réglées par l'effet des vérifications générales faites avant 1787, ne puissent être augmentées pendant la durée des vingt années postérieures à celle dans laquelle chacune desdites vérifications générales auroit été mise en recouvrement ; 2° pour que les propriétaires dont les taxes se trouveront dans le cas d'être augmentées, ne soient en aucun cas exposés à payer au-delà des deux vingtièmes et quatre sous pour livre du premier, de leurs revenus effectifs, aux déductions portées par les loix et règlements.

CINQUIÈME PARTIE

Ponts et Chaussées.

Sa Majesté a déjà fait connoître, par son édit du mois de juin 1787, et par sa déclaration du 27 du même mois, que son intention étoit de confier, dans chaque province, aux assemblées provinciales, tout ce qui étoit relatif à la confection et entretien des routes et autres ouvrages en dépendans, et qu'elles en fussent chargées, à compter de 1788.

Jusqu'à présent, dans les provinces et généralités où Sa Majesté vient d'établir des assemblées provinciales, et même dans celles du Berry et de la Haute-Guyenne, la dépense des travaux des routes avoit été regardée comme une dette commune qui devoit être acquittée par toute la province, et répartie sur les contribuables dans une proportion uniforme ; mais une des principales vues de Sa Majesté, seroit que désormais les assemblées provinciales considérassent toujours les routes à ouvrir, perfectionner et entretenir, sous le rapport de l'intérêt plus ou moins direct qu'ont à ces routes les communautés, les départemens ou la généralité (1) qui doivent en supporter la dépense.

De ce principe fondé en raison et justice, découleroient des distinctions également justes, pour la distribution du paiement de la dépense entre les parties intéressées, suivant la mesure de l'intérêt qu'elles auroient à l'exécution de tel ou tel ouvrage.

Ainsi, par exemple, un chemin qui ne s'étend que sur le territoire d'une seule ville ou d'une seule communauté, et qui a uniquement pour objet de lui procurer une communication avec une route plus importante pour le débouché de ses productions, doit être à la charge de cette ville ou communauté seulement.

Tel autre chemin intéresse quatre ou cinq communautés, s'il traverse le territoire de ces quatre ou cinq communautés, et est pour elles un débouché commun.

S'agit-il d'une route qui traverse toute une élection, département ou district, dans une direction assez étendue pour qu'elle aboutisse à ses limites, cette route doit être considérée comme appartenant à toute l'élection, département ou district, puisque, par ses embranche-

---

(1) L'original porte « province » au lieu de « généralité ».

ments, elle doit vivifier la totalité ou une très grande partie de son étendue.

Cette route intéressera deux ou trois élections, départemens ou districts, si elle est tellement dirigée qu'elle ne soit utile qu'à ces deux ou trois élections, départemens ou districts.

Enfin, dans toutes les autres suppositions, les routes doivent appartenir à toute la province.

Ces distinctions étant ainsi posées et bien établies, elles serviroient, pour ainsi dire, de poids et de mesure pour régler la contribution à la dépense.

Ainsi une communauté, dans la première des suppositions précédemment expliquées, ou quatre ou cinq communautés, dans la seconde, paieroient à elles seules un chemin qui n'intéresseroit qu'elles seules.

Dans le cas où une route intéresseroit tout un département, d'abord la ville ou la communauté ou les quatre ou cinq communautés sur le territoire desquelles s'exécuteroient les ouvrages, n'y contribueroient que jusqu'à concurrence de la somme fixe qui seroit réglée pour chaque paroisse, ou, ce qui seroit peut-être préférable, que jusqu'à concurrence d'une portion déterminée de leurs impositions foncières, comme seroit le quart, le cinquième, le sixième, etc., ainsi que le proposeroient les assemblées provinciales. Cette première contribution de la part de la communauté ou des communautés plus directement intéressées, étant ainsi prélevée sur le montant de la dépense, le surplus seroit réparti sur tout un (1) département par un marc la livre uniforme, et par l'effet de ce marc la livre général, les communautés qui auroient déjà eu à fournir leur contingent particulier, contribueroient encore dans la répartition générale, mais d'une contribution infiniment plus foible.

Les mêmes règles, les mêmes formes seroient observées dans les autres cas, où une route intéresseroit non seulement un département, mais plusieurs, ou bien non seulement plusieurs départemens, mais toute la province.

Tout ce qui vient d'être expliqué pour les chemins et les routes, auroit son application pour les aqueducs, ponceaux, ponts, canaux, etc.

Enfin, si un pont ou une digue, ou un canal qui seroit entrepris dans une province, avoit un caractère d'utilité qui pût faire regarder cet ouvrage comme intéressant plusieurs provinces ou tout le royaume, et que la dépense en excédât une proportion quelconque déterminée par Sa Majesté, d'après le montant des impositions foncières de la province, Sa Majesté consentiroit, sur la demande de l'assemblée, à y contribuer pour le surplus.

Une dernière observation essentielle, c'est que, dans le cas où une assemblée supérieure se chargeroit de suppléer au contingent d'une communauté inférieure, alors cette assemblée supérieure seroit chargée de la surveillance et direction de l'ouvrage, comme s'il étoit le sien propre.

Sa Majesté désire que l'Assemblée Provinciale de la généralité de Lyon, convoquée par ses ordres, s'occupe de ces vues ; qu'elle avise au moyen de les réaliser, et qu'elle en fasse l'objet de ses délibéra-

---

(1) L'original porte « le ».

tions pendant la prochaine tenue. Sa Majesté fera examiner les délibérations qui seront prises sur cet objet par l'assemblée, et lui fera connoître ses intentions pour 1789.

Mais pour l'année 1788, l'Assemblée provinciale s'occupera provisoirement de la confection des routes et de tous les travaux y relatifs, suivant l'usage qui, dans les assemblées provinciales déjà existantes en Berry et en Haute-Guyenne, mettoit tous les travaux quelconques à la charge de l'universalité de la province, à la seule exception des dépenses de communautés purement locales : et pour que l'Assemblée Provinciale puisse se mettre sur le champ en activité, conformément au régime du Berry et de Haute-Guyenne, telles sont les intentions de Sa Majesté :

1° L'Assemblée Provinciale ou sa Commission Intermédiaire, aura sous ses ordres immédiats, les ingénieurs, inspecteurs, sous-ingénieurs et élèves détachés des ponts et chaussées. Elle leur prescrira ce qu'elle jugera convenable pour la rédaction des projets des travaux à exécuter, et pour la suite et exécution de ces travaux ; elle rendra compte de leurs services au Contrôleur général des finances ; enfin les gratifications qui devront leur être accordées, seront réglées sur ses propositions.

2° Indépendamment desdits ingénieurs, inspecteurs, sous-ingénieurs et élèves, l'Assemblée Provinciale pourra établir des conducteurs ou piqueurs à sa nomination, par-tout où elle le croira nécessaire, et elle pourra les destituer, en cas de mécontentement.

3° Les ingénieurs seront chargés de la rédaction des projets de tous les ouvrages quelconques à exécuter dans la généralité, dont la dépense devra être à la charge de ladite province ou des villes et communautés.

4° L'Assemblée Provinciale se fera remettre par l'ingénieur en chef, pendant le cours de ses séances, une carte de la généralité indicative des départements actuels de chaque inspecteur ou sous-ingénieur, des routes entièrement finies et mises à l'entretien, de celles qui sont à perfectionner, de celles récemment ouvertes ou seulement projetées, et enfin des ouvrages d'arts y relatifs. Elle se fera d'ailleurs remettre tous les autres détails et renseignemens nécessaires pour bien connoître la situation actuelle de la généralité sur l'objet des communications.

5° L'assemblée délibérera ensuite sur ceux des travaux qui devront être exécutés en l'année 1788, et réglera le nombre, la distribution et l'emplacement des atteliers qui seront divisés autant qu'elle le croira possible et convenable.

6° L'ingénieur en chef, ou les inspecteurs et sous-ingénieurs, d'après les instructions qu'il leur transmettra, s'occuperont en conséquence de rédiger, avec tout le soin et la diligence possible, les projets nécessaires. Tous ces projets rassemblés et examinés par l'ingénieur en chef, seront par lui présentés à l'Assemblée Provinciale ou à sa Commission Intermédiaire, avant le 15 décembre prochain.

7° La Commission Intermédiaire Provinciale adressera tous ces projets, plans et devis, au Contrôleur général des finances, avant le 15 janvier 1788, pour être examinés au Conseil et approuvés dans la forme ordinaire.

8° En conséquence, Sa Majesté recommande spécialement à l'Assemblée Provinciale, convoquée par ses ordres, de s'occuper, dès ses premières séances, de tout ce qui sera relatif à la forme de répartition, quotité et versement de la contribution des chemins ; de considérer cet objet comme un des points les plus importans de ses délibérations, et de présenter à cet égard un vœu précis pour l'année 1788.

9° Lorsque, sur la délibération de l'Assemblée Provinciale, le Roi aura fait connoître ses intentions et approuvé les projets, plans et devis, la Commission Intermédiaire de l'Assemblée Provinciale procédera par elle-même, ou par les bureaux intermédiaires qu'elle aura délégués à cet effet, aux adjudications des travaux, dont les procès-verbaux seront ensuite tous réunis et déposés au greffe de la Commission Intermédiaire.

10° Les adjudications de travaux de chaque attelier, se feront à celui ou à ceux qui feront la condition meilleure, à la charge par les adjudicataires, d'exécuter exactement les devis, sans s'en écarter, sous quelque prétexte que ce soit, de renoncer à toute sorte d'indemnité, pour raison des cas fortuits ou autre cause, et de ne recevoir aucune somme par forme d'avance ou à compte, que les travaux ne soient commencés.

11° Nul ne pourra se présenter pour les travaux, ni même être admis à faire des offres, s'il n'est reconnu capable et solvable, au jugement de la Commission Intermédiaire, qui jugera pareillement de la solvabilité de sa caution.

12° Les adjudications seront annoncées quinze jours à l'avance, par des affiches ou publications dans les paroisses, afin que les assemblées municipales prennent connoissance des travaux des atteliers, que leurs syndics soient à portée de les indiquer aux différens entrepreneurs de leur canton, et de procurer ainsi, pour l'intérêt commun, les moyens d'obtenir les soumissions les plus avantageuses. Les mêmes affiches indiqueront dans quel lieu les entrepreneurs disposés à se présenter à l'adjudication, pourront prendre connoissance, au moins huit jours à l'avance, des devis et clauses de ladite adjudication. Enfin, les adjudications seront faites publiquement au jour indiqué.

13° Le total des différens devis ne devant point s'élever au-delà du montant total de la somme à laquelle la contribution sera fixée, l'intention de Sa Majesté est que la prochaine Assemblée Provinciale prévoie le cas où le rabais des adjudications, sur le montant de l'estimation des devis, produiroit des revenant-bons, pour aviser à la manière dont sera appliqué l'objet desdits rabais, soit en diminution du contingent des communautés appelées à l'adjudication qui aura procuré ledit rabais, soit en supplément d'ouvrages dans la même année, à moins que ladite assemblée ne juge plus convenable de tenir ces fonds en réserve pour l'année suivante.

14° Dans le cas où il y auroit nécessité et utilité de faire quelques changemens dans l'exécution des devis, il en sera rendu compte à la Commission Intermédiaire, par l'ingénieur en chef, et aucun changement ne pourra être fait qu'en vertu des ordres par écrit de ladite Commission Intermédiaire.

15° Les travaux seront suivis par l'ingénieur en chef de la province, et les inspecteurs et sous-ingénieurs, et à cet effet les divers atteliers par eux visités, le plus souvent qu'il sera possible.

16° Sa Majesté autorise la Commission Intermédiaire Provinciale, à délivrer des mandats d'à-compte, au profit des adjudicataires, jusqu'à concurrence des deux tiers pour les ouvrages d'arts, et des quatre cinquièmes pour les travaux des routes.

17° Les mandats d'à-compte ne seront délivrés par la Commission Intermédiaire, aux adjudicataires, qu'à fur et à mesure de l'avancement des ouvages, et lorsqu'elle se sera assurée de leurs progrès, par les certificats de l'ingénieur en chef ou des sous ingénieurs, ou enfin en leur absence, des conducteurs des ouvrages.

18° Il sera procédé à la réception des ouvrages, par la Commission Intermédiaire ou par les bureaux intermédiaires qu'elle aura délégués à cet effet, au jour qui sera indiqué par elle ou par lesdits bureaux intermédiaires. L'ingénieur en chef ou les sous-ingénieurs se transporteront à cet effet sur les routes et y feront faire, aux frais des entrepreneurs, en présence de tels des membres de la commission ou des bureaux intermédiaires, qui pourront être délégués à cet effet, les sondes qui seront nécessaires pour s'assurer de la bonne construction et de la qualité des matériaux, conformément au devis. Lesdits ingénieurs en dresseront leur rapport, pour mettre la Commission Intermédiaire ou les bureaux intermédiaires par elle délégués à cet effet, à portée de faire ladite réception, dont le procès-verbal, pour chaque attelier, sera déposé au greffe de l'Assemblée Provinciale.

19° A fur et à mesure que lesdits procès-verbaux seront clos et arrêtés, la Commission Intermédiaire en enverra des extraits signés d'elle à M. l'Intendant, avec un bordereau détaillé des mandats d'à-compte par elle expédiés, jusqu'à concurrence des deux tiers ou des quatre cinquièmes. M. l'Intendant, sur le vu de ces deux pièces, expédiera pour chaque attelier une ordonnance finale, par laquelle, validant les payements d'à-compte faits en vertu des mandats de la Commission Intermédiaire, qu'il rappellera et détaillera dans ses ordonnances, il ordonnera le paiement du dernier tiers ou du dernier cinquième qui restera dû sur le prix de l'adjudication.

Ladite ordonnance finale pour chaque atelier, remise ensuite par M. l'Intendant à la Commission Intermédiaire, sera visée par elle et délivrée à l'adjudicataire.

L'Assemblée Provinciale de la généralité de Lyon, après avoir entendu les intentions du Roi, sur les divers objets détaillés dans les instructions que Sa Majesté fait adresser à son commissaire, pour lui être notifiées, sentira qu'elle doit la plus vive reconnoissance aux témoignages de confiance dont l'honore Sa Majesté, en voulant bien être éclairée par son zèle sur le soin qui est le plus cher, celui d'améliorer de plus en plus le sort de ses peuples.

Animée du désir de seconder ses intentions paternelles, l'Assemblée ne perdra jamais de vue l'importance et l'étendue des travaux qui doivent l'occuper ; et jamais elle n'oubliera qu'elle s'est imposé deux devoirs essentiels et sacrés, en contractant la double obligation de justifier la confiance du Roi, et de répondre aux vœux et aux espérances de ses peuples.

D'après les ordres du Roi, 31 octobre 1787.

Signé, LAMBERT.

Pour copie ce huit novembre 1787. *Signé,* TERRAY.

Extrait du règlement rendu pour la province du Berry, le 6 juin 1785.

SECTION TROISIÈME

Article premier. — Les demandes en décharges d'imposition pour cause d'incendie, grêle, gelée, inondation, dommages causés par le feu du ciel et autres intempéries, perte de bestiaux, nombreuse famille, infirmités, etc., ne seront faites qu'à la Commission Intermédiaire.

Art. 2. — Les demandes pour cause de division ou mutation de cote de vingtièmes et pour doubles emplois, seront faites à la Commission Intermédiaire.

Art. 3. — Lorsqu'il se rencontrera, dans quelques rôles, des cotes inexigibles, les collecteurs s'adresseront également à la Commission Intermédiaire pour obtenir que ces non-valeurs leur soient allouées.

Art. 4. — La Commission Intermédiaire, en statuant sur ces différentes demandes et autres dont les motifs seroient du même genre, aura égard à la nature, aux règles et aux principes de chacune des impositions sur lesquelles les contribuables pourront se pourvoir.

Art. 5. — Lorsque la Commission Intermédiaire ne croira pas devoir accueillir la demande en décharge, modération ou non-valeur, formée pour les causes accidentelles ou momentanées ci-dessus indiquées, sur les fonds de la capitation ou des vingtièmes, elle répondra le mémoire à elle présenté, d'un délibéré portant *qu'il n'y a lieu à la décharge, modération ou non-valeur demandée, sauf au suppliant à se pourvoir au Conseil par voie d'administration.*

Art. 6. — Dans le cas, au contraire, où la Commission aura égard aux représentations qui lui auront été faites, elle expédiera sur chaque demande l'ordonnance de décharge ou modération nécessaire, et elle l'adressera au receveur particulier des finances.

Art. 7. — La Commission Intermédiaire informera le contribuable de la décharge ou modération qu'elle lui aura accordée, et le préviendra en même temps de la nécessité de profiter de cette ordonnance, en la quittançant et en se mettant en règle pour le paiement du surplus qui lui resteroit encore à acquitter sur son imposition, dans le délai de deux mois au plus tard, sinon et ce délai passé, que l'ordonnance sera de nul effet. La même disposition sera insérée dans le texte même de l'ordonnance.

Art. 8. — Toutes les ordonnances de décharges et modérations seront quittancées par les contribuables au profit desquels elles auront été expédiées ; et à l'égard de ceux qui ne sauroient pas écrire, ils seront obligés de faire certifier au bas de l'ordonnance par le curé, le vicaire ou deux principaux habitants, qu'il leur a été tenu compte du montant de la décharge ou modération à eux accordée.

Art. 9. — Lorsqu'un contribuable, taxé d'office à la taille, voudra se pourvoir contre ladite taxe d'office, il sera tenu de s'adresser d'abord à la Commission Intermédiaire, et de lui présenter à cet effet sa requête dans les deux mois, à compter du jour de la vérification du rôle.

Art. 10. — Pour se mettre en état de statuer sur ladite requête, par voie de conciliation, la Commission Intermédiaire se fera représenter les renseignements d'après lesquels elle avoit déterminé la taxe d'office, se procurera de nouveaux éclaircissemens par ses délégués ou correspondans, entendra les syndics, habitans et collecteurs de la paroisse, auxquels elle fera communiquer la demande, et fera généralement tout ce qui dépendra d'elle pour asseoir son opinion en connoissance de cause.

Art. 11. — Lorsque la Commission Intermédiaire croira devoir accueillir la demande du contribuable et modérer la taxe d'office, elle répondra la requête d'un délibéré qui fixera la réduction de la cote, tant pour le principal de la taille que pour les accessoires et la capitation, suivant la formule dont le modèle est annexé au présent arrêt.

Art. 12. — Dans le cas, au contraire, où la Commission Intermédiaire n'auroit point égard à la demande du contribuable, alors, en répondant la requête d'un délibéré conforme au modèle également annexé au présent arrêt, elle confirmera la taxe d'office, sauf au contribuable à se pourvoir dans la forme contentieuse par-devant le sieur Intendant.

Art. 13. — La même forme sera observée, lorsque ce seront les habitans qui se pourvoiront, en leur nom, contre les taxes d'office ; ils seront également tenus de s'adresser d'abord à la Commission Intermédiaire, qui fera communiquer la demande au particulier taxé d'office.

Art. 14. — Lorsque la Commission Intermédiaire aura statué, dans la forme ordonnée par les articles précédens, sur les oppositions aux taxes d'office, il sera libre aux parties ou de s'en tenir à ce que la Commission Intermédiaire aura décidé, ou de suivre, si elles le préfèrent, la voie contentieuse par devant le sieur Intendant et Commissaire départi, suivant l'article 15 du règlement du 23 août 1783 (1).

Art. 15. — Si les parties se déterminent à suivre la voie contentieuse, elles seront tenues de se pourvoir par-devant le sieur Intendant et Commissaire départi, dans le mois, à compter du jour de la notification qui leur aura été faite du délibéré de la Commission Intermédiaire, passé lequel temps elles n'y seront plus admises.

Art. 16. — Dans le cas où la Commission Intermédiaire auroit différé de statuer par voie de conciliation sur des requêtes à elle adressées pour taxe d'office, dans le délai de deux mois, à compter de la date de la communication qui aura été donnée aux habitans, de la requête du taxé d'office, ou au taxé d'office, de la requête des habitans, les parties pourront se pourvoir par-devant le sieur Intendant et Commissaire départi, par la voie contentieuse, ou se rendre appelantes à la Cour des Aides, de la taxe d'office faite par la Commission Intermédiaire.

Art. 17. — Les parties qui voudront se pourvoir par-devant le sieur Intendant et Commissaire départi, contre des taxes d'office faites par la Commission Intermédiaire, et ensuite confirmées par elle, ou à l'égard desquelles elle n'auroit point statué dans le délai de deux mois, prescrit par l'article précédent, formeront leur opposition par une simple requête adressée audit sieur Intendant et Commissaire départi.

Art. 18. — Le sieur Intendant donnera communication de la requête à la Commission Intermédiaire, par la voie du Procureur-général-syndic, entendra les motifs de ladite Commission Intermédiaire, se fera remettre les réponses faites par les habitans contre le taxé d'office plaignant, ou par le taxé d'office contre la communauté plaignante, et ces motifs et réponses seront laissés audit sieur Intendant et Commissaire départi, pour être par lui envoyés en original, en cas d'appel, à la Cour des Aides.

Art. 19. — Les contribuables compris dans les rôles de la capitation arrêtés au Conseil, pour les nobles, privilégiés, officiers de justice et employés des fermes, qui croiront avoir à se plaindre de la surtaxe de leurs cotes, s'adresseront à la Commission Intermédiaire.

Art. 20. — Si la Commission Intermédiaire ne trouve pas leurs représentations fondées, elle répondra leur requête d'un délibéré portant *qu'il n'y a lieu à la modération demandée pour cause de surtaxe, sauf à se pourvoir au Conseil.*

Art. 21. — Les contribuables ainsi déboutés, qui voudront en effet se pourvoir au Conseil, ne pourront le faire que par un simple mémoire ou placet adressé au sieur Contrôleur général des finances, ou à l'Intendant au département des impositions, ou enfin au Commissaire départi, lequel, dans ce dernier cas, fera parvenir le mémoire du contribuable au Conseil, avec son avis et les observations de la Commission Intermédiaire, qu'il se sera procurées par le Procureur-général syndic ; il sera ensuite statué sur le tout par le Conseil, ainsi qu'il appartiendra.

Art. 22. — Les rôles de capitation des villes franches de Bourges et d'Issoudun, continueront d'être faits sur les mandemens et sous l'inspection de la Commission Intermédiaire ; mais ils ne seront mis en recouvrement, à compter de l'exercice de 1785, qu'après avoir été vérifiés par ladite Commission Intermédiaire, et rendus exécutoires par le sieur Intendant et Commissaire départi, lequel les fera ensuite repasser, par la voie du Procureur-général-syndic, à la Commission Intermédiaire, qui les fera remettre aux receveurs particuliers de chaque élection.

Art. 23. — Les contribuables compris auxdits rôles, qui se croiront dans le

---

(1) Article 15 du *du règlement du 23 août 1783*. Lorsque les contribuables se croiront dans le cas de réclamer sur la fixation de leurs impositions, contre des taxes d'office, etc., ils seront tenus de s'adresser d'abord à la Commission Intermédiaire, qui y statuera par voie de conciliation, s'il est possible, sans préjudicier à la forme contentieuse que les contribuables pourront suivre s'ils la préfèrent, ainsi qu'il est plus amplement expliqué en l'article 7 du présent règlement.

Article 7. Le Commissaire départi aura seul cour et juridiction contentieuse lorsque les contribuables se détermineront à procéder par voie de jugement, sur la fixation de leurs impositions, contre des taxes d'office, etc., sauf l'appel au Conseil ou aux cours supérieures qui en doivent connaître suivant les règlemens, et sans préjudice aux droits des tribunaux inférieurs pour les causes qui sont de leur compétence.

cas de former une simple demande en surtaxe, seront tenus de s'adresser à la Commission Intermédiaire; laquelle, après avoir entendu les officiers municipaux, asséeurs et répartiteurs, et s'être procuré les renseignements nécessaires, pourra accorder la réduction qu'elle trouvera juste. Si la demande ne lui paroit pas fondée, elle répondra alors la requête d'un délibéré portant *qu'il n'y a lieu à la réduction, sauf à se pourvoir au Conseil ;* et en ce cas, les contribuables déboutés pourront suivre l'une des formes indiquées par l'article 21.

Art. 24. — Quant à toutes les autres réclamations relatives à la cote même de la capitation, qui inculperoient la bonne foi des asséeurs et répartiteurs, ou qui seroient fondées sur quelque contravention au mandement, ou enfin qui pourroient donner lieu au contentieux, les contribuables se pourvoiront devant le sieur Intendant et Commissaire départi, qui prononcera contradictoirement, ainsi qu'il appartiendra, sauf l'appel au Conseil. Enjoint Sa Majesté à la Commission Intermédiaire de renvoyer devant ledit sieur Commissaire départi, les plaignans qui, dans les cas exprimés par le présent article et autres du même genre, se seroient pourvus devant elle.

Art. 25. — Lorsqu'un propriétaire se croira dans le cas de réclamer contre la fixation du taux de ses vingtièmes, il sera tenu de s'adresser d'abord à la Commission Intermédiaire, qui, après avoir pris l'avis des Commissaires répartiteurs, et s'être procuré tous les autres renseignemens nécessaires, pourra ordonner la réduction qui lui paroîtra juste.

Art. 26. — Dans le cas où la Commission Intermédiaire ne croira pas devoir accueillir les représentations qui lui seront faites, elle répondra la requête d'un délibéré portant qu'il n'y a lieu à réduction, sauf au suppliant à se pourvoir dans la forme contentieuse, suivant l'article 15 du règlement du 23 août 1783.

Art. 27. — Si le propriétaire se pourvoit en effet dans la forme contentieuse par-devant le sieur Intendant et Commissaire départi, ledit sieur Intendant communiquera sa requête à la Commission Intermédiaire, par la voie du Procureur-général-syndic, et alors la Commission Intermédiaire lui fera remettre les motifs qui auront déterminé l'imposition, l'avis des commissaires répartiteurs, et enfin les observations d'après lesquelles elle aura persisté, par son délibéré, à maintenir la fixation de l'imposition.

Art. 28. — Si le jugement qui interviendra de la part du sieur Intendant et Commissaire départi, doit donner lieu à une décharge ou réduction quelconque, le jugement sera rapporté par le propriétaire à la Commission Intermédiaire, qui fera en conséquence expédier l'ordonnance de décharge ou réduction nécessaire.

Modèle de délibéré de la Commission Intermédiaire pour la réduction d'une taxe d'office.

Voyez article 11, section III.

Délibéré par nous députés composant la Commission Intermédiaire de l'administration provinciale du Berry, que la taxe d'office du sieur.... réglée à.... dans le rôle de la paroisse de.... pour 178.. sera réduite pour le principal de la taille, à la somme de.... et en proportion pour les accessoires à.... et pour la capitation à.... desquelles sommes ainsi reduites, l'excédant sera rejeté en l'année suivante sur toute la communauté, sauf aux habitans de ladite paroisse de.... auxquels le présent délibéré sera signifié à la requête dudit sieur.... à se pourvoir, s'ils le préfèrent, dans la forme contentieuse, par-devant M. l'Intendant, suivant l'article 15 eu règlement du 23 août 1783.

Modèle de délibéré de la Commission Intermédiaire lorsqu'elle confirmera la taxe d'office.

Voyez article 12, section III.

Délibéré par nous députés composant la Commission Intermédiaire de l'administration provinciale du Berry, que la taxe d'office du sieur.... au rôle des tailles de la paroisse de.... pour 178.. sera exécutée selon sa forme et teneur ; en conséquence, ledit sieur.... tenu d'acquitter ladite taxe d'office, sauf à lui à se pourvoir dans la forme contentieuse, s'il le préfère, par-devant M. l'Intendant, suivant l'article 15 du règlement du 23 août 1783.

(*Archives du Rhône, série C.*)

IV

Très respectueuses représentations de l'Assemblée Provinciale du Lyonnois sur le règlement du 5 août(1).

22 septembre 1787.

L'édit portant création des assemblées provinciales a été reçu avec les transports de la reconnaissance, et à l'instant où cette province espérait de jouir sans réserve de ses effets salutaires et croyait n'avoir à offrir à Sa Majesté que des actions de grâces, c'est avec douleur qu'elle se voit forcée de porter aux pieds du Trône des réclamations et des vœux.

Le règlement du cinq août, affiché dans cette ville, y a répandu la consternation et refroidi le zèle des bons citoyens.

Monsieur le Commissaire départi s'étant cru indispensablement obligé de notifier ce règlement à l'assemblée et d'en requérir expressément le dépôt dans les archives, l'expédition en forme qu'il en a remise à l'assemblée ne permet pas à ceux qui la composent de se vouer au silence : leur premier devoir est de présenter au gouvernement le tableau des obstacles que l'exécution de ce règlement apporterait au bien du service du Roy et au bonheur de ces provinces.

L'assemblée s'y détermine avec d'autant plus de confiance, que Sa Majesté a bien voulu l'y authoriser en annonçant qu'elle recevrait avec bonté les représentations que les assemblées provinciales croiront devoir luy addresser, et Monsieur le Commissaire du Roy l'y a invité dans son discours d'ouverture.

Ce règlement détermine essentiellement les relations des assemblées provinciales avec les intendants des provinces : les honneurs excessifs accordés aux commissaires départis, l'authorité trop prépondérante qui leur est donnée sur les assemblées, divisent naturellement l'ordre de ces représentations.

Sur le cérémonial. — Le titre de commissaire du Roy, dont MM. les intendants sont honnorés et sous lequel ils sont présentés aux assemblées provinciales, exige sans doute qu'il leur soit rendu des honneurs, mais un usage immémorial ayant fixé les rangs entre les différents ordres du royaume, il semblerait peu convenable que les honneurs déférés aux intendants, même en qualité de commissaires du Roy, excédassent les bornes que notre Constitution et nos mœurs doivent leur opposer.

La présidence des trois ordres qui composent les assemblées provinciales est trop éminente en elle-même, pour que les gentilshommes ou les ecclésiastiques auxquels Sa Majesté l'a confiée, ne doivent, à ce seul titre, se refuser à tout ce qui pourrait en dégrader les fonctions dans l'opinion publique, et la préséance de MM. les commis-

---

(1) En marge de cette pièce on lit : « 1787, 22 septembre, envoi aux ministres ».

saires du Roy dans les assemblées et leur présidence dans les commissions intermédiaires produiraient infailliblement cet effet.

Les hautes dignités de l'Etat et de l'Eglise, dont les présidents des assemblées sont personnellement revêtus et dont ils ne peuvent se dépouiller, les titres de princes, de ducs et pairs, de maréchaux de France, de gouverneurs, d'archevêques ou évêques, leur donnent une prééminence qui serait essentiellement blessée par l'exécution des articles 1 et 4 de la cinquième section du règlement. Ainsi, à Lyon, M. l'Archevêque primat de France, qui, dans toutes les cérémonies publiques de son diocèse, a la préséance sur le gouverneur de la province, manqueroit à la dignité de son siège si, lorsqu'ayant à paraître comme président de l'assemblée, il cédoit sur luy-même cette préséance à M. le Commissaire départi. Mais si le Roy, de son propre mouvement, a pensé qu'il était de sa justice, comme de sa sagesse, de changer, dès à présent, la place que son Commissaire départi devait occuper, suivant le règlement du cinq août, dans les séances de l'assemblée, celle du Lyonnais craindrait de se rendre indiscrette, en insistant sur tous les détails qui tiennent au cérémonial. Elle croit donc devoir porter toute son attention sur les conséquences des articles du règlement qui déterminent l'authorité des commissaires départis dans leurs relations avec les assemblées provinciales.

Pour mieux fixer les idées sur la différence qui existe entre les dispositions de ce règlement et les délibérations unanimes des notables, elle en rappellera les résultats, pour en faire la baze de ses respectueuses observations, sur l'authorité des commissaires départis dans leurs relations avec les assemblées provinciales.

En applaudissant à la sagesse des vues présentées par les notables, Sa Majesté a voulu que leur travail, sur les grands objets qui ont été proposés, fut connu du public, et dans le recueil de leurs délibérations, on lit :

« Que les assemblées provinciales ne pourraient pas remplir les
« intentions du Roy pour le bonheur des peuples, si elles n'avaient
« l'authorité exécutrice sur les objets qui leur sont confiés ; qu'il est
« convenable d'investir l'assemblée des pouvoirs qui leur sont néces-
« saires pour la répartition des impôts et des charges royales et
« publiques, pour la confection des chemins et des canaux que Sa
« Majesté aura ordonnés ou autorisés sur leur demande, et pour
« régler l'employ des deniers destinés aux travaux publics ; qu'il est
« convenable et intéressant, pour l'harmonie de l'administration et pour
« le maintien de l'authorité du Roy, que les assemblées soient toujours
« subordonnées à l'inspection du gouvernement, mais qu'il importe
« qu'elles aient une véritable activité, qui serait éteinte si ces assem-
« blées étaient sous la dépendance des commissaires départis, qui ne
« doivent avoir que la surveillance ; que d'assujettir les assemblées à
« ne pouvoir exécuter aucune opération et ne faire aucune dépense
« que sur l'authorisation et l'ordonnance des intendants, c'est ôter
« aux assemblées toute activité réelle, et qu'il faut ordonner que
« quand l'objet et le montant d'une dépense auront été authorisés par
« le gouvernement, il ne faudra plus de nouvelles authorisations ni
« ordonnances de l'intendant pour l'exécution et le payement de cette
« dépense ; qu'il faut même fixer une somme dont les assemblées
« puissent disposer sans authorisation, soit pour les dépenses impré-
« vues, mais jugées nécessaires, et qu'enfin les assemblées puissent

« opérer sur les objets qui leur sont confiés sans avoir besoin d'autre
« authorisation que de celle du Conseil ».

En rapprochant ces principes, généralement adoptés dans l'assemblée des notables, des dispositions du règlement du cinq août, on verra combien ces dispositions s'éloignent des vues des notables, et combien elles sont contraires aux motifs et au texte même de l'édit de création des [assemblées] provinciales.

SECTION 1re.

ARTICLE 8.

Cet article charge les membres de l'assemblée municipale de tous les objets qui intéressent la communauté, mais leurs délibérations ne pourront être exécutées qu'après avoir reçu l'approbation de l'Assemblée Provinciale ou de sa Commission Intermédiaire, sur l'avis de celle de l'assemblée d'élection ou département ainsi que l'autorisation du Commissaire départi, si la dépense n'excède pas cinq cent livres, ou celle du Conseil, si la dépense est plus considérable.

OBSERVATIONS.

L'assemblée pense qu'il serait plus convenable de réduire l'authorisation de M. l'Intendant à un simple *visa* qui seroit donné sur l'approbation de l'Assemblée Provinciale. Il semble que cet arrangement diminueroit les frais des commissaires, que MM. les intendants seroient obligés de nommer, s'ils vouloient ne donner leurs authorisations qu'en connaissance de cause, et se procurer d'autres renseignements que ceux qui leur seroient fournis par l'Assemblée Provinciale.

ARTICLE 9.

Cet article abandonne aux intendants seuls, la décision des réparations et reconstructions à faire dans les églises et presbytères, et ne laisse aux commissions intermédiaires que le soin de faire procéder aux adjudications.

L'édit portant création des assemblées provinciales, leur attribue textuellement la connaissance des réparations d'églises et de presbytères ; il semble donc que cet objet important ne doit pas être enlevé aux assemblées provinciales. D'ailleurs, l'exécution de cet article du règlement serait infiniment onéreux aux communautés, en ce qu'il laisse subsister tous les frais des experts d'intendance qui absorbent la majeure partie des deniers des communautés. La surveillance des assemblées d'élection serait aussi sûre et les commissions intermédiaires nommeraient des experts beaucoup moins couteux.

ARTICLES 10 ET 11.

L'article 10 réserve aux commissaires départis seuls, le pouvoir d'authoriser les communautés à ester en jugement, soit en

Indépendamment des entraves et des embarras qui doivent arrêter la marche des assemblées, la rédaction de ces articles annonce, demandant, soit en deffendant : Et si les communautés veulent emprunter ou mettre une imposition pour subvenir aux frais du procès, il faut que leur demande soit communiquée à la Commission Intermédiaire, pour donner son avis, mais les intendants seuls y statueront.

L'article 11 soumet à cette dernière disposition toutes les délibérations de l'Assemblée Provinciale, tant pour constructions ou établissements utiles, que pour le traitement de ses officiers et des frais de l'assemblée municipale.

de la part du Gouvernement, une défiance aussi affligeante pour les assemblées provinciales que destructive de tout intérêt pour la chose publique.

Une assemblée constitutionnelle, composée de quarante-quatre personnes choisies dans les trois ordres de l'Etat, semble présenter une réunion de lumières et de zèle qui doit rassurer le Gouvernement.

SECTION 2º.

ARTICLE 1ᵉʳ.

Il ne sera fait aucune levée de deniers, soit pour le compte du roy, soit pour les dépenses de la province ou des élections, départements, villes et communautés qui la composent, qu'elle n'ait été préalablement ordonnée ou authorisée par Sa Majesté, lorsque la dépense excèdera cinq cents livres, ou par le commissaire départi, lorsqu'elle sera au-dessous de cette somme.

On pourrait, d'après les observations faites sur l'article 8 et la première section, authoriser l'Assemblée Provinciale à ordonner les dépenses approuvées par le Gouvernement, sans prendre l'authorisation de M. l'Intendant.

SECTION 3º.

ARTICLE 1ᵉʳ.

Toutes les sommes nécessaires pour faire le fond des indemnités ou décharges générales, etc., seront délibérées chaque année par l'Assemblée Provinciale, qui en proposera au Conseil l'état, avec distinction des objets, par la voie du Commissaire départi, etc.

On ne pense pas que, malgré le doute que présente la rédaction de cet article, l'Assemblée Provinciale soit privée du droit de correspondre directement avec la cour sur les objets énoncés dans cet article.

ARTICLE 4.

Les dépenses relatives aux travaux publics seront acquittées sur les mandats donnés par la Commission Intermédiaire, d'après les certificats des ingénieurs.

Pour ôter toute équivoque et tout sujet de prétention aux ingénieurs, l'assemblée pense qu'il serait essentiel d'ordonner que leurs certificats fussent remis par eux à la Commission Intermédiaire, pour constater la confection des travaux, conformément aux traités faits avec les adjudicataires.

SECTION 4ᵉ.

ARTICLES 2 ET 3.

Les sindics seront tenus d'informer chaque jour le commissaire du roy, des objets qui auront été mis en délibération dans l'assemblée et de ce qu'elle aura déterminé.

L'Assemblée Provinciale correspondra, pendant la tenue de ses séances, avec M. le Contrôleur général des finances, et les autres ministres de Sa Majesté, par la voye de son président, qui sera tenu d'envoyer à M. le Contrôleur général des finances, immédiatement après chaque délibération, une copie du procès-verbal de chaque séance, des mémoires qui y auront été adoptés, et des avis formés en conséquence. Pareille copie, contre signée par le secrétaire de l'assemblée, sera remise en même tems au Commissaire départi.

Au moyen de la dernière disposition de l'article 3, celle de l'article 2 n'est plus qu'une servitude humiliante imposée aux sindics, sans aucune utilité à MM. les Intendants, et il est d'une impossibilité phisique que les présidents des assemblées exécutent à la lettre ce qui leur est prescrit dans l'article 3.

ARTICLES 6 ET 7.

Ordonne expréssément, Sa Majesté, à tous représentants et secrétaires, greffiers, etc., de donner sans aucun délai à son commissaire départi, tous les éclaircissements ou communications qui leur seront demandés par ledit sieur commissaire, comm' aussi à tous préposés de se soumettre aux vériffications qu'il pourra juger nécessaires.

L'intention de Sa Majesté est aussi que son commissaire procure à l'Assemblée Provinciale tous les éclaircissements que ledit sieur commissaire départi, jugera luy être nécessaires pour ses opérations.

L'article 6 prescrit impérativement aux assemblées, à leurs représentants, et à tous préposés de se soumettre aux vériffications des commissaires départis et de leur fournir toutes les instructions qu'ils exigeront.

Dans l'article 7, au contraire, on voit bien que l'intention du roy est que son commissaire procure à l'assemblée tous les éclaircissements qui luy seront nécessaires, mais la réciprocité n'est point entière ; on a craint de donner à l'assemblée le droit de demander des instructions aux intendants, et cette réserve la subordonne dans tous les cas à la bonne volonté des commissaires départis.

ARTICLE 8.

Veut, Sa Majesté, que les sindics de l'Assemblée Provinciale remettent, au nom de la Commission Intermédiaire, à M. l'Intendant, les lettres, mémoires, états et projets d'arrêts qui devront être adressés à M. le Contrôleur général, auquel le commissaire départi fera parvenir toutes ces pièces en original, en y joignant ses observations et avis.

Que le Conseil ne veuille statuer sur aucune délibération ou proposition des assemblées, sans qu'elles aient été communiquées aux commissaires départis, les assemblées n'ont rien à observer à cet égard ; mais la Cour ne pourrait-elle pas envoyer directement aux Commissions Intermédiaires les réponses, décisions ou arrêts, surtout après que les intendants ont donné leur avis et préparé la décision de la Cour. Assujetir d'ailleurs les assemblées à remettre les originaux même des lettres, mémoires, états et projets d'arrêts, c'est donner aux commissaires départis le droit de tout retenir, quand tout sera dans leurs mains. C'est exposer au moins les assemblées à des retards toujours nuisibles, et les bureaux d'intendance seront certainement plus expéditifs, quand ils sauront que les demandes et les mémoires des assemblées sont déjà sous les yeux des ministres.

ARTICLE 9.

Le commissaire départi connaîtra seul de tout le contentieux qui peut concerner l'administration, sauf l'appel au Conseil.

On n'en excepte que les contestations qui sont de la compétence des élections et de la Cour des Aydes, et aux termes de cet article, les sindics sont chargés de soutenir et défendre, devant les intendants, les délibérations de l'assemblée, contre les particuliers qu'elles intéresseront, et de plaider au Conseil, si les contribuables s'y pourvoient par appel.

Ces dispositions semblent compromettre également l'intérêt des particuliers, l'honneur des sindics de l'assemblée et l'ordre des tribunaux créés pour rendre la justice aux sujets du roy. En établissant les intendants seuls juges du contentieux, n'y-a-t-il aucun inconvénient à remettre ainsi le sort de tous les contribuables aux lumières d'un seul homme. Nos loix ont toujours confié l'administration de la justice à plusieurs magistrats réunis, qui s'éclairent et se surveillent mutuellement dans le débat des opinions. Si l'arbitraire qu'on reproche à l'ancien régime, se trouve prévenu par les précautions du nouveau dans la formation des rolles de répartition, il renaîtra toujours par la facilité qu'auront les intendants de ramener à eux, par une réclamation juridique, la connaissance des délibérations prises par les assemblées ou leurs commissions intermédiaires, tandis qu'on ne laisse pas même à celles-cy l'exécution provisoire de leurs opérations. Quand aux sindics des assemblées, c'est dégrader leur mission, c'est en faire des solliciteurs de procès, c'est les réduire enfin à l'alternative ou d'exécuter les sentences des intendants, ou d'en poursuivre l'appel au Conseil. Et dèz lors à quels frais n'exposera-t-on pas les assemblées provinciales, ou plutôt tous les habitants des provinces, car la raison, l'équité ne permettent pas que ces dépenses soient jamais supportées par les sindics seuls. Il paraîtrait donc plus avantageux aux contribuables, plus décent pour les assemblées et plus conforme aux principes, en laissant, comme la justice et la raison le veulent, les moyens de se pourvoir contre les décisions des assemblées, d'authoriser les particuliers qui s'y croiraient fondés à porter leur appel *de plano* au Conseil, et d'assujettir seulement les procureurs généraux sindics à envoyer les motifs des délibérations de l'assemblée ou Commission Intermédiaire, de la même manière que MM. les intendants envoyent, dans l'état actuel, les motifs de leur ordonnance sur l'appel des contribuables.

ARTICLES 10 ET 11.

Le commissaire départi procédera seul et sans concours, ni de l'Assemblée Provinciale, ni de sa Commission Intermédiaire, à l'adjudication, direction et réception des ouvrages qui s'exécuteront sur les seuls fonds du roy, et les dépenses en seront acquittées sur les seules ordonnances.

Quelque réserve et quelque limite que le règlement ait mis au droit qu'il accorde aux intendants de venir présider la Commission Intermédiaire, ces dispositions n'en contrarient pas moins directement l'article 4 de l'édit, qui ordonne que la présidence des assemblées et commissions intermédiaires sera toujours confiée à un membre du clergé ou de la noblesse.

Lorsque les ouvrages se feront partie sur les fonds du roy, partie sur les fonds de la province, toutes les opérations seront déterminées par la Commission Intermédiaire, présidée par les commissaires départis, qui auront voix prépondérante en cas de partage ; et en l'absence des intendants, le subdélégué y aura voix délibérative et prendra séance après le président.

C'est d'ailleurs donner aux intendants des fonctions diamétralement opposées à l'essence de leur caractère. Ils sont les représentants de la puissance qui ordonne, et cette mission honorable ne peut pas s'allier avec celle des membres de l'assemblée qui délibère, leur présence seule entraverait la liberté qui doit y régner, à plus forte raison s'ils y ont voix délibérative et prépondérante. Leur admission, enfin, excluerait nécessairement les présidents des commissions intermédiaires et priverait par là les membres qui les composent, des moyens de profiter des lumières, de la sagesse et de l'influence du président.

Quant à la disposition qui, dans le cas énoncé par l'article 11, donne la seconde place au subdélégué dans la Commission Intermédiaire, elle étonne autant qu'elle blesse toutes les convenances. Un subdélégué, toujours dans la dépendance personnelle des intendants, révocable à leur seule volonté, sans caractère légal, peut-il être membre d'un corps politique dans l'Etat, peut-il y avoir une voix délibérative, peut-il enfin y précéder le gentilhomme, l'ecclésiastique, les procureurs généraux sindics et les deux représentants du Tiers-Etat qui doivent composer la Commission Intermédiaire ?

Il est impossible de présumer qu'on trouve, dans aucun des trois ordres, des membres qui s'estiment assez peu pour supporter une pareille humiliation, ou des citoyens assez zélés pour sacrifier au seul amour du bien public, une délicatesse que nos mœurs et notre constitution rendent si naturelle.

On peut encore observer, sur ces articles 10 et 11, que leurs dispositions semblent diviser les intérêts du Roy d'avec ceux des provinces ; lorsque Sa Majesté veut bien confier aux assemblées provinciales l'administration des fonds immédiatement fournis par la province, la réserve portée dans le cas où elle ne donneroit pas la majeure partie ou la totalité des fonds, semble être pour les assemblées provinciales une distinction affligeante. La présence des intendants ou celle de leurs subdélégués dans les commissions intermédiaires, paraît donc présenter plus d'inconvénients que d'utilité aux vrais intérêts du Roy, nécessairement liés à ceux des provinces.

En traçant la faible esquisse des obstacles sans nombre qu'éprouveroit l'exécution de plusieurs articles du règlement, l'Assemblée Provinciale a pensé que le premier acte de sa reconnaissance devait être la vérité, et qu'elle ne pouvait mieux justifier la confiance particulière dont Sa Majesté l'a honorée, qu'en se rendant aux pieds du throne l'organe des vœux de cette province, en suppliant Sa Majesté de vouloir bien retirer ou modifier le règlement du cinq août dernier.

(Original. — Arch. du Rhône, série C).

V

Premier rapport du bureau des travaux publics, fait à l'Assemblée Provinciale, le 16 novembre 1787.

MM., chargés de vous rendre compte des travaux publics de cette généralité, nous ne nous sommes point dissimulés l'étendue et l'importance des fonctions que vous nous avez confié. Si des communications faciles ont été regardées dans toutes les provinces comm'un moyen d'une telle nécessité que, sans elle, l'abondance devient presqu'un fléau, quelle attention doit exiger de nous cette partie de notre administration, puisque indépendamment des richesses naturelles de cette province de ses mines de cuivre, de celles de charbons devenues si importantes par la rareté des bois, de ses vins, dont de nouveaux débouchés et des transports plus faciles augmenteroient la valeur ; indépendamment encore des branches de commerce qui se sont, depuis quelques années, éttendues dans nos campagnes, qui en vivifient les parties les plus stériles et qui n'attendent que des communications intérieures pour prendre un nouvel accroissement, la position heureuse de cette province, traversée par trois grands fleuves, celle plus heureuse encore de cette ville, placée au confluent de deux rivières, doit en faire l'entrepôt presque nécessaire des marchandises du nord et du midi de la France.

Ce ne sera point par des lois positives, par des privilèges toujours odieux, que l'on peut espérer de s'assurer un avantage aussi précieux; le gouvernement est trop éclairé pour se rendre à des sollicitations qui ne pourroient faire le bien particulier de cette province qu'au détriment de celles qui l'environnent. Il faut décider la préférance en profitant de notre position pour offrir au commerce la promptitude et l'économie dans ses expéditions ; dès lors, les sommes qu'il répandra journellement dans nos campagnes, les consommations qu'il procurera, les engrais qu'il multipliera, deviendront pour la province une source de prospérité et d'abondance. Et tandis que les brillantes manufactures de cette ville rendront l'Europe entière tributaire du goût et de la perfection de ses ouvrages, nos campagnes se trouveront associées, par vos soins, aux bénéfice de ce tribut volontaire.

Entretenir donc avec soin les routes ouvertes, perfectionner celles qui ne sont qu'ébauchées, vous offrir, par l'économie et la vigilance la plus exacte, les moyens d'en ouvrir de nouvelles, sans surcharger les peuples, diviser les travaux de manière que l'habitant de la campagne puisse regagner, par son travail, l'impôt que sa propriété a supportée ; ne vous proposer enfin que des plans médités avec soin, pour ne pas épuiser vos ressources par des changements continuels, telle est, en peu de mots, l'idée que nous nous sommes faits de nos devoirs ; sans doute, leur étendue nous eut effrayé, mais assuré d'être toujours animés par votre zèle, soutenus par vos exemples, éclairés par vos conseils, nous avons entrepris avec courage un travail qui ne nous paroitra jamais pénible, tant qu'il pourra être utile; aucun détail ne sera jugé minutieux, dès qu'il ajoutera à nos lumières, et, jaloux de justifier votre confiance, d'acquérir des droits à l'estime de nos concitoyens, nous n'estimerons jamais en avoir fait assés tant qu'il nous restera quelque connoissance à acquérir et quelque bien à assurer.

Le bureau des travaux publics, persuadé qu'il étoit important à l'administration de savoir de quel point elle étoit partie, a pensé devoir s'occuper avant tout de vous faire connoître l'ettendue des routes qui traversent la généralité, les réparations jugées nécessaires, ainsi que l'évaluation des frais qu'elles exigeront.

Les connoissances locales que plusieurs personnes se sont empressées de nous communiquer, très utiles sans doute, dans l'examen et la discussion des détails, ne nous ayant pas paru suffisantes pour vous donner une idée de l'ensemble de cette partie de votre administration. nous nous sommes adressés à M. Lalier, ingénieur en chef de la généralité; il s'est empressé de nous remettre toutes les pièces qui pouvoient nous éclairer et nous faire connoître l'état des routes de la province.

Le tableau général qu'il nous a communiqué a dû nous inspirer d'autant plus de confiance que, rédigé à loisir, il avait été mis sous les yeux du gouvernement et que ses résultats ont été approuvés par arrêt du Conseil, du 1er may 1787.

Il contient le toisé général des routes ouvertes, la division des parties à refaire à neuf, à réparer ou à entretenir, l'évaluation des frais nécessaires à ces divers travaux, et enfin l'indication des routes à ouvrir et celle des sommes qu'elles coûteront à la province.

Il seroit sans doute fort à désirer, MM., que les routes de grandes communications par lesquelles la poste est établie, fussent dans un état de perfection qui vous permît de borner votre dépense à un simple entretien et de porter les forces de la province sur les communications intérieures dont elle est presque entièrement dénuée ; mais comme vous pouvez le juger vous-même par les details dans lesquels nous allons entrer, nous sommes bien éloigné d'un résultat aussi désirable ; toutes ces routes exigent des travaux, nous pourrrions dire immenses, et ne sont qu'ébauchées dans des parties considérables.

La route de Paris en Provence par la Bourgogne traverse la généralité dans une longueur de douze lieues quatre toises ; la lieue sera toujours supposée de 2.000 toises, on a projetté divers changements dans la direction de cette route. Le prix de la toise courante étant évalué 35 liv. 6 s. 6 d., ils coûteront, sur un espace de 447 toises, 15.782 livres.

Une partie de 2.436 toises exige d'être refaite à neuf; ce travail est estimé 7 liv. 1 d. la toise, en tout 17.070 liv. 17 s. 7 d. Le surplus de cette route est fini et mis à l'entretien parfait dont les frais sont estimés 1 liv 4 s. 7 d. la toise.

Il est donc nécessaire de faire une première dépense de 32.862 liv. 17 s. 7 d. pour achever et perfectionner cette route, dont l'entretien annuel coûtera, dès ce moment, 25.680 livres et 29.500 lorsque les travaux seront achevés.

L'examen de l'état de la route de Provence à Paris par le Bourbonnois nous a présenté des résultats bien moins satisfaisants encore. Sa longueur est de vingt-sept lieues 1.206 toises. Les frais de l'entretien des parties perfectionnées sont moindres, il est vrai, et ne sont évalués que 18 s. 9 d. 1/5 la toise, mais obligés de refaire à neuf une longuenr de 9.818 toises, au prix de 15 l. 18 s. la toise et de réparer 4.016 toises à celui d'une livre dix sols, la province est donc tenue à une première dépense de 162.159 liv. 8 s. 9 d. pour achever et perfectionner cette route, dont les frais d'entretien seroient, dès ce moment, de 33.687 liv. 12 s., dépense qui augmentera progressivement et se portera, lorsque les premiers travaux seront finis, à 51.721 liv. 9 s. 6 d.

La seule route par laquelle la province communique avec le Languedoc, en traversant Saint-Etienne, exigera des dépenses bien plus considérables ; sa longueur est de dix-huit lieues 977 toises.

2.364 toises seulement peuvent être mises à l'entretien, dont les frais, sans doute à raison de la nature des matériaux ou de leur éloignement, sont évalués à 1 liv. 8 s. 2 d. la toise.

L'on pourroit y joindre 2.503 toises qui exigent de légères réparations estimées 6.539 livres ; ce ne sera point par de simples réparations, mais par une nouvelle confection, qu'on pourroit perfectionner 27.310 toises de la même route, dont le prix est calculé sur le pied de 17 liv. 10 d. 1/5 la toise. Enfin, il a été jugé nécessaire et il est arrêté de changer la direction de cette route, sur une longueur de 4.740 toises, changement qui coûtera 22 liv. 2 s. 10 d. la toise ; ainsi donc, MM., vous devés prévoir une première dépense de 578.056 liv. 17 s. 4 d. pour achever et perfectionner cette route dont vous connoissez tous la nécessité ; alors les frais d'entretien, en suivant les donnés actuels de 1 liv. 8 s. 2 d., seront annuellement de 29.500 liv. 18 s. 4 d. ; mais ils ne sont à présent, à raison du peu d'étendue des parties achevées, que de 3.416 liv. 8 s. 6 d.

La route de Lyon à Bordeaux par Feurs, Boen et l'Auvergne, traverse la généralité dans sa plus grande longueur ; elle a 29 lieues 985 toises ; sur cette étendue, 52.882 toises exigent des réparations, dont le pris, variant suivant le local entre cinq et six livres la toise, offre un total de dépense de 317.798 liv. 2 s. 9 d. ; celle de l'entretien ne se portant que sur 6.103 toises, au prix de 13 s. 9 d. la toise, n'est, dans ce moment, que de 4.200 liv. 14 s. 9 d., mais en suivant la même évaluation, elle seroit annuellement, la route perfectionnée, de 40.552 liv. 5 s. 9 d.

Il existe une seconde route de Lyon à Bordeaux par Roanne et St-Just-en-Chevalet, sa longueur, depuis Roanne, est de neuf lieues 1740 t. La Loire interceptant quelque fois la communication par la route de Feurs la rend nécessaire.

L'évaluation des réparations qu'exigent 13.821 t. varie, mais donne un résultat de 20.441 l. 13 s. 7 d. Cette dépense faite, les frais d'entretien, dont le prix est estimé 8 s., 10 d. 1/5, seront annuellement de 8.728 l. 14 s., ils sont dans ce moment de 2.622 l.

La route de Lyon en Auvergne par Montbrison parcourt un espace de 15 lieues 401 toises ; 16.298 toises exigent des réparations évaluées 8 liv. 3 s. 8 d. la toise ; le surplus, c'est-à-dire 13.103 toises, est à l'entretien dont les frais sont estimés 13 s. 4 d. la toise.

La dépense est donc en ce moment de 9.290 liv., et lorsque la province aura achevé les réparations, dont le prix total est de 133.333 liv. 15 s., elle sera de 20.266 liv. 10 s. 4 d. Quoique la poste ne soit point établie sur la route qui communique de la province de Bresse à celle du Bourbonnois, par Belleville, Pouilli-sur-Loire et St-Germain-Lespinasse, le bureau des travaux publics a pensé qu'elle devoit fixer votre attention, puisqu'elle sert au débouché des vins du Beaujolais et du Maconais, sa longueur est de 18 lieues 219 toises.

Cette route, ouverte en 1763, n'est point encore achevée; il reste encore 9.602 toises à encaisser et ferrer à neuf ; il y a même quelques parties dont on croit devoir changer la direction. Le prix des travaux nécessaires pour mettre cette route à l'entretien est estimé 177.499 liv. 4 s. Le surplus est en bon état ou n'exige que de légères réparations, les frais d'entretien, d'après l'évaluation de 13 s. 9 d., seront un jour pour la province un objet de dépense de 24.908 liv.

Enfin, messieurs, la seule route de Lyon à Grenoble n'exige d'autres frais que ceux de l'entretien, et sur sa longueur, qui est de 1.088 toises, ils sont évalués 329 liv. 15 s. 4 d.

Vous le voyés, Messieurs, d'après le tableau qui nous a été remis par M. Lallié, la province doit prévoir une dépense considérable pour achever et perfectionner les grandes communications qui la traversent, les huit routes dont nous venons de vous entretenir forment en tout 131 lieues 619 toises, 55 lieues seulement sont achevées et ne demandent de vous qu'un simple entretien, dont les frais sont évalués 99.415 livres ; 76 lieues, au contraire, exigent des réparations estimées 1.227.128 liv., et du moment qu'elles seront achevées, les frais d'entretien augmentant, absorberont entièrement les fonds que vous désireriés sans doute employer à l'ouverture et à la confection de nouvelles routes. 22 chemins compris dans le tableau que nous a remis M. Lallié et sur lesquels nous n'entrerons en ce moment dans aucun détail, exigeront de vous des sommes considérables; ils vous offriront environ 195 lieues à ouvrir et faire à neuf, et une dépense de 4.299.656 liv., sans y comprendre les ouvrages d'arts.

Il ne nous est pas permis, Messieurs, d'énoncer notre opinion sur l'évaluation des dépenses de chaque route, des renseignemens particuliers nous permettent d'entrevoir qu'elles sont peut-être exagérées, ce qui s'est passé dans plusieurs généralités où, sur un sol plus ingrat et plus difficile que le nôtre, des travaux du même genre se sont exécutés à un prix bien inférieur, confirme, il est vrai, ces présomptions ; mais il y auroit de l'imprudence à vouloir, sur des bases aussi incertaines, attaquer des résultats pris sur les plans et devis de chaque route, et auquel les adjudications données pour l'année 1787 se rapportent ; l'expérience seule peut nous apprendre ce que la vigilance et les soins continuels de ceux que vous honorés de votre confiance, peuvent procurer d'économie.

Mais pourquoi donner de la publicité à des détails aussi allarmants pour les peuples ? Ne pourront-ils pas craindre que des travaux que nous avons représentés comme une source d'abondance et de prospérités, ne nécessitent au contraire une imposition accablante pour eux et sans rapport avec leurs propriétés ? Pourquoi, Messieurs ?, pour justifier d'avance la sévérité des principes de votre administration. Ce tableau sous les yeux, vous repousserés avec force ces sollicitations importunes qui tendent toujours à faire préférer l'intérêt d'un seul à l'avantage de tous, et quel sera le citoyen qui pourra résister à une réponse aussi victorieuse ?

Tels sont les motifs qui nous ont déterminé à nous appesantir sur des détails minutieux en apparence, mais dont la connoissance nous a paru devoir servir de baze à vos opérations.

(Original. — Arch. du Rhône, C 791¹).

VI

Rapport du bureau des travaux publics

22 Novembre 1787.

Le bureau des travaux publics, après vous avoir exposé dans le plus grand détail l'état actuel des routes qui sont à la charge de la province, ainsi que l'évaluation des frais qu'exigent leur entretien, réparations et confection, s'est occupé à déterminer la somme qui y seroit annuellement employée. L'arrêt du Conseil du 6 novembre 1786, qui ordonne l'essai pendant trois ans de la conversion de la corvée en une prestation en argent, ayant prescrit qu'elle seroit acquittée par tous les contribuables assujettis à la taille ou à la capitation roturière et répartie entre eux au marc la livre de ces impositions, le bureau des travaux publics a pensé qu'il étoit inutile de discuter de quelle manière vous pourriés vous procurer les fonds nécessaires pour la confection et entretien des routes, il n'a pu se dissimuler cependant que la taille étant inégalement répartie, soit entre les paroisses, soit entre les taillables de la même paroisse, l'on ne pouvoit la prendre pour baze de la répartition de cette nouvelle contribution, sans augmenter cette inégalité et aggraver la surcharge de ceux qui étoient déjà trop imposés ; mais ce nouvel ordre de choses n'ayant été établi que par forme d'essai, il doit suspendre toute réflexion, pour l'époque à laquelle Sa Majesté se réservoit de déclarer déffinitivement ses intentions sur cet objet, et ne présenter son vœu au gouvernement qu'après avoir médité avec attention les avantages et les inconvéniens d'une méthode différente, le même arrêt du Conseil aiant prononcé seulement que cette imposition ne pourroit jamais excéder le sixième de la taille, de ses accessoires et de la capitation roturière réunie pour les lieux taillables, s'en rapportent à la sagesse de l'administration pour en fixer la quotité ; nous nous sommes fait un devoir de répondre à la confiance du souverain en portant toute notre attention sur ce point si important au bonheur de ses peuples.

Si nous eussions uniquement considéré l'immensité des travaux à faire dans cette généralité et désiré de marquer avec éclat les premiers pas de votre administration par la révolution opérée dans les grandes routes, sans doute nous vous aurions proposé de profiter de la liberté qui vous est accordée par l'arrêt du Conseil, en déterminant la prestation représentative de la corvée au sixième de la taille, la somme considérable qu'elle eut procuré vous eut dès lors permis de multiplier les atteliers, de leur donner une activité imposante et d'ouvrir dans la province des nouvelles communications, mais convaincu que c'est moins par l'étendue des entreprises, qu'en les proportionnant aux facultés des contribuables, que nous pouvons remplir les intentions bienfaisantes du souverain pour la félicité publique, nous n'avons pas dû nous borner à la seule considération des travaux à entreprendre, mais consulter en même temps les besoins des peuples ; forcés d'exiger d'eux des sacrifices, ils leur paraîtront moins coûteux en les divisant (1).

(1) Ce dernier membre de phrase a été biffé.

Pour tenir la balance égale entre ces deux considérations, les connoissances les plus précises des forces de la province et des ressources des contribuables nous eussent été nécessaires; et nous ne connaissons encore que les charges qu'ils supportent, nous ignorons même si elles ne sont pas au-dessus de leur faculté.

Nous étant fait rendre compte de la proportion dans laquelle cette prestation avoit été répartie cette année, nous avons reconnu, par les états qui nous ont été remis, soit par M. l'Intendant, soit par M. Lallié, ingénieur en chef de la province, que la contribution représentative de la corvée avoit été fixée au dixième de la taille de ces impositions accessoires et de la capitation roturière. Le bureau des travaux publics pensant qu'il ne lui étoit pas permis d'innover, sans vous exposer les motifs de ce changement, s'est déterminé à vous proposer de laisser subsister la même imposition et de n'ordonner, en conséquence, que des travaux proportionnés à la somme qu'elle produira.

Le bureau est donc d'avis que la contribution représentative de la corvée soit, sous le bon plaisir du Roi, fixée au dixième de la taille, de ses impositions accessoires et de la capitation roturière et paiée par les contribuables, conformément à ce qui est prescrit par l'arrêt du Conseil du 6 novembre 1786.

Délibération conforme au rapport.

(Minute originale, — Arch. du Rhône, C. 791¹).

VII

Préambule du rapport de la commission du vingtième.

26 Novembre 1787.

MM., la quatrième partie du dernier règlement que le Roi a adressé à l'Assemblée Provinciale, par l'organe de M. l'Intendant, concerne les deux vingtièmes et quatre sous pour livre du premier vingtième.

Sa Majesté y paroit persuadée que cette imposition n'est point perçue sur la généralité dans toute l'étendue de son acception, et que si les produits de chaque propriété étoient exactement vérifiés, cet impôt, dont les rôles ne donnent, dans l'état actuel, qu'un résultat d'un million quatre cent vingt mille huit cent quatre-vingt-onze livres treize sous, y compris le vingtième d'industrie et celui des offices et droits, pourroit être porté à deux millions trois cent cinquante-deux mille livres.

Mais comme les vingtièmes des biens ecclésiastiques sont compris dans cette somme et que l'intention du Roi est de conserver au clergé ses formes anciennes, Sa Majesté, déduisant deux cent seize mille livres qu'elle estime devoir être supportées par les possessions de l'Église, il resteroit deux millions cent trente-six mille livres à la charge des autres propriétaires de la généralité. La faculté est laissée à l'Assemblée d'abonner la province pour cette somme, qui seroit répartie suivant les règles de votre justice et de votre prudence, et si vous ne votez pas pour l'abonnement, M. l'Intendant sera chargé de faire procéder à d'exactes vérifications, de manière cependant que nul ne paye au-delà des vingtièmes de ses revenus effectifs aux déductions portées par les loix et règlements, et que les propriétaires qui ont été vérifiés avant 1787, ne puissent pas l'être de nouveau pendant la durée des vingt années postérieures à l'époque où la vérification aura été mise en recouvrement.

Justement alarmée d'une demande qui opéreroit sur les deux vingtièmes une augmentation de sept cent quinze mille cent huit livres sept sous, supérieure de beaucoup au troisième vingtième, l'Assemblée a nommé une commission particulière pour s'occuper de cet objet, méditer la réponse qui doit être adressée au gouvernement et la préparer par une discussion approfondie. Pour répondre à vos vues, MM., la Commission s'est réunie plusieurs fois chez M. l'Archevêque, et elle vient vous rendre compte, non seulement de la réponse qu'elle croit devoir vous proposer, mais du secret même de ses pensées et de ses discussions.

Cette expression vous annonce que ce rapport n'est point destiné dans son entier à la publicité : les calculs et les arrêtés sont pour le gouvernement et le public, les motifs sont pour vous seuls ; ils seront assez devinés par nos concitoyens.

La question qui se présentoit la première, étoit de savoir si l'Assemblée Provinciale a qualité pour proposer un abonnement.

Plusieurs ont pensé que si ce droit appartient incontestablement aux états de Languedoc, de Bourgogne, de Bretagne, etc., c'est que ces provinces leur en ont conféré le pouvoir en les constituant, et qu'il leur a été conservé dans les traités faits entr'elles et le gouvernement, lors de leur réunion à la couronne ; mais que les assemblées provinciales, d'une création si récente et dont le régime semble n'être annoncé que comme un déplacement de partie de celui confié jusqu'à ce jour aux intendants, n'ont pas plus le droit de consentir un abonnement que ne l'auroit M. le Commissaire départi, et que, jusqu'à ce que la nation les ait sanctionné par l'autorité de ses Etats-Généraux, elles n'ont d'autre mission que celle de simplifier, d'éclairer et d'égaliser la perception des impôts légalement établis.

D'autres, considérant que la création de l'Assemblée Provinciale a reçu, par l'enregistrement au Parlement, toute la légalité dont elle peut être revêtue, suivant les formes observées en France depuis plus de cent soixante-dix ans, ils n'ont pas douté qu'elle ne pût, comme les états particuliers, préjuger le vœu de la province qu'elle représente, le proposer au Roi et former un contrat qui lierait réciproquement le gouvernement et la généralité, et si l'abonnement eût été offert sur le pied de la perception actuelle, ou simplement avec une légère augmentation pour le vingtième des biens domaniaux, qui sont peu considérables dans cette province, ils l'auroient accepté comme un bienfait qui eut procuré le grand avantage de répartir l'impôt dans une juste égalité proportionnelle, de pouvoir soulager ceux qui, jusqu'à présent, auroient été trop peu ménagés, et de n'être plus exposés à des vérifications en quelque sorte arbitraires.

Au milieu de cette diversité d'opinions, l'excessivité de la demande faite par le gouvernement a dispensé de résoudre la question de la compétence de l'Assemblée, pour former un contrat d'abonnement, mais comme il peut arriver des circonstances qui fissent désirer d'obtenir ce droit d'une manière à ne plus douter des pouvoirs de l'Assemblée à cet égard, il a été unanimement convenu que cette question seroit éludée dans sa réponse, afin de ne pas se fermer, par un aveu prématuré d'incompétence, une voye dans laquelle il pourroit un jour être avantageux d'entrer.

A cette première discussion, en a succédé une non moins importante.

Un des principes de la monarchie française, celui dont les cours ont toujours réclamé avec le plus de constance l'exécution, est qu'il ne peut être levé et perçu aucun impôt sur les sujets du Roi, qu'en vertu d'une loi publique, vérifiée et enregistrée.

Il falloit donc examiner si l'augmentation désirée par le gouvernement, sur les vingtièmes, n'est qu'une juste conséquence et une perception plus régulière de cet impôt, ou si on ne doit pas la considérer comme un nouvel impôt masqué sous une ancienne dénomination et, dans ce cas, l'Assemblée ne pourroit, sous aucun rapport, paroître y donner les mains, sans mériter les reproches de la province et la censure du Parlement.

Pour asseoir les idées sur cette question, toutes les loix relatives aux vingtièmes ont été compulsées, depuis l'édit de 1749 jusqu'à celui du mois de septembre dernier.

On a reconnu qu'en 1749, tous les biens du royaume furent soumis au vingtième, qui devoit être perçu (art. 14) d'après les déclarations exactes qui seroient fournies par les propriétaires. Qu'en 1763, le gouvernement, ne s'en rapportant plus aux déclarations des contribuables, ordonna (art 1er de l'édit d'avril) qu'il seroit incessamment procédé au dénombrement et à l'estimation de tous les biens situés dans le royaume. Qu'en 1767, y ayant eu établissement d'un second vingtième, le Parlement ne l'enregistra qu'à la charge que le premier et le second vingtième, tant qu'ils auroient lieu, seroient perçus sur le pied des rôles alors existants, dont les cottes ne pourroient être augmentées, à peine, contre les contrevenants, d'être poursuivis extraordinairement.

Il paraît que cette clause salutaire ne fut pas exactement observée ; en 1772, on commença des vérifications sur de simples ordres ministériels et, en 1778, un arrêt du Conseil les ordonna, mais il ne fut point présenté à l'enregistrement, et lorsqu'en 1780, l'édit portant prorogation du second vingtième ordonna (art. 1er) que les propriétaires dont les cottes auroient été réglées depuis 1775 ne pourroient pas être vérifiées de vingt ans, le Parlement, se rappelant son enregistrement de 1767, déclara qu'il ne donnoit aucune aprobation aux vérifications et augmentations mentionnées et indiquées dans cet édit. Ces réserves, qui ne se trouvoient que dans les enregistrements, furent enfin consignées dans la loi elle-même, et l'édit qui établit le troisième vingtième, en 1782, porte expressément (art. 2) que les trois vingtièmes seront imposés conformément aux rôles alors existants, sans que les cottes des contribuables puissent être portées au-delà, sous quelques prétexte que ce soit.

Aucune de ces loix n'a été formellement abrogée, mais l'édit du mois de septembre dernier, portant que les deux vingtièmes seront perçus dans la juste proportion des revenus effectifs qui doivent supporter cette imposition, le ministère a regardé l'enregistrement pur et simple de cette loi nouvelle comme une renonciation, de la part du Parlement, aux clauses de non-vérification apposées aux précédents enregistrements et comme un consentement à ce que les deux vingtièmes fussent perçus à la rigueur ; plusieurs membres de la commission ont regardé cette interprétation comme la seule naturelle qu'on put donner aux termes de l'édit et au silence du Parlement.

D'autres, au contraire, ont pensé que le Parlement, ayant rejeté la subvention territoriale qui n'étoit présentée que comme un équivalent de vingtièmes exactement perçus, on ne pouvoit se prêter à l'idée de croire qu'il eut consenti des vérifications qui amèneroient au même but ; que le gouvernement, en paraissant accorder aux peuples un soulagement par la supression du troisième vingtième, auroit réellement agravé l'impôt, puisque la somme demandée pour les deux vingtièmes excèderoit 68.793 liv. 19 s. 3 d., celle qui étoit payée pour les trois vingtièmes réunis, et qu'à peine une clause formelle de renonciation aux enregistrements de 1767 et 1780 et à l'art. 2 de l'édit de 1782 pourroit entraîner la supposition d'une extension d'impôt aussi funeste.

Cette incertitude sur le véritable sens de l'enregistrement de l'édit de septembre dernier ne sera point ignorée par le Parlement, et il est probable qu'informé des demandes du ministère, il lèvera les doutes des peuples par une réclamation formelle, s'il n'a pas entendu consentir les vérifications nouvelles.

Toute précipitation de la part de l'Assemblée, dans de pareilles circonstances, ne pourrait donc que la compromettre. Si le Parlement n'a pas consenti les vérifications, l'augmentation demandée sur les vingtièmes est un nouvel impôt dont l'Assemblée n'a pas qualité pour régler la perception.

S'il est décidé, au contraire, que cette augmentation est entrée dans les intentions réciproques du gouvernement et du Parlement, il ne conviendroit même pas alors à l'Assemblée de faire un abonnement, parce que, prenant l'engagement d'en remplir le montant dès l'année prochaine, elle seroit obligée de se livrer à une précipitation de recherches et de vérification qui lui ôteroit toute espérance de répartir avec justice et connoissance de cause, elle s'abonneroit à l'aveugle et exigeroit presque au hazard, elle enlèveroit à une partie des propriétaires le bénéfice des délais nécessaires pour compléter une vérification faite par la voye de l'intendance et elle s'exposeroit à la dangereuse nécessité d'emprunter pour remplir un engagement téméraire.

Sur ces différents motifs qui ont été développés dans les avis par écrit des membres de la Commission et dans un mémoire qui lui a été adressé par M. Chassin, l'un des membres de l'Assemblée, les opinions se sont réunies pour laisser indécise la question de la compétence de l'Assemblée sur l'abonnement et s'en tenir à représenter au Roi l'énormité du fardeau déjà imposé à cette généralité, ses malheurs actuels, leurs différentes causes, et combien, dans de pareilles circonstances, l'Assemblée se rendroit odieuse au peuple et dès lors inutile aux vues bienfaisantes de Sa Majesté, si elle offroit une augmentation d'impôt et se livroit au soin d'en répartir la surcharge.

C'est d'après ces arrêtés qu'a été rédigé le rapport dont nous allons faire lecture.

(*Expédition originale.* — *Arch. du Rhône, série C.*)

VIII

Rapport du bureau de l'impôt, fait à l'Assemblée Provinciale.

4 Décembre 1787.

Le règlement du 5 août avoit déterminé à cinq rolles distincts et séparés la répartition individuelle des différentes impositions dans chaque municipalité. Cette multiplicité de rolles, de chacun desquels il falloit trois expéditions, nécessitoit aux communautés une dépense que le Roi, sans cesse occupé de soulager la classe de ses sujets la plus malheureuse, veut leur épargner.

C'est dans ces vues que, par les dernières instructions, S. M. annonce le désir qu'elle a que l'Assemblée Provinciale lui propose le mode de répartition qui lui paroîtra le plus juste et le moins dispendieux, en réunissant plusieurs impositions dans un même rolle divisé en plusieurs colonnes.

Pour se conformer aux intentions économiques de S. M., le bureau de l'impôt s'est occupé de cet objet ; il vient vous présenter le résultat de ses réflexions. Les impositions qui devoient former les cinq rolles étoient :

1° La taille, les accessoires et la capitation des taillables ;

2° La capitation des nobles, officiers de justice et privilégiés, même la capitation roturière dans les villes franches ;

3° La subvention territoriale :

4° La contribution pour les chemins ;

5° Les sommes destinées à faire le fond, tant des décharges et indemnités, que des dépenses relatives, soit à la province, soit à l'élection ou au département, soit a la communauté, lesquelles sommes seroient réputées charges locales et réparties comme telles.

Depuis l'époque du 5 août, l'ordre de ces impositions a changé. La répartition de la capition des nobles, officiers de justice et privilégiés, qui devait former le second rolle, a été renvoyée aux bureaux intermédiaires des départements, et les rolles en seront arrêtés au Conseil. La subvention territoriale, qui devoit faire la matière du 3ᵉ rolle, a été révoquée, et les deux vingtièmes l'ont remplacée.

Les dernières instructions n'annoncent pas les intentions de S. M. sur la répartition de cet impôt ; l'Assemblé doit attendre, dans un silence respectueux, sa détermination, et se borner à espérer de sa bonté et de sa sagesse, qu'elle laissera à l'Assemble Provinciale ou aux communautés le soin de le répartir, en p......ant les juges qui déclareront les rolles exécutoires et qui connoîtront des contestations relatives à cet impôt ; mais jusqu'à ce que la volonté de S. M. soit connue, il est inutile de s'occuper de la manière de le répartir.

Le 5° rolle avoit deux objets :

Le 1ᵉʳ, les fonds destinés aux décharges et indemnités ;

Le 2°, les dépences relatives aux frais d'administration de la province.

Quant au premier objet, le bureau de l'impôt, dans la juste confiance où il est que S. M. accordera à l'Assemblée les fonds destinés jusqu'à présent au moins imposé et aux atteliers de charité, et qui forment le

50e de la taille ; le bureau de l'impôt, disons-nous, espère qu'il trouvera toujours dans ces fonds des secours suffisans pour soulager les parroisses et les particuliers affligés par des évènemens malheureux, et il pense qu'un rolle d'imposition pour cet objet seroit superflu.

A l'égard des dépenses relatives à la province, aux départemens ou aux communautés, cette disposition du règlement du 5 août se trouve heureusement interprétée, et le doute qu'elle avoit fait naître est levé par le § 3 des dernières instructions, qui porte :

« Que toutes les dépenses qui seront délibérées par l'Assemblée
« Provinciale ne seront point pour cela un objet d'imposition nou-
« velle, l'intention de S. M. étant de remetre à l'assemblée l'emploi des
« fonds déjà imposés appartenants à la province, de manière qu'une
« imposition ne seroit nécessaire qu'autant que les fonds laissés à la
« disposition de l'Assemblée seroient insuffisans pour subvenir aux
« dépenses ».

Il est à désirer que les fonds cédés à l'Assemblée par S. M., connus sous la dénomination de fonds libres de la capitation, et qui formeraient une somme de 139.411 liv. 12 s. 8 d., s'ils n'avoient pas d'autres destinations, soient suffisans pour fournir aux dépenses relatives à la province, aux départements et aux communautés; mais cet objet n'est pas encore suffisamment éclairci ; en attendant qu'il l'ait été et que l'Assemblée soit pleinement instruite des fonds qui sont à sa disposition, et qu'elle ait fixé les frais relatifs à l'administration, le bureau de l'impôt croit qu'il est inutile de s'occuper, dès à présent, du mode de répartition qu'il faudra employer ; lorsque l'Assemblée connoîtra ses ressources et ses forces, sa recette et sa dépense, elle prendra sa détermination à cet égard ; il paroît donc indispensable de renvoyer cet objet à la prochaine assemblée.

De ces observations que nous avons crû devoir vous présenter, il résulte que les municipalités semblent ne devoir être occupées, quant à présent, que de la répartition de la taille, des accessoires, de la capitation et de la contribution pour les chemins.

Le bureau de l'impôt est d'avis que ces quatre objets peuvent être réunis dans un même rolle.

Les trois premiers, la taille, les accessoires et la capitation n'en forment qu'un seul depuis longtems, et la corvée devant être répartie au marc la livre de ces premières impositions, doit suivre le même sort ; par cette réunion, le taillable verra d'un coup d'œil le montant de ce qu'il doit ; il connoîtra si sa contribution pour les chemins est en proportion de ses autres impositions, et les frais d'un rolle seront épargnés aux municipalités, suivant le vœu de S. M.

Une seule difficulté semble s'opposer à cette réunion.

Les rolles des corvées ont été jusques ici déclarés exécutoires par M. l'Intendant, et ceux de la taille et des autres impositions, par les officiers des élections; ces impositions étant à l'avenir réunies dans un même rolle, il est nécessaire que la connoissance en soit attribuée à un seul juge ; il est à présumer que cette atribution sera accordée aux officiers des élections, juges naturels des impôts, et on peut le présumer avec d'autant plus de fondement, que M. l'Intendant, dont les dispositions pour le succès des délibérations de cette assemblée sont connues, se montre peu jaloux de cette espèce d'attribution.

S. M. paroît désirer que les impositions réunies soient divisées sur une même ligne, sous différentes colonnes.

Ce mode d'imposition, qui paroît aisé et naturel, présente à l'examen quelque difficulté.

Chaque article d'imposition doit être écrit en toutes lettres et répété en chiffres, et le montant de tous les articles doit être rappellé en chiffres àl'extrémité de la ligne.

Cette forme d'imposition formeroit donc six colonnes : le nom des taillables, la taille, les accessoires, la capitation, les chemins et le total de l'impôt ; d'où il suit qu'il seroit difficile de trouver du papier d'une largeur suffisante, ce qui deviendroit dispendieux et incommode aux porteurs des rolles ; il seroit encore nécessaire de laisser au-devant de chaque article d'impôt un vuide pour le croiser lors des payemens, et ce croisement même pourroit causer quelques erreurs entre le collecteur et le taillable, en confondant les différens articles. Il paroit donc à propos de laisser aux communautés la liberté de faire les rolles suivant l'usage pratiqué jusqu'à présent, de coucher les différens objets d'imposition à la suite les uns des autres, sur quatre lignes, en toutes lettres et ensuite en chiffres, dont le total sera rappellé aussi en chiffres par une accolade.

En suivant cette opération, le contribuable verra également toutes ses impositions ; il pourra calculer chaque article, vérifier le montant, croiser à la marge l'objet qu'il paye, et le papier des rolles sera moins dispendieux et plus commode pour le consul.

Le bureau de l'impôt, en se résumant d'après les observations ci-dessus, est d'avis, en attendant que S. M. ait expliqué ses intentions sur la levée des deux vingtièmes et que les objets qui devoient former le 5e des rolles prescrit par le règlement du 5 août, ayent été pleinement éclaircis, est d'avis que l'Assemblée Provinciale peut proposer à S. M. la réunion de la contribution pour les chemins au rolle de la taille, des accessoires et de la capitation, avec la liberté aux communautés de suivre la forme des rolles usitée jusqu'à présent, de placer les articles à la suite les uns des autres, en toutes lettres et ensuite en chiffres, et d'en rappeller le montant en chiffres par une accolade, à l'effet de quoi la somme fixée pour la contribution aux chemins sera ajoutée chaque année au bas de la commission de chaque paroisse lors du département (1) ; d'attribuer la vérification des rolles qui comprendront ces 4 objets réunis, et la connaissance des contestations à tels de ses officiers qu'elle jugera à propos.

Le bureau croit devoir ajouter que la contribution pour les chemins ne peut jamais être comprise dans le brevet général des impositions ordinaires, parce que cette nature d'impôt est variable, suivant les circonstances, et que sa quotité sera déterminée chaque année par l'Assemblée, en raison des sommes nécessaires pour l'entretien ou l'ouverture des chemins.

Sur les contraintes.

Les contraintes exercées contre les contribuables pour le payement des impositions ont aussi fixé l'attention du bureau de l'impôt ; il est

(1) Au bas de cette page on lit le passage suivant qui a été biffé : « que « chaque municipalité adressera au département 4 exemplaires du rôle ainsi formé, « dont l'un pour être déposé au greffe de l'élection, le second aux archives de « l'Assemblée Provinciale, le 3ᵉ au bureau de département et le 4ᵉ être envoyé en « forme exécutoire à la municipalité, et sera au surplus S. M. suppliée ».

persuadé que si elles sont indispensables pour procurer le recouvrement des deniers royaux, il est possible qu'on en abuse pour vexer par un exercice trop rigoureux des sujets que le roi chérit.

Le règlement annexé à la déclaration du 13 avril 1761, enregistré à la Cour des Aydes le 8 mai suivant, semble avoir prescrit tous les moyens de simplifier la voye des contraintes et de les adoucir, mais il n'est que trop commun d'abuser des loix les plus sages, et il n'en est aucune dont l'exécution ne présente quelques inconvéniens.

Le bureau de l'impôt n'est pas encore assés instruit pour vous présenter le tableau des abus qui peuvent se commettre dans la province, les départemens ne se sont pas suffisamment expliqués à cet égard, et il est nécessaire de connoître les maux et leurs causes avant d'en indiquer le remède.

L'avis du bureau se réduit donc à vous proposer, MM., d'inviter les départemens et leurs commissions intermédiaires à prendre les éclaircissemens, soit auprès des communautés, soit auprès de MM. les officiers des élections et receveurs particuliers, sur la manière dont s'exercent les contraintes, sur les abus qui peuvent se commettre par les chefs et hommes de garnison, et sur les moyens qu'ils croient propres à y remédier, sans nuire à la célérité du recouvrement. Lesquels éclaircissemens adressés à votre commission intermédiaire, pour en être rendu compte à la première assemblée par MM. les procureurs sindics.

(*Minute originale.* — *Arch. du Rhône, C. 771*).

IX

Rapport du bureau du règlement et de la comptabilité, fait à l'Assemblée Provinciale.

4 Décembre 1787.

Messieurs,

Le bureau de la comptabilité s'est occupé à prévoir les dépenses que nécessiteroient le nouveau régime d'administration, mais il lui a été impossible de pouvoir vous présenter un état exact de la somme à laquelle elles monteroient ; ces dépenses doivent être distinguées en trois classes : les unes fixes et annuelles, telles que la location des salles d'assemblée des départements de St-Etienne, Villefranche, Montbrison et Roanne ; les honoraires de MM. les procureurs sindics, soit de l'Assemblée Provinciale, soit des assemblées de département ; enfin les honoraires du secrétaire-greffier de cette assemblée et ceux des secrétaires de celles de départements, gages des concierges, et enfin les autres annuelles, mais variables dont le montant ne peut être fixé qu'après la révolution d'une année, comme les frais de commis copistes, les fournitures des bureaux et enfin les frais de la correspondance ; il est même fort difficile, en ce moment, de pouvoir vous en présenter l'apperçu de ces diverses dépenses. Il en est d'autres, enfin, qu'on pourroit regarder comme de premières dépenses qui ne se renouvelleront plus, mais qui seront nécessaires pour l'achat du mobilier des bureaux, les distributions intérieures du bâtiment, du couvert et des logements des assemblées de département, vous n'avés pu encore, MM., faire procéder à la visite et au procès-verbal ordonné par le gouvernement ; il n'a donc pas été possible de vous présenter un devis estimatif des dépenses qui seront nécessaires pour y établir l'Assemblée Provinciale et ses bureaux.

D'après cet exposé, vous devés juger, MM., que le seul objet sur lequel le bureau pouvoit vous présenter un état de dépenses arrêté, est celui des honoraires de MM. les procureurs sindics et des membres de la Commission Intermédiaire et des secrétaires-greffiers. Mais nous avons pensé que nous pouvions plus aisément vous présenter notre vœu l'année prochaine. Alors la marche de notre administration sera mieux connue, les fonctions de MM. les sindics des assemblées de département, le travail de leurs secrétaires-greffier étant mieux connu, vous arbitrerés avec plus de connoissance les honoraires que vous croirés devoir leur offrir. Ce parti nous a paru d'autant plus nécessaire qu'il paroit que l'intention du Roi est que les dépenses qui seront délibérées par l'Assemblée Provinciale ne soient point un objet d'imposition nouvelle. L'instruction qui vous a été remise par M. le Commissaire du Roi, s'explique positivement sur ce point, en annonçant que Sa Majesté remet à votre disposition les fonds déjà imposés appartenants à la province.

Nous n'entrerons, MM., dans aucun détail sur l'emploi de ces fonds ; le bureau de l'impôt a déjà eu l'honneur d'en mettre le tableau sous vos yeux, mais vous vous rappellés sans doute que M. l'Intendant les a employés en totalité et qu'il ne reste qu'un excédent de 993 liv. 11 s. 6 d. ; il nous a donc été impossible d'assoir sur les fonds libres de la capitation ou sur les fonds variables de la taille, aucun objet de dépense. L'Asssemblée sera dès lors obligé de recourir à la bonté du Roi pour le suplier de ne point vous imposer la dure nécessité de recourir à de nouveaux impôts pour acquitter les dépenses de l'Assemblée Provinciale et celles de département, soit en réduisant ou en faisant porter par d'autres recettes les dépenses acquittées jusqu'à ce jour par les fonds libres de la capitation et sur les fonds variables de la taille et, dans le cas où ces retranchements ne suffiroient pas pour les dépenses extraordinaires de cette année, en lui accordant un secours qui leur fut proportionné sur la masse des impôts destinés à être versés dans son trésor royal.

Jusqu'à présent, M., nous ne vous avons entretenu que des frais qu'exigeront l'Assemblée Provinciale et celles de département, mais nous avons dû nous occuper aussi de ceux que pourront occasionner les assemblées municipales. Il paroît que le vœu du gouvernement est que l'on n'accorde aucun traitement fixe aux sindics et greffiers de ces assemblées. Le bureau de la comptabilité s'empresse d'y souscrire en vous proposant de leur allouer simplement les dépenses qu'ils pressiseront avoir fait pour l'interest des communautés ; cette règle doit paroître d'autant moins rigoureuse que, jusqu'à ce jour, la place de sindic avait été regardée comme charge de la communauté, à laquelle on n'avoit attaché d'autres priviléges que de ne pouvoir être collecteurs. La nouvelle forme d'administration, en leur donnant des adjoints et des secours dans les membres de la municipalité, ne sauroit exiger qu'on leur accordât un traitement fixe. Leur condition sera donc toujours la même. En leur assimilant les greffiers des assemblées municipales et en vous bornant à les faire jouir du même avantage, vous éviterés l'inconvénient de multiplier les charges des peuples, car quelque modiques qu'eut été leur traitement, la dépense seroit très considérable ; nous ne pouvons cependant, MM., vous proposer cette règle comme invariable, (1) puisque l'expérience vous faira peut-être sentir la nécessité de les indemniser de la perte de temps que leur occasionnera le travail auquel ils seront forcés de se livrer.

Le bureau de la comptabilité est donc d'avis :
Que la fixation des dépenses de l'assemblée et de celles de départements soit renvoyée à ses premières séances générales, que cependant la Commission Intermédiaire soit chargée de supplier S. M. d'accorder des fonds pour subvenir aux dépenses les plus urgentes jusqu'à cette époque, et que Mgr l'Archevêque président soit prié d'appuyer, auprès du ministre, la demande de l'assemblée.

(Minute originale. — Arch. du Rhône, C.771).

X

Rapport du bureau d'agriculture, du commerce et du bien public, fait à l'Assemblée Provinciale.

4 Décembre 1787.

Messieurs,

Le quatrième bureau à qui vous avés confié le soin de s'occuper des objets qui intéressent l'agriculture, le commerce et le bien public, n'a pû, jusqu'à présent, employer le zèle dont vous l'animés et son empressement à remplir vos vues, qu'à mesurer la vaste carrière que vous l'avés chargé de parcourir.

Tous les objets qui y ont fixé son attention exigent, pour vous être présentés avec un intérêt déterminé, ou des moyens qui ne sont pas encore en votre pouvoir, ou des lumières et des instructions que la brièveté du tems ne lui a pas permis de se procurer et qui sont indispensables, pour ne mettre sous vos yeux aucun abus, aucune réforme, aucun objet même d'utilité, sans s'être mis en état de vous présenter en même tems les moyens les plus assurés de remédier aux uns et d'exécuter les autres, avec le caractère de sagesse et de prudence que vous êtes jaloux d'imprimer à touttes vos délibérations.

Le quatrième bureau proffitera donc de l'intervalle de cette assemblée, à celle que vous proposés de demander à Sa Majesté pour l'année prochaine, et il s'occupera d'acquérir, sur les divers objets qu'il auroit désiré pouvoir vous présenter dans ce moment, la lumière nécessaire. Il trouvera, Messieurs, un nouvel aliment à son zèle dans les instructions qui furent remises hier à l'assemblée par Monsieur le Commissaire du Roi, tendantes à l'amélioration et aux progrès de diverses parties de l'agriculture ; il s'empressera de remplir, autant

(1) *La fin de ce paragraphe était primitivement:* « étant possible que « l'expérience vous convainque que l'on ne pourroit sans injustice se dispenser de « les indemniser du travail auquel ils seront forcé de se livrer et de la perte de « temps qu'il leur occasionnera. »

qu'il dépendra de lui, les intentions bienfaisantes de Sa Majesté, soit en répandant ces instructions dans les campagnes et y faisant connoître leur utilité, soit en y excitant des essais dont la réussite puisse encourager les agriculteurs de touttes les classes à les imiter.

En attendant, le bureau ayant été chargé, par commission, d'examiner le tableau des questions que plusieurs des assemblées de département se proposoient de présenter à résoudre aux différentes municipalités de leur arrondissement, il a pensé que touttes les questions étoient bonnes en elles-mêmes et serviroient un jour très fructueusement à l'assemblée générale, mais que, dans ce moment, la majeure partie n'étoit pas de nécessité urgente, que plusieurs n'étoient pas susceptibles d'être répandues d'une manière satisfaisante par les habitants de la campagne, qui n'ont pas encore une idée précise des vues de l'administration provinciale, ni de la confiance qu'elle mérite de leur part, qu'enfin il étoit plus sage et plus réfléchi de ne s'occuper que des objets pressants relatifs à l'impôt et aux grandes routtes.

C'est d'après ce plan, que le bureau s'est déterminé à réduire les questions à un petit nombre, et qu'après avoir soumis son travail aux observations des bureaux de l'impôt et des travaux publics, il vient, Messieurs, vous le présenter, pour que vous vouliés bien déterminer s'il peut servir de règle uniforme aux assemblées de départements et leur être adressé pour y conformer les instructions qu'elles sont chargées de faire parvenir aux municipalités de leur arrondissement.

Questions relatives à l'impôt.

Qu'el est le nombre des feux de la paroisse ?

La paroisse ou communauté ressort-elle en totalité d'une même élection ?

Si une partie ressort d'une élection voisine, quelle est la masse des impositions qu'elle y acquite ?

Indiquer les moyens d'arrondir les élections.

Y a-t-il des domaines de la couronne dans la paroisse ? sont-ils engagés ou aliénés, participent-ils aux impositions et comment ?

Quels sont les privilégiés, gentilshommes ou nobles, qui, en cette qualité, jouissent de l'exemption de la taille, et qu'elle est la nature de leurs possessions, soit en domaines, soit en fonds détachés ne formant aucun corps de métairie ?

Quels sont les autres privilégiés exemps de la taille, en vertu des charges, offices ou titres quelconques d'exemption dont ils sont pourvus ? Enoncer la qualité de leurs possessions dans la paroisse, ainsi que de leurs offices ou privilèges.

Désigner si les privilégiés en tous genres exploitent par eux-mêmes ou s'ils font exploiter par des fermiers ou cultivateurs.

Enoncer la qualité et l'étendue des propriétés possédées dans la paroisse par les gens de main-morte.

Y a-t-il des maîtres de poste qui jouissent, à titre ou de propriétaires ou de fermiers ou autrement, de biens situés dans la paroisse, avec exemption de taille ou sous de simples cottes d'offices ?

Quel est le nombre des cottes d'offices et le motif qui les a fait accorder à ceux qui en jouissent actuellement ?

Y a-t-il des cottes transportées dans la paroisse, ces transports sont-ils relatifs à la taille d'exploitation ou à celles des propriétés ? quel est le nombre de ces transports ? quel seroit le désir des municipalités relativement aux cottes transportées dans les autres paroisses ?

Questions relatives aux chemins.

On compte quatre classes de chemins soumis à la régie de l'administration provinciale.

1° de poste, ou de province à province ;
2° de ville à ville, sans poste ;
3° de villes ou de communautés aux grandes routtes de poste ou aux rivières navigables ;
4° de communautés à communautés.

N.B. — Les chemins vieux sont à l'entretien de particuliers à particuliers.

Chemins de la 1re classe.

Quelle largeur ont ces chemins, en y comprenant celle de leurs fossés ?

Est-il nécessaire que ces fossés soient sans interruption ou bien garnis de distance en distance par des terres-pleins sur lesquels on planteroit les arbres de bordure ?

Dans le second cas ne conviendroit-il pas que ces terre-pleins eussent 8 à 10 pieds de longueur et fussent un peu au-dessous du niveau du chemin, afin de donner l'écoulement aux eaux. Par ce moyen, les plantations prescrites par Sa Majesté ne fatigueroient point les possessions riveraines, et la bordure des routtes en seroit plus agréable et tout aussi utile ; d'ailleurs ces terre-pleins empêcheroient les excavations suittes ordinaires des amas d'eaux dont le cours n'est point interrompu.

Sur quelle étendue de territoire, de la ville, ou de la communauté traverse le chemin de poste ?

En quel état est-il ? le fond sur lequel il est assis est-il pierreux ou graveleux, argileux ou sablonneux ; naturellement ou accidentellement sec ou humide ?

Quels seroient les moyens de le réparer d'une manière solide et la moins dispendieuse ?

Trouve-t-on, dans son voisinage, la pierre nécessaire à son engravement et de quelle qualité est-elle ?

A combien estime-t-on monter le prix de l'extraction et du transport sur le chemin, d'une toise cube ?

A combien par toise estime-t-on l'entretien annuel du chemin tel qu'il existe ?

N. B. — Plusieurs questions de cet article serviront aux suivants.

Chemins de la 2e classe.

Qu'elle largeur ont-ils ?

Sont-ils en état ou bien de quelles réparations générales sont-ils susceptibles ?

Indiquer les lieux où les réparations sont les plus urgentes et les moyens les moins coûteux et les plus sûrs pour les exécuter.

Déterminer les causes qui contribuent le plus à leur dégradation.

Chemins de la 3° classe.

Quelle largeur ont-ils ?
Si ces chemins n'existent pas, seroit-il avantageux à la ville ou à la communauté d'en ouvrir ? Quelle seroit leur largeur ? Sur quelle qualité de sol seroient-ils établis ? Trouveroit-on dans le voisinage les matériaux convenables et leur transport seroit-il facile et peu coûteux ?

Chemins de la 4ᵉ classe.

Les grands marchés ou les foires servant de débouchés aux produits de leurs environs, les communautés de la circonférence doivent avoir le plus grand intérêt que les chemins de cette classe soient en état. On demande que chaque paroisse ou communauté indique :
1° Le nombre des chemins de la quatrième classe qui y aboutissent.
2° Quelle largeur ils ont.
3° S'ils sont actuellement viables ou de quelles réparations susceptibles, en ne perdant jamais de vue la plus grande économie.

Questions relatives aux haras.

Existe-t-il des haras dans les divers arrondissements du département ?
Sont-ils utiles, soit par le genre de leur administration, soit à raison de la nature du sol du pays, soit par la valeur des extraits qu'ils produisent ?
Y a-t-il des étalons dans la paroisse et en quel nombre ?
Combien de gardes-étalons, quels sont leurs privilèges ?
Combien lui paie-t-on par saut de l'étalon et quel est le nombre des juments de l'arrondissement qu'on lui fait saillir ? On demande des réflexions sur les abus, dans le cas qu'il y en ait.

(Original. — Arch. du Rhône, C. 771.)

XI

Mémoire sur l'organisation des bureaux de la Commission Intermédiaire.

1788.

Messieurs,
Dez les premières séances de la Commission Intermédiaire, nous sentimes qu'il seroit utile de diviser le travail entre les différents membres qui la composent, à peu près comm'il l'étoit par bureaux pendant la tenue de l'Assemblée Provinciale ; il y eut même, à cet égard, un arrêté verbal ; jusqu'à présent il est à peu près resté sans exécution et, tant que les affaires n'ont pas été très multipliées, il n'en est pas résulté de fort grands inconvénients, mais chaque jour elles se compliquent davantage, et si la lecture rapide des mémoires et des

lettres adressées à la Commission et des réponses que M. le Secrétaire a préparées nous donne une idée générale des affaires, nous ne pouvons nous dissimuler qu'elle est très vague, que le souvenir s'en efface facilement, parce qu'on ne retient bien que ce qui a donné un peu de peine à apprendre, et qu'enfin aucun des membres de la Commission n'a pû, je ne dis pas suivre et classer dans sa tête ou dans ses papiers toutes les branches de votre administration, mais en suivre seulement une partie quelconque, de manière à en rendre un compte détaillé et complet et exposer sur cette partie des principes fixes et déterminés.

Cependant, Messieurs, lors de la prochaine tenue de l'Assemblée Provinciale, nous ne pouvons pas douter que ce ne soit à MM. les Procureurs Sindics et à nous, dans les différents bureaux, qu'on s'adressera sans cesse pour répondre aux demandes, aux prétentions, aux plaintes, aux questions de toute espèce que ne manqueront pas de faire les députés de toutes les parties de la généralité ; quelques départements ont assez anoncé leurs intentions pour que nous devions nous attendre à être dans le cas de discuter avec eux pour les ramener à l'unité. Nous aurons aussi à répondre journellement à M. le président de l'assemblée, qu'il faudra au moins mettre au courant par des détails circonstanciés de ce qui se sera fait ou tenté dans chaque partie d'une administration à laquelle il n'a pas encore concouru.

Mais quand nous n'aurions pas ces motifs pour nous attacher chacun à une partie de l'administration, pour la connaître et la suivre dans tous ses rameaux, nous avons contracté envers la province trois engagements que nous ne saurions remplir sans adopter un plan et une méthode différente de celle employée jusqu'à ce jour.

Ces engagements sont : 1° De ne prendre de parti sur aucune affaire sans un mûr examen, et il faut, pour cela, un rapport particulier et une délibération sur tout ce qui peut mériter quelque attention.

2° De nous occuper de tout ce que l'Assemblée Provinciale nous a laissé à exécuter, et il faut, en conséquence, revoir son procès-verbal pour en relever tout ce qui nous reste à faire et aviser aux moyens d'y parvenir.

3° De prévoir d'avance tout ce que nous aurons à proposer pour le bien de la généralité, et les matières étant divisées, chacun s'occupant de la partie qui lui aura été assignée, les objets à proposer se présenteront à son esprit naturellement et par un effet nécessaire de l'application plus particulière qu'il aura donné à telle ou telle partie.

Pour parvenir à tous ces résultats, le plan est déjà tracé par la division en bureau de l'impôt, bureau des travaux publics, bureau du bien public et bureau de la comptabilité et du règlement.

Deux d'entre nous, Messieurs, pourroient donc se charger de rapporter à la Commission tout ce qui est relatif à l'impôt et de préparer les mémoires, les lettres, les réponses, les projets sur cette matière qui embrasse la répartition de toutes les impositions réelles et personnelles, les décharges et modérations, l'examen des privilèges, et, par une espèce d'analogie, tous les prélèvements à faire sur l'impôt avant son versement au trésor royal, pour les payements à faire dans la province sous différentes dénominations, et aussi la rentrée des fonds qui peuvent être restés dans la précédente administration et qui ne seroient pas encore employés.

Deux autres s'occuperoient des grands chemins, des travaux de charité, des ouvrages d'art, des presbitères et autres édifices publics, dont la construction ou la restauration se fait aux dépens des communautés. Si MM. les commissaires en cette partie vouloient bien s'occuper d'un tableau dans lequel, prenant la ville de Lyon pour centre et suivant chaque route jusqu'à l'extrémité de la généralité, ils présenteroient par ordre et par colonnes la suite des atteliers, le prix des adjudications, les ouvrages projettés et leurs observations, on auroit dans un très petit espace et on saisiroit d'un coup d'œil tout l'ensemble de nos routes, de nos travaux, de nos dépenses et de nos espérances.

Un autre tableau à faire seroit celui de toutes les routes à ouvrir et qui sont demandées, avec les motifs qui doivent déterminer pour adopter plus prochainement telle route de préférence à telle autre qui seroit demandée ; ce tableau seroit d'autant plus utile que nous devons nous attendre qu'à l'assemblée générale, on demandera des chemins de tous les côtés ; que chacun emploira les moyens les plus spécieux pour faire adopter celui qu'il désirera, et qu'on ne peut être en garde contre les séductions de ce genre qu'autant qu'on aura prévu les demandes et que, d'avance, on les aura examiné personnellement et discuté avec MM. les ingénieurs. Deux autres membres auroient, sous le titre de bien public, une partie qui paroît, au premier coup d'œil, très considérab'e, mais comme elle ne présente pas une suite non interrompue, comme les impôts et les travaux publics, deux personnes peuvent la faire et, en cas de surcharge, on s'en partageroit momentanément le fardeau ; elle renferme : 1º les productions territoriales, c'est-à-dire l'agriculture et tout ce qui en dépend, comme la correspondance avec les bureaux d'agriculture, les essays des nouvelles productions indiquées par le gouvernement, les pépinières, les plantations sur les routes, les épizooties, l'école vétérinaire, les haras, la circulation des denrées, les mines de méteaux ou de fouilles; 2º les productions industrielles, c'est-à dire le commerce, les manufactures, les encouragements et les secours à y porter, les inovations dans les arts, la navigation, le roulage, les entraves qui gênent la circulation, tels que les douanes, péages, bacs, etc.

3º L'employ et la conservation des hommes et tout ce qui y a rapport, tels que les dépôts de mendicité, les prisons, celles de Lyon surtout, les hôpitaux des villes de la province, les distributions de ris et de remèdes, les cours d'accouchements, les sages-femmes et les chirurgiens de village, les épidémies, les sépultures des non-catholiques et une foule d'autres objets que les circonstances et le tems feront connoître ; cette partie est, à ce que nous voyons, celle sur laquelle il y aura le plus de projets à présenter à l'Assemblée Provinciale.

Enfin, deux autres s'occuperoient de la comptabilité relative à l'Assemblée Provinciale, aux départements, à la commission et aux bureaux intermédiaires. Ils rédigeroient tous les projets d'arrêts à solliciter dans chaque partie et on leur renverroit tout ce qui seroit contentieux de l'examen, quant à la forme, de toutes les affaires dans lesquelles l'Assemblée ou la Commission croiroient convenable d'intervenir par MM. les Procureurs Sindics, en un mot, tout ce qui tiendroit aux règlements et aux formes.

Ces divisions ainsi réglées, M. le secrétaire voudroit bien, à mesure qu'il recevroit un mémoire, une lettre, un renseignement sur un objet, le renvoyer à l'un des membres qui seroient chargés de cette partie, afin d'en faire le rapport à la commission suivante et de proposer la réponse ou l'avis sur lequel on délibérera, sur un papier à mi-marge.

En attachant ainsi deux membres de la Commission à chaque partie déterminée, ils la connoîtront à fond, et la réunion des lumières de tous les membres formera un ensemble qui embrassera toutes les parties.

Mais pour en venir là, Messieurs, vous penserés sans doute qu'il ne suffiroit pas de prendre les affaires au point où elles sont ; il faut, ce me semble, rétrograder et charger chacun, dans la partie qui lui sera assignée, de revoir tout ce qui est fait, afin de saisir la chaine par le premier anneau, et pour cela, M. le secrétaire voudroit bien, recueillant les papiers et mémoires adressés jusqu'à ce jour à la Commission, les classer sous quatre divisions principales et les faire remettre aux membres de la Commission qu'elles concerneroient, afin qu'ils se missent exactement au courant par l'examen et le relevé de tout ce qui aura été fait dans la division qu'ils auront choisis.

L'exécution de ce plan, Messieurs, ne sauroit avoir lieu, comme vous le sentés mieux que moi, sans multiplier vos séances : en ne s'assemblant que tous les jeudis, les affaires resteroient quinze jours sans être expédiées, puisqu'on conviendroit d'en délibérer et d'arrêter les réponses avant de les mettre au net ; ainsi un jeudi on délibéreroit, un jeudi on signeroit, ce qui mèneroit trop loin.

Je croirais donc devoir vous proposer de s'assembler tous les mardi matin, pour entendre les rapports et délibérer, et tous les jeudis, comme vous avez fait jusqu'à présent, pour les signatures ; du mardi au jeudi, le tems est suffisant pour les expéditions, et du jeudi au mardi, l'intervale plus long est nécessaire pour préparer les rapports.

Si vos assemblées sont plus fréquentes, elles seront moins longues et, pour les abréger, je ne craindrai pas de vous proposer de ne point vous occuper d'entendre la lecture et de signer toutes les lettres qui n'ont pour objet que d'accuser une réception de mémoire, un envoy au ministre ou aux départements. La signature de MM. les Procureurs Sindics suffit pour ces objets, toute correspondance qui n'est pas dans le cas d'être délibérée, paroît les regarder seuls, et la lecture, à chaque assemblée, d'une simple note des envoys que MM. les Procureurs Sindics auront bien voulu faire suffira pour tenir la Commission au courant ; il en résultera d'ailleurs que cette correspondance s'en ferait avec plus de célérité, puisqu'elle pourra être suivie tous les jours, tandis que maintenant elle ne l'est qu'une fois par semaine.

Si vous pensés, Messieurs, devoir adopter ces réflexions, je vous proposerai d'en délibérer et d'arrêter :

1º Que toutes les affaires seront classées sous les quatre divisions adoptées par l'Assemblée Provinciale ;

2º Que chaque division sera spécialement confiée aux soins de deux commissaires, suivant la nomination que vous en ferés à cette séance ;

3º Que les papiers relatifs à chaque division seront remis aux commissaires, tant du passé, pour en reprendre toute la suite, que de l'avenir, pour faire le rapport, à chaque séance, des affaires qui surviendront et présenter les projets de réponse et les motifs de décision ;

4° Qu'il se tiendra deux assemblées chaque semaine, les jours que vous aurés déterminés ; l'une pour entendre les rapports et délibérer, l'autre pour la signature ;

5° Que la correspondance purement de forme ne sera point signée par toute la Commission, mais seulement par MM. les Procureurs Sindics, qui voudront bien simplement en apporter une note succincte à chaque séance, laquelle sera remise à M. le secrétaire, afin d'y avoir recours au besoin.

(Original. — Arch. du Rhône, C. 779).

XII

Rapport du bureau de règlement, adressé à M. le Contrôleur général, le 10 Janvier 1788 (1).

Messieurs,

Notre bureau a été chargé de vous rendre compte du dépouillé qu'il a fait des procès-verbaux concernant la formation des assemblées municipales et de départements, établies en exécution du règlement du 30 juillet dernier : travail aride et minutieux, dont nous désirerions vous arracher les épines.

Mais comme il s'agit de la base même de l'édifice de votre organisation, dont nous avons à souder, comme à assièger (2) solidement les fondements ; qu'il faut en aligner les surfaces, en diriger les formes et les convenances d'après le plan tracé par l'administration, nous nous trouvons nécessités à nous jetter dans une infinité de détails peu intéressans en apparence, mais devenus indispensables. C'est de la grosse main-d'œuvre, à laquelle toute espèce d'ornement est étranger.

La formation des municipalités, telles qu'elles ont été ordonnées par le règlement du 30 juillet, semble être la base essentielle et élémentaire des assemblées provinciales.

Celles-ci sont composées de trois roüages, qui en constituent l'organisation civile et politique. Chacuns de ces roüages doivent se correspondre entre eux, s'identifier même, de manière à concourir, par leur jeu réciproque, à donner à chaques provinces un corps de représentans préposés à répartir individuellement, dans leur district, la somme de la dette publique à laquelle elles sont tenües de contribuer, comm' à se charger du régime et de la manutention des travaux jugés leur être utiles.

Du sein de ces municipalités doivent être régénérées les assemblées de département, comme du sein des assemblées de département doivent se recomposer successivement les assemblées provinciales ; point central auquel viennent tendre et aboutir les rayons des deux autres. C'est une échelle donnée pour monter par gradation de l'une à l'autre, dans l'ordre et dans les proportions exigées par le souverain.

La création des assemblées municipales paroît avoir eu deux objets principaux pour but : le premier, d'alimenter graduellement les assem-

(1) V. les séances du 8 novembre, 4 et 21 décembre 1787.
(2) L'expédition porte : asseoir.

blées municipales de département et provinciales de sujets destinés à les régénérer et à les perpétuer ; le second, de s'occuper de la répartition individuelle de l'impôt, sur tous les sujets, ainsi que sur toutes les propriétés enclavées dans leurs districts ; après en avoir reçu les données distributives de la part des assemblées de département, qui recevront elles-mêmes le tableau de leur contribution collective des mains de l'Assemblée Provinciale.

On ne sauroit, dès là, porter un coup d'œil trop scrupuleux sur la première composition de ces assemblées ; puisque leur établissement, sur le pied de leur régime actuel, va devenir de la plus profonde influence sur toutes les parties de cette branche d'administration, *à supposer que le Gouvernement le laisse subsister dans cet état provisoire peut-être suceptible, par la suite, de diverses modifications.* (1)

C'est d'après les dispositions du règlement qui lui a donné l'être, que nous allons nous occuper du soin de vous instruire des infractions que l'on s'est permises dans son exécution ou qui, dans la composition de nouvelles municipalités, ont été la suite de l'innatention et de l'inexpérience.

Nombre de parroisses, dans la généralité, ont négligé de se former en municipalité ; en d'autres, on n'a pas craint de les multiplier autant qu'il y avait de collectes, une infinité s'est écartée du vœu du règlement, en appelant aux municipalités des sujets qui, par l'insufisance de leur âge ou par la modicité de leur contribution à l'impôt, ne pouvoient pas légalement être élus. Quelques-unes ont admis aux élections les simples fermiers et cultivateurs non-propriétaires. Le plus grand nombre les a exclus. Presque toutes se sont dispensées d'y appeler et en ont écarté, dans le fait, les propriétaires forains ayant feu dans les paroisses et y payant plus de 30 livres d'impositions, sous prétexte qu'ils n'y sont pas constamment domiciliés. Enfin, dans plusieurs, il y a des plaintes et des réclamations, soit contre les membres élus, soit relativement à la forme des élections.

Il seroit aussi fastidieux que superflu de vous raprocher, Messieurs, en détail, les différens vices et les imperfections dont se trouvent infectées la plus part de ces municipalités, encore plus, d'en retracer l'énumération, parroisses par parroisses.

A dessein d'y suppléer, nous avons figuré une feuille d'annotations pour chacun des six départemens de la généralité, à la tête de laquelle nous avons inscrit : 1° le nom du chef-lieu de chaque département, le nombre d'arrondissemens dont il est composé et celui des parroisses et annexes qu'il contient.

2° Nous avons porté sur une même colonne et à mi-marge, l'énumération et le nom des parroisses d'un même département, frappées des mêmes irrégularités, avec l'indication à la marge du caractère et de la qualité de ces irrégularités.

Par là, l'on reconnoîtra d'un coup d'œil, dans chaque département, combien il y a de municipalités à réformer et quelle est la cause ou le motif de cette réforme. Les décisions qui interviendront de la part de l'administration, sur les questions qui lui seront proposées, deviendront une solution commune facile à expliquer (2) à toutes leurs espèces de défectuosités.

(1) Les mots en italiques sont supprimés dans l'expédition.
(2) *La minute porte au dessus d'une rature :* apliquer.

Après avoir mis ces tableaux ainsi figurés sous les yeux de l'assemblée, pour les faire passer ensuite sous ceux de M. le controlleur général, conformément à l'article 8 des dernières instructions à elle adressées par ce ministre, nous diviserons en autant de paragraphes distincts et séparés chacune des irrégularités qui se rencontrent dans la composition de ces municipalités et qui nous ont paru susceptibles de réformes. Nous y joindrons nos observations, nos doutes, quelquefois même notre avis, sur les questions auxquelles elles donneront lieu, pour être, à la suite des délibérations que prendra à ce sujet l'assemblée, le tout envoyé à l'administration, afin d'en obtenir des résultats définitifs.

Nous n'avons point, au reste, à consulter ici les monumens précieux que nous ont laissés, de leur zèle et de leurs travaux, les assemblées provinciales de première création dans le royaume. Si elles nous offrent des lumières, des exemples et des modèles sur une infinité de matières qui tiennent autant au bien public, en général, qu'à celui de leur localité, notre organisation se trouvant absolument différente dans les formes de sa constitution, nous ne saurions rencontrer là le point de solution des difficultés que nous avons à énoncer.

Dans les assemblées provinciales de la Haute Guyenne et du Berry, point de scission, point de classes divisées en municipalités ni en assemblées de département; nul intermédiaire à parcourir pour leur régénération, elles sont tout (1) par elles-mêmes, elles tournent sur un seul et unique pivot, sans sous-ordre, sans milieu ; elles se reproduisent par leur propre choix, sans être obligées à suivre un ordre graduel de remplacemens corrélatifs et en même temps subordonnés. Un seul anneau suffit à leur établissement. Il nous faut plusieurs chaînons correspondans pour consommer le nôtre. Nous n'avons, conséquemment, rien à nous en approprier, quant aux formes primitives.

Nous devons, dès là, nous borner à partir de notre constitution réglementaire pour savoir si, dans la formation de nos nouvelles municipalités, elles sont établies dans l'ordre prescrit par la loi qui les a créées, pour reconnoître par quelles voyes et de quelle manière (2) l'on parviendra à rectifier les irrégularités qu'elles renferment, pour présenter enfin à l'administration les questions et les doutes qu'ont fait naître les diverses interprétations données par ces municipalités à plusieurs articles du règlement.

§ 1. — *Sur les parroisses qui ne se sont pas formées en municipalités.*

Dans toutes les communautés où il n'y a pas actuellement d'assemblées municipales, il en sera formé selon les règles prescrites par Sa Majesté. Telle est la disposition textuelle de l'article 1ᵉʳ du règlement du 30 juillet.

Dans les six départemens que contient la généralité de Lyon, un très grand nombre de parroisses se sont dispensées de se former en municipalités. Quel parti prendre à leur égard ?

Si deux, dix, vingt parroisses, insensiblement tout un arrondissement, osoient ainsi se soustraire impunément à l'exécution du règle-

---

(1) *La minute portait primitivement :* elles sont unes par elles-mêmes.
(2) *Ibid. :* par quelle autorité.

ment, plus de lien de corrélation entre ces districts particuliers et les assemblées de département. Et combien ne seroient pas dangereux, à la longue, ces exemples d'insurrection, qui arrêteroient (1)nécessairement le jeu de la machine.

Les assemblées provinciales ne sont revêtues, à ce sujet, d'aucun pouvoir coactif qui leur attribue le droit de contraindre ou celui de réprimer. Les dernières instructions ministérielles à elles addressées par les ordres du Roi, portent uniquement, § 8, qu'en ce qui concerne les irrégularités que renfermeront les délibérations et nominations des assemblées parroissiales, le tableau en sera remis par les procureurs sindics, sous les yeux de l'Assemblée Provinciale, pour y joindre ses observations, et le tout envoyé à M. le Controlleur Général des Finances, pour y être statué ainsi qu'il appartiendra, sur l'avis de M. l'Intendant ; circuit lent, pendant lequel les communautés ou parroisses insurgentes resteront en quelque façon passives et nulles par rapport au surplus de l'organisation.

A dessein d'épargner à l'administration publique la surcharge et l'ennui de s'occuper de ces détails minutieux, le bureau estime qu'il conviendrait de solliciter de Sa Majesté qu'elle daignat autoriser (2) chaque assemblée de département, dans son district, à nommer dans les paroisses en demeure de s'exécuter, le sindic et les trois, six ou neuf membres dont doivent être composées les municipalités, suivant le nombre de leurs feux, à laquelle nomination les assemblées de département ou leur commission intermédiaire ne seroient toutes fois autorisées qu'après avoir fait interpeller les paroisses à se mettre en règle dans le délai qui leur seroit préfixé par un avertissement publié au prône, passé lequel délai, il seroit incontinent procédé aux nominations municipales de la part des départemens.

La crainte où seroient les parroisses d'être privées de la prérogative d'avoir des municipalités de leur choix, le désir naturel dans chaque individu d'être classé dans un rang plus distingué, désir qui, au défaut de vües plus patriotiques, marche d'ordinaire de front avec l'amour-propre ou l'intérêt, ces motifs, dit-on, auront bientôt triomphé de la *mutinerie* ou de l'*apathie* des communautés, en demeure de se conformer au règlement, *surtout si cette autorisation est sanctionnée de manière à ne laisser de prise ni aux cabales, ni à la mauvaise volonté.* (3)

§ 2. — *Sur les personnes qui ont droit de voter dans les assemblées de parroisses.*

Le règlement du 30 juillet y appelle tous ceux qui paient 10 livres et au-dessus d'impositions foncières ou personnelles dans la parroisse.

Ce qui paroît infiniment clair dans le texte, n'a pas laissé d'être interprété différemment dans les opérations qui en sont résultées.

Nombre de communautés ont raisonné ainsi : la loi n'expliquant pas expressément si le contribuable, en raison d'une imposition de

(1) *Sur la minute* : engrenneroient.
(2) *La minute porte comme première rédaction bâtonnée :* Le bureau pense qu'il conviendroit de présenter au Conseil de Sa Majesté un expédient à ce sujet, propre à lui épargner la surcharge et l'ennui d'un travail aussi minutieux, ce seroit d'autoriser.
(3) *Les mots en italiques n'existent pas dans l'expédition qui porte :* Ces motifs, dit-on, auront bientôt triomphé de l'indifférence des communautés....

10 livres, doit être propriétaire ou non dans la parroisse où il acquitte cet impôt, on peut se dispenser d'admettre à la votation les fermiers, grangers, vignerons et autres simples cultivateurs quelconques, comme n'ayant qu'un intérêt précaire et momentané dans la chose commune. D'après ce raisonnement, on a conclu qu'on étoit libre d'exclure des délibérations toute cette classe de domiciliés, non propriétaires.

Plusieurs autres, formant la majeure partie des communautés de la généralité, ont cru pouvoir écarter de leurs délibérations les propriétaires forains, c'est-à-dire ceux qui, ayant feu dans la parroisse, n'y font pas leur domicile habituel, quoique (1) y tenant des possessions considérables.

De sorte que, dans la plus part de ces communautés, les propriétaires non résidans, non plus (2) que les fermiers et cultivateurs domiciliés dans la parroisse, mais n'y possédant pas de propriétés, ont été, *par là*, exclus, soit de la votation, soit de tout accès aux élections.

Pour refondre cette première manipulation des municipalités, il faudroit revenir sur ses pas et procéder presque partout à de nouvelles élections. Peut-être seroit-il plus convenable de laisser subsister les choses dans leur état actuel tant qu'elles ne pêcheroient point par d'autres discordances ou irrégularités.

Mais le bureau s'est persuadé qu'il étoit plus conforme à l'esprit, comme à la lettre du règlement, lorsqu'il s'agira de régénérer les assemblées municipales et de procéder à de nouvelles élections, d'admettre aux délibérations qui seront prises à ce sujet, tant les fermiers et cultivateurs domiciliés payant, dans la paroisse, 10 livres d'impositions foncières ou personnelles, que les propriétaires forains y possédant feux, quoique, de fait, domiciliés ailleurs.

Le règlement porte effectivement que tous ceux qui payent, dans une parroisse, 10 livres d'impositions foncières et personnelles *ayent* (3) le droit d'assister et de voter dans les assemblées, sans exiger qu'ils y soient ou propriétaires ou domiciliés.

D'où il résulte qu'un propriétaire non résidant dans la parroisse, dans laquelle il a une partie de ses biens, qui y paye ses vingtièmes à raison de sa propriété, la taille même, en supposant qu'il n'en ait pas fait prononcer le transport dans le lieu de son domicile, a le droit de voter. D'où il résulte encore que le fermier ou cultivateur quelconque a le même droit, dès qu'il contribue, par sa taille de culture, à l'acquit de l'impôt de la communauté ; étant juste de faire concourir aux délibérations de la communauté à cet égard, tous ceux indistinctement qui en supportent les charges. On n'a point cru, au reste, devoir encore s'occuper ici du soin de vérifier s'il ne seroit pas convenable de mettre, dans le taux d'impositions uniformément fixé à 10 livres pour être admis dans les assemblées parroissiales et à 30 livres dans les assemblées municipales, quelques proportions relatives à l'état d'aisance ou de pauvreté des communautés de campagne, qui résulte toujours ou de la nature du sol ou du genre de culture ou enfin du plus ou moins d'industrie des habitans de ces communautés.

(1) *Dans la minute, sous une rature :* paroisse, n'y sont pas néanmoins domiciliés permanément, quoique...
(2) *Expédition :* Ainsi.
(3) *Expédition :* auront.

M. le Controlleur général a demandé, dans ses dernières instructions aux assemblées provinciales, des renseignemens à ce sujet. Mais quelque désir qu'ait eu le bureau de répondre à la sagesse de ces vües, il n'a pas été possible, dans ce début d'opérations, de se procurer les documens locaux que nécessitent la balance à faire des forces, de l'industrie, de la population de chaque parroisses de la généralité, pour saisir un apperçu qui soit exact et proportionné.

Ce sera une opération à confier aux assemblées de département, pour être à même, d'après leurs instructions, de déterminer la qualité de l'impôt que doivent supporter les membres d'une communauté pour être admis à voter dans les assemblées ou à devenir éligibles dans les municipalités.

Le résultat de ce paragraphe se réduit donc à solliciter de l'administration qu'il soit dit, par ampliation au règlement du 30 juillet, que dans toutes les délibérations des communautés de la campagne, non seulement les habitans, mais encore les propriétaires non domiciliés y possédant feux, ainsi que les fermiers, métayers, vignerons et cultivateurs quelconques, qui supportent 10 livres d'impositions dans la parroisse, assisteront et auront voix dans les assemblées d'élection aux municipalités, en observant que, dans cette quotité de 10 livres d'impositions, doit être compris et englobé l'impôt de la corvée. L'on fera cesser par là une scission qui a partagé jusqu'ici une multitude de communautés, en usage d'exclure de leurs délibérations quiconque n'est pas propriétaire domicilié dans la parroisse, quoiqu'il acquitte sa cotte part de ses impôts.

§ 3. — *Sur l'aptitude à être appelés aux municipalités.*

La faculté de voter, lors des élections des municipalités, donne-t-elle l'aptitude à être élus à ceux qui n'ont que des propriétés territoriales dans une parroisse, sans y être domiciliés, tels que les bourgeois des villes, de même qu'à ceux qui n'y ont que des domiciles sans propriétés, tels que des fermiers ou cultivateurs, en supposant que les uns et les autres contribuent à l'impôt dans la parroisse au-delà de 30 livres ? Nouvelle question qui semble entrer dans la précédente, mais qui présente néanmoins quelques faces à saisir sous d'autres rapports.

L'article 11 du règlement du 30 juillet veut que toutes personnes nobles ou non nobles, ayant 25 ans accomplis, étant domiciliés dans la parroisse au moins depuis un an, et payant au moins 30 livres d'impositions, puissent être élues membres des assemblées municipales.

En contravention de ce qui vient d'être prescrit, on apperçoit, dans le dépouillement des procès-verbaux de formation de quelques municipalités, des sindics et des sujets élus pour en être membres, qui n'ont pas l'âge requis ; d'autres, et en très grand nombre, qui ne payent pas le tiers ou la moitié du taux de l'imposition déterminé pour rendre éligibles ; plusieurs, enfin, qui touchent dans une grande approximation à cette quotité d'impositions, mais qui n'y atteignent pas.

A la vue de ces infractions, le bureau a regardé toutes ces nominations comme irrégulières et de nul effet. Le règlement repousse également le mineur inhabile à faire pour autrui ce qu'il ne peut pas faire pour lui-même, et l'homme qui ne supporte pas une cottisation dans l'impôt d'au moins 30 livres. Ces expressions au moins de 30 livres rejettent toute approximation inférieure, si l'on ne veut pas donner dans l'arbitraire, car d'approximations en approximations, on s'écarteroit à volonté du point indiqué ; il n'y auroit plus de règle.

Mais comment procéder à la réforme, à la refonte même de ces municipalités irrégulières ? Pour peu que l'on entre dans les détails, les embarras se multiplient.

Telle parroisse n'a qu'un ou deux habitans, c'est-à-dire qu'un ou deux propriétaires domiciliés, le surplus des propriétés est possédé par des forains. Dans telle autre, aucun habitant ne supporte 30 livres d'impositions. Telle autre enfin n'a qu'un ou deux habitans imposés à cette somme. De manière que, sur le pied du tarif donné en raison de la participation à l'impôt, on ne sauroit trouver le nombre requis pour composer la municipalité. Que conclure en ce cas ? Que la formation en est informe ? Mais il devient impossible d'en établir une plus légale, à défaut de sujets éligibles, dans la quotité de l'impôt qui leur donne l'aptitude de l'être.

Ce n'est qu'après une vérification exacte des rolles de chaque parroisse que l'on pourra se flatter d'obtenir le point de solution de cette difficulté. Si, parmi les habitans ou propriétaires domiciliés, il s'en trouve un nombre suffisant au taux de l'impôt prescrit pour être éligibles, ainsi que pour régénérer les municipalités, ce sera le cas de déclarer irrégulières les nominations des membres qui auront été choisis hors de cette classe des contribuables. Au contraire, si dans le nombre des habitans contribuables il n'est pas assez de sujets payant 30 livres d'impositions pour composer une municipalité, il faudra nécessairement faire fléchir la règle aux circonstances et proposer d'autres points de détermination relatifs aux localités.

A la vérité, dans la pluspart des paroisses, peut-être dans toutes celles où l'on ne trouve pas un nombre suffisant d'habitans acquittant 30 livres d'impositions, la raison est que la majeure partie des propriétés est possédée par des forains ou par des privilégiés qui font exploiter leurs biens par des fermiers ou cultivateurs payant plus de 30 livres d'impositions.

Il suit delà que les grandes propriétés *se trouvant* (1) entre les mains de ces forains, privilégiés ou non, qui font exploiter par des fermiers ou par de simples cultivateurs, et les habitans étant en usage de ne regarder ni les uns ni les autres comme membres de leurs communautés, il devient alors très difficile, même impossible, par rapport à certaines parroisses, de *rencontrer* (2) dans la classe de ses habitans le nombre de sujets exigé, sur le pied de 30 livres d'impositions, pour former une municipalité.

L'unique manière de parer à cet inconvénient et qui deviendroit en même temps un acte de justice, seroit de faire cesser l'usage abusif *où est le* (3) plus grand nombre des communautés, d'écarter des municipalités, soit les fermiers ou cultivateurs domiciliés dans la parroisse, soit les propriétaires qui n'y sont point domiciliés, quoiqu'y payant les uns et les autres plus de 30 livres d'impositions.

A l'égard des fermiers ou cultivateurs domiciliés dans la parroisse,

(1) *La minute porte :* étant.
(2) *Ibid. :* trouver.
(3) *Ibid. :* abusif du plus grand nombre.

les motifs d'exclusion *qu'on leur oppose* sont : 1° qu'ils n'y possèdent rien en propre qui les attache au sol et aux intérêts de la communauté ; 2° qu'ils n'y sont que momentanément domiciliés par leur culture et leur industrie, en sorte qu'à l'expiration de chaque bail, il faudroit remplacer le fermier ou le cultivateur sortant au milieu de son exercice en municipalité, ce qui jetteroit les communautés dans un mouvement continuel d'élections nouvelles, abus de tems, aliment aux cabales ; 3° que du sein de ces municipalités, les fermiers élus pouvant monter, par gradation, *aux* (1) assemblées supérieures, il y auroit à craindre que le maître, se trouvant en concurrence avec son serviteur, ne parvînt à donner une double voix à son suffrage, ou n'absorbât et n'étouffât la voix de celui-ci dans l'appréhension de déplaire au premier.

D'un autre côté, l'article 11 du règlement admettant aux municipalités tout domicilié depuis un an, payant 30 livres d'impositions dans la parroisse, sans parler de la qualité de propriétaire, les fermiers et cultivateurs ne semblent pas être exclus de la faculté d'y être appelés, surtout dans les parroisses où il n'y a que très peu d'habitants, et dans celles dont les propriétaires forains sont domiciliés hors de la province.

Sur ce choc de motifs d'admission ou d'exclusion des fermiers ou cultivateurs à la municipalité, le bureau croit devoir se reposer sur la sagesse des plans de l'administration et attendre sa décision.

Quant aux propriétaires forains, et l'on entend sous cette dénomination ceux qui, domiciliés dans les villes ou en d'autres lieux, par leur goût, leur intérêt ou leurs emplois, ont des propriétés rurales avec feux dans une parroisse, soit qu'ils habitent une partie de l'année leurs campagnes, soit qu'ils y possèdent de simples métairyes, sans habitation individuelle ; quant aux propriétaires, disons-nous, de cette classe, pour les distinguer de ceux qui ne possèdent point de feux dans la parroisse, mais uniquement des fonds déttachés, l'avis unanime du bureau est qu'ils sont éligibles.

Cette opinion est fondée sur le principe d'équité naturelle, que quiconque devient partie intégrante d'une communauté par la contribution à son impôt, acquiert, par la même raison, l'aptitude à voter à sa répartition, conséquemment, au droit d'être appelé concurremment au nombre des répartiteurs.

Or, les propriétaires forains contribuent, à l'exception de la collecte, à presque toutes les charges publiques des communautés dans lesquelles ils possèdent des biens : vingtièmes, chemins, réparations des églises et des presbytères, tailles même, du moins quant à ceux qui n'ont pas de privilèges ou qui n'en ont pas obtenu le transport dans le lieu de leur domicile, tout les assimile, quant aux impôts, aux autres membres des communautés. Il n'est, dès là, point de motifs légitimes de les exclure des municipalités, comme l'ont fait la plus part des parroisses de la généralité, sous l'unique prétexte de défaut de résidence habituelle, en mettant toutefois pour condition à leur admission qu'ils ne puissent, par leur nombre (2), avoir, dans les assemblées de municipalité la prépondérance sur la classe des propriétaires habitans ou domiciliés.

Le bureau a donc pensé qu'il convenoit de regarder ces propriétaires

(1) *La minute porte :* dans les.
(2) *Sur l'expédition :* qu'ils ne pourront par la pluralité du nombre, avoir.

forains comme éligibles, indistinctement et concurremment avec les autres membres de la communauté, sans pouvoir, néanmoins, remplir à la fois deux places différentes de municipalités dans le même département, sous prétexte des biens qu'ils possèderoient en diverses paroisses.

Cette admission, dans les municipalités de campagne, des propriétaires forains qui n'y ont pas une résidence fixe et habituelle, est d'ailleurs (1) plus équitable qu'à partir de l'état actuel de ces municipalités (2), telles qu'elles viennent d'être formées, avec l'exclusion des forains, ce seroit laisser à la mercy et à la discrétion d'une poignée d'habitans, le sort de toute une paroisse, dont la majeure partie des propriétés se trouve entre les mains des forains.

Et puis, ne le dissimulons pas, [fidèles à leur système de conspiration contre tout ce qui n'est pas de leur robbe] (3), les habitans des campagnes se refuseroient toujours, si on leur en laissoit la liberté, à s'associer, dans le régime des municipalités, des gens qui ne vivent pas parmi eux et qu'ils regardent comme étrangers. On ne verroit désormais, parmi les députés des paroisses des campagnes appelés à voter pour régénérer les départemens, et par degrés les assemblées provinciales obligées de s'y alimenter, que des villageois, presque tous illitérés, incapables pour la plus part d'avoir et de discuter une opinion, de saisir en grand les apperçus du bien public ; ignorans (4), timides, et par là même, en quelque sorte, accessibles à tous les genres de séduction.

On ne doit pas, en effet, perdre de vüe que, suivant l'article 2 du règlement concernant les assemblées de département, nul ne peut être élu membre de ces assemblées, s'il ne l'a été d'une assemblée municipale et, selon l'article 10, concernant la régénération des assemblées provinciales, les membres qui en sortent doivent être remplacés par des membres de leur ordre tirés de l'assemblée de département,

De là la conséquence que, si les assemblés municipales restent composées comme elles viennent de l'être par le fait, c'est-à-dire avec l'exclusion des propriétaires forains, nécessairement, dans l'intervalle de trois régénérations, la majeure partie des représentans du Tiers-Etat dans l'Assemblée Provinciale, ne sera plus composée que de laboureurs et de villageois.

A Dieu ne plaise, à beaucoup près, que l'on entende, par un pareil apperçu, déprimer cette classe d'hommes, utile et nourricière, qui, du fruit de ses sueurs et de ses travaux, alimente toutes les autres classes de la société. Il existe sans doute, parmi eux, des âmes [honnêtes, loyales et pures,] (5) capables de s'élever jusqu'à l'idée du bien public et d'en allier les rapprochemens avec l'intérêt privé.

Loin donc d'écarter de nous cette prétieuse agrégation, *laissons-leur, à la longue, le flatteur espoir de figurer un jour dans des assemblées respectables, dans lesquelles ils se verront associés aux premiers ordres de l'Etat, pour le service commun du prince et de la patrie* (6).

(1) *Minute :* d'autant.
(2) *Expéd. :* de leur état actuel, telles.
(3) Les mots entre [ ] ne se trouvent pas dans *l'expédition*.
(4) Ce mot manque dans l'expédition.
(5) Les mots entre [ ] ne se trouvent pas dans l'expédition.
(6) Les mots en italiques sont supprimés dans l'expédition.

Qu'une pareille distinction devienne, pour ceux qui l'auront méritée, un titre d'illustration qui soit censé le prix de leur probité et de leurs vertus, comme (1) un monument d'honneur pour leur postérité.

Mais on ne sauroit se montrer trop sobres et trop circonspects dans le choix et sur le nombre des députés de cet ordre qui sont destinés à nous remplacer.

Communément sollicités par le besoin, uniquement doués, pour la plus part, de cette portion de lumières circonscrite et relative au genre de leurs occupations, entravés par la crainte de déplaire à l'homme puissant qu'ils appréhendent de heurter, à l'homme riche dont ils jalousent et convoitent l'aisance, ligués naturellement contre tout ce qui les humilie et les asservit, combien ne doit-il pas être rare de rencontrer, dans cette position, d'hommes vraiment libres, éclairés, désintéressés, capables de s'élever au-dessus de leurs préjugés et de leurs craintes, propres enfin à combiner, comme à motiver une opinion sage dans les résultats de nos assemblées ?

L'expérience de tous les tems atteste que l'homme des champs, chargé de la répartition individuelle de l'impôt dans sa communauté, ne s'occupe qu'à faire peser sur l'homme de ville, qu'il ne regarde point comme faisant corps avec lui, la masse inégale de l'imposition, pour diminuer d'autant sa contribution proportionnelle. C'est peut-être ce qui a déterminé, en partie, l'autorisation de ces transports de taille, qui sont sans doute un abus dans l'ordre exact des impositions, mais qui n'ont été admis que pour parer à un autre abus dans la répartition, lorsque les forains n'y sont appelés ni consultés. (2)

Il paroît donc convenable d'aligner tous les propriétaires du même ordre entre eux, pour la composition des municipalités, de les nécessiter, en quelque sorte, et, par un intérêt commun, à fraterniser ensemble, de n'en faire qu'une famille appelée aux mêmes prérogatives, comme aux mêmes contributions.

Sur ce plan, il seroit à désirer que, dans les remplacemens à faire des membres irrégulièrement élus, ainsi que dans la formation des municipalités dans les lieux où il n'en existe pas encore et, par la suite, dans toutes les régénérations des municipalités (3), l'administration obligeât les communautés à élire des forains possédans feux dans une paroisse et y payant au moins 30 livres d'impositions, de manière que dans toutes les parroisses dont les forains possèderoient un quart, un tiers ou une moitié des propriétés, il y eut toujours à peu près un quart, un tiers ou une moitié de membres de cette classe admis aux municipalités, sans néanmoins pouvoir jamais dépasser cette moitié en nombre d'élus, quand même les forains jouiroient de plus de la moitié des biens de la parroisse.

Peut-être, attendu leur éloignement, assisteroient-ils moins que les domiciliés aux assemblées municipales ; mais, d'une part, leur propre intérêt les y rendroit assidus, surtout lorsqu'il s'agiroit de la répartition de l'impôt et, de l'autre, on éviteroit l'inconvénient de voir les assemblées de département et l'Assemblée Provinciale peuplée, à la longue, de personnes inhabiles aux affaires et dont les voix seroient perdues pour les représentant du Tiers-Etat.

(1) *Expéd.*: qu'elle soit un monument d'honneur pour leur postérité qui se glorifiera d'être issue d'hommes vraiment libres, éclairés, désintéressés.
(2) *Tout le texte en italiques manque dans l'expédition.*
(3) *Expéd.*: suite, dans toutes leurs régénérations, l'administration.

Ces observations ne sont, au reste, qu'un jet d'idées, dont un examen réfléchi est à même de calculer la justesse; il a paru au bureau d'une vraie injustice d'écarter des municipalités les forains possédans feux dans les parroisses, comme l'ont fait presque toutes les municipalités (1). Le concours à l'acquittement de la dette commune doit supposer le concours au droit de la répartir.

Ainsi, en se résumant sur les divers objets de ce paragraphe, l'avis du bureau est : 1° que tous ceux qui paient 10 livres d'impositions quelconques dans une parroisse, domiciliés ou non, propriétaires ou sans propriétés, doivent être admis à voter dans les délibérations et élections.

2° Que les propriétaires forains ayant feu dans une paroisse et acquittant dans cette parroisse plus de 30 livres d'impositions, ont l'aptitude à être élus membres de la municpalité, comme les domiciliés.

3° Que, pour rétablir l'équilibre entre les propriétaires forains et les domiciliés, éludés dans les procès-verbaux de formation des assemblées municipales, lorsqu'il y aura lieu à quelques remplacements ou à la régénération de ces assemblées, il convient d'appeler, par préférence, pour ces remplacemens, les propriétaires forains, dans la proportion de la masse collective des biens qu'ils possèdent dans la parroisse, sans pouvoir, toute fois, en admettre plus d'une moitié, quand leur masse de propriétés dépasseroit la moitié des autres propriétés situées dans la parroisse.

4° Qu'il sera sollicité de l'administration de daigner s'expliquer si elle a entendu, par le règlement qui en est émané, admettre dans les municipalités les fermiers cultivateurs sans propriétés, quoique payant plus de 30 livres d'impositions, ainsi que sur la manière dont devront s'opérer les remplacemens des sujets élus, qui n'ont ni l'âge, ni ne supportent le taux prescrit dans l'imposition pour être éligibles.

§ 4. — *Sur les éligibles, en raison du nombre des feux d'une parroisse.*

Les articles 2 et 4 du règlement du 30 juillet exigent que les assemblées des municipalités soient composées du seigneur et du curé de la parroisse, d'un sindic et de trois membres, si la communauté contient moins de cent feux, de six si elle en contient deux cents, et de neuf si elle en contient davantage.

Plusieurs communautés ont interprété différemment ce texte. Les unes ont dit : Suivant ces expressions, si la communauté contient deux cents un feux, il sera élu six membres; il en résulte donc que, jusqu'à 199 feux, on est dispensé d'en élire plus de trois.

Les autres ont raisonné plus sensément, en disant : si la communauté contient moins de cent feux, trois membres suffisent. Donc, ce qui excède cent feux, exige une composition plus nombreuse, qui doit être portée jusqu'à six membres, selon les gradations du règlement, d'autant mieux que l'article ajoute que, passé deux cents feux, il faudra en élire neuf.

Le bureau n'a point balancé à rejetter la première de ces interprétations comme contraire à l'esprit et à la lettre du règlement.

---

(1) *Expéd.* : communautés.

Mais comme il s'agira de rectifier l'erreur dans laquelle sont tombées plusieurs de ces communautés, les unes, en composant leurs municipalités de plus de membres que ne le comportoit le nombre de leurs feux ; les autres, en diminuant celui des membres dont elles devoient être formées, en proportion de leurs feux ; on estime devoir attendre que l'administration autorise cette réforme et qu'il indique la manière de l'opérer.

§ 5. — *Sur des villages, hameaux, écarts et annexes, relativement aux municipalités.*

Dans les divers départemens de la généralité, nombre de paroisses sont composées d'une église matrice et d'une église succursale ou annexe.

D'autres ont dans leur arrondissement divers hameaux, massages, villages ou écarts, ayant chacun une collecte particulière et distinguée de celle de la paroisse dont ils dépendent.

Dans quelques endroits, ces écarts ou hameaux ont pris prétexte de leur collecte particulière pour se former des municipalités distinctes de celle du chef-lieu. En d'autres, ils se sont réunis à la paroisse pour la municipalité, mais ils demandent de conserver leur collecte particulière et de n'être point confondus, pour l'impôt, avec le surplus de la paroisse.

Le bureau est d'avis, à ce sujet, que les simples écarts, villages ou hameaux ne doivent former, avec la paroisse dont ils dépendent, qu'une seule et même municipalité, par la raison qu'ils ne constituent essentiellement (1) qu'une seule et même paroisse ; qu'au lieu de diviser et de multiplier les municipalités, qui ne sauroient être que les corps représentatifs de l'unité de chaques communautés, il étoit préférable, à tous égards, de les resserrer, de les identifier autant qu'il se pourroit, pour diminuer le choc d'une multitude de frottemens, dans la première rotation d'une machine déjà peut-être trop compliquée ; qu'en réunissant ces collectes éparses d'une même paroisse à celle du chef-lieu, on éviteroit la multiplicité des frais de rôles et l'on économiseroit en même tems la masse des collecteurs, déjà peu nombreuse, eu égard à leur solvabilité ; qu'enfin, dans le cas où l'administration jugeroit à propos, pour la facilité de la perception de l'impôt, de laisser à chacuns de ces villages ou écarts leurs collectes ou rôles d'impositions particuliers, quoique confondus dans la même municipalité, il seroit convenable, pour ne pas laisser ces écarts à la mercy de répartiteurs jusqu'ici regardés comme étrangers à leurs cantonnemens, d'exiger qu'il fut appelé aux élections de municipalité un sujet résidant dans chacun de ces cantonnemens, classé sous un rôle particulier.

Sous l'un et l'autre de ces points de vue, chaque paroisse, réunie en entier dans la même corporation municipale, conserveroit plus d'unité dans ses principes de répartition, plus de liant dans les intérêts communs et se livreroit moins à ces petites brigues et jalousies que fomentent des corporations secondaires et isolées vis-à-vis (2) la métropole de la paroisse ou chef-lieu.

Le vœu du bureau seroit donc, à cet égard, en premier lieu, que

(1) *L'expéd. ajoute :* dans leur ensemble.
(2) *L'expéd. porte :* contre.

toute parroisse formât l'arrondissement d'une seule et même municipalité, de quelques villages, hameaux ou écarts dont elle fut composée, en élaguant et supprimant toutes les municipalités secondaires qui se sont établies sous prétexte de leurs collectes séparées de celle du chef-lieu.

En second lieu, que, sans revenir sur les municipalités établies en exécution du règlement, à l'avenir et dans les régénérations successives des municipalités (1), on fut obligé de remplacer les membres sortans par des éligibles tirés des arrondissemens particuliers de collectes, au cas toutefois qu'on jugeât à propos de les laisser subsister, en sorte qu'il y eut toujours dans la municipalité au moins un membre pris dans l'arrondissement de chaque collecte particulière.

On observera, au surplus, qu'il ne seroit pas juste, sous prétexte de ces annexions ou réunions en une même municipalité, d'assujettir les cantons d'une parroisse jusques à présents exempts des droits d'aydes, de gabelles, octrois et boucheries, aux droits de cette nature, qui se perçoivent sur le chef-lieu, attendu que cette amalgamation au chef-lieu n'a pour unique but que la composition des corps de municipalités, sans entendre agraver la condition des parcelles qui n'étoient point assujetties à ces droits.

A l'égard des annexes (2) formant une église, une fabrique, un sindicat, une peuplade entièrement distincte du chef-lieu, avec une dénomination et une collecte particulières, ce démembrement de la parroisse doit être regardé (3) comme une commune différente, quoiqu'il en émane originairement, puisqu'il (4) a un régime, tant au spirituel qu'au temporel, absolument propre et distinctif ; qu'il est séparé du surplus de la parroisse par une ligne de démarcation qui, depuis long tems, en assigne les limites, et qu'il renferme souvent une population plus nombreuse que n'en contient la mère parroisse. Ce ne sont point deux paroisses proprement dites, mais ce sont deux communautés qui ne s'identifient pour la plus part dans les mœurs, dans la dénomination, dans le service parroissial, ni dans la répartition de l'impôt. On peut donc, sans inconvénient, autoriser l'érection de leurs municipalités particulières ; il y en auroit peut-être beaucoup à les annuler, à les réunir.

§ 6. — *Sur les parcelles ou cantonnemens des parroisses situées en diverses élections.*

Dans les tableaux présentés au bureau, de l'étendue et de la consistance des différentes élections de la généralité, on a observé que plusieurs élections s'embranchoient réciproquement les unes dans les autres, qu'il y en avoit même qui s'étendoient sur des parroisses assises en des provinces étrangères à la généralité, dans lesquelles elles formoient une scission de territoire.

Sans doute il seroit infiniment désirable de recomposer ces arrondissemens, soit pour la formation des municipalités, soit pour la

---

(1) *Ces deux derniers mots ne se trouvent pas dans l'expéd.*
(2) *Expéd.* : A l'égard de toute annexe.
(3) *Ibid.* : Ces démembrements d'une paroisse érigée en annexes doivent être regardés.
(4) *Ibid.* : puisque chaque annexe.

répartition de l'impôt, de façon qu'une paroisse en entier ne dépendit toujours que d'une seule et même élection, sans être morcellée, ni dans son régime municipal, ni dans son régime fiscal.

D'élections en élections de la même généralité, la chose paroît assez praticable, à la faveur d'échanges de territoires, faits de l'autorité du gouvernement, sur l'avis et les renseignemens donnés, soit par les assemblées de département, soit par l'Assemblée Provinciale, après même avoir consulté à ce sujet les officiers des différents bureaux d'élections.

Telle élection, par exemple, empiette sur le chef-lieu de la paroisse d'une autre élection, à raison d'une parcelle de territoire comportant mille livres de taille ou de vingtièmes; à son tour, elle est entamée dans un autre canton limitrophe, par l'élection qu'elle morcelloit.

Alors, il seroit, ce semble, aisé d'échanger ces parcelles d'écarts, en quelque sorte foraines les unes aux autres, à concurrence d'une remise égale de valeur de territoire, sauf, en cas de disproportion de valeur des parts échangées, à décharger l'élection moins prenante, en proportion de la moins-value du lot qui lui écherroit en contre-échange, et à reverser sur l'élection plus prenante en territoire, une somme en impôt équivalente au bénéfice qu'elle retireroit de l'échange.

Un exemple rendra ceci plus sensible.

Supposons que l'élection de Roanne s'étende sur deux paroisses dont les chefs-lieux sont situés dans l'élection de Villefranche, et que ces parcelles, distraites de leur chef-lieu, supportent mille livres de vingtièmes.

Supposons, d'autre part, que l'élection de Villefranche morcelle quelques paroisses du Roannois et que ces morcellemens donnent à l'élection de Villefranche cinq cents livres dans la même nature d'impôts, le procédé à suivre sera de réunir à l'élection de Villefranche les parcelles de ces paroisses qui se trouvent distraites et de rendre, en échange, à l'élection de Roanne ce que celle de Villefranche possède dans l'enclave de cette dernière.

Mais comme celle de Roanne perdroit, à l'échange, 500 livres d'impôts, puisque ce qu'elle cedderoit en territoire vaudroit 500 livres de plus en impôts que celle qu'elle recevroit dans la même nature de fonds, on déchargeroit l'élection de Roanne de 500 livres sur la masse de ses impositions, pour les porter sur celle de Villefranche; par ce tempérament, la condition des copermutans seroit évidemment égale.

Ces échanges, au reste, ne pourroient s'opérer qu'avec des réserves respectives des droits de juridiction et des prérogatives inhérentes en particulier à chaque territoire échangé, leur unique but étant d'arrondir les municipalités de paroisses à paroisses en leur entier, sans division de parcelles, sans écarts.

A l'égard des morcellemens des paroisses enclavées en partie dans les provinces limitrophes étrangères à la généralité, les échanges seroient sans doute infiniment plus difficiles à concilier, par rapport aux lois, aux usages, au régime et aux limites de ces provinces, à moins d'une loi générale et uniforme dans tout le royaume à ce sujet.

A consulter les instructions addressées à l'Assemblée Provinciale par M. le Controlleur Général, le 4 octobre dernier, ce ministre demande : 1° s'il se trouve des parroisses qui soient actuellement divisés en deux communautés ou collectes particulières ; 2° s'il se trouve aussi des communautés ou collectes qui renferment plusieurs parroisses ou qui renferment des parroisses entières, avec des hameaux, écarts ou villages dépendans des parroisses voisines, ou qui, sans comprendre un seul clocher, ne seroient composées que de portions de parroisses.

Les éclaircissemens exigés tendent nécessairement à réunir les corporations primitives des parroisses morcellées par différentes collectes, comme à classer toutes ces petites communautés éparses, dans la corporation de la parroisse dont elles se trouvent démembrées.

Vous sentez, Messieurs, que pour poser la planche qui doit réunir ces démembremens de parroisse, il nous faudroit sous les yeux le tableau des diverses localités qui sont dans le cas d'être amalgamées, et nous n'avons encore, à ce sujet, ni les renseignemens, ni les moyens d'opérer ces changemens.

La plus part des départements ont absolument gardé le silence là-dessus. D'autres nous ont simplement annoncé que, parmi les parroisses dont ils nous ont donné le dénombrement, plusieurs d'elles n'étoient qu'en partie de leur élection. Nous avons seulement appris vaguement que d'autres communautés ou collectes n'étoient composées que de simples parcelles détachées du chef-lieu des parroisses ; qu'enfin, en quelques autres, on avait tenté d'établir autant de municipalités qu'il s'y trouvoit de collectes particulières.

Mais on ne nous a pas rapporté les états au juste de la qualité ni du nombre des feux, encore moins celui de l'arrondissement de ces collectes éparses et fugitives, non plus que des proportions entre leurs enclavemens d'élections à élections. Nous ne sçaurions, dès là, former que des apperçus dont les résultats se réduisent au simple vœu de voir chaque parroisse ne former qu'une municipalité, de quelque étendüe, collecte ou écart dont elle soit composée, pour la perception de l'impôt, sauf les échanges à proposer d'élections à élections, lorsque l'on se sera procuré des renseignements exacts sur le site, l'étendüe et la qualité des territoires à réunir. Le moment de la création des assemblées provinciales ne sauroit être encore celui du développement de la perfection de toutes les parties de sa constitution.

§ 7. — *Sur le rang des curés dans les assemblées municipales* (1).

L'article 14 porte que le seigneur présidera l'assemblée municipale, en son absence, le sindic.

Il est dit, par l'article 15, que le curé siégera à la gauche du président, et le sindic à la droite, quand il ne présidera pas.

Plusieurs curés se sont fait une délicatesse d'assister aux assemblées municipales, à cause de la présidence et de la préséance accordée sur leur ordre aux sindics de leurs parroisses ; ils ont craint que cela ne fut envisagé, par leurs propres parroissiens, comme une sorte d'avilissement de leur état, attendu que dans les assemblées de département, ainsi que dans l'Assemblée Provinciale, on voit tous les membres quelconques représentans l'ordre du clergé, ainsi que les

(1) *Les paragraphes 7 à 10 inclusivement manquent dans l'expédition.*

curés qui y sont admis, avoir la présséance sur tous les autres ordres de l'Etat, même sur celui de la noblesse, au lieu que les curés, dans les assemblées municipales, ne sont appelés à siéger qu'à la gauche du seigneur quand celui-ci préside, et le sindic à la droite : déférence qui semble les sortir de la classe des membres du premier ordre de l'Etat.

Il a été observé, d'un autre côté, que ne s'agissant, dans ces assemblées, que de matières purement temporelles, le sindic d'une communauté en est réputé le chef et le représentant, comme l'est, dans les villes, le maire ou le premier officier municipal quelconque ; que ce n'est point la qualité individuelle de l'homme qu'il faut considérer en lui, mais le caractère public qui le place à la tête de sa commnnauté ; ce qui doit décider en sa faveur et le droit de présider, au défaut du seigneur, et celui d'occuper, après lui, la première place dans les assemblées, d'autant mieux que ce n'est qu'aux sindics des paroisses que sont adressés directement les ordres et les dépêches relatifs aux intérêts de leurs communautés.

Nous croyons devoir nous borner à ce simple énoncé des considérations à invoquer pour et contre la présséance établie dans les assemblées de paroisses. C'est au gouvernement à les peser dans sa sagesse et à prononcer.

Mais le bureau n'estime pas que MM. les curés soient dans le cas de se faire représenter, en cas d'absence ou d'empêchemens, dans les assemblées municipales, par leurs vicaires, fût-ce même par les vicaires de leurs annexes, parce que, d'une part, le règlement ne leur en attribue pas la faculté ; que, de l'autre, les vicaires ne sont que des desservans amovibles, sans titres de bénéfices, sans caractère qui les attache à la paroisse, et leur confère (1), par conséquent, le droit de s'organiser avec elle.

§ 8. — *Les habitans d'une paroisse peuvent-ils se dispenser, en tout ou en partie, d'assister aux délibérations des communautés concernant des élections des municipalités ? Leur est-il libre de refuser, d'accepter leur nomination ?*

Il est arrivé, dans quelques paroisses, que lors de la formation des municipalités, la majeure partie des habitans s'est dispensée de se trouver à l'assemblée, et qu'à peine s'y est-il trouvé un nombre suffisant pour completter l'élection des membres, dans le nombre proportionné à celui des feux.

Est-on dans le cas d'employer quelques moyens pour contraindre les habitans à se rendre aux assemblées de paroisses, à moins d'empêchemens reconnus légitimes ?

La voye de l'amende seroit sans doute une voye trop rigoureuse et deviendroit souvent une espèce d'impôt dont l'exaction seroit la source d'une pépinière de querelles et d'abus. Y auroit-il de l'inconvénient à faire ordonner que l'absent de l'assemblée seroit, par le seul fait de son absence, déchu de la faculté d'être élu membre de la municipalité à la nomination de laquelle il seroit pour lors procédé, sans toutefois en être exclus dans les élections subséquentes ?

En ce qui touche ceux qui auroient été légitimement élus, leur est-il libre de refuser, d'accepter sans des motifs jugés légitimes ?

(1) *Il y avait d'abord :* qui leur donnent par conséquent.

Question épineuse, si l'on considère les fonctions de la municipalité comme une charge publique, mais qui semble avoir été décidée dans le règlement à l'égard des assemblées provinciales. Il y est dit, en effet, qu'en cas qu'un membre de l'assemblée se retire avant que son tems soit expiré, il sera remplacé dans son ordre par l'assemblée de département. Il doit, ce semble, y avoir une identité de liberté de se retirer, de la part de tous les membres qui constituent l'organisation des assemblées provinciales, parties toutes élémentaires et cohérentes entre elles.

§ 9. — *Sur les représentans du Tiers-Etat, soit dans l'Assemblée Provinciale, soit dans celles de département.*

La représentation actuelle du Tiers-Etat, qui doit composer la moitié de l'Assemblée Provinciale, a paru dans le public en quelque sorte une contravention aux règlemens, en ce que ces représentans sont presque tous tirés du corps des nobles, ennoblis et privilégiés ; ceux-ci ont même cru devoir faire des protestations expresses, que leur représentation dans le Tiers-Etat ne pourra, dans aucun tems, leur être opposée comme une reconnaissance qu'ils en font partie.

Il en est de même de quelques assemblées de département, où les ordres qui les composent ont été ainsi déplacés, soit par le mélange des nobles et des privilégiés dans le Tiers-Etat, soit en substituant au nombre des membres de l'ordre du clergé qui doivent y être appelés, un plus grand nombre de membres tirés de l'ordre de la Noblesse ; de manière que dans un des départemens de la généralité, composé de 24 personnes, il ne se trouve que quatre membres du Clergé, huit de la Noblesse et le surplus du Tiers-Etat.

Le bureau a senti tout l'inconvénient de proposer de revenir sur des élections consommées, surtout dans le doute de sçavoir si les classifications prescrites parmi les représentans des divers ordres, sont plus relatives à la qualité des personnes qu'à la nature de leurs propriétés. Il a donc pensé que l'assemblée devoit se borner au simple exposé des faits et à solliciter de Sa Majesté la manifestation de ses intentions à cette occasion, soit pour prononcer sur l'état actuel de la formation de ces assemblées, soit pour leur régénération suivant l'ordre indiqué par les règlemens.

Il a observé seulement que l'incorporation des privilégiés, non nobles, parmi les représentans du Tiers-Etat, étoit visiblement dans l'ordre des choses.

Le privilège d'exemption de la taille n'étant qu'une exception momentanée à l'état naturel du privilégié, ne le sort point de sa classification individuelle dans le Tiers-Etat, comme le noble. La majeure partie des privilégiés de cette généralité a sa source dans les offices de judicature ou autres ; s'il étoit possible de dettacher de la classe des représentans du Tiers-Etat les possesseurs de ces offices, ce seroit lui enlever une masse de zèle, d'activité et de lumières. Mais il seroit à désirer que, dans la régénération des assemblées, le nombre des privilégiés exempts de la taille et se prétendant peut-être exempts de la corvée, comme une espèce d'accessoire à la taille, fut calculé dans des proportions relatives au nombre des membres taillables, pour écarter la prépondérance et laisser subsister l'équilibre de l'égalité.

§ 10. — *Sur les anciennes municipalités établies dans les villes, par brevet ou en titres d'offices.*

Il y a, dans plusieurs villes de cette généralité, des municipalités existantes antécédemment à l'édit de création des assemblées provinciales et au règlement du 30 juillet.

Ces municipalités étoient ou électives à tems de la part des villes, ou érigées en titre d'office, moyennant finances, par l'édit de 1771, ou brevetées par le Roi, en attendant la levée de ces offices.

Les municipalités de ces deux dernières classes ne donnent guères que de simples prérogatives honorifiques, consistant à convoquer et à présider les assemblées des villes, à faire le logement des troupes, etc., etc. ; mais leur mission n'est point et n'a jamais été, pour la plus part, d'être chargés de la répartition des impôts de la communauté.

Vous vous rappelés, Messieurs, que l'article 1 du règlement porte que dans toutes les communautés où il n'y a pas actuellement des assemblées municipales, il en sera formé une. Sa Majesté n'entendant point changer, pour le moment, la forme de l'administration des municipalités établies.

Ces dernières expressions ne semblent point laisser de prise aux commentaires. Point de municipalités à établir dans les communautés où il y en a une existante. Point de changement pour le moment dans la forme et l'administration de ces dernières.

Quelques villes de la généralité ont tiré de ces termes la conséquence que si la forme et l'administration de ces municipalités établies n'étoit pas de répartir l'impôt, la nouvelle loi n'en a point donné le pouvoir aux officiers municipaux des anciennes créations ; qu'ainsi et en raison de cette faculté de répartir, il étoit libre aux communautés de se donner de nouvelles municipalités, qui auroient principalement cet objet dans leur mission.

Il a été présenté des requêtes ou mémoires à ce sujet à l'Assemblée Provinciale, par les habitans des lieux où il existe des municipalités brevetés ou en titre d'office. Ils prétendent n'être pas dans le cas de placer leur confiance dans des officiers qui, n'étant pas de leur choix, ne sçauroient, par cette raison, être les vrais représentans de leurs communautés ; que, nommés ou pourvus à vie, une pareille administration mettoit, en quelque manière, le sort de leurs concitoyens dans leurs mains ; qu'enfin leur mission n'ayant jamais été de répartir l'impôt, il n'étoit pas naturel de livrer à la discrétion de gens quelquefois étrangers à la communauté, le droit d'asseoir et de distribuer ses impositions.

Ces considérations mûrement pesées, jointes à l'intention annoncée par Sa Majesté de ne vouloir rien changer, pour le moment, à la forme et à l'administration des municipalités établies, ont paru d'un grand poids aux yeux du bureau, car, si le Roi n'a rien entendu changer dans l'administration des anciennes municipalités, il n'a donc point eu la volonté de leur attribuer une autre mission ni d'autres fonctions que celles dont elles jouissoient. Or, si elles ne jouissoient pas, antécédemment, de la faculté distributive et individuelle de l'impôt sur leurs communautés, il suit qu'elles n'en ont acquis ni l'atribution ni le pouvoir ; il suit encore que l'on paroît être en droit (1) de composer de

---

(1) *Une correction porte:* semble être dans le cas, *au lieu de :* paroit être.

nouvelles municipalités qui auront le droit exclusif de s'imposer, que n'avoient pas les administrateurs par charges ou par brevets.

Nous ne dissimulerons point que cette opinion présente l'inconvénient d'avoir deux corps de municipalité dans la même ville, deux corps qui seront perpétuellement en choc et en rivalité de prétentions, deux corps, en un mot, qui ne semblent pas devoir exister concurremment, de crainte d'élever mur contre mur, prérogatives contre prérogatives, représentans contre représentans.

Pour faire cesser cette scission dans les lieux où elle s'est élevée, ou dans lesquels elle est prête à s'introduire, le bureau estime que Sa Majesté doit être supliée de s'expliquer, si elle a entendu attribuer aux anciennes municipalités, établies par brevet ou en titre d'office, le droit qu'elles n'avoient pas de répartir l'impôt. Auquel cas, il n'y auroit point de nouvelles municipalités à créer dans ces lieux, celles établies depuis le 30 juillet seroient réputées comme non avenues, quand même les anciennes ne seroient pas composées du nombre de membres exigé pour les nouvelles formations.

Si Sa Majesté n'a pas entendu attribuer aux anciens officiers municipaux plus de droit qu'ils n'en avoient et qu'ils n'eussent pas celui de répartir l'impôt dans leur communauté, en ce cas, les villes dans lesquelles existent ces anciennes municipalités semblent autorisées à en former de nouvelles, soit pour la répartition de l'impôt, soit pour fournir des députés aux départemens, soit enfin pour remplir tous les objets dont les nouvelles municipalités se trouvent chargées par le règlement du 5 août.

En déclarant par Sa Majesté qu'elle n'entend pas changer, pour le moment, la forme et l'administration des municipalités établies, on voit qu'avant de prendre une détermination définitive à ce sujet, elle s'est réservée de peser, d'après l'expérience, les avantages ou les inconvéniens qui pourroient résulter d'un changememnt quelconque.

Ne seroit-il pas facile de les balancer de manière à concilier tous les intérêts opposés ? En admettant dans les nouvelles municipalités des villes, où il en existe d'anciennes, les officiers d'ancienne création, qui en deviendroient nécessairement membres. De sorte que ces municipalités anciennes n'étant, dans les petites villes, d'ordinaire composées que d'un maire, de deux ou quatre échevins au plus, la communauté nommeroit toujours son sindic, ainsi que le surplus des membres nécessaires à la composition des municipalités, selon le nombre de leurs feux.

Par ce tempérament, on amalgameroit, on identifieroit en quelque sorte tous les membres municipaux de l'ancienne et de la nouvelle création, pour n'en faire qu'une seule et même corporation dans les proportions fixées par le règlement. Les uns et les autres concourroient également à la répartition de l'impôt ; insensiblement, les offices bureaux et les simples brevets à vie s'éteindroient, sans être obligés (1) à des remboursements de finances, dès que les titulaires n'auroient pas cessé d'en jouir ; les communautés auroient du moins une partie de leurs représentans de leur choix, en attendant qu'ils pussent les nommer en entier : tout reprendroit un ordre constant et uniforme dans les petites villes, où ce concours de municipalités est dans le cas d'exister.

On doit pressentir que ce parti moyen décideroit l'opinion du

(1) *Correction :* sans être nécessité à.

bureau, comme ne blessant les droits de personne, comme laissant aux maire et échevins des villes les autres fonctions et prérogatives à eux attribués par les édits de leur création, à l'exception du sindicat qui seroit toujours du choix électif des communautés. Mais n'ayant à proposer que de simples observations subordonnées aux lumières et à la prudence de l'administration, il croit devoir s'y renfermer (1).

§ 11. — *Sur l'époque de la tenue des assemblées de département dans la généralité de Lyon.*

Les dernières instructions de M. le Controlleur général vous annoncent, Messieurs, que les assemblées de département se tiendront dans le mois d'octobre, et au plus tard le 15 du même mois, pour être closes le 30.

Deux observations à faire à ce sujet :

La première est que la plus grande partie des propriétés foncières de cette généralité étant en nature de vignoble, la récolte et l'ameublissement de ce produit se font du 15 septembre à la Toussaint, quelque fois même se perpétuent à un tems plus éloigné, sans compter les préparatifs des vendanges qui absorbent encore quinze jours ou trois semaines du tems qui les précède.

En tenant les assemblées de département dans le mois d'octobre, ce seroit les exposer à une défection presque générale. Peu de propriétaires, quelque zèle qu'on leur suppose pour la chose publique, se décideroient au sacrifice de s'absenter durant la levée et la fabrication d'une perception de fruits prétieux, qui exige toujours l'œil du maître pour veiller à la qualité de ses vins (2).

Ni le seigneur, dont le vignoble considérable forme le principal revenu de sa terre, ni le curé, membre d'une assemblée de département, qui sera au moment de faire la levée de sa dîme, ni le simple bourgeois qui n'aura pour toute fortune que l'expectation d'une récolte exposée à une infinité d'évènemens, ne se décideront point à faire abstraction d'un intérêt urgent, actuel et privé, pour aller, pendant quinze jours, dans une assemblée de département éloignée de leur domicile, s'occuper d'intérêts généraux souvent longtems à se réaliser. Ce n'est point là le moment du sacrifice. Les assemblées resteroient désertes.

D'un autre côté, si les assemblées de département se terminent au 30 octobre de chaque année, avant que ses renseignemens ou ses résultats soient parvenus à l'Assemblée Provinciale, avant que les procureurs sindics soient à même d'en rendre compte, le mois suivant sera bientôt écoulé.

Ce ne sera donc que dans les mois de décembre ou de janvier que pourra se tenir l'assemblée provinciale. Alors il faudra que tous les ordres qui la composent s'expatrient et se rendent du fonds de leurs provinces en la ville de Lyon, dans un tems où les gros propriétaires font, pour l'ordinaire, la perception (3) de leurs fermages et de leurs censives, dans une saison désastreuse, où les pluies, les néges et les glaces laissent à peine les routes praticables, et qu'arrivés dans cette ville, ils se décident à y séjourner au moins un mois entier.

(1) *Corr.* : borner.
(2) *L'expédition porte :* pour veiller à sa manipulation et à sa qualité.
(3) *Expédition :* le recouvrement.

On conçoit aisément, sans avoir besoin de l'énoncer, combien un pareil séjour, dans une aussi grande ville, durant l'hiver, devient fâcheux et dispendieux à la classe la moins aisée des membres de l'assemblée, qui se dérobent à leurs affaires, à leur état, pour y porter l'hommage désintéressé de leur zèle et de leurs services ; combien le froid, joint à la courte durée des jours, rend le travail difficile, incomplet et pénible : considérations sans doute propres à ralentir les élans de la meilleure volonté.

Le bureau, pénétré de tout l'avantage que l'on auroit à faciliter aux membres des assemblées provinciales et de département, les moyens de se former chaque année avec le moins de peines, de dépenses et de sacrifices, a donc cru devoir proposer à l'assemblée de solliciter des bontés de Sa Majesté d'en fixer la tenue à des époques plus commodes pour la levée des récoltes et moins rigoureuses pour la saison.

Il penseroit qu'en fixant celles de département à la fin de may ou au commencement de juin, et l'Assemblée Provinciale au mois d'août, il n'y auroit, pour les membres qui les composent, aucun tems soustrait aux récoltes (1) ; que, dans ces deux saisons, les transports seroient plus faciles, les séjours moins onéreux ; qu'il y auroit plus d'heures dans le jour à consacrer au travail, conséquemment plus de tems à économiser ; qu'enfin, il n'y auroit rien de changé dans l'ordre des choses, par rapport à la répartition de l'impôt, dès que les commissions intermédiaires, toujours en activité, seroient libres d'y vaquer aux mêmes époques que l'ont fait, jusqu'à présent (2), messieurs les Intendans dans les provinces.

§ 12. — *Mais par qui les rôles des impositions quelconques seront-ils vérifiés, arrêtés et rendus exécutoires.*

Jusqu'ici, quatre autorités concourraient à rendre la perception annuelle des impôts exécutoire et légale : le Conseil, les bureaux des finances, Messieurs les Commissaires départis et les bureaux des élections.

Actuellement que l'on introduit un nouvel ordre de choses, que les assemblées provinciales se trouvent chargées de la répartition de chaque impôt, on ignore par quelle voye, de quelle manière et en vertu de quelle autorité les rôles de taille, de capitation, de vingtièmes et de corvées, à la confection desquels les assemblées auront procédé, seront rendus exécutoires.

Pour n'éprouver de contradiction de la part de qui que ce soit à ce sujet, pour n'avoir pas à lutter contre les juridictions et les cours, qui ont la connaissance de ces matières, il y a lieu d'espérer que Sa Majesté daignera faire revêtir le règlement qui contiendra le régime de la perception de l'impôt, ainsi que celui qu'elle jugera à propos de faire dresser définitivement pour tout ce qui regarde la constitution des assemblées provinciales, de la sanction nécessaire, pour assurer le droit des représentans et celui des contribuables, prévenir le choc des anciennes loix avec les loix nouvelles et asseoir sur des bases invariables la tranquillité publique (3).

(1) *Expédition :* à la perception de leurs revenus, *au lieu de :* aux récoltes.
(2) *L'expédition termine :* époques qu'on l'a pratiqué jusqu'à présent.
(3) Tout le début de ce paragraphe manque dans l'expédition.

Avant de terminer ce rapport, ce seroit peut-être ici le lieu de mettre en question si la composition et la mission des municipalités ne seroit pas susceptible d'une infinité de modifications qui les simplifiassent, s'il ne seroit pas possible de leur épargner une déperdition immense de tems et de frais, presque inséparable de leur constitution. Les vues bienfaisantes de Sa Majesté dans l'établissement des assemblées provinciales et dans le sistème de leur organisation ont sans doute déjà prévus et balancés, dans sa justice, les inconvéniens comme les avantages de cette formation. C'est à nous à la respecter, sauf à en déférer par la suite à sa sagesse, ce que l'expérience pourra avoir démontré d'inutile ou d'abusif dans les résultats de cette composition.

L'objet de ce rapport n'a été, comme vous vous en apercevez, Messieurs, qu'une espèce de commentaire du règlement relatif à la composition des assemblées municipales et une dénonciation générale des vues et des irrégularités qui se rencontrent dans la plus part de celles qui viennent d'être établies dans cette généralité. C'est un simple tracé de la violation ou de l'omission des formes exigées, pour leur donner une concistance légale ; des bases jetées provisoirement n'ont pu amener, de notre part, que de simples observations, des doutes et des propositions sur la manière de rectifier ces irrégularités, car nous n'avons que le droit d'observer, de représenter, non celui de prononcer, de décider. Ce ne sont, dans nos mains, on le répète, que des doutes à motiver, plutôt qu'à résoudre. En les faisant passer sous les yeux de l'administration, il en sortira des traits de lumières et des décisions propres à rétablir les choses dans l'ordre qui leur a été prescrit et à prévenir toute espèce d'interprétation pour l'avenir.

Afin d'obtenir ces décisions, qui deviendront le résultat et la solution de notre travail, nous finirons par poser les questions suivantes, sur lesquelles l'administration daignera s'expliquer :

1° Quelles voyes à employer pour contraindre les parroisses qui ne se sont pas formées en municipalités à satisfaire au règlement ?

2° Toute personne domiciliée ou non dans une parroisse, propriétaire ou non propriétaire, mais y acquittant 10 livres de toutes impositions, a-t-elle le droit de voter dans les délibérations et élections des communautés ?

3° Le propriétaire forain ou non domicilié dans une parroisse, mais y ayant feu, et payant 30 livres d'impositions, peut-il être élu membre de la municipalité de la parroisse ?

4° Au cas que les forains possèdent collectivement entre eux plus de la moitié des propriétés de cette parroisse, ne sont-ils pas fondés à demander que l'on choisisse dans leur classe la moitié des membres de la municipalité ?

5° Comme les propriétaires forains ont été, dans presque toutes les communautés, exclus des municipalités, n'est-il pas convenable de les substituer aux membres qui auront été illégalement élus ou qui seront, par la suite, dans le cas d'être remplacés, en nombre proportionné au quart, au tiers ou à la moitié de la masse des propriétés qu'ils posséderont, entre eux tous, dans la parroisse ?

6° Les simples fermiers ou cultivateurs, domiciliés dans une parroisse, sans propriétés, mais acquittant 30 livres de toutes impositions, ont-ils l'aptitude à être élus membres des municipalités?

7° Que faut-il faire par rapport aux paroisses qui n'ont pas un nombre suffisant d'habitans propriétaires domiciliés, payant 30 livres d'impôts, pour completter une municipalité; ou par rapport à celles qui, en ayant suffisamment, ont, par cabale ou par innattention (1), élus aux municipalités des habitans au-dessous du taux de l'impôt prescrit? La nomination de ceux-ci sera-t-elle nulle? Comment, en ce cas, par quelle voye et de quelle autorité procédera-t-on à leur remplacement?

8° Faut-il, pour être élu au sindicat des paroisses, également être imposé à 30 livres d'impositions personnelles ou foncières?

9° Dans un des départements, on a élu huit membres dans le corps de la Noblesse et quatre membres seulement tirés de l'ordre du Clergé, quoiqu'on estime que ces deux ordres dussent concourir en nombre égal. En résulte-t-il une irrégularité dans la formation de cette assemblée? Comment la rectifier? Ne suffiroit-il pas, pour ne point déranger l'état des choses, d'ordonner que l'on se conformera à l'ordre prescrit, lorsqu'il s'agira de procéder à l'avenir au remplacement ou régénération des membres de ce département?

10° Dans les classes indiquées pour la formation des assemblées paroissiales, ainsi que de celles de département, est-il régulier d'avoir introduit, parmi les représentans du Tiers-Etat, des nobles et jusqu'à des seigneurs propriétaires des terres, de manière que cet ordre envahit presque en entier celui des représentans du Tiers-Etat, malgré le choc d'intérêt qui peut s'élever entre eux; ce qui semble éluder les points fondamentaux du régime admis (2).

11° Dans les paroisses où l'on a élu plus ou moins de membres de municipalité que ne le comporte le nombre de leurs feux, faudra-t-il procéder à de nouvelles élections?

12° Les villages, hameaux ou écarts d'une même paroisse sont-ils autorisés à former une municipalité distincte de celle du chef-lieu, sous prétexte qu'ils sont en possession d'avoir une collecte séparée? N'est-ce pas, au contraire, le cas de les réunir sous une seule et même corporation, quand même on se décideroit à leur conserver leur collecte différente, pour faciliter la perception de l'impôt, à condition toute fois, dans ce dernier cas, que la répartition s'en feroit par les membres de la municipalité, parmi lesquels il y en auroit toujours un pris dans l'arrondissement de chaque collecte?

13° Enfin quelle est la voye qu'il plaira à Sa Majesté de prescrire pour réunir au chef-lieu des paroisses les parcelles qui en sont détachées et qui sont situées dans les élections de la même généralité, autres que celles du ressort du chef-lieu?

Le bureau se permet d'espérer que le Conseil de Sa Majesté daignera accueillir ces diverses questions et en donner la solution. Il sera facile alors, si le Conseil de Sa Majesté juge à propos de donner sa solution sur chacune des questions que l'on vient de poser, il sera facile de faire l'explication de ses décisions à toutes les municipalités dont l'existence ne seroit pas conforme aux dispositions du règlement, et de les rétablir suivant l'ordre et le régime qui leur ont été prescrits (3).

(1) *Les mots « par cabale ou inattention » sont supprimés dans l'expédition.*
(2) *Ce paragraphe 10, est supprimé dans l'expédition.*
(3) *La fin du rapport n'est pas reproduite par l'expédition.*

En terminant ce rapport, il nous reste, MM., un dernier vœu du bureau à vous proposer : celui d'arrêter, pour votre régime intérieur, que dans toutes les séances où il aura été fait un rapport dans lequel il s'agira de se déterminer sur une matière jugée importante, il ne sera pris ni arrêté de délibération sur la matière agitée que le lendemain ou le surlendemain du jour du rapport.

Vous annoncer ce vœu, c'est indubitablement prévenir le vôtre. Il n'est personne qui ne sente tout l'avantage à retirer d'une manière d'opiner plus réfléchie ; personne qui, malgré toute la perspicacité dont il peut être doué, puisse se flatter d'avoir saisi, à la suite d'une lecture rapide, les faces diverses de l'objet qu'on lui présente pour la première fois, sur des matières qui ne lui sont pas familières.

L'avis du bureau dont émane le rapport, doit être assurément du plus grand poids sur les suffrages de l'assemblée. Les matières y ont été triturées, examinées, pesées avec toute l'attention dont elles sont susceptibles. Mais il n'est point d'inconvénient à laisser refroidir cette première impression qui entraîne, qui subjugue les esprits sans les avoir toujours convaincus, et il peut y en avoir beaucoup à se décider trop promptement sur l'opinion d'autrui ; du moins, est-il naturel d'aimer à ne prendre parti que d'après la sienne, et de ne profiter des lumières des autres que pour déterminer son propre sentiment. Ce vœu du bureau est fait pour être accueilli par une assemblée dont la sagesse et la prudence sont le principe, la base des opérations.

XIII

PROCÈS-VERBAL

du département de Lyonnois, Forez et Beaujolois.

25 Février 1790 (1).

DÉPARTEMENT DU LYONNOIS, FOREZ ET BEAUJOLOIS

Procès-verbal.

Ce jourd'hui trente janvier mil sept cent quatre-vingt-dix, les députés de la ville de Lyon, du Lyonnois, Forez et Beaujolois, réunis en un seul département, d'après le décret de l'Assemblée Nationale du 13 du dit mois, étant assemblés en Comité, pour régler la division de leur département en districts et en cantons, après avoir pris lecture de leurs délibérations des 9 et 12 janvier, annexées au présent procès-verbal, sont convenus de proposer au Comité de Constitution la division de leur département en six districts dont les chefs-lieux seroient : Lyon, pour le district de la ville, compris ses faubourgs et leurs dépendances ; Saint-Etienne, pour celui du sud-ouest ; Mont-

(1) Ce document est reproduit d'après l'imprimé de la Bibl. de la ville de Lyon, fonds Coste, n° 7105, 112497, imprimé « *à Lyon, de l'imprimerie du roi, rue Saint-Dominique*, MDCCXC », portant au faux titre : « *Département Entre-Rhône-et-Loire* ».

brison, pour celui de l'ouest ; Roanne, pour celui du Nord ; Villefranche, pour celui du nord-est ; arrêté que les assemblées du district de l'intérieur ou de la campagne de Lyon se tiendront dans la ville de Lyon, sous la condition portée dans une des délibérations du 9 dudit mois, que le siège du département et de son directoire sera alternativement dans chacun des chefs-lieux de districts, dans l'ordre suivant, savoir : Lyon, pour le district de la ville, une seconde fois pour celui de l'intérieur ou de la campagne de Lyon, Montbrison, Saint-Etienne, Roanne et Villefranche, sauf aux électeurs du département, quand ils seront assemblés, à changer cet arrangement et à en faire tel autre qu'ils aviseront, sous la réserve expresse que la division des districts et de leurs cantons n'est que provisoirement arrêtée.

Le vingt-cinq février, audit an, les susdits députés, assemblés en comité, après avoir pris lecture du décret de l'Assemblée Nationale en date du 3 février, présent mois, conforme à leurs précédentes délibérations, ont arrêté : 1° la fixation des limites de leur département ; 2° la division de leurs six districts ; 3° leur sous-division en cantons, ainsi qu'il sera expliqué ci-après,

Un échange étant nécessaire avec le département de Mâcon, d'accord avec les députés de ce département, l'échange suivant a été arrêté :

Les députés commissaires respectifs pour la division des départements de Lyon et Mâcon et autorisés à faire ensemble les échanges de convenance, pour fixer d'une manière irrévocable les limites des susdits départements, sont convenus, d'une part, que le département de Mâcon donne à celui de Lyon les paroisses de Saint-Forgeux, de Saint-Germain-l'Epinasse, les parties de Briennon qui dépendoient de la Bourgogne, et la paroisse d'Azolette, dépendante du Mâconnois.

Et, d'autre part, en échange, le département de Lyon donne à celui de Mâcon les paroisses d'Iguerande, de Saint-Bonnet-de Cray et parties de celles de Saint-Julien-de-Cray et de Vivans, ci-devant appartenant au Forez et Lyonnois.

De plus, il a été arrêté que les anciennes limites des provinces respectives seront conservées en leur entier, en convenant en outre que le clocher des paroisses emportera avec lui tous les fonds qui en dépendent, dans quelque département qu'ils se trouvent. Fait triple entre nous, dont un des originaux sera déposé au bureau des archives de l'Assemblée Nationale, à Paris, ce 21 janvier 1790.

Signé : le marquis d'Igoine du Palais, le comte de Grésolles, de Boisse, Humblot, Repoens, Verchère de Ressy.

Les villages de Riottier, de Saint-Bernard et de Saint-Didier, entièrement enclavés dans la principauté de Dombes, ont été cédés à cette province sans compensation.

Une partie du faubourg de la Croix-Rousse et de la paroisse de Caluyres joignant les murs de la ville de Lyon, étant une dépendance de la province de Bresse, il a été arrêté et convenu avec les députés de cette province, que les deux parties ci-dessus nommées seroient réunies au département de Lyon et qu'en échange on céderoit à la province de Bresse les villages de Genay, de Civrieux et de Saint-Jean-de-Thurignieux, faisant partie de l'ancien Franc-Lyonnois. Les limites du département ont été fixées de la manière suivante et tracées sur la carte déposée au Comité de constitution.

ANNEXES

Département du Lyonnois, Forez et Beaujolois.

Limites entre l'Auvergne et ledit département.

EN DEDANS	EN DEHORS
Saint-Priest-la-Prugne.	Saint-Victor-sur-Thiers.
Cervières.	Arconsat, d'après le vœu que manifestera la communauté.
Noirestable.	
Saint-Priest-la-Vestre.	Saint-Remi.
Saint-Jean-la-Vestre.	Celles.
La Chambas.	Ecoutoux.
Chalmazel.	Volloure.
Sauvin.	Epinasse.
Saint-Bonnet-des-Courreaux.	Aubusson.
Chatel-Neuf.	Augerolles.
Roche-sur-Montbrison.	Olmet.
Lérignieux.	Le Brugeron.
Bard.	Marat.
Verrières.	Vertolaye.
Chazelle-sur-l'Advieu.	Job.
Gumières.	Valcivières.
Solémieux.	Saint-Anthelme.
Saint-Jean-Solémieux.	Saint-Clément.
Marois.	Saint-Romain.
La Chapelle-en-la-Faye.	La Chaulm.
Mont-Archer.	Saillans.
Estivareilles.	Viverols.
Usson.	Sauvessange.
Apinhac.	Saint-Jean-d'Aubrigoux.

Entre le Bourbonnois et ledit département.

EN DEDANS	EN DEHORS
Saint-Priest-la-Prugne.	La Prugne.
Cherrier.	Saint-Clément-de-Montagne.
Arcon.	Saint-Nicolas-des-Briefs.
Les Noës.	Châtel-de-Montagne.
Saint-Rirand.	Arfeuille.
Ambierle.	Chatelus.
Saint-Bonnet-des Quarts.	Saint-Pierre-Laval.
Saint-Martin-d'Estraux.	Droiturier.
Sail.	Ende-la-Roche.
Urbise.	Monteiguet.
	Lenax.
	Seyron.

Entre la Bourgogne et ledit département.

EN DEDANS	EN DEHORS
La Paccaudière.	L'Hôpital-de-Chenay et Chenay provisoirement.
Tourzy.	
Arçon.	Mélay.
Changi.	Vivans.
Saint-Forgeux.	Ygrande.
Noailly.	Fleury.
Briennon.	Saint-Bonnet-de-Cray.

Traverser la Loire.
Saint-Pierre-la-Noaille.
Charlieux.
Saint-Denis-de-Cabannes.
Mésilly.
Mars.
Ecoche
Belmond.

Saint-Martin.
Coublan.
Francon.
Saint-Igny-la-Roche.

Entre le Velay et le dit département.

EN DEDANS	EN DEHORS	
Apinac.	Pont-Empeira.	
Saint-Hilaire.	Aurec.	
Rosier.	Saint-Pal.	Cédé au Velay, suivant le décret du 26 janv. 1790.
Saint-Maurice-en-Gourgeois.	Boisset-les-Tiranges.	
Saint-Paul-en-Cornillon.	Bas-en-Basset et	
Cornillon.	La Chapelle-d'Aurec.	
Firminy.	Saint-Just-les-Velay.	
Saint-Ferriol.	Saint-Didier.	
Les Etuffes ou Zonzieu.	Saint-Victor-de-Malescours.	
Marlhes.	Saint-Romain-Lachal.	
Riotord.	Dunières.	
L'Abbaye-de-Clavas.	Saint-Jullien-Molin, Sabatte.	

Entre le Vivarais et le dit département.

EN DEDANS	EN DEHORS
Saint-Martin-de-Burdigne.	Saint-Jullien-Vaucance.
Bourg-Argental.	Monestier.
Saint-Julien-Molin-Molette.	Vanorq.
Saint-Appolinard.	Toissieu.
Maclas.	Saint-Marcel-les-Annonay.
Luppé.	Saint-Jacques-d'Attissieux.
Saint-Pierre-de-Bœuf.	Charnas.
Le Rhône qui sépare le Dauphiné.	Lymony.

Entre le Mâconnois et le dit département.

EN DEDANS	EN DEHORS
Azolette.	Chaufaille.
Saint-Germain-la-Montagne.	Meusi.
Saint-Ygny-de-Vers.	Chassigne.
Saint-Bonnet-des-Bruyères.	Saint-Rachau.
Aigue-Perce.	Gible.
Saint-Pierre-le-Vieux.	Matour.
Trades.	Trambli.
Germolle.	Saint-Léger.
Cenves.	Tramail.
Saint Jacques-des-Arrêts.	Serière.
Juillé.	Saulutrai.
Juilliénat.	Chasselas.
Chenas.	Prussilly.
Fleury.	Saint-Veyrand.
Chirouble.	Saint-Amour.

Villiers.	La Chapelle.
Lancier.	Romanèche.
Corcelles.	La Saônne.
Dracé.	
La Saônne.	

Entre la Bresse et le dit département.

EN DEDANS	EN DEHORS
Neuville.	Genest.
Fleurieux.	Montanay.
Fontaines.	Satonay.
Caluyres.	Rilleux.
Crépieux.	Le Rhône.
Le Rhône.	

Entre le Dauphiné et le dit département.

EN DEDANS

Le faubourg de la Guillotière et ses dépendances, compris la Tête-d'Or et Champagnieux.

Division du département du Lyonnois, Forez et Beaujolois en six districts.

La ville de Lyon, provisoirement chef-lieu dudit département.

Chefs-lieux des districts : Lyon, Saint-Etienne, Montbrison, Roanne, Villefranche.

Les assemblées du district de l'intérieur ou de la campagne de Lyon se tiendront à Lyon.

Dans tous les districts, les parcelles sont réunies à leur clocher.

Le district de la ville de Lyon comprendra la ville, ses faubourgs et leurs dépendances.

Le faubourg de la Guillotière a été déclaré, par un décret de l'Assemblée Nationale du six février mil sept cent quatre-vingt-dix, faire partie de la ville de Lyon ; ledit décret est annexé au présent procès-verbal.

La partie du faubourg de la Croix-Rousse dépendante de la province de Bresse a été échangée et demeure réunie au district de Lyon. L'acte d'échange se trouve à la suite du présent procès-verbal.

District de l'intérieur ou de la campagne de Lyon.

Noms des villes, bourgs et villages composant le dit district, savoir :

Bessenay, Brésieu, Brullioles, Longessaigne, Montrotier, Saint-Jullien-sur-Bibost et Bibost, Condrieu, Les Hayes, Longes, Tupin et Semons, Chasselai, Civrieu, Dommartin, Les Chères, Limonest et Saint-André, Lissieu, Marcilly-d'Azergues, Poleymieux, Quincieux, Saint-Germain-au-Mont-d'Or, Chassagny et Saint-Martin-de-Cornas, Echalas, Givors et Bans, Saint-Andéol-le-Château, Saint-Romain-en-Gier, Trèves, Bully, Eveux, Fleurieux, l'Arbresle, La Tour-de-Salvagni, Lentilly, Nuelle, Sarcey, Savigny, Sain-Bel, Saint-Germain-sur-l'Arbresle. Saint-Pierre-la-Palud, Sourcieux-sur-Sain-Bel, Charly, Grigny, Millery, Montagny, Orliénas, Taluyers, Vernaison, Vourles, Chaussan (Saint-Jean-de), Mornand, Riverie, Rontalon, Saint-André-la-Coste, Sainte-Catherine-sur-Riverie, Saint-Didier-sous-Riverie, Saint-Jean-de-Toulas, Saint-Laurent-d'Agny, Saint-Maurice-sur-d'Argoire, Soucieu, Saint-Sorlin, Albigny, Couzon, Curis, Fleurieux, Fontaines, Neuville, Rochetaillée, Saint-Romain-de-Couzon ou au Mont-d'Or, Ampuis, Loire, Sainte-Colombe, Saint-Cyr-sur-le-Rhône, Saint-Romain-en-Gal, Caluires, Colonges, Cuires, D'Ardilly, Ecully, Saint-Cyr-au-Mont-d'Or, Saint-Didier-au-Mont-d'Or, Saint-Rambert et l'Isle-Barbe, Brignais, Chaponost, Irigny, Francheville, Oullins, Sainte-Foy, Saint-Genis-Laval, Tassin et Charbonnières, Chambost, Haute-Rivoire, Le Fenoyl, Meys, Saint-Clément-les-Places, Sainte-Foy et Saint-Genis-l'Argentière, Saint-Laurent-de-Chamousset, Souzy, Ville-Cheneve, Aveize, Saint-Etienne-de-Coise, Grezieu-Souvigny, La Chapelle-en-Vaudragon, Larajasse, l'Aubépin, Pommeys, Saint-Symphorien-le-Château, Brindas, Chevinay, Courzieu, Grezieu et Craponne, Pollionnay, Sainte-Consorce et Marcy-les-Loups, Saint-Genis-les-Ollières, Vaugnerai, Duerne, Messimi, Montromant, Rochefort, Saint-Martin-en-Haut, Thurins, Vaux (Saint-Laurent-de), Izeron et Chateau-Vieux.

District de Saint-Etienne.

Noms des villes, bourgs et villages composant ledit district, savoir :

Rochetaillée, Saint-Etienne et ses parcelles, Saint-Ferréol, Saint-Paul-en-Cornillon, Firminy, Saint-Sauveur, Versanne et Rutiange. Argental, Saint-Jullien-Molin-Molette, Saint-Pierre-en-Colombaret, Burdigne, Bourg-Argental, Saint-Jullien-en-Jarêt, Saint-Martin-Accoillieu, Izieu, Saint-Andéol-la-Valla, Saint-Jean-de-Bonnefond, Saint-Chamond, Saint-Genest-Lerpt, Saint-Victor-sur-Loire, Le Chambon, Riotor, Jonzieu, Marlhes, Chyers, La Chapelle, Saint-Michel-sous-Condrieu, Pellussin, Farney, Doyzieu, Pavezin et Juriou, Saint-Paul-en-Jarêt, Villars, Saint-Priest, La Tour-en-Jarêt, Saint-Heand, La Foulhouse, Tarantaise-en-Praroué, Saint-Romain-les-Atheux, Saint-Genest-de-Mallifaux, Chavanay, Malleval, Luppé, Saint-Pierre-de-Bœuf, Château-Neuf-d'Argoire, D'Argoire, Tartaras, Saint-Genis-Terre-Noire, Saint-Martin-la-Plaine, Rive-de-Giers, Fontanes, Saint-Romain-en-Jarêt, Notre-Dame-de-Sorbière, Chagnon, Cellieu, Saint-Christo, Saint-Appolinard, Veranne, Bessey, Royzey, Maclas.

District de Villefranche.

Noms des villes, bourgs et villages composant ledit district, savoir :

La ville de Villefranche, Limas, Béligny, Chéringes, Glaizé, Lacénas, Cogny et Rivolet, Mont-Melas, Denicé, Poully-le-Chatel, Oully, Arnas, Saint-George-de-Renain, Saint-Julien, Blacé et Salles, Vaux, Arbuissonas, Beaujeu, Ouroux, Avenas, Vaux-Renard, La Chaisse et Bussy, Les Ardillats, Vernay, Saint-Didier, Les Eteux, Lantignié, Durette, Régnier, Quincié, Marchand, Clavaisolles, Chenelette, Poule, Belle-Ville, Lancier, Corcelle, Dracé, Saint-Jean-d'Ardières, Taponas, Saint-

Lagier, Cercié, Saint-Etienne, Charantay, Odenas, Anse, Ambérieux, Saint-Cyprien, La Chassagne, Marcy, Lucenay, Morancé, Chazai, Lauzanne, Alix, Charnay et Belmont, Poully-le-Monial, Liergues, Pomiers, Tarare, Saint-Marcel-l'Eclairé, Affoux et Rozérette, Saint-Loup, Saint-Forgeux, Saint-Romain-le-Popey, Saint-Vérand, Daraizé, Olme, Valsonne et Dienne, Les Sauvages, Joux-sur-Tarare, Saint-Clément-de-Valsonne, Aucy, Bois-d'Oingt, Oingt, Saint-Laurent-d'Oingt, Sainte-Paule, Bagnols, Frontenas, Chessy, Le Breuil, Chatillon-d'Azergues, Thezé, Ville et Jarnioux, Légny, Moiré, Chamelet, Létrat, Ternant, Chambost-sur-Chamelet, Saint-Cyr-le-Chatoux, Saint-Nizier d'Azergues, La Mure, Grandrit, Saint-Sorlin, Thizy, Bourg-de-Thizy, La Chapelle-de-Mardore, Mardore, Cours, Marnand, Ranchal, Saint-Bonnet-le-Troncy, Saint-Vincent-de-Rein, Thel, Amplepuis et Bourg-d'Amplepuis, Cublise, Ronno, Saint Appollinaire, Saint-Jean-la-Busière, Saint-Just-d'Avray, Saint-Bonnet des-Bruières, Saint-Ygny-de-Vers, Propières, Azolette, Monsol, Saint Pierre-le-Vieux, Trade, Germolle, Saint-Christophe, Saint-Mamer Saint-Jacques des-Arrets, Cenves et Burnézay, Villiers, Eméringes Julié, Juliéna, Fleury, Chenas, Chirouble.

District de Montbrison.

Noms des villes, bourgs et villages composant le dit district, savoir :
Montbrison et sa banlieue, Moingt, Savignieux, Champ-Dieu, Pralong, Marcilly, Essertines, Champs, Précieux et Grezieux, Saint-Thomas, Lésignieux et ses parcelles, Ecotay, Bard, Chalain-d'Uzor, Mont-Verdun, Chambéon, Poncins, Lérignieux, Chatel-Neuf, Magnieu-Haute-Rive, Saint-Paul-d'Usor, Mornand, Verrières-sur-Ecotay, Roche-sur-Montbrison, Saint-Georges et Monsupt, Saint-Romain-le-Puy, Saint-Cyprien, Veauchette, Craintillieu, l'Hopital-le-Grand, Ugnias, Boisset-lez-Mont-Rond, Chalain-le-Comtal, Saint-Just-sur-Loire, Chambles, Bonson, Andrézieu, Bothéon, Veauche, Saint-Maurice-en-Gourgois, Perigneux, Miribel et Parcelles, Sury-le-Comtal, Saint-Rambert, La Chapelle-en-la-Faye, Mont-Archer, Luriecq, Saint-Prist et Boisset, Chenereilles, Marol, Saint-Marcellin, l'Advieu, Gumières, Chazelle-sur-l'Advieu, Saint-Jean et Soleymieux, Estivareilles, Saint-Nizier, Usson, Apinhac et ses parcelles, Merle-Leniecq et parcelles, Roziers et ses parcelles, Saint-Hilaire et ses parcelles, La Tourette, Saint-Bonnet-le-Chateau, Rivas, Chambœuf, Saint-Bonnet-les-Oulles, Saint-Cyr-les-Vignes, Marclopt, Aveizieux, Chevrières, Saint-Médard ou Saint-Miard, Cusieux, Meylieux et Mont-Rond, Saint-Galmier, Bellegarde, Maringes, Viricelles, Virignieux, Chatelus, Saint-Denis-sur-Coise, Grammont, Saint-André-le Puy, Chazelles-sur-Lyon, Saint-Laurent-la-Conche, Valeilles, Saint-Martin-l'Estra, Saint-Barthélemy-l'Estra, Essertines, Panissières, Rosiers, Jas, Cottances, Salvizinet, Sail-en-Donzy, Saint-Paul-d'Epercieux, Sury-le-Bois, Pouilly-les-Feurs, Le Palais et Civen, Epercieux, Feurs, Marcoux, La Bouteresse, Sainte-Agathe, Saint-Etienne-le-Mollard, Frélins et Leignieux, Cleppé, Sainte-Foy-en-Bussy, Mizérieux, Nervieux-en-Grénieux, Bussy-Albieux, Saint-Sulpice-en-Bussy, Arthun, Saint-Sixte, Hopital-sur-Rochefort, Saint-Laurent en-Solore, Rochefort, Le Sail-de-Couzan, Boën, Sezay, Allieu, Sauvin, Chalmazel, Saint-Just-en-Bas, Palognieux, La Côte-

en-Couzan, Saint-Bonnet-le-Couraux, Saint-George-en-Couzan, Cervières, Les-Salles, Saint-Jullien-la-Vestre, Saint-Priest-la-Vestre, Saint-Jean-la-Vestre, Saint-Didier et la Cote-en-la-Valla, La Chambas, Noirestable.

District de Roanne.

Noms des villes, bourgs et villages composant ledit district, savoir :

Roanne, Aiguilly, Ambierle, Amions, Arcinge et Ecoche, Arçon, Balbigni, Beaulieu, Belle-Roche, Bussières, Bully, Briennon, Changy, Crozette, Charlieu, Belmont, Chandon, Champoly, Cunzié, Chérier ou Cheray, Cordelle, Comelle, Crémeaux, Cher à Simon et Machésal, Combres, annexe de Saint-Victor, Croizette, Coutouvre, Dancé, Gresolles, Jarnosse et Roger, Juré-le-Bourg, Juré-Saint-Just, Lentigny, La Gresle, Les-Fourneaux, Luré, Les Forges ou les-Noës, Mably, Maizilly, Mars, Montagni, Haulieu, Néronde, Noailly-en-Roannois, Notre-Dame-de-Boisset, Neulise, Nandax, Neaux, Ouches, Pinay, Pommier, Pouilly-Roannois, Pouilly-sous-Charlieu, Nacone ou Pradines, Perreux et le bourg, Parigny, Renaison et le Bourg, Régny, Sail-lez-Chateau-Morand, Saint-André, Saint-Bonnet-des-Quarts, Saint-Martin-Destraux, Saint-Romain-la-Mothe, Saint-Rirand, Saint-Priest-la-Prugne, Saint-Haond-le-Chatel, Saint-Haond-le-Vieux, Saint-Martin-de-Boisy, Saint-Victor, Souternon, Saint-Paul-de Vezelin, Saint-Sulpice, Saint-Julien-d'Odes, Saint-Léger, Saint-Forgeux, Saint-Germain-l'Epinasse, Saint-Polgue, Saint-Germain-Laval, Sainte-Agathe, Saint-Martin-la-Sauveté, Saint-Romain-d'Urphé, Saint-Justen-Chevalet, Saint-Marcel-d'Urphé, Saint-Georges-de-Baroille, Saint-Priest-la-Roche, Sainte-Colombes, Saint-Marcel-de-Felines, Saint-Jodard, Saint-Just-la-Pendue, Saint-Cyr-de-Favières, Saint-Cyr-de-Vallorges, Saint-Vincent-de-Boisset, Savelinges, Saint-Hilaire, Saint-Simphorien-de-Lay, Saint-Denis-de-Cabanne, Saint-Pierre-la-Noaille, Saint-Germain-la-Montagne, Saint-Nizier, Saint-Maurice, Villers, Vernay, Villerest, Ville-Montais, Vendrange, Violey-Montipon, Verrières, Vougy, Urbise.

Sous-division des districts en cantons.

La ville de Lyon sera divisée en trente cantons.

Le district de l'intérieur ou de la campagne de Lyon est sous-divisé en quinze cantons, dont les chefs-lieux sont, savoir :

Bessenay, Condrieu, Chasselay, Givors et Bans, L'Arbresle, Millery, Mornant, Neuville, Sainte-Colombe, Saint-Cyr-au-Mont-d'Or, Saint-Genis-Laval, Saint-Laurent-de-Chamousset, Saint-Symphorien-le-Chateau, Vaugneray, Yzeron et Chateau-Vieux. Arrondissement des cantons :

1er, BESSENAY : Brésieu, Brullioles, Longe-Saigne, Montrotier, Saint-Julien-sur-Bibost et Bibost, Ville-Cheneve. 2°, CONDRIEU : Les Hayes, Longes, Tupin et Semons. 3°, CHASSELAY : Civrieux, Dommartin, Les Chères, Limonest et Saint-André, Lissieu, Marcilly-d'Azergues, Poleymieux, Quincieux, Saint-Germain-au-Mont-d'Or.

ANNEXES

4ᵉ, Givors et Bans : Chassagni et Saint-Martin-de-Cornas, Echalas, Saint-Andéol-le-Chateau, Saint-Romain-en-Gier, Trêves. 5ᵉ, L'Arbresle: Bully, Eveux, Fleurieux, La Tour-de-Salvagny, Lentilly, Nuelle, Sarcey, Savigny, Saint-Bel, Saint-Germain-sur-l'Arbresle, Saint-Pierre-la-Palud, Sourcieux-sur-Saint-Bel. 6ᵉ, Millery : Charly, Grigny, Montagni, Orliénas, Taluyers, Vernaison, Vourles. 7ᵉ, Mornant : Chaussan (Saint-Jean-de), Riverie, Rontalon, Saint-André-la-Coste, Sainte-Catherine-sur-Riverie, Saint-Didier-sous-Riverie, Saint-Jean-de-Toulas, Saint-Laurent-d'Agny, Saint-Maurice-sur-d'Argoire, Soucieu, Saint-Sorlin. 8ᵉ, Neuville : Albigny, Couzon, Curis, Fleurieux, Fontaines, Rochetaillée, Saint-Romain-de-Couzon ou au Mont-d'Or. 9ᵉ, Sainte-Colombe : Ampuis, Loire, Saint-Cyr-sur-le Rhône, Saint-Romain-en-Gal. 10ᵉ, Saint-Cyr-au-Mont-d'Or : Caluires, Colonges, Cuires, Dardilly, Ecully, Saint-Didier au-Mont-d'Or, Saint-Rambert et l'Isle-Barbe. 11ᵉ, Saint Genis-Laval : Brignais, Chaponost, Irigny, Francheville, Oullins, Sainte-Foy, Tassin et Charbonnières. 12ᵉ, Saint-Laurent-de-Chamousset : Chambost, Haute-Rivoire, Le Fenoyl, Meys, Saint-Clément-les-Places, Sainte-Foy et Saint-Genis-l'Argentière, Souzy. 13ᵉ, Saint-Symphorien-le-Chateau : Aveize, Coize (Saint-Etienne-de), Grezieu-Souvigny, La Chapelle, La Rajasse, Laubépin, Pommeys. 14ᵉ, Vaugneray : Brindas, Chevinay, Courzieu, Grezieu et Craponne, Pollionay, Sainte-Consorce et Marcy-les-Loups, Saint-Genis-les-Ollières. 15ᵉ. Yzeron et Chateau-Vieux : Duerne, Messimi, Mont-Romant, Rochefort, Saint-Martin-en-Haut, Thurins, Vaux (Saint-Laurent-de).

Le district de Saint-Etienne est sous-divisé en quatorze cantons, dont les chefs-lieux sont, savoir : Saint-Etienne, Firminy, Bourg-Argental, Saint-Chamond, Le Chambon, Marlhes, Pellussin, Saint-Paul-en-Jarêt, La Foulhouse, Saint-Genet-de-Mallifaux, Saint-Pierre-de-Bœuf, Rive-de-Giers, Saint-Romain-en-Jaret, Maclas. Arrondissement des cantons :
Savoir : 1ᵉʳ, Saint-Etienne : Rochetaillée. 2ᵉ, Firminy : Saint-Fériol, Saint-Paul-en-Cornillon. 3ᵉ, Bourg-Argental : Saint-Sauveur, Versanne ou Rustange Argental, Saint-Julien-Molin-Molette, Saint-Pierre-en-Colombaret, Burdigne. 4ᵉ, Saint-Chamond : Saint-Julien-en-Jarêt, Saint-Martin-Accoillieu, Izieu, Saint-Andéol-la-Valla, Saint-Jean-de-Bonnefond. 5ᵉ, Le Chambon : Saint-Genest-Lerpt, Saint-Victor-sur-Loire. 6ᵉ, Marles : Riottor, Jonzieu. 7ᵉ, Pellussin : Chuyers, La Chapelle, Saint-Michel-sous-Condrieu. 8ᵉ, Saint-Paul-en-Jaret : Farney, Doyzieu, Pavesin et Jurieu. 9ᵉ, La Foulhouse : Villars, Saint-Priest, La Tour-en-Jaret, Saint-Héant. 10ᵉ, Saint-Genest-de-Mallifaux : Tarantaise-en-Praroné, Saint-Romain-les-Atheux. 11ᵉ, Saint-Pierre-de-Bœuf : Chavanay, Malleval, Luppé. 12ᵉ, Rive-de-Giers : Chateau-Neuf-d'Argoire, d'Argoire, Tartaras, Saint-Genis-Terre-Noire, Saint-Martin-la-Pleine. 13ᵉ, Saint-Romain-en-Jaret : Fontanès, Notre-Dame-de-Sorbière, Chagnon, Cellieu, Saint-Christo. 14ᵉ, Maclas : Saint-Appolinard, Veranne, Bessey, Poizey.

Le district de Villefranche est sous-divisé en treize cantons, dont les chefs-lieux sont, savoir : Villefranche, environs de Villefranche, Beaujeu, Belle-Ville, Anse, Tarare, Bois d'Oingt, Chamelet, Thizy,

Amplepuis, Saint-Bonnet-des-Bruières, Monsol, Villiers. Arrondissement des cantons :

Savoir : 1er, Villefranche, la ville seule. 2e, Environs de Villefranche séant dans ladite ville : Limas, Béligny, Cheringes. Glaizé, Lacenas, Cogni et Rivolet, Mont-Melas, Denicé, Pouilly-le-Chatel, Oully, Arnas, Saint-George-de-Renain, Saint-Julien, Blacé et Salles, Vaux, Arbuissonas. 3°, Beaujeu : Ouroux, Avenas, Vaux-Renard, La Chaisse et Bussy, Les Ardillats, Vernay, Saint-Didier, Les Eteux, Lentignié, Durette, Régnier, Quincié, Marchand, Claveisolles, Chenelette, Poule. 4°, Belleville : Lancier, Corcelle, Dracé, Saint-Jean-d'Ardières, Taponas, Saint-Lagier, Cercier, Saint-Etienne, Charentay, Odenas. 5°, Anse : Ambérieux, Saint-Cyprien, La Chassagne, Marcy, Lucenay, Morancé, Chazay, Lausanne, Alix, Charnay, Belmont, Pouilly-le-Monial, Liergues, Pomier. 6°, Tarare : Saint-Marcel-l'Eclairé, Affoux et Rozerette, Saint-Loup, Saint-Forgieux, Saint-Romain-le-Popey, Saint-Vérand, Daraisé, Olmes, Valsonne et Dienne, Les Sauvages, Joux-sur-Tarare, Saint-Clément-de-Valsonne, Ancy. 7°, Bois-d'Oingt : ville d'Oingt, Saint-Laurent-d'Oingt, Saint-Paul, Bagnols, Frontenas, Chessy, Le Breuil, Châtillon-d'Azergues, Thézé, Ville et Jarnioux, Légni, Moiré. 8°, Chamelet : Létrat, Ternand, Chambost-sur-Chamelet, Saint-Cyr-le-Chatoux, Saint-Nizier-d'Azergues, La Mure, Grandrit, Saint-Sorlin. 9°, Thizy : Bourg-de-Thizy, La Chapelle-de-Mardore, Mardore, Cours, Marnand, Ranchal, Saint-Bonnet-le-Troncy, Saint-Vincent-de-Rein, Thel. 10e, Amplepuis: Bourg-d'Amplepuis, Cublise, Ronno, Saint-Appollinaire, compris la partie lyonnaise ; Saint-Jean-la-Bussière, Saint-Just-d'Avray. 11e, Saint-Bonnet-des-Bruyères : Saint-Ygny-de-Vers, Propières, Azolette. 12e, Monsol : Saint-Pierre-le-Vieux, Trade, Germolle, Saint-Christophe, Saint-Mamert, Saint-Jacques-des-Arrêts, Cenves et Burnezay. 13e, Villiers : Emeringes, Julié, Juliena, Fleury, Chenas, Chirouble.

Le district de Montbrison est sous-divisé en treize cantons, dont les chefs-lieux sont, savoir : Ville de Montbrison, environs de Montbrison, Sury-le-Comtal, Saint-Rambert-sur-Loire, Saint-Marcellin, Saint-Jean-de-Soleymieux, Saint-Bonnet-le-Chateau, Saint-Galmier, Chazelle-sur-Lyon, Feurs, Boën, Saint-Georges-en-Couzans, Cervières et Noirestable. – *Nota*. La première assemblée se tiendra à Cervières. Les électeurs choisiront celle des deux dernières villes, Cervières ou Noirestable, dans laquelle se tiendront les assemblées suivantes. Arrondissement des cantons du district de Montbrison :

Savoir : 1er, la ville de Montbrison et sa banlieue. 2°, Environs de Montbrison séant dans ladite ville : Moingt, Savignieux, Champ-Dieu, Pralong, Marcilly, Essertines, Champs, Précieux et Grézieux, Saint-Thomas, Lésignieux et ses parcelles, Ecotay, Bard, Chalain d'Uzore, Mont-Verdun, Chambéon, Poncins, Lérignieux, Chatel-Neuf, Magnieu-Haute-Rive, Saint-Paul-d'Uzore, Mornand, Verrières-sur-Ecotay, Roche-sur-Montbrison. 3°, Sury-le-Comtal : Saint-Georges et Monsupt, Saint-Romain-le-Puy, Saint-Cyprien, Veauchette, Craintillieu, l'Hôpital-le-Grand, Ugnias, Boisset-les-Mont-Rond, Chalain-le-Comtal. 4e, Saint-Rambert-sur-Loire : Saint-Just-sur Loire, Chambles, Bonson, Andrézieu, Bothéon, Veauche, Saint-Maurice-en-Gourgois, Périgneux, Miribel et parcelles. 5°, Saint-Marcellin : La

Chapelle-en-la-Faye, Mont-Archer, Luriecq, Saint-Prist et Boisset, Chenereilles, Marols. 6°, SAINT-JEAN-DE-SOLEYMIEUX : l'Advieu, Gumières, Chazelles-sur-l'Advieu. 7°, SAINT-BONNET-LE-CHATEAU : Estivareilles, Saint-Nizier, Usson, Apinhac et ses parcelles, Merle-Leniecq et parcelles, Roziers et ses parcelles, Saint-Hilaire et idem, La Tourette. 8°, SAINT-GALMIER : Rivas, Chambœuf, Saint-Bonnet-les-Oulles, Saint-Cyr-les-Vignes, Marclopt, Aveizieux, Chevrières, Saint-Médard ou Saint-Miard, Cusieux, Meylieux et Mont-Rond. 9°, CHAZELLES-SUR-LYON : Bellegarde, Maringes, Viricelles, Virigneux, Chatelus, Saint-Denis-sur-Coise, Grammont, Saint-André-le-Puy. 10°, FEURS : Saint-Laurent-la-Conche, Valeilles, Saint-Martin-l'Estra, Saint-Barthélemy-l'Estra, Essertines, Panissières, Roziers, Jas, Cottances, Salvisinet, Sail-en-Donzy, Saint-Paul-d'Epercieux, Sury-le-Bois, Pouilly-les-Feurs, Le Palais et Civen, Epercieux. 11ᵉ, BOEN : Marcoux, La Bouteresse, Sainte-Agathe, Saint-Etienne-le-Mollard, Frélins et Leignieux, Cleppé, Sainte-Foy-en-Bussy, Mizérieux, Nervieux et Grénieux, Saint-Sulpice-en-Bussy, Bussy-Albieux, Arthun, Saint-Sixte, l'Hôpital-sur-Rochefort, Saint-Laurent-en-Solore, Rochefort, Le Sail-de Couzan, Sézai et Allieu. 12ᵉ, SAINT-GEORGE-EN COUSAN : Sauvain, Chalmazet, Saint-Just-en-Bas, Polognieux, La Côte-en-Couzan, Saint-Bonnet-le-Couraux. 13°, CERVIÈRES ET NOIRESTABLE : Les Salles, Saint-Jullien-la-Vestre, Saint-Priest-la-Vestre, Saint-Jean-la-Vestre, Saint-Didier et la Côte-en-la-Valla, La Chambas.

Le district de Roanne est divisé en seize cantons, dont les chefs-lieux sont, savoir : ville de Roanne, environs de Roanne, La Pacaudière, dépendance de Crozette, Ambierle, Saint-Haond-le-Châtel. Villemontais, Saint-Just-en-Chevalet, Saint-Germain-l'Aval, Saint-Polgue, Charlieu, Belmont, Perreux, Regny, Saint-Simphorien et Lay, Saint-Just-la-Pendue, Néronde. Arrondissement des cantons :
Savoir : 1ᵉʳ, ROANNE : la ville seule. 2ᵉ, ENVIRONS DE ROANNE SÉANT DANS LADITE VILLE : Saint-Cyr, Parigny, Cordelle, Comelle, Vernay, Villerest, Saint-Léger, Riorges, Mably, Aiguilly, Briennon. En raison de sa position et éloignement de Roanne, le village de Briennon optera entre cette ville ou Charlieu. 3°, LA PACAUDIÈRE *(dépendance de Crozette)* : Crozette, Changi, Arçon, Sail, Urbise, Saint-Martin-d'Estraux. 4°, Ambierle : Saint-Forgeux, Saint-Germain-l'Epinasse, Saint-Bonnet-des-Quarts, Noailly. 5ᵘ, SAINT-HAOND-LE-CHATEL : Saint-Haond-le-Vieux, Saint-Rirand, Les Forges ou Les Noës, Saint-André, Renaison, Saint-Martin-de-Boisy, Saint-Romain-la-Mothe, Pouilly, Roannois. 6°, VILLEMONTAIS : Chérier, Arcon, Lentigny, Saint-Sulpice, Ouches, Saint-Maurice. 7ᵉ, SAINT-JUST-EN-CHEVALET : Saint-Priest-la-Prugne, Saint-Romain-d'Urphé, Champoli, Saint-Marcel-d'Urphé, Juré. 8°, SAINT-GERMAIN-L'AVAL : Verrières, Naulieu, Pommiers, Saint-Martin-la-Sauveté et dépendances, Saint-George-de-Baroile, Saint-Jullien-d'Odde, Souternon, Gresolles. 9ᵉ SAINT-POLGUE : Crémeaux, Luré, Saint-Paul-de-Vezelins, Dancé, Amions, Bully. 10ᵉ, CHARLIEU : Saint-Pierre-la-Noaille, Saint-Nizier, Pouilly-sur-Loire, Vougi, Nandax, Saint-Hilaire, Villers, Chandon, Saint-Denis-de-Cabanne, Maizilly, Mars. 11ᵉ, BELMONT : Saint-Germain-la-Montagne, Belle-Roche, Cunzié, Arcinge et Ecoche.

12°, PERREUX : Jarnosse et Boyer, Montagny, Coutouvre, Saint-Vincent de-Boisset, Notre-Dame-de-Boisset. 13°, RÉGNY : La Gresle, Sevelinge, Saint-Victor, Combre, Naconne et Pradines. 14°, SAINT-SIMPHORIEN ET LAY : Fourneaux, Sainte-Marguerite-de-Naux, Vandranges, Saint-Priest-la-Roche. 15°, SAINT-JUST-LA-PENDUE : Croizette, Chira-Simon et Maschezal, Saint-Cyr-de-Vallorges, Neulise. 16°, NÉRONDE : Pinay, Saint-Jodard, Saint-Marcel-de-Feline, Sainte-Colombe, Violey, Bussières, Sainte-Agathe, Balbigny.

Si quelques villages ont été omis, ils se réuniront au canton le plus voisin et ressortiront du district auquel le canton est attaché.

Ledit jour et an, les cartes du département ont été signées par les députés ; un exemplaire restera déposé aux archives du Comité de constitution, l'autre sera envoyé au chef-lieu du département ; le tout conformément au décret de l'Assemblée Nationale.

Clos et arrêté à Paris, le vingt-cinq février mil sept cent quatre-vingt-dix. Signé : le marquis de Monspey, l'abbé de Castellas, doyen, comte de Lyon ; Charrier de la Roche, prévôt, curé d'Ainay ; Deschamps ; de Mont-d'Or ; Flachat, curé à Saint-Chamond ; Mayet, curé de Rochetaillée ; le marquis de Rostaing ; Jamier ; Millanois ; Humblot ; Goullard, curé de Roanne ; Girerd ; Trouillet ; Couderc ; Chasset ; Goudard ; Desvernay, curé de Villefranche ; Delandine, le comte de Gresolles ; le marquis de Loras ; E. Durand ; Richard ; de Boisse ; Perisse du Luc ; Gagnière, curé de Saint-Cyr-les-Vignes.

Copie des délibérations du Lyonnois, Forez et Beaujolois.

Les provinces de Lyonnois, y compris la ville de Lyon, de Forez et de Beaujolois, assemblées en comité, ont arrêté et sont demeurées d'accord : 1° de ne former qu'un département ; 2° d'établir six districts, savoir : l'un à Lyon, pour la ville ; le deuxième aussi dans la ville, pour la campagne du Lyonnois ; le troisième, à Montbrison ; le quatrième, à Saint-Etienne ; le cinquième, à Roanne, et le sixième, à Villefranche ; le présent arrêté, pris sous le bon plaisir du Comité de constitution et de l'Assemblée Nationale, et sous les réserves des trois provinces de demander, comme clause nécessaire, l'établissement d'un nombre de tribunaux du second ordre, au-delà de celui des districts, et même de les porter à deux par districts. Fait le 9 janvier 1790. Signé : le marquis de Monspey, président ; Chasset, secrétaire.

Arrêté en outre que le siège du département ou de son directoire sera alternativement dans chacun des chefs-lieux de districts, dans l'ordre suivant, savoir : Lyon, pour la ville ; une seconde fois Lyon, pour le Lyonnois, Montbrison, Saint-Etienne, Roanne et Villefranche, sauf cependant au département, quand il sera assemblé, à changer ce second arrangement et en faire tel autre qu'il avisera. Fait ledit jour, 9 janvier 1790. Signé : le marquis de Monspey, président ; Chasset, secrétaire.

Arrêté encore que les trois provinces ne seront morcelées en aucune manière, et qu'elles resteront unies comme elles l'ont toujours été, en généralité. Le 9 janvier 1790. Signé : le marquis de Monspey, président ; Chasset, secrétaire.

Les députés du Forez déclarent expressément que la convention ci-dessus n'est et ne peut être que provisoire et conditionnelle, et qu'ils persistent au même vœu qu'ils ont solennellement exprimé dans l'assemblée, par l'organe de M. de Landine, l'un d'eux, d'avoir une administration particulière et indépendante de celle de la ville de Lyon, qu'ils ont toujours réclamée dans toutes les conférences tenues au Comité de constitution, soit verbalement, soit par écrit, et qu'ils se proposent de renouveler à l'Assemblée Nationale, lorsque la décision provisoire du Comité de constitution concernant la réunion des trois provinces en un seul département, sera discutée à l'Assemblée et qu'elle voudra prononcer définitivement sur cette contestation.

Les députés du Beaujolois ont demandé, conformément à leurs mandats, que la ville de Lyon eût un département séparé.

Les provinces ci-dessus désignées dans le procès-verbal du 9 janvier, assemblées en comité, ont arrêté, à la majorité de quinze voix contre cinq, et deux pour neuf, par une deuxième délibération : 1° de ne former qu'un département ; 2° établir six districts, savoir : l'un à Lyon, pour la ville ; le deuxième, aussi dans la ville, pour la campagne du Lyonnois ; le troisième, à Montbrison ; le quatrième, à Saint-Etienne ; le cinquième, à Roanne, et le sixième à Villefranche. Convenu que le susdit arrêté ne changerait rien aux délibérations subséquentes du 9 janvier. Fait le 12 janvier 1790. Signé : le marquis de Monspey, président ; le comte de Grezolles.

Les provinces du Lyonnois, y compris la ville de Lyon, de Forez et Beaujolois, assemblées en comité, ont arrêté et sont demeurées d'accord pour des convenances respectives de faire les échanges ainsi qu'il suit, savoir : de la part des trois provinces, de céder au district de Marcigny les paroisses d'Igrande, Saint-Bonnet-de-Cray, partie de Saint-Julien-de-Cray et de Vivans, sous la condition que le district de Marcigny donneroit au département Lyonnois les paroisses de Saint-Forgeux, Saint-Germain-l'Epinasse, Azolette et les parties du village de Briennon qui appartiennent à la Bourgogne ; en foi de quoi les commissaires nommés pour la division des districts sont autorisés à procéder à cet échange. Fait à Paris le 20 janvier 1790. Signé : le marquis de Monspey, président ; le marquis de Rostaing, Girerd, Millanois, le comte de Gresolles, comme faisant les fonctions de secrétaire.

Pour la division de la province du Lyonnois avec les provinces de Bresse et de Dombes, il sera etabli les lignes de démarcation qui suivent.

Il sera tiré une première ligne qui placera Neuville du côté de Lyon; tout ce qui sera au nord de cette ligne fera partie de la Dombes, et tout ce qui sera au midi d'icelle, Neuville compris, restera à la province du Lyonnois : cette ligne commencera à la Saônne, du côté d'Occident, et finira du côté d'Orient à la ligne séparative du Lyonnois et de la Bresse.

Il sera établi une seconde ligne qui commencera à la Saônne et se terminera au Rhône, placera du côté du Lyonnois, Calluire ; toutes les paroisses qui seront au midi de cette ligne appartiendront au Lyonnois, et toutes celles qui seront au nord, Rilleu compris, feront partie de la Bresse.

La première ligne ci-dessus divisera le Lyonnois de la Dombes, et la seconde sera la séparation de la Bresse et du Lyonnois.

Ainsi convenu et consenti par les commissaires du Lyonnois, Bresse et Dombes, au bureau du Comité de constitution, à Paris, le 16 décembre 1789. Signé : Brillat-Savarin, commissaire du Bugey ;

Populus aîné, commissaire de la Bresse ; Jourdan, commissaire de Dombes ; Girod de Chevry, commissaire de Gex ; Perisse du Luc, commissaire de Lyon.

Décrets de l'Assemblée Nationale relatifs au département du Lyonnois, Forez et Beaujolois.

Du Mercredi 13 Janvier 1790.

La demande d'un département particulier a été faite en faveur du Forez, mais l'Assemblée Nationale a confirmé l'avis du Comité de constitution et a décrété que le Forez, le Beaujolois et le Lyonnois ne formeront qu'un département.

Du Lundi 25 dudit.

L'Assemblée Nationale décrète, d'après l'avis du Comité de constitution, que le Bourg-Argental, toutes les paroisses et tous les lieux en dépendans faisant partie du Forez, demeureront provisoirement au département du Lyonnois, Forez et Beaujolois, sauf la liberté, pour les habitans de ce canton, de se réunir au Vivarais, lorsqu'ils le jugeront à propos.

Du Mardi 26 dudit.

L'Assemblée Nationale décrète, d'après l'avis du Comité de constitution, que la ligne de démarcation entre le département du Velay et celui de Lyon, laissera dans le premier toutes les paroisses au sud d'une ligne qui embrasse Saint-Paul-de-Chalençon et Saint-Just-en-Velay, le tout conformément au tracé déposé au Comité de constitution et signé par l'un des membres de ce comité, en observant que le Velay conserve tout ce qui lui appartenoit précédemment.

Du Mercredi 3 Février 1790.

L'Assemblée Nationale décrète, d'après l'avis du Comité de constitution :

1° Que le département du Lyonnois, Forez et Beaujolois, est divisé en six districts ;

2° Que Lyon, provisoirement chef-lieu de ce département, sera aussi celui de son district, qui comprendra la ville, ses faubourgs et ses dépendances ; qu'il sera chef-lieu du district de la campagne ou de l'intérieur ;

3° Que les chefs-lieux des autres districts sont : Saint-Etienne, Montbrison, Roanne et Villefranche ;

4° Que les séances du département alterneront en conformité de l'arrêté des députés, déposé au Comité de constitution, à moins que les électeurs ne préfèrent de fixer définitivement le chef-lieu ;

5° Que la paroisse d'Arconsat, qui a été comprise dans le département de l'Auvergne, sur sa limite avec le Forez, appartiendra au département du Lyonnois, Forez et Beaujolois ou à celui de l'Auvergne, selon le vœu que formera la pluralité des électeurs de la municipalité de cette ville, sauf en faveur des autres villes de ce département, s'il y a lieu, la répartition des établissements qui seront déterminés par la constitution.

Du Samedi 6 dudit.

L'Assemblée Nationale décrète, d'après l'avis du Comité de constitution :
1° Que le faubourg de la Guillotière appartiendra à la ville de Lyon ;
2° Que le Comité de constitution proposera incessamment, à l'Assemblée Nationale, son avis sur les demandes que le faubourg de la Guillotière a subsidiairement formées, dans le cas auquel il seroit décidé qu'il feroit partie de la ville de Lyon, pour y être statué ce qu'il appartiendra.

Du Mercredi 10 dudit.

Sur la réclamation des députés du Forez, à l'effet d'empêcher que la première assemblée de département ne fût pas tenue à Lyon, le Comité de constitution avoit proposé la ville de Feur pour le premier point de réunion des électeurs, mais cette décision a été contrariée par les députés du Lyonnois et Beaujolois, et l'Assemblée s'étant fait représenter son décret sur la division du département, a décidé qu'il n'y avoit pas lieu à délibérer.

Du Samedi 13 dudit.

L'Assemblée Nationale décrète, conformément à l'avis du Comité de constitution, que le règlement pour fixer les conditions de la réunion du bourg de la Guillotière à la ville de Lyon, sera proposé par la prochaine assemblée du département.

Nous, commissaires soussignés, certifions que le présent procès-verbal est l'un de ceux déposés au Comité de constitution par les députés du département de Rhône-et-Loire, conformément au décret du 9 janvier 1790. Signé : Démeunier, Aubry-Dubochet, commissaire ; de Cernon, commissaire ; Bureaux de Pusy, commissaire ; Gossin.

Vu et approuvé au Conseil d'Etat de Sa Majesté et signé par son ordre. Signé : le comte de Saint-Priest.

Certifié conforme à l'original qui sera déposé dans les archives du département, par nous, commissaires du Roi au département de Rhône-et-Loire. Lyon, ce   avril 1790.

XIV

Circulaire des Commissaires du Roi au sujet des élections des membres du Conseil Général et des Conseils de district.

1790

Messieurs, l'un des vœux le plus généralement exprimé dans toutes les parties du Royaume, étoit l'établissement d'assemblées administratives dont les membres, choisis par les suffrages de leurs concitoyens, auroient des droits à leur confiance, par leurs talens et leurs vertus.

L'Assemblée Nationale l'a rempli ce vœu, par ses décrets du 28 décembre, d'après lesquels le Roi a donné, dans le mois de janvier, des lettres-patentes dont vous avez déjà reçu des exemplaires.

Sa Majesté, impatiente de vous voir jouir des avantages précieux que vos représentans vous ont assurés par leurs décrets, nous a commis pour provoquer les assemblées qui doivent élire les membres qui composeront les départements et les districts. Nous nous félicitons, Messieurs, d'une mission qui nous fait concourir à l'établissement d'une constitution d'autant plus chère à tous les François, qu'ils l'ont plus long-temps désirée, et nous ne négligerons rien de ce qui peut servir à accélérer la formation des assemblées primaires et la réunion des électeurs de tous les cantons de ce département.

Nous avons l'honneur de vous adresser le tableau de la division du département de Rhône et Loire en six districts, celui des cantons dont sera composé votre district, et enfin celui des paroisses dont chaque canton sera composé; c'est l'Assemblée Nationale elle-même qui a formé ces différentes divisions, c'est elle qui a indiqué les chefs-lieux de districts, de cantons et le nombre des paroisses dont ils doivent être composés.

Les assemblées primaires ne peuvent donc plus être différées que par le dénombrement général de tous les citoyens actifs des communautés, dénombrement indispensable, puisqu'il est nécessaire de connoître le nombre des citoyens actifs d'un canton pour déterminer celui des électeurs qu'ils doivent nommer.

D'ailleurs, c'est l'exécution littérale de l'article VIII de la première section du décret et des lettres-patentes pour la constitution des assemblées primaires et des assemblées administratives.

Pour rendre, Messieurs, cette opération uniforme dans toutes les municipalités du département et d'une plus facile exécution, nous avons fait imprimer le tableau que nous avons l'honneur de vous envoyer; la première colonne contiendra les noms des citoyens.

La seconde contiendra la cote d'imposition de ceux qui, acquittant la valeur de trois journées de travail jusqu'à dix, sont citoyens actifs, mais non éligibles.

La troisième, la cote d'imposition de ceux qui, acquittant la valeur des dix journées de travail jusqu'à celle d'un marc d'argent, sont éligibles pour les départements et les districts, mais non pour être vos représentants à l'Assemblée Nationale.

La quatrième enfin, la cote d'imposition de ceux qui, ayant une propriété foncière, payent une somme égale à la valeur d'un marc d'argent.

Nous vous prions de vous rappeler, Messieurs, qu'indépendamment de la quotité de l'impôt, il est d'autres conditions pour être citoyen actif. Ces qualités sont : 1° d'être François ou devenu François; 2° d'être majeur de vingt-cinq ans accomplis; 3° d'être domicilié de fait dans le canton, depuis un an au moins; 4° de n'être point dans un état de domesticité, c'est-à-dire de serviteur à gages, en observant néanmoins que, conformément au décret du 4 mars, les intendants, régisseurs, secrétaires, les ci-devant feudistes et les maîtres-valets de labour ne sont point réputés domestiques ou serviteurs à gages; 5° les banqueroutiers, faillis ou débiteurs insolvables ne peuvent être admis dans les assemblées primaires. Il en est de même des enfants qui ont reçu et retiennent une portion des biens de leur père mort insolvable, sans payer leur portion virile de ses dettes.

Ces conditions sont clairement exprimées dans les articles III, IV,

V, VI et VII des décrets et lettres-patentes déjà cités et à la page 4 de l'instruction de l'Assemblée Nationale qui y est annexée. Il serait sans doute à désirer que la fixation des journées de travail fut uniforme, et nous vous invitons de vous concerter à cet égard avec les municipalités de votre canton, mais nous avons cru essentiel de vous prévenir que la municipalité de Lyon a fixé à dix sous le prix de la journée de travail.

Il est également très important, Messieurs, de vous observer qu'il seroit possible qu'un citoyen domicilié dans votre municipalité ne fut pas compris dans vos rôles pour une somme assez forte pour être citoyen actif et surtout pour être éligible, tandis qu'il payeroit, dans les municipalités voisines, une imposition directe suffisante pour le rendre actif et éligible. Dans ce cas, Messieurs, nous vous invitons de le comprendre dans la colonne des citoyens actifs ou éligibles, suivant la quotité de son imposition, en portant dans la colonne d'observations, à la suite de son nom, cette note : Imposé dans la paroisse de   à la somme de

Enfin, Messieurs, l'article IX des décrets et lettres-patentes porte que nul ne pourra être citoyen actif dans plus d'un endroit ; quelle que soit donc la propriété d'un citoyen, il ne peut être compris dans le tableau de votre municipalité, s'il a exercé son activité dans un autre. De même que tout citoyen actif doit paroître en personne et ne peut se faire représenter.

Si un sentiment d'équité, de justice et de respect pour les décrets de l'Assemblée Nationale, sanctionnés par le Roi, doivent vous déterminer, Messieurs, à être scrupuleux observateurs de toutes ces conditions, en formant le tableau des citoyens actifs de votre municipalité, votre intérêt et celui de votre canton doivent également vous engager à comprendre très exactement tous ceux qui sont citoyens actifs, puisque le nombre des électeurs de votre canton sera déterminé par celui des citoyens actifs et que des omissions multipliées tendroient à affoiblir l'influence qu'il doit avoir dans le choix des membres du département et du district. D'ailleurs, le nombre des représentans que vous aurez à nommer à l'Assemblée Nationale sera déterminé, soit par la population du département, soit par la contribution qu'il supporte, soit enfin par l'étendue de son territoire.

Pour remplir tous ces objets, il est nécessaire, Messieurs, de faire trois doubles des tableaux que nous avons l'honneur de vous adresser : l'un sera déposé dans les archives de votre municipalité ; nous vous prions d'adresser les deux autres à la municipalité du chef-lieu de votre canton, qui voudra bien les faire passer à celui des commissaires qui sera spécialement chargé de correspondre avec votre district et de décider provisoirement les difficultés qui pourroient se présenter.

Le désir d'accélérer la formation des asssemblées nous a déterminés à nous diviser, ainsi que nous y sommes autorisés par nos commissions.

M. l'abbé de la Chapelle est chargé de correspondre avec les municipalités des districts de la ville de Lyon et de Saint-Etienne.

M. le marquis de Saint-Vincent avec celles des districts de Roanne et Montbrison.

Et M. Clerjon du Carry avec celles des districts de Villefranche et des campagnes de Lyon.

Nous vous invitons, Messieurs, par les plus puissantes considérations, à seconder, par votre zèle, les travaux de vos représentans et les vues bienfaisantes du Roi. Encore un moment, et ce plan si heureusement conçu pour le bonheur des François va s'exécuter ; une confiance mutuelle en affermira toutes les parties, une répartition plus égale de toutes les charges publiques en sera la suite ; l'assemblée de vos représentans et le Monarque chéri qui l'a convoquée jouiront de la récompense la plus précieuse, du spectacle de la félicité publique et de celui de votre reconnoissance.

Nous avons l'honneur d'être, avec un respectueux attachement, Messieurs, vos très humbles et très obéissants serviteurs. Les commissaires du Roi au département de Rhône et-Loire.

Signé : de la Chapelle, de Saint-Vincent, Clerjon du Carry.

(*Imprimé, bibl. de la ville de Lyon, fonds Coste, n° 7108 (944); 112-498).*

XV

Circulaire adressée aux cantons pour protester contre le choix de Lyon comme chef-lieu du département de Rhône-et-Loire (1).

1790

Aux patriotes des trois provinces du Lyonnois, Forez et Beaujolois.

Espérés tout d'un prompt et d'un commun effort.

Les provinces du Forez et du Beaujolois, ont demandé une administration distincte de celle de la ville de Lyon, la première surtout, parce qu'elle a toujours été écrasée par la prépondérance de cette ville ; la province du Lyonnois l'avoit désiré ; l'union de ces trois provinces n'en mécontenteroit aucune, si la ville de Lyon étoit exceptée ; mais puisque cette ville s'y trouve comprise, et que le décret qui prononce cette union est inaltérable pendant cette législature, elles doivent réunir leurs efforts pour diminuer, anéantir, s'il est possible, cette prépondérance, et maintenir entre tous les différents points de ce département une égalité de représentation et d'influence qui entre dans les vues constitutionnelles de l'Assemblée.

Nos députés, dans cette vue, ont fait décréter la tenue alternative dans les différens chefs-lieux des districts : l'Assemblée s'est prêtée à cet alternat pour ce département et beaucoup d'autres, pour satisfaire momentanément aux différentes pétitions, avec l'espoir et la certitude qu'à une seconde législature, la tenue fixe et positive sera décrétée généralement d'après les pétitions même de chaque département, éclairé sur ses véritables intérêts.

Les chefs-lieux de district sont sur les extrémités de ce département : est-il possible, d'après cela, qu'un déplacement annuel, et dans les points les plus éloignés, puisse convenir aux différens

(1) *Au bas de cette circulaire, on lit :* Vous êtes invités, Messieurs, de rendre public le présent avis, lors de l'assemblée primaire de votre canton, le mettre sous les yeux des électeurs. *Au dos :* A Messieurs, Messieurs les Maire et officiers municipaux de la commune, à Neuville-en-Lyonnois. — *Et cachets de la poste portant les mots :* « de Roanne ; port du ».

électeurs ? Il faudroit donc un hôtel provincial dans chacun des chefs-lieux, quintuple expédition de chaque acte, autant d'archives et de secrétaires archivistes.

D'ailleurs, il n'y a que cent ans que Saint-Etienne n'étoit qu'un village, est-on sûr que les différentes petites villes du département n'acquerront pas un pareil accroissement ? n'ambitionneroient-elles pas alors l'honneur d'être à leur tour chefs-lieux ? Il faudroit donc encore multiplier dans la même proportion tous les inconvéniens attachés à l'alternat.

Cette tenue alternative, à laquelle les députés de Lyon on paru se prêter, n'est qu'une chimère d'égalité dans la représentation, en s'assurant provisoirement de la tenue pendant quatre ans chez eux, ils avoient calculé que les salles d'assemblée, de bureaux, d'archives, rangées ; le secrétaire, les procureurs généraux, le directoire composé de membres pris chez eux une fois formés ; que la machine généralement montée, les trois provinces dupes de quelques prévenances étudiées, de quelques jalousies, de quelques défiances adroitement semées entr'elles, finiroient par consentir à se rendre définitivement à Lyon ; que si on en venoit à mettre aux voix la question, par le nombre de leurs électeurs, ils étoient certains de la majorité ; peut-être même qu'au besoin ce consentement seroit donné à la nécessité, parce qu'il est assez prouvé par l'expérience qu'une population de cent soixante mille âmes, mobile à souhait, peut avoir dans les délibérations une irrésistible influence.

Le seul moyen de parer aux inconvéniens présens et futurs, est de déterminer la tenue des assemblées de département et de son Directoire dans l'endroit le plus central du département ; alors le principe administratif, placé directement au centre, par une action et une réaction continuelle, communiqueroit également la vivification à tous les points ; alors Lyonnois, Foréziens et Beaujolois, arrivans de distances égales, balanceroient entr'eux les intérêts ruraux et commerciaux pour les faire fleurir également sur toutes les parties des différens districts ; alors la ville de Lyon n'auroit pas plus d'influence que celles de Mont-Brison, Roanne, Saint-Etienne et Villefranche ; celles-ci n'en auroient pas plus que les villes inférieures du département et que les campagnes qui les avoisinent, au lieu que dans l'état actuel les trois provinces ne sont qu'un cadre pour servir à la ville de Lyon ; alors disparoîtroient toutes les haines et jalousies de ville à ville, de province à province ; alors peu importeroit que notre département fut supérieur aux autres dans les trois proportions, d'étendue, de contribution et de population ; peu importeroit d'avoir à vivifier en même temps l'agriculture et le commerce ; un lien indissoluble uniroit toutes les parties, et ce département, dans son ensemble et dans ses détails, pourroit offrir le spectacle intéressant du bien-être que la constitution doit procurer à tout l'empire français.

Dans l'état actuel, il est impossible de l'espérer ; les trois provinces seroient perpétuellement sous l'aristocratie de la ville de Lyon, et celle du Forez d'une manière plus sensible, parce que la majeure partie des grands propriétaires du Lyonnois et Beaujolois réside à Lyon.

Un simple apperçu démontre évidemment la prépondérance de cette ville : on peut en calculer les effets, d'après ses injustices présentes et passées.

Les journées de travail dans les trois provinces, ont été évaluées à 20 sols, quoique à Lyon leur valeur soit presque du double de celle des campagnes : cette ville, pour accroître le nombre de ses citoyens actifs et par suite celui de ses électeurs, ne les a évalué que 10 sols : on y compte cent soixante mille âmes, et, d'après son appréciation de la journée, on peut calculer un citoyen actif sur quatre, d'où il résulteroit quarante mille citoyens actifs et quatre cents électeurs, à raison d'un sur cent.

La population du Lyonnois et Beaujolois réunis, est de cent quatre-vingt mille habitants : d'après leur appréciation de journée, on pourra compter un citoyen actif sur six ; ce qui fera monter leur nombre à trente mille et celui des électeurs à trois cents.

Le Forez, d'après la distraction d'une partie de son ressort, compte deux cents soixante-dix mille habitants, qui, d'après l'appréciation de la journée, ne donnent que quarante-cinq mille citoyens actifs et quatre cents cinquante électeurs : voilà donc le Forez presque égal en nombre avec la seule ville de Lyon, et inférieur de deux cents cinquante électeurs, en réunissant à cette ville les pays qui lui sont liés par quelques relations d'intérêts, et par le séjour dans son sein de la majeure partie de leurs propriétaires.

Il est aisé, d'après cela, de voir que la représentation du Forez seroit nulle, si la tenue du département avoit lieu dans la ville de Lyon, puisque possédant ses électeurs dans ses murs ou dans son voisinage, elle peut les y tous rassembler à volonté, tandis que dans les trois districts du Forez il ne se trouvera peut être pas un seul électeur qui veuille se déplacer pour aller, sans fruit pour sa Province, séjourner à grands frais dans une ville éloignée, pour quelques cantons, de vingt-quatre à vingt-cinq lieues, ou que les nominations ne seroient acceptées que par des propriétaires riches et oisifs ; ce qui seroit absolument contraire au vœu de l'assemblée, tendant à établir une égalité d'influence entre toutes les parties dans chaque département, par une administration populaire et rapprochée : il en résulteroit que le Forez, privé de toute part dans l'administration provinciale, perdroit encore toute représentation à l'Assemblée Nationale.

Une décision aussi préjudiciable à cette province a pu émaner de l'Assemblée Nationale, sans altérer en aucune manière notre respect et notre attachement pour elle, parce qu'on sait que sur les intérêts locaux elle n'a, pour voir, que les yeux des différens représentans de localités.

L'Assemblée n'a décrété qu'en conséquence d'une délibération préalable des députés des trois provinces ; dès que c'étoit une loi du mandat des députés du Forez de faire scision avec ceux du Lyonnois, par rapport au régime administratif de cette province, pourquoi sont-ils entrés dans cette délibération ? il étoit aisé de prévoir que leur opinion seroit maîtrisée par le nombre.

Ils n'ont donné, à la vérité, leur consentement à cette délibération que sous réserve ; mais ce consentement n'a pas moins fait la base de l'avis du comité, et par suite du décret : on leur fait certainement injure, lorsqu'on veut expliquer cette conduite, en disant que le consentement est l'expression de leur opinion particulière, et que la réserve ainsi que les réclamations verbales sont une satisfaction au mandat et une excuse aux commettans. L'ascendant des députés de

Lyon l'a emporté ; au lieu de prendre dans cette circonstance le sublime essor d'administrateurs, ils ont calculés en négocians le seul intérêt de leur ville, et il faut convenir qu'ils se sont tirés avec adresse de ce rôle subalterne : à défaut d'avoir sollicité le travail du département de la seconde ville du royaume, d'après celui de la capitale et sur son plan : la ville de Lyon une fois restrainte au matin par des opérations consommées sur la Dombe, la Bresse et le Dauphiné, il étoit aisé de prévoir que les députés du Lyonnois et du Beaujolois qui de prime abord eussent consentis à la désunion de notre province, chercheroient à se l'associer pour lui faire supporter une partie du poids qui pèse sur tout ce qui touche à la ville de Lyon. A présent l'intérêt de ces deux provinces doit lui faire saisir, avec plaisir, et de concert avec la nôtre, les moyens de se défendre de la prépondérance de cette ville, dont l'effet inévitable seroit une oppression à laquelle elles ont droit de résister, non par des actes violens qui puissent troubler l'ordre, mais par une louable persévérance dans de sages représentations à l'Assemblée Nationale, et par la passive expectative d'un nouveau décret qui établisse l'égalité.

Quelque jalouse que paraisse l'Assemblée Nationale de donner à ses décrets même réglementaires, le caractère d'immuabilité pendant cette législature, s'il y a de la part de ces trois provinces unanimité, nous pouvons espérer qu'il sera fait droit à notre pétition avant cette première tenue, parce qu'il n'est besoin de réformer aucun décret, mais seulement d'interpréter celui du 3 février, qui établit Lyon provisoirement chef-lieu du département, et laisse aux électeurs la liberté de faire alterner ce département ou d'en fixer définitivement le chef-lieu.

Le mot provisoirement indique les doutes de l'Assemblée sur les véritables intérêts du département dans la fixation de sa tenue en la ville de Lyon.

Il indique la réserve d'une fixation différente, dès que ses véritables intérêts lui seront connus ; elle a pensé pouvoir être éclairée, à cet égard, par l'avis des électeurs ; elle ne peut l'être que par les délibérations de toutes les communes, autrement sa religion seroit surprise, et l'avis apparent des électeurs ne seroit jamais que celui de la ville de Lyon ; il conviendroit donc que par chaque assemblée primaire des différens cantons des trois provinces, du Lyonnois, Forez et Beaujolois, il fut pris une première délibération, par laquelle, après l'exposé des motifs qui ont été suffisamment développés dans différentes délibérations de commune, et le dernier mémoire de nos députés extraordinaires à l'Assemblée Nationale, il seroit énoncé que ne voulant pas consommer eux-mêmes la ruine de leurs pays ; et préférant le défaut absolu de représentation à une représentation illusoire, il avoit été déclaré unanimement par tous les citoyens actifs, qu'ils n'accepteroient aucune nomination d'électeurs, jusqu'à ce que par un décret positif la tenue des assemblées de département et de son directoire aie été définitivement fixée dans l'endroit le plus central de ce département, qui seroit déterminé par l'Assemblée Nationale ; qu'il seroit arrêté de lui adresser les plus instantes supplications, à l'effet d'obtenir ce vœu qu'elle s'empressera d'accueillir, si elle daigne peser dans sa justice les motifs qui le déterminent ; qu'il lui sera très respectueusement représenté, que sans cela tout le fruit de ses travaux seroit perdu pour ces trois provinces, et particulièrement pour celle du Forez ; qu'un décret portant, sans examen de moyens, qu'il n'y a lieu à délibérer, ressembleroit plus à une décision du régime despotique et ministériel, qu'à un décret des Pères de la Patrie, dépositaires du bien-être du royaume et des différentes parties qui le composent ; qu'un pareil décret ne pourroit être que le fruit de la surprise des députés de la ville de Lyon dont on devroit récuser l'opinion, parce qu'ils réunissent dans cette cause la qualité de parties : qu'en blessant les intérêts les plus essentiels de ce département, il violeroit les principes consignés dans la Déclaration des droits de l'homme, en vouant à l'oppression d'une ville de généreux citoyens et les liant à un régime qui seroit leur désespoir, tandis qu'ils ont appris de l'Assemblée même que les hommes ne se donnent et ne se lient que par leur propre consentement et un consentement libre, vérité puisée dans la nature et durable comme elle, étant gravée dans tous les cœurs. Que l'Assemblée Nationale seroit suppliée d'agréer, en don patriotique, la contribution des ci-devant privilégiés, pour les six derniers mois de 1789, dont les électeurs du canton seroient chargés, par les différentes communes, de lui offrir l'hommage comme un foible témoignage de leur zèle pour la chose publique ; qu'expédition de cette délibération seroit adressée à l'Assemblée Nationale, à Sa Majesté, aux députés de la province et aux différentes députations provinciales en ladite assemblée.

Le résultat de l'unanimité ou de la majorité des délibérations de toutes les assemblées primaires, seroit d'arrêter momentanément la formation du département qui ne peut avoir lieu sans qu'il y aie au moins deux députés de chaque district : la ville de Lyon elle-même verroit son activité suspendue ; pour l'exécution de son plan elle seroit obligée de recourir à l'Assemblée Nationale, de solliciter un décret qui autorisât les électeurs de son district, à défaut de nomination et de comparution d'électeurs des autres districts du département, à procéder par eux-mêmes à la formation totale et à la nomination des membres qui devront la composer.

L'Assemblée Nationale ayant à prononcer nécessairement, instruite alors du vœu et de l'intérêt des différentes parties de ce département, par toutes les délibérations qui lui auroient été adressées, ne sacrifieroit pas à la seule ville de Lyon un département entier et aussi important.

Si cette ville étoit mue, non de générosité, mais par esprit de justice, et les vues d'une politique éclairée, elle seroit la première à proscrire de chez elle cette tenue, à en demander comme nous la fixation dans l'endroit le plus central du département : à raison du nombre de ses électeurs, de son industrie, de ses richesses, de l'intérêt que son commerce inspire généralement, elle conserveroit encore une grande prépondérance qui lui seroit plus fructueuse, parce qu'elle seroit alors moins jalousée.

Si, par supposition impossible, l'Assemblée Nationale décrétoit de nouveau la tenue provisoire en la ville de Lyon, il ne resteroit à ces trois provinces qu'à attendre du temps et d'une législature suivante, le redressement de ce grief, en acquittant avec soin la portion d'impôt qui leurs seroit assignée, sans prendre pendant cet intervalle aucune part active dans cette nouvelle forme d'administration.

De bons Français, de loyaux patriotes, ne pourroient être longtemps victimes d'une erreur : l'Assemblée législative jalouse de sa véritable gloire, la répareroit bientôt ; et la ville de Lyon, dans cette nullité absolue, se verroit forcée, envers les trois provinces, à plus de circonspection et de ménagement, que si elles y portoient l'apparence d'une représentation : les changemens qu'amène, dans toutes les parties, la nouvelle constitution du royaume, frappent sur ces trois provinces comme sur toutes les autres ; pourquoi ne jouiroient-elles pas également des heureux fruits de la révolution ? c'est à elles à éclairer l'Assemblée Nationale sur les vrais intérêts de ce pays, puisque ses députés n'ont pu en venir à bout ; mais elles ont besoin d'unanimité et de célérité : devant un si grand intérêt doivent tomber toutes prétentions individuelles et de cités ; l'occasion perdue se retrouve rarement ; des regrets superflus, des remords succéderoient peut-être ; le sentiment de leur propre estime s'affoibliroit, tandis qu'elles pourroient s'enorgueillir d'avoir fait pour la patrie ce qu'elle a droit d'attendre, et qu'elles fixeroient ainsi l'hommage des contemporains et la reconnoissance de la postérité. Puisse un prix si glorieux enflammer toutes les âmes ; puisse cette vérité convaincre tous les esprits, persuader tous les cœurs.

La marche des cantons va décider leur sort.

(*Imprimé. — Arch. du Rhône, série L.*)

XVI

Premier rapport sur les impôts qui se perçoivent dans la Généralité.

16 Novembre 1787.

Messieurs, l'objet essentiel de votre institution, est de répartir avec égalité les impositions qui sont à la charge de cette Généralité ; de remédier aux abus qui sont inséparables d'une grande administration, et qui échappent trop souvent à l'administrateur le plus vigilant, comme le plus éclairé ; de favoriser l'Agriculture, le Commerce ; en un mot, de seconder les vues bienfaisantes de Sa Majesté, en procurant à cette province le plus grand bien possible.

L'établissement des assemblées provinciales est un bienfait du souverain qui excite la vive reconnoissance des peuples ; en associant les sujets à l'administration, le roi a ranimé l'esprit de la nation ; le poids des impôts semble moins pesant ; l'espoir de le voir diminuer par une répartition plus économique, aide à le supporter.

Le bureau de l'impôt ne doit pas se presser d'appeler du nom d'abus tout ce qui seroit susceptible de perfection, soit dans la répartition de l'impôt, soit dans la perception, ni se hâter de vous en proposer la proscription. L'esprit de réforme, lorsqu'il est trop ardent, produit souvent le désordre ; c'est plutôt à préparer le bien qu'on peut faire, qu'à l'opérer, que ceux qui ont l'avantage d'être les premiers appelés, doivent mettre leur gloire. Le bureau de l'impôt, convaincu qu'une marche lente et mesurée, qui ne satisfait pas d'abord l'impatience du public, conduit plus sûrement au but désiré, ne vous proposera que la suppression des abus qui peuvent être réformés, sans déranger l'harmonie du régime actuel ; il les recherchera avec soin, remontera aux causes qui les ont produits, s'occupera des moyens de les faire cesser, vous soumettra son travail ; et vous jugerez, Messieurs, si le bureau de l'impôt a rempli vos vues.

Le Roi a voulu vous faire connoître la position de la Généralité sous le rapport des impositions et les bases actuelles de la répartition ; c'est dans cette vue que Sa Majesté vous a fait remettre différentes pièces, qui seules pouvoient vous en instruire.

Le vœu de Sa Majesté est que vous recherchiez les moyens d'améliorer cette répartition, que vous fassiez les comparaisons qui vous paroîtront possibles de département à département ; que vous indiquiez aux assemblées de département comment elles devront faire par elles-mêmes ou par leurs bureaux intermédiaires, celles de paroisse à paroisse. Pour perfectionner de plus en plus la répartition, Sa Majesté charge l'assemblée d'examiner aussi l'objet des contraintes relatives au recouvrement, de rechercher les moyens de les simplifier ou de les adoucir, s'il y a lieu.

L'intention de Sa Majesté est de diminuer le nombre des rôles, qui avoit été porté à cinq par l'article 3 du règlement du 5 août ; mais Sa Majesté a suspendu sa détermination, et attend que l'assemblée lui propose le mode de répartition le plus juste et le moins dispendieux.

Le but auquel il faut tendre dans la répartition des impositions qui porte sur la classe la moins aisée, est principalement de chercher les moyens les plus sûrs pour qu'aucun des sujets ne paie dans une proportion plus forte que les autres contribuables ; tel est le vœu de Sa Majesté ; il indique au bureau l'ordre qu'il doit suivre dans son travail.

1° Connoître la position de la Généralité sous le rapport des impositions, et les bases actuelles de la répartition.

2° Proposer le mode de répartition le plus juste et le moins dispendieux.

3° Chercher les moyens de simplifier et d'adoucir les contraintes relatives au recouvrement.

4° Améliorer la répartition par les comparaisons de département à département, et indiquer aux assemblées de département comment celles de paroisse à paroisse devront être faites pour perfectionner la répartition.

Mais Sa Majesté ne vous impose pas la loi d'arriver à ce point de perfection dès le premier pas qu'elle vous permet de faire dans l'administration. Dans ce moment peut être seroit-ce une témérité de l'entreprendre sans s'être donné le temps de méditer sur la marche à suivre ; ce sera faire beaucoup de déterminer les bases qui doivent servir de point de comparaison. Si ce plan de travail est approuvé, le bureau de l'impôt, plus particulièrement chargé de ces différens objets, ne s'en écartera point, et en rendra compte successivement à l'Assemblée Provinciale.

L'impôt en lui-même est ce qu'il y a de plus important à connoître ; le premier soin du bureau qui en est chargé, a été d'en calculer l'étendue ; son premier devoir doit être de vous en présenter le tableau, parce qu'il est essentiel que tous les membres de l'assemblée soient instruits de ce que la Généralité supporte, et connoisse aussi ce qui est réparti sur chaque élection ; connoissance préliminaire et indispensable pour diriger les plans et opérations des différens bureaux.

Les impôts qui se perçoivent dans l'étendue de cette Généralité, et dont la répartition est confiée à l'Assemblée Provinciale, sont de cinq espèces.

Savoir : 1° La taille ; 2° les impositions connues sous le nom d'accessoires de la taille ; 3° la capitation, qui se divise en capitation noble et roturière ; 4° l'imposition en argent, pour remplacer la corvée ; 5° les vingtièmes.

Dans ces provinces la taille est mixte, c'est-à-dire réelle et personnelle. Depuis l'édit de février 1780, elle est invariable ; la capitation l'est pareillement, elle s'impose au marc la livre de la taille sur les sujets taillables. Quant aux nobles, gentilshommes, officiers de justice et autres privilégiés, on arrête chaque année des états au Conseil, sur lesquels ils sont imposés à la capitation, suivant les termes de l'édit de 1780. Si le nombre des privilégiés diminue par des réformes, Sa Majesté veut que les taillables recueillent le fruit de ces réformes, qui augmenteroient le nombre des contribuables à la portion du brevet général que supportent les taillables.

Les impositions accessoires de la taille, sont formées de divers objets, dont le détail n'est pas encore connu du bureau de l'impôt. M. l'Intendant a donné les ordres nécessaires pour les procurer, et ils ne tarderont pas à nous être remis : alors, Messieurs, le bureau de l'impôt vous en rendra compte. Ces impositions se répartissent, comme la capitation, au marc la livre de la taille ; ainsi le principal de la taille, qui est invariable, détermine la répartition des accessoires, dont le principal est variable, parce que les causes passagères qui y ont donné lieu ne subsistant plus, l'imposition doit cesser.

D'après cet ordre simple, il s'expédie chaque année un brevet général pour la taille ; il est adressé des lettres-patentes qui sont enregistrées au Contrôle-général des Finances : ce brevet, divisé par généralité, est envoyé aux Bureaux des Finances pour y être enregistré, conformément à l'article 6 de l'édit de 1780.

Il n'est aucun de vous qui ignore que la somme portée au brevet général est répartie par élection, comme elle l'est au brevet par généralité, dans une proportion toujours invariable. C'est ensuite par des commissions particulières à chaque paroisse, que la portion que chacune d'elles doit supporter, est déterminée ; la répartition en est faite sur les taillables par les consuls, elle le sera à l'avenir par les municipalités. La même commission porte les impositions accessoires de la taille et la capitation, avec cette seule énonciation : *Sa Majesté nous ayant pareillement fait adresser ses ordres pour la répartition et la levée des impositions accessoires de la taille, de même que pour la capitation.*

Le bureau de l'impôt seroit dans le cas de vous présenter plusieurs observations relatives au défaut d'énonciation des objets qui forment les impositions accessoires, dont on a cessé depuis 1780 de faire mention dans les commissions ; d'où il résulte que les contribuables, toujours inquiets, pensent que l'imposition continue à être perçue, encore que l'objet qui y a donné lieu soit rempli. L'Assemblée Provinciale pensera sans doute qu'elle est personnellement intéressée à solliciter Sa

324   ANNEXES

Majesté de permettre qu'elle puisse éclairer la province, et lui prouver que les impositions, dont la répartition lui est confiée, ont des causes toujours subsistantes : ce qui ne peut se faire qu'en rétablissant l'ancien usage d'énoncer dans les commissions qui seront adressées aux assemblées de département, et par celles-ci aux municipalités, les causes des accessoires et les lois qui les autorisent. Le bureau de l'impôt n'est point assez instruit sur cet objet pour se permettre de juger les causes de ce silence ; mais il ne prévoit pas que la demande de l'assemblée puisse déplaire à Sa Majesté.

Voici, Messieurs, le tableau des impositions des cinq élections de la Généralité et du Franc-Lyonnois.

Impositions de la généralité de Lyon.

Extrait du brevet général arrêté au Conseil le 20 juillet 1787, pour l'année 1787, remis par M. le Commissaire du Roi, à la séance du 8.

1° Pour la taille principale, non compris 24,000 liv. pour la subvention de la ville de Lyon, ni celle du Franc-Lyonnois, qui paie tous les huit ans un don gratuit de 3.000 liv............ 1,356,954 l. 10 s. » d.

2° Pour les impositions accessoires de la taille, y compris le sou pour livre....... 903,653   1   6

3° Pour la capitation noble et roturière, y compris les quatre sous pour liv. et les impositions au marc la livre de la capitation. 1,188,526   7   4

} 3.449.133 l. 18 s. 10 d.

En 1787, l'imposition pour remplacer la corvée étoit au septième pour la Généralité, et au tiers de la capitation du Franc-Lyonnois.

4° Pour remplacer la corvée, on impose, par un rôle particulier, le dixième des impositions ci-dessus ; à l'égard de la capitation, il n'y a que la capitation des taillables qui sert de base pour prélever l'imposition dans la proportion du dixième ; ce qui forme la somme de................. 315,869 l. 9 s. » d.

Pour le Franc-Lyonnois, on impose le quart de la capitation.   4,652   17   10

} 320,522   6   10

A reporter......   3.769.656 l. 05 s. 08 d.

ANNEXES 325

		Report........	3.769.656 l. 05 s. 08 d.
Produit des vingtièmes en 1787, relevé d'après le rôle général, tel qu'il a été remis au bureau de l'impôt.	5° La généralité de Lyon, composée de 753 villes, bourgs ou villages, divisée en cinq élections, non compris la ville de Lyon, pour les deux vingtièmes et quatre sous pour livre du premier, des biensfonds; pour ceux de l'industrie et des offices et droits, ci....	830,539 l. 18 s. » d.	1,421,891 13 »
	La ville de Lyon, divisée en 35 quartiers, pour les (deux vingtièmes et quatre sous pour liv. du premier, des maisons, ci.........	500.687 11 »	
	Idem, pour ceux de l'industrie..........	90,664 4 »	

TOTAL des impositions de la Généralité..... 5,191,547 l. 18 s. 8 d.

Capitation. — *Dépenses acquittées chaque année sur cette imposition.*

Le bureau de l'impôt, pour se conformer aux instructions de Sa Majesté, a dû chercher à connoître la marche de l'impôt, pour arriver du contribuable au trésor royal : les différens états qui lui ont été remis, apprennent que sur le montant de la capitation, qui est de............... 1.188.526 l. 7 s. 4 d.
il doit rentrer au trésor royal la somme de. 1.049.014 14 8

Reste pour les fonds connus sous la dénomination de fonds libres de la capitation, ci................... 139.411 l. 12 s. 8 d.
Sur cette somme on prélève différentes dépenses.

Dépenses annuelles variables.

Décharges, modérations et non-valeurs.........	40.036 l. 14 s. 6 d.		
Taxations des consuls, à 4 den. p^r liv............	18.964 » 1	70.464 11 2	
Taxations des receveurs, à 3 den. p^r liv.........	11.463 16 7		

Reste.................. .... 68.947 l. 1 s. 6 d.

Dépenses annuelles fixes.

L'état où elles sont détaillées les porte à la somme de.................... 58.913 10 »

Reste.....	10.033 l.	11 s. 6 d.

Autres dépenses annuelles variables.

L'état où elles sont détaillées les porte à la somme de......	9.040	» »
Reste.............	993 l.	11 s. 6 d.

Il paroît difficile, au premier coup-d'œil, de réduire les dépenses auxquelles les fonds libres de la capitation doivent faire face ; cependant, par un examen plus approndi, il sera peut-être possible de parvenir à diminuer la dépense, afin d'augmenter les foibles moyens que vous avez d'être utile à la province.

Taille principale, impositions accessoires.

La taille principale et les impositions accessoires de la taille, montent, suivant le brevet, à la somme de...	2.260.597 l.	11 s. 6 d.

Emploi du montant de ces impositions.

Le Roi fait ordinairement remise de 70 à 80.000 liv., dont moitié en *moins-imposé*, et moitié en ateliers de charité ; cependant cette année la remise n'a été que de la somme de...................	57.600 l.	» s. » d.
Le moins-imposé pour les remises et modérations effectives aux paroisses qui ont souffert par l'intempérie des saisons, a été fixé, pour cette année, à la somme de	24.000	» »
Reste.....	33.600 l.	» s. » d.

Cet excédent forme les fonds destinés aux ateliers de charité et autres établissemens d'utilité publique. Le bien que l'Assemblée provinciale voudroit faire à la province, par des secours et des encouragemens distribués avec sagesse et économie, ne peut s'opérer, si vous n'obteniez de la bonté du Roi de plus grands moyens ; ils seront accordés par Sa Majesté, quand on aura mis sous ses yeux ce qu'il seroit utile et nécessaire de faire pour soulager le cultivateur qui ne travaille péniblement le sol qu'il habite que pour payer les impôts, et auquel il reste à peine de quoi subsister.

Objets connus, qui font partie des impositions accessoires de la taille.

Les impositions connues sous le nom d'impositions accessoires de la taille, sont peu connues du bureau de l'impôt. M. l'intendant, empressé de faciliter les opérations de l'assemblée, a fait espérer que très-incessamment il procureroit les renseignemens qui sont désirés ; mais ce travail doit prendre du temps. Le bureau de l'impôt n'a pas cru devoir retarder de vous rendre compte de ses opérations ; lorsque ces renseignemens lui seront parvenus, il vous fera part des nouvelles observations auxquelles ils pourroient donner lieu : dès-à-présent il peut vous dire que dans les impositions accessoires se trouve compris :

1° Le casernement de la maréchaussée.
L'état qui a été remis porte cet objet à
la somme de.................. .... 15.000 l. » s. » d.
La dépense monte à la somme de......... 10.005 » »
 Reste pour les dépenses imprévues. 4.995 l. » s. » d.

2° Les milices. L'état porte cet objet à la
somme de.......... .... 8.000 l. » s. » d.
Les dépenses annuelles arrivent à la somme
de.......... .... 4.647 » »
 Reste pour l'entretien et rétablissement à neuf des fournitures ordonnées être faites aux soldats provinciaux, aux frais des paroisses,
la somme de................. 3.353 l. » s. » d.

3° La pépinière royale, et pour cet objet
on impose la somme de......... ...... 6.000 l. » s. » d.

4° L'imposition connue sous le nom d'indemnités... .... 12.000 l. » s. » d.

Cette somme est annuellement employée à acquitter une partie des indemnités dues aux particuliers auxquels les routes ont causé des dommages ; c'est-à-dire, qu'on impose sur la généralité, à qui les routes sont toujours avantageuses, 12.000 liv. pour dédommager les particuliers qui ont pu souffrir de l'ouverture des différens chemins.

Les impositions accessoires de la taille
s'élèvent à la somme de.............. 903.653 l. 1 s. 6 d.
Les objets dont on vient de parler, qui en
font partie, ne donnent par leur réunion
que la somme de................... 41.000 » »
 Reste........ .... 862.653 l. 1 s. 6 d.

dont le bureau de l'impôt ne tardera pas à avoir connaissance ; mais, il l'a déjà observé : lorsque cette connaissance sera acquise, pourquoi ne la communiqueroit-elle pas aux assemblées de département, et par celles-ci aux municipalités ? l'ancienne formule des commissions rempliroit cet objet : c'est une légère consolation, il est vrai ; mais c'en est une pour le contribuable de savoir pour quel objet il est imposé. Sa Majesté se refusera d'autant moins à permettre qu'il soit fait, comme par le passé, une énonciation détaillée des accessoires dans les commissions, que par sa déclaration du mois de février 1780, qui fixe d'une manière invariable la taille, Sa Majesté s'exprime ainsi : « Le
« second brevet de la taille s'étoit accru successivement et presque
« obscurément, sans que les peuples, en sentant l'augmentation de
« leur fardeau, en aient été consolés, ou par les grandes améliorations
« qui préparent de nouveaux moyens de richesses, ou par ces nobles
« entreprises qui étendent la gloire de leur souverain et l'éclat de leur
« patrie. »

Les impositions accessoires de la taille ne pouvant, aux termes de cette déclaration, être arbitraires, étant toutes fondées sur des objets d'une grande utilité, la perception toujours autorisée par des loix, enrégistrées dans les cours, qui en fixent la durée, il ne peut y avoir de motifs pour soustraire à la connoissance des peuples, les causes qui les soumettent à cette augmentation d'imposition ; et ils ne peuvent en avoir connoissance que par les commissions qui seront adressées aux municipalités.

D'après ces réflexions, l'assemblée jugera sans doute qu'il est nécessaire, pour elle-même, de demander à Sa Majesté d'être autorisée à rétablir dans les commissions l'énumération de tout ce qui compose les accessoires de la taille, afin que lorsque l'Assemblée provinciale sera dans le cas de faire l'imposition, cette forme puisse être employée.

Le bureau de l'impôt ne s'est point occupé des vingtièmes, parce que la commission chargée particulièrement de cet objet, vous en rendra compte.

Après vous avoir présenté le tableau général des impositions que supportent ensemble les cinq élections, il paroît convenable de faire connoître ce qui est à la charge de chacune d'elles en particulier.

TABLEAU DES IMPOSITIONS DE LA GÉNÉRALITÉ

DIVISÉE EN CINQ ÉLECTIONS

La totalité des impositions, d'après le tableau qui en a été présenté, monte à la somme de.................. 5.191.547 l. 18 s. 8 d.

Élection de Lyon.

1° Taille principale.	305.822 l.	» s.	» d.	
2° Impositions accessoires au marc la livre de la taille	202.605	17	3	
3° Capitation des taillables, *idem*..	202.405	11	»	983.235 l. 10 s. 9 d.
4° *Idem*, des nobles, officiers de justice, etc. et du Franc-Lyonnois.	20.296	15	5	
5° Capitation de la ville de Lyon....	252.105	7	1	

A reporter... 983.235 l. 10 s. 9 d.

ANNEXES 329

| | Report...... | 983.235 l. | 10 s. | 9 d. |

6° Deux vingtièmes et quatre sous p^r liv. des biens-fonds des 140 paroisses.........	207.829 l.	1 s.	» d.	
7° *Idem*, des douze paroisses du Franc-Lyonnois.	29.740	14	»	846.825 10 9
8° *Idem*, des offices et droits........	17.904	»	9	
9° *Idem*, des maisons des 35 quartiers de Lyon....	500.687	11	»	
10° *Idem*, de l'industrie.........	90.664	4	»	
11° Dixième de la taille et de la capitation roturière, pour remplacer la corvée.	71.083 l.	6 s.	9 d.	75.736 4 7
12° Le quart de la capitation du Franc-Lyonnois, *idem*..........	4.652	17	10	

Total des impositions à la charge de l'élection de Lyon .... 1.905.797 l. 6 s. 1 d.

Élection de Villefranche.

1° Taille principale.	245.946 l.	16 s.	» d.	
2° Impositions accessoires au marc la liv. de la taille.	167.929	15	6	581.021 l. 1 s. » d.
3° Capitation des taillables, *idem*.	162.777	»	6	
4° *Idem*, des non-taillables	4.367	9	»	
5° Deux vingtièmes et quatre sous p^r liv. des biens-fonds de 133 paroisses, et des maisons des villes	131.496 l.	4 s.	» d.	134.563 9 3
6° *Idem*, des offices et droits........	1.030	12	3	
7° *Idem*, de l'industrie des villes de Villefranche et Beaujeu........	2.036	13	»	

A reporter... 715.584 l. 10 s. 3 d.

330 ANNEXES

Report......	715.595 l.	10 s.	3 d.
8° Dixième de la taille, des accessoires, et capitation des taillables, pour la corvée	57.665	7	8
TOTAL des impositions à la charge de l'élection de Villefranche...	773.249 l.	17 s.	11 d.

Élection de Roanne.

1° Taille principale	181.522 l.	» s.	» d.	⎫			
2° Impositions accessoires au marc la livre de la taille	120.413	8	3	⎬	423.710 l.	9 s.	2 d.
3° Capitation des taillables	120.138	1	»				
4° *Idem*, des non-taillables	1.636	19	11	⎭			
5° Deux vingtièmes et quatre sous p^r livre du premier, des biens-fonds de 142 paroisses.	112.699 l.	19	»	⎫⎬⎭	116.807	13	6
6° *Idem*, d'industrie de la ville de Roanne.........	1.218	16	»				
7° *Idem*, des offices et droits........	2.888	18	6				
8° Dixième de la taille, des accessoires et de la capitation des taillables, pour la corvée					42.207	6	11
TOTAL des impositions à la charge de l'élection de Roanne					582.725 l.	9 s.	7 d.

Élection de Montbrison.

1° Taille principale	290.114 l.	» s.	» d.	⎫			
2° Impositions accessoires au marc la livre de la taille	191.882	3	5	⎬	679.683 l.	15 s.	2 d.
3° Capitation des taillables	192.009	7	»				
4° *Idem*, des non-taillables	5.678	4	9	⎭			
5° Deux vingtièmes et quatre sous p^r livre du premier, des biens-fonds de 204 paroisses.	142.233 l.	6 s.	» d.	⎫⎬⎭	143.449	5	6
6° *Idem*, des offices et droits........	1.215	19	6				
A reporter...					823.133 l.	» s.	8 d.

ANNEXES 331

Report......	823.133 l.	» s.	8 d.
7° Dixième de la taille, des accessoires et de la capitation des taillables, pour la corvée	67.400	11	»
Total des impositions à la charge de l'élection de Montbrison.....	890.533 l.	11 s.	8 d.

Élection de Saint-Etienne.

1° Taille principale	333.549 l.	14 s.	» d.			
2° Impositions accessoires au marc la livre de la taille	220.821	17	1	781.483 l.	2 s.	9 d.
3° Capitation des taillables, *idem*.	220.756	17	»			
4° *Idem*, des non-taillables	6.354	14	8			
5° Deux vingtièmes et quatre sous p^r livre des biens-fonds de 122 paroisses	175.428 l.	11 s.	» d.			
6° *Idem*, des offices et droits........	1.330	2	9	180.345	13	9
7° *Idem*, d'industrie des villes de Saint-Etienne et Saint-Chamond.......	3.487	»	»			
8° Dixième de la taille, des accessoires, et de la capitation des taillables, pour la corvée	77.512	16	9			
Total des impositions à la charge de l'élection de Saint-Etienne ...	1.039.241 l.	13 s.	3 d.			

RÉCAPITULATION

Election de Lyon...	1.905.797 l.	6 s.	1 d.
Élection de Villefranche.........	773.249	17	11
Election de Roanne.....	582.725	9	7
Election de Montbrison...	890.533	11	8
Election de Saint-Etienne..............	1.039.241	13	3
	5.191.547 l.	18 s.	8 d.

L'objet que le bureau s'est proposé dans ce moment sera rempli, en ajoutant qu'indépendamment des impositions qui se perçoivent au profit de Sa Majesté, il en est d'autres qui ont pour objet le montant des réimpositions à la suite de la commission des tailles, l'acquittement des frais de procès, la reconstruction de différentes églises et autres édifices à la charge des villes, bourgs et paroisses ; ces impositions extraordinaires ne sont levées que sur les contribuables qui y ont un intérêt particulier.

Les états qui ont été remis au bureau de l'impôt offrent par leur réunion une somme de 43.153 l. 8 s. 8 d.

Savoir,

1° Montant des réimpositions à la suite de la commission des tailles............	11.527 l.	7 s.	6 d.
2° Impositions pour frais de réparations de presbytères et d'églises.	18.179	14	»
3° Impositions pour frais de procédures et autres ordonnées par arrêt du Conseil......	13.446	7	»

43.153 l. 8 s. 8 d.

Nous devons encore vous faire connoître le montant des frais de recouvrement qui sont à la charge de la province, parce qu'ils forment un objet d'imposition sur les contribuables.

Frais de recouvrement à la charge de la province.

1° Six deniers p' livre du principal de la taille, la somme de......	33.923 l.	17 s.	4 d.
2° Quarante sous de droit de quittance par paroisse....	1.532	»	»
3° Les frais de contrainte pour le recouvrement de toutes les impositions, année commune..........	11.945	7	1

47.401 l. 4 s. 5 d.

4° Six deniers p' livre pour l'imposition représentative de la corvée.	8.013 l.	8 s.	6 d.
5° Pour les sommes réimposées à la suite des commissions des tailles, quatre deniers p' livre...	192	2	6
6° Six deniers p' livre pour le recouvrement des frais de presbytères et de procédures...	790	13	»

8.996 13 11

Ainsi, en dernier résultat, la Généralité
supporte, d'après le tableau général des
impositions,

1° La somme de....................	5.191.547 l.	18 s.	8 d.
2° Pour les impositions variables, la somme de.............................	43.153	8	8
3° Pour les frais de recouvrement à la charge de la Province............	56.397	8	4
Total...	5.301.098 l.	15 s.	8 d.

Tel est l'état de situation de cette Généralité. Nous n'avons qu'un mot à dire sur les cotes d'offices, qui ont été successivement réduites, sur-tout depuis l'administration de M. Terray ; il en reste actuellement 257, qui forment la somme totale de 9.267 l. 1 s.

Tableau des cotes d'offices.

Election de Lyon............	33 cotes d'offices..	919 l.	15 s.
Election de Montbrison........	57	2.143	5
Election de Saint-Etienne	32	1.468	10
Election de Villefranche.. ...	40	2.248	4
Election de Roanne........ ..	95	2.487	7
	257	9.267 l.	1 s.

Ces cotes d'offices sont encore, les unes susceptibles de suppression, les autres peuvent être dans le cas d'être augmentées ; ce qui sera toujours un soulagement pour les paroisses auxquelles les cotisés d'offices appartiennent.

Le bureau de l'impôt a dû prendre une connoissance exacte du produit des impositions, avant de s'occuper du soin de vous présenter les moyens d'en rendre la perception moins rigoureuse et plus égale. Quand on voit à quel prix le cultivateur arrache à la terre sa subsistance, la sensibilité se réveille, et l'on n'est plus occupé que des moyens d'adoucir la rigueur de son sort.

Le bureau de l'impôt ne tardera pas à soumettre à vos lumières différentes observations, d'après lesquelles vous serez dans le cas de prendre des arrêtés pour solliciter l'autorité du Gouvernement nécessaire pour remédier à des inconvéniens que quelques loix semblent autoriser, et dont l'intérêt personnel abuse.

Tout ce que le bureau de l'impôt vous propose aujourd'hui, se réduit à arrêter que Sa Majesté sera suppliée d'autoriser l'Assemblée provinciale à rétablir dans les commissions qui s'expédieront aux assemblées de département et aux municipalités, le détail des objets qui forment les impositions connues sous le nom d'accessoires de la taille, avec la date des loix qui en autorisent la perception, qui en déterminent l'objet, et en ont fixé la durée.

(*Imprimé. — Procès-verbal, p. 18, cf. p. 25*).

XVII

Rapport du bureau de l'impôt.

24 Novembre 1787.

Messieurs, lorsque le bureau de l'impôt eut l'honneur de vous présenter le tableau des contributions de cette généralité, il vous soumit la marche qu'il s'était proposé de suivre dans ses travaux, vous annonça les objets qu'il mettroit successivement sous vos yeux, et eut la satisfaction de vous voir adopter ses plans.

Cependant, Messieurs, ce second rapport, qui sembloit devoir être précédé par d'autres, vous paroîtra s'écarter de la route que s'étoit tracée le bureau ; mais les objets qu'il traite, les règlemens qu'il propose, ne sont relatifs qu'à des abus particuliers introduits dans la répartition de la taille, qui opèrent une surcharge réelle sur la classe la plus utile et la moins aisée, et qui d'ailleurs sont dénoncés par des réclamations générales.

Tels sont les cotes d'office, les transports de cotes, les cotes rigoureuses imposées sur les fermiers, et enfin les privilèges des maîtres de poste.

Cotes d'office.

Les cotes d'office, ainsi appellées parce qu'elles ne sont pas faites par les consuls, mais par M. le Commissaire départi et par MM. les officiers des élections lors du département, n'étoient, dans le principe, que le privilège accordé à un propriétaire taillable, de porter au receveur de la province la contribution qu'il auroit dû payer au collecteur de la paroisse où ses biens étoient situés.

Les lois qui les ont établies ont voulu soustraire quelques officiers publics et les receveurs des deniers du fisc aux rigueurs que des collecteurs passionnés pouvaient se permettre contr'eux.

Par un étrange abus des institutions les plus sages, les cotes d'office sont devenues lucratives pour ceux qui les ont obtenues, et accablantes pour les autres contribuables. De là, tel qui paie six livres au douze de taille, en devroit payer trente-six ou soixante et douze ; de là une communauté, qui auroit le malheur d'avoir dans le nombre de ses propriétaires quatre ou cinq cotisés d'office, se verroit écrasée par la nécessité de répartir sur un très petit nombre d'habitans la masse d'impôt qui devroit être distribuée sur tous les taillables.

Elles vouloient aussi prévenir l'abus que les riches pourroient faire de leur fortune et de leur ascendant pour se soustraire à une partie de l'imposition qu'ils auroient dû supporter, et c'est dans cet esprit que, prévoyant qu'ils pourroient échapper, même par les cotes d'office, à une juste fixation, elles permettent aux asséeurs de les augmenter dans le cas où ces cotes seroient au-dessous des facultés des taillables ; mais ce droit, contredit par l'intrigue et la faveur, ne produit aucun effet. Il n'est pas étonnant qu'un aussi cruel abus, qui s'était multiplié à l'infini, ait frappé M. l'Intendant ; l'esprit de justice qui dirige son administration a procuré, entr'autres avantages, à cette province une prodigieuse réduction dans les cotes d'office.

Cependant, Messieurs, l'abus existe encore et feroit de nouveaux progrès, si vous négligiez d'employer l'autorité qui vous est confiée, pour faire un règlement à cet égard.

En conséquence, le bureau de l'impôt est d'avis :

1° Que toutes les cotes d'office non fondées en titre, soient indistinctement supprimées ;

2° Que toutes les cotes d'office continuent d'être portées sur le rôle des paroisses, et soient rétablies dans la juste proportion des facultés des contribuables ;

3° Que la faveur d'être cotisé d'office ne soit jamais accordée sans l'aveu de l'Assemblée provinciale.

Transports des cotes.

On entend par transport de cotes, la faculté accordée à un propriétaire taillable de transporter dans la paroisse de son domicile toutes les impositions relatives aux fonds qu'il possède dans une ou plusieurs paroisses.

Comme il est deux sortes de taille, l'une d'exploitation, l'autre de propriété, il est de même deux sortes de transport de cotes. Celui qui a rapport à la taille d'exploitation est autorisé par le règlement du 15 juillet 1736 et la déclaration du 14 avril 1747. Celui qui a rapport à la taille de propriété le fait dans les formes prescrites par les déclarations des 16 novembre 1723 et 17 février 1728.

Une loi plus récente, la déclaration de 1768, avoit supprimé les transports de cotes ; mais la Cour des Aides, après des représentations qu'elle avoit adressées au Roi, ordonna, dans son enregistrement, que l'usage des transports de cotes seroit continué.

Tout examen sur les inconvéniens et les abus de transports sembleroit donc interdit ; cependant, Messieurs, le bureau de l'impôt a été frappé des observations et des réclamations qui vous ont été adressées, soit par les assemblées de département, soit par des citoyens qui s'intéressent à la prospérité publique, et pour vous mettre en état de juger s'il convient de solliciter une nouvelle loi, le bureau va développer les avantages et les inconvéniens des transports de cotes.

Les avantages que procurent ces transports sont particuliers aux propriétaires qui possèdent des fonds épars dans des paroisses étrangères et voisines de leur habitation.

1° La loi qui s'observe avoit en vue de les protéger contre les vexations des asséeurs, qui pourroient les charger outre mesure, pour alléger l'impôt à répartir sur les vrais habitans ;

2° La facilité des transports augmente réellement la valeur d'un domaine qui seroit composé de plusieurs pièces de fonds situés dans d'autres paroisses que celle du lieu de l'exploitation, parce qu'il n'y a point de surcharge à craindre ni de discussion à renouveller chaque année pour la répartition de l'impôt.

3° Les transports ne diminuent ni n'ajoutent rien aux forces comparatives des paroisses, parce qu'ils font entr'elles un objet de compensation habituelle, et un nouvel ordre de choses ne sauroit opérer leur suppression sans occasionner des contestations interminables.

Tels sont à peu près les avantages. Passons aux inconvéniens ; ils sont sans nombre et touchent presque tous à l'ordre et à l'intérêt public :

1° Les transports, et surtout ceux qui se font d'une élection à une autre, sont un obstacle insurmontable pour fixer les limites des paroisses et des élections même et faire entre elles un tableau comparatif de leurs forces, seul moyen d'établir une juste répartition de la taille;

2° Un transport peut quelquefois priver une paroisse d'une cote pour laquelle elle n'obtient aucune décharge, et la faire profiter à une autre qui n'éprouve aucune augmentation ;

3° Les transports de cotes sont médités d'avance par l'intérêt personnel, de manière que, malgré la vigilance des officiers des élections, le bénéfice de celui qui propose le transport est convenu avec les consuls de sa paroisse, et si quelquefois il n'obtient pas sur-le-champ ce bénéfice, il est toujours assuré d'en jouir dans la suite.

De nouveaux consuls, instruits des forces respectives des habitans de leur communauté, de la valeur et de l'étendue des héritages qu'ils y possèdent, peuvent omettre, même involontairement, de les taxer pour les propriétés étrangères, parce que leur éloignement les leur fait oublier. Cet abus est si réel, qu'il est des propriétaires, dans cette généralité, qui, ayant porté dans les petites villes où ils font leur résidence les impositions établies sur l'universalité des domaines qu'ils possèdent dans des paroisses voisines ou éloignées, ont évité presque entièrement l'impôt;

4° Les fonds de terre ne restent pas toujours dans la même main ; un propriétaire, forcé de vendre, préfère de garder les fonds les plus rapprochés de son domicile. S'il vend ceux qu'il possédoit dans d'autres paroisses, et dont il avoit fait transporter la cote, ce sont de nouveaux changements dans les rôles de plusieurs paroisses. D'après ces considérations, le bureau de l'impôt s'étoit proposé de vous engager à solliciter au Conseil du Roi un règlement, enregistré à la Cour des Aides, qui défendît tous les transports et ordonnât le rétablissement de toutes les cotes transportées, mais cet objet étant de la plus grande importance, il a l'honneur de vous proposer de le communiquer aux bureaux de département pour avoir leur avis.

Cotes des fermiers et grangers.

L'injuste et inégale distribution de la taille est une des causes qui, dans cette généralité, empêchent les propriétaires d'affermer leurs possessions.

Aux termes du brevet de la taille, les fermiers des biens ecclésiastiques doivent être imposés à dix-huit deniers pour livre du prix de leur bail, et ceux des biens laïcs à deux sous ; ce qui, avec les accessoires, porte l'imposition à plus de moitié du prix total de la ferme pour les biens des taillables, et à plus du quart pour ceux des privilégiés.

Ce brevet annonce, à la vérité, chaque année, un règlement à cet égard, mais il est encore attendu.

Dans l'état actuel des choses, un propriétaire taillable donne son domaine à ferme au prix de 300 livres, par exemple. Ce domaine étoit imposé, avec justice, à 60 livres de taille ; au moment où le bail est connu, la cote change et en forme deux : celle du fermier, qu'on porte au moins à 60 livres, et celle du propriétaire, qui reste la même; cependant le bail n'a rien changé à la valeur réelle et comparative de ce domaine avec les autres non affermés. De là, il résulte qu'aucun propriétaire taillable ne peut avoir d'intérêt à donner ses biens à ferme, parce que le produit net d'une ferme ainsi surchargée d'impôts ne pourra jamais remplacer les fruits qu'il recueilloit en cultivant lui-même.

La certitude que leurs fermiers seroient peu ménagés dans la répartition de la taille, détourne aussi les nobles et les ecclésiastiques de donner leurs biens en ferme, parce que le fermier, qui fait son calcul, réduit toujours son offre en conséquence de l'imposition qu'il prévoit; ou s'ils afferment, il n'est pas rare qu'ils dissimulent dans les baux une partie du prix, et les fermiers exigent souvent cette réticence, qui n'auroit pas lieu si on ne les imposoit communément fort au-dessus du taux qu'ils devoient supporter.

En un mot, Messieurs, les surcharges sur les baux à ferme en diminuent le nombre, ce qui porte un vrai préjudice, même aux taillables ; cette diminution les prive du soulagement que les fermes des nobles et privilégiés, si elles se multiplioient, leur procureroient, en faisant supporter aux fermiers, dans une juste proportion, la partie de l'impôt qui doit être à leur charge.

Cette réflexion surtout nous ramène à désirer un règlement qui fixe la juste mesure d'après laquelle les fermiers doivent être taxés. Mais, comme dans une matière aussi délicate il seroit dangereux de hâter une délibération, le bureau de l'Impôt vous propose encore de renvoyer cet objet aux assemblées de département, pour avoir leur avis.

Privilèges des maîtres de postes aux chevaux.

Les privilèges des maîtres de postes sont devenus l'objet d'une réclamation générale : sont-ils abusifs ou légitimes ? La succession rapide et multipliée des lois qui les ont établis ou supprimés, modérés ou étendus, pourra faciliter la solution de cette question.

L'édit général de Henri IV, sur le fait des tailles, porte que les maîtres de poste ne jouiront de l'exemption des tailles que jusqu'à 20 livres et pourront prendre à ferme trente arpens, sur quoi la Cour des Aides mit pour modification, dans son enregistrement, qu'ils ne pourroient prendre à ferme aucune terre d'autrui.

Par l'édit de janvier 1634, toute exemption fut supprimée. La déclaration du 2 novembre 1635 leur accorda l'exemption de taille sur cinquante arpens, soit de leurs biens propres, soit qu'ils les tinssent à ferme, et ordonna qu'ils seroient taxés d'office, sans pouvoir être augmentés pour le surplus de leurs biens et facultés.

Par la déclaration du 19 janvier 1669, ils furent déclarés exempts de taille, non seulement pour la totalité de leurs biens et facultés, mais encore il leur fut permis de porter cette exemption sur des fermes jusqu'à concurrence de soixante arpens.

La déclaration du 30 juin 1681, en les confirmant dans les mêmes privilèges, porte à cent arpens les biens qu'ils pourroient affermer en exemption de taille, à moins qu'ils ne tinssent hôtellerie, auquel cas elle ordonnoit que les cent arpens fussent réduits à cinquante.

Par la déclaration du 8 janvier 1692, tous les privilèges leur furent supprimés, seulement ils conservèrent celui d'être cotés d'office, et obtinrent sur leur cote une remise annuelle de 30 livres.

Le 2 août 1699, nouvelle déclaration qui les rétablit dans toute l'étendue de leurs anciens privilèges. Enfin, le règlement de 1705 les y confirme.

Sans vouloir discuter les motifs qui ont dicté les différentes lois que nous venons de citer, leur contradiction vous invite sans doute à éclairer la justice du roi, il est de la sagesse d'aider et de protéger les établissemens utiles à ses peuples, mais il ne consentiroit pas à les leur rendre onéreux.

Rien ne l'est cependant davantage que les privilèges des maîtres de poste, qui, par le fait, sont devenus illimités. Le bureau de l'impôt, avant de vous proposer aucun règlement à cet égard, vous prie de lui permettre quelques réflexions.

1° Ces privilèges, si considérables, ne deviendroient justes qu'autant qu'ils seroient le prix des sacrifices ou des pertes qu'éprouveroit nécessairement celui qui exploite un relais; cependant, vous le savez, Messieurs, les routes de cette généralité sont presque toutes si fréquentées, l'usage est si général de voyager en poste, le prix des relais est si augmenté, sans rapport de proportion avec celui des grains et des fourrages, qu'aucun maître de poste n'auroit besoin d'encouragement et ne quitteroit le service, si l'on supprimoit l'exemption de taille qui lui est attribuée.

2° Ces privilèges rejettent sur toutes les possessions taillables une surcharge accablante. Si la majeure partie des fonds d'une paroisse appartenoit à un ou plusieurs maîtres de poste, s'ils affermoient encore des fonds appartenans à des privilégiés, sur qui pourroit-on répartir le brevet de la taille ? Seroit-ce sur quatre ou cinq malheureux habitans, comme cela arrive dans une paroisse de cette généralité ? Toute leur fortune en capitaux n'équivaudroit pas à la somme actuelle qu'ils devroient se répartir. Ces réflexions générales ne sont pas les seules qui ont frappé le bureau de l'impôt, il est des points de vue particuliers sous lesquels il a cru appercevoir des abus insupportables.

Veuillez vous rappeler la loi observée qui détermine et fixe les privilèges des maîtres de poste; d'une part, elle exempte de taille toutes leurs propriétés et facultés; de l'autre, elle leur accorde encore cette exemption, sur cent arpens qu'ils peuvent tenir à ferme ; de plus, elle double le privilège en faveur de celui qui possède deux brevets.

Sans répéter, Messieurs, combien ces privilèges sont exagérés, combien ils sont accablans pour les campagnes, il paroît important de vous faire remarquer toute l'extension qu'on leur a donnée.

Aucune loi n'a fixé ni déterminé l'arrondissement sur lequel les maîtres de poste peuvent exercer leur privilège ; en conséquence, ils le portent et l'exercent partout, même dans des provinces étrangères à leur relais : de là des cessions ou agiotages de privilège, qui sont une source continuelle de procès, tous jugés en faveur des privilégiés vrais ou supposés, parce que l'infidélité est un crime qui ne se présume pas et parce qu'enfin, comme les contestations roulent souvent sur les bornes du privilège, il est impossible de jamais prouver qu'il en est rempli d'ailleurs.

Cependant, Messieurs, ce privilège est conditionnel, c'est-à-dire qu'il n'est rien accordé qu'à ceux des maîtres de poste qui font eux-mêmes le service, mais il a paru juste aux cours des aides d'interpréter cette condition en faveur des maîtres de poste, encore qu'ils ne fassent point le service en personne, parce qu'il étoit toujours censé fait pour eux.

Le bureau de l'impôt avoit d'abord pensé qu'il conviendroit de demander la suppression totale des privilèges des maîtres de poste ; mais, pour prévenir les réclamations de l'administration des postes et satisfaire en partie le vœu des peuples, il proposera seulement à l'Assemblée Provinciale de solliciter au conseil du roi, un règlement qui réduise le privilège des maîtres de poste à l'exemption de taille sur cinquante arpens de terre, prés, vignes ou bois, soit que ces fonds leur soient propres, soit qu'ils les tiennent en ferme ; qui en limite l'exercice à l'étendue de l'élection où doit s'exploiter leur relais, et qui enfin les assujettisse, en déposant leur brevet aux greffes des élections, à énoncer et détailler les fonds sur lesquels ils entendront exercer leur privilège.

L'état de maître de poste offre par lui-même de si grands avantages, qu'il ne faut pas y ajouter des privilèges plus étendus ; l'extension qu'on leur a donnée, nuit à la classe qni ne profite point de l'établissement des postes : tout ce qui tend à soulager les taillables paroîtra à Sa Majesté un acte de justice.

(*Imprimé, procès-verbal des séances de l'Assemblée provinciale, p. 43 ; cf. p. 26*).

XVIII

Rapport de la commission des vingtièmes.

26 Novembre 1787

Messieurs, Sa Majesté, dans l'instruction qu'elle a fait remettre par M. le commissaire du roi, relativement aux vingtièmes, autorise l'assemblée provinciale à solliciter pour cette généralité un abonnement des deux vingtièmes et quatre sous pour livre du premier vingtième, le prix de cet abonnement vous est annoncé devoir s'élever à 2.136.000 livres, non compris les vingtièmes des biens ecclésiastiques.

Vous avez nommé des commissaires à l'effet de recueillir, autant qu'il seroit en leur pouvoir, les renseignements indispensables pour délibérer sur un objet aussi important aux trois provinces.

Pour remplir la mission dont vous les aviez chargés, ils se sont assurés de l'état actuel de la perception des vingtièmes ; ils ont cherché quelles pouvoient être les bases sur lesquelles auroit porté l'espoir d'une augmentation dans les produits de cet impôt ; ils se sont pénétrés de l'état actuel de la province, ils en ont calculé les forces d'après des termes connus, et ils viennent vous présenter les résultats de leur travail.

La totalité du produit des deux vingtièmes et quatre sous pour livre monte actuellement à 1.421.891 livres 13 sous. Voici comment se divise cette somme.

Le vingtième d'industrie et celui des offices et droits, donnent cent vingt-un mille sept cents

soixante-seize livres sept sous, ci.............. 121.776 l. 7 s.
Ceux des immeubles de la ville de Lyon, cinq cents mille six cents quatre-vingt sept livres onze sous, ci................................. 500.687 11
Ceux des propriétés foncières et des villes de la généralité, sept cents quatre-vingt-dix-neuf mille quatre cents vingt-sept livres, quinze sous, ci... 799.427 15

Total........ 1.421.891 l. 13 s.

Sur cette somme totale de 1.421 891 liv. 13 s., la commission s'est assurée que la perception est diminuée, année commune, de 28 à 30 mille liv. par les non-valeurs et les cotes mortes.

Cependant, pour parvenir aux 2.136.000 liv. que le gouvernement préjuge devoir être le montant des deux vingtièmes effectifs et des 4 s. pour livre du premier vingtième, il faudroit trouver à asseoir une sommme de 714.018 liv. 7 sous.

Pour y parvenir, deux ressources sont présentées, la première est le vingtième des biens domaniaux et de ceux que possèdent M. le duc d'Orléans, l'ordre de Malthe et les hôpitaux ; mais il a été reconnu que ces différens biens, en les réunissant, ne pourroient être imposés avec équité au-delà de 30.000 livres, dont les seuls hôpitaux en supporteroient plus de quinze ; ainsi, outre que la bienfaisance du roi et la protection qu'il accorde à ces grands et utiles établissemens, seroient contrariés, si on assujetissoit aux vingtièmes des revenus employés sans réserve à la plus sacrée des destinations, la réunion effective des vingtièmes de ces propriétés exemptes rempliroit à peine le vuide opéré par les non-valeurs sur la totalité des rôles de vingtièmes.

Il faudroit donc trouver les 715.000 livres d'augmentation dans le seul produit des vérifications auxquelles se livreroit l'assemblée.

Désirant pénétrer d'après quelles apparences la possibilité d'une augmentation aussi considérable avoit pu être présentée au gouvernement, la commission a cru d'abord appercevoir quelque lumière dans la connoissance des produits qu'ont opérés les vérifications faites jusqu'à ce jour.

Elle s'est assurée que, sur trente-cinq quartiers qui forment la division de la ville de Lyon pour les impositions, neuf ont été vérifiés et que cent onze paroisses, sur sept cents cinquante-trois que renferme la généralité, ont aussi subi des vérifications générales ; elles ont produit une augmentation de 89.129 liv., dont 57.922 liv. 11 s. supportées par la généralité, et 31.206 liv. 9 sous par la ville de Lyon.

Cette base connue, la commission a présumé qu'on s'y seroit appuyé et qu'on auroit dit : « Si neuf quartiers vérifiés ont produit 31.000 liv., vingt-six qui ne l'ont pas été présentent une ressource de.......... 90.000 livres

Et cent onze paroisses ayant donné une augmentation de 57.922 liv. onze sous, les six cents quarante-deux qui restent à vérifier produiront, dans la même proportion, deux cents quatre-vingt-quatorze mille huit cents cinquante livres, ci..................... 294.850

Réunissant à ces deux sommes le vingtième des biens exempts, présumé devoir monter à trente mille livres, ci........ .... 30.000

On auroit celle de quatre cents quatorze mille huit
cents cinquante livres, ci...................... 414.850 livres
qui diffère cependant encore de 299.168 livres de la somme demandée.

Mais, quelqu'éloigné que soit ce calcul des 714.000 livres supposées pouvoir être imposées pour parvenir à 2.136.000 liv., la commission, ramenée à la vérité par des apperçus plus justes, s'est bientôt reprochée d'avoir pu penser que l'administration des vingtièmes eût présenté de pareils résultats au gouvernement, et voici, Messieurs, comment elle s'en est démontrée à elle-même la fausseté.

Elle a senti qu'il ne se trouve aucune proportion relative entre les quartiers de cette ville, et qu'il n'y a pas deux paroisses dans la généralité dont le territoire et les productions soient parfaitement égales, elle n'a pas douté que les vérifications n'eussent été faites sur les meilleurs quartiers et les paroisses les plus opulentes, et, pour s'en assurer, elle a fait un calcul fort simple.

Avant les vérifications faites depuis 1778, la
masse totale des vingtièmes, non compris ceux
d'industrie et des offices et droits, montoit
à douze cents dix mille neuf cents quatre-vingt
six livres six sous, ci........................ 1.210.986 liv. 6 s.

Quelle portion de cette somme supportoient
les quartiers et les paroisses vérifiés ? Plus du
tiers, quatre cents trois mille cent vingt-quatre
livres, ci..................................... 403.124 livres.

De ce rapprochement est sortie une évidence irrésistible : si 403.124 livres n'ont produit que 809.129 livres par l'effet des vérifications, les 807.862 liv. 6 sous qui restent à vérifier ne produiront pas, dans la même proportion, au-delà de 178.000 et quelques cents livres.

Ce calcul, qui ne peut être ni combattu, ni démenti, et qui, aux fractions près, est un résultat exact des renseignemens qui ont été donnés à la commission par M. le commissaire du roi, diffère de 536.000 livres de la possibilité présentée au gouvernement, et cependant, malgré cette énorme différence, vous allez vous convaincre qu'il seroit impossible à réaliser.

D'abord, Messieurs, il faut vous annoncer qu'on n'a remis à la commission que l'état des quartiers et des paroisses qui ont été vérifiés dans leur totalité ; mais que, sur les autres quartiers et paroisses non censés vérifiés, on a fait des vérifications partielles, et que toutes les fois que la régie des vingtièmes avoit cru appercevoir qu'une maison dans la ville ou une propriété un peu considérable à la campagne n'étoit pas portée au taux où elle pouvoit l'être, on s'est hâté de la vérifier particulièrement, en attendant la vérification générale ; et pour que vous ne puissiez pas douter et de ces vérifications partielles et de leur montant, nous allons les démontrer.

En 1772 les vingtièmes ne montoient qu'à 957.795 liv. 7 s. 9 den. En 1787, ils sont portés à 2.300.115 livres. Cependant sur cette somme, qui excède de 342.319 livres 12 sous 3 den. les rôles de 1772, il n'y a que 89.129 livres qui proviennent des vérifications générales ; il y a donc 253.190 liv. 12 s. 3 d. qui sont l'effet des vérifications particulières depuis 1772. D'après ce calcul, vous pouvez regarder comme certain que tout ce qui resteroit à vérifier a déjà subi des augmentations, et que, dès lors, on trouveroit dans l'exécution un mécompte très considérable sur le dernier calcul que nous vous avons présenté. Mais une foule d'autres considérations va vous convaincre que les vérifications ne seroient d'aucun produit.

Celles faites à Lyon l'ont été dans le temps de la plus grande splendeur du commerce, et sur les quartiers qui en profitoient le plus, depuis cette époque, il est d'une notoriété trop fondée que toutes les locations ont diminuées, et il n'est peut-être pas un bail fait dans les trois dernières années, qui ait pu atteindre le prix des baux antérieurs ; les négocians qui font le commerce en gros ont en général abandonné les magasins qu'ils occupoient dans les raiz-de-chaussée, pour transporter leurs marchandises dans les étages supérieurs qu'ils habitent. Cette économie a rendu infructueuse la partie des immeubles qui se louoit le plus chèrement ; et, dans l'exacte justice, la plupart de ceux qui ont été vérifiés, sont dans le cas de réclamer une diminution.

Les quartiers à vérifier sont principalement ceux du côté de Fourvières ; personne n'ignore que les deux extrémités, Bourg-Neuf et Saint-Georges, sont ou vuides ou occupées par la classe la plus pauvre des ouvriers, et que les non-valeurs, toujours très considérables sur les immeubles qu'ils habitent, sont extrêmes en ce moment.

Le centre de cette partie de la cité, privé depuis plus de dix ans de communication avec le reste de la ville, est presqu'abandonné ; il ne peut espérer de régénération que lorsque le pont sur la Saône, depuis si long-temps abattu, sera enfin relevé.

Un établissement public (la douane), avoit jusqu'à présent garanti d'une ruine totale les quartiers de Saint-Paul, de la Juiverie, du Change, autrefois le centre du commerce ; mais sa translation ordonnée sur l'extrémité méridionale de la ville, entraînant avec elle les préposés de la régie, les chargeurs, les voituriers, etc., ces quartiers seront incessamment déserts, et la perte qui en résultera sur les vingtièmes ne sera point compensée, les nouveaux terrains sur lesquels ils vont s'établir étant affranchis des vingtièmes pendant vingt années.

A ces faits, qu'aucune contradiction ne peut altérer, se réunissent la misère désastreuse répandue dans la ville de Lyon ; la disette presqu'absolue des soies, toutes les commissions retirées ou suspendues, et trente mille ouvriers qui attendent leur subsistance de la charité publique. Ce n'est vraisemblablement pas sur les efforts de cette charité qu'ont été calculées les ressources de cette ville ; ces efforts mêmes, tous consacrés aux hôpitaux et aux pauvres, sont la preuve la moins équivoque de l'étendue des besoins, et la justice du roi nous assure qu'il ne vous punira pas de vos sacrifices ; ils ont conservé des sujets à son empire, des bras aux manufactures, des hommes à la société universelle.

On ne sauroit donc espérer une augmentation sur les vingtièmes de la ville de Lyon, et on ne peut même pas douter qu'une vérification qui embrasseroit actuellement tous les quartiers, n'opérât, dans l'exacte justice, une diminution sensible sur la perception.

Nos trois provinces ne sont pas plus fortunées, elles ont subi, par les vérifications générales, une augmentation de 57.000 liv.; mais sur cette somme, les fauxbourgs de Vaize et de la Guillotière, comptés pour deux paroisses, en ont supporté près du cinquième, 11.838 livres : ces deux fauxbourgs s'étoient fort agrandis et, par des circonstances particulières, leur population s'étoit multipliée aux dépens de celle de la ville de Lyon ; il faudroit donc les soustraire de la masse de l'augmentation, qui, sur cent neuf paroisses, ne seroit plus que d'environ 45.000 liv.

Cette circonstance vous fait déjà connoître qu'on ne sauroit calculer le produit des vérifications à faire dans les campagnes d'après celles qui ont été faites ; mais à quels calculs vraisemblables pourriez-vous, Messieurs, vous livrer sur elles ? Vous savez trop qu'elles participent toutes, plus ou moins directement, à la calamité qui afflige la ville de Lyon, et que le numéraire dispersé et attiré vers la capitale, par les emprunts du gouvernement et les manœuvres de l'agiotage, n'ayant point été ramené dans nos provinces par le commerce, il en circule très peu dans les campagnes.

On ne nous accusera pas de présenter un tableau exagéré de cette généralité, lorsque nous le donnerons tel qu'il fut tracé par M. d'Herbigny, intendant de Lyon, vers la fin du siècle dernier.

« En général, disoit-il, le territoire de ces provinces n'est pas bon, les montagnes du Beaujolois sont incultes pour la plupart : il n'y a même que très peu de quoi nourrir le bétail ; le peuple y subsiste par les fabriques de toiles et de futaines, il tire le blé d'ailleurs ; les seuls coteaux qui bordent la plaine sont plantés de vignes qui produisent des vins assez estimés.

Le Lyonnois, autour de Lyon, n'a guère que des vignobles ; le peu de terre à blé dans tous ces cantons fait, qu'à Lyon et dans tous les villages le long du Rhône, même à St-Etienne, on ne subsiste souvent que des blés de Bourgogne, de Bresse, de la Dombes et du Dauphiné.

La plaine du Forez est bien cultivée, cependant elle est mêlée de bonnes et de mauvaises terres, et de ces mauvaises il y en a plus que de bonnes. »

C'est ainsi que s'exprimoit M. d'Herbigny, et alors les droits d'entrée sur les vins dans la ville de Lyon étoient peu considérables, tandis qu'aujourd'hui, excédant du double le prix de cette denrée, ils en diminuent considérablement la consommation qui, lorsqu'elle étoit plus abondante et plus libre, étoit une ressource pour le Lyonnois et le Beaujolois.

Alors le seigle qu'on cultive abondamment dans le Forez, parce que son sol ne peut guère produire d'autres grains, étoit recherché, et maintenant cette province en est surchargée, sans pouvoir le faire écouler.

Ces différentes circonstances annoncent assez qu'une vérification des vingtièmes dans les campagnes coûteroit plus à exercer qu'elle ne pourroit faire espérer de recouvrement, d'autant moins que les vérifications anciennes ont porté sur des estimations exagérées.

Pour former une année commune du prix des blés pendant vingt ans, on a compris, pour les vérifications postérieures à 1778, les années 1771, 1772, 1773 et 1774, pendant lesquelles, quelle qu'en fût la cause, cette denrée première monta à un prix qu'une disette générale, telle que celle de 1709, ne l'eut pas porté plus haut ; cependant la justice vouloit que d'autres années plus modérées fussent substituées à celles-là, car il ne fut jamais dans l'esprit du gouvernement de faire entrer les calamités comme bénéfices dans le produit des subsides.

Aucune généralité, si on excepte celle de Paris, n'a jusqu'à présent supporté plus d'impôts que celle de Lyon ; un ministre, dont les calculs ne sont pas récusables, les porte à 19.000.000. Depuis l'époque où il écrivoit, la conversion de la corvée en argent et les trois sous pour livre sur les consommations ne permettent pas de supposer moins de 20.000.000 ; somme telle, que nous ne craindrons pas d'avancer que si toute la surface de la généralité étoit un domaine de la couronne, il n'est aucune exploitation de sol qui put procurer un revenu aussi prodigieux ; chaque tête d'habitant, en les prenant en masse, supportant actuellement, au moins, 31 liv. 10 sous d'imposition.

Ces considérations, Messieurs, n'ont point permis à la commission de vous proposer de voter pour un abonnement. L'assemblée répondroit mal à la confiance du roi, si elle lui sacrifioit les peuples, et à celle des peuples, si elle ne présentoit avec fidélité leur situation ; nous venons, Messieurs, de la mettre sous vos yeux, d'après des renseignemens pris avec toute la pureté d'intention et le zèle dont nous sommes capables.

Nous croyons, en conséquence, devoir vous proposer de délibérer que le rapport de la commission sera mis sous les yeux du roi et de son conseil, et que Sa Majesté sera suppliée de ne pas permettre que cette généralité, la plus accablée de son royaume, soit exercée par des vérifications infructueuses, dont tout l'effet seroit de répandre l'alarme et d'ôter à l'assemblée l'espoir qu'en procédant avec mesure et une sage lenteur, elle pourra parvenir un jour à répartir, dans la plus exacte égalité, la masse subsistante des impôts, qui ne peut plus être aggravée.

Sa Majesté vous a permis de lui adresser les mémoires et calculs que vous croiriez devoir présenter sur cet objet ; l'assemblée doit tout espérer de cette autorisation. Un roi qui consent d'être éclairé sur les besoins de ses peuples, ne sauroit vouloir leur imposer un fardeau supérieur à leurs forces.

(Imprimé, Procès-verbal, p. 52 ; cf. p. 27).

XIX

Troisième rapport du bureau de l'impôt.

28 Novembre 1787.

Messieurs, de tous les impôts, celui qui fût et sera toujours l'objet de la sollicitude des administrateurs de cette province, c'est la capitation des non-taillables, parce qu'indépendamment de l'excès auquel elle a été portée, jamais on ne parviendra à donner une base rigoureusement juste à sa distribution.

Le bureau de l'impôt a pensé qu'il étoit un nouvel ordre de choses à établir qui exige des opérations préliminaires ; le bien qui doit en résulter ne permet pas qu'on diffère de s'en occuper.

Le double but que vous devez vous proposer, doit être de répartir avec égalité un impôt qui se perçoit sur tous les individus, et pour y parvenir, il faut établir des proportions où la différence des fortunes soit exactement observée : par là, vous garantirez votre administration du reproche injustement adressé à ceux qui vous ont précédé, de taxer arbitrairement et d'avoir fait de la capitation une ressource secrète pour les besoins de l'état ou de la province.

Les réflexions que nous venons soumettre aux lumières de l'assemblée, ont pour objet de mettre en évidence que les obstacles qui s'opposent à tout le bien qu'on pourroit faire, naissent de l'impôt même, dont la somme n'est plus proportionnée aux facultés qui doivent y satisfaire.

L'embarras de l'administrateur n'est jamais bien connu ; on oublie que la mesure de l'impôt est immuable, et qu'il faut toujours la remplir, même lorsque le nombre de ceux qui doivent y verser est moindre qu'à l'instant où elle fut déterminée. L'impôt lui commande, tandis que l'impôt devroit se réduire dans la même proportion que les facultés s'affoiblissent.

Telle est la capitation depuis la déclaration du mois de février 1780. Cette loi a déterminé qu'elle seroit invariable. L'état actuel dérive du brevet général, où la capitation de cette province est portée pour 188.526 l. 7 s. 4 d. En voici la division :

Les taillables, pour lesquels elle est un accessoire de la taille principale, supportent 898.089 liv. 16 s. 6 d. Cette portion, qui leur fut décernée ayant pour base la taille, fut répartie au marc la livre sur chaque élection ; par là elle est devenue invariable et doit l'être. Cette classe n'est-elle pas assez malheureuse d'être sujette à une solidarité qui donne lieu à des réimpositions qui soumettent les taillables à payer ce que quelques-uns de leurs habitans n'ont pu acquitter, lorsqu'eux-mêmes ont eu tant de peine à satisfaire à leur dette personnelle ? Leur sort est donc celui-ci : ils peuvent alléger leur fardeau en le divisant sur de nouveaux contribuables, qu'ils acquièrent par la cessation de leurs privilèges, et jamais l'augmenter. Le sort des non-taillables suit une progression contraire ; ils perdent des contribuables et leur dette reste la même. (Art. 3 de la déclaration de 1780).

Les non-taillables privilégiés et non privilégiés doivent fournir, au surplus du brevet, 290.434 liv. 10 s. 10 d. ; voilà la dette commune. Les cinq élections, en acquittant seulement 38.329 liv. 3 s. 9 d. en dernier résultat, la ville de Lyon est chargée de satisfaire à 252.105 liv. 7 s. 1 d.

Ce rapprochement apprend que ce n'est point l'arbitraire qui détermine la somme qui s'impose sur les non-taillables en général et sur la ville de Lyon en particulier. Comment alléger le fardeau qui pèse sur elles, lorsque le poids dont il fait partie reste le même ? Toutes les élections se trouvant surchargées, la distribution première doit subsister dans l'impossibilité de placer ailleurs ce qui en seroit retranché.

Pour montrer l'excès de la capitation de la ville de Lyon que les vingtièmes d'industrie accompagnent pour la plupart des contribuables ; pour bien faire sentir la difficulté de la répartition, il suffit de dire que cette somme de 252.105 liv. 7 s. 1 d. est divisée, cette année, sur vingt mille trois cents soixante-trois têtes, ce qui fait pour chacune 12 liv. 7 s. 7 d. Dans ce nombre, dix mille au moins peuvent à peine payer depuis 20 sous jusqu'à trois livres : la surcharge pour les autres est sensible ; la misère publique tend à l'augmenter encore. C'est au milieu de ces difficultés qu'il faut marcher et chercher à être juste.

Il seroit bien essentiel de détruire une opinion fausse, qui paroît avoir jeté de profondes racines dans le public. On pense que, pour faire disparaître les non-valeurs, les décharges, les modérations, on les rejette, l'année suivante, sur la masse générale ou qu'on les prévient par une imposition plus forte; que de là naissent ces augmentations plus ou moins fréquentes et considérables, dont le particulier, qui ne veut jamais considérer l'ensemble, ignore les causes.

Bien loin que cela soit ainsi, la répartition faite, il reste souvent une somme pour laquelle il n'y a plus de débiteurs : la répartition devant être entière, on place ce reliquat sur des têtes qui contribuèrent autrefois ; c'est ce qu'on appelle des *cotes en l'air*, qui préparent des non-valeurs certaines, qui absorbent une partie des fonds libres de la capitation, laissent moins de moyens pour accorder des décharges ou des modérations justes et nulle ressource pour faire du bien à la province. Voilà ce qui produit la somme de 40.000 livres qui, réunie à d'autres dépenses fixes assignées sur les fonds libres de la capitation, ne laissent entre vos mains que 900 livres environ.

Les non-valeurs ne sont donc connues que lorsque l'imposition est faite ; elles sont prélevées sur le fond même de la capitation et ne peuvent jamais donner lieu à une réimposition, parce que la capitation n'est pas, comme la taille, sujette à la solidarité ; c'est une dette personnelle que nul autre ne peut être tenu d'acquitter. Le nom sous lequel cette imposition, connue des Romains, étoit désignée, suffit pour le prouver ; ils l'appeloient la *quote-part d'une tête de citoyen*.

Mais, par le fait, il existe une solidarité antérieure à la répartition ; elle a sa source dans la loi qui a fixé d'une manière invariable la capitation ; par là cette imposition se trouve dénaturée, elle est devenue réelle et personnelle. Cette solidarité, antérieure à la répartition de la somme à imposer, l'assimile à la taille. La dépopulation et la diminution des facultés d'un certain nombre de contribuables, donneront toujours lieu à des augmentations ; il n'est pas au pouvoir de l'administrateur de maîtriser ces deux causes, lorsqu'avec moins de têtes et moins de facultés il faut arriver au même résultat ; il n'est qu'un seul moyen : augmenter proportionnellement la taxe de chaque contribuable.

Partons de ce point malheureusement trop certain, les termes donnés de ce problème économique annoncent assez que le résultat ne peut être bien satisfaisant.

Les instructions remises à l'assemblée par M. le Commissaire du Roi portent, au § 1er de la seconde partie : « M. l'Intendant fera connoitre, dès à présent, à l'Assemblée Provinciale, sur la répartition de la capitation des nobles privilégiés, etc., que ce rôle, au lieu d'être fait, comme le prescrivoit l'article 3 du règlement du 5 août, par chaque assemblée municipale, le sera par le bureau intermédiaire de chaque département, pour tous les nobles, privilégiés, etc. Le bureau de l'impôt a cru voir une attribution générale aux bureaux intermédiaires, pour la répartition de la capitation des non-taillables privilégiés et non privilégiés. Sa Majesté expliquant ensuite que, « par ce moyen, le taux uniforme réglé par l'assemblée de département, recevra plus facilement son application ; que la dépense de la confection d'un rôle particulier sera épargnée aux assemblées municipales, et chaque contribuable demeurant dans une paroisse paiera ses impositions dans la même paroisse, selon les intentions de Sa Majesté » ; ce détail semble confirmer l'opinion que c'est aux bureaux intermédiaires des départemens que la répartition est dévolue. Si nous avions donné une fausse interprétation à cet article, le bureau pense qu'il faudroit, pour un plus grand bien, supplier Sa Majesté d'étendre cette attribution pour tous les non-taillables en général ; la suite de ces observations en démontrera la nécessité.

Comment les bureaux intermédiaires des départemens, chargés de la répartition de la capitation, devront-ils y procéder ? Quelle règle leur donner pour base de la distribution de cet impôt ?

Le bureau a pensé que l'imitation devient un devoir en administration, quand l'expérience a démontré qu'il est résulté quelque bien du régime qu'on se propose d'adopter. Classer les contribuables par leurs facultés respectives, comme cela se pratique dans la Haute-Guienne, lui a paru le seul moyen de parvenir à établir plus d'égalité dans la répartition.

Ce qui est essentiellement vrai, l'est pour tous les pays. Nous sommes donc dispensés d'établir la nécessité de former des classes, d'en démontrer l'avantage, puisque nous redirions, en d'autres termes, ce qui vous est déjà connu. Mais la localité sur laquelle il s'agit d'opérer, doit nécessairement donner lieu à des modifications dans le plan qui vous est proposé. Le bureau vous en expose les motifs.

L'opération semble devoir naturellement commencer sur la forme des rôles et y produire un grand changement. En vous donnant une idée succincte de ceux qui sont en usage dans cette ville, vous reconnoîtrez que, pour cette ville en particulier, l'opération doit être double ; que pour la facilité et la sûreté du recouvrement, il ne faut rien déranger à l'ordre établi.

Jusqu'à présent on n'a pas trouvé de méthode à la fois plus simple, plus sûre et plus facile que celle de suivre l'ordre géographique de la ville, dont la division se fait par quartiers, rues, isles, maisons et étages. Au moyen d'une vérification si exacte, aucun contribuable ne peut se soustraire à l'imposition ; elle procure un tableau général des habitans domiciliés, on a celui de leur qualité, de leur profession, de leur état d'aisance et de pauvreté ; tous les deux ans cette recherche se renouvelle ; elle occupe, pendant quatre mois, deux commissaires aux revues. Ils recueillent avec précaution et intelligence des notes exactes sur les facultés apparentes de tous les contribuables. Réunies à d'autres renseignemens, elles servent à déterminer la taxe de chaque citoyen.

Pour se former une idée juste des rôles qui résultent de cette opération, il suffit de parcourir une maison habitée par des personnes de tout état ; leurs noms écrits dans une même colonne, suivis de taxes très disproportionnées, offrent une grande confusion, et l'on se dit, comme les administrateurs de la Guienne : Que cette confusion est bien propre à cacher, ou même à faire naître mille erreurs sur l'aisance respective des différens contribuables.

Cependant, ce désordre n'est qu'apparent ; il seroit bien plus grand, bien plus réel si, voulant classer les redevables, on mettoit le nom de celui qui habite la place Louis-le-Grand au-dessous de celui qui habite le quartier des Terreaux ; les vingt-huit quartiers seroient confondus, et comment se reconnoître ? Si on vouloit les diviser par quartier et par classe, dans ce moment, la progression des taxes en donneroit trente-un. Ainsi, au lieu de vingt-huit rôles, on en auroit huit cents soixante-huit. Le recouvrement seroit long, difficile, peut-être impossible et sûrement très dispendieux.

Ce ne sont donc pas les rôles qu'il faut changer; pour les perfectionner, il faut leur donner une base plus sûre et qu'ils en portent l'empreinte. Pour y parvenir, il faudroit former un rôle pour chaque quartier, le diviser en autant de classes que les différences de fortune comportent de taxes relatives, commençant depuis la première de vingt sous jusqu'à la plus forte. Une classe morte, ou au-dessous de 20 sous, pour ceux qui sont hors d'état de payer vingt sous, paroît utile pour connoître tous ceux qui peuvent un jour contribuer à l'impôt. Chaque classe seroit divisée en cinq colonnes, correspondantes à celles des rôles de recouvrement; elles porteroient le n° et le nom de la maison, celui du quartier où elle est située et le nom du redevable qui l'habite, son état, sa profession y seroient désignés; enfin, une colonne d'observation contiendroit une notice succincte des motifs qui auroient déterminé à le ranger dans cette classe.

Ce rôle seroit le principe de tous les autres. Une colonne destinée à rappeler la classe particulière à chaque contribuable, est le seul changement à faire aux rôles de recouvrement. Celui que nous proposons seroit le grand livre général et ne serviroit que pour faire l'imposition. La première formation des classes présente un travail long et pénible; mais une fois qu'elles seront déterminées, tout se réduira à effacer ceux qui meurent ou cessent d'être contribuables de cette ville, à inscrire ceux qui prennent leur place, à transporter un nom d'un quartier à un autre, peut-être le changer de classe, opération qui se fera sans peine, sans embarras, quand l'ordre sera établi, et qui sera contrôlée par les rôles de recouvrement où les classes seront rappelées.

L'avantage de former des classes n'est pas douteux; il ne peut être constant et produire le bien qu'on doit s'en promettre qu'en y retenant ceux qui, y étant placés avec justice, ne justifieroient pas, par des motifs suffisans, qu'ils doivent descendre dans une classe inférieure, et voudroient souvent en franchir plusieurs, pour arriver dans une où ils seroient non moins déplacés que dans celles qu'ils abandonneroient.

La règle à suivre pour déterminer la classe propre à chaque contribuable, présente une plus grande difficulté et ne sera jamais à l'abri d'erreurs. Cette question a été discutée dans le bureau, d'après les principes sur la capitation; nous en devons rendre compte à l'assemblée.

En remontant à l'établissement de cet impôt, on voit que la capitation avoit été réglée, non sur les facultés, mais d'après l'état et les qualités du contribuable; ainsi cette imposition, entre deux personnes du même état, dont l'une étoit riche et l'autre moins aisée, étoit pour cette raison de peu d'objet pour la première et très onéreuse pour la seconde, ce qui a fait dire à M. Moreau de Baumont que : « c'étoit un vice de ce genre d'imposition qu'on a toujours soin de corriger dans la répartition; toutes les fois que l'on ne peut y parvenir, sa distribution est injuste ».

Aujourd'hui, on a uniquement égard aux facultés du contribuable, c'est, en effet, le seul moyen de se rapprocher de l'exacte justice, telle est la règle que Sa Majesté nous a donnée; l'article 3 du règlement du 5 août porte : « Chaque contribuable sera taxé, tant à raison de sa fortune personnelle, que du produit de ses office ou emploi, Sa Majesté abrogeant tous tarifs précédemment observés à cet égard ».

L'excès de la capitation ne permet pas de s'écarter de cette règle. La difficulté sera toujours de déterminer avec équité la classe de chaque individu, parce qu'il faudroit connoître précisement l'étendue de la fortune, des facultés, des dépenses nécessaires et des charges particulières à chaque citoyen. Les uns ont intérêt de cacher leur détresse, les autres d'affecter une opulence qu'ils n'ont pas ; celui-là seul qui possède des richesses a toujours l'art de les soustraire à la connoissance du public ; souvent on sera réduit à s'en rapporter aux apparences et, dans quelques circonstances, elles peuvent être trompeuses ; les classes proposées renfermeront sûrement quelques personnes qui y seront déplacées, mais il dépendra d'elles d'en sortir, en éclairant sur leurs véritables facultés ; on devra se rendre difficile sur les preuves, parceque le dérangement d'une classe doit être ressenti par toutes.

La première répartition déterminera, par une opération simple et courte, le prix des classes au-dessus de 3 livres. La somme à répartir est certaine, c'est la dette commune, toutes les classes doivent y contribuer : il suffit d'établir la progression de l'une à l'autre, pour assigner le taux vrai de chacune

Le contribuable connoîtra la classe à laquelle il appartient, la taxe à laquelle il est soumis ; dès qu'il aura été reconnu que c'est justement qu'il y a été placé, il saura qu'à moins d'une révolution bien sensible dans sa fortune, il ne peut descendre.

Les variations peuvent être plus ou moins fréquentes et nombreuses : pour simplifier la répartition, pour diminuer les non-valeurs que les décharges, les modérations et les morts rendent certaines, le bureau a pensé qu'il faudroit insérer dans les avertissemens qui se donnent chaque année aux contribuables, que ceux à qui il surviendroit des changements de fortune, se pourvoiront, avant l'époque de l'imposition, pour obtenir, s'il y a lieu, de passer d'une classe supérieure à une classe inférieure. Il en résulteroit l'avantage de n'être pas surchargé de demandes à la même époque, on auroit plus de temps pour les examiner, et la répartition seroit plus certaine.

Le bureau ne vous propose pas de donner connoissance au public des classes, de l'appeler à les débattre avant que les rôles soient mis en recouvrement, votre sagesse prévoit, sans que nous le disions, les motifs puissans qui s'y opposent.

Les erreurs inévitables seront facilement réparées ; la connoissance des classes pourra être donnée ; les points de comparaison qu'elles offriront à ceux qui croiront avoir à se plaindre suffiront à plusieurs ; d'un coup d'œil ils se jugeront eux-mêmes et ils retireront une demande qui ne pourroit être accueillie.

C'est aux bureaux des départemens que la répartition appartient, et s'il y avoit quelque doute à cet égard, le bureau a pensé que Sa Majesté devoit être suppliée, par l'assemblée, de la leur attribuer ; elle reconnoîtra que c'est pour un plus grand bien que vous lui proposeriez d'ordonner que, vu l'importance de l'objet, la formation des classes et leurs taux, les changements qui pourront y survenir, la répartition, les modérations et décharges, seront confirmés par les assemblées de départemens, même par l'Assemblée Provinciale, si elle étoit réunie assez à temps pour ne point retarder le recouvrement.

Les motifs de cette opinion se présentent si naturellement à l'esprit que le bureau se croit dispensé de les exposer ; il suffit de dire que c'est la tranquillité personnelle des membres des bureaux intermédiaires et le bien général des contribuables qu'on s'est proposé.

Les classes formées, leur taux déterminé, vous ne pouvez cependant pas vous promettre qu'elles seront invariables ; la somme à répartir est la même, le nombre des contribuables peut diminuer, les classes supérieures peuvent s'appauvrir, les besoins de l'Etat peuvent s'opposer à la bienfaisance de Sa Majesté, que vous instruirez fidellement du besoin de ses sujets ; et réduits à la nécessité d'imposer, non au-delà de ce qui est règlé par le brevet général, mais de faire rentrer exactement au trésor royal la somme fixée, comment y parvenir si, ayant déterminé les classes, les contribuables pensoient que vous n'êtes pas autorisés à imposer le déficit résultant de la dépopulation et de la diminution des facultés ?

Nous l'avons établi : ce droit résulte de la solidarité de tous les contribuables antérieure à la répartition. En consignant ici vos regrets de ne pouvoir marquer l'époque du commencement de votre administration par une modération sur la capitation, que dans des circonstances plus heureuses vous obtiendriez de la bonté et de la justice de Sa Majesté, en conservant l'espoir consolant qu'il vous sera permis quelque jour de remplir avec fidélité un devoir sacré, que Sa Majesté vous a imposé elle-même, en vous permettant de l'éclairer, par votre zèle, sur le soin qui lui est le plus cher, celui d'améliorer de plus en plus le sort de ses peuples ; une administration telle que la vôtre doit être jalouse de faire connoître à chaque citoyen les causes de ses augmentations, qui, toutes modiques qu'elles sont, l'affectent parce qu'elles sont mystérieuses et ne lui paroissent pas susceptibles de bornes : alors, sans altérer la taxe principale qui indique la classe, on ajouteroit comme accessoire l'augmentation. Lorsque chaque année, vous rendrez compte de votre administration, en donnant le nombre des contribuables par classes, tous se convaincront que ce n'est pas une surcharge arbitraire et que l'augmentation se réfère au brevet général.

Le bureau n'a arrêté son opinion sur les moyens qu'il vous propose, que parce qu'ils lui ont paru les seuls pour arriver à une distribution aussi juste que possible d'un impôt qui s'arrête indistinctement sur tous les citoyens, il en doit résulter un grand soulagement pour la classe indigente, une diminution de non-valeurs qui augmenteront les foibles ressources qui vous sont laissées pour être de quelque utilité à la province ; ces avantages seront le fruit d'une égalité qui ne surchargera personnne. Economes des deniers consacrés au soutien de l'Etat et au soulagement des peuples, vous acquerrez des droits toujours plus certains à la confiance du roi et à la reconnoissance publique.

Nous sommes loin de penser que nous avons prévu toutes les difficultés que ce plan peut offrir dans son exécution, aussi vous est-il présenté comme un simple aperçu, d'après lequel on peut saisir l'ensemble de ce qui est à faire ; nous vous prions de prendre en considération que si, dès ce moment, vous ne déterminez rien à cet égard, il faut forcément renvoyer en 1789 les opérations préliminaires, et en 1790 l'exécution, alors, pour l'imposition de 1789, les bureaux intermédiaires n'auront d'autre règle que cet arbitraire dangereux, que vous voulez éloigner de votre administration.

Si la formation des classes vous paroît avantageuse, comme l'exécution concerne les bureaux intermédiaires des départemens, en faisant connaître votre vœu, vous pourriez leur abandonner les détails, en se concertant avec votre Commission intermédiaire.

Voilà, Messieurs, les seules réflexions que le bureau a cru devoir soumettre à vos lumières, et qui doivent faire l'objet de vos délibérations.

Il propose à l'assemblée d'arrêter, sous le bon plaisir du roi :

1° Que sans rien changer à la forme des rôles de recouvrement, il en sera fait de particuliers divisés par quartiers et par classes pour la ville de Lyon, et par paroisses et par classes pour les autres départemens, dont la première sera une classe morte où seront inscrits tous ceux qui, par leur pauvreté, ne peuvent payer 20 sous de capitation, et depuis 20 sous jusqu'à la plus forte taxe, seront classés ceux qui, à raison de leur fortune personnelle et du produit de leurs emplois ou offices, seront reconnus devoir contribuer dans la même proportion ; lequel rôle servira de base à l'imposition et à la confection des rôles de recouvrement, auxquels il sera ajouté une colonne pour rappeler la classe des contribuables.

2° Que pour la formation des classes et leur taux, le tout sera réglé par les bureaux intermédiaires assemblés, qui en rendront compte aux assemblées de département, pour leurs opérations y être approuvées ou rectifiées, et ensuite de nouveau vérifiées et approuvées par l'Assemblée Provinciale, si elle est réunie assez à temps pour que la répartition, la confection des rôles et le recouvrement n'en soient pas retardés ; dans ce cas, l'approbation du département assemblé en tiendra lieu.

3° Qu'il en sera usé de même pour les modérations, décharges ou changemens de classes.

4° Que dans le cas où la diminution du nombre des contribuables, et les variations des classes opéreroient un déficit sur la somme à imposer, que dans des circonstances plus heureuses, Sa Majesté sera suppliée de modérer le montant actuel de la capitation ; mais afin de ne point changer essentiellement le taux des classes, il sera provisoirement ajouté, comme accessoire à la taxe principale, la somme résultante des révolutions survenues dans les classes, en observant, dans la répartition au marc la livre, la même proportion des classes, celles de 20 sous, 40 sous et 3 livres étant exemptes de toute augmentation.

5° Que le bureau intermédiaire du département de Lyon s'occupera, aussitôt que les circonstances le lui permettront, ainsi que ceux des autres départemens, de la confection des classes qui devront servir à l'imposition de 1789, et ce, d'après les instructions qui leur seront données par la Commission intermédiaire provinciale, qui restera chargée de veiller à l'exécution de ce nouvel ordre de choses.

(*Imprimé, procès-verbal, page 61 ; cf. p. 27.*)

XX

Troisième rapport du bureau des travaux publics.

30 Novembre 1787.

Messieurs, le bureau des travaux publics vous a fait connaître, dans ses précédens rapports, le tableau des routes de cette généralité, tel qu'il lui avoit été remis par l'ingénieur en chef de la province, et l'état de vos ressources pour cette partie si essentielle de votre administration.

Vous avez été effrayés de l'immensité des travaux qui restent à faire, soit pour entretenir ou perfectionner les routes nouvelles, soit pour en ouvrir qui procureroient des communications utiles et désirées ; et quelqu'espérance que vous ayez conçue d'une surveillance plus exacte et des précautions que vous prendrez dans les adjudications, vous n'avez pu vous flatter que 320.522 liv. destinées à cet objet, puissent faire jouir promptement la province de tous les chemins qu'il lui seroit avantageux d'avoir.

Cependant, accablée comme elle l'est par tous les genres d'impôts, vous avez senti qu'il étoit impossible d'aggraver celui qui se perçoit en remplacement de la corvée, et vous avez arrêté qu'il subsisteroit pour 1788, sur le pied du dixième de la taille, de ses accessoires et de la capitation roturière, ainsi que l'avoit réglé M. l'Intendant pour 1787.

Cette délibération prise, le bureau a du s'occuper des moyens d'employer le plus utilement possible la somme représentative de la corvée, et celle accordée par le roi pour les ouvrages d'art ; mais, n'étant pas encore éclairé par l'expérience, il y a suppléé par une grande circonspection dans les vues qu'il croit devoir vous proposer d'adopter pour cette année.

Il a d'abord classé les routes dans l'ordre qu'indiquoit leur importance plus ou moins grande, et cette division est d'autant plus nécessaire à saisir que l'application des règles qu'il s'est faite n'est pas la même pour toutes les routes.

Les routes de la première classe sont toutes celles sur lesquelles la poste est actuellement établie.

Celles de la seconde sont toutes celles qui traversent la généralité et communiquent de ville à ville.

La troisième classe comprend tous les chemins qui servent de débouchés sur les grandes routes, ou dans les lieux qui ont des marchés, des foires ou des grenettes un peu considérables.

Enfin, tous les chemins de paroisse à paroisse, de bourg à bourg, de village à village, forment la quatrième classe.

Les deux premières classes important le plus essentiellement à la généralité, qui communique par elle au reste du royaume, elles ont d'abord fixé l'attention du bureau.

Ces routes ne présentent pas le même état dans toute leur étendue ; il est des parties où elles sont à l'entretien parfait ; d'autres où elles sont seulement praticables ; d'autres enfin où elles sont à peine ouvertes et exigent de grands travaux pour être achevées.

Persuadé que la meilleure des économies est de conserver avec soin ce qui a été chèrement acheté, le bureau a pensé que, sur les 320.522 livres dont vous pouvez disposer, il est convenable de prélever tout ce qui sera nécessaire pour maintenir, dans leur état actuel, les parties de routes de première et seconde classes qui sont à l'entretien parfait, c'est l'état où elles coûtent le moins, notre vœu doit être de les amener toutes à ce point ; on a espéré que ce prélèvement n'excèdera pas 60.000 livres, quoique les apperçus qui ont été présentés à l'assemblée excèdent de beaucoup cette somme.

Il resteroit environ 260.000 livres ; on propose d'en employer les deux cinquièmes aux réparations et entretien des parties des routes de première et seconde classes qui ne sont pas à l'entretien parfait ; de manière que toutes les dégradations que pourroient y causer des évènemens subits et imprévus, soient à l'instant réparées et que, dans toute leur étendue, elles soient très praticables.

Les trois cinquièmes qui resteront seront employés sur les routes de première et seconde classes en perfection et confection nouvelles, c'est-à-dire qu'on en mettra la plus grande étendue possible à l'état d'entretien parfait, par des encaissemens, des engravemens et par tous les moyens que le local indiquera et facilitera ; et, pour donner plus de suite à ces ouvrages, le point auquel on se sera arrêté une année, sera celui où l'on portera les atteliers l'année suivante, sans laisser d'intervalle, de manière que toutes les parties qu'on mettra à l'entretien parfait se suivent immédiatement, à moins qu'un ouvrage d'art à exécuter ne nécessite une lacune momentanée.

Vous voyez sans doute avec regret, Messieurs, que le bureau ne vous propose, pour l'année prochaine, aucune destination de sommes pour les routes à ouvrir, ni pour la confection ou l'entretien de celles de troisième et quatrième classes.

Mais il vous prie de considérer qu'il est besoin au moins de l'expérience d'une année pour oser se livrer à des entreprises nouvelles. Dans le dessein de faire jouir promptement les campagnes des chemins de troisième et quatrième classes, qui doivent les vivifier, il avoit pensé d'abord qu'il seroit convenable de prélever un dixième sur la totalité de l'imposition et de l'appliquer à cette espèce de chemins, mais il a craint, par ce prélèvement, qui eût été d'environ 30,000 livres, d'énerver des moyens dont il ne connoit pas encore la juste proportion avec les besoins des routes de première et seconde classes ; et, pour cette année, il croit prudent de n'appliquer aux chemins de troisième et quatrième classes que les fonds de charité.

Ces fonds, cédés à l'assemblée par le roi, sont d'environ 60.000 livres, mais leur première destination étant pour soulager les paroisses, et les particuliers qui, dans le cours de l'année, ont essuyé des calamités, telles que des grêles, des inondations, des incendies, on ne peut guère, année commune, en disposer au-delà de 20.000 livres pour les chemins.

Ces 20.000 livres, applicables aux chemins de troisième et quatrième classes, sont visiblement insuffisantes, quoique ces sortes de chemins n'exigent ni encaissemens, ni pavés, et qu'il soit seulement nécessaire de les tenir gravelés, bombés et nivellés.

Pour rendre cette somme plus profitable, on pense qu'elle ne doit être distribuée qu'aux paroisses ou aux particuliers qui, désirant la réparation d'un chemin, offriroient d'y contribuer au moins pour la moitié, en argent ou en travaux libres.

Celles qui offriroient plus de la moitié auroient la préférence, et s'il n'étoit pas possible de satisfaire à la fois à deux demandes accompagnées des mêmes offres ; les assemblées de départemens ou leur commission intermédiaire prononceroient sur les motifs qui devroient faire passer une demande avant l'autre.

L'assemblée ne pouvant pas, dans ce moment, assigner des secours plus étendus pour la confection des chemins de troisième et quatrième classes, le bureau qui compte beaucoup sur le zèle et le patriotisme des seigneurs particuliers et des grands propriétaires, a prévu que, pour réparer et élargir ces chemins, il se trouveroit quelquefois des parties de rocher à faire sauter, et il lui a paru convenable de solliciter la faveur d'obtenir que, pour toutes mines à faire dans les rochers qui se rencontreroient sur le tracé des chemins de toutes les classes, la poudre à canon fut délivrée dans les magasins du Roi, sur des certificats des commissions intermédiaires, au même prix auquel on la délivre actuellement pour les routes de première et seconde classes.

Après avoir pourvu, avec toute la réserve qu'imposent les circonstances, à la distribution des sommes représentatives de la corvée, le bureau eût désiré pouvoir vous présenter un tableau qui fixât plus particulièrement les idées sur l'application des règles qu'il vous propose d'admettre.

Il eût voulu pouvoir vous dire, sur les routes de première et seconde classes : on regarde comme étant à l'entretien parfait telles et telles parties, et c'est pour leur conservation qu'il sera fait un prélèvement sur la totalité du produit de l'impôt sur ces mêmes routes ; il est urgent de réparer tels ou tels passages et d'en maintenir toute l'étendue praticable, et c'est à quoi seront appliqués les deux cinquièmes des fonds qui vous resteront après l'entretien parfait.

Enfin, on s'occupera à refaire et mettre à l'entretien parfait telles parties, auxquelles vous destinez les trois cinquièmes dont vous aurez encore à disposer.

Ainsi, vous auriez vu d'un coup d'œil les points principaux sur lesquels vos fonds doivent être versés ; mais il nous eût fallu une indication précise des ouvrages les plus urgens à faire sur les différentes routes ; le bureau l'a demandé plusieurs fois avec instance à l'ingénieur en chef, mais ses sous-ingénieurs étant peu nombreux et l'un des principaux se trouvant malade, il a représenté qu'il ne pouvoit pas encore satisfaire au désir du bureau ; ainsi ce vœu ne pourra être rempli que par la Commission Intermédiaire.

Un autre soin qui lui sera confié, ce sera la vérification des adjudications données en 1787 et qui ne seroient pas exécutées avant le premier janvier prochain ; comme c'est le moment où les chemins doivent être remis à l'administration provinciale, il paroît indispensable qu'elle soit autorisée à assister, par ses commissaires ou ceux des assemblées de département, à la vérification et réception des ouvrages qui n'auroient pas été acceptés par M. l'Intendant, à cette époque, et à poursuivre les adjudicataires dans le cas d'inexécution des devis et de toutes les clauses de leur adjudication ; le bureau a pensé que l'assemblée auroit besoin d'une autorisation expresse pour cet objet, et il vous propose, Messieurs, de la demander.

Ne pouvant se livrer à des applications particulières, le bureau s'est occupé à préparer des règles générales ; trois objets surtout en exigeoient ;

1° La forme à employer pour l'exécution des travaux des chemins, soit par adjudication, soit par des stationnaires, soit par des cantonniers ;
2° La largeur à donner aux différentes routes ;
3° Les indemnités.

Jusqu'à ce jour, les adjudications pour les chemins ont été peu divisées, et il en résultoit des inconvéniens sans nombre.

Un adjudicataire se chargeoit de l'entretien ou de la confection de quatre, six, huit ou dix lieues, plus ou moins, et souvent même sur différentes routes ; son premier soin étoit de s'assurer à l'instant un bénéfice sans risque, en sous-divisant son adjudication entre différens entrepreneurs, qui chacun lui donnoit une somme plus ou moins considérable, qu'ils étoient bien sûrs de gagner en mal-façon et en économie sur les matériaux.

Si l'adjudicataire espéroit gagner davantage en établissant des atteliers pour son compte, il ne pouvoit pas les surveiller, parce qu'ils étoient nombreux et éloignés, et les moindres inconvéniens étoient la négligence et la lenteur.

Ce régime des grandes adjudications en interdisoit l'approche aux habitans des campagnes, auxquels leur fortune ne permettoit pas de prendre part à des entreprises aussi considérables ; dès lors, toute concurrence étoit détruite. Le tableau des anciens adjudicataires le prouve invinciblement ; on trouve presque toujours les mêmes noms sur les différentes routes, et la liste de ces noms n'est pas longue.

Averti par ces abus, le bureau estime que les adjudications doivent être très subdivisées, et au plus d'une lieue ; l'avance à exposer n'étant pas au-dessus des forces des bons habitans, ils rechercheront les adjudications qui seront à leur portée ; s'éloignant peu de leurs foyers, ils mettront plus d'économie dans leurs dépenses, ils surveilleront plus facilement leurs manœuvres, ils seront eux-mêmes surveillés par leurs concurrens, par leurs voisins intéressés à ce que le chemin soit dans le meilleur état, et les reproches journaliers de leurs égaux les puniroient autant que les peines que vous leur infligeriez s'ils ne remplissoient pas les conditions de leurs engagemens.

Dans les adjudications, vous prohiberez la faculté de sous-bailler, et vous y insérerez des clauses qui assurent l'état habituel des chemins.

Dans l'état actuel des choses, un adjudicataire qui se hâte de remplir la tâche qu'il a acceptée, fait recevoir son ouvrage, et on n'y touche plus pendant le reste de l'année ; cependant, ce chemin éprouve des dégradations journalières ; n'étant pas réparées, elles augmentent, et l'année suivante tout est à refaire comme auparavant,

L'entretien de tous les jours étoit donc un point essentiel à assurer: deux modèles se présentoient à choisir, celui du Mâconnois et celui du Limousin.

Dans le Mâconnois, on emploie deux espèces d'agens pour l'entretien des mêmes chemins : les adjudicataires et les stationnaires.

L'adjudicataire s'oblige, moyennant un prix convenu, à amener et verser, d'espace en espace, sur les bords dn chemin, un nombre déterminé de toises cubes de pierres, de cailloux brisés, de graviers ou d'autres matériaux.

Les stationnaires sont des hommes à appointemens fixes qui, ayant chacun un espace convenu à entretenir, doivent veiller aux plus petites dégradations, transporter partout où il en est besoin les matériaux mis à leur portée, les étendre et les niveler.

Si cet établissement a ses partisans, il a aussi ses censeurs : d'abord il n'est praticable que sur les routes à l'entretien parfait, car des hommes isolés ne peuvent faire aucun des travaux qui exigeroient une réunion de bras et de moyens, combler les trous et les ornières, faire écouler les eaux, entretenir les fossés, voilà tout ce qu'on peut en attendre, et cela suffit effectivement pour les routes perfectionnées.

Un autre inconvénient des stationnaires, c'est qu'ils nécessitent une double surveillance, une sur eux, une sur les adjudicataires.

Cependant, comme cet établissement est désiré, il paroît convenable d'en faire l'essai, au moins sur la route de Lyon à Paris par la Bourgogne ; elle est presque entière à l'entretien parfait, et il ne sauroit y avoir beaucoup d'inconvénient à la livrer à des stationnaires.

Dans le Limousin on procède différemment ; on donne là la confection et l'entretien des chemins par adjudication, mais les adjudicataires n'en sont pas quittes pour faire la route et la livrer ensuite à tous les évènemens qui la dégradent, on les oblige d'avoir des cantonniers ; ces cantonniers font précisément ce que doivent faire les stationnaires, ils sont sans cesse sur les chemins, sans cesse ils les réparent, et l'adjudicataire qui les paie est intéressé à les surveiller ; leurs obligations sont liées aux siennes, parce que la condition est que son ouvrage fait, il l'entretiendra dans un perpétuel état de perfection.

Le règlement fait à ce sujet dans le Limousin a paru un modèle à adopter et à suivre, et si l'assemblée désire le connoître dans toute son étendue, nous le lirons à la suite de ce rapport ; il a fait penser au bureau que, dans toutes les adjudications, qui seront aussi divisées que pourra le permettre la nature des lieux, il convient d'assujettir les adjudicataires à avoir des cantonniers, c'est-à-dire un ou plusieurs manœuvres toujours sur le chemin.

Après s'être occupé des adjudications, le bureau a cherché à déterminer quelles sont les largeurs les plus convenables aux routes de différentes classes.

Il n'a pas cru devoir rien changer à celles de première et seconde classes actuellement existantes, il en coûteroit plus pour les réduire que pour les entretenir dans la largeur où elles sont, qui d'ailleurs n'est pas exagérée dans cette généralité. Il a aussi été reconnu que la route projettée le long du Rhône, pour communiquer avec le Languedoc, ayant été fixée à une largeur de trente pieds de sol, elle n'étoit que proportionnée au roulage considérable auquel elle servira.

Mais les plus grandes largeurs ne facilitent pas le roulage, si les chemins de grandes communications ne sont pas encaissés ou ferrés convenablement. Presque toujours on s'est contenté de ferrer une lisière si étroite au milieu du chemin, que lorsque deux voitures s'y rencontrent, toutes deux ont les roues extérieures hors de l'encaissement et s'enfoncent dans un terrain mouvant. Pour prévenir cet inconvénient, on a pensé qu'il étoit indispensable que les encaissemens ou ferremens les moins larges eussent dix-huit pieds, et que jamais ils n'excédassent vingt-quatre dans les plus grandes routes, parce qu'une plus grande largeur seroit dispendieuse et superflue.

Quant aux routes de troisième et quatrième classes, si importantes pour l'intérieur des provinces, leur largeur n'est fixée par aucune loi précise, d'où il résulte des oppositions, des réclamations, des obstacles sans nombre, toutes les fois qu'on a voulu les élargir ; chaque riverain défend sa clôture ou sa haie, les juges seigneuriaux ordonnent vainement, on se pourvoit contre leurs ordonnances et, lassés de les défendre, elles restent sans exécution.

Une loi publique, revêtue de toutes les formes qui peuvent la rendre exécutoire sans contradiction, peut seule assurer la possibilité d'avoir un jour des chemins de troisième et quatrième classes.

Le bureau vous propose d'en solliciter une, dont la Commission Intermédiaire rédigera les dispositions, et qui fixera de vingt à vingt-quatre pieds en sol la largeur des chemins de la troisième classe, et de quinze à dix-huit ceux de la quatrième. La moindre largeur seroit pour les pays difficiles et montueux, et la plus grande pour les plaines; et en cas de contestation dans la largeur de la part des riverains, l'assemblée ou la commission intermédiaire de département, dans lequel se trouveroit le chemin, prononceroit décisivement.

Enfin, Messieurs, le bureau s'est toujours occupé des indemnités à accorder aux propriétaires sur les fonds desquels on ouvrira une route nouvelle.

Il a paru juste d'accorder une indemnité toutes les fois qu'il y auroit nécessité d'abattre une maison ou un mur.

On n'a pas cru qu'il en fût dû pour le terrain ou la haie qu'il faudroit prendre ou arracher pour l'élargissement des chemins de troisième et quatrième classes, parce qu'en général ils ne sont devenus si étroits que par les empiétations successives des riverains ; les voisins des chemins en ont fait le plus souvent un objet de conquête.

Mais, pour les chemins de toutes les classes dont on changeroit entièrement la direction ou qu'on ouvrira à neuf, quelle indemnité accorderoit-on ? Il est des pays où, non-seulement on paie la valeur du sol, mais encore un cinquième ou un sixième en sus, comme un dédommagement de l'affection qu'on avoit pour sa propriété.

Le peu de moyens qu'a cette province, dispense d'être généreux à ce point ; mais peut-il dispenser d'être juste et de l'être envers tous ?

La majorité des membres du bureau a pensé l'être, en accordant une indemnité entière à tous propriétaires pauvres dont on prendroit les fonds, et on a estimé pauvre celui qui ne paye pas, dans la paroisse, au-delà de 15 livres de taille principale ; quant à ceux qui paieroient davantage ou qui, étant privilégiés, ont une possession d'une valeur et d'une étendue à payer au-delà de 15 livres, si elle appartenoit à un taillable, on ne voudroit les indemniser que dans le cas où l'ouverture de la route leur auroit enlevé au moins le dixième de leur propriété dans la paroisse.

Cet avis a été motivé par écrit et il a été arrêté qu'il en seroit fait lecture à l'assemblée... Le voici :

Les propriétaires, dont un chemin traverse les fonds, ont-ils droit à une indemnité ? Cette question, au premier aspect, sembleroit ne pouvoir rester indécise, et les lois sacrées de la propriété paroissent prescrire que nul ne puisse être privé d'une portion de son héritage sans en recevoir le prix ; mais souvent l'application de ces grands principes souffre des exceptions, et le bien général, auquel tout intérêt particulier doit céder, les modifie souvent. La loi de la propriété ne devroit pas permettre que l'on enlevât à un citoyen une partie de ses fonds sans son consentement ; et cependant, lorsqu'il s'agit de l'ouverture des grandes routes, des chemins publics et des canaux dont l'utilité générale a été reconnue, les propriétaires ne sont point consultés et la nation a droit d'exiger d'eux le sacrifice nécessaire pour la confection de ces travaux. C'est une des conditions auxquelles nous avons été reçus dans la société et sans laquelle elle ne pourroit subsister. Elle ne s'est engagée à nous défendre et à nous protéger, qu'à la charge par nous de lui faire le sacrifice de notre intérêt particulier au bien général. D'après ces principes, dont on ne sauroit contester l'évidence, il paroît très constant qu'il n'est dû aucune indemnité pour les fonds traversés par les grandes routes. Si, d'ailleurs, il est reconnu que les nouveaux chemins augmentent la valeur des terres qu'ils traversent, les propriétaires, qui en retirent d'aussi grands avantages, pourroient-ils exiger une indemnité pour une perte qui n'est qu'apparente et qui devient pour eux une source de prospérités ? Qui pourroit douter de l'utilité que retirent les propriétaires de l'ouverture des routes et canaux ? Si quelquefois elle n'est pas sensible au moment même, il est incontestable, et l'expérience le prouve tous les jours, que les avantages qu'elles procurent se font sentir en peu d'années ; la société ne doit donc point d'indemnité, puisqu'elle ne cause aucun dommage. Mais il est peut-être des propriétaires, dont les biens ont si peu d'étendue et de valeur, qu'ils ne participent que d'une manière bien foible et presque nulle aux avantages d'une nouvelle route, qu'ils en peuvent, en conséquence, espérer le dédommagement de la perte d'une partie de leurs propriétés, quelque petite qu'on la suppose ; qui, pressés d'ailleurs par des besoins du moment, ne peuvent attendre un dédommagement éloigné et pour lesquels le moindre retard dans leur jouissance est un malheur et une perte réelle. Il en est d'autres encore, qui peuvent éprouver une telle diminution dans leurs propriétés, que la portion qui leur en reste ne puisse leur offrir un dédommagement suffisant pour la perte qu'ils ressentent. Les uns et les autres ont donc le droit d'exiger de la société une compensation suffisante, et elle ne peut se refuser à assujettir ceux de ses membres, pour qui les chemins sont d'une utilité reconnue, à indemniser ceux dont elle feroit le malheur. Mais, pour éviter l'arbitraire dans une matière qui ne doit jamais en souffrir, il est nécessaire de fixer des bases certaines qui puissent l'écarter entièrement.

D'après ces réflexions, nous estimons donc que tout propriétaire ne payant que 15 livres et au-dessous, recevra en entier le prix des fonds qu'il aura perdus pour la confection d'une nouvelle route ; mais quelle que soit l'imposition que supporte tout propriétaire, s'il éprouve une perte qui forme le dixième et au-dessus de sa propriété, il recevra de même le prix du terrain dont il aura été forcé de faire le sacrifice ; cette indemnité sera prise sur les fonds de la province et réglée d'après l'estimation qui aura été faite par quatre habitants de la même paroisse, en présence d'un commissaire ou délégué de l'Assemblée Provinciale. Cette règle établie, le pauvre seul resteroit à la charge de la province ; le propriétaire aisé, au contraire, trouveroit son dédommagement dans les seuls avantages que procurent les nouvelles communications ; ce sera, si l'on veut, une espèce de contribution nouvelle ; mais aucun d'eux n'y répugnera, dès qu'elle tendra à éviter un impôt qui frapperait également et le pauvre et le riche. Nous éprouvons du moins, en présentant ce vœu, la douce satisfaction de pouvoir prouver que notre intérêt personnel et celui des grands propriétaires qui nous est commun, n'a pu dicter notre délibération, qui ne peut avoir en vue que les malheureux habitans des campagnes.

Les distinctions proposées dans ces avis, ont paru inadmissibles à une partie des membres du bureau, comme blessant essentiellement la justice.

Tout ce que peut exiger l'intérêt public, c'est le sacrifice de l'affection que chacun a pour sa possession. Toutes les loix civiles ont été faites pour défendre et inspirer le respect de la propriété ; être obligé de la céder sans recevoir un équivalent, est un sacrifice qui passe la mesure des obligations contractées envers la société, elle n'a jamais dit : Je sacrifierai quelques citoyens à l'avantage des autres ; nul n'eût voulu entrer dans une pareille association, il eût redouté d'être la victime.

Celui qu'on n'indemnisera pas, quel qu'il soit, paieroit tout à la fois, par son contingent à la contribution générale, par une perte qui pourroit aller jusqu'au dixième de toute sa fortune, et par le sacrifice de son attachement à l'intégrité de son domaine.

Les propriétés limitrophes profiteroient du chemin tout comme ce qui lui resteroit de la sienne ; il seroit celui qui auroit le plus contribué à l'amélioration commune, et il en profiteroit bien moins que les autres, puisqu'il en seroit privé sur le sol qu'on l'auroit contraint d'abandonner.

Indépendamment de ces principes d'équité naturelle, ne seroit-il pas à craindre qu'en n'indemnisant que les pauvres, on ne rendit infiniment difficile l'ouverture et la direction des chemins ? Tous les grands propriétaires voudroient écarter d'eux ce fléau, non qu'ils ne votassent pour les chemins, mais ils chercheroient plutôt à les faire passer dans le voisinage, que précisément sur leurs fonds, et ils ne croiroient pas être injustes en les dirigeant sur l'héritage du pauvre, puisqu'on les dédommageroit ; de là les sollicitations, les réclamations, les prétentions, les plaintes et tout ce qui empêche, en administration, d'avoir une marche ferme et uniforme.

Si on indemnise toujours, d'après des estimations exactes, sévères même, nul n'aura droit de se plaindre, nul ne fera d'effort pour éloigner un chemin ; l'administration, sûre d'être parfaitement juste, n'aura plus à écouter que la voix d'un devoir qu'elle remplira avec d'autant plus de fermeté qu'aucun cri de sa propre conscience ne s'élèvera contre les décisions qu'elle aura rendues.

On demandera, sans doute, sur quels fonds seront prises ces indemnités. Déjà, Messieurs, le Roi, par ses lettres-patentes du 19 juillet 1780, enregistrées en la Chambre des comptes, a assigné sur les tailles une somme de 12.000 livres pour subvenir, par cette loi, aux paiemens des indemnités dues aux propriétaires sur les fonds desquels les routes nouvellement ouvertes dans la généralité de Lyon ont été construites.

Il est vrai, Messieurs, que cette somme n'a pas suffi annuellement, et qu'elle est engagée pour cinq ou six ans à des indemnités dues et arrêtées.

Mais, en attendant que vous ayez obtenu de la bonté du Roi une application plus considérable aux indemnités de quelque partie des impôts actuellement perçus, on pourroit les prendre sur les sommes destinées aux confections nouvelles. Avant de bâtir un édifice, on achette le sol.

Ceux des membres du bureau qui ont voté pour que, dans tous les cas et vis à vis de tous, l'indemnité fut complette, ont eu cependant la confiance qu'on ne la demanderoit pas toujours et qu'un propriétaire qui auroit un vaste domaine vivifié par une route nouvelle, rougiroit de la réclamer ; ils comptent d'autant plus sur cette disposition, que déjà plusieurs membres de l'assemblée, loin de prétendre à des indemnités pour des fonds qui leur seroient enlevés, offrent des sommes considérables pour être employées aux chemins dont ils désirent l'exécution ; mais il semble qu'on ne sauroit faire une loi des sacrifices, qu'au moins il faut en laisser le mérite, et que la reconnoissance publique doit les récompenser.

Il est des moyens qui excitent à être généreux, et le projet qu'a l'assemblée de rendre toutes ses opérations publiques, en offre un bien simple. En rendant compte, chaque année, des travaux des chemins et des sommes qui y sont employées, on donnera le tableau des indemnités requises et accordées, et une mention particulière et honorable de ceux qui en auroient fait un noble sacrifice, paroît bien propre à y déterminer.

Tels sont, Messieurs, les différens motifs qui ont donné lieu à deux opinions sur les indemnités : votre sagesse prononcera entre elles.

Tout ce que nous vous avons proposé jusqu'à présent, Messieurs, est relatif aux travaux faits avec les 320.522 livres représentatives de la corvée.

Mais vous avez encore à déterminer l'emploi de ce qui reste ; les appointemens des ingénieurs prélevés sur 95.000 livres applicables aux ouvrages d'art ; le bureau a pensé qu'il étoit convenable de les appliquer.

1° A la réparation des cassis, aqueducs, ponceaux et pavés des villages traversés par des routes de première et seconde classes ;

2° Que l'excédent sera employé à la confection des ponts commencés sur les routes ;

3° Que le surplus, s'il en existe, ces deux derniers objets remplis, sera distribué et employé suivant l'exigence des besoins, sur l'avis de l'assemblée générale ou de la commission intermédiaire, après les demandes débattues de chaque département.

Nous terminons ce rapport, que nous eussions désiré avoir le temps d'abréger, par vous en annoncer un quatrième, qui renfermera l'examen des vues proposées par le nouveau règlement, sur la manière de diviser les contributions relatives aux chemins.

Mais, dans ce moment, le bureau a l'honneur de proposer à l'assemblée d'arrêter :

1° Que la somme de 320,522 liv., représentative de la corvée, sera appliquée en entier, pour l'année 1788, aux chemins de première et seconde classes ; qu'en conséquence, prélèvement fait sur cette somme, de tout ce qui sera nécessaire pour l'entretien parfait de toutes les parties qui sont en état de perfection, que les deux cinquièmes de ce qui restera seront employés, soit aux réparations urgentes que nécessiteroient des évènements imprévus, soit à maintenir ces routes praticables dans toute leur étendue, et les trois autres cinquièmes employés en perfection et confections nouvelles sur lesdites routes ;

2° Que les atteliers pour confections nouvelles seront placés sur chaque route, de manière à ne pas laisser d'intervalles, et que les parties qu'on perfectionnera se succèdent immédiatement, à moins que des obstacles impossibles à vaincre sur le champ ne s'y opposent ;

3° Que toute la portion des fonds de charité dont on pourra disposer pour les chemins, sera appliquée à ceux de troisième et quatrième classes, en attendant qu'il soit possible d'y porter des secours plus abondans, que cette somme, divisée entre les départemens, dans la proportion de la contribution de chacun d'eux à l'imposition des chemins, sera distribuée, par eux ou leurs commissaires, aux paroisses qui, désirant la réparation d'un chemin de troisième et quatrième classes, offriroient d'y contribuer en argent ou en travaux libres, au moins pour la moitié, en préférant celles qui offriroient une contribution plus forte.

4° Que les sommes accordées par le Roi pour les ouvrages d'art seront employées, distractions faites des gratifications et appointemens des ingénieurs : 1° à la réparation et confection des cassis, aqueducs, ponceaux et pavés, dans les villages traversés par les routes de première et seconde classes ; 2° à la confection des ponts commencés sur ces routes ; 3° que l'excédent, s'il s'en trouve, ces deux premières destinations remplies, sera distribué et employé suivant l'exigence des besoins, sur l'avis de l'assemblée ou de la Commission intermédiaire, après les demandes débattues de chaque département ;

5° Que les adjudications d'entretien et de confection seront subdivisées, de manière qu'elles n'excèdent pas deux à trois mille toises au plus et qu'il sera inséré, entr'autres clauses de rigueur, dans les brefs, que l'adjudicataire ne pourra sous-bailler et qu'il sera tenu d'avoir des cantonniers, pour être employés journellement au maintien des routes, suivant les règles qui seront prescrites dans le règlement qui sera arrêté à cet effet par la Commission intermédiaire.

6° Qu'il sera établi, par forme d'essai, des stationnaires sur la route de Lyon en Bourgogne, conformément à ce qui se pratique dans le Mâconnois ;

7° Que les asssemblées de départemens nommeront, dans les différens arrondissemens, des commissaires, à l'effet de veiller exactement à l'entretien et confection des chemins ;

8° Que les routes de première et seconde classes actuellement ouvertes, resteront dans la largeur où elles se trouvent et que, sur icelles, les encaissemens ou ferremens dans le milieu de la route, seront au moins de dix-huit pieds et au plus de vingt-quatre ;

9° Que Sa Majesté sera suppliée : 1° de rendre une loi qui fixe, dans cette province, les largeurs des chemins de troisième classe à vingt pieds, et celle des chemins de quatrième à seize ; 2° d'accorder la poudre à canon à employer pour la confection desdits chemins au même prix qu'elle est livrée pour les chemins de première et seconde classes ; 3° d'autoriser l'assemblée à faire vérifier par ses commissaires, en présence des ingénieurs, tous les ouvrages adjugés pour l'année 1787, qui n'auroient pas été reconnus et reçus au premier janvier prochain, et à poursuivre les adjudicataires qui ne se seroient pas conformés aux devis de leurs adjudications ;

10° Qu'il ne sera accordé aucune indemnité pour l'élargissement des chemins de troisième et quatrième classes ;

11° Que cependant, tant sur lesdits chemins que sur ceux de première et seconde classes à ouvrir, tout propriétaire dont il seroit nécessaire d'abattre la maison ou une clôture en mur, sera indemnisé suivant l'avis d'experts choisis par le propriétaire et par les commissaires de l'assemblée de département, lesquels ordonneront le payement de l'indemnité, en commençant par les taillables, et entre ceux-ci par les moins payans au rôle des tailles, et ensuite par les privilégiés ;

12° Que lorsque les communautés ou des particuliers désireront l'ouverture des chemins de troisième et quatrième classes, ils ne pourront présenter ce vœu à l'assemblée générale, sans rapporter l'avis motivé de l'assemblée de département ou de ses députés composant la Commission intermédiaire, sur l'avantage et l'utilité du chemin demandé ; que toute sollicitation de ce genre sera accompagnée, aux frais de ceux qui la formeront, d'un plan géométrique, avec le toisé de la superficie du sol et des fossés, et d'un devis pour apperçu de la dépense, dans lequel sera comprise l'estimation des terreins nécessaires pour l'ouverture du chemin ou des renonciations de la part des particuliers propriétaires qui ne prétendroient pas à l'indemnité, et enfin à la charge de réaliser les sommissions des contributions particulières par l'engagement de chacun des souscripteurs, ou le dépôt effectif des fonds.

Et en ce qui concerne le treizième et dernier article touchant les indemnités pour les fonds, le bureau ayant proposé, à cet égard, deux avis, prie l'assemblée de choisir celui qui lui paroitra préférable.

Imprimé. — Procès-verbal, p. 74.

XXI

Quatrième rapport du bureau des travaux publics.

3 Décembre 1787.

Messieurs, la dépense des travaux des routes avoit été, jusqu'à ce jour, regardée comme une dette commune à toute la province et qui devoit être acquittée par tous les contribuables, dans une proportion déterminée, mais égale : un nouvel ordre de choses vous est proposé. Une des vues du gouvernement seroit qu'à l'avenir les chemins fussent considérés sous le rapport de l'intérêt plus ou moins direct qu'auroient à ces routes les communautés, districts ou provinces, de manière que la dépense fut toujours répartie à raison du degré d'utilité et d'avantage qu'elles en retireroient. Ainsi si une route intéressoit toute la province, d'abord les villes et communautés sur le territoire desquels elle seroit tracée, ayant à sa confection et à son entretien un intérêt très direct, y contribueroient par une première imposition qui seroit fixée par l'Assemblée Provinciale. Cette première contribution de la part des communautés plus directement intéressées prélevée, le surplus de la dépense seroit réparti sur toute la province, et les communautés qui auroient déjà fourni leur contingent particulier, seroient également assujetties à cette contribution générale. Si cette route n'intéressoit qu'un seul ou plusieurs départemens, la dépense seroit imposée sur toutes les communautés de ce département, après en avoir prélevé, néanmoins, une portion déterminée, qui seroit répartie sur toutes les paroisses et communautés traversées par cette route. Enfin, si une route n'intéressoit qu'une seule communauté, les frais de confection et d'entretien seroient uniquement supportés par elle, et la province ne seroit point appelée à cette contribution. Ce qui vient d'être dit auroit également lieu, si ce chemin intéressoit deux ou plusieurs communautés, c'est-à-dire que la dépense seroit supportée par elles, en proportion de l'intérêt plus ou moins direct qu'elles y auroient.

Tel est, Messieurs, le plan qui vous est proposé dans la cinquième partie de l'instruction qui nous a été remise par M. le Commissaire du Roi, et l'intention de Sa Majesté est que l'Assemblée Provinciale s'occupe de ses vues, qu'elle avise au moyen de les réaliser, qu'elle en fasse l'objet de ses délibérations. Sa Majesté se réservant de faire connoître ses intentions pour l'année 1789.

Le bureau des travaux publics s'est empressé d'applaudir aux sentimens d'équité et de justice qui ont dicté ce plan, et surtout dans la forme actuelle où la corvée ne se fait plus en nature, mais est représentée par une prestation en argent; il offre le double avantage que l'intérêt particulier de chaque communauté règle sa contribution, et qu'étant entièrement employée sur les lieux, le contribuable a toujours la facilité de regagner, par son travail, l'impôt qu'il a supporté, avantage inappréciable, sans doute, mais qui ne pourroit seul vous déterminer, surtout si, par d'autres moyens, vous pouviez l'assurer à cette province.

Ne craindriez-vous pas, Messieurs, d'ébranler le principe constitutif de la société, en établissant l'intérêt personnel et direct pour seule base des sacrifices qu'elle a droit d'exiger de nous ? Le sentiment de leur propre foiblesse, en forçant les hommes à se réunir, leur a fait contracter l'obligation de concourir à l'avantage et à l'utilité commune, non seulement sans intérêt, mais lors même qu'il pourroit y être opposé, et cette obligation n'est point contraire à l'équité naturelle, parce qu'elle emporte une réciprocité de secours dont peut-être on n'usera jamais, mais à laquelle chaque membre de la société est assuré de pouvoir recourir dans le besoin. Et n'y auroit-il, Messieurs, aucun inconvénient, dans un siècle qui semble avoir mérité le reproche de l'égoïsme, de l'établir en principes et d'en faire la base de votre administration ? La forme ancienne avoit donc cet avantage, sur celle qui nous est proposée, de nous rappeler sans cesse à cette réciprocité de secours et de sacrifices, base essentielle de la société, dont le sentiment trop réfléchi de l'intérêt personnel ne détourne que trop souvent, mais nous ne pourrions, en ce moment, suivre ses impulsions, sans manquer en même temps à ce que la justice exige de nous. Les routes actuellement existantes ont été, jusqu'à présent, exécutées à frais communs ; toutes les communautés de la généralité ont été appelées pour concourir à leur confection et à leur entretien ; l'intérêt qu'elles pouvoient avoir à ces travaux n'a point été consulté, la charge a été égale entre toutes, et après avoir arrosé de leur sueur des chemins qu'elles n'ont peut être jamais connu que pour y aller remplir le devoir rigoureux de la corvée, des communautés seroient, aujourd'hui, abandonnées à leurs propres forces, et celles qui, plus heureusement situées, profitent tous les jours de leurs travaux, seroient déchargées de contribuer à des communications qui leur sont étrangères, il est vrai, mais qui sont nécessaires pour vivifier et enrichir des parties de cette généralité.

La position de ces trois provinces rend plus frappante encore cette réflexion. Il n'est aucun de vous, Messieurs, qui ignore que, parmi les cinq élections qui les composent, il en est qui, indépendamment des chemins très multipliés de troisième et quatrième classes, sont traversées par cinq grandes routes, tandis qu'il en est, au contraire, qui, presque entièrement dénuées de communications intérieures, ne sont d'ailleurs traversées que par une seule grande route ; vous ignorez encore moins que, sans cesse occupés de rendre les communications plus faciles, les ingénieurs ont dirigé avec soin les routes existantes dans les plaines et dans les parties de montagnes les moins difficiles, et que, par conséquent, les chemins qui exigent le plus de dépense et offrent le plus d'obstacles à surmonter, sont précisément ceux qui restent à ouvrir.

Les élections et les communautés favorisées par le hasard de leur position n'ont-elles donc pas contracté l'obligation de venir au secours de celles qui ont été négligées? En vain objecteroient-elles qu'elles n'ont aucun intérêt aux travaux que vous voudriez entreprendre. Une loi supérieure à cet intérêt, celle de la justice, ne leur prescrit-elle pas de faire jouir les autres élections ou communautés des avantages inappréciables qu'entraînent nécessairement des communications plus faciles?

Le nouvel ordre de choses qui vous est proposé ne peut donc être adopté, sans blesser la justice, dans une province aussi inégalement traversée par des grandes routes, auxquelles l'universalité des paroisses a également contribué, quel que fût l'intérêt de chacune d'elles. Le seroit-il davantage dans une province où le nom de corvée eût été ignoré et dans laquelle il ne seroit aucune route entreprise à frais communs ? Non, Messieurs, dans cette hypothèse si éloignée de notre position, le bureau des travaux publics verroit de grands inconvéniens à l'adopter, et la disproportion qui se trouve dans la valeur des propriétés et dans les frais qu'exige la confection des routes, l'en détourneroit.

En effet, ne pouvons-nous pas regarder comme un principe constant, que quelques exceptions particulières ne peuvent détruire, que les paroisses des pays de montagne présentent une grande superficie, mais sont très pauvres ; que les routes qui les traversent offrent des obstacles difficiles à surmonter et exigent des frais de confection et d'entretien fort considérables ; tandis qu'au contraire, telles paroisses des pays de plaine contiennent, sur une superficie peu étendue, des propriétés d'une grande valeur, et qu'en général on peut ouvrir et entretenir à peu de frais les communications qui leur sont nécessaires. L'on ne pourroit donc isoler chaque communauté et cesser de les faire concourir, par une contribution, à l'ouverture et à la confection des routes, sans obliger les plus pauvres aux dépenses les plus considérables et leur faire supporter ainsi un fardeau souvent au-dessus de leurs forces, tandis que les paroisses les plus riches sentiroient à peine le léger sacrifice que leur propre intérêt exigeroit d'elles. Quel doit être cependant, Messieurs, le but d'une administration sage, semblable en tout à celle d'un père de famille qui, proportionnant toujours les tâches qu'il impose à ses enfants, à leur âge et à leur force, les divise entr'eux, de manière qu'ils n'en soient point écrasés ; ne doit-elle pas combiner les avantages d'une situation heureuse avec les inconvéniens d'un site moins favorable ; réparer, s'il est possible, par une juste compensation, l'injustice du hasard de leur position et n'être enfin satisfaite qu'après avoir porté, dans toutes les parties de la province confiée à ses soins, les moyens de vivification et de prospérité.

Mais, du moment que chaque province resteroit abandonnée à ses forces et ne pourroit espérer aucun secours de la généralité, vos vues, à cet égard, seroient sans exécution ; effrayé par l'énormité de la dépense, souvent au-dessus de ses moyens, l'habitant des campagnes, toujours sensible à la perte du moment, refusera d'entreprendre de nouvelles routes, quel que soit l'avantage que vous puissiez lui faire envisager.

L'on ne peut donc espérer de voir de nouvelles communications s'ouvrir qu'en rendant la dépense des chemins et des travaux publics, une dette commune, acquittée par tous les contribuables, sans jamais isoler leur intérêt et en faire la règle de leurs intérêts. D'ailleurs, si nonobstant ces motifs, vous croyez devoir adopter le plan qui vous est proposé, les communautés voisines de celles que les routes traversent, participant d'une manière plus ou moins directe aux avantages qu'elles procurent, ne vous paraîtroit-il pas juste de les faire contribuer aux dépenses de confection et d'entretien qu'elles exigent.

Le bureau des travaux publics s'est occupé de prévoir d'après quelle base vous pourriez établir leur contribution, et nous avons tous reconnu combien il seroit difficile de vous présenter une méthode propre à écarter l'arbitraire de vos délibérations. Dès lors, obligé de suivre pour chaque paroisse une proportion différente, puisque leur intérêt ne seroit jamais le même, il seroit presqu'impossible d'éviter les discussions, les plaintes, les oppositions, même contre celles qui vous auroient parues les plus équitables ; ce défaut de règle précise ne pourroit-il pas altérer un jour l'union et l'accord qui doit régner entre toutes les parties de la province ?

Un seul motif pourroit peut-être, Messieurs, suspendre votre opinion. Plusieurs d'entre vous, considérant uniquement combien sont faciles les abords des villes, craindroient que si la dépense des travaux publics étoit une dette commune, également acquittée par tous les contribuables, les forces de la province ne fussent portées en entier autour des grandes villes, et que, tandis que leurs environs jouiroient des communications aisées, l'intérieur de la province ne fût négligé, et les contributions des peuples totalement perdues pour eux ; mais les abus, à cet égard, sont-ils aussi réels qu'on pourroit le penser ? et peut-on les redouter dans la nouvelle forme d'administration ? Toutes les parties de la province ayant un grand intérêt à communiquer facilement avec les villes qui leur offrent des débouchés plus abondans pour leurs denrées, et dont elles tirent celles que leur sol leur a refusées, il a été nécessaire d'ouvrir, auprès des villes, un plus grand nombre de routes ; et peut-être seroit-il difficile d'en indiquer une seule entreprise aux frais de la généralité, uniquement pour l'agrément ou l'utilité des seuls habitans des villes ; et lors même qu'il y auroit eu, dans l'administration qui vous précède, quelques exemples de cette préférence de l'avantage d'un seul sur l'intérêt de tous, on n'auroit pas à craindre de les voir se renouveler et obtenir l'approbation d'une assemblée composée des propriétaires de toute la province. Trop d'intérêts seront croisés pour que celui d'un seul soit préféré, et la réalité des demandes particulières suffiroit seule pour diriger vos délibérations vers un but d'utilité publique.

D'après ces réflexions, Messieurs, le bureau des travaux publics n'eût peut-être pas balancé à fixer son opinion dans le choix des deux méthodes qui vous sont proposées ; mais l'application des principes auxquels vous vous seriez déterminé, ne devant point avoir lieu pour l'année 1788, et craignant de paroître se décider trop promptement dans une question qui tient à l'intérêt général de la province, il a jugé plus prudent de vous proposer de remettre à votre prochaine assemblée de faire connoître au gouvernement le vœu de cette province ; par cette sage lenteur, vous appelerez en quelque sorte les peuples à votre délibération, et votre administration leur paroîtra d'autant plus respectable, que vous aurez pris plus de précaution pour profiter de leurs lumières et apprécier leur véritable intérêt ; votre marche sera plus lente, il est vrai, mais elle en sera plus assurée ; et cette circonspection dans le début surtout de vos assemblées, vous méritera sans doute la confiance des peuples et l'approbation du gouvernement.

Le bureau des travaux publics est donc d'avis, Messieurs, que le rapport qu'il a eu l'honneur de vous faire, soit inséré dans vos procès-verbaux, pour faire connoître aux assemblées des départemens et à tous les citoyens de cette province, le plan qu'on vous propose de substituer à la forme ancienne, les avantages et les inconvéniens qu'il peut avoir ; et enfin de remettre à votre prochaine assemblée de présenter au gouvernement le vœu de cette province.

(*Imprimé, procès-verbal, p. 94*).

XXII

Quatrième rapport du bureau de l'impôt sur le bien public.

4 Décembre 1787.

Messieurs, le bureau de l'impôt, lors de son premier rapport destiné à vous faire connoître l'ensemble des impositions de la province, se trouvant privé de beaucoup de renseignemens, ne pût vous offrir que des résultats généraux.

Les impositions connues sous le nom d'impositions accessoires, qui s'élèvent à la somme de 903.653 livres, 1 sou, 6 deniers, ont fixé votre attention. Vous avez pensé qu'il étoit nécessaire de solliciter la permission de rétablir, dans les commissions, l'énonciation des objets qui forment ces accessoires. M. l'intendant a satisfait au désir de l'assemblée, en vous faisant remettre un état détaillé de ces impositions. Le bureau, après l'avoir examiné, a cru entrevoir que l'assemblée pouvoit concevoir l'espoir d'obtenir de Sa Majesté que quelques objets, après avoir satisfait aux causes qui donnèrent lieu à l'imposition, pourroient, en continuant à être perçus, tourner à l'avantage de cette généralité.

Mais ce seroit trop se hâter de former, dans ce moment, une demande à cet égard, vous n'en voulez faire que de réfléchies ; il faut se donner le temps de méditer sur chaque objet en particulier ; ce n'est point assez de jetter les yeux sur un pareil tableau : ce que le bureau de l'impôt pourroit vous offrir aujourd'hui seroit insuffisant pour vous instruire, il doit se borner encore à présenter des apperçus généraux.

Le brevet général n'apprend pas le détail des objets dont la réunion produit, sous le nom de la taille, la somme de 1.356.954 liv. 10 sous.

L'état qui nous a été remis offre des détails qu'il est utile de connoître afin de n'être pas exposé à confondre les objets.

1° Le principal de la taille..................	1.144.600 l.
2° Le taillon de la gendarmerie...........	19.537
3° Le fond des maréchaussées............	69.458
4° Le dixième ou 2 s. pour liv. 1 du tout...	123 359 l. 10 s.
Total....................	1.356.954 l. 10 s.

Vous connoissez par là ce qui a été uni à la taille principale ; il ne faut pas confondre ce qui en a toujours formé un accessoire, avec les impositions accessoires : ce sont deux choses très distinctes.

Nous remplirions vos intentions, en vous offrant des observations sur les impositions accessoires, mais le temps ne nous a pas permis de nous occuper de cet objet ; pour vous présenter des choses certaines et utiles, il faut consulter les lois sur lesquelles la perception est fondée ; le tableau que le bureau a eu sous les yeux ne les indique pas toutes. Il suffit de dire que nous connoissons, sommairement, ce qui compose la somme de 903.653 liv. 1 sou, 6 deniers ; le tableau en est déposé dans vos archives. En le parcourant, on y voit que l'on impose sur cette généralité une somme de 25.575 livres, pour des ouvrages à faire aux canaux de Picardie et de Bourgogne ; celle de 24.424, dont une partie est destinée au remboursement des convois faits à l'occasion du camp de Normandie, celle de 153.111 livres, 8 sous, 6 deniers, pour la solde, subsistance, habillement et autres dépenses des milices, non compris la somme de 8.000 livres, pour la levée du sixième du régiment provincial, celle de 25.341 liv., 18 sous, 5 deniers, et celle de 44.880 liv. 19 sous, pour les secours et l'entretien des hôpitaux du royaume ; celle de 14.000 livres, pour l'entretien des haras.

C'est sur ces impositions, qui forment un objet de 287.333 livres, 5 sous, 11 deniers, que nous pensons qu'il pourra vous être accordé des secours dont vous sentez la nécessité pour cette province. L'énonciation que nous venons d'en faire laisse entrevoir les motifs que vous serez dans le cas de présenter à Sa Majesté, pour obtenir de sa bonté que cette perception devienne utile à ceux qui contribuent à l'impôt.

Il vous suffit, Messieurs, d'entrevoir cet espoir, pour charger spécialement votre Commission Intermédiaire de s'en occuper ; ces observations vous mettront peut-être à portée de former des demandes à Sa Majesté, et si vous en obtenez une destination différente pour une partie de ces impositions, sans diminuer essentiellement la masse des impôts, le recouvrement de tous sera plus facile, et les trois provinces seront moins malheureuses.

Nous devons vous dire, par forme d'observation, que M. l'intendant, pour éclairer le bureau de l'impôt sur tout ce qui concerne la répartition des impôts, nous a fait remettre différentes pièces qui apprennent comment le moins imposé est fixé chaque année, et comment il se distribue, soit aux paroisses en général qui ont souffert des accidens, soit aux particuliers, s'il n'y a qu'eux qui aient souffert. Ce n'est qu'en 1788 que vous serez chargé de faire l'imposition pour 1789, et c'est à cette époque seule que vous aurez à vous occuper de cet objet. Il est un autre objet sur lequel les différens règlemens donnés à l'assemblée ne se sont pas expliqués ; c'est le département des impositions. Sans doute Sa Majesté s'est réservée de vous faire connoître ses intentions à cet égard, en vous faisant remettre l'extrait du brevet général des impositions de cette généralité. L'assemblée croira, sans doute, qu'il lui convient, avant sa séparation, d'arrêter que Sa Majesté sera suppliée de régler la forme qui devra être observée pour le département de l'année 1789, qui doit se faire en 1788.

(Imprimé. — Procès-verbal, p. 108).

TABLES

TABLE CHRONOLOGIQUE

1787

Juin. — *Édit portant création d'assemblées provinciales dans toutes les provinces où il n'y avait pas d'états provinciaux*.. p. 3

30 Juillet. — *Règlement sur la formation et la composition des assemblées de la Généralité de Lyon*................ 203

5 Août. — *Règlement sur les fonctions des assemblées et leurs rapports avec les intendants* 212

17 Septembre. — Assemblée Provinciale. — *Réunion à l'Archevêché. — Composition de l'assemblée. — Places assignées aux représentants du clergé, de la noblesse et du tiers-état. — Lecture de l'édit de juin portant création des assemblées provinciales. — Avis est donné à l'Intendant de la formation de l'assemblée ; nomination de commissaires pour le recevoir. — Arrivée de l'Intendant ; discours prononcés par lui et par l'Archevêque président. — Départ de l'Intendant. — Lettres de remercîments au Roi et aux ministres. — Dépôt aux archives des minutes de lettres adressées, le 9, aux ministres, et de leurs réponses. — Projet d'une lettre à l'archevêque de Toulouse. — Nomination des procureurs généraux syndics, le baron de la Roche et Barou du Soleil, et du secrétaire-greffier Boscary. — Notification de la démission de cinq membres de l'assemblée. — L'assemblée décide que les parents proches ne pourront être élus, non plus que deux membres d'un même corps, sauf pour le Chapitre métropolitain. — Election de 29 nouveaux membres. — Le sieur Aimé de Laroche est désigné comme imprimeur de l'assemblée. — L'abbé de Montazet est chargé de célébrer, le lendemain, une messe du Saint-Esprit. — Nomination de commissaires pour la rédaction du procès-verbal*.. 1-7

17 Septembre. — *Partie du procès-verbal non rendue publique : l'assemblée décide d'adresser des représentations au Roi au sujet du règlement du 5 août déposé sur son bureau par l'Intendant ; nomination de commissaires pour la rédaction de ces représentations. — Expédition des délibérations, des discours et des représentations sera faite au ministre, etc. — Pour ne point produire de mauvais effet sur le peuple, ces incidents seront passés sous silence dans le compte-rendu imprimé*................ 7

TABLE CHRONOLOGIQUE 1787

18 Septembre. — *Messe du Saint-Esprit.* — *Prestation de serment du secrétaire Boscary.* — *Nomination des membres des assemblées des départements, de la Ville de Lyon et Franc-Lyonnois, du Lyonnois, de Villefranche, de Roanne, de Montbrison, de Saint-Etienne.* — *Envoi d'une députation de deux membres à l'Intendant*................. 9

19 Septembre. — *Lecture des projets de lettres pour le Roi et les ministres.* — *Nomination de la Commission Intermédiaire.* — *Fixation au 8 octobre de l'ouverture des assemblées de département.* — *Invitation aux présidents de ces assemblées de faire procéder à la nomination des membres qui doivent les compléter.* — *Fixation au 5 novembre de l'ouverture de l'Assemblée Provinciale*................. 11

20 Septembre. — *Détermination des pouvoirs de la Commission Intermédiaire ; objets dont elle aura à poursuivre l'étude*.................................. 11-13

21 Septembre. — *La Commission Intermédiaire est chargée de poursuivre des démarches auprès du Consulat pour obtenir un local pour la tenue des séances.* — *Projet de sceau pour l'assemblée.* — *Réception de l'Intendant.* — *Clôture de la session*............................. 13-14

22 Septembre. — *Représentations au Roi sur le règlement du 5 août*................................... 247

1 octobre. — Commission Intermédiaire. — A Oullins. — *Refus du Consulat de concéder un local pour les séances de l'asssemblée.* — *Lecture d'une lettre de l'Intendant prohibant l'impression de documents non autorisée par lui.* — *Réponse à cette lettre portant refus d'admettre cette prohibition*..... 35-36

6 Octobre. — *Rédaction d'une lettre au Garde des Sceaux au sujet du différend avec l'Intendant pour la publication du procès-verbal des séances préliminaires de l'Assemblée Provinciale*... 37

16 Octobre. — *Décision portant que l'impression du procès-verbal sera continuée.* — *Lecture des instructions adressées aux présidents des assemblées de département.* — *Expéditions des procès-verbaux des séances préliminaires de ces assemblées seront remis à l'Intendant et au Contrôleur Général.* — *Communication de pièces relatives au différend avec le Consulat, au sujet du local de l'assemblée*.......... 37-38

31 Octobre. — *Instruction et règlement pour l'Assemblée Provinciale*...................................... 224-243

5 Novembre. — Assemblée Provinciale. — A l'Hôtel-de-Ville. — *Liste des membres présents.* — *Excuses des absents.* — *Démissions de l'abbé de Grezolles, représentant de l'élection de Montbrison ; de Basset, représentant de celle de Roanne.* — *Réception de l'Intendant, son discours, réponse de l'Archevêque.* — *Discours-programme de l'Archevêque président.* — *Nomination de l'abbé Rozier et de Meaudre*

fils, en remplacement de l'abbé de Grézolles et de Basset. — Nomination de délégations pour faire visite à l'Intendant et à madame Terray. — L'assemblée décide de se rendre, le lendemain, à la messe du Saint-Esprit 15-21

6 Novembre. — *Messe du Saint Esprit à la Primatiale, discours de l'abbé de Castillon* 21

8 Novembre. — *Dépôt, par l'Intendant, du règlement du 31 octobre (p. 224). — Nomination de commissaires pour étudier la question de l'abonnement de la province aux vingtièmes. — Remerciements au Chapitre métropolitain pour la messe du Saint-Esprit. — Nomination de commissaires pour faire visite à M. de La Milière, intendant des ponts-et-chaussées*............................... 22

9 Novembre. — *Division de l'assemblée en quatre bureaux : 1° de l'impôt ; 2° de la comptabilité et du règlement ; 3° des travaux publics ; 4° de l'agriculture, du commerce et du bien public. — L'abbé de La Chapelle et Deschamps sont chargés de la révision des procès-verbaux des délibérations* 23

10 Novembre. — *Nomination de commissaires pour aller prendre des nouvelles de l'Archevêque. — Séance de commissions*.. 23

12 Novembre. — *Séance de commissions*............. 24

13 Novembre. — *Rejet, faute de crédits, de la proposition tendant à pensionner, pendant un an, deux cultivateurs par département, pour suivre le cours gratuit et public de l'abbé Rozier, sur la culture des arbres fruitiers et forestiers. — Remerciements adressés à l'abbé Rozier. — Envoi de son prospectus aux bureaux intermédiaires des départements*.. 24

15 Novembre. — *Séance de commissions*............. 24

16 Novembre. — *Sur le rapport du bureau de l'impôt, donnant le tableau des impositions de la Généralité (p. 321), il est décidé qu'autorisation sera demandée au Roi de communiquer aux départements et aux municipalités le détail des accessoires de la taille. — Rapport du bureau des travaux publics sur l'état des routes de la Généralité* 25

Rapport du bureau de l'impôt........... 321-333

Rapport du bureau des travaux publics................ 255-258

17 Novembre. — *Le président annonce que l'Hôtel du Concert est mis à la disposition de l'assemblée pour y installer ses bureaux. — Nomination de commissaires pour faire dresser un état des lieux* 25

19 Novembre. — *Séance de commissions* 25

20 Novembre. — *Séance de commissions*............. 26

22 Novembre. — *Sur rapport du bureau des travaux*

publics (p. 259), l'assemblée arrête la quotité de l'imposition représentative de la corvée pour l'année 1788 26

Rapport du bureau des travaux publics 259

23 Novembre. — *Séance de commissions*............... 26

24 Novembre. — *Sur le rapport du bureau de l'impôt (p. 334), il est arrêté que toutes les cotes d'office non fondées en titres seront supprimées ; que les cotes reconnues fondées seront portées sur les rôles des paroisses ; qu'aucune cote ne pourra être accordée sans l'aveu de l'assemblée ; que le privilège des maîtres de poste sera limité, etc*............ 26

Rapport du bureau de l'impôt 334-339

26 Novembre. — *Sur le rapport de la commission des vingtièmes (p. 260-339), l'assemblée déclare qu'elle ne peut consentir à un abonnement, et demande au Roi de ne pas soumettre la Généralité aux vérifications*................ 27

Rapport de la commission des vingtièmes.... 260-263, 339-344

27 Novembre. — *Séance de commissions*............·..... 27

28 Novembre. — *Délibération, sur rapport du bureau de l'impôt (p. 344), au sujet de la capitation* 27

Rapport du bureau de l'impôt..... 344-351

30 Novembre. — *Délibération, sur rapport du comité des travaux publics (p. 352), au sujet de l'entretien et de la confection des routes ; renvoi à la Commission Intermédiaire, de l'examen des baux d'adjudication à long terme, pour l'entretien des routes* 28

Rapport du bureau des travaux publics................ 352

1 Décembre. — *Renvoi de la décision à prendre au sujet de l'indemnité à allouer pour l'ouverture de nouvelles routes.* 30

3 Décembre. — *Renvoi, sur rapport du bureau des travaux publics (p. 362), de la question de la répartition proportionnelle des charges pour l'établissement de nouvelles routes. — Dépôt, par l'Intendant, d'instructions sur l'agriculture ; d'ouvrages divers : soins à donner dans les cas d'asphyxie, de rage ; parcage des bêtes à laine ; culture des turneps, prairies artificielles, culture de la betterave. — Rapport du bureau de règlement relatif aux élections des municipalités (p. 276)* 31

Rapport du bureau des travaux publics................ 362-366

4 Décembre. — *J.-F. Pezant est chargé de résumer le rapport présenté à la dernière séance par le bureau du règlement et de la comptabilité (p. 276). — Rapports du bureau de l'impôt sur la confection des rôles, les contraintes (p. 264), les fonds de secours à attribuer à la Généralité (p. 366). — Questionnaire proposé par le bureau de l'agriculture et du commerce (p. 269) ; rapport du règlement et de la comptabilité sur les dépenses d'administration*

(p. 267). — *Autorisation donnée aux bureaux intermédiaires de passer des baux à loyer pour les locaux des assemblées de département et leurs bureaux.* — *Renvoi à la Commission Intermédiaire de divers projets pour la répartition de la taille*... 31

Rapport du bureau de l'impôt...... 264-267

Second rapport du bureau de l'impôt 366

Rapport du bureau d'agriculture et du commerce.. 269

Rapport du bureau de règlement et comptabilité 267

5 Décembre. — *Nomination de Ranvier de Bellegarde en remplacement du marquis de Luzy-Cousan, démissionnaire.* — *Nomination de trois avocats conseils des communautés.* — *Nomination de quatre nouveaux membres de la Commission Intermédiaire.* — *Remerciements aux assemblées de département.* — *Clôture de la session par l'Intendant.* — *Remerciements à l'Archevêque président* 33

11 Décembre. — Commission Intermédiaire. — A l'Hôtel du Concert. — *Réponse à deux lettres du Contrôleur Général (au sujet du dépôt à l'Intendant de 50 exemplaires du procès-verbal imprimé des séances de l'Assemblée Provinciale et de la publicité à donner aux ouvrages recommandés par le gouvernement. C. 775. p. 18).* — *Le sieur Brun, graveur, dépose le sceau et les quatre cachets qui lui ont été commandés par l'assemblée.* — *Examen de baux à long terme pour l'entretien de routes ; il est conclu à leur résiliation.* — *Demande de devis pour l'entretien des routes, conditions à imposer aux adjudicataires.* — *Milanois est chargé d'établir le mémoire des frais à prévoir pour l'Assemblée Provinciale et les assemblées de département.* — *Les Procureurs Syndics devront établir l'état de répartition de l'impôt pour 1789.* — *Demande au Contrôleur Général d'exemplaires d'ouvrages sur l'agriculture.* — *L'Assemblée demande à être autorisée à vérifier les ouvrages adjugés en 1787 et à poursuivre les adjudicataires qui n'auraient pas rempli les conditions du devis.* — *Etude sera faite du moyen de réduire les frais de port de lettres ; avis sera donné que seules les correspondances affranchies seront retirées.* — *Il est arrêté que la commission se réunira tous les jeudis, à quatre heures de l'après-midi*..... 38

21 Décembre — *L'ingénieur en chef est engagé à presser l'établissement des devis demandés et à dresser un état des travaux à faire sur les routes du Bourbonnais et du département de Montbrison.* — *Lecture d'un mémoire sur la résiliation des baux à long terme.* — *Remerciements au prévôt de la maréchaussée, qui se charge de transmettre la correspondance ; le port en franchise sera néanmoins demandé pour l'intérieur de la Généralité et Paris.* — *Lecture faite du rapport que Pezant avait rédigé pour le bureau du règlement et comptabilité (p. 276) ; il est constaté que des cou-*

pures sont nécessaires et que, par suite, ce rapport ne peut être joint au procès-verbal de l'Assemblée Provinciale. — Lettres au Contrôleur Général et au Roi 40

27 Décembre. — *Relation de difficultés entre l'Intendant et la municipalité au sujet de la remise de l'Hôtel du Concert. — Demande d'exemplaires des instructions sur l'agriculture. — Remercîments adressés à l'ingénieur de Varaigne. — Nouvelle lecture du rapport de Pezant (p. 276), qui sera transmis au ministre et à l'Intendant. — Dépôt aux archives d'une lettre du baron de Breteuil. — Vœux de nouvel an adressés à l'archevêque président* 42

1788

3 Janvier. — *Adresse d'une circulaire aux départements. — Réponse à l'Intendant sur ses questions au sujet des procès-verbaux des départements. — Accusé de réception d'une lettre du Contrôleur Général. — Autre au sujet de l'Hôtel du Concert. — Division de la Commission en quatre bureaux* 44

Rapport sur la division de la Commission en quatre bureaux 272

10 Janvier. — *Lecture d'un mémoire de l'ingénieur de Varaigne sur le plan des travaux des ingénieurs de la province. — Les devis des travaux à faire dans le département de Saint-Etienne sont réclamés à l'ingénieur Panay*... 44

Rapport du bureau de règlement adressé au Contrôleur général 276

17 Janvier. — *Suite de la lecture du mémoire de Varaigne. — Réception de lettres au sujet du protocole et de travaux de routes. — Rappel d'affaires en souffrance. — Impossibilité d'adresser au ministre l'état des travaux de routes à faire en 1788; nomination de quatre nouveaux membres de la Commission Intermédiaire; résiliation de baux à long terme; vérification des ouvrages adjugés en 1787* 45

24 Janvier. — *Notification de l'ordre donné au sous-ingénieur de Saint-Etienne d'avoir à produire son devis. — Lecture du projet d'arrêt pour la résiliation des baux à long terme. — Il est décidé que le mémoire de l'ingénieur de Varaigne sera imprimé. — Le bureau de Saint-Etienne, faute d'imprimerie dans cette ville demande que les questions à adresser aux municipalités soient imprimées à Lyon*..... 46

28 Janvier. — *Demande de vérification des travaux adjugés en 1787. — Lecture d'un projet d'arrêt à ce sujet et d'un autre pour la nomination de quatre nouveaux membres* *de la Commission. — Etat des travaux de routes à faire dans la Généralité* 47

7 Février. — *Observations sur le procès-verbal des séances de l'Assemblée Provinciale. — Invitation aux paroisses de constituer leurs assemblées municipales. — Lettre au département de Roanne (au sujet de la nomination de Simon de Quirielle, trésorier de France à Moulins, comme membre de cette assemblée, C. 775, pp. 47, 48). — Réponses au département de Villefranche (annonçant l'envoi du prospectus de l'abbé Rozier ; demandant avis sur les transports de cotes ; au sujet des modèles des rôles de la capitation ; de recherches relatives aux contraintes, aux indemnités et aux dépenses de routes ; des questions à adresser aux municipalités ; des rapports à avoir avec les ingénieurs, C. 775, p. 52 ; de la nécessité de supprimer, entre assemblées et contribuables, « les formules qui pourroient ressentir la servitude » ; des rapports avec l'ingénieur de Roanne ; des privilèges des bourgeois de Lyon, ibid., p. 55). — Réponse à l'ingénieur de Varaigne. — Lecture de lettres du Contrôleur Général. — Les questions du bureau de l'agriculture et du bien public seront imprimées à 1.000 exemplaires* 48

14 Février. — *Lecture des réponses faites au département de Villefranche (v. ci-dessus 7 février). — Réponses au Contrôleur Général (au sujet de la rédaction du procès-verbal des séances de l'Assemblée Provinciale ; des décisions prises sur le rapport du bureau de règlement ; de la nomination de quatre nouveaux membres de la Commission ; de la formation des municipalités ; de la nécessité de correspondre avec le ministre sans l'intermédiaire de l'Intendant. — Invitation aux départements de se conformer aux décisions prises par le Contrôleur Général sur le rapport du bureau de règlement ; ils devront activer la formation des municipalités. — Lettre à l'archevêque (pour lui demander de faire parvenir directement les lettres de la Commission au ministre). — Nomination de commissaires chargés de s'entendre avec l'Intendant pour la vérification des travaux de routes adjugés en 1787. — Lecture d'une lettre et de mémoires du département du Lyonnais. — Nomination de commissaires pour contrôler les élections municipales* 50

21 Février. — *La vérification des travaux de route de 1787 est fixée au 1ᵉʳ avril. — Réponse au Contrôleur Général, au sujet des dénominations à donner aux officiers des assemblées. — Présentation de l'état des irrégularités commises dans les élections municipales. — Lettre au bureau intermédiaire de l'élection de Lyon (au sujet de vices dans la formation des municipalités ; la convocation des électeurs ; l'état des collectes à réunir au chef-lieu). — Envoi aux départements d'une lettre du Contrôleur Général, arrêtant la place que doit occuper, dans les assemblées municipales, un ecclésiastique, seigneur de paroisse. — La commission estime qu'une femme contribuable ne peut être élue membre de l'assemblée munici-*

pale, et ne peut y être représentée; mais que, si elle est propriétaire d'une terre en toute justice elle peut se faire représenter 51

28 Février. — *Projet d'organisation de secours à domicile pour 19.680 ouvriers sans travail. — Lecture d'un mémoire sur l'époque la plus convenable pour les sessions de l'assemblée provinciale et des assemblées de département. — Lecture d'un mémoire sur la place que le règlement assigne aux curés dans les assemblées municipales. — Une lettre est adressée à l'archevêque pour lui rendre compte de l'état des affaires traitées. — Réponse au bureau du département de Lyon* [au sujet des municipalités de Moiré, Poleymieux, Nuelles, St-Laurent-de-Vaux, La Tour de Salvagny, St-Genis-Laval, St-Symphorien-le-Château, La Chenevatière, parcelle de St-Genis-l'Argentière; et de renseignements sur les privilèges des bourgeois de Lyon]. — *Lettre au bureau de Roanne* [au sujet des municipalités de Roanne, Ambierle, Feurs, St-Germain-Laval, Charlieu, Châteaumorand; de la nomination de Simon de Quirielle]. — *Lecture de lettres du bureau de Villefranche: accusés de réception, et question au sujet de savoir si le concierge de l'assemblée de département doit être assujetti à tirer à la milice. — Lettre du Contrôleur général au sujet des réparations d'églises et presbytères* 52

6 Mars. — *Salaire du garçon de l'assemblée. — Lecture d'une lettre du bureau de la ville de Lyon, au sujet du cas de son procureur-syndic Piron* [mis en demeure de donner sa démission de greffier du bureau des finances de Grenoble]. — *Envoi d'une lettre au Contrôleur Général pour lui demander d'exempter de la milice le concierge du département de Villefranche. — Dépôt de devis pour les travaux de routes*.. 57

13 Mars. — *Lecture de lettres du Contrôleur Général relatives aux droits perçus par la ferme générale; aux dépenses de l'assemblée; au moins imposé de la taille. — Instructions aux bureaux intermédiaires pour la réception des travaux de routes exécutés en 1787. — Lettre au Contrôleur général pour lui demander l'autorisation pour le bureau de Montbrison de remplacer provisoirement un de ses membres décédé. — Lecture d'un mémoire indiquant les précautions à prendre pour sauvegarder le commerce de Lyon, tout en reportant les douanes aux frontières* 58

27 Mars. — *Examen de l'état des frais prévus pour l'assemblée et les assemblées de département, envoi au Contrôleur Général. — Réponse du Contrôleur Général à des questions posées par le bureau de la ville de Lyon et Franc-Lyonnois. — Examen des dossiers des fonds de charité, et de réparations aux églises et presbytères. — Les procureurs-syndics sont chargés des formalités à remplir pour entrer en possession de l'hôtel du Concert. — Lecture de lettres du Contrôleur Général, sur le remplacement des membres des assemblées municipales; chargeant la Commission de statuer sur les demandes en décharge et modération de capitation;*

donnant à la Commission la disposition des fonds libres de la capitation. — Travaux sur la route de St-Chamond. — Autorisation d'établir un chemin de Roche-la-Molière à la Loire. — Lecture d'instructions relatives aux irrégularités dans la composition des assemblées municipales. — Proposition d'un remaniement dans les circonscriptions des ingénieurs ordinaires. — Proposition d'établissement d'un atelier de charité à Lantignié. — Mesures à prendre pour la vérification des travaux de routes effectués en 1787............ 59

3 Avril. — *Lecture de lettres au sujet des travaux de routes; de l'adjudication de ces travaux; des ateliers de charité; d'un chemin demandé par le marquis d'Osmond. — Réparations au mur du cimetière de St-Georges-de-Reneins. — Plainte aux ministres contre les préposés des vingtièmes du département de St-Etienne. — Approbation de l'état des dépenses de l'Assemblée Provinciale. — Comblement d'un cloaque du faubourg de la Madeleine, à Montbrison. — Renvoi au bureau de St-Etienne d'une demande de secours, en considération de nombreuse famille. — Lettre à l'Archevêque pour le féliciter de sa convalescence. — Copie sera donnée à l'inspecteur des ponts et chaussées, Lallié, de l'arrêt déterminant les formalités à remplir pour la mise en possession de l'hôtel du Concert*............................. 61

10 Avril. — *Instructions au département de Roanne (au sujet du tableau des collectes ou hameaux à réunir à leurs chefs-lieux; de la constitution de la municipalité de Pinay; de la jauge des tonneaux à fixer (pour le Roannais à 240 pintes). — Lettres au bureau de Lyon et Franc-Lyonnais (au sujet d'une demande de séparation formée par le Franc-Lyonnais; de la vérification des travaux de routes; des privilèges des bourgeois de Lyon; de l'itinéraire des routes du Franc-Lyonnais). — Envoi au Contrôleur Général d'un vœu du Franc-Lyonnais pour avoir une administration spéciale. — Notification de la ratification de la nomination de Simon de Quirielle. — Remplacement d'un membre du bureau de Montbrison. — Notification de la désignation de M. Delimay pour inspecteur général de la généralité. — Impression d'un avis pour la vérification des devis d'adjudication. — Approbation d'états de dépenses pour les travaux des routes*...................... 62

17 Avril. — *Mesures prises contre les adjudicataires n'ayant pas rempli les conditions des cahiers des charges. — Approbation de l'état de répartition de l'imposition représentative de la corvée. — Lecture d'instructions sur les cimetières des non catholiques. — Renvoi aux départements de dossiers relatifs aux réparations d'églises et presbytères. — Renvoi au bureau de Lyon de demandes en décharges et modérations*............................ 63

24 Avril. — *Demande de devis pour réparations aux ponts de l'Azergues et du Soanan, route de la Croisette au Pontaret, près du Bois d'Oingt. — Avis de l'ordonnancement des*

crédits pour l'Assemblée Provinciale et les assemblées de département. — Demande de graines de turneps et betteraves. 65

2 Mai. — *Nomination de commissaires pour vérification des travaux des routes. — Nomination de commissaires pour faire visite à l'Intendant. — Nomination d'un garçon de bureau. — Envoi aux départements des décisions du Conseil sur les irrégularités dans la formation des municipalités. — Approbation de plans et devis pour l'aménagement de l'hôtel du Concert. — Renvoi à l'ingénieur en chef d'une demande de réparations sur le chemin de halage de Lyon à Neuville; et d'observations sur le préjudice que ces réparations pourraient causer à un propriétaire. — Renvoi au bureau de Montbrison de plaintes au sujet de travaux nuisibles aux routes de Lyon à Bordeaux, par Feurs et Boën, et de Lyon en Auvergne. — Demande d'examen des travaux du pont sur l'Alaï, route de Lyon en Auvergne*................. 65-67

8 Mai. — *Nouvelle de la mort de l'archevêque, président de l'Assemblée Provinciale; cérémonies à ce sujet. — Envoi au Contrôleur Général d'un mémoire du bureau de Lyon et Franc-Lyonnais, demandant à être représenté par autant de membres que les autres départements. — Envoi à l'Intendant d'une réclamation de privilégiés du Franc-Lyonnais, qui avaient été inscrits sur les rôles de la capitation par les consuls de Fontaines. — Réparation aux frais de la province du chemin allant de la carrière Maritz à la grande route, près de Limonest*.................................. 67

15 Mai. — *Lecture d'une lettre du Contrôleur Général [prescrivant aux contrôleurs de s'entendre avec les municipalités pour l'établissement des rôles des vingtièmes]. — Envoi au bureau de St-Etienne d'un mémoire de St-Paul-en-Jarez. — Approbation des dépenses des bureaux de St-Etienne et Villefranche. — Renvoi à l'ingénieur en chef de mémoires sur l'état des routes de l'élection de Montbrison et particulièrement sur l'état de celle de Lyon en Auvergne par St-Galmier, St-Marcellin et St-Bonnet. — Renvoi au même d'observations sur l'état des routes de l'élection de Roanne. — Refus d'enjoindre à l'entrepreneur de la route de Villefranche à Anse de tirer le gravier de l'Azergues au lieu de le prendre dans une carrière dépendant du fief de La Barre. — Invitation aux départements de faire procéder à la vérification des travaux des routes*.................................. 69

23 Mai. — *Envoi au Contrôleur Général d'un mémoire du bureau de Lyon et Franc-Lyonnois pour obtenir un secours sur les fonds de la capitation. — Adresse à l'évêque d'Autun nommé à l'archevêché de Lyon. — Renvoi au bureau de Montbrison d'une dénonciation de contraventions commises sur la route de Lyon à La Rochelle par Feurs et Boen. — Approbation d'un projet de pont sur le ruisseau d'Alaï. — Approbation de l'état des conducteurs des travaux de routes*....... 70

29 Mai. — *Nomination de commissaires pour examiner*

le bien-fondé des réclamations du propriétaire du fief de La Barre, au sujet d'une extraction de gravier pour la route d'Anse à Villefranche. — Avis d'instructions prochaines pour le changement des municipalités constituées en vertu de l'édit de 1771. — Circulaire aux départements, au sujet des opérations des Contrôleurs des vingtièmes.— Approbation d'un mandat, pour entretien d'arbres le long des routes. — Envoi à l'Intendant des ponts et chaussées d'un avant-projet d'état du Roi pour 1787............................. 71

5 Juin. — Sur mémoire du bureau de Roanne, il est demandé au Contrôleur Général de ne point fixer la tenue des assemblées aux mois d'octobre et novembre. — Demande d'inscription aux rôles généraux de la capitation des employés des douanes, aides et octrois. — Renvoi après plus ample informé, de la délibération à prendre au sujet des contraventions de l'atelier de St-Etienne au pont du Gaz ... 72

12 Juin. — Réponse au Contrôleur Général [qui refuse de mandater les dépenses pour l'aménagement de l'Hôtel du Concert]. — Approbation des dépenses du bureau de Montbrison. — Renvoi à une époque ultérieure de l'examen des travaux urgents à faire aux routes de l'élection de Roanne. — Approbation d'un projet de pont à construire sur le ruisseau d'Alaï................................. 73

19 Juin. — Lecture d'une lettre du Contrôleur Général [proposant divers moyens], pour parer aux demandes de décharges de la capitation dans l'élection de Lyon. — Envoi à l'ingénieur en chef de l'avant-projet du roi, approuvé. — Nomination de commissaires, pour, de concert avec l'Intendant, statuer sur les travaux de routes exécutés en 1787 dans les élections de Villefranche et de Roanne.................. 74

26 Juin. — Envoi d'imprimés pour répartition sur les communautés de l'impôt représentatif de la corvée et établissement des rôles. — Nomination d'un rapporteur au sujet de la coupe des arbres des berges du nouveau lit de l'Azergues. — Observations sur les dégrèvements à accorder à raison de pertes de récoltes, inondations, incendies, épizooties.— Refus d'allouer une indemnité au sieur Poncet, expulsé de son logement dans l'Hôtel du Concert. — Réponse à une lettre du comte de Saint-Polgue. — Rapport sur les travaux des routes en 1787................................. 74

3 Juillet. — Etablissement de l'état des dépenses à acquitter sur les fonds libres de la capitation. — Examen de devis pour l'entretien des routes, et le traitement du personnel. — Approbation de devis de réparations au chemin de halage de la Saône; d'établissement de parapets au bas de la montée de Tarare. — Date de l'adjudication des travaux du pont sur l'Alaï. — Lecture de mémoire sur les travaux du chemin de Valbenoîte à St-Etienne; sur la cherté des fers et les concessions de mines qui nuisent au commerce de cette ville.

— *Avis aux ingénieurs d'avoir à délivrer des certificats pour le payement des entrepreneurs*..................................... 76

8 Juillet. — *Etablissement des rôles de l'imposition représentative de la corvée. — Lecture d'observations sur les travaux des routes de l'élection de St-Etienne*............. 77

10 Juillet. — *Lecture de l'arrêt du Conseil du 31 mai, relatif aux vingtièmes. — Rédaction d'un projet d'arrêt pour restituer aux riverains du canal de l'Azergues la propriété des plantations d'arbres faites sur les berges. — Nomination de commissaires pour faire un rapport sur les mines concédées au marquis d'Osmond. — Approbation des dépenses des ponts et chaussées. — Frais de copie des rôles de la capitation de 1788. — Renvoi à l'ingénieur en chef d'un mémoire pour plantation d'arbres sur une route du département de Montbrison. — Réponse au bureau de Lyon, au sujet de la levée du don gratuit du Franc-Lyonnais [qui doit se faire comme par le passé]. — Réclamation de Lallié, inspecteur général des ponts et chaussées, contre son inscription au rôle des tailles de la paroisse de Charly*..................... 78

16 Juillet. — *Examen de demandes en décharges et modération des cotes*... 80

17 Juillet. — *Ordre à l'entrepreneur de la route d'Anse à Villefranche de prendre du gravier dans une carrière au-dessus du fief de La Barre. — Réparations au chemin de Valbenoîte. — Demande de renouvellement de la municipalité de Roanne. — Réponse à des questions du bureau de Lyon [au sujet de l'impôt représentatif de la corvée et de la capitation]. — Lettre au Contrôleur Général [au sujet de la confection des rôles des vingtièmes et du dégrèvement accordé par le roi]. — Envoi au même de l'état des dépenses pour le logement des brigades de la maréchaussée*......... 81

24 Juillet. — *Distribution aux départements de graines de turneps et de betteraves. — Envoi d'instructions sur la tenue des assemblées municipales. — Examen de demandes en dégrèvement de la capitation. — Fixation du jour de l'adjudication des travaux du pont sur l'Alaï*..................... 82

31 Juillet, matin. — *Adjudication des travaux du pont et du canal du ruisseau d'Alaï*........................... 82

31 Juillet, soir. — *Nomination d'un commissaire pour l'examen du brevet général des impositions de 1789. — Signification aux départements de la décision qui exempte de la collecte les membres des municipalités pendant la durée de leurs fonctions. — Réponse à des observations du bureau de Lyon et Franc-Lyonnais, sur les dégrèvements de la capitation. — Réponse au bureau de Roanne au sujet du curé de St-Georges-de-Barolles [qui doit être invité à payer les frais de la procédure soulevée par lui]. — Accord avec le sieur Ménard, au sujet des agencements faits par lui dans l'Hôtel du Concert*... 83

5 Août. — *Réunion des communautés dépendant de Saint-Paul-en-Jarez.* — *Demande d'imposition pour réparations aux presbytères de Poule et St-Marcel-l'Éclairé.* — *Lettre au bureau de Montbrison, au sujet des travaux de routes exécutés en 1787.* — *Le bureau de Roanne est invité à s'occuper du choix des cantonniers à établir dans ce département.* . 84

8 Août. — *Protestations contre l'arrestation de Barou du Soleil.* — *Etablissement du projet de répartition des impositions de 1789.* — *Lettres à M. de La Millière et au bureau de St-Etienne, relatives à la révocation de la concession [des mines de Roche-la-Mollière], accordée au marquis d'Osmond.* — *Demande d'un état des pertes causées par la grêle, à joindre à une requête en répartition de secours sur le produit de la loterie de 12.000.000.* — *Etablissement du bordereau des dépenses à acquitter sur les fonds libres de la capitation; sur ce bordereau ne sont point portés [le traitement de l'inspecteur de la librairie] et les frais de bureau de l'ingénieur en chef.* . 84

12 Août. — *Envoi de lettres pour protester contre l'arrestation de Barou du Soleil.* — *Nomination d'un commissaire pour faire un rapport sur les frais d'administration de l'assemblée.* . 86

14 Août. — *Lettre au Contrôleur Général [sur l'impossibilité d'établir la répartition proportionnelle des vingtièmes].* — *Lettre au même [au sujet des frais d'administration de l'assemblée, réduits par lui].* — *Envoi au bureau du Lyonnais d'un mémoire de la municipalité de Cogny [se plaignant que celle de Ville-sur-Jarnioux inscrit sur ses rôles de taille des habitants de Cogny possessionnés sur son territoire].* — *Instructions aux départements pour l'établissement des rôles des vingtièmes, ensuite de l'arrêt du Conseil du 31 mai.* — *Lettre au Contrôleur Général pour l'aviser d'un différend avec le bureau de Lyon [qui entend imposer ses vues à la Commission].* — *Envoi aux départements de l'état des frais d'administration.* — *Lecture d'un rapport sur la vérification des travaux de routes exécutés en 1787.* . 86

19 Août. — *Le bureau de Lyon et Franc-Lyonnois est avisé que le différend soulevé par lui est soumis au Contrôleur Général.* — *Sur l'avis donné par le prévôt des marchands de Lyon, demande de mesures prohibitives de la sortie des grains* . 87

21 Août. — *Approbation des décisions arrêtées avec l'Intendant pour le règlement des travaux des routes.* — *Demande du reliquat des fonds de l'imposition représentative de la corvée en 1787.* — *Réponse à une demande de la municipalité de St-Bernard pour la construction d'un pont sur le Formans.* — *Indemnité allouée à l'adjudicataire de la route d'Anse à Villefranche.* — *Location d'une maison à Feurs pour une brigade de maréchaussée.* — *Approbation d'un mémoire pour réparations à une maison de La Guillotière.*

— *Autorisation à la commune de Charnay de faire établir un cadastre. — Avis de convocation des assemblées de département. — Avis de la convocation des Etats Généraux pour le 1 mai 1789. — Envoi aux départements intéressés des requêtes en réimpositions*..................................... 87

26 Août. — *Envoi d'un nouveau projet de répartition des impositions de 1789. — Envoi aux départements de modèles de rôles pour la répartition de la taille. — Lecture d'une lettre du bureau de Montbrison au sujet de l'arrestation de Barou du Soleil. — Approbation du devis pour l'entretien des chaussées pavées*.................................... 89

28 Août. — *Etablissement d'un rôle unique pour Chavanay et la parcelle de Verlieu. — Réponse au bureau de Lyon et Franc-Lyonnais au sujet des vingtièmes. — Lettre au bureau de Montbrison au sujet du remplacement d'un de ses membres. — Délivrance de mandats à des officiers de la maréchaussée. — Lettre aux départements pour hâter la confection des rôles de l'imposition représentative de la corvée*........... 89

2 Septembre. — *Réponse au bureau de St-Etienne [au sujet de secours pour incendie ; d'un cas prévu par l'arrêt du 8 août et d'une réclamation de Condrieu sur les frais de recouvrement de l'imposition représentative de la corvée]. — Injonction à l'adjudicataire de la route d'Anse à Villefranche de prendre le gravier dans la carrière au-dessus du château de La Barre. — Lettre au bureau de Roanne, au sujet des routes. — Approbation d'un devis d'aqueduc entre Montluzin et Limonest. — Félicitations à Necker*.................... 90

4 Septembre. — *Envoi au bureau de Lyon et Franc-Lyonnais d'une lettre du Contrôleur Général, faisant connaître le montant des droits perçus au profit du roi. — Avis donné aux départements que les greffiers sont tenus de donner les rôles en communication aux procureurs syndics. — Envoi au bureau de Roanne d'une demande en réimposition de la municipalité de Boën. — Lettre à Necker pour demander de ne point établir les rôles des vingtièmes de 1789 autrement qu'en 1788. — Lettre au bureau de Montbrison, [sur l'obligation non stricte de la réunion des assemblées municipales tous les dimanches] et les réparations du quai du ruisseau de Vizezi. — Envoi à Blondel d'une copie de la lettre écrite à Necker. — Envoi de lettres réclamant la mise en liberté de Barou du Soleil. — Il est décidé que les ingénieurs ne seront plus chargés des devis de réparations des églises et presbytères. — Autorisation de procéder à des réparations sur la route de Lyon à Bordeaux ; ordre de suppression d'un aqueduc sur cette route*...................................... 91

11 Septembre. — *Demande d'un état des travaux de routes à exécuter en 1789. — Lettre à Necker au sujet de l'exportation des grains ; de réparations d'églises et presbytères. — Réponse au bureau de Lyon sur les formalités pour ces réparations. — Gages du garçon de bureau. — Remerciments pour la mise en liberté de Barou du Soleil*............... 92

18 Septembre. — *Rentrée de Barou du Soleil.* — *Remboursement d'avances faites par le concierge de l'Hôtel du Concert.* — *Recouvrement de l'imposition représentative de la corvée.* — *Avis donné au directeur général des finances du refus de la municipalité de Montbrison de se charger de l'établissement du rôle de l'imposition représentative de la corvée.* — *Secours à des chefs de nombreuses familles.* — *Agrandissement du local de la brigade de maréchaussée de Villefranche.* — *Avis au bureau de Villefranche que la route d'Anse à La Fontaine est du ressort du Lyonnais*............ 93

25 Septembre. — *Remercîments à Necker pour la mise en liberté de Barou du Soleil.* — *Lettre au même, lui demandant l'autorisation de prescrire un seul rôle pour les paroisses et les parcelles y réunies.* — *Mesures à prendre contre des personnes ayant manqué de respect à l'égard de l'assemblée ou de ses membres.* — *L'entrepreneur de la route de Villefranche à Anse doit être contraint à charger cette route.* — *Demande de réparations pour le chemin de La Mulatière à Oullins; pour le pont de Rive-de-Gier.* — *Renvoi à l'Assemblée Provinciale de la demande du marquis d'Osmond, pour l'établissement d'un chemin de Roche-La-Molière à la Loire.* — *Ordre de prendre du gravier au-dessus du château de La Barre, pour la route de Villefranche*............... 94

2 Octobre. — *Observations sur le département des impositions de 1789.* — *Demande au département de Roanne d'un état détaillé des dégâts causés par la grêle.* — *Approbation des états présentés par l'ingénieur pour traitement du personnel et travaux d'art.* — *Modification demandée au tracé de la route de Bresse en Bourbonnais*............... 96

9 Octobre. — *Lecture d'une lettre de l'Intendant au sujet du rôle des juridictions pour le répartement de l'impôt de 1789.* — *Envoi aux départements d'un projet du directeur général des finances pour le remplacement des présidents des diverses assemblées.* — *Envoi d'un arrêt du Conseil réglant les formes de répartition de l'impôt par les municipalités.* — *Invitation aux bureaux intermédiaires de réunir aux paroisses les parcelles détachées.* — *Répartition du crédit alloué pour frais d'administration.* — *Explications sur la suppression des rôles particuliers de la capitation par le bureau de Lyon.* — *Envoi à ce bureau d'une lettre de Necker, au sujet de la nomination du procureur syndic Piron.* — *Salaire des cantonniers de l'élection de Lyon.* — *Don, par Messance, receveur des tailles de l'élection de Saint-Etienne, de cinq registres et cinq cartes contenant le tableau de la généralité*.. 97

16 Octobre. — *Notification d'un arrêt du Conseil confirmant les officiers du bureau des finances et des élections dans leurs fonctions pour la répartition de l'impôt.* — *Réponse au sujet d'une demande d'emploi de commissaire aux revues de la capitation; appointements de commissaires en charge.* — *Imputation des frais de bureau de l'Ingénieur en chef sur les fonds des ponts et chaussées.* — *Les subdélégués de*

l'Intendant continueront à jouir d'une cote d'office. — Gages d'un cantonnier du département de Saint-Etienne. — Lettre de remercîments adressée à Messance, pour le don de son ouvrage... 100

23 Octobre. — *Avis au bureau de Montbrison d'inviter la municipalité élue de Saint-Galmier à ne point s'immiscer dans l'administration, l'ancienne municipalité étant en fonctions. — Augmentation du bail de la brigade de maréchaussée de Villefranche. — Réponse à une lettre de Necker annonçant que les assemblées provinciales ne seront point convoquées. — Autre lettre au même, au sujet d'une erreur dans la vérification des rôles de taille. — Réponse au marquis de Monspey, [au sujet de la route de Villefranche à Thizy et de Thizy à Roanne]. — Observations sur les travaux du 2e atelier de la route de Lyon à Saint-Etienne*............... 101

27 Octobre. — *Secours alloué en suite d'incendie. — Procédure contre le curé de Saint-Georges de Barolles. — Gages des cantonniers du département de Montbrison. — Réponse au sujet de travaux de la route de Roanne à Montbrison*... 102

6 Novembre. — *Etablissement des rôles des vingtièmes. — Envoi d'une plainte des marchands de vin contre les employés de la régie. — Remercîments à Necker pour les instructions par lui données aux officiers des élections de ne point s'immiscer dans les travaux des communautés pour l'établissement des rôles. — Il est demandé au ministre de ne point soumettre aux droits d'enregistrement les marchés ou adjudications passés par l'assemblée*..................... 103

11 Novembre. — *Mesures prises pour statuer sur les demandes en décharge ou modération des vingtièmes. — Envoi aux départements d'une circulaire pour charger les collecteurs de la taille du recouvrement de toutes les autres impositions. — Réponse au bureau de Saint-Etienne au sujet des routes. — Paiement à un adjudicataire du département de Montbrison. — Déplacement d'un chef stationnaire du département de Roanne*.................................... 104

15 Novembre. — *Demande de virement pour payement des travaux des routes. — Approbation de devis de travaux d'art. — Notification de la décision contraignant à charger la route d'Anse à Villefranche. — Communication d'un état des travaux de routes à exécuter dans les départements de Lyonnais, Villefranche et Roanne. — Réparations à un chemin de Quincié.— Envoi aux ministres du procès-verbal du département de Villefranche au sujet de la convocation des Etats Généraux. — Remercîments à l'Intendant pour la réglementation de la navigation de la Loire entre Saint-Rambert et Roanne. — L'inspection des contraintes est confiée aux bureaux intermédiaires. — Envoi de devis de travaux de routes*... 105

18 Novembre. — *Envoi de l'instruction réglementant le*

service des ponts et chaussées. — Demande des devis des travaux de routes. — Fixation du jour de l'adjudication des travaux du pont de la Servante. — Lettre au bureau de Villefranche au sujet des routes........................ 106

20 Novembre. — Appointements de l'inspecteur des haras. — Lettre au bureau de Lyon, au sujet des demandes en décharge de la capitation. — Envoi au bureau du Lyonnais de l'état des routes. — Envoi d'affiches pour l'adjudication du pont de la Servante................................ 107

25 Novembre. — Envoi d'états de travaux de routes. — Envoi de mandats pour salaire de cantonniers. — Les officiers des bureaux des finances pourront être admis dans les commissions intermédiaires. — Envoi de la déclaration fixant les formes de répartition et levée des tailles......... 107

27 Novembre. — Avis donné à Necker de l'établissement du rôle de la corvée par la municipalité de Montbrison. — Nomination d'un membre du bureau de Montbrison. — Payement des entrepreneurs des départements de Montbrison et Villefranche. — Pavage de la route dans la traversée de Rive-de-Gier. — Dommages causés au pont de Saint-Georges-de-Reneins............................. 108

2 Décembre. — Gratification au chef stationnaire du département de Villefranche. — Ordonnancement de décharges de capitation. — Appartement du sieur Poncet dans l'Hôtel du Concert. — Lettre à Necker au sujet de la répartition des impositions............................ 109

4 Décembre. — Demande pour inscrire les employés des fermes sur les rôles de la capitation. — Lettre à Necker [au sujet du compte-rendu des travaux des assemblées de département et des bureaux intermédiaires]. — Rectification à la route du Bourbonnais. — Demande de démolition des portes de Villefranche................................... 109

9 Décembre. — Adjudication des travaux du pont de La Servante. — Dommages causés aux ponts de St-Georges-de-Reneins et St-Jean-d'Ardières. — Demande des rôles de la corvée du département de Montbrison. — Rectification à la route du Bourbonnais............................... 110

11 Décembre. — Délibération relative aux élections des Etats Généraux. — Demande de devis pour la démolition des portes de Villefranche. — Explications sur le retard du recouvrement de l'imposition représentative de la corvée. — Gages de cantonniers de St-Etienne. — Demande de rôles d'impositions. — Explication à Necker sur le retard à prévoir pour la répartition de la taille. — Réparation au pavage d'Anse 111-115

15 Décembre. — Répartition de la capitation de 1789.... 115

18 Décembre. — Envoi aux départements de l'état de répartition de la capitation. — Logement du curé d'Ambierle. — Autorisation aux départements de dresser les rôles des

vingtièmes d'industrie. — Primes pour l'importation des grains. — Réunion des collectes de Pélussin, Ambuens et Virieu. — Payement à un entrepreneur du département de Roanne... 116

22 Décembre. — *Approbation de la nomination d'un seul collecteur par la municipalité de Fleurieu. — Envoi d'une circulaire sur les formalités pour les demandes en modération. — Primes pour destruction des loups dans le département de Roanne. — Logement de la maréchaussée de Chazelles. — Demande de cassation d'un jugement de l'élection déchargeant un collecteur de ses fonctions. — Lettre à Necker au sujet de difficultés entre les municipalités et les élections*... 117

29 Décembre. — *Répartition de fonds pour les ateliers de charité. — Distribution de riz*........................... 117

1789

2 Janvier. — *Demande d'un état des dépenses et travaux faits à l'atelier du pont du Gas. — Demande d'un état des outils à fournir aux corvéables. — Avis de secours attribués aux ateliers de charité ; des secours de riz attribués à Roanne*.. 118

5 Janvier. — *Demande de renseignements pour répartition du moins imposé. — Mesures prises pour enlever la neige entre les bois de Layat et Chazelles, sur la route de Montbrison à Lyon*.. 119

8 Janvier. — *Remercîments à Necker pour la somme affectée à la réparation de l'Hôtel du Concert. — Demande pour la généralité d'états provinciaux à l'instar de ceux du Dauphiné. — Lettre à M. de Saint-Vincent [réfutation d'un mémoire publié par lui contre l'administration provinciale]. — Demande d'autorisation à ester en justice pour la ville de Roanne, contre le sieur Perroton, de Châtelus. — Réparations à l'Hôtel de l'administration*.............. 119

12 Janvier. — *Adjudication d'aqueducs près de Belleville. — Lettre au bureau de St-Etienne au sujet des routes de ce département. — Avis donné aux départements de la demande d'états provinciaux. — Demande d'imposition de Belleville pour [honoraires du médecin qui ne perçoit que 15 sous par visite ; honoraires du prédicateur ; gages du maître d'école, entretien de l'horloge et menues dépenses]. — Lettre au bureau de Lyon au sujet des modérations sur la capitation*........ 120

15 Janvier. — *Difficultés du département de St-Etienne avec les officiers de l'élection. — Lettre au bureau de Lyon au sujet des avertissements et contraintes pour la capitation.*

— *Envoi de rôles de vingtièmes. — Remercîment à Necker pour un don du roi pour achat de riz*................... 120

19 Janvier. — *Renvoi au ministre de demandes de gratifications et de secours. — Envoi des rôles des vingtièmes de Lyon et du Franc-Lyonnais*............................ 121

22 Janvier. — *Remercîments de la nomination du cinquième sous-ingénieur. — Redressement de la route du Bourbonnais. — Remercîments pour les fonds attribués aux ateliers de charité et au moins imposé. — Délivrance de mandats pour les officiers de maréchaussée. — Réponse à Necker au sujet de l'emploi des fonds libres de la capitation*.............. 121

26 Janvier. — *Lettre [transmettant les félicitations adressées au lieutenant général de police de Lyon]. — Demande de l'état des frais d'administration. — Envoi de rôles de vingtièmes d'industrie. — Salaire des cantonniers du département de St-Etienne. — Réparations du pont de Somaine*.. 122

29 Janvier. — *Demande de réparations pour le chemin de Rochetaillée; et pour un autre signalé par le marquis d'Evry. — Lecture de délibérations demandant des états provinciaux. — Avis de réunions de hameaux. — Envoi des états des fonds libres de la capitation. — Avis d'une erreur dans la répartition de la capitation du département de Lyon*....... 122

5 Février. — *Envoi de rôles de vingtièmes d'industrie. — Necker est avisé de l'achèvement de la répartition des vingtièmes. — Lettre au bureau de Lyon au sujet de la capitation. — Lettres au bureau de Roanne au sujet du procès de Châtelus pour exemption de la collecte; au sujet des ateliers de charité*... 123

9 Février. — *Envoi de l'état des travaux de routes du département de Roanne. — Congé accordé à un sous-ingénieur. — Envoi de pièces à Barou du Soleil, au sujet du logement du sieur Poncet*.. 123

12 Février. — *Envoi d'une lettre de félicitations pour le lieutenant de police de Lyon. — Vérification de demandes en décharge et modération*.. 124

16 Février. — *Réponse au bureau de Lyon au sujet de l'établissement d'états provinciaux. — Plainte contre le fermier des coches d'eau de Lyon à Chalon. — Réparations à la caserne de la maréchaussée de Saint-Just-en-Chevalet*.. 124

19 Février. — *Secours aux pères de nombreuses familles. — Question au sujet des demandes en décharges. — Réparations d'églises et presbytères. — Congé de l'ingénieur de Varaigne*.. 125

26 Février. — *Compliments de condoléance à la marquise d'Albon à l'occasion de la mort de son mari. — Envoi de l'état des secours alloués aux pères de nombreuses familles. — Observations au bureau de Lyon au sujet de la capitation et des contraintes. — Envoi de devis pour la route de Tarare à Roanne*.. 125

2 Mars. — *Salaire des ouvriers du pont de La Bruyère. — Relation de la visite faite à la marquise d'Albon. — Lettre à Barou du Soleil au sujet de l'aménagement de l'Hôtel du Concert*.. 126

5 Mars. — *Distribution de riz dans les départements de Montbrison et Saint-Etienne. — Allocation de gratifications aux conducteurs des travaux des routes ; aux ingénieurs. — Demande d'un chemin de Roanne en Auvergne*............ 126

9 Mars. — *Avis de la cassation de la procédure intentée par le curé de Saint-Georges de Barolles. — Envoi du rôle de la capitation de Lyon et Franc-Lyonnais. — Renvoi de la prochaine séance après la rédaction des cahiers pour les Etats Généraux*... 126

2 Avril. — *Avis sur une demande du marquis d'Osmond, pour ouverture d'un chemin de Roche-La-Mollière à la Loire. — Lettre au bureau du Lyonnais [au sujet de la cote d'office du sieur Commarmond]. — Nomination d'une délégation pour demander au baron de La Roche de retirer sa démission de procureur syndic*...................................... 127

6 Aril. — *Refus du baron de La Roche de retirer sa démission. — Demande de remplacement des membres manquants. — Envoi d'instructions sur les demandes en décharges. — Envoi de l'état des frais du cours d'accouchement*.. 127

9 Avril. — *Communication d'ouvrages à la Société d'agriculture. — Envoi aux départements des pièces relatives aux vingtièmes. — Envoi d'instructions sur le rôle des ingénieurs dans la confection des devis de réparations d'églises et presbytères. — Avis de difficultés entre une municipalité et l'élection de Saint-Etienne*................. 128

15 Avril. — *Envoi de pièces relatives à la route de Grand-Croix à Saint-Jean-de-Bonnefond. — Redressement de la route du Bourbonnais. — Procès contre les sieurs Madinier et Perroton, de Châtelus.— Procès intenté par un commis des Aides à un habitant de Saint-Germain-Laval. — Envoi de dossiers de réparations d'églises et presbytères. — Demande de cassation des procédures faites par le curé d'Echalas*.... 129

20 Avril. — *Envoi de l'état des indemnités pour ouverture des routes. — Réparations au chemin de halage de la Roche de l'Ile. — Demandes de modération de capitation, [et de secours pour sinistres]*.. 130

23 Avril. — *Délivrance de mandats pour secours aux pères de nombreuses familles. — Nomination d'un conducteur dans le département de Saint-Etienne. — Approbation de la construction d'un chemin autour de Montbrison. — Salaire d'ouvriers du département de Saint-Etienne*........ 130

27 Avril. — *Impossibilité d'ordonner des réparations sur la route de Roanne à Saint-Germain-Laval. — Demande d'un*

TABLE CHRONOLOGIQUE 1789

devis des réparations du pont de Sornain. — Instructions sur le moins imposé... 131

30 Avril. — *Lettre à l'ingénieur au sujet du passage de la Loire, route de Lyon à Bordeaux, et des réparations aux murs du cimetière de Saint-Georges-de-Reneins. — Refus de payement au sieur Mazenod. — Remercîments pour le moins imposé. — Demande des frais d'administration du bureau de Saint-Etienne*... 131

4 Mai. — *Accusé de réception des rôles de la capitation de Lyon et Franc-Lyonnais. — Changement du local de la maréchaussée de Saint-Etienne. — Nomination de nouveaux membres de la Commission*........................... 132

7 Mai. — *Notification à Necker de la nomination des nouveaux membres de la Commission. — Lettre au bureau de Roanne au sujet de la municipalité de Bussières [qui avait réduit les impositions de ses membres]. — Lettre au bureau de Lyon sur des difficultés pour la répartition à Ville-sur-Jarnioux et Limonest. — Lettre au lieutenant général, au sujet d'une saisie opérée sur un propriétaire au sujet du non paiement de la capitation par son locataire. — Difficultés entre la municipalité de Pélussin et l'élection de Saint-Etienne. — Demande de reconnaissance des travaux de routes de 1788*... 132

11 Mai. — *Lettre du lieutenant-général annonçant que l'affaire de saisie pour non-paiement de capitation doit suivre son cours. — Reconnaissance de travaux de routes. — Moins imposé de 1789. — Lettre à la Société d'agriculculture au sujet de l'ouvrage de Parmentier pour la culture de la pomme de terre*... 133

14 Mai. — *Plainte au sujet d'enlèvements des matériaux pour réparation des routes. — Demande de réparations pour la route de Roanne à Saint-Germain-Laval. — Envoi d'un projet de nouvelle division des départements des ingénieurs. — Observations sur l'état du roi en 1787. — Demande de surveillance plus sévère sur les stationnaires. — Avis de la décision prise au sujet du rôle de la municipalité de Pélussin. — Difficulté entre les collèges de Lyon et la municipalité d'Irigny. — Opposition à un avis de la municipalité annonçant que tout citoyen pourrait vérifier les rôles de la capitation*... 133

18 Mai. — *Envoi des rôles de capitation des privilégiés, pour approbation du Conseil. — Observations au bureau de Saint-Etienne [au sujet d'allocations ou de refus de secours]. — Lettre au bureau de Villefranche, au sujet des travaux des routes. — Lettre à Necker, pour l'aviser que l'époque la plus convenable pour l'ouverture d'ateliers de charité est le mois d'octobre*... 134

22 Mai. — *Examen de demandes en décharge de la capitation et de la taille*... 135

28 Mai. — *Refus d'homologation d'une délibération de Saint-Haon-le-Châtel [allouant une indemnité de logement au curé]. — Demande d'avis sur la délibération de Theizé, pour acquisition d'un presbytère. — Demande de l'état du moins imposé du département de Saint-Etienne. — Réponse à des objections de Villefranche sur les nouvelles circonscriptions des ingénieurs. — Allocation au bureau de Roanne pour travaux faits à la suite de la chute du pont de Sornain. — Lettre au bureau du Lyonnais, au sujet de l'affaire Ravel*... 135

4 Juin. — *Renvoi de mémoires au bureau de Montbrison. — Nomination d'un commissaire pour examiner l'état de répartition d'un secours de 20.000 livres pour les ouvriers en soie. — Accusé de réception de l'avant-projet de l'état du roi. — Plainte au sujet d'un empiètement sur la route d'Anse à L'Arbresle*.. 136

10 Juin. — *Délivrance de mandats d'indemnités pour ouverture de routes. — Demande du rôle de la capitation de Lyon. — Salaire des fonctionnaires du département du Lyonnais. — Envoi du devis du pavage de Villefranche. — Envoi de mandats au bureau de Roanne. — Envoi du devis des travaux à exécuter sur les fonds de la corvée. — Injonction pour réparation du pavage de Rive-de-Gier*........... 137

18 Juin. — *Délibération fixant l'imposition représentative de la corvée au dixième de la taille, accessoires et capitation roturière*.. 138

25 Juin. — *Lettre au Contrôleur général, au sujet des difficultés entre les municipalités et les élections. — Lettre au bureau du Lyonnais, au sujet de la reconstruction du presbytère de Saint-Romain-de-Popey. — Paiement d'un àcompte pour les travaux de la route de Bresse au Bourbonnais. — Ordre de préparer des cailloutis pour la route de Lyon à Bordeaux. — Demande de nomination d'un chef stationnaire pour le département du Lyonnais*............. 139

2 Juillet. — *Paiement d'un à-compte pour entretien de la route des Valettes au bois d'Escourroux. — Réparation à la route de Bresse en Bourbonnais. — Envoi de l'état des indemnités de logement dues aux officiers de maréchaussée*.. 140

9 Juillet. — *Envoi à l'Intendant de l'état des dépenses à acquitter sur les fonds libres de la capitation.— Lettre au bureau des collèges, sur sa contestation avec la municipalité d'Irigny. — Approbation d'un questionnaire aux municipalités, au sujet des pertes donnant lieu à indemnité. — Avis donné au bureau de Lyon des travaux à exécuter au chemin de halage de la Saône. — Demande de cassation de l'adjudication de travaux de routes donnée au maître de poste de Saint-Chamond*..................................... 140

14 Juillet. — *Demande d'allocation de secours pour payement des entrepreneurs du département de Montbrison.*

— *Envoi d'une ordonnance de l'Intendant au sujet de l'adjudication de travaux sur la route de Saint-Chamond à Saint-Etienne. — Envoi de l'état général des frais d'administration de 1788. — Le traitement du secrétaire provincial est fixé à 8.000 livres* 141

23 Juillet. — *Lettres au sujet de travaux de la route de Roanne à Saint-Germain-Laval. — Envoi d'un mandat au département de Villefranche. — Renvoi de délibérations approuvées de Saint-Pierre-de-Bœuf et de Saint-Genest-Malifaux. — Rejet d'une pétition des habitants de Saint-Etienne, demandant que la réfection du pavage soit faite aux frais de la province*.. 142

13 Août. — *Lettres au bureau de Roanne [au sujet des routes, de secours à des pères de nombreuse famille] et de la municipalité de Feurs. — Envoi des rôles de la capitation des privilégiés*.. 142

18 Août. — *Lettre au bureau de Villefranche, au sujet des troubles, [l'invitant à refuser les démissions des officiers municipaux]. — Renvoi à l'ingénieur d'une demande d'indemnité de propriétaires lésés par le nouveau tracé de la route de Bourgogne*.. 143

20 Août. — *Mutations d'ingénieurs. — Autorisation pour adjudication au bureau de Villefranche. — Renvoi au bureau de Roanne d'une demande de secours du curé de Villechenève. — Renvoi au bureau de Lyon d'une demande de remboursement de cote de capitation*.. 143

25 Août. — *Lettre au ministre, au sujet de l'établissement des rôles de l'imposition représentative de la corvée. — Lettre à la municipalité de Saint-Germain-Laval, relativement à la route de Roanne*.. 144

27 Août. — *Demande de remise de fonds pour les ponts et chaussées. — Lettre au bureau de Roanne, au sujet de la route de Saint-Germain-Laval. — Logement d'une brigade de maréchaussée à Taluyers*.. 144

3 Septembre. — *Lettre au bureau de Roanne, au sujet de la route de Saint-Germain-Laval. — Réparations au pont de Rive-de-Gier. — Redressement de la route de Bourgogne. — Réparations à la route entre Tarare et Pontcharra. — Avis sur la reconnaissance des travaux de la route de Bresse en Bourbonnais*.. 145

10 Septembre. — *Envoi de devis pour réparations du pont de Sornain, près Charlieu. — Demande de recouvrement de l'impôt de la corvée dans le département de Montbrison. — Réparations au pavage de Rive-de-Gier. — Logement d'une brigade de maréchaussée à Taluyers. — Distribution d'états comparatifs de la récolte en grains. — Lettre au ministre au sujet des difficultés entre l'élection de Saint-Etienne et la municipalité de Pélussin*............ 145

17 Septembre. — *Accusé de réception d'ordonnance pour les frais d'administration. — Envoi au bureau de Saint-Etienne d'un état d'ouvrages faits sur la route de Grand'Croix au pont du Gas. — Accusé de réception d'une ordonnance pour payement des entrepreneurs. — Rejet de l'ouverture de la route de Villefranche à Roanne*............ 146

24 Septembre. — *Envoi de devis pour entretien des chaussées pavées. — Réparations du chemin de Limonest à La Barrolière. — Procès de la ville de Roanne contre le sieur Perroton de Châtelus. — Répartition d'impositions pour réparations d'églises et presbytères*................. 147

1 Octobre. — *Examen d'un projet de mandement à adresser aux municipalités pour la répartition des impôts. — Refus d'homologation d'une délibération de la commune de Beaujeu. — Observations au département de Villefranche sur l'entretien des routes*........................ 147

8 Octobre. — *Examen de l'état de répartition des impositions. — Allocation de gratifications aux chefs stationnaires*.. 148

15 Octobre. — *Envoi d'un arrêt du Conseil annulant l'arrêt de la Cour des Aides, du 2 septembre. — Interdiction aux entrepreneurs de faire des travaux non spécifiés aux devis. — Demande de réparation au quai de la Saône, devant la propriété Richard*........................ 148

22 Octobre. — *Décisions sur des demandes en décharges. — Envoi d'instructions relatives aux rôles d'impositions. — Vérification des rôles de Pélussin. — Instructions sur le cérémonial pour le département de 1790. — Circulaire au sujet du recouvrement des impôts*.................. 149

28 Octobre. — *Envoi de textes relatifs à la contribution patriotique et aux impositions de 1790. — Nouvelle répartition de l'impôt de 1790*........................... 150

5 Novembre. — *Lettre au bureau de Montbrison sur l'emploi des fonds de charité. — Envoi du tarif pour les objets portés aux hôtels des monnaies. — Explications aux départements sur les impositions de 1790. — Lettre au Contrôleur général au sujet d'impressions faites pour l'intendance*..... 151

12 Novembre. — *Logement d'une brigade de maréchaussée à Taluyers. — Réponse à des questions relatives aux impositions de 1790. — Demande de fonds pour la caisse des ponts et chaussées*....................... 151

19 Novembre. — *Arrêté de l'état de répartition des impositions de 1790 — Réponses à des questions relatives à l'impôt ; fixation de l'imposition représentative de la corvée.* 152

26 Novembre. — *Appui donné à la demande de constitution de municipalité à St-Chamond. — Lettre au grand*

prieur d'Auvergne pour lui demander de cesser ses poursuites contre la municipalité de Verrières. — Lettre au contrôleur général relativement aux vingtièmes.......... 153

3 Décembre. — *Envoi aux municipalités de la déclaration les autorisant à recevoir des bijoux pour transmettre aux directeurs des monnaies. — Allocation de fonds pour l'atelier de charité de Montbrison*...................... 153

10 Décembre. — *Envoi des lettres-patentes arrêtant que les ci-devant privilégiés seront imposés non dans le lieu de leur domicile, mais dans le lieu où leurs biens sont situés. — Lettre au bureau de Villefranche au sujet de secours à lui allouer*... 154

17 Décembre. — *Envoi des lettres-patentes concernant les biens ecclésiastiques. — Instructions sur la nomination des adjoints aux municipalités pour la répartition de l'impôt. — Envoi à la municipalité de St-Chamond d'une lettre du contrôleur général au sujet des rôles de cette commune*.. 154

19 Décembre. — *Envoi aux départements des états de répartition des impositions*.......................... 155

24 Décembre. — *Réponse à des questions du bureau de Villefranche au sujet de l'impôt. — Instructions à la commune de St-Genis-Largentière relativement à une coupe de bois. — Lettre au bureau de Roanne au sujet du moins imposé. — Autorisation de réparations à un chemin du département de St-Etienne. — Demande d'un atelier de charité pour la ville de Roanne*............................. 155

31 Décembre. — *Observations sur l'emploi des secours alloués aux ouvriers sans travail. — Envoi des lettres-patentes relatives aux ci-devant taillables. — Réponses à des questions sur l'impôt. — Réparations au chemin de St-Germain-Laval à Roanne*... 156

1790

7 Janvier. — *Instructions pour la répartition des impositions. — Lettres au sujet de réparations de la route de Trémolin à la Loire et de travaux pour le passage de la rivière de Renaison*.................................... 156

12 Janvier. — *Lettres pour protester contre le décret prorogeant le péage de l'Ile-Barbe*........................ 157

14 Janvier. — *Avis aux départements de faire toucher leurs frais d'administration. — Examen de demandes en décharges et modération*............................... 157

21 Janvier. — *Envoi de projets de procès-verbaux pour*

nomination des maires et officiers municipaux. — *Distribution de riz.* — *Lettres au sujet de demandes en décharges, de la formation des rôles de Saint-Forgeux, des ateliers de charité de Villefranche*................................ 158

28 Janvier. — *Lettres au sujet du péage de l'Ile-Barbe et de la contribution patriotique.* — *Traitement du commissaire aux revues du Lyonnais.* — *Lettres au sujet de la contribution patriotique et des vingtièmes.* — *Réclamation pour les travaux des ponts et chaussées*........................ 158

4 Février. — *Routes de Saint-Germain-Laval à Roanne, de Trémolins à la Loire.* — *Gages des ouvriers de Montbrison.* — *Réponse à un mémoire de la municipalité de Sury*... 159

12 Février. — *Envoi d'exemplaires du discours du roi à l'Assemblée Nationale.* — *Frais de transcription des rôles de la capitation.* — *Demande d'envoi périodique des suppléments de rôles et des rôles de la contribution patriotique.* — *Suspension du payement des travaux d'arts*............ 159

9 Janvier-25 Février. — *Délibération des députés du Lyonnais, Forez et Beaujolais et décrets de l'Assemblée Nationale pour la formation du département de Rhône-et-Loire.* — *Limites et divisions de ce département*.......... 299-313

25 Février. — *Lettres au Contrôleur général au sujet des impositions*....................................... 160

Février ? — *Circulaire adressée aux cantons pour protester contre le choix de Lyon comme chef-lieu du département de Rhône et-Loire, et contre la tenue alternative de l'assemblée départementale dans les chefs-lieux des districts.* 316

4 Mars. — *Renvoi au bureau de Montbrison de demandes en décharge.* — *Lettre au bureau de Roanne sur une difficulté avec la municipalité de Commelle.* — *Rédaction d'une circulaire pour presser le recouvrement de l'impôt.* — *Lettres à diverses municipalités.* — *Circulaire relative aux vingtièmes*... 160

11 Mars. — *Réclamations au sujet du péage de l'Ile-Barbe.* — *Lettres aux bureaux de Villefranche et de Roanne.* — *Arrêté pour la répartition du moins-imposé*............ 161

18 Mars. — *Lettre au bureau de Roanne au sujet des rôles de supplément et de la contribution patriotique.* — *Envoi au Contrôleur général de la délibération relative au moins imposé.* — *Lettre au bureau de Villefranche au sujet de la contribution patriotique.* — *Lettre au Contrôleur général au sujet de Beaujeu et de Doizieu et Les Farnanches.* — *Lettre au bureau de Roanne au sujet du payement des travaux du pont du Breuil*.......................... 162

26 Mars. — *Lettres au bureau du Lyonnois au sujet d'Oingt et Saint-Laurent-d'Oingt; au maire de Sury.* —

TABLE CHRONOLOGIQUE 1790

Demande d'autorisation pour réparations d'églises et presbytères. — Lettres au sujet des impositions. — Autre pour les réclamations du bureau de Lyon. — Félicitations à l'ingénieur de La Beaume.................................. 163

1 Avril. — *Envoi de devis pour travaux dans le département de Montbrison. — Lettre au bureau de Saint-Etienne au sujet des impôts. — Distribution d'instructions pour la confection des rôles. — Lettres aux municipalités de Roanne, Sury et Saint-Chamond*............................. 164

9 Avril. — *Lettres au sujet de difficultés pour l'établissement des rôles dans le Franc-Lyonnais. — Impression d'une lettre de Necker sur le recouvrement des impôts. — Demande d'instructions pour la contribution patriotique. — Lettre au maire de Sury*...................................... 164

15 Avril. — *Lettres à la municipalité de Beaujeu et au bureau de Villefranche. — Demande de procès-verbal de l'état du pont du Rhins, de l'entretien duquel était chargé le sieur Praire du Rey*.................................... 165

22 Avril. — *Envoi d'instructions pour la compensation des décimes et de la capitation; envoi de lettres-patentes sur décrets de l'Assemblée Nationale. — Lettres aux municipalités de Montagny et Mornant, au sujet des impositions*...... 165

29 Avril. — *Autorisation donnée à la municipalité de Beaujeu de s'imposer pour dépenses locales. — Envoi de lettres-patentes et instructions. — Lettres au bureau de Roanne et au Contrôleur général*............................. 166

Avril. — *Circulaire des Commissaires du Roi portant instruction pour l'établissement des listes des citoyens actifs en vue des élections départementales*..................... 313

6 Mai. — *Lettre au Contrôleur général au sujet de difficultés pour le recouvrement des impositions dans quelques municipalités. — Envoi de lettres-patentes. — Lettres au sujet du moins imposé de 1788 et 1789 et de la commune de Lachassagne*....................................... 166

14 Mai. — *Payement pour travaux aux abords du pont du Breuil. — Envoi de lettres-patentes et instructions*......... 167

20 Mai. — *Demande de retrait d'instructions du Contrôleur général au sujet de la confection des rôles de 1790. — Plainte de la commune de Riverie au sujet des impôts. — Avis favorable pour Beaujeu, qui demande communication des rôles de Villefranche*............................. 168

27 Mai. — *Envoi de lettres-patentes et d'un mémoire sur la répartition des impôts. — Réponse à des plaintes de Lyon et du Franc-Lyonnais. — Lettre au sujet d'une avance faite à la caisse des Ponts et Chaussées. — Réponse définitive au sujet de la demande Praire du Rey. — Envoi d'une lettre du Contrôleur général au sujet de la contribution patriotique*.. 168

4 Juin. — *Envoi de lettres-patentes.* — *Lettres aux bureaux de Saint-Etienne, Montbrison, Villefranche, au sujet des impositions* 168

9 Juin. — *Envoi de lettres-patentes.* — *Le rôle de la contribution patriotique de Villefranche est déclaré exécutoire.* — *Demande d'ouverture d'ateliers de charité.* — *Devis pour la construction d'un aqueduc chemin des Etoux à la route de Bresse.* — *Information au sujet d'enlèvement de matériaux sur les fonds du sieur Chaland* 169

16 Juin. — *Lettre au bureau du Lyonnais au sujet de demandes d'indemnités.* — *Envoi d'une lettre du Contrôleur général.* — *Envoi de lettres-patentes.* — *Confection des rôles des vingtièmes d'industrie.* — *Autorisation d'enlever des matériaux sur les fonds du sieur Chaland*............. 170

23 Juin. — *Envoi d'une proclamation du Roi et de lettres-patentes.* — *Mandat au bureau du Lyonnais pour la confection des rôles.* — *Enlèvement d'amas de terres sur les routes de Lyon à Bordeaux et de Saint-Symphorien à Anse.* — *Instructions au bureau de Roanne au sujet des décharges.* — *Demande de remboursement de l'avance faite à la caisse des Ponts et Chaussées.* — *Envoi des dossiers de réparations d'églises et presbytères* 170

30 Juin. — *Lettre au sujet de l'indemnité à allouer à l'ingénieur en chef et aux sous-ingénieurs.* — *Lettres au Contrôleur Général au sujet des frais d'administration et des fonds de charité.* — *Payement à un entrepreneur de la route de Lyon en Languedoc.* — *Allocation de secours aux pères de nombreuse famille.* — *Envoi de lettres-patentes*......... 171

5 Juillet. — *Compte-rendu au Conseil Général de Rhône-et-Loire, par la Commission Intermédiaire de l'Assemblée Provinciale* 173

TABLE ALPHABÉTIQUE

Abbaye de Clavas (l'), 302.
Abraham, chef stationnaire, 109.
Accouchements (cours d'), 128, 196.
Administration (frais d'), 267.
Advieu (L'), 305, 309, *Lavieu*.
Affoux, 305, 308.
Agriculture (société royale d'), 128, 133, 195, 196.
Aides (cour des), 103, 109, 123, 134, 139, 148, 337.
Aigue-Perce, 302, *Aigueperse*.
Aiguilly, 306, 309.
Ainay (chanoine, curé d'), 9.
Alaï, Alaÿ, Aley (ruisseau, pont d'), 45, 67, 70, 73, 77, 82, 83, 158, 182.
Albigny, 304, 307.
Albon (Camille, marquis d'), s^r de Saint-Forgeux et Saint-Marcel, membre de l'Assemblée Provinciale et de la Commission Intermédiaire, 2, 8, 11, 13, 14, 16, 21, 22, 23, 34, 35, 37, 40, 42-45, 47-52, 57, 58, 61-63, 65, 67, 68, 70-74, 76, 125, 128; — (marquise d'), 125, 126.
Alix, 305, 308.
Allaitement maternel (institut de l'), 55.
Allemagne (l'), 53, 56.
Allieu, 305, 309.
Ambérieu, 305, 308.
Ambierle, 116, 301, 306, 309.
Ambuens, 116, 128, 132, 134, 146, 149.
Amions, 306, 309.
Amplepuis, 305, 308 ; (bourg d'). 308.
Ampuis, 304, 307; — s^r d'), 10.
Ancy, 305, 308.
Andrézieu, 305, 308.
Anse, 75, 77, 78, 79, 94, 95, 105, 115, 137, 305, 308 ; — (atelier de Villefranche à), 69 ; — (route de St-Symporien à), 171 ; — (route d') à L'Arbresle, 137 ; — (porte d') à Villefranche, 110, 115.
Antoine, archevêque de Lyon, 7, 8, 10, 11, 13, 14, 21, 23-28, 30-38. V. Archevêque, Malvin, Montazet.
Apinhac, Apinac, 301, 302, 305, 309.
Apothicaire, Apotiquaire, 10, 58, 63, 90, 108.
Arbigny, 16, l. Argigny.
Arbres fruitiers et forestiers (cours de culture des), 24.
Arbresle (L'), 303, 306, 307 ; — (route d'Anse à), 137.
Arbuissonas, 304, 308.
Arch, en Suisse, 197.
Archevêché (palais de l'), 1, 9.
Archevêque (l'), 43, 47, 50, 55, 56, 62, 67, 68, 261, 268. V. Antoine, Malvin.
Archives du département, 313.
Arcinge, 306, 309.
Arcon, 182, 301, 309.
Arçon, 301, 306, 309.
Arconsat, 301, 312.
Ardillats (les), 304, 308 ; — (s^r des), 6, 10, 16.
Arfeuille, 301.
Argental, 304.
Argigny, 16.
Argoire (d'). V. Dargoire.
Arnas, 10, 304, 308.
Arthun, 10, 305, 309.
Assemblée Nationale (l'), 144, 149, 150, 153, 154, 156-161, 165-169, 171, 185, 299, 300, 303, 310-316, 318-321.
Astier, ingénieur, 95, 123.

AUBÉPIN (L'), 304.
AUBERTIER (Alexis), 83.
AUBRY-DUBOCHET, 313.
AUBUSSON, 301.
AUGEROLLES, 301.
AUREC, 302.
AUTUN (l'évêque d'), 70, 85, 86.
AUVERGNE, 257, 301 ; — département de l'), 312 ; — grand prieur d'), 153 ; — (chemin de Roanne en), 126 ; — (route de Lyon en), 66, 67, 69, 257.
AVEISE (chemin de Saint-Symphorien-le-Château à), 139.
AVEIZE, 304, 307.
AVEIZIEUX, 305, 309.
AVENAS, 304, 308.
Avocats-conseils, 33.
AZERGUE (l'), rivière, 69, 75, 77, 78, 79, 187 ; — Canal de l'), 38, 77, 79 ; — (pont sur), 65.
AZOLETTE, 300, 302, 305, 308, 311.

BAFFAILLON, en Forez, 17.
BAGNOLS, 305, 308.
BALBIGNY, 306, 310.
BALTUS, ingénieur, 143.
BANS, 303, 306, 307.
BARD, 301, 305, 308.
BARJON, maire de Sury, 163.
BAROILES (Saint-Georges de), 83. V. S. Georges.
BAROLLIÈRE (La), 68, 147.
BAROU DU SOLEIL (Pierre-Antoine), procureur syndic, 2, 3, 5, 7, 8, 14, 17, 34, 35, 37, 38, 40, 42-46, 48-52, 57, 58, 61-63, 65, 67, 68, 70, 71, 84-86, 89, 91-94, 114, 124, 126, 194 ; — (madame), 85.
BARRE (fief, château de La), 10, 69, 71, 81, 88, 90, 96.
BARRIEU DE PRANDIÈRES (Pierre), 7, 10, 17, 23, 34.
BAS (sr de), 2, 16.
BAS en Basset, 302.
BASSET, 7, 18, 21.
BATARD (Le), 151.
BAUMONT (Moreau de), 348.
BEAUJEU, 7, 10, 97, 147, 161, 163, 165, 166, 168, 304, 308, 329 ; — (chapitre de), 9.
BEAUJOLAIS (le), 16, 17, 39, 62, 92, 103, 118, 182, 183, 310, 311, 312, 316-319, 343 ; — (députés du), 299, 311, 313, 319 ; — (élection du), 17 ; — (vins du), 258.
BEAULIEU, 306.
BEAUME (de La), ingénieur, 66, 121, 129, 143, 163, 165.
BEAUPRÉ. V. Durus.
BELAIR (pont de), 71, 95.
BÉLIGNY, 304, 308.
BELLEGARDE, 305, 309 ; — (sr de), 33. V. Ranvier.
BELLEROCHE, BELLE ROCHE, 306, 309.
BELLEVILLE, 120, 132, 257, 304, 308 ; — (chemin de) à Charlieu, 39 ; — aqueducs près de), 120.
BELMONT (Claude), jardinier, 72.
BELMONT, BELMOND, 302, 305, 306, 308, 309.

BÉNÉVANT, chanoine de Saint-Rambert, 10.
BENOÎT (Georges), 102.
BERGER (le ravin), 106, 121, 129.
BERGER, fermier des diligences de Paris, 124.
BERNAT, secrét. du bureau interm. de Lyon, 197.
BERNOU (Jean-Baptiste), baron de Rochetaillée, 2, 16.
BERRY (le), 3, 211, 212, 235, 239, 241, 244.
BERTRAND, sous-lieut. de maréchaussée, 140.
BESANÇON (chapitre de), 15.
BESSENAY, 303, 306.
BESSEY, 304, 307.
BESSON, 92 ; — (Antoine), 104.
Bêtes à laine, 31.
Betteraves, 31, 65, 82.
BIBOST, 303, 306.
BINOT, juge de Belleville, membre de la Comm. interm., 132-137, 139-160, 162-172, 194, 196, 198-200.
BLACÉ, 304, 308.
BLONDEL, intendant des finances, 62, 68, 75, 89, 90, 91, 94, 100, 104, 118, 126, 127, 132, 133, 134, 135, 148, 163, 171.
BOEN, 66, 70, 91, 106, 257, 305, 309.
BOIS-BOISSEL (de), chan. de Lyon, 10.
BOIS-D'OINGT (Le), 65, 305, 308.
BOISSE (de), 300.
BOISSET, 305, 309.
BOISSET-LES-MONTROND, 305, 308.
BOISSET-LES-TIRANGES, 302.
BOISSIEU (Jean-Louis-Joseph de), chanoine de Saint-Paul, 6, 15, 23, 34.
BOISSON (Benoît), entrepreneur, 131.
BONAMOUR, syndic d'Anse, 115.
BONSON, 303, 308.
BORDEAUX (route de), 45 ; — (route de Lyon à), 66, 91, 92, 106, 131, 139, 171, 257.
BOSCARY, secrétaire de l'Assemblée Provinciale, 5, 8, 9, 10, 11, 13, 14, 17, 34-37, 42-49, 51, 52. 57, 58, 61-63, 65, 67, 68, 70-74, 76-78, 80-90, 92-94, 96, 97, 100-104, 106-111, 114-137, 139-160, 162-172, 194, 196, 198, 199, 200.
BOTHÉON, 305, 308.
BOUBÉE (de), 130.
BOUILLOUD DE CHANZIEU, 9.
BOULARD, architecte, 25, 66, 178.
BOUQUET, prieur de Saint-Maurice, 10.
BOURBONNAIS (le), 97, 257, 301 ; — (chemin du), 129 ; — (route de Bresse en), 97, 105, 136, 139, 140, 145, 169 ; — (route de Provence à Paris par le), 256 ; — (route du), 38, 41, 106, 110, 121.
BOURG-ARGENTAL, 7, 10, 16, 302, 304, 307, 312.
BOURG D'AMPLEPUIS, 305.
BOURG DE SAINT-POLGUES (comte du), sieur de Saint-Polgues, 6, 10, 16, 23, 24, 34.
BOURG-DE-THIZY, 305, 308.

TABLE ALPHABÉTIQUE 401

Bourges, 245.
Bourgneuf, 342.
Bourgogne (la), 87, 92, 97, 300, 301, 311, 343 ; — (canal de), 367 ; — (états de), 261 ; — (route de), 38, 88, 135, 143 ; — (route de Lyon à Paris par la), 39, 356 ; — route de Lyon en), 29, 361 ; — (route de Paris en Provence par la), 81, 256 ; — (stationnaires de la route de), 39.
Bouteresse (La), 305, 309.
Boyer, 310.
Boyer du Moncel (Antoine), 7, 10, 17, 23, 34.
Bras, entrepreneur, 84.
Brescou (le fort), 84, 92.
Bresieu, 303, 306.
Bresse (la), 257, 300, 303, 311, 312, 319, 343 ; — en Bourbonnais (route de), 97, 105, 136, 139, 140, 145, 169.
Bretagne (états de), 261.
Breteuil (le baron de), 4, 5, 11, 43, 211, 224.
Bret (Le), 4.
Breuil (le), 305, 308 ; (pont du), 110, 163, 167.
Briennon, 300, 301, 306, 309, 311.
Brignais, 9, 304, 307.
Brillat-Savarin, 311.
Brindas, 304, 307.
Brioude (de), 10.
Brosselard, entrepreneur, 140, 142.
Brugeron (Le), 301.
Brullioles, 303, 306.
Brun (Le), graveur,
Bruyère (pont de La), 126, 131, 134.
Bruyset, imprimeur, 199.
Bugey (le), 311.
Bully, 303, 306, 307, 309 ; — (sieur de), 9.
Burdigne, 304, 307.
Bureau des Finances (le), 66, 136 ; — de Grenoble, 57.
Bureaux de l'Assemblée Provinciale, 23.
Bureaux de la Commission Intermédiaire, 44.
Bureaux-de-Pusy, 313.
Burnezay, 305, 308.
Buronne (de), inspecteur des haras, 107, 177, 195.
Bussières, 132, 306, 310 ; — (s^r de), 10.
Busson, ingénieur, 121, 137.
Bussy, 304, 308.
Bussy-Albieux, 305, 309.
Bussy-en-Forez, 10.
Buys (Jean), entrepreneur, 139.

Cabuchet, chef stationnaire, 104.
Cadastre, 88.
Cahouet, ingénieur, 110, 111, 121.
Caisse philanthropique (la), 56.
Caluire, Caluyres, Caluires, 300, 303, 304, 307, 311.
Campagne de Lyon (district de la), 300, 303, 315.
Castellas (Jean-Antoine de, doyen de)
l'église de Lyon, 1, 5, 8, 13-15, 21, 23, 34.
Castillon (l'abbé de), vic. général, 22.
Cazot (sieur du), 2, 16.
Celles, 301.
Cellieu, 304, 307.
Cenves, 302, 305, 308.
Cercié, Cercier, 305, 308.
Cernon (de), 313.
Cervières, 301, 306, 309.
Chabert, syndic de Pelussin, 116.
Chagnon, 304, 307,
Chaissz (La), 304, 308.
Chalain (sieur de), 6.
Chalain-d'Uzore, 305, 308.
Chalain-le-Comtal, 305, 308.
Chaland, 170.
Chalençon, entrepreneur, 119.
Challand, 169.
Chalmazel, 301, 305, 309.
Chalons-sur-Marne, 15.
Chambas (La), 301, 306, 309.
Chambéon, 305, 308.
Chambles, 305, 308.
Chambœuf, 305, 309.
Chambon (Le), 304, 307 ; — (s^r du), 6.
Chambost, 304, 307.
Chambost-sur-Chamelet, 305, 308.
Chamelet, 305, 308 ; — (chemin de Chessy à Poule par), 45.
Champagnieux, 303.
Champ-Dieu, 305, 308.
Champoly, Champoli, 306, 309.
Champs, 305, 308.
Champvieux (m. de), 5.
Chandon, 97, 306, 309.
Change (quartier du), 342.
Changy, Cha¤gi, 35, 301, 306, 309.
Chanzé (s^r de), 2, 16.
Chapelle (La), 303, 304, 307.
Chapelle d'Aurec (La), 302.
Chapelle-de-Mardore (La), 305, 308.
Chapelle-en-la-Faye (La), 301, 305, 309.
Chapelle-en-Vaudragon (La), 304.
Chapelle (Jean-Philibert de La), chan. de Saint-Just, vicaire général, 1, 3, 4, 7, 8, 13, 14, 15, 22, 23, 33, 34, 38, 39, 41, 44, 46, 50, 51, 52, 57, 75-90, 92, 94, 96, 97, 100-104, 106-111, 114-137, 139-146, 150-157, 159, 160, 162-165, 171, 172, 194, 196, 198, 199, 200, 315, 316.
Chaponay (Pierre-Elisabeth de), 16 ; — (comte de), 6, 22, 23, 34 ; — (marquis de), 13 ; — (s^r de), 16.
Chaponost, 304, 307.
Chappuis de La Goutte, 121.
Charentay, Charantay, 16, 305, 308 ; — (s^r de), 6, 9.
Charbonnières, 304, 307.
Charité (Hôpital de La), à Lyon, 9.
Charlieu, 7, 17, 97, 133, 136, 145, 160, 302, 306, 309 ; — (chemin de Belleville à), 39.
Charly, 80, 304, 307.
Charnas, 302.
Charnay, 88, 305, 308.

ASSEMBLÉE PROVINCIALE 27**

402 TABLE ALPHABÉTIQUE

Charpin (Jean-Baptiste-Michel de), 16.
Charrier, 10; — (l'abbé), curé d'Ainay, 9; — (Jean-Baptiste), baron de La Roche, 2, 5, 17.
Chartres (régiment de), 9.
Chassagne (La), 17, 167, 305, 308; (baron, s' de), 9.
Chassagny, 303, 307; — (s' de), 10.
Chassain, Chassaing (Jean-Baptiste), juge, 7, 17, 23, 31, 33, 34.
Chasselas, 302, L. Chasselay.
Chasselay, Chasselai, 303, 306.
Chasset, député, 310.
Chassigne, 302.
Chassin, m. de l'Ass. Prov., 263.
Chateauneuf Dargoire, 304, 307.
Chateauvieux, 304, 306, 307.
Chatel-de-Montagne, 301.
Chatelneuf, 301, 305, 308.
Chatelain d'Essertines (Bernard-Pierre,) 15.
Chatelus, 301, 305, 309; —(m' de), 123; — (Perroton de), 120, 129, 147.
Chatillon-d'Azergues, 305, 308.
Chaufaille, 302.
Chaulm (La), 301.
Chaumartin (Etienne), 90.
Chaussan (Saint-Jean-de), 304, 307.
Chavanay, 90, 98, 304, 307; — (curé de), 89, 90.
Chazai, Chazay, 305, 308.
Chazelles-sur-Lavieu, 301, 305, 309.
Chazelles-sur-Lyon, 117, 119, 305, 309.
Chenas, 302, 305, 308; — (s' de), 2, 17.
Chenay, 301.
Chenelette, 304, 308.
Chénereilles, 305, 309.
Chenevoux, 10.
Chenevot (Jean), 95.
Chères (Les), 303, 306.
Cherier, Cheray, 306, 309.
Cheringes, 304, 308.
Chermet (le s'), 95.
Cherrier, 301.
Chessy, 9, 305, 308; — (route de), à Poule, 45, 135, 138.
Chevry (Girod de), 312.
Chevinay, 304, 307.
Chevrières, 305, 309.
Chirassimont, Cher à Simon, Chirassimon, 302, 306.
Chirat (Jean-Antoine), 7, 16, 21, 23, 34.
Chirouble, 302, 305, 308.
Christophe (le s'), 90.
Chuyers, 304, 307.
Cibeins (comte de), 9.
Cimetière des non catholiques, 64.
Civen, 305, 309.
Civrieu, 300, 303, 306.
Clapeyron, 146.
Claveisolles, 304, 308.
Clavas (l'abbaye de), 302.
Cleppé, 2, 305, 309; — (s' de), 10, 16.
Clergé (députés de l'ordre du), à l'Ass. Provinciale, 1.
Clerjon du Carry (Etienne), 7, 17, 23, 34, 315, 316.
Clugny de Thenissey (Louis de), grand custode de l'église de Lyon, 6, 11, 15, 18, 21, 22, 23, 31, 34, 35, 37, 40-49, 51, 52, 57, 58, 61, 66, 68, 70-74, 76-78, 80-90, 92, 94, 96, 97, 101-104, 106, 108-111, 115-137, 139-151, 153-160, 162-172, 194, 196, 198, 199, 200.
Cogny, 86, 304, 308.
Coize (Saint-Etienne de), 307.
Collèges, (bureau des), 141.
Colonges, 304, 307.
Combres, 306, 310.
Comelle, Commelle 160, 306.
Comité de Constitution, 299, 300, 310, 311, 312, 313.
Commissaire départi. V. Intendant.
Commission Intermédiaire (nomination des membres de la), 11, 33, 46, 47, 49, 128, 132.
Compte-rendu de la commission intermédiaire au conseil général du département, 173.
Concert (hôtel du), 25, 35, 38, 40, 42, 44, 59, 62, 66, 73, 75, 83, 93, 178.
Condamine (marquis de La), 10.
Condrieu, 7, 10, 17, 303, 306.
Confort, (rue), 83.
Conservation (tribunal de la), 9.
Constant, membre de la Société d'agriculture, 195, 196.
Constitution (comité de), V. Comité.
Consulat (le), 13, 35, 55, 75.
Contenson (de), doyen de Montbrison, 10.
Contraintes, 266.
Contribution patriotique, 150.
Controleur Général (le) des finances, 8, 31, 37, 38, 41, 42, 44-52, 57-60, 62-66, 69-76, 78, 79, 81-91, 139, 144, 146, 147, 151-172, 174, 176, 181, 184, 197, 295.
Corcelles, Corcelle, 303, 304, 308.
Cordelle, 306, 309.
Cordieu (s' de), 2, 16.
Cordival, 224.
Cordon (l'abbé de), chanoine de Lyon, 9.
Cornillon, 302.
Corps Législatif (le), 173.
Correspondance (port de la), 49.
Côte-en-Couzan (La), 305, 309.
Côte-en-La-Valla (La), 306, 309.
Cottances, 305, 309.
Coublan, 302.
Cour des monnaies de Lyon, 2, 9, 17.
Couron (mas des), 165, 166. V. Escouron.
Couroux (bois des), 140.
Cours, 305, 308.
Coutouvre, 306, 310.
Couzan (marquis de Luzy), 6.
Couzon, 304, 307.
Craintillieu, 305, 308.
Craponne, 304, 307.
Crémeaux, 10, 306, 309.
Crépieux, 303.
Cristot (le s'), 38.
Croisette au Pontaret (route de La), 65.

CROIX-ROUSSE (La), 81, 166, 300, 303, V. Cuire.
CROIZETTE, 306, 310.
CROZETTE, 306, 309.
CUBLISE, 305, 308.
CUIRE-LA CHOIX-ROUSSE, 81, 166.
CUIRES, 304, 307.
CUNZIÉ, 306, 309.
CURIS, 304, 307.
CUSIEUX, 305, 309.

DANCÉ, 306, 309.
DAUDÉ, DAUDET du Monteil (Gabriel-Paul), prieur de Régny, 6, 15, 22, 23, 33, 34.
DARAIZÉ, 305, 308.
DARDILLY, 304, 307; (s' de), 9.
DARESTE receveur, 132, 133, 158, 175.
DARGOIRE, 304, 307.
DAUPHINÉ (le), 302, 303, 319, 343; — (états de), 119.
DELANDINE, député, 311.
DELAYE (le s') 117.
DELIMAY, inspecteur des ponts et chaussés, 63. V. Limay.
DELOLLE, secrétaire du bureau du Lyonnais, 99.
DEMEAUX. V. Meaux.
DEMEUNIER, 313.
DENICÉ, 304, 308.
DERVIEU de Varey, 10.
DESCHAMPS (Pierre-Suzanne), avocat, 7, 11, 17, 22, 23, 33, 34, 35, 37, 40, 41-52, 57-59, 61-63, 65, 67, 68, 70-76, 114, 128, 132.
DESCHAMPS (Pierre), entrepreneur, 171.
DESCHAMPS de La Magdelaine, chanoine de Saint-Just, 10.
DESFOUGÈRES (Mathon), 7, V. Mathon.
DESPALMES (Pierre), 83.
DESPLACES, entrepreneur, 84.
DESSERTINE, doyen du chapitre de Villefranche, 6, V. Essertine.
DESVERNAY, DESVERNEY (Jacques-Benoît) 7, 10, 17, 23, 34.
DETOURS, 72.
DIENNE, 305, 308, 1. Dième.
DIGOINE du Palais (marquis de), 300.
DIRECTEUR GÉNÉRAL DES FINANCES, 96, 97, 98, 100, 101-105, 107, 111, 115, 120-122, 124, 128, 131, 132, 139, 141, 142.
DOIZIEU, 163.
DOMBES (la), 310, 311, 312, 319, 343.
DOMMARTIN, 303, 306.
DOYZIEU, 304, 307.
DRACÉ, 303, 304, 308.
DROITURIER, 301.
DUBESSEY, avocat, 10.
DUBOCHET (Aubry), 313.
DUBOST, 10, 110.
DUBREUIL (le pont), 110, V. Breuil.
DUCHÉ, 10.
DUERNE, 304, 307.
DUGAS (Camille), 2, 8, 10, 14, 16, 18, 21, 23, 31, 34.
DULIEU de Chenevoux, 10.

DUMARAIS, 10.
DUMAS (Antoine-Marie), 7, 17, 23, 34.
DUMOND, Dumont, entrepreneur, 163, 167.
DUNIÈRES, 302.
DUPELOUX de La Villette, chan. de Saint-Pierre de Vienne, 6, 34.
DUPUIS, avocat, 33.
DURELLE (le s'), 124.
DURET, 165.
DURETTE, 304, 308.
DUROSIER, 7, 80.
DURUS-BEAUPRÉ, régisseur de l'Ecole Vétérinaire, 195-197.
DUVERNAY, 9.

EAUX (mas des), 165, 166.
ECHALAS, 129, 303, 307.
ECOCHE, 302, 306, 309.
ECOLE VÉTÉRINAIRE, 195-198.
ECOSSAISE (compagnie), 16.
ECOTAY, 305, 308.
ECOUTOUX, 301.
ECULLY, 304, 307.
Edit portant création d'assemblées provinciales, 3.
EGUY (Michel), 57.
EMERINGES, 305, 308.
EMPIRE D'ALLEMAGNE (l'), 53.
ENDE-LA-ROCHE, 301.
ENTRE-RHONE-ET-LOIRE (département d'), 299.
EPERCIEUX, 305, 309.
EPINASSE, 301.
ESCOUROUX (bois d'), 140.
ESCOURON (mas d'), 165. V. Couron (des).
ESPAGNE (l'), 54.
ESSERTINES, 34, 305, 308, 309.
ESSERTINES (Bernard-Pierre) Châtelain d'), 15, 23.
ESTIVAREILLES, 301, 305, 309.
Etats (pays d'), 19.
ETATS GÉNÉRAUX (les), 88, 102, 105, 111, 112, 113, 114, 127, 128, 132, 138, 261.
Etats provinciaux, 119, 120, 122.
ETUFFES (Les), 302.
ETEUX (Les), 304, 308, 1. Etoux.
ETOUX (Les), 169.
EUROPE (l'), 56, 255.
EVEUX, 303, 307.
EVRY (marquis d'), 122.

FARNANCHES (Les), 163.
FARNEY, 304, 307.
FAURE (le s'), 108, 137, 141.
FAURE DE MONTALAND, 9.
FAURE (Jacques), 102.
FENOYL (Le), 304, 307.
FÉTAN (M. de), 5.
FEUGEROLLES (baron de), 6, 10; — (comte de), 16, 23, 34.
FEURS, 66, 70, 88, 91, 92, 106, 143, 257, 305, 309, 313.
FINANCES (ministre des), 42, 149, 150, 151, 157, 169, 178.

FIRMINY, 302, 307.
FLANDRE (Simon), entrepreneur, 117, 137.
FLEURIEU, 117.
FLEURIEUX, 303, 304, 307.
FLEURY, 10, 301, 302, 305, 308.
FONTAINES, 9, 68, 102, 303, 304, 307.
FONTAINE (village de La), 94.
FONTANÈS, 304, 307.
FONTENAY (P.-J.-Charles de Malvin de Montazet (abbé de), 1, 15.
FONVIEILLE, conducteur, 130.
FOREZ (le), 16, 17, 92, 300, 310-312, 316-320, 343 ; — (Cleppé en), 2 ; — (députés du), 299, 310, 313 ; — (grand bailli d'épée du), 10.
FORGES (les), ou les Noës, 306, 309.
FOROBERT (Claude), entrepreneur, 83.
FORRISSIER, juge, 10.
FOUILLOUSE, FOULHOUSE (La), 10, 304, 307.
FOURNEAUX, 306, 310.
FOURNIER, 141.
FOURVIÈRE, 342.
Frais d'administration, 40.
FRAISSE (l'abbé), chan. de St-Nizier, 9.
FRANC-LYONNAIS (le), 9, 63, 68, 78, 80, 91, 102, 116, 118, 121, 123, 127, 132, 138, 163, 164, 166, 188, 193, 194, 209, 300, 324, 328, 329 ; — (syndic général du), 2 ; — (syndic du), 16, 39, 160. V. Lyon.
FRANCE, 2, 15, 16, 19, 20, 111, 255, 261 ; — grand louvetier de), 175 ; — (primat de), 1, 248 ; — (roi de), 3.
FRANCHE-COMTÉ (la), 92.
FRANCHEVILLE, 304, 307.
FRANCON, 302.
FRANCS-COMTOIS (les), 87.
FRELINS, 305, 309. L. Trelins.
FROMAGE, juge, 10.
FROMENT (ruisseau de), 88.
FRONTENAS, 305, 308.
FULCHIRON (Jean-Louis), doyen du chapitre de Saint-Chamond, 1, 5, 6, 8, 9, 10, 11, 14, 15, 23, 34.

GAILLARD, entrepreneur, 187.
GAILLARD (Jacques), garçon de bureau, 66, 92.
GALLET, cantonnier, 101.
GAND (mas de), 165, 166.
GARDE DES SCEAUX, 35, 36, 37, 88, 105, 157.
GARDES DU CORPS, 6, 16.
GARDES FRANÇAISES, 2, 16.
GAS (atelier du pont du), 72, 118, 146.
GENÈVE, 54.
GENEST, 308.
GENAY, 300.
GERANDO (Benoît de), 7, 17, 23, 25, 34.
GERMOLLE, 302, 305, 308.
GEX, 312.
GIBLE, 302.
GILIBERT, médecin, 196, 198.
GINGENNE, entrepreneur, 119.
GIRAUD, entrepreneur, 119.

GIRERD, député, 311.
GIROD DE CHEVRY, 312.
GIVORS, 7, 303, 306, 307.
GLAIZÉ, 304, 308.
GOSSIN, 313.
GOUDARD, GOUDART (Pierre-Louis), 7, 9, 11, 17, 22, 23, 33, 34, 35, 37, 40, 42-52, 57, 58, 61-63, 65, 67, 68, 70-77, 85, 114, 118, 128, 132.
GOURCY DE MAINVILLE (de), chanoine de Lyon, 9.
GOUTTE (Chappuis de La), 121.
GRAMMONT, 305, 309.
GRAND CROIX, 129, 146.
GRANDRIT, 305, 308.
GRENIEUX, 309.
GRENOBLE (bureau des Finances de), 57 ; — (route de Lyon à), 258.
GRESLE (La), 306, 310.
GRESOLLES, 306, 309 ; — (comte de), 300, 311.
GREZIEU, 17, 83, 304, 305, 307, 308.
GREZIEU-SOUVIGNY, 7, 304, 307.
GREZOLLES (l'abbé de), prieur de Saint-Rambert, 6, 18, 21.
GRIGNY, 304, 307.
GROLLIER-TREFFORT (Pierre-Louis, marquis de), 6, 16, 22, 23, 31, 34.
GROSMOLARD (Mathieu), 95 ; — (François), 95.
GUILLEBEAU, entrepreneur, 88.
GUILLOTIÈRE (La), 88, 303, 313, 342.
GUMIÈRES, 301, 305, 309.
GUERRE (ministre de la), 151.
GUYENNE (la), 3, 347. V. Haute-Guyenne.

HALLES (Les), 95.
Haras, 107.
HAULIEU, 306.
HAUTE-GUYENNE (la), 3, 212, 239, 241, 346, 347.
HAUTERIVOIRE, 304, 307.
HAUZER (Frédéric), 197.
HAYES (Les), 303, 306.
HENRI IV, 337.
HERBIGNY (d'), intendant, 343.
HÔPITAL (place de l'), à Lyon, 83.
HÔPITAL-DE-CHENAY (L'), 301.
HÔPITAL-LE-GRAND (L'), 305, 308.
HÔPITAL-SUR-ROCHEFORT (L'), 305, 309.
HÔTEL-DE-VILLE, hôtel commun, 15, 35.
HÔTEL-DIEU (l'), à Lyon, 9, 53.
HUMBERT, 10, 69, 71, 88.
HUMBLOT, 10, 110, 300.

IGUERANDE, IGRANDE, 300, 311.
IMBERT-COLOMÈS, 9.
Impôts, 264, 321, 334, 344, 366.
INTENDANT (l'), 8, 10, 13, 18, 21, 22, 25, 31, 33, 35-38, 42-51, 57, 59-61, 64, 65, 69, 70, 74-76, 80, 86-88, 92, 94-97, 100, 103, 105, 106, 118-121, 126, 129-131, 134, 136, 137, 139-142, 144, 146, 148, 149, 155, 156, 171, 174, 175, 177-179, 181, 184, 185, 187, 193,

TABLE ALPHABÉTIQUE

196, 260, 323, 326, 346, 352, 354, 367, 368.
INTENDANCE (l'), 59, 151.
IRIGNY, 134, 141, 304, 307.
ISLE-BARBE (péage de l'), 157, 158, 161, 307.
ISLE (chemin de halage de La Roche de l'), 130.
ISSOUDUN, 245.
ITALIE (manufactures d'), 53.
IZERON, 304. V. Yzeron.
IZIEU, 304, 307.

JACQUET, (l'abbé), avocat-conseil, 33.
JALABERT (la veuve), 196.
JARNIOUX, 305, 308.
JARNOSSE, 306, 310.
JAS, 305, 309.
JOB, 301.
JONCHAY (Sarton du), 137.
JONZIEU, 304, 307.
JOURDAN, député, 312.
JOURNAUX (Claude), 62.
JOURNET (le s^r), 100.
JOUX-SUR-TARARE, 305, 308.
JOVIN (François), 2, 5, 6, 8, 9, 10, 11, 14, 16, 23, 34.
JUIVERIE (quartier de la), 342.
JULLIÉ, JUILLÉ, JULIÉ, 302, 305, 308.
JULIÉNAS, JUILLIÉNAT, JULIÉNA, 302, 305, 308.
JURÉ, 309.
JURÉ-LE-BOURG, 306.
JURÉ-SAINT-JUST, 306.
JURIEU, 304, 307.

LACENAS, 304, 308.
LACROIX-DE-LAVAL, 9, 95.
LALLIÉ, ingénieur, 41, 43, 62, 80, 118, 135, 256, 258, 260.
LAMBERT (de), contrôleur général des finances, 5, 11, 98, 109, 243.
LAMIRAUD, chef stationnaire, 104.
LAMOIGNON (de), 4.
LANCIER, 303, 304, 308. l. Lancié.
LANGUEDOC (le), 356 ; — (états de), 261 ; — (route de), 138, 257 ; — (route de Lyon en), 141, 171.
LANTIGNIÉ, LANTIGNIER, 60, 304, 308.
LAPIERRE (Claude), 135.
LARAJASSE, 304.
LAUBÉPIN, 307.
LAULAGNIER, 108.
LAURENCIN (Jean-Baptiste-Espérance, comte de), s^r de Chanzé et de Bas, 2, 4, 8, 14, 16, 18, 22, 23, 34.
LAUSANNE, LAUZANNE, 305, 308. l. Lozanne.
LAVAL (de), 9, 119.
LAY, 309, 310.
LAYAT (bois de), 119.
LÉGNY, 305, 308.
LEIGNIEUX, 305, 309.
LEIPSIK (foire de), 55.
LENAX, 301.

LENÉE, commissaires aux revues de la capitation, 100, 121, 195, 197.
LENIECQ (Merle), 305, 309.
LENTIGNY, 147, 306, 309.
LENTILLY, 303, 307.
LERIGNIEUX, 301, 305, 308.
LESIGNIEUX, 305, 308.
LESPINAT, ingénieur, 81, 96, 105, 108, 130, 135, 143, 145.
LÉTRAT, LÉTRA, 305, 308.
LEVANT (le), 53.
LIERGUES, 305, 308.
LIMAS, 10, 304, 308.
LIMEY (de), inspecteur des ponts et chaussées, 91. V. Delimey.
LIMONEST, 68, 90, 132, 147, 303, 306.
LIMONY, 138, 302.
LIMOUSIN (le), 355, 356.
LISSIEU, 303, 306.
LIVRON (M. de), 5.
LOIRE, 304, 307.
LOIRE (la), 131, 156, 157, 159, 257, 302 ; — (navigation de la), 106 ; — (ports de la), 103 ; — (chemin de Roche-La-Molière à la), 60, 95, 127.
LONGES, 303, 306.
LONGESSAIGNE, 303, 306.
LOUIS-LE-GRAND (place), 347.
LOUIS XVI, 3, 4, 211, 224.
LUCENAY, 305, 308.
LUPPÉ, 302, 304, 307.
LURÉ, 306, 309.
LURIECQ, 305, 309.
LUZY-COUZAN (marquis de), 6, 17, 23, 33.
LYON, 2, 9, 12, 17, 27, 34, 47, 53, 54, 58, 68, 75, 83, 99, 108, 112, 113, 114, 116, 118, 121, 123, 127, 132, 151, 157, 160, 167, 168, 174, 176, 178, 182, 191, 193-196, 198, 203, 207, 224, 248, 274, 295, 300, 303, 311, 312, 313, 316-321, 324, 325, 328, 329, 340, 342, 343, 345, 351 ; — (archevêché de), 70, 85, 86 ; — (archevêque de), 1, 180, 209, V. Malvin de Montazet ; — (chanoine de), 9, 10, 11, 14, 15, 21, 34, 40, 42, 44, 45, V. Clugny ; — (chapitre de), 21, 22 ; — (collèges de), 134 ; — (collège de médecine de), 9 ; — (département de), 300 ; — (députés de), 160, 299, 317, 318, 320 ; — (diocèse de), 15 ; — (district de), 193, 299, 303, 310, 311, 315 ; — (doyen de), V. Castellas ; — élection de), 66, 99, 112, 113, 116, 139, 328, 331 ; — (généralité de), 99, 101, 111, 112, 203, 204, 209, 224, 240, 243, 295, 324, 325, 343, 359 ; — (grand bailliage de), 84 ; — (grand custode de), V. Clugny ; — (municipalité de), 315 ; — (officiers municipaux de), 38, 42, 44, 154 ; — (prévôt des marchands de), 87 ; — (receveur de), 189 ; — (sénéchaussée de), 6, 9, 17, 129, 157, 158 ; — (vicaire général de), V. Malvin, de La Chapelle.
LYON (route de), à Bordeaux, 66, 91, 92, 106, 131, 139, 171, 257 ; — à Grenoble, 258 ; — à Montbrison, 119 ; — à Neu-

ville (chemin de halage), 66 ; — à Paris, par la Bourgogne, 39, 356 ; — à La Rochelle, 70 ; — à Saint-Etienne, 39, 102 ; — en Auvergne, 66, 67, 69, 257 ; — en Bourgogne, 29, 361 ; — en Languedoc, 141, 171 ; — en Provence, 39.

LYON-ET-FRANC-LYONNAIS (bureau intermédiaire de), 28, 39, 51, 52, 56, 57, 59, 62, 63, 66, 68, 70, 72, 74, 80, 81, 83, 86-93, 98, 99, 102, 104, 107, 109, 116, 117, 120-125, 130, 131, 134, 136, 137, 141, 143, 147, 152, 155, 158-160, 163, 164, 166, 168, 178, 193, 194, 351 ; — (département de), 6, 9, 15, 16, 17, 48, 124, 205, 206, 209, 210.

LYONNAIS (le), 118, 162, 182, 183, 247, 248, 300, 310, 311, 312, 316, 317, 318, 319, 343 ; — (bureau intermédiaire du), 50-53, 56, 57, 59, 62, 65, 66, 68, 75, 80, 86-90, 93, 94, 95, 99, 117, 118, 122, 127, 132, 133, 136, 137, 139, 141, 144, 146, 147, 151, 152, 155, 158, 163, 167, 169, 170, 178, 179, 182, 200 ; — (département du), 6, 7, 9, 15, 16, 17, 76, 105, 106, 107, 118, 119, 183, 206 ; — députés du), 299, 313, 319 ; — (élection du), 162.

LYONNAIS-FOREZ-ET-BEAUJOLAIS (département du), 299, 301, 302, 303, 312.

M
MABLY, 306, 309.
MACHEZAL, MASCHEZAL, 306, 310.
MACLAS, 302, 304, 307.
MACON, 300.
MACONNAIS (le), 29, 300, 302, 355, 361 ; — (vins du), 258.
MADIGNIER (Pierre), 95.
MADINIER, maître de poste, 129.
MAGDELAINE (Deschamps de La), 10.
MAGDELEINE (abbé de La), 21.
MAGDELEINE (faubourg de La), à Montbrison, 62.
MAGNEUX-HAUTE-RIVE, 305, 308.
MAISON-FORTE (fief de La), 17.
MAISONSCEUL (comte de), 16.
Maîtres de poste, 337.
MAIZILLY, 306, 309.
MALLEVAL, 304, 307.
MALTE (ordre de), 340.
MALVIN-DE-MONTAZET (Antoine de), archevêque comte de Lyon, président de l'assemblée provinciale, 1, 15, V. Antoine, archevêque.
MALVIN-DE-MONTAZET (Pierre-Jean-Charles de), abbé de Fontenoy, prieur de Salles, vicaire général de Lyon, 1, 3, 7, 15, 67.
MANDIOT (la demoiselle), 132.
MORAT, 301.
MARCHAND, 304, 308.
MARCIGNY (district de), 311.
MARCILLY, 305, 308.
MARCILLY-D'AZERGUES, 303, 306.
MARCLOPT, 305, 309.
MARCOUX, 305, 309.
MARCY, 305, 308 ; (s' de), 9.

MARCY-LES-LOUPS, 304, 307.
MARDORE, 305, 308.
MARINGES, 305, 309.
MARION DE LA TOUR, 9, 95, 146.
MARITZ, s' DE LA BAROLIÈRE, 68.
MARLHES, MARLES, 302, 304, 307.
MARMITE (œuvre de la), 118, 174.
MARNAND, 305, 308.
MAROLS, 301, 305, 309.
MARS, 302, 306, 309.
MARTINOT, curé d'Echales, 129.
MASSUES (les), 182.
MATHON DES FOUGÈRES (Joseph), 7, 16, 21, 22, 23, 34.
MATOUR, 302.
MAZENOD, entrepreur, 97, 118, 129, 131, 141, 146.
MEAUDRE, fils, 10, 21, 23, 63, 64.
MEAUX (Durand-Antoine de), 2, 4, 8, 13, 14, 16, 23, 33, 34.
MELAY, 301.
MELUN (département de), 122.
MÉNARD (le s'), 83, 84, 178.
MERLE-LENIECQ, 305, 309.
MESSANCE, receveur des tailles de Saint-Etienne, 99, 100, 101.
MESILLY, 302.
MESSIMI, 304, 307.
MEUSI, 302.
MEYLIEUX, 305, 309.
MEYS, 304, 307.
MICHEL, avocat, 10.
MILANNOIS (Jean-Jacques), avocat, 6, 17, 22, 23, 33, 34, 39, 44, 49-52, 57-63, 65-68, 70-74, 76-79, 81-83, 85, 86-114, 127, 128, 132, 311.
MILLERY, 17, 304, 306, 307.
MILLIÈRE (de La), intendant général des ponts et chaussées, 22, 45, 46, 47, 50, 51, 60, 61, 63, 64, 65, 67, 70, 72, 73, 74, 76, 77, 78, 80, 85, 95, 105, 106, 110, 111, 121, 125, 126, 127, 129, 134, 136, 137, 139, 140, 147, 152, 158, 160, 168, 171, 185, 186.
MIRIBEL, 305, 308.
MIZÉRIEUX, 305, 309.
MIZILLY, 97.
MOINGT, 305, 308.
MOIRÉ, 305, 308.
MONCEL (Boyer du), 7.
MONESTIER, 302.
MONLONG, 9.
MONNERY (le s'), 101.
MONSOL, 305, 308.
MONSPEY (Louis-Alexandre-Elisé, marquis de), 6, 9, 16, 22, 23, 34, 91, 102, 310, 311.
MONSUPT, 305, 308.
MONTAGNY, 165, 304, 306, 307, 310.
MONTANAY, 303.
MONTARCHER, 301, 305, 309.
MONTAT (chemin de Valbenoîte à La), 77, 81.
MONTAZET (l'abbé de), 7, 8, 9, 14, 22, 23, 31, 34, 67—(de), archevêque de Lyon, 180. V. Malvin.
MONTBRISON, 7, 16, 66, 67, 69, 90, 91, 121, 130, 140, 141, 153, 154, 159, 164, 171,

TABLE ALPHABÉTIQUE 407

181, 182, 257, 300, 303, 305, 308, 310, 311, 312, 317 ; — (bailliage de), 2, 10, 16 ; — (bureau intermédiaire de), 58, 61-64, 69, 70, 73, 84, 87-91, 93, 101, 102, 104, 106, 108, 110, 115, 119, 121, 126, 127, 130, 133, 136, 139, 140, 143, 145, 151, 154, 155, 157, 159, 160, 163, 164, 169, 182 ; — (département de), 6, 7, 10, 15, 16, 17, 33, 48, 75, 76, 80, 108, 118, 119, 126, 141, 143, 206, 267 ; — (district de), 189, 193, 299, 305, 315 ; — (doyen de), 10 ; — (élection de), 17, 18, 21, 112, 116, 139, 162, 330, 331 ; — (faubourg de la Madeleine à), 62 ; (municipalité de), 93, 108 ; — (receveur de), 102, 189 ; (routes du département de), 41 ; — (route de), à Lyon, 119 ; — (route de Roanne à), 103 ; — (sénéchaussée de), 102, 127.
MONTEIGUET, 301.
MONTMELAS, 304, 308.
MONTROMANT, 304, 307.
MONTROND, 305, 309.
MONTROTIER, 303, 306.
MONTVERDUN, 305, 308.
MORANCÉ, 305, 308 ; — (s^r de), 6, 16.
MOREAU DE BAUMONT, 348.
MOREL, 143, 145.
MORNAND, 304, 305, 308.
MORNANT, 160, 165, 306, 307.
MOYNE (le s^r), 93.
MULATIÈRE (La), 95 ; — (chemin neuf de La), à Oullins, 95.
MURE (La), 305, 308.
MUSSIEU (Jean de), 94.
MYÈRRE-FAURE, 9.

NACONNE, 306, 310.
NANDAX, 306, 309.
NAULIEU, 309.
NAVARRE, 3.
Navets (gros), 31.
NEAUX, 306.
NECKER, 90, 91, 92, 94, 98, 99, 102, 105, 108, 109, 110, 115, 116, 117, 119, 120, 121, 122, 123, 124, 125, 128, 129, 131, 132, 134, 135, 164.
NÉRONDE, 306, 309, 310.
NERVIEUX, 309 ; en Grenieux, 305.
NEULISE, 306, 310.
NEUVILLE, 66, 68, 303, 304, 306, 307, 311, 316.
NEYRON, écuyer, 10.
NIVERNAIS (le duc de), 5.
NOAILLY, 301, 306, 309.
Noblesse (députés de la), à l'assemblée provinciale, 2.
NOËS (Les), 301.
NOIRÉTABLE, 301, 306, 309.
NORD (états du), 53.
NORMANDIE (camp de), 367.
NOTABLES (assemblée des), 203.
NOTRE-DAME-DE-BOISSET, 306, 310.
NOTRE-DAME-DE-SORBIÈRE, 304, 307.
Noyés (secours aux), 31.
NUELLE, 203, 307.

ODENAS, 305, 308.
OGEROLLES (s^r d'), 2.
OINGT, 163, 305, 308.
OLMET, 301.
OLMES (Les), 305, 308.
ORIOL, copiste, 80, 195.
ORLÉANS (le duc d'), 110, 340.
ORLIÉNAS, 304, 307.
OSMOND (marquis d'), 60, 61, 77, 79, 80, 85, 95, 127.
OUCHES, 306, 309.
OUDAN (pont d'), 97.
OULLINS, 9, 95, 304, 307 ; — (château d'), 35, 37.
OULLY, 304, 308.
OUROUX, 304, 308.
Ouvriers en soie, 52.

PACAUDIÈRE (La), 106, 110, 121, 129, 301, 309 ; (route de La) à St-Martin-Lestra, 73.
PALAIS (Le), 305, 309.
PALOGNIEUX, 305.,
PANAY, ingénieur 45, 46.
PANISSIÈRES, 305, 309.
PARCIEU (s^r de), 9.
PARIGNY, 306, 309.
PARIS, 4, 41, 67, 124, 300, 311 ; — (diligences de), 124 ; — (généralité de), 343 ; — (parlement de), 114 ; — (route de Lyon à), par la Bourgogne, 39, 356 ; — (route de Provence à), par le Bourbonnais, 256 ; — (route de) en France, 81, 148, par la Bourgogne, 256 ; — (société d'agriculture de), 128.
PARLEMENT (le), 3, 4, 10, 16, 17, 114.
PARMENTIER, 128, 133.
PAVEZIN, 304, 307.
PELISSIER, 2, 7.
PELLOUX-DE-LA-VILLETTE (Marcellin du), 15, 22, 23, 34.
PELUSSIN, PELLUSSIN, 116, 128, 132, 134, 146, 149, 304, 307.
PERIGNEUX, 305, 308.
PERISSE DU LUC, 312.
PERNETY, prieur de St-Just, 10.
PERREMONT, sergent des gardes Wallonnes, 11.
PERREUX, 306, 309, 310.
PERRODON, notaire, 132, 133.
PERROTON DE CHATELUS, 120, 129, 147.
PEZANT (Marie-Jean-François), 2, 4, 7, 8, 10, 13, 14, 16, 22, 23, 32, 34, 41, 43.
PICARDIE (canaux de), 367.
PINAY, 306, 310.
Pinette à Pisse-Chat (atelier de La), 104.
PIRON, procureur syndic du département de Lyon, 57, 99.
PISSE-CHAT (atelier de la Pinette à) 104.
Point d'honneur (greffier du), 2, 16.
POITIERS (société d'agriculture de), 128.
POIX (abbé de), 21, 22.
POIZEY, 307.
POLEYMIEUX, 303, 306.
POLLIONAY, 304, 307.
POLOGNIEUX, 309.
POMEY (s^r de), 9.

TABLE ALPHABÉTIQUE

Pomey, Pomeys, entrepreneur, 97, 118, 129, 141, 146.
Pomiers, 7, 305, 308.
Pomme de terre, 128, 133.
Pommel (le s^r), 38.
Pommeys, 304, 307.
Pommier, 306, 309.
Poncet (le s^r), 75, 109, 124, 126.
Poncins, 305, 308.
Pontaret (route de La Croisette au), 65.
Pontcharra, 145.
Pont-du-Gas (atelier de St-Etienne au), 72.
Pont-Empeira, 302.
Populle, maire de Roanne, 10.
Populus aîné, 312.
Ports de Lettres, 40, 41.
Pouilly, Poully, 10, 309.
Pouilly-le-Chatel, 304, 308.
Pouilly-le-Monial, 305, 308.
Pouilly-les-Feurs, 305, 309.
Pouilly-Roannais, 306.
Pouilly-sous-Charlieu, 306.
Pouilly-sur-Loire, 257, 309.
Poule, 92, 125, 304, 308 ; — (presbytère de), 84 ;—(route de Chessy à), 45, 175, 178.
Pradines, 306, 310.
Praire-du-Rey, 165, 168.
Prairies artificielles, 31.
Pralong, 163, 305, 308.
Prandières (Pierre Barrieu de), 17.
Précieux, 305, 308.
Prévôt général de la maréchaussée (le), 41, 82.
Prévôt des marchands (le), 13, 35, 55.
Procès-verbal de l'assemblée, 36.
Propières, 305, 308.
Proty (fief, s^r de La), 6, 17. V. Valous.
Provence (route de Lyon en), 39 ; — (route de Paris en), 81, 148 ; par la Bourgogne, 256 ; par le Bourbonnais, 256.
Prugne (La), 301.
Prusse (la), 53.
Prussilly, 302.

Quincié, 105, 304, 308.
Quincieux, 303, 306.
Quirielle (Simon de), 63.

R*age* (la), 31.
Rajasse (La), 304, 307. V Larajasse.
Ramey-de-Sugny (Jean-Marie-Antoine de), 2, 8, 10, 14, 17, 23, 34.
Ranchal, 305, 308.
Ranvier de Bellegarde, 33, 44, 49-52, 57, 58, 61-63, 65, 67, 68, 70-74, 76-78, 80-90, 92, 94, 96, 97, 107-111, 114-137, 139-160, 162-172.
Rast-de-Maupas, médecin, 9.
Ravel, 136.
Règlement du 30 juillet, 1787, 203 ;—du 5 août 1787, 212.
Regnauld (marquis de), 9.
Régnier, 304, 308.

Regny, 306, 309, 310 ; —(prieur de), 6, 15.
Regny (maison), 76.
Renaison, 306, 309 ; — (rivière de), 157.
Repeens, 300.
Ressi (s^r du), 2.
Ressy (Verchère de), 300.
Rest (s^r du), 16.
Rey, lieutenant de police, 122, 124.
Rhône (le), 302, 303, 311, 343, 356.
Rhône-et-Loire (département, députés de), 173, 313, 314, 316.
Richard, oncle, 10.
Richard (les demoiselles), 66, 76, 141, 148.
Richier (Jean), 94.
Rilleux, 303.
Rillieu, 311.
Rin (rivière de), 165.
Riondel, 38, 75, 77, 95.
Riorges, 309.
Riotier (chemin de Villefranche à), 39.
Riotor, Riotord, Riottor, 302, 304, 307.
Riottiers, 300.
Rivas, 305, 309.
Rive-de-Gier, 95, 108, 137, 146, 304, 307 ; — (pont de), 95, 106, 145 ; — (subdélégué de), 95.
Riverie, 168, 169, 304, 307.
Riverie de St-Jean, chanoine d'Ainay, 9.
Rivière (marquis de La), 16.
Rivolet, 304, 308.
Roannais (le), 309.
Roanne, 10, 106, 125, 182, 257, 300, 303, 306, 309, 310, 311, 312, 316, 317, 330 ; — (bureau intermédiaire du département de), 48, 62-64, 69, 72-74, 81, 83, 84, 87-91, 93, 96, 97, 104, 107, 111, 115-117, 119, 122-126, 129-131, 134-137, 142-145, 147, 155-157, 159-163, 166-168, 171, 182, 183 ; — (chemin de) — à St-Germain-Laval, 134 ; à St-Haon-le-Châtel, 182 ; en Auvergne, 126 ; — (communauté de), 123, 129 ; — (département de), 6, 7, 10, 15, 16, 17, 48, 73, 104, 105, 118, 123, 143, 182, 206, 267 ; — (district de), 193, 300, 306, 315 ; — (élection de), 10, 18, 21, 112, 116, 162, 289, 330, 331 ; — (maire de), 10 ; — (municipalité de), 119, 147, 156, 164 ; — (route de), à Montbrison, 103 ; à St-Etienne, 138 ; à St-Germain-Laval, 131, 142, 144, 145, 156, 159 ; à Villefranche, 138, 147 ; — (sénéchaussée de), 2, 16.
Roche (Aimé de La), imprimeur, 7, 36, 37, 224.
Roche (baron de La), V. Charrier, 2, 7, 8, 14, 17, 34, 35, 37, 38, 40, 42-44, 46-52, 57, 58, 61-63, 65, 68, 70-73, 76, 114, 125, 126, 127, 128, 132.
Roche-de-l'Isle (chemin de halage de la), 130.
Roche-la-Mollière (chemin de), à la Loire, 60, 95, 127 ; — (mines de), 77, 79.
Roche-sur-Montbrison, 301, 305, 308.
Roche-Thulon (marquis de La), 6, 10, 16, 23, 34.

Saint-Romain-de-Popey, 139, 305, 308.
Saint-Romain-d'Urphé, 306, 309.
Saint-Romain-en-Gal, 90, 304, 307.
Saint-Romain-en-Gier, 303, 307.
Saint-Romain-en-Jarez, 304, 307.
Saint-Romain-Lachal, 302.
Saint-Romain-la-Motte, 7, 306.
Saint-Romain-le-Puy, 305, 308.
Saint-Romain-les Atheux. 304, 307.
Saint-Sauveur, 307.
Saint-Sixte, 128, 305, 309.
Saint-Sorlin, 165, 304, 305, 307, 308.
Saint-Sulpice, 306, 309.
Saint-Sulpice-en-Bussy, 305, 309.
Saint-Symphorien, 309, 310 ; — (route de) à Anse, 171.
Saint-Symphorien-de-Lay, 7, 165, 166, 306.
Saint-Symphorien-le-Chateau, 9, 127, 304, 306, 307 ; — (route de) à Aveize, 129.
Saint-Thomas, 305, 308.
Saint-Vérand, 302, 305, 308.
Saint-Victor, 306, 310.
Saint-Victor (abbaye de), 67.
Saint-Victor-de-Malescours, 302.
Saint-Victor-sur-Loire, 304, 307.
Saint-Victor-sur-Thiers, 301.
Saint-Vincent (marquis de), 9, 119, 315, 316.
Saind-Vincent-de-Boisset, 306, 310.
Saint-Vincent-de-Rein, 305, 308.
Sainte-Agathe, 129, 305, 306, 309, 310.
Sainte-Catherine-sur-Riverie, 304, 307.
Sainte-Colombe, 304, 306, 307, 310.
Sainte-Consorce, 304, 307.
Sainte-Foy, 304, 307.
Sainte-Foy-en-Bussy, 305, 309.
Sainte-Foy-l'Argentière, 307.
Sainte-Geneviève (congrégation de), 9.
Sainte-Marguerite-de-Naux. 310.
Sainte-Paule, 305.
Salles, 304, 308 ; — (prieur de), 1, 15.
Salles (Les), 306, 309.
Salvizinet, 305, 309.
Saône (la), 122, 303, 311 ; — (pont de la), à Lyon, 343 ; — (chemin de halage de la), 39, 76.
Sauvessange, 301.
Sarcey, 303, 307.
Sarton du Jonchay, 137.
Satonay, 303.
Savelinges, 306.
Savignieux, 305, 308.
Savigny, 303, 307.
Savigny (la maison), 97.
Savoye (la), 87.
Saulutrai, 302.
Saunier, 10.
Sauvages (les), 305, 308.
Sauvin, Sauvain, 301, 305, 309.
Sceau de l'Assemblée Provinciale, 13, 38.
Semons, 303, 306.
Sens (archevêque de), 58, 86.
Serière, 302.
Servante (pont de La), 106, 107, 110.
Sevelinge, 310.
Seyron, 301.
Sezay, 305, 309.
Siméon (Jean), 117.
Soanam (pont du), 65.
Soleil (terre du), 92, 93.
Soleymieux, Solimieux, 301, 305.
Somaine (pont de), 122.
Sorbiers, 10.
Sornain (pont de), 131, 136, 145.
Sotille, conducteur, 119.
Soucieu, 304, 307.
Sourcieux-sur-Sain-Bel, 304, 307.
Souternon, 2, 10, 131, 134, 306, 309.
Souzy, 7, 16, 304, 307.
Souzy-l'Argentière, 95.
Suède (la), 53.
Sugny (de), 33, 103, 126, 131, 134, 142. V. Ramey.
Suisse (la), 87, 197.
Suisses (les), 87.
Sury, 159, 163, 164.
Sury-le-Bois, 305, 309.
Sury-le-Comtal, 305, 308.
Sure (sieur de), 2, 16.

Taluyers, 304, 307 (maréchaussée de), 145, 146, 151.
Taponas, 304, 308.
Tarantaise-en-Praroué, 304, 307.
Tarare, 145, 305, 308 ; — (montagne de), 125 ; — pont de la montée de), 77.
Tartaras, 62, 305, 307.
Tassin, 83, 304, 307.
Teillard de Tigny, 7, 22, 23. V. Tillard.
Ternand, 305, 308.
Terray (Antoine-Jean), intendant, 3, 8, 36, 224, 243, 333 ; — (madame), 21.
Terray (le sieur), de Charlieu, 136.
Terreaux (les), 347.
Tête-d'Or (la), 303.
Theizé, 136.
Thel, 305, 308.
Thélis (Claude-Palamède-Antoine, comte de), 2, 8, 10, 13, 14, 16, 21, 22, 23, 33, 34.
Thenissey (Louis de Clugny de), 15. V. Clugny.
Thévenon (le sieur), 147.
Thezé, 305, 308.
Thibaut (Claude-René-François-Marie), marquis de la Roche-Thulon, 16.
Thil, 16.
Thiollier, curé de Chavanay, 89.
Thizy, 10, 138, 147, 305, 308.
Thomas, épicier, 196, 197, 199.
Thurigneux (Saint-Jean-de), 166.
Thurins, 304, 307.
Tiblier (le sieur), 94.
Tiers-Etat (députés du), à l'Assemblée provinciale, 12.
Tillard-de-Tigny (Aimé-Joseph-Louis-Claude-Marie-Gilbert), 7, 34, 17. V. Teillard.
Tissier, prieur de Néty, 9.
Toiles peintes, 54.

Toissieu, 302.
Toulouse (l'archevêque de), 5, 11, 37.
Tour (Marion de La), 9, 95, 146.
Tour-de-Salvagny (la), 303, 307.
Tour-en-Jarez (La), 304, 307.
Tourette (La), 305, 309.
Tourzy, 301.
Trades, 302, 305, 308.
Tramail, 302.
Tramble, 302.
Travaux publics, 255, 352, 362.
Trélins, 305, 309.
Trémolin (hameau de), 156, 157, 159.
Trèves, 303, 307.
Tupin-Semons, 303, 306.
Turc (le), 53.
Turneps, 31, 65, 82.
Turpin (de), chanoine de Lyon, 10.

Ugnias, 305, 308.
Urbise, 301, 306, 309.
Usson, 301, 305, 309.

Vaise, 312.
Vaivollet (m^r), 5.
Valbenoite a La Montat (chemin de), 77, 81.
Valcivières, 301.
Valeilles, 305, 309.
Valence (manufactures de), 53.
Valesque, receveur, 99, 153, 197, 198.
Valettes (Les), 140.
Valous (Jérôme), sieur de La Proty, 7, 17, 21, 22, 23, 31, 33, 34, 38, 44, 46, 49, 51, 52, 57, 58, 61, 62, 63, 65, 67, 68, 70-74, 76, 114.
Valsonne, 305, 308.
Vandranges, 306, 310.
Vanorq, 302.
Varaigne (de), ingénieur, 41, 43-49, 57, 58, 60, 63, 65, 66, 71, 73, 74, 76, 77, 81, 83, 91, 95, 96, 105, 110, 111, 122, 123, 125, 133, 137, 142, 143, 145, 192, 195.
Varenard (l'abbé), chantre de Beaujeu, 9, 110, 147.
Varenne (de), V. Varaigne.
Varenne (fief de La), 16.
Varey (Durieu de), 10.
Vaugneray, 7, 17, 304, 306, 307.
Vaurenard (sieur de), 16.
Vaux, 304, 308.
Vaux-Renard, 304, 308.
Veauche, 305, 308.
Veauchette, 305, 308.
Velay (le), 302, 312.
Vendrange, 306.
Veranne, 304, 307.
Verchère de Ressy, 300.
Verdat de Sure (Pierre), 2, 8, 14, 16, 23, 34.
Verlieux, 90, 98.
Vernaison, 304, 307.
Vernay, 304, 306, 308, 309.
Verne (le sieur), 100, 121, 158, 195, 197.

Verrières, 301, 306, 309 ; — (commandeur de), 153.
Verrières-sur-Ecotay, 305, 308.
Versailles, 3, 4, 211.
Versanne, 304.
Vertolaye, 301.
Vienne (archevêché de), 15 ; — (sieur Pierre de), 6, 15.
Villars, 304, 307 ; — (fief du), 10.
Ville, 305, 308.
Villechenève, 143, 304, 306.
Villedeuil, 4, 86, 89, 92, 124.
Villefranche, 10, 81, 95, 101, 102, 105, 110, 137, 143, 145, 168, 169, 300, 303, 304, 308, 310, 311, 312, 317, 329 ; — (atelier de) à Anse, 69 ; au pont de Bélair, 71 ; — (bureau intermédiaire du département de), 39, 49, 50, 56, 57, 62-64, 69, 71, 74, 76, 84, 86, 87, 88, 89, 90, 93-97, 103, 105-110, 115, 119, 120, 123, 125, 132, 133, 135-137, 139, 140, 142, 143, 145-148, 152, 154-156, 158, 161, 163, 165, 166, 168, 169, 182, 183 ; — (chapitre de), 15 ; — (chemin de) à Riottier, 39 ; — (département de), 6, 7, 9, 15, 16, 17, 39, 48, 69, 71, 81, 96, 105, 108, 118, 143, 206, 267 ; — (district de), 193, 300, 304, 305 ; — (doyen de), 6 ; — (élection de), 112, 116, 147, 162, 289, 329-331 ; — (maire de), 2, 10, 16 ; — (receveur de), 189 ; — (route de) à Roanne, 138, 147 ; — (sénéchaussée de), 7, 10.
Villette (Marcelin du Pelloux de La), 15.
Villemontais, 306, 309.
Villerest, 306, 309.
Villers, 306, 309.
Ville-sur-Jarniost, 132, 139.
Villermet (Antelme), 83.
Villiers, 303, 305, 308.
Vincent (m.), 5.
Vingtièmes, 260, 339.
Violey, 306, 310.
Vivans, 300, 301, 311.
Viricelles, 305, 309.
Virieu, 116, 128, 132, 134, 146, 149.
Virignieux, 305, 309.
Vitet, médecin, 128, 196.
Vivarais (le), 302, 312.
Viverols, 301.
Vizezy (ruisseau du), 91.
Volloure, 301.
Vougy, 169, 306, 309.
Vourles, 17, 304, 308.
Vupilière (La), 17, al. La Verpilière.

Walonnes (gardes), 143.

Ygrande, 301.
Yzeron, 306, 307.

Zonzieu, 302.

TABLE DES MATIÈRES

Avertissement..	VI
Session préliminaire de l'Assemblée Provinciale, 17-21 septembre...	1
Edit portant création d'assemblées provinciales...........	3
Session de l'Assemblée Provinciale, 5 novembre-5 décembre 1787...	15
Procès-verbaux des séances de la Commission Intermédiaire de l'Assemblée Provinciale, 1 octobre 1787-30 juin 1790..	35
Compte-rendu par la Commission Intermédiaire de l'Assemblée Provinciale à l'Assemblée du département de Rhône-et-Loire, 5 juillet 1790..................................	173
Règlement du 30 juillet 1787, sur la formation et la composition des assemblées qui auront lieu dans la généralité de Lyon...	203
Règlement du 5 août 1787 sur les fonctions des assemblées provinciales et de celles qui leur sont subordonnées, ainsi que sur les relations de ces assemblées avec les intendants......................................	212
Instructions et règlement pour l'Assemblée Provinciale de la généralité de Lyon.............................	224
Représentations de l'Assemblée sur le règlement du 5 août 1787...	247
Premier rapport du Bureau de l'Impôt................	321
Premier rapport du Bureau des Travaux Publics........	255
Second rapport du Bureau des Travaux Publics, 22 novembre 1787..	259
Second rapport du Bureau de l'Impôt................	334
Rapport de la Commission des vingtièmes, 26 novembre 1787..	260, 339

414   TABLE DES MATIÈRES

Troisième rapport du Bureau de l'Impôt, 28 novembre 1787.. 344
Troisième rapport du Bureau des Travaux Publics, 38 novembre.. 352
Quatrième rapport du Bureau des Travaux Publics, 3 décembre.. 362
Quatrième rapport du Bureau de l'Impôt, 4 décembre 1787. 264
Rapport du Bureau de l'Impôt sur le bien public........ 366
Rapport du Bureau du Règlement et de la Comptabilité.. 267
Rapport du Bureau d'Agriculture, du Commerce et du Bien Public.. 269
Mémoire sur l'organisation des bureaux de la Commission Intermédiaire, 1788.. 272
Rapport du Bureau du Règlement adressé au Contrôleur Général.. 276
Procès-verbal de constitution du département de Rhône-et-Loire, 1790.. 299
Circulaire adressée aux cantons pour protester contre le choix de Lyon pour chef-lieu du département de Rhône-et-Loire.. 316
Circulaire des Commissaires du Roi pour les élections des membres du Conseil Général et des membres des Conseils de district.. 313

ROCHEFORT, 304, 305, 307, 309.
ROCHEFORT (de), comte de Bussy, 10.
ROCHELLE (route de Lyon à La), 70.
ROCHETAILLÉE 122, 304, 307.
ROCHETAILLÉE (baron de), 2, 8, 10, 14, 16, 23, 25, 33, 34.
ROCHETTE (La), fils, 10.
ROGER, 306.
ROGNEINS, 16.
Roi (clos Le), 130.
ROMAINS (les), 346.
ROMANÈCHE, 303.
ROMBAUD, 88.
RONCEVAUX (chapelle de), 137.
RONNO, 305, 308.
RONTALON, 304, 307.
ROSIER, 302.
ROSIERS, 305.
Rosier (du), 34.
ROSTAING (marquis de), 10, 311.
Routes, 255, 352, 362.
ROUX, entrepreneur, 81, 88, 90, 95, 105, 107.
ROYZEY, 304.
ROZERETTE, 305, 308.
Rozier (Marie-Guillaume du), 16, 18, 22, 23.
Rozier (l'abbé), 21, 22, 23, 24, 34.
ROZIERS, 305, 309.
RULLY (de), chanoine de Lyon, 9.
RUSSIE (la), 53.
RUTIANGE, 304.

SABATTE, 302.
SAIL, 301, 309.
SAIL-DE-COUZAN, 21, 305, 309.
SAIL-EN-DONZY, 305, 309.
SAIL-LEZ-CHATEAU-MORAND, 306.
SAILLANS, 301.
SAIN-BEL, 303, 307.
SAINT-AMOUR, 302.
SAINT-ANDÉOL-LA-VALLA, 304, 307.
SAINT-ANDÉOL-LE-CHATEAU, 303, 307.
SAINT-ANDRÉ, 303, 306, 309.
SAINT-ANDRÉ-D'APCHON, 10.
SAINT-ANDRÉ-DU-COIN, 132.
SAINT-ANDRÉ-LA-CÔTE, 95, 304, 307.
SAINT-ANDRÉ-LE-PUY, 305, 309.
SAINT-ANTHELME, 301.
SAINT-APPOLLINAIRE, 305, 308.
SAINT-APPOLINARD, 302, 304, 307.
SAINT-BARTHÉLEMY-LESTRA, 305, 309.
SAINT-BERNARD, 166, 300 ; — (communauté de), 88.
SAINT-BLAIZE (prébende de), 155.
SAINT-BONNET, 69.
SAINT-BONNET-DE-CRAY, 300, 301, 311.
SAINT-BONNET-D'ESCOUREAUX, 301.
SAINT-BONNET-DES-BRUYÈRES, 302, 305, 308.
SAINT-BONNET-DES-QUARTS, 301, 306, 309.
SAINT-BONNET-LE-CHATEAU, 7, 10, 305, 309.
SAINT-BONNET-LE-COURAUX, 306, 309.
SAINT-BONNET-LES-OULLES, 305, 309.
SAINT-BONNET-LE-TRONCY, 305, 308.

SAINT-CHAMOND, 2, 10, 16, 141, 153, 304, 307, 331 ; — (chapitre de), 10, 15 ; — (municipalité de), 155, 160, 164 ; — (route de), 60 ; — à Saint-Etienne, 97, 141.
SAINT-CHRISTO, 304, 307.
SAINT-CHRISTOPHE, 305, 308.
SAINT-CLÉMENT, 301.
SAINT-CLÉMENT-DE-MONTAGNES, 301.
SAINT-CLÉMENT-DE-VALSONNE, 305, 308.
SAINT-CLÉMENT-LES-PLACES, 304, 307.
SAINT-CYPRIEN, 7, 9, 305, 308.
SAINT-CYR, 182, 309.
SAINT-CYR-AU-MONT-D'OR, 304, 306, 307.
SAINT-CYR-DE-FAVIÈRES, 306.
SAINT-CYR-DE-VALLORGES, 306, 310.
SAINT-CYR-LE-CHATOUX, 305, 308.
SAINT-CYR-LES-VIGNES, 305, 309.
SAINT-CYR-SUR-LE-RHÔNE, 304, 307.
SAINT-DENIS-DE-CABANNES, 302, 306, 309.
SAINT-DENIS-SUR-COISE, 305, 309.
SAINT-DIDIER, 300, 304, 306, 308, 309 ; — (ruisseau de), 140.
SAINT-DIDIER, Haute-Loire, 302.
SAINT-DIDIER-AU-MONT-D'OR, 304, 307.
SAINT-DIDIER-SOUS-RIVERIE, 304, 307.
SAINT-DOMINIQUE (rue), 299.
SAINT-ETIENNE, 2, 10, 16, 77, 79, 197, 257, 300, 303, 304, 305, 307, 308, 310-312, 317, 331, 343 ; — (atelier de) au pont du Gas, 72 ; — bureau intermédiaire du département de), 47, 60, 62-64, 69, 72, 77-79, 81, 84, 85, 87-90, 93, 94, 97, 101, 102, 104, 106-108, 115, 116, 118-120, 122, 126, 129-137, 141, 142, 146, 149, 151, 153, 155-157, 159, 164, 167, 169, 170, 182, 193 ; — département de), 6, 7, 10, 15, 16 17, 45, 47, 106, 118, 120, 163, 182, 183, 206, 267 ; — (district de), 299, 304, 315 ; — (élection de), 47, 99, 112, 116, 128, 132, 134, 146, 149, 162, 331 ; — (imprimerie de), 47 ; — (maréchaussée de), 132 ; — (receveur de), 189 ; — (route de), 38 ; à Saint-Chamond, 97, 141 ; à Lyon, 39, 102 ; à Roanne, 138 ; — (sénéchaussée de), 2, 16.
SAINT-ETIENNE-DE-COISL, 304, 307.
SAINT-ÉTIENNE-LE-MOLLARD, 305, 309.
SAINT-FERRIOL, 302, 307.
SAINT-FONDS (mr de), 143.
SAINT-FORGEUX, 158, 300, 301, 305, 306, 309, 311 ; — (sr de), 2, 16.
SAINT-FORGIEUX, 308.
SAINT-GALMIER, 10, 69, 101, 305, 309.
SAINT-GENAY (de), 72.
SAINT-GENEST (de), 78, 120.
SAINT-GENEZ (de), 72.
SAINT-GENEST-LERPT, 10, 304, 307.
SAINT-GENEST-MALIFAUX, 142, 304, 307.
SAINT-GENIS-LAVAL, 9, 304, 306, 307.
SAINT-GENIS-L'ARGENTIÈRE, 155, 304, 307.
SAINT-GENIS-LES-OLLIÈRES, 304, 307.
SAINT-GENIS-TERRENOIRE, 117, 304, 307.
SAINT-GEORGES, 305, 308, 342.
SAINT-GEORGES (abbé de), comte de Lyon, 10.

ASSEMBLÉE PROVINCIALE

Saint-Georges-de-Barolles, 83, 102, 127, 306, 309.
Saint-Georges-de-Reneins, 62, 108, 110, 131, 135, 304, 308.
Saint-Georges-en-Couzan, 306, 309.
Saint-Germain-au-Mont-d'Or, 303, 306.
Saint-Germain-la-Montagne, 302, 306, 309.
Saint-Germain-Laval, 7, 10, 17, 21, 129, 144, 156, 306, 309 ; — (route de Roanne à), 131, 134, 142, 144, 145, 156, 159.
Saint-Germain-Lespinasse, 257, 300, 306, 309, 311.
Saint-Germain-sur-l'Arbresle, 303, 307.
Saint-Haon-le-Chatel, 135, 182, 306, 309 ; — (chemin de) à Roanne, 182.
Saint-Haon-le-Vieux, 182, 306, 309.
Saint-Héand, 304, 307.
Saint-Hilaire, 302, 305, 306, 309.
Saint-Igny-la-Roche, 302.
Saint-Igny-de-Vers, 302, 305, 308.
Saint-Jacques-d'Attissieux, 302.
Saint-Jacques-des-Arrêts, 2, 17, 302, 305, 308.
Saint-Jean, 305.
Saint-Jean-d'Ardières, 135, 304, 308 ; — (pont de), 110.
Saint-Jean-d'Aubrigoux, 301.
Saint-Jean-de-Bonnefond, 106, 129, 170, 304, 307.
Saint-Jean-de-Chaussan, 304, 307.
Saint-Jean-de-Soleymieu, 301, 309.
Saint-Jean-de-Thurigneux, 166, 300.
Saint-Jean-de-Toulas, 304, 307.
Saint-Jean-la-Bussière, 305, 308.
Saint-Jean-la-Vestre, 301, 306, 309.
Saint-Jodard, 306, 310.
Saint-Julien, 304, 308.
Saint-Julien-de-Cray, 300, 311.
Saint-Julien-d'Odes, 306, 309.
Saint-Julien-de-Vaucance, 302.
Saint-Julien-la-Vestre, 306, 309.
Saint-Julien-Molin-Molette, 302, 304, 307.
Saint-Julien-en-Jarez, 304, 307.
Saint-Julien-sur-Bibost, 303, 306.
Saint-Just (chanoine de), 1, 10, 15. V. de La Chapelle.
Saint-Just (prieur de), 10.
Saint-Just-d'Avray, 305, 308.
Saint-Just-en-Bas, 305, 309.
Saint-Just-en-Chevalet, 2, 16, 104, 124, 257, 306, 309.
Saint-Just-en-Velay, 312.
Saint-Just-la-Pendue, 306, 309, 310.
Saint-Just-lès-Velay, 302.
Saint-Just-sur-Loire, 305, 308.
Saint-Lager, Lagier, 17, 304, 308.
Saint-Laurent-d'Agny, 304, 307.
Saint-Laurent-de-Chamousset, 304, 306, 307.
Sainy-Laurent-de-Vaux, 304, 307.
Saint-Laurent-d'Oingt, 163, 305, 308.
Saint-Laurent-en-Solore, 305, 309.
Saint-Laurent-la-Conche, 305, 309.
Saint-Léger, 302, 306, 309.
Saint-Loup, 305, 308.

Saint-Mamert, 305, 308.
Saint-Marcel (s^r de), 2, 16.
Saint-Marcel de Félines, 306, 310.
Saint-Marcel-d'Urphé, 306, 309.
Saint-Marcel-l'Éclairé, 84, 92, 125, 305, 308.
Saint-Marcel-les-Annonay, 302.
Saint-Marcellin, 69, 305, 308.
Saint-Martin, 302.
Saint-Martin-Accoillieu, 304, 307.
Saint-Martin-de-Boisy, 306, 309.
Saint-Martin-de-Burdigne, 302.
Saint-Martin-de-Cornas, 303, 307.
Saint-Martin-d'Estraux, 301, 306, 309.
Saint-Martin-en-Haut, 304, 307.
Saint-Martin-la-Plaine, 304, 307.
Saint-Martin-la-Mothe, 309.
Saint-Martin-la-Sauveté, 306, 309.
Saint-Martin-Lestra, 73, 305, 309.
Saint-Maurice, 10, 306, 309.
Saint-Maurice-en-Gourgois, 302, 305, 308.
Saint-Maurice-sur-Dargoire, 304, 307.
Saint-Médard ou Saint-Miard, 305, 309.
Saint-Michel-sous-Condrieu, 304, 307.
Saint-Nicolas-des-Briefs, 301.
Saint-Nizier, 305, 306, 309.
Saint-Nizier, à Lyon, 9, 67, 68.
Saint-Nizier-d'Azergues, 305, 308.
Saint-Pal, 302.
Saint-Paul, 308 ; — (chanoine de), 6, 15 ; — quartier, 342.
Saint-Paul-de-Chalançon, 312.
Saint-Paul-d'Epercieux, 305, 309.
Saint-Paul-de-Vezelins, 306, 309.
Saint-Paul-d'Uzore, 305, 308.
Saint-Paul-en-Jarez, 69, 84, 304, 307.
Saint-Paul-en-Cornillon, 302, 307.
Saint-Pierre-de-Bœuf, 142, 163, 302, 304, 307.
Saint-Pierre-de-Vienne (chapitre de), 15.
Saint-Pierre-en-Colombaret, 304, 307.
Saint-Pierre-la-Noaille, 302, 306, 309.
Saint-Pierre-la-Palud, 304, 307.
Saint-Pierre-Laval, 301.
Saint-Pierre-le-Vieux, 302, 305, 308.
Saint-Priest, 304, 307 ; — (comte de), 159, 313.
Saint-Priest-La-Prugne, 301, 306, 309.
Saint-Priest-La-Roche, 92, 125, 306, 310.
Saint-Priest-la-Vestre, 301, 306, 309.
Saint-Prist, 305, 309.
Saint-Polgue, 131, 134, 306, 309 ; — (comte de), 6, 16, 17, 22, 23, 73, 75, 103, 126, 131, 134, 142.
Saint-Rachau, 302.
Saint-Rambert, 10, 106, 305, 307 ; — (chanoine de), 10 ; — (prieur de), 6.
Saint-Rambert-sur-Loire, 308.
Saint-Remi, 301.
Saint-Rirand, 301, 306, 309.
Saint-Romain, 301.
Saint-Romain-de-Couzon ou au Mont-d'Or, 304, 307.

DES PRESSES

De Jules JEANNIN, imprimeur

RUE DU PORT

TRÉVOUX

—

1898

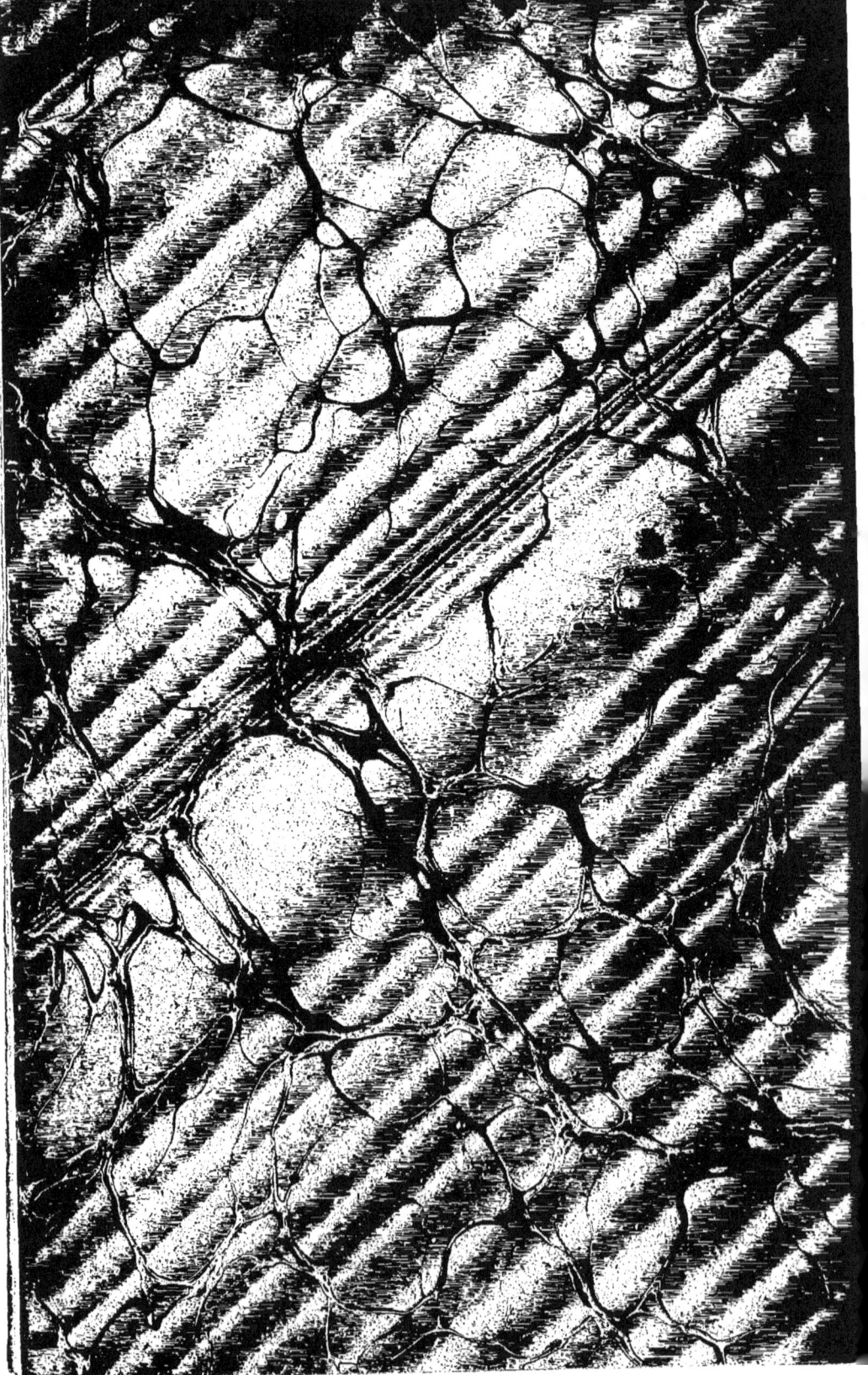

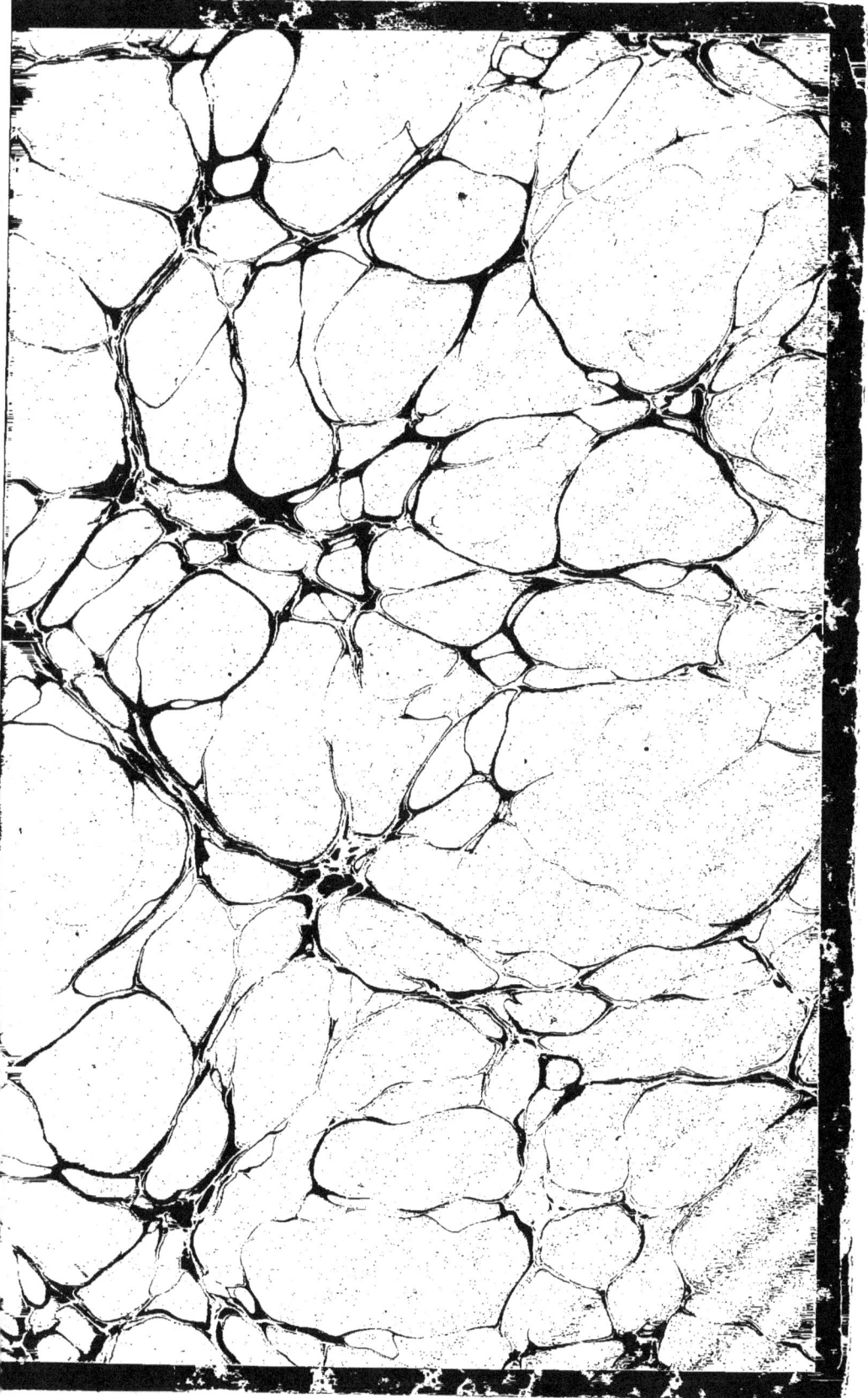

www.ingramcontent.com/pod-product-compliance
Lightning Source LLC
Chambersburg PA
CBHW072214240426
43670CB00038B/1459